Winfried Schwabe
Tasia Walter

Lernen mit Fällen
Staatsrecht I
Staatsorganisationsrecht

Winfried Schwabe
Tasia Walter

Lernen mit Fällen

Staatsrecht I
Staatsorganisationsrecht

Materielles Recht
& Klausurenlehre

4., überarbeitete Auflage, 2016

AchSo! | BOORBERG

Bibliografische Information der Deutschen Nationalbibliothek | Die Deutsche Nationalbibliothek verzeichnet diese Publikation in der Deutschen Nationalbibliografie; detaillierte bibliografische Daten sind im Internet über www.dnb.de abrufbar.

4. Auflage, 2016
ISBN 978-3-415-05819-4

Gesamtherstellung: Beltz Bad Langensalza GmbH, Neustädter Straße 1–4, 99947 Bad Langensalza

Richard Boorberg Verlag GmbH & Co KG | Scharrstraße 2 | 70563 Stuttgart
Stuttgart | München | Hannover | Berlin | Weimar | Dresden
www.boorberg.de

Vorwort

Die 4. Auflage bringt das Buch auf den Stand von Juli 2016. Rechtsprechung und Literatur sind bis zu diesem Zeitpunkt berücksichtigt und eingearbeitet.

Dem Leser legen wir ans Herz, zunächst die Hinweise zur sinnvollen Arbeit mit diesem Buch – gleich folgend auf der nächsten Seite – sorgfältig durchzusehen.

Köln, Gießen im August 2016

Winfried Schwabe
Tasia Walter

Zur Arbeit mit diesem Buch

Das Buch bietet dem Leser *zweierlei* Möglichkeiten:

Zum einen kann er anhand der Fälle das **materielle Recht** erlernen. Zu jedem Fall gibt es deshalb zunächst einen sogenannten »**Lösungsweg**«. Hier wird Schritt für Schritt die Lösung erarbeitet, das notwendige materielle Recht aufgezeigt und in den konkreten Fallbezug gebracht. Der Leser kann so in aller Ruhe die einzelnen Schritte nachvollziehen, in unzähligen Querverweisungen und Erläuterungen die Strukturen, Definitionen und sonst notwendigen Kenntnisse erwerben, die zur Erarbeitung der Materie, hier also konkret des ***Staatsorganisationsrechts***, unerlässlich sind.

Zum anderen gibt es zu jedem Fall nach dem gerade beschriebenen ausführlichen Lösungsweg noch das klassische ***Gutachten*** im Anschluss. Dort findet der Leser dann die »reine« Klausurfassung, also den im Gutachtenstil vollständig ausformulierten Text, den man in der Klausur zum vorliegenden Fall hätte anfertigen müssen, um die Bestnote zu erzielen. Anhand des Gutachtens kann der Leser nun sehen, wie das erarbeitete Wissen tatsächlich nutzbar gemacht, sprich in ***Klausurform*** gebracht wird. Der Leser lernt die klassische staatsrechtliche Gutachtentechnik: Gezeigt wird, wie man ein staatsrechtliches Gutachten aufbaut, wie man dabei richtig subsumiert, mit welchen Formulierungen man arbeiten sollte, mit welchen Formulierungen man ***nicht*** arbeiten sollte, wie man einen Meinungsstreit in der Klausur angemessen darstellt, wie man einen Obersatz und einen Ergebnissatz vernünftig aufs Papier bringt, wie man Wichtiges von Unwichtigem trennt usw. usw.

Und noch ein Tipp zum Schluss: Die im Buch zitierten Paragrafen und Artikel sollten auch dann nachgeschlagen und vor allem gelesen werden, wenn der Leser meint, er kenne sie schon. Das ist nämlich leider zumeist ein Irrtum. Auch das öffentliche Recht erschließt sich nur mit der sorgfältigen Lektüre des Gesetzes. Wer anders arbeitet, verschwendet seine Zeit.

Inhaltsverzeichnis

1. Abschnitt

Grundbegriffe der Staatsrechtslehre

Republik, Monarchie, parlamentarische Demokratie

2. Abschnitt

Wahlrecht und Wahlsystem in der Demokratie

3. Abschnitt

Rechtsstaatsprinzip / Gewaltenteilung

4. Abschnitt

Die Bundesregierung (Kanzler und Minister) und der Bundespräsident

5. Abschnitt

Das Gesetzgebungsverfahren

7. Abschnitt

Die wichtigsten Verfahren vor dem Bundesverfassungsgericht

1. Abschnitt

Grundbegriffe der Staatsrechtslehre

Republik, Monarchie, parlamentarische Demokratie

Fall 1

Kaiser »Dieter I.«

Rechtsstudentin R aus München ist genervt von den ewigen Politik-Debatten im deutschen Fernsehen und steht sowieso mehr auf Klatsch und Tratsch und Casting-Shows. Begeistert vom höfischen Glanz des englischen Königshauses, will R wissen, ob eigentlich auch in Deutschland eine Monarchie eingeführt werden könnte. Nach ihrer Vorstellung sollte das Land von einem richtigen Kaiser in einer klassischen Monarchie regiert werden. Wegen seines schnörkellosen Auftretens und seiner klaren Ansprachen fände sie *Dieter Bohlen* als neuen gesamtdeutschen Kaiser »Dieter I.« sehr geeignet. Herr Bohlen habe zudem ja genügend Kinder, damit sei die Thronfolge auch schon mal gesichert. Zur Not wäre R auch zufrieden, wenn »Dieter I.« wenigstens ihr geliebtes Bundesland Bayern als Monarch regieren könnte. Falls es insoweit verfassungsrechtliche Bedenken gebe, müsse man eben das Grundgesetz ändern.

Frage: Kann in Deutschland oder zumindest im Bundesland Bayern die Monarchie eingeführt werden – notfalls mithilfe einer Grundgesetzänderung?

Schwerpunkte: Die Grundlagen des Staatsrechts; die Staatsstrukturprinzipien: Republik; Monarchie; Demokratie; die »Ewigkeitsgarantie« aus Art. 79 Abs. 3 GG; das Homogenitätsprinzip aus Art. 28 Abs. 1 Satz 1 GG.

Lösungsweg

Einstieg: Hinter dem ulkigen Fällchen da oben verbirgt sich gleich ein echter (Klausur-)Klassiker, nämlich der Frage nach den verschiedenen ***Staatsformen***. Ob Deutschland in Form einer Monarchie und von einem Kaiser regiert werden kann, klingt dabei als Fragestellung zwar im ersten Moment ziemlich abgedreht, wird aber an den Universitäten gleichwohl regelmäßig als Aufgabe gestellt, weil es nämlich zu den zentralen Strukturprinzipien des Staates führt und damit zum absoluten Standardprogramm für Anfangssemester gehört. Das Ganze müssen wir uns deshalb mal ansehen, wollen uns vorab aber erst einmal mit ein paar Grundbegriffen vertraut machen, die das Verständnis des Lösungsweges deutlich erleichtern, und zwar:

> Wir reden in diesem Buch ausnahmslos über das ***Staatsorganisationsrecht***. Das Staatsorganisationsrecht regelt – deshalb heißt es ja auch so – die ***Organisation*** des

Staates, also wer für ihn handelt, wer im Staat mit welchen Befugnissen ausgestattet ist und wie das Verhältnis zwischen **Staat** und **Bürger** ausgestaltet wird (*Degenhart* StaatsR I Rz. 1; *Battis/Gusy* Einf. StaatsR § 1 Rz. 1). Das Staatsrecht der Bundesrepublik Deutschland ist überwiegend in unserer Verfassung, also dem Grundgesetz (GG), geregelt. Dieses Grundgesetz ist ein Gesetz, dessen Regeln sämtlichen anderen Gesetzen des Landes vorgehen und das in einem besonderen Gesetzgebungsverfahren erlassen und geändert wird (bitte lesen: Art. 79 Abs. 1 GG). Jedes Gesetz, das dem Grundgesetz widerspricht, ist ***verfassungswidrig*** und damit nichtig; ebenso jede sonstige staatliche Maßnahme, wie etwa Verwaltungsakte von Behörden (*Battis/Gusy* Einf. StaatsR § 1 Rz. 3). Die staatsrechtlichen Vorschriften des Grundgesetzes betreffen immer und ausnahmslos Rechtsfragen, die zumindest eines der drei Elemente betreffen, die für die Existenz eines Staates unabdingbar sind: Nach der im Völkerrecht anerkannten sogenannten »**Drei-Elementen-Lehre**« wird ein jeder Staat bestimmt und konstituiert durch das ***Staatsvolk***, das ***Staatsgebiet*** und die ***Staatsgewalt*** (*Katz* StaatsR Rz. 23).

So. Das war jetzt schon mal ein ganzer Haufen an mehr oder weniger abstrakten Informationen, die wir im Laufe des Buches allerdings nach und nach mit Leben füllen werden. In unserem ersten Fall müssen wir uns gleich hauptsächlich mit der Frage befassen, wie die ***Staatsgewalt*** ausgeübt wird, also wer in einem Staat befugt ist, Entscheidungen zu treffen und wie Entscheidungsträger überhaupt an die Macht kommen. Schließlich wollen wir ja prüfen, ob *Dieter Bohlen* neuer gesamtdeutscher Kaiser werden könnte.

Die Staatsstrukturprinzipien

Um zu verstehen, wie unser Staat nach der Vorstellung des GG funktionieren soll, sehen wir uns zunächst mal die sogenannten »**Staatsstrukturprinzipien**« an, und die sind vor allem in **Art. 20 Abs. 1 GG** verankert (bitte aufschlagen). Da steht zunächst einmal drin, dass die Bundesrepublik Deutschland ein demokratischer und sozialer Bundesstaat ist (Art. 20 Abs. 1 GG). Liest man die Worte des Gesetzes genau, ergeben sich daraus schon mal ***vier*** Kernaussagen zur Struktur unseres Staatssystems, nämlich: Deutschland ist eine **Demokratie**, ein **Sozialstaat**, eine **Republik** (»Bundes***republik***«!) und ein **Bundesstaat**. Das fünfte und letzte Strukturprinzip unserer Staatsverfassung steht nun leider nicht ausdrücklich in Art. 20 Abs. 1 GG, sondern wird erwähnt in den Art. 23 Abs. 1 Satz 1 GG und 28 Abs. 1 Satz 1 GG, nämlich der **Rechtsstaat** (prüfen, bitte). Die herrschende Meinung leitet das Rechtsstaatsprinzip übrigens zudem auch aus dem Gesamtzusammenhang des Art. 20 Abs. 1 GG ab (BVerfGE **35**, 41; BVerfGE **39**, 128; *Jarass/Pieroth* Art. 20 GG Rz. 28; *Schmidt-Bleibtreu/Hofmann/Hopfauf* Art. 20 GG Rz. 57; *Degenhart* StaatsR I Rz. 255; *Stern* StaatsR I § 20 III; *Maurer* StaatsR I § 6 Rz. 5), was uns freilich zunächst nicht weiter interessieren muss, schließlich steht es ja – wie gerade gesehen – an anderer Stelle ausdrücklich im GG drin.

Um zu klären, ob Herr *Bohlen* (oder irgendjemand anders) tatsächlich als Anführer einer Monarchie neuer »Kaiser von Deutschland« werden kann, schauen wir uns die gerade genannten Begriffe jetzt mal näher an. Vor allen Dingen interessant ist die

Frage, ob sich eine Monarchie mit den im GG verankerten Prinzipien der ***Republik*** und der ***Demokratie*** verträgt. Hierzu müssen wir die Worte bzw. die dahinter stehenden Bedeutungen sorgsam voreinander abgrenzen, und zwar so:

1. Die Begriffe ***Monarchie*** und ***Republik*** beziehen sich in ihrer Abgrenzung auf das Staatsoberhaupt, das heißt, das Organ, das rein formal an der Spitze des Staates steht. Aber, Vorsicht: Hierbei kommt es nicht darauf an, welche Machtbefugnisse dieses Staatsoberhaupt konkret hat; es geht bei der Unterscheidung der Begriffe alleine um die Frage, wie das Staatsoberhaupt bestellt wird, also an die Macht kommt (*Jarass/Pieroth* Art. 20 GG Rz. 3; *Maurer* StaatsR I § 7 Rz. 10; *Katz* StaatsR Rz. 64).

> **Definition Nr. 1:** Die ***Monarchie*** ist ein Staatswesen, in dem das Staatsoberhaupt nach familien- und/oder erbrechtlichen Regelungen, also nach »**dynastischen**« Gesichtspunkten bestimmt und auf Lebenszeit bestellt wird (sogenannte »Thronfolgeordnung«). Die konkreten Machtbefugnisse des Monarchen spielen bei der Begriffsbestimmung im Übrigen keine Rolle (*Sachs/Sachs* Art. 20 GG Rz. 9; *von Mangold/Klein/Starck/Sommermann* Art. 20 GG Rz. 13; *Katz* StaatsR Rz. 64).

Monarchien in diesem Sinne sind in Europa demnach Großbritannien, Belgien, die Niederlande, Luxemburg, Spanien, Dänemark, Norwegen und Schweden.

Feinkostabteilung: Innerhalb der Monarchien gibt es dann verschiedene Spielarten, nämlich die »**absolute**«, die »**konstitutionelle**« und die »**parlamentarische**« Monarchie. Hinter diesen Begriffen stecken die eben schon mal angesprochenen Machtbefugnisse des jeweiligen Monarchen. In der absoluten Monarchie ist der Herrscher oberstes Verfassungsorgan und nur seinem Gewissen und Gott unterworfen (sagt man jedenfalls so). Der absolute Monarch ist an keine Verfassung gebunden und handelt nach eigenem Willen mit Gesetzeskraft. Er ist insbesondere niemandem gegenüber Rechenschaft schuldig. Alle Einwohner seines Landes sind quasi seine Untertanen und somit seiner Herrschaft unterworfen. Das bekannteste geschichtliche Beispiel eines absoluten Monarchen ist übrigens der »Sonnenkönig« **Ludwig XIV.** (* 6. September 1638), dessen legendärer Satz »*L'État, c'est moi*« (→ *Der Staat, das bin ich!*) in die Geschichtsbücher eingegangen ist. Diese Art von Staatsform findet man in heutiger Zeit allerdings kaum noch, lediglich das Sultanat *Brunei* (auf der Insel *Borneo* in Südost-Asien), der *Vatikanstaat* (absolute Wahlmonarchie) und einige afrikanische Staaten, z.B. *Swasiland* (Südafrika), können noch als absolute Monarchien bezeichnet werden. Bei der ***konstitutionellen*** Monarchie ist der Herrscher des Landes hingegen zwar durchaus an die Verfassung gebunden, freilich in gemäßigter Form, hier handelt es sich um eine Art geordnetem Zusammenspiel mit den übrigen Trägern der Staatsgewalt, bei der das Staatsoberhaupt aber im Zweifel immer das letzte Wort hat. Diese Staatsform findet sich heute noch im Nahen Osten wieder, namentlich in *Saudi-Arabien* und *Jordanien*. Die ***parlamentarische*** Monarchie schließlich ist das Idealbild der in der westlichen Welt existenten Monarchien. Dabei stellt der Monarch nur ein rein ***repräsentatives*** Oberhaupt des im Übrigen demokratischen Staates dar. *Queen Elisabeth II.* zum Beispiel hat in Großbritannien selbst eigentlich keine rechtlich relevanten Befugnisse, diese werden alleine vom jeweils zuständigen Parlament ausgeübt. Gleiches gilt etwa für den spanischen König *Felipe VI.* und natürlich die übrigen Kollegen und Kolleginnen in Belgien, den Niederlanden, Luxemburg, Dänemark, Norwegen und Schweden. In diesen Staatsformen gibt es somit zwar ein *dynastisch* bestelltes Staatsoberhaupt, die wichtigen politischen Entscheidungen fällen freilich die vom Volk gewählten Parlamentarier. Bitte merken, das brauchen wir gleich noch.

2. Das Gegenstück zur Monarchie ist die ***Republik***.

> **Definition Nr. 2**: Die ***Republik*** ist ein Staatswesen, das kein Staatsoberhaupt im dynastischen Sinne hat, sondern seinen Souverän durch einen vom Volk getätigten Berufungsakt (→ Wahl) auf Zeit bestimmt. Die Republik ist damit – rein formal betrachtet – eine »**Nicht-Monarchie**«. Republik und Monarchie schließen sich als Staatsformen gegenseitig aus, entweder das Staatsoberhaupt ist vom Volk gewählt oder aber per Erb- bzw. Thronfolge ins Amt gelangt (*Sachs/Sachs* Art. 20 GG Rz. 9; *von Mangold/Klein/Starck/Sommermann* Art. 20 GG Rz. 13; *Stern* StaatsR I § 17 II 2a; *Katz* StaatsR Rz. 65).

Man sieht es: Die hier genannten Abgrenzungen der Begriffe ***Monarchie*** und ***Republik*** beziehen sich auf das Staatsoberhaupt und dessen Inthronisierung (*Maurer* StaatsR I § 7 Rz. 10). Ebenso wie bei der Monarchie ist damit auch bei der Republik noch lange nicht festgelegt, wer denn jetzt die wichtigen, politisch grundlegenden Entscheidungen im Land trifft. Wir haben das ja eben schon gesehen: In den westlichen Monarchien gibt es zwar Könige und Königinnen, die ihren Job per Erbfolge ergattert haben und sich damit »**Staatsoberhaupt**« nennen dürfen; zu sagen haben sie freilich so gut wie gar nichts. Und weil sie (politisch) nichts zu sagen haben, geht von ihnen auch keine Staatsgewalt aus. Denn die ***Staatsgewalt*** bestimmt sich danach, wer im Land die grundlegenden politischen Entscheidungen trifft (*Katz* StaatsR Rz. 58).

> **Merke**: Die Begriffe **Monarchie** und **Republik** sagen zunächst nichts aus über die Frage, wer im Staate die jeweilige Staatsgewalt ausübt. Sie kennzeichnen lediglich, wie das Staatsoberhaupt im jeweiligen Land bestimmt wird.

In Deutschland wird das Staatsoberhaupt, nämlich der Bundespräsident, gemäß Art. 54 Abs. 1 GG gewählt, somit nicht per Erbfolge oder aus sonstigen dynastischen Gründen bestellt. Deutschland ist demnach – wie es eben auch in Art. 20 Abs. 1 GG ausdrücklich steht – eine ***Republik***.

3. Bleibt zum Schluss noch der Begriff der **Demokratie**.

Nachdem wir nun schon geklärt haben, was es mit der Monarchie und der Republik auf sich hat, kann es sich bei der Demokratie nicht mehr um die Bestimmung des Staatsoberhauptes drehen. Hier geht es jetzt vielmehr darum, von wem im Staate die sogenannte »**Staatsgewalt**« ausgeht.

Definition Nr. 3: Die ***Demokratie*** benennt einen Staat, in dem die ***Staatsgewalt*** vom ***Volke*** ausgeübt wird. Das Volk ist in der Demokratie der alleinige Träger der Herrschaftsmacht (*Jarass/Pieroth* Art. 20 GG Rz. 1; *Degenhart* StaatsR I Rz. 23; *Ipsen* StaatsR I Rz. 40; *Hesse* VerfassungsR Rz. 134; *Katz* StaatsR Rz. 57).

Durchblick: Das ist also der Unterschied. Das eine (Monarchie und Republik) bezeichnet die ***Staats***- und das andere (Demokratie) die ***Herrschaftsform*** (*Maurer* StaatsR I § 7 Rz. 2). So kann, was wir weiter oben schon mal kurz angesprochen haben, eine Monarchie zwar nicht gleichzeitig Republik sein, allerdings schließen sich die Begriffe Monarchie und Demokratie oder Republik und Demokratie keinesfalls gegenseitig aus. Im Gegenteil: Eine Monarchie kann gleichzeitig Demokratie sein. Es kann zwar einen Kaiser oder König als formales, repräsentatives Staatsoberhaupt geben, aber die Macht im Staate geht trotzdem vom Volk aus. Genau ***diese*** Struktur besteht übrigens bei den sieben Königshäusern in Europa, die wir oben ja schon mal als »**parlamentarische Monarchie**« gekennzeichnet hatten. Hinter diesem Begriff verbirgt sich der Umstand, dass es zwar ein dynastisches Staatsoberhaupt gibt, die Staatsgewalt aber vom Parlament, das seinerseits vom ***Volke*** gewählt wird, ausgeht. Und das nennt man dann: »Parlamentarische Monarchie«.

Und: Wir haben da jetzt eben einfach mal so von der »**Staatsgewalt**«, die ja in einer Demokratie angeblich vom ***Volke*** ausgeht, gesprochen. Um zu verstehen, worum es dabei geht, müssen wir uns diesen Begriff der Staatsgewalt noch etwas näher anschauen. Gemeint ist damit nämlich Folgendes:

Definition Nr. 4: Die ***Staatsgewalt*** ist die originäre Herrschaftsmacht des Staates über sein Gebiet und das Staatsvolk (*Degenhart* StaatsR I Rz. 5). In der Bundesrepublik Deutschland wird diese Staatsgewalt gemäß **Art. 20 Abs. 2 Satz 2 GG** vom Volke in Wahlen, Abstimmungen und durch besondere Organe der Gesetzgebung, der vollziehenden Gewalt und der Rechtsprechung ausgeübt.

Beachte: Damit ein Staat funktionieren kann, muss es die Möglichkeit geben, für das gedeihliche Zusammenleben der Menschen Regeln zu setzen und verbindliche Entscheidungen zu treffen; ansonsten macht nämlich jeder, was er will. Diese Regeln nennt man dann normalerweise ***Gesetze***. **Folge**: Wer diese Gesetze mit verbindlichen Vorschriften für alle Menschen im Staate erlassen kann, dem obliegt im Zweifel die Staatsgewalt. So, und wenn in einem Staate diese Staatsgewalt vom ***Volke*** ausgehen soll (= Demokratie), muss man natürlich klären, wie der einzelne Bürger, also das Volk, am Gesetzgebungsverfahren teilnehmen kann. Unsere Staatsverfassung hat sich – lies bitte Art. 20 Abs. 2 Satz 2 GG! – letztlich dafür entschieden, das Volk unter anderem durch ***Wahlen*** an der Staatsgewalt, also am Gesetzgebungsverfahren, zu beteiligen. Und das geht – vereinfacht gesagt – so: Die Bürger wählen das Parlament (= Bundestag bzw. die Abgeordneten), und dieses gewählte Parlament erlässt dann während seiner Legislaturperiode die Gesetze. Und weil die Bürger damit nicht unmittelbar, sondern nur mittelbar, nämlich durch die Wahl des Parlaments bzw. der Abgeordneten, am Gesetzgebungsverfahren beteiligt sind, nennt man diese Form der Demokratie **»mittelbare«** oder auch **»parlamentarische«** Demokratie. Und genau ***die*** haben wir in Deutschland (weitere Einzelheiten dazu dann im nächsten Fall). Alles klar?!

Zusammenfassung: Deutschland ist eine ***Republik***, denn bei uns erlangt das Staatsoberhaupt (Bundespräsident) sein Amt nicht nach dynastischen Regeln, sondern durch Wahl, vgl. Art. 54 Abs. 1 GG. Daraus folgt zwingend, dass Deutschland als Republik in keinem Falle eine ***Monarchie*** sein kann, wir hatten ja gesagt, Monarchie und Republik schließen sich gegenseitig aus: Entweder wird das Staatsoberhaupt gewählt (= Republik) oder aber dynastisch bestellt (= Monarchie). Zudem ist Deutschland eine (mittelbare) Demokratie, denn die Staatsgewalt geht vom ***Volke*** aus und wird unter anderem durch Wahlen sichergestellt, vgl. Art. 20 Abs. 2 Satz 1 GG. Die Bürger wählen die Abgeordneten bzw. das Parlament, das dann die Gesetze erlässt, an die sich alle Menschen, also das Volk, halten müssen. Konsequenz: Die Staatsgewalt geht vom Volke aus. Merken.

Zum Fall: Nach allem, was wir uns bis jetzt erarbeitet haben, müssen wir der Rechtsstudentin R leider mitteilen, dass es mit Kaiser »Dieter I.« nix wird, denn eine Monarchie ist nach dem derzeit gültigen GG nicht möglich. Wir leben in einer Republik.

Problem: Kann das Grundgesetz insoweit geändert werden?

Frage: Kann man eigentlich das Grundgesetz ändern und etwa einfach das Wörtchen ***Republik*** herausstreichen und dafür ***Monarchie*** einfügen? Dann ginge ja auch ein Kaiser!

Antwort: Wir lesen bitte zunächst **Art. 79 Abs. 1 Satz 1 GG** und danach bitte auch den **Art. 79 Abs. 2 GG**.

Also: Grundsätzlich kann man natürlich auch das GG ändern. Kein Gesetz ist nämlich für die Ewigkeit und bleibt über Jahrzehnte immer so, wie man es ursprünglich mal verfasst hat – auch nicht das GG. Deshalb gibt es die Möglichkeit, die Regeln der Verfassung an die geänderten Zeiten und Lebensumstände der Menschen anzupassen. Freilich sind die Hürden dafür vergleichsweise hoch. Ohne dass wir jetzt im Einzelnen auf das Gesetzgebungsverfahren eingehen wollen (das kommt später im Buch), kann man auch so schon erkennen, dass bei Veränderungen des wichtigsten Gesetzes unseres Landes sowohl im ***Bundestag*** als auch ***Bundesrat*** mindestens **2/3** der Parlamentarier zustimmen müssen (ansonsten reicht übrigens die einfache Mehrheit, Art. 42 Abs. 2 GG), was auf Deutsch heißt, dass diese Änderung in aller Regel ***parteiübergreifend*** und im Zweifel mit den Stimmen der jeweiligen Oppositionsparteien beschlossen werden muss (vgl. aber auch BVerfG NVwZ **2016**, 922). Es bedarf also immer einer breiten Übereinstimmung im Parlament und im Bundesrat, um überhaupt zu einer Änderung des GG zu kommen, aber – und das wollen wir uns auf jeden Fall schon mal merken – grundsätzlich geht es.

So, und jetzt wird es richtig interessant: ***Unabänderlich***, und zwar egal mit welcher Mehrheit (!), bleiben aber die in **Art. 79 Abs. 3 GG** genannten Regeln (aufschlagen!). Der Grundgesetzgeber wollte damit garantieren, dass grundlegende Prinzipien in unserem Staat ***immer*** erhalten bleiben. ***Diese*** dort in Art. 79 Abs. 3 GG genannten Regeln gelten also tatsächlich für die Ewigkeit, weswegen der Art. 79 Abs. 3 GG dann logischerweise auch »**Ewigkeitsgarantie**« genannt wird (*Jarass/Pieroth* Art. 79 GG Rz. 6; *Schmidt-Bleibtreu/Hofmann/Hopfauf* Art. 79 GG Rz. 1.; *von Münch/Kunig/Bryde* Art. 79 GG Rz. 24; *Ipsen* StaatsR I Rz. 1023).

Und wenn wir den Art. 79 Abs. 3 GG jetzt noch mal sorgfältig lesen, finden wir dort am Schluss die Formulierung »... oder die in den Artikeln 1 und 20 niedergelegten Grundsätze berührt werden, ist unzulässig«. **Konsequenz**: Auch das Verfassungsprinzip der ***Republik***, das ja in Art. 20 Abs. 1 GG verankert ist, ist somit grundsätzlich unabänderbar und steht damit für ewig in unserer Verfassung.

> **Merke:** Nach **Art. 79 Abs. 3 GG** (die sogenannte »**Ewigkeitsgarantie**«) ist eine Änderung des Grundgesetzes, durch die die Gliederung des Bundes in Länder und die Mitwirkung der Länder bei der Gesetzgebung oder die in **Art. 1 und 20 GG** niedergelegten Grundsätze berührt werden, ***unzulässig***. Der Verfassungsgeber hat damit die Befugnis zur an sich möglichen Verfassungsänderung aus Art. 79 Abs. 1 und 2 GG eingegrenzt und die fundamentalen Grundsätze unserer Verfassung gesichert (*Jarass/Pieroth* Art. 79 GG Rz. 6; *Schmidt-Bleibtreu/Hofmann/Hopfauf* Art. 79 GG Rz. 32; *Ipsen* StaatsR I Rz. 1023).

Ergebnis: Eine Änderung der Verfassung dergestalt, dass die Staatsform der Republik abgeschafft und etwa eine Monarchie eingeführt bzw. legalisiert werden soll, wäre wegen Verstoßes gegen Art. 79 Abs. 3 GG unzulässig. *Dieter Bohlen* könnte somit nicht mal durch eine Verfassungsänderung neuer gesamtdeutscher Kaiser »*Dieter* I.« werden.

Frage: Ist eine Monarchie dann zumindest auf Landesebene möglich?

Unsere Rechtsstudentin R wollte zur Not ja auch noch wissen, ob Herr *Bohlen* nicht wenigstens im Bundesland Bayern als Monarch und neuer Kaiser »Dieter I.« regieren kann.

Ansatz: Die Bundesrepublik Deutschland ist gemäß Art. 20 Abs. 1 Satz 1 GG auch ein ***Bundesstaat***, soll heißen, unser Land ist aufgeteilt in (16) einzelne Bundesländer, die ihrerseits im Rahmen der grundgesetzlichen Ordnung autonom sind. Und zu dieser Autonomie gehört auch die sogenannte »Verfassungsautonomie« (BVerfGE **60**, 175;

HVerfG NVwZ **2016**, 381; *Degenhart* StaatsR I Rz. 464). Jedes Bundesland kann sich also auch eine eigene Verfassung – quasi ein eigenes »Grundgesetz« des jeweiligen Bundeslandes – geben. Die Ausgestaltung der verfassungsmäßigen Ordnung im jeweiligen Land ist alleinige Angelegenheit der Länder; die Verfassungsbereiche des Bundes und der Länder stehen grundsätzlich selbstständig nebeneinander (HVerfG NVwZ **2016**, 381; *Degenhart* StaatsR I Rz. 464). **Aber**: Damit diese Länderverfassungen nicht die Regeln des bundesweit geltenden GG außer Kraft setzen oder relevant abändern, gibt es das sogenannte »**Homogenitätsprinzip**« (homogen = gleichartig).

Bitte aufschlagen (und natürlich lesen!): **Art. 28 Abs. 1 Satz 1 GG**.

Also: Nach Art. 28 Abs. 1 Satz 1 GG muss die verfassungsmäßige Ordnung in den Bundesländern den Grundsätzen des ***republikanischen, demokratischen*** und ***sozialen Rechtsstaates*** im Sinne des Grundgesetzes entsprechen. Einfacher gesagt, erklärt das Homogenitätsprinzip die Staatsstrukturprinzipien des Art. 20 GG auch in den einzelnen Ländern für anwendbar und unumstößlich. Das Homogenitätsprinzip fordert zwar keine Identität der Verfassungen, aber eine Übereinstimmung in den benannten Grundsätzen (*Jarass/Pieroth* Art. 28 GG Rz. 1; *Ipsen* StaatsR I Rz. 698). **Folge**: Die Staatsform »Republik« ist auch für das Bundesland *Bayern* verbindlich. Jeder einzelne Bundesstaat (Land) muss wegen Art. 28 Abs. 1 Satz 1 GG selbst eine Republik sein, darf also kein dynastisch bestelltes »**Staatsoberhaupt**« haben.

Ergebnis: Auch eine Einführung der Monarchie nur in *Bayern* wäre unzulässig.

Das Allerletzte: Die Bundesländer Bayern, Sachsen und Thüringen nennen sich bis heute »**Freistaaten**«, was rechtlich zwar keinerlei Bedeutung hat, aber es kommt trotzdem ziemlich gut, wenn man weiß, warum das so ist: Der Begriff »Freistaat« ist das im 19. Jahrhundert entstandene, deutsche Synonym für den Begriff ***Republik*** – also eines von einem Monarchen freien Staates (*Maurer* StaatsR I § 7 Rz. 6; *Katz* StaatsR Rz. 65). In den Zeiten der Weimarer Republik (→ November 1918 bis Januar 1933) war der Freistaat – neben dem Volksstaat (= Synonym für ***Demokratie***) – daher die amtliche Bezeichnung der meisten deutschen Flächenländer. Und da sich manche Länder bis heute nicht von dieser fraglos gewaltig klingenden Formulierung (»*wir in Bayern sind ein* ***Freistaat!***«) trennen wollen, ist es die amtliche Bezeichnung für die Bundesländer Bayern (seit 1945), Sachsen (seit 1990) und Thüringen (seit 1993) geblieben und wurde übrigens von 1945 bis 1952 auch für das damals noch existente Bundesland *Baden* (Südbaden) verwendet.

= vom Monarchen freier Staat
Freistaat = Republik
Volksstaat = Demokratie

Gutachten

Und jetzt kommt, wie weiter vorne im Vorspann (vgl. dort: »Zur Arbeit mit diesem Buch«) schon angekündigt, die ausformulierte Lösung, also das, was der Kandidat dem Prüfer als Klausurlösung des gestellten Falles vorsetzen sollte, das ***Gutachten***.

Hierzu vorab noch zwei Anmerkungen:

1.) Zunächst ist wichtig zu verstehen, dass diese ausformulierte Lösung – also das Gutachten— sich sowohl vom Inhalt als auch vom Stil her maßgeblich von dem eben dargestellten Lösungsweg, der ausschließlich der ***inhaltlichen*** Erarbeitung der Materie diente, unterscheidet:

In der ausformulierten (Klausur-)Lösung haben sämtliche Verständniserläuterungen nichts zu suchen. Da darf nur das rein, was den konkreten Fall betrifft und ihn zur Lösung bringt. Inhaltlich darf sich die Klausurlösung, die man dann zur Benotung abgibt, ausschließlich auf die gestellte Fall-Frage beziehen. Abschweifungen, Erläuterungen oder Vergleiche, wie wir sie oben in den Lösungsweg haufenweise zur Erleichterung des Verständnisses eingebaut haben, dürfen ***nicht*** in das Niedergeschriebene aufgenommen werden. Die ausformulierte Lösung ist mithin in aller Regel deutlich kürzer und inhaltlich im Vergleich zum gedanklichen Lösungsweg erheblich abgespeckt. Wie gesagt, es darf nur das rein, was den konkreten Fall löst. Alles andere ist überflüssig und damit – so ist das bei Juristen – ***falsch***.

2.) Man sollte sich als Jura-StudentIn rechtzeitig darüber im Klaren sein, dass die Juristerei eine Wissenschaft ist, bei der – mit ganz wenigen Ausnahmen – nur das ***geschriebene*** Wort zählt. Sämtliche Gedanken und gelesenen Bücher sind leider so gut wie wertlos, wenn die gewonnenen Erkenntnisse vom Kandidaten nicht vernünftig, das heißt in der juristischen Gutachten- bzw. Subsumtionstechnik, zu Papier gebracht werden können. Die Prüfungsaufgaben bei den Juristen, also die Klausuren und Hausarbeiten, werden nämlich bekanntermaßen ***geschrieben***, und nur dafür gibt es dann auch die Punkte bzw. Noten. Übrigens auch und gerade im Examen.

Deshalb ist es außerordentlich ratsam, frühzeitig die für die juristische Arbeit ausgewählte (Gutachten-)Technik zu erlernen. Die Gutachten zu den Fällen stehen aus genau diesem Grund hier stets im Anschluss an den jeweiligen Lösungsweg und sollten im höchsteigenen Interesse dann auch nachgelesen werden. Es ist nur ein geringer Aufwand, hat aber einen beachtlichen Lerneffekt, denn der Leser sieht jetzt, wie das erworbene Wissen tatsächlich nutzbar gemacht wird. Wie gesagt: In der juristischen Prüfungssituation zählt nur das ***geschriebene*** Wort. Alles klar!?

Und hier kommt der (Gutachten-)Text für unseren ersten Fall:

I. Es ist zu prüfen, ob in Deutschland eine Monarchie eingeführt werden kann.

Hiergegen könnten die grundgesetzlichen Regelungen zur Staatsform der Bundesrepublik Deutschland sprechen. Maßgeblich dafür ist die Beantwortung der Frage, wer nach dem Grundgesetz in Deutschland die Staatsgewalt ausüben soll, also wer im Staat befugt ist, Entscheidungen zu treffen und wie die Entscheidungsträger überhaupt an die Macht kommen. Anhand dessen beantwortet sich die Frage, ob *Dieter Bohlen* neuer gesamtdeutscher Kaiser werden könnte.

Die sogenannten »Staatsstrukturprinzipien« sind in Art. 20 Abs. 1 GG verankert. Die Bundesrepublik Deutschland ist demnach ein demokratischer und sozialer Bundesstaat. Deutschland ist somit nach Maßgabe des Grundgesetzes eine Demokratie, ein Sozialstaat, eine Republik und ein Bundesstaat. Um zu klären, ob *Dieter Bohlen* oder irgendjemand anders tatsächlich als Anführer einer Monarchie neuer Kaiser von Deutschland werden kann, ist von Bedeutung, ob sich eine Monarchie mit den im GG verankerten Prinzipien der Republik und der Demokratie verträgt.

1. Die Begriffe Monarchie und Republik beziehen sich in ihrer Abgrenzung auf das Staatsoberhaupt, das heißt, das Organ, das rein formal an der Spitze des Staates steht. Hierbei kommt es allerdings nicht darauf an, welche Machtbefugnisse dieses Staatsoberhaupt konkret hat. Es geht bei der Unterscheidung der Begriffe alleine um die Frage, wie das Staatsoberhaupt bestellt wird, also an die Macht kommt. Die Monarchie ist hierbei ein Staatswesen, in dem das Staatsoberhaupt nach familien- und/oder erbrechtlichen Regelungen, also nach dynastischen Gesichtspunkten bestimmt und auf Lebenszeit bestellt wird, die sogenannte Thronfolgeordnung. Die konkreten Machtbefugnisse des Monarchen spielen bei der Begriffsbestimmung im Übrigen keine Rolle. Monarchien in diesem Sinne sind in Europa demnach Großbritannien, Belgien, die Niederlande, Luxemburg, Spanien, Dänemark, Norwegen und Schweden.

2. Das Gegenstück zur Monarchie ist die für Deutschland im Grundgesetz angeordnete Republik (Bundesrepublik). Die Republik kennzeichnet dabei ein Staatswesen, das kein Staatsoberhaupt im dynastischen Sinne kennt, sondern seinen Souverän durch einen vom Volk getätigten Berufungsakt, der Wahl, auf Zeit bestimmt. Die Republik ist damit rein formal betrachtet eine Nicht-Monarchie. Republik und Monarchie schließen sich als Staatsformen gegenseitig aus, entweder das Staatsoberhaupt ist vom Volk gewählt oder aber per Erb- bzw. Thronfolge ins Amt gelangt. Ebenso wie bei der Monarchie ist damit auch bei der Republik aber noch nicht festgelegt, wer die wichtigen, politisch grundlegenden Entscheidungen im Land trifft. Die Begriffe Monarchie und Republik sagen über die Frage, wer im Staate die jeweilige Staatsgewalt ausübt, nichts aus. Sie kennzeichnen lediglich, wie das Staatsoberhaupt im jeweiligen Land bestimmt wird. In Deutschland wird das Staatsoberhaupt, nämlich der Bundespräsident, gemäß Art. 54 Abs. 1 GG gewählt, somit nicht per Erbfolge oder aus sonstigen dynastischen Gründen bestellt. Deutschland ist – wie in Art. 20 Abs. 1 GG ausdrücklich benannt – eine Republik. Diese Erwägungen sprechen damit eindeutig gegen die Monarchie und einen gesamtdeutschen Kaiser Dieter I.

3. Etwas anderes könnte sich noch aus der Frage ergeben, wie der im GG in Art. 20 GG genannte Begriff der Demokratie verstanden werden muss. Möglicherweise gestattet die Demokratie gleichwohl einen Kaiser oder König als Staatsoberhaupt.

Bei der Demokratie geht es darum, von wem im Staate die Staatsgewalt ausgeht. Die Demokratie benennt einen Staat, in dem die Staatsgewalt vom Volke ausgeübt wird. Das Volk ist in der Demokratie der alleinige Träger der Herrschaftsmacht und kann diese etwa durch Wahlen und Abstimmungen ausüben. Daraus ergibt sich der Unterschied zum vorher Gesagten: Das eine (Monarchie und Republik) bezeichnet die Staats- und das andere (Demokratie) die Herrschaftsform. So kann eine Monarchie zwar nicht gleichzeitig Republik sein, allerdings schließen sich die Begriffe Monarchie und Demokratie oder Republik und Demokratie gegenseitig nicht aus: Eine Monarchie kann gleichzeitig Demokratie sein. Es kann zwar einen Kaiser oder König als formales, repräsentatives Staatsoberhaupt geben, aber die Macht im Staate geht trotzdem vom Volk aus. Eine solche Struktur, die in verschiedenen Königshäusern in Europa besteht, bezeichnet man dann als »parlamentarische Monarchie«. Hinter dem Begriff verbirgt sich der Umstand, dass es zwar ein dynastisches Staatsoberhaupt gibt, die Staatsgewalt aber vom Volke oder etwa einem vom Volk gewähltem Parlament ausgeht.

Für den vorliegenden Fall ergibt sich daraus, dass Monarchie und Demokratie zwar nebeneinander durchaus möglich sind, ein Kaiser also Staatsoberhaupt eines demokratischen Staates sein kann. Dies gilt freilich nur dann, wenn die Verfassung nicht explizit die Staatsform der Republik vorschreibt. Im Falle einer Republik, wie in Deutschland nach dem GG vorgesehen, ist ein dynastisches Oberhaupt des Staates aber ausgeschlossen.

Ergebnis: Deutschland ist gemäß Art. 20 Abs. 1 GG eine Republik, das Staatsoberhaupt (Bundespräsident) erhält sein Amt daher nicht nach dynastischen Regeln, sondern durch Wahl gemäß Art. 54 Abs. 1 GG. Daraus folgt zwingend, dass Deutschland als Republik in keinem Falle eine Monarchie sein kann, Monarchie und Republik schließen sich gegenseitig aus: Entweder wird das Staatsoberhaupt gewählt (Republik) oder aber dynastisch bestellt (Monarchie). Zudem ist Deutschland eine (mittelbare) Demokratie, denn die Staatsgewalt geht vom Volke aus und wird unter anderem durch Wahlen sichergestellt. Die Bürger wählen die Abgeordneten bzw. das Parlament, das dann die Gesetze erlässt, an die sich alle Menschen, also das Volk, halten müssen. Nach Aussage des aktuell gültigen Grundgesetzes soll Deutschland eine demokratische Republik sein, weshalb die Einführung einer Monarchie auf Bundesebene – wie gesehen – grundsätzlich ausgeschlossen ist.

II. Es stellt sich des Weiteren die Frage, ob insoweit eine Änderung des Grundgesetzes möglich ist.

1. Grundsätzlich kann, wie aus Art. 79 GG ersichtlich wird, auch das GG geändert werden. Gesetze und damit auch die Verfassung müssen an die geänderten Zeiten und Lebensumstände der Menschen angepasst werden können. Daher erlaubt Art. 79 Abs. 1 in Verbindung mit Art. 79 Abs. 2 GG eine Änderung der grundgesetzlichen Vorschriften, sofern mindestens zwei Drittel der Mitglieder des Bundestages und auch zwei Drittel der Mitglieder des Bundesrates zustimmen.

2. Unabänderlich, und zwar egal mit welcher Mehrheit, bleiben aber die in Art. 79 Abs. 3 GG genannten Regelungen des Grundgesetzes. Der Grundgesetzgeber wollte damit garantieren, dass grundlegende Prinzipien im Staat immer erhalten bleiben. Nach Art. 79 Abs. 3 GG ist eine Änderung des Grundgesetzes, durch die die Gliederung des Bundes in Länder und die Mitwirkung der Länder bei der Gesetzgebung oder die in Art. 1 und 20 GG niedergelegten Grundsätze berührt werden, unzulässig. Diese in Art. 79 Abs. 3 GG genannten Regelungen gelten damit für die Ewigkeit, weswegen der Art. 79 Abs. 3 GG auch »Ewigkeitsgarantie« genannt wird. Für den vorliegenden Fall ist somit entscheidend, ob die Staatsform der Republik auch zu den unabänderlichen Grundsätzen gehört. Gemäß Art. 79 Abs. 3 GG umfassen diese unter anderem »die in den Artikeln 1 und 20 niedergelegten Grundsätze« mit der Konsequenz, dass auch das Verfassungsprinzip der Republik, das in Art. 20 Abs. 1 GG verankert ist, unabänderlich bleibt und damit für ewig in der Verfassung verankert ist.

Ergebnis: Eine Änderung der Verfassung dergestalt, dass die Staatsform der Republik abgeschafft und etwa eine Monarchie eingeführt bzw. legalisiert werden soll, wäre wegen Verstoßes gegen Art. 79 Abs. 3 GG unzulässig. *Dieter Bohlen* könnte somit nicht einmal durch eine Verfassungsänderung neuer gesamtdeutscher *Kaiser Dieter I.* werden.

III. Schließlich bleibt zu prüfen, ob *Dieter Bohlen* wenigstens im Bundesland Bayern als Monarch und neuer *Kaiser Dieter I.* regieren kann.

Hiergegen könnte Art. 28 Abs. 1 GG sprechen. Nach Art. 28 Abs. 1 Satz 1 GG muss die verfassungsmäßige Ordnung in den Bundesländern den Grundsätzen des republikanischen, demokratischen und sozialen Rechtsstaates im Sinne des Grundgesetzes entsprechen. Das sogenannte Homogenitätsprinzip erklärt die Staatsstrukturprinzipien des Art. 20 GG auch in den einzelnen Ländern für anwendbar und unumstößlich. Die Bundesrepublik Deutschland ist gemäß Art. 20 Abs. 1 Satz 1 GG auch ein Bundesstaat, das Land ist aufgeteilt in 16 einzelne Bundesländer, die ihrerseits im Rahmen der grundgesetzlichen Ordnung autonom sind. Zu dieser Autonomie gehört auch die sogenannte »Verfassungsautonomie«. Jedes Bundesland kann sich also auch eine eigene Verfassung geben. Die Ausgestaltung der verfassungsmäßigen Ordnung im jeweiligen Land ist alleinige Angelegenheit der Länder; die Verfassungsbereiche des Bundes und der Länder stehen grundsätzlich selbstständig nebeneinander. Damit diese Länderverfassungen nicht die Regeln des bundesweit geltenden GG außer Kraft setzen oder relevant abändern, gibt es das Homogenitätsprinzip. Das Homogenitätsprinzip fordert zwar keine Identität der Verfassungen, aber eine Übereinstimmung in den benannten Grundsätzen. Die Staatsform Republik ist demnach auch für das Bundesland *Bayern* verbindlich. Jeder einzelne Bundesstaat muss wegen Art. 28 Abs. 1 Satz 1 GG selbst eine Republik sein, darf also kein dynastisch bestelltes Staatsoberhaupt haben.

Ergebnis: Auch eine Einführung der Monarchie nur in *Bayern* wäre unzulässig.

Fall 2

Tiernahrung für die Bundeswehr

Bundeskanzlerin M hat sich in den Kopf gesetzt, die Mehrwertsteuer für Tiernahrung, die derzeit bei 7 % liegt, auf 20 % zu erhöhen. In Anbetracht der Millionen von Haustieren in Deutschland verspricht M sich davon deutlich erhöhte Steuereinnahmen, die sie dann zur massiven Aufrüstung der Bundeswehr verwenden möchte. Vor der Verabschiedung eines entsprechenden Gesetzes beauftragt die Bundesregierung ein Meinungsforschungsinstitut damit, die Stimmung in der Bevölkerung zu dem geplanten Gesetzesvorhaben zu ermitteln. Als sich herausstellt, dass stolze 96 % der Bundesbürger gegen eine zukünftige Erhöhung der Mehrwertsteuer für Tiernahrung sind, meint M, das kümmere sie nicht. Ein Gesetz könne doch auch gegen den ausdrücklichen Willen der Bevölkerung erlassen werden, eine Demokratie habe ja schließlich auch ihre Grenzen.

Kann das Gesetz unter diesen Umständen erlassen werden?

Schwerpunkte: Das Demokratieprinzip; die repräsentative (parlamentarische) Demokratie; das Zustandekommen von Gesetzen; Bundestag und Bundesrat; Mitbestimmung durch das Volk; Volksabstimmungen.

Lösungsweg

Einstieg: Der Fall klingt im ersten Moment abenteuerlich – denn dass die Kanzlerin sich gegen den eindeutigen Willen von 96 % der Bevölkerung auflehnen und ein entsprechendes Gesetz erlassen will, kann eigentlich nicht sein. Wir werden gleich im Laufe der Lösung sehen, dass die Antwort auf die gestellte Problematik im Ergebnis freilich ziemlich überraschend und vor allem eindeutig ist. Allerdings nur dann, wenn man diverse Grundprinzipien unserer Staatsverfassung, namentlich das der »**repräsentativen Demokratie**«, verstanden hat. Bevor wir richtig in die Lösung des Falles einsteigen, müssen wir deshalb zunächst noch einiges an Vorarbeit leisten: Insbesondere wollen wir mal schauen, wie das mit der Demokratie in unserem Staate eigentlich genau funktioniert und wie in Deutschland ein Gesetz zustande kommt, also vor allem, wer dafür zuständig ist. Wenn wir das erledigt haben, können wir anschließend dann relativ locker unserer Kanzlerin erklären, inwieweit sie an Stimmungen im Volke gebunden ist. Aber der Reihe nach:

Wir haben im ersten Fall schon gelernt, dass Deutschland eine ***Demokratie*** ist und dass das vor allem heißt, dass die Staatsgewalt vom Volke ausgeht (lies: Art. 20 Abs. 2 GG). Und wir haben auch schon gelernt, dass diese Staatsgewalt hauptsächlich dadurch ausgeübt wird, dass der Staat ***Gesetze*** erlässt, an die sich alle Bürger halten müssen. Wenn nun aber die Staatsgewalt vom Volke ausgehen soll und diese Staatsgewalt hauptsächlich durch den Erlass von Gesetzen erfolgt, stellt sich die Frage, wie genau die Bürger an diesen Gesetzen beteiligt werden können. So, und da gibt es dann verschiedene Möglichkeiten: Zum einen wäre denkbar, jedem einzelnen Bürger vor dem Erlass eines neuen Gesetzes einen Brief mit dem Gesetzesentwurf zu schicken und ihn zu befragen, wie er denn nun dieses neue Gesetz findet. Dazu ein Rückumschlag, und wenn alle Bürger geantwortet haben, zählt man die Stimmen einfach aus und weiß am Ende haargenau, ob die Bevölkerung das Gesetz will oder nicht. Klingt einfach, gerecht und auch logisch.

Durchblick: Das, was wir da gerade beschrieben haben, würde man dann »**unmittelbare**« oder auch »**direkte**« Demokratie nennen (*Jarass/Pieroth* Art. 20 GG Rz. 4; *Sachs/Sachs* Art. 20 GG Rz. 31). **Also**: Der einzelne Bürger ist an jedem einzelnen Gesetz direkt/unmittelbar beteiligt, denn das Gesetz muss ja von jedem Bürger einzeln geprüft und abgesegnet werden. **Problem**: Unglaublich aufwendig! Es gibt in Deutschland Tausende von Gesetzen, die ständig geändert, abgeschafft oder neu erfunden werden. Würde man nun bei ***jeder*** einzelnen Maßnahme immer ***jeden*** Bürger fragen müssen, könnte ein Staat bzw. das Gesetzgebungsverfahren unmöglich funktionieren. Allein der Verwaltungsaufwand wäre angesichts einer Einwohnerzahl von geschätzten 80 Millionen Menschen nicht zu bewältigen. **Und**: Viele Menschen haben von vielen Themen, über die Gesetze gemacht werden, naturgemäß überhaupt keine Ahnung. Wer versteht schon was vom Umwelthaftungsrecht oder der Arzneimittelverordnung oder den Wasserabgaberichtlinien oder dem Eigentumsrecht in der Erbfolgenregelung oder dem Pachtkreditgesetz? **Konsequenz**: Bei einer »**unmittelbaren**« Demokratie, bei der alle Bürger über alle Gesetze einzeln und direkt/unmittelbar abstimmen müssen, entstünde nicht nur unfassbarer Verwaltungsaufwand, sondern die Bürger müssten im Zweifel auch über viele Dinge entscheiden, von denen sie keinen blassen Schimmer haben. Ob das Sinn macht?

Genau. Und weil das tatsächlich keinen Sinn macht, hat sich unsere Verfassung auch grundsätzlich gegen die unmittelbare Demokratie entschieden (*von Münch/Kunig* Art. 29 GG Rz. 6). Dass Bürger über einzelne Gesetze wirklich einzeln abstimmen dürfen, kommt im GG ausdrücklich nur in genau ***einem*** Fall vor. Bitte lies: **Art. 29 GG** – und zwar zuerst den **Abs. 1** und danach bitte den **Abs. 2**. Hinter diesen Regelungen, die die Neugliederung des Bundesgebietes bzw. einzelner Bundesländer betreffen und die übrigens bis heute noch nie in der Praxis genutzt worden sind, steckt der Gedanke, dass die in den Ländern von der Neugliederung betroffenen Menschen in diesem Fall ausnahmsweise direkt mitbestimmen sollen; schließlich bekommen sie ja genau genommen eine neue Heimat bzw. ein neues Bundesland, in dem sie fortan leben werden. Und darüber sollen sie eben mitbestimmen dürfen (*Dreier/Wollenschläger* Art. 29 GG Rz. 17; *Schmidt-Bleibtreu/Hofmann/Hopfauf/Sannwald* Art. 29 GG Rz. 29). Deshalb hat das GG für ***diese*** Entscheidungen ausnahmsweise eine Abstimmung der einzelnen Bürger vorgesehen. **Und beachte**: Jetzt haben wir ganz nebenbei auch schon gelernt, was das Wort »Abstimmungen« in **Art. 20 Abs. 2**

Satz 2 GG meint (aufschlagen!). Gemäß Art. 20 Abs. 2 Satz 2 GG soll das Volk – neben den Wahlen – seine Staatsgewalt auch durch eben diese in Art. 29 GG genannten »Abstimmungen« ausüben. **Merke**: Normalerweise wird ***gewählt***, im Falle des Art. 29 GG vom Volk aber ausnahmsweise unmittelbar ***abgestimmt***. Genau ***DAS*** meint der Art. 20 Abs. 2 Satz 2 GG (*Jarass/Pieroth* Art. 20 GG Rz. 6).

So, und wenn wir das gerade Erklärte verstanden haben, ergibt sich die vom GG gewählte Demokratieform fast von selbst. Nach unserem Staatsverständnis funktioniert das nämlich so:

Da – wie gesehen – nicht alle Bundesbürger auch über alle Gesetze abstimmen können und sollen, ***wählen*** die Bürger unseres Landes in regelmäßigen, periodischen Abständen ihre Repräsentanten (Vertreter). Diese Repräsentanten vertreten die Bürger/das Volk dann bei den Abstimmungen über die Gesetze. Die Vereinigung aller Repräsentanten nennt man: **Deutscher Bundestag**, denn dort (→ Reichstag in Berlin) sitzen die vom Volk gewählten Abgeordneten, das sogenannte »Parlament«, dem aktuell (Stand: Juli 2016) übrigens genau **630 Personen** angehören. Der Deutsche Bundestag ist das Organ, das – neben dem Bundesrat – in unserem Land über Bundesgesetze abstimmt; bitte lies jetzt zuerst **Art. 38 Abs. 1 GG** und dann bitte **Art. 77 Abs. 1 GG**. Und weil die Abgeordneten als Repräsentanten (→ Vertreter) des Volkes im Parlament (→ Deutscher Bundestag) über die Gesetze abstimmen, nennt man unsere Demokratieform repräsentative oder auch ***parlamentarische*** (»mittelbare«) Demokratie. Kapiert?

Prima. Bevor wir uns dann gleich mit der Frage beschäftigen, ob in einer ***repräsentativen Demokratie*** ein Gesetz wirklich gegen den Willen von 96 % (!) der Bevölkerung erlassen werden kann, müssen wir zum leichteren Verständnis noch einen eben ganz beiläufig erwähnten Begriff klären, und zwar den des **Bundesrates**.

Beachte: Die Bundesrepublik Deutschland ist gemäß Art. 20 Abs. 1 GG unter anderem ein Bundesstaat. Bundesstaat bedeutet, dass es zwar ein einheitliches Gesamtstaatsgebilde »Bundesrepublik Deutschland« gibt, unser Land aber aufgeteilt ist in (16) verschiedene ***Bundes-*** oder auch ***Gliedstaaten*** – herkömmlicherweise auch »Bundesländer« genannt, die jeweils auch eine eigene »Staatsqualität« haben (*von Münch/Kunig/Schnapp* Art. 20 GG Rz. 8; *Degenhart* StaatsR I Rz. 461). Es gibt also den Bund – und die einzelnen Länder (= Bundesstaat). Gemäß **Art. 30 GG** (lesen!) ist die Ausübung der staatlichen Befugnisse nun grundsätzlich Sache der **Länder**, es sei denn, das GG ordnet ausnahmsweise eine Zuständigkeit des Bundes an. Dahinter steckt die Idee, dass jedes Bundesland erst mal für seine eigenen Bürger sorgen soll, es sei denn, es handelt sich um Aufgaben, die der Bund selbst bundesweit einheitlich regeln möchte. In der Praxis äußert sich das dann so, dass z.B. die meisten Verwaltungsaufgaben von den Ländern oder den Gemeinden geregelt werden, ebenso diverse andere Bereiche, wie etwa das Schulrecht, das Polizeirecht und z.B. auch: die Juristenausbildung – jedes Bundesland hat eine eigene Juristenausbildungsordnung! Konsequenterweise hat jedes Bundesland demzufolge auch einen ganzen Haufen eigener (Landes-)Gesetze, die eben nur für die Bürger des jeweiligen Landes gelten. Wie gesagt: Die Länder sollen sich eben erst mal selbst um ihre Bürger kümmern.

Und: Zwar müssen sich die Bundesländer bei ihren Zuständigkeiten und Aufgaben dann selbstverständlich an die Regeln des GG halten und dürfen dabei insbesondere nicht die grundlegenden Prinzipien der Verfassung verletzen (→Art. 28 Abs. 1 GG). Sie verfügen – wie gesehen – aber dennoch durchaus über ein beachtliches Maß an Autonomie: So hat etwa jedes Bundesland neben den ganzen Zuständigkeiten, Aufgaben und eigenen Gesetzen immer auch eine eigene »**Verfassung**« (also so eine Art »Grundgesetz auf Landesebene«), die freilich nicht gegen Bundesverfassungsrecht verstoßen darf. **Und natürlich**: Jedes Bundesland hat gemäß **Art. 28 Abs. 1 Satz 2 GG** auch eine eigene Landesregierung mit einem ***Ministerpräsidenten*** (oder einem »Regierenden Bürgermeister«, wie z.B. das Bundesland Berlin) und Länderministern bzw. Senatoren.

Diese umfassende Kompetenzzuweisung bzw. Selbstständigkeit der jeweiligen Länder hat nun folgende Konsequenzen: Weil die einzelnen Länder – wir haben es gerade gesehen – ziemlich autonom agieren, in ihrer Gesamtheit freilich nach wie vor das Gebilde der gesamten Bundesrepublik Deutschland ausmachen, hat das GG die einzelnen Länder auch bei der ***Bundesgesetzgebung*** mit eigenen Rechten bzw. Pflichten ausgestattet. Sie sollen nach dem Willen des GG insoweit ebenfalls ein Mitspracherecht haben, schließlich werden ja auch die Einwohner ihres jeweiligen Bundeslandes von den Bundesgesetzen betroffen. Und genau deshalb dürfen die Länder auch bei der Gesetzgebung des ***Bundes*** mitwirken und können im Rahmen dessen beispielsweise eigene Gesetzesentwürfe einbringen, lies bitte **Art. 76 Abs. 1 GG**. Und genau deshalb gibt es den ***Bundesrat***. Bitte aufschlagen (und lesen!): **Art. 50 GG** und danach **Art. 51 Abs. 1 Satz 1 GG**. Im Bundesrat sitzen die Vertreter der Länderregierungen und nehmen dort die Interessen der jeweiligen Länder bei der Bundesgesetzgebung wahr. Ohne auf das Gesetzgebungsverfahren im Einzelnen an dieser Stelle weiter einzugehen, wollen wir demnach bitte schon mal im Kopf behalten, dass bei der Abstimmung über ein ***Bundesgesetz*** sowohl der ***Bundestag*** (→ gewählt vom gesamten Volke) als auch der ***Bundesrat*** (→ Vertreter gewählt in den jeweiligen Bundesländern) beteiligt sind. In der Regel müssen beide »Häuser« ihre Zustimmung (= Mehrheit) zum jeweiligen Gesetz erteilen, dann erst kann es zustande kommen. Merken.

So, und nach diesem Exkurs gehen wir jetzt zur eigentlichen Fallfrage zurück, und die lautete: Kann in einer repräsentativen Demokratie gegen den ausdrücklichen Willen von 96 % (!) der Bevölkerung ein Bundesgesetz erlassen werden?

Und die durchaus überraschende Antwort lautet: **Ja!**

Erklärung: Es ist eigentlich ziemlich logisch. Das GG hat sich entschlossen, die letzte Entscheidung über Gesetze nicht den Bürgern direkt/unmittelbar zu überlassen, sondern es in die Hände der gewählten Volksvertreter (= Abgeordnete des Deutschen Bundestages und die Mitglieder des Bundesrates) zu geben. Das hat durchaus Vorteile, wir haben ja oben schon ausführlich drüber gesprochen: Es entstünde ein unüberschaubarer Verwaltungsaufwand, ließe man jeden einzelnen Bürger über alle möglichen Gesetze abstimmen – und zudem fehlt den meisten Menschen auch die notwendige Sachkenntnis. Deshalb sollen die Menschen nicht direkt über Gesetze abstimmen. Und irgendwie fühlt sich das ja auch vernünftig an.

Freilich hat die ganze Sache aber auch einen beachtlichen Haken, **nämlich**: In unserer repräsentativen Demokratie findet gemäß **Art. 39 Abs. 1 Satz 1 GG** (aufschlagen!) nur alle ***vier*** Jahre eine Wahl zum Deutschen Bundestag statt. Die Abgeordneten erhalten demnach mit ihrer Wahl ein Mandat für eben diese Zeit und sind vom Moment der Wahl an auch an nichts und niemanden mehr gebunden und vor allem nur noch »**ihrem Gewissen**« unterworfen (*von Münch/Kunig/Trute* Art. 38 GG Rz. 86; *Jarass/Pieroth* Art. 38 GG Rz. 26). Das ist leider kein Scherz, sondern steht wörtlich genau so in **Art. 38 Abs. 1 Satz 2 GG** (bitte prüfen). Insbesondere können Abgeordnete in den vier Jahren der sogenannten »Legislaturperiode« nicht abgewählt oder etwa entlassen werden. Wer einmal den Abgeordnetenstatus innehat, behält ihn auch, jedenfalls bis zur nächsten Wahl (vgl. zum Abgeordnetenstatus ausführlich weiter unten die Fälle 16 und 17). **Konsequenz**: Selbst wenn die Abgeordneten Gesetze verabschieden, die die Mehrheit der Bevölkerung eindeutig ablehnt, kommen diese Gesetze ohne Probleme zustande. Es gibt namentlich keinen Vorbehalt dergestalt, dass ein bestimmtes Gesetz immer auch die Zustimmung der Bevölkerung haben muss (*Degenhart* StaatsR I Rz. 30). Mit der Wahl des Parlaments haben die Bürger ihre Entscheidungsbefugnis in unserem demokratischen System ausgeschöpft. Alles, was ab dann passiert, entzieht sich ihrer Entscheidungskraft – so bitter, wie das manches Mal auch sein mag. Wir merken uns also das Prinzip: **Gewählt ist gewählt!** Und eine Änderung der Mehrheitsverhältnisse im Deutschen Bundestag ist – bei normalem Verlauf – eben erst wieder bei der nächsten Wahl möglich. ***So*** funktioniert die »**repräsentative**«, die »**parlamentarische**« Demokratie.

Ergebnis: Die Tatsache, dass 96 % der Bevölkerung gegen die Erhöhung der Mehrwertsteuer auf Tiernahrung sind, hindert nicht das Zustandekommen eines entsprechenden Gesetzes. Sofern Bundestag und Bundesrat diesem Gesetz zustimmen, käme es zustande.

Ein kurzer Nachschlag noch

Wir haben oben in der Lösung gesehen, dass das GG eine Volksabstimmung über Gesetze mit Ausnahme des **Art. 29 GG**, wo es ja um die Neugliederung der Bundesländer geht, nicht kennt. In unserer repräsentativen Demokratie sollen allein die vom Volk gewählten Abgeordneten (die ***Repräsentanten***) über die Bundesgesetze abstimmen (siehe oben). Diese Aussage des GG hindert freilich die einzelnen ***Bundesländer*** nicht daran, in ihre Verfassungen Volksabstimmungen aufzunehmen (BVerfGE **60**, 175). Daher finden sich tatsächlich in sämtlichen Verfassungen der 16 Bundesländer entsprechende Vorschriften, die Volksabstimmungen für bestimmte Fragen bzw. Gesetze zulassen. Wir hatten das oben ja schon herausgearbeitet: Die Bundesländer sind in unserem ***Bundesstaat*** (→ Art. 20 Abs. 1 GG) durchaus autonom, agieren demnach innerhalb ihrer Befugnisse selbstständig, und können sich somit auch eine eigene Verfassung geben. Solange diese Verfassungen sich an die Grundregeln des **Art. 28 Abs. 1 GG** (»**Homogenitätsprinzip**«) halten, begegnen sie keinerlei verfassungsrechtlichen Bedenken. Und jetzt die Finte: Wenn die Bundesländer nun über Fragen bzw. Gesetze, die nur ihr jeweiliges Land betreffen, Volksabstimmungen abhalten möchten und dies in ihren Verfassungen vorsehen, ist das ohne Probleme zulässig. Das GG steht diesen Abstimmungen auf Länderebene jedenfalls nicht entgegen – wie gesagt, es muss sich dabei aber immer um Angelegenheiten handeln, die nur das jeweilige Bundesland betreffen. Unter diesen Umständen wären Volksabstimmungen auf Länderebene auch nach dem GG zulässig (*Sachs/Sachs* Art. 20 GG Rz. 33; *Rux* in JA 2002, 378; *Degenhart* StaatsR I Rz. 103). Merken.

Gutachten

Es ist zu prüfen, ob nach der Konzeption des Grundgesetzes die vorliegende Gesetzesänderung der Steuer auf Tiernahrung auch gegen den ausdrücklichen Willen der Bevölkerung durchgeführt werden kann.

Die Beantwortung dieser Frage hängt davon ab, für welche Form der Beteiligung der Bürger beim Gesetzgebungsverfahren sich das Grundgesetz ausgesprochen hat. Deutschland ist ausweislich des Art. 20 Abs. 1 und Abs. 2 GG eine Demokratie, in der die Staatsgewalt ausnahmslos vom Volke ausgeht. Diese Staatsgewalt wird hauptsächlich dadurch ausgeübt, dass der Staat Gesetze erlässt, an die sich die Bürger halten müssen, somit auch das vorliegend infrage stehende Gesetz. Ausgehend von dieser Voraussetzung stellt sich die Frage, wie die Bürger an den Gesetzen beziehungsweise dem Zustandekommen von Gesetzen beteiligt werden können.

I. Zum einen wäre denkbar, jedem einzelnen Bürger vor dem Erlass eines neuen Gesetzes eine Mitteilung mit dem Gesetzesentwurf zu schicken und ihn zu befragen, wie er denn dieses neue Gesetz findet und ob er seine Zustimmung erteilt oder nicht. Wenn alle Bürger geantwortet haben, könnten die Stimmen ausgezählt und am Ende festgestellt werden, ob die Bevölkerung mit dem Gesetzesvorhaben einverstanden ist. Dies würde man als unmittelbare oder auch direkte Demokratie bezeichnen: Der einzelne Bürger ist an jedem einzelnen Gesetz direkt und unmittelbar beteiligt, denn das Gesetz muss von jedem Bürger einzeln geprüft und abgesegnet werden.

Es stellt sich freilich die Frage, ob dieses Verfahren auch tatsächlich praktikabel wäre und dem Willen der Bevölkerung gerecht würde. Beachtlich insoweit erscheint der Umstand, dass dieses Verfahren auf Tausende von Gesetzen, die in regelmäßigen Abständen geändert, abgeschafft oder neu erfunden werden, angewendet werden müsste. Würde man nun bei jeder einzelnen Maßnahme immer jeden Bürger fragen müssen, könnte ein Staat bzw. das Gesetzgebungsverfahren kaum wirkungsvoll funktionieren. Allein der Verwaltungsaufwand wäre angesichts einer Einwohnerzahl von geschätzten 80 Millionen Menschen nicht zu bewältigen. Zudem wäre zu bedenken, dass viele Menschen von vielen Themen, über die Gesetze gemacht werden, naturgemäß kaum oder überhaupt keine Kenntnisse haben. Inwieweit die gesamte Bevölkerung über ausreichende Informationen etwa vom Umwelthaftungsrecht oder der Arzneimittelverordnung oder den Wasserabgaberichtlinien oder dem Eigentumsrecht in der Erbfolgenregelung oder dem Pachtkreditgesetz verfügt, darf bezweifelt werden. Bei einer unmittelbaren Demokratie, bei der alle Bürger über alle Gesetze einzeln und direkt/unmittelbar abstimmen müssten, entstünde nicht nur unüberschaubarer Verwaltungsaufwand, sondern die Bürger müssten im Zweifel auch über viele Dinge entscheiden, von denen sie keine ausreichenden Kenntnisse besitzen.

Zwischenergebnis: Das Grundgesetz hat sich aus den genannten Gründen gegen dieses Modell der unmittelbaren Demokratie entschieden. Dass Bürger über einzelne Gesetze tatsächlich einzeln abstimmen dürfen, kommt im GG ausdrücklich nur im Fall des Art. 29 GG vor. Hinter diesen Regelungen, die die Neugliederung des Bundesgebietes bzw. einzelner Bundesländer betreffen und die bis heute noch nie in der Praxis genutzt worden sind, steckt der Gedanke, dass die in den Ländern von der Neugliederung betroffenen Menschen in diesem Fall ausnahmsweise direkt mitbestimmen sollen; schließlich bekommen sie ja genau genommen eine neue Heimat bzw. ein neues Bundesland, in dem sie fortan leben werden. Und darüber sollen sie nach Auskunft des GG auch mitbestimmen dürfen. Deshalb hat das GG für diese Entscheidungen ausnahmsweise eine Abstimmung der einzelnen Bürger vorgesehen.

II. Da – wie gerade gesehen – ansonsten aber nicht alle Bundesbürger einzeln über die Gesetze abstimmen können und sollen, wählen die Bürger des Landes in regelmäßigen, periodischen Abständen ihre Repräsentanten (Vertreter). Diese Repräsentanten vertreten die Bürger/das Volk bei den Abstimmungen über die Gesetze. Die Vereinigung aller Repräsentanten ergibt den Deutschen Bundestag, denn dort sitzen die vom Volk gewählten Abgeordneten, das sogenannte Parlament. Der Deutsche Bundestag ist das Organ, das – neben dem Bundesrat – gemäß Art. 77 GG in Deutschland über Bundesgesetze abstimmt. Da die Abgeordneten als Repräsentanten des Volkes im Parlament über die Gesetze abstimmen, nennt man die Demokratieform in Deutschland repräsentative oder auch parlamentarische (oder auch mittelbare) Demokratie.

III. Angesichts dessen ist nun zu klären, inwieweit ein Gesetzesvorhaben auch gegen den ausdrücklichen Willen der Bevölkerung durchgeführt werden kann. Wie gesehen, hat sich das GG entschlossen, die letzte Entscheidung über Gesetze nicht den Bürgern direkt/unmittelbar zu überlassen, sondern es in die Hände der gewählten Volksvertreter, also die Abgeordneten des Deutschen Bundestages und die Mitglieder des Bundesrates, zu geben. In der repräsentativen Demokratie findet gemäß Art. 39 Abs. 1 Satz 1 GG alle vier Jahre eine Wahl zum Deutschen Bundestag statt. Die Abgeordneten erhalten demnach mit ihrer Wahl ein Mandat für eben diese Zeit und sind vom Moment der Wahl an auch an nichts und niemanden mehr gebunden und gemäß Art. 38 Abs. 1 GG vor allem nur noch ihrem Gewissen unterworfen. Insbesondere können Abgeordnete in den vier Jahren der sogenannten Legislaturperiode nicht abgewählt oder etwa entlassen werden. Wer einmal den Abgeordnetenstatus innehat, behält ihn auch, jedenfalls bis zur nächsten Wahl. Selbst wenn die Abgeordneten Gesetze verabschieden, die die Mehrheit der Bevölkerung eindeutig ablehnt, kommen diese Gesetze somit zustande. Es gibt namentlich keinen Vorbehalt dergestalt, dass ein bestimmtes Gesetz immer auch die Zustimmung der Bevölkerung haben muss. Mit der Wahl des Parlaments haben die Bürger ihre Entscheidungsbefugnis in unserem demokratischen System ausgeschöpft. Alles, was ab dann passiert, entzieht sich ihrer Entscheidungskraft. Eine Änderung der Mehrheitsverhältnisse im Deutschen Bundestag ist – bei normalem Verlauf – erst wieder bei der nächsten Wahl möglich.

Ergebnis: Die Tatsache, dass 96 % der Bevölkerung gegen die Erhöhung der Mehrwertsteuer auf Tiernahrung sind, hindert nicht das Zustandekommen eines entsprechenden Gesetzes. Sofern Bundestag und Bundesrat diesem Gesetz zustimmen, käme es zustande.

Fall 3

Ich find' mich gut!

Bundeskanzlerin M findet sich selbst ziemlich gut und möchte daher keinesfalls früher als nötig abtreten. Da ihr Führungsstil auch den allermeisten Kollegen, nämlich etwa 80 % der Abgeordneten des Bundestages und auch des Bundesrates gefällt, meint die Kanzlerin, die nächsten Bundestagswahlen könne man vorsorglich jetzt schon mal um ein Jahr nach hinten verschieben: Ob nun fünf oder – wie im Grundgesetz eigentlich vorgesehen – vier Jahre Regierungszeit, mache keinen wesentlichen Unterschied. Notfalls könne man das Grundgesetz eben entsprechend ändern, die dafür nötige Mehrheit der Abgeordneten sei ja vorhanden. Einige, der Kanzlerin weniger zugeneigte Abgeordnete halten eine Verlängerung der laufenden Legislaturperiode hingegen für verfassungswidrig.

Ist sie das?

Schwerpunkte: Das Demokratieprinzip aus Art. 20 GG; die Periodizität der Wahlen; die Herrschaft auf Zeit; die Herrschaft der Mehrheit, der Schutz der parlamentarischen Minderheit; Art. 39 Abs. 1 Satz 1 GG; Art. 69 Abs. 2 GG, die Beendigung des Amts des Bundeskanzlers; die Verfassungsänderung nach Art. 79 GG; die Ewigkeitsgarantie aus Art. 79 Abs. 3 GG.

Lösungsweg

Vorüberlegung: Die Kanzlerin möchte mit der Verschiebung der Bundestagswahlen die Verlängerung der bereits laufenden Wahlperiode erreichen. Da im Gesetz in **Art. 39 Abs. 1 Satz 1 GG** (aufschlagen!) allerdings steht, dass die Bundestagswahlen grundsätzlich alle ***vier*** Jahre stattfinden müssen, würde dies bei genauer Betrachtung eine erhebliche Abweichung von dieser grundgesetzlich vorgeschriebenen Regel bedeuten. Ob eine solche Abweichung rechtlich tatsächlich zulässig ist – zumindest sind die meisten Abgeordneten des Bundestages und des Bundesrates ja schon mal einverstanden – und inwieweit eine Änderung des Art. 39 Abs. 1 GG erfolgen kann, wird Gegenstand dieses Falles sein. Dabei bekommt der Fall nach der letzten Bundestagswahl vom **September 2013** zudem eine besondere Bedeutung und Aktualität: Im Anschluss an die Wahl bilden nämlich bekanntermaßen CDU/CSU und die SPD eine sogenannte »**Große Koalition**« – und diese Koalition stellt derzeit genau **79,9 %** und damit 504 der insgesamt 630 Bundestagsabgeordneten (zur Besetzung des Bundestages vgl. ausführlich unten Fall 6). Das oben geschilderte Szenario wäre somit, jedenfalls was die Sitzverteilung und die Mehrheitsverhältnisse im Deutschen Bundestag angeht, aktuell durchaus möglich (vgl. instruktiv BVerfG NVwZ **2016**, 922 zur Frage, welche Rechte die Opposition aktuell haben bzw. gerade nicht haben kann).

Einstieg: Um die verfassungsrechtliche Zulässigkeit einer Verlängerung der Wahlperiode zu prüfen, müssen wir uns nun zunächst mal mit dem grundgesetzlich vorgesehenen Regelfall, nämlich der sogenannten ***periodischen Wahl*** des Bundestages, also einer stetig wiederkehrenden Wahlentscheidung durch die Bürger, vertraut machen. Haben wir das dahinter steckende Prinzip und vor allen Dingen auch den Sinn dessen verstanden, können wir dann im zweiten Schritt prüfen, ob eine ausnahmsweise Verlängerung der vierjährigen Wahlperiode möglich ist. Insbesondere stellen sich dann Fragen nach der Verletzung des Demokratieprinzips aus Art. 20 Abs. 1 GG durch eine eigenmächtig verlängerte Wahlperiode. **Aber**: Alles schön der Reihe nach, zunächst schauen wir uns also mal die verfassungsrechtlichen Grundlagen der Wahlen zum Deutschen Bundestag an, und die gehen so:

I. Die Regel → Art. 39 Abs. 1 Satz 1 GG

Der Art. 39 Abs. 1 Satz 1 GG gibt vor, dass der Bundestag auf ***vier*** Jahre gewählt wird. Damit legt das GG die Dauer der Wahlperiode zunächst einmal verbindlich fest (lies auch: Art. 39 Abs. 1 Satz 2 GG). Im Klartext heißt das, dass die Zeitspanne, für welche die Abgeordneten vom Volk als Vertreter bzw. Repräsentanten bestimmt und legitimiert werden, nach Meinung des GG auf diesen Zeitraum begrenzt sein soll. Die Bundestagsabgeordneten werden auf Zeit, nämlich auf eben diese vier Jahre gewählt. Und das macht natürlich auch Sinn, denn:

Merke: Wahlen erfüllen ihre Funktion demokratischer Legitimation nur dann, wenn das den Repräsentanten erteilte Mandat, also der einem Abgeordneten durch die Wahl erteilte Auftrag, in regelmäßigen, von vornherein festgelegten Abständen erneuert wird. Die ***Periodizität*** der Wahlen ist unabdingbare Voraussetzung repräsentativer Demokratie (*Degenhart* StaatsR I Rz. 67).

Durchblick: Die gerade aufgestellte Regel leuchtet ein, wenn man sich das Ganze mal anders herumvorstellt. Würden Wahlen nicht in regelmäßigen Abständen wiederholt, verlören sie vollständig ihren Sinn: Denn wie könnte die Bevölkerung dann auf Politik und Politiker reagieren, die den Menschen nicht »gefallen« und die sie gerne geändert bzw. ausgetauscht sähen? Der einmal gewählte Bundestag und auch die Regierung wären unter diesen Umständen quasi auf Lebenszeit oder genau genommen für die Ewigkeit legitimiert und könnten ab dem Tag der Wahl machen, was sie wollten. Die »Herrschaft des Volkes« (= Demokratie) würde sich dann in dem einmaligen Wahlgang erschöpfen – und Schluss. **Logo**: Das kann natürlich nicht sein und ist vor allem auch nicht im Sinne der Erfinder des Grundgesetzes. Und weil das nicht sein kann, da es – wie gesehen – den demokratischen Gedanken der Volksherrschaft komplett untergraben würde, gibt es eben nach dem GG diese ***periodisch*** wiederkehrenden Wahlen, damit das Volk auch schön regelmäßig seine Beurteilung über die Politik abgeben kann, und zwar: beim Gang zur Wahlurne. Kapiert!?

Prima. Dann können wir jetzt dann auch schon mal einen Blick auf die rein formalen Konsequenzen der Wahlen werfen und wollen uns insoweit bitte Folgendes merken: Die Wahlperiode des Deutschen Bundestages beginnt nicht mit der Wahl oder am Wahltag selbst, sondern erst mit dem ersten Zusammentritt – der sogenannten »**konstituierenden Sitzung**« – des neuen Bundestages (*Maurer* StaatsR I § 13 Rz. 52). Die jeweilige Wahlperiode endet interessanterweise erst mit dem Zusammentritt des neuen, nächsten Bundestages, also erst nach der zwischenzeitlich erfolgten neuen Bundestagswahl (*Jarass/Pieroth* Art. 39 GG Rz. 3). Dieser Ablauf ist nötig, denn nur dadurch wird ein sogenanntes »**Interim**«, also eine parlamentslose Zeit, vermieden (*Maurer* StaatsR I § 13 Rz. 52). Die Wahlperiode des neuen Bundestages schließt sich somit immer nahtlos an die des vorigen Bundestages an. Durch die in **Art. 39 Abs. 1 Satz 3 GG** verankerte, zeitliche Festlegung des Wahltermins – **46 bis 48 Monate** nach Beginn der Wahlperiode – und der in Art. 39 Abs. 2 GG festgelegten konstituierenden Sitzung – spätestens **30 Tage** nach der Wahl – werden zudem unnötige Verzögerungen vermieden.

Die Rechtsfolgen der Beendigung des Bundestages ergeben sich in personeller und gegenständlicher Hinsicht aus den sogenannten »***Grundsätzen der persönlichen und sachlichen Diskontinuität***«. Und die gehen so:

Definition Nr. 1: *Personelle Diskontinuität* bedeutet, dass mit einer Legislaturperiode grundsätzlich auch die Tätigkeit all seiner Organe endet. Die bisherigen Abgeordneten verlieren mit Ende der Wahlperiode ihr Mandat (*Katz* StaatsR I Rz. 352).

Definition Nr. 2: *Sachliche Diskontinuität* bedeutet, dass mit der Beendigung des Bundestages alle eingebrachten (Gesetzes-)Vorlagen, Anträge und Anfragen, die bis zum Ende der Wahlperiode noch nicht abgeschlossen sind, als erledigt gelten, somit bedeutungslos geworden sind (*Stern* StaatsR II § 26 III 4b; *Katz* StaatsR I Rz. 352; *Maurer* StaatsR I § 13 Rz. 54). Ein z.B. im Zuge dessen abgebrochenes Gesetzesvorhaben könnte zwar vom neuen Bundestag wieder aufgegriffen werden, es müsste aber neu in den Bundestag eingebracht werden und das gesamte gesetzgebende Verfahren durchlaufen.

In der Praxis erklärt dies übrigens den häufig als sonderbar wahrgenommenen Umstand, dass Regierungsparteien kurz vor der nächsten Bundestagswahl noch mit aller Macht versuchen, ihre Gesetzesvorhaben möglichst rasch »**durchzupeitschen**«. Gelingt dies nicht mehr, droht nämlich die eben benannte Konsequenz: Die neue Regierung hat mit den alten Gesetzesvorhaben grundsätzlich nichts mehr zu tun = *Sachliche*

Diskontinuität (siehe oben). Wie gesagt: Der politisch unter Umständen anders zusammengesetzte, neue Bundestag muss das angefangene Vorhaben seines Vorgängers nicht fortsetzen.

> **Beachte aber:** Unberührt von dem Wechsel in der personellen Zusammensetzung aufgrund der Neuwahl, bleibt allerdings die ***Identität des Bundestages*** als abstrakt-institutionell ständig vorhandenes Staatsorgan (sogenannte »Organ-Kontinuität«). Dementsprechend bleiben Rechtshandlungen des Bundestages mit Außenwirkung, wie etwa Verträge mit Dritten oder Prozesshandlungen in Gerichtsverfahren, auch nach dem Ende der jeweiligen Wahlperiode wirksam und für den nächsten Bundestag bindend (BVerfGE **4**, 144, 152; *Sachs/Magiera* Art. 39 GG Rz. 14). Merken.

ZE.: So, das waren jetzt die Grundregeln. Wir haben weiter oben festgestellt, dass wegen **Art. 39 Abs. 1 Satz 1 GG** der Bundestag grundsätzlich auf ***vier*** Jahre gewählt wird und wir wissen jetzt auch, welche formalen Konsequenzen eine Wahl zum Deutschen Bundestag hat (siehe unsere Ausführungen soeben).

II. Ausnahmen zu Art. 39 Abs. 1 Satz 1 GG möglich?

Da die Kanzlerin die Wahlperiode eigenmächtig auf fünf Jahre verlängern will, müsste dieser Art. 39 Abs. 1 Satz 1 GG mit seiner Grundregel also in jedem Falle geändert werden, was uns dann gleich (wieder) zu **Art. 79 GG** führen wird.

> **Und**: Erschwerend kommt dann auch noch hinzu, dass der **Art. 69 Abs. 2 GG** (aufschlagen, bitte!) ebenfalls die ***Periodizität der Wahl*** – das sogenannte »Periodizitätsprinzip« – zum Ausdruck bringt, indem sich nämlich die Begrenzung der Amtszeit des Parlaments, also des Bundestages, auch auf die Amtszeit der Bundesregierung (= Kanzler und die Minister) auswirkt. Daraus ergibt sich eine verfassungsrechtliche Kopplung des Amtes der Regierung an die Amtsperiode des Parlaments durch die Art. 69 Abs. 2 GG in Verbindung mit Art. 39 Abs. 1 Satz 2 GG. Das Ende der Wahlperiode und das Ende der Amtszeit des Bundeskanzlers sind damit gleichgeschaltet, sodass jeder Bundestag tatsächlich »**seinen**« Bundeskanzler wählt (*Maurer* StaatsR I § 14 Rz. 35). **Konsequenz**: Neben dem Art. 39 Abs. 1 Satz 1 GG müsste auch der **Art. 69 Abs. 2 GG** abgeändert werden, damit die Bundesregierung ihr Vorhaben zur Verlängerung der Wahlperiode auf fünf Jahre durchführen kann.

Ob eine solche Verfassungsänderung zulässig wäre und welche Voraussetzungen daran geknüpft sind, richtet sich – wie eben schon angedeutet – nach der immens wichtigen Vorschrift des **Art. 79 GG**, den wir ja bereits im ersten Fall kennengelernt haben.

Kurze Wiederholung: Gemäß Art. 79 Abs. 1 GG in Verbindung mit Art. 79 Abs. 2 GG ist es grundsätzlich möglich und auch zulässig, das GG zu ändern. Erforderlich dafür ist allerdings stets die Zustimmung von mindestens **2/3** der Mitglieder des Bundestages und auch des Bundesrates. Keinesfalls geändert werden dürfen allerdings – egal, mit welcher Mehrheit! – gemäß **Art. 79 Abs. 3 GG** die Gliederung des Bundes in Länder, die grundgesetzliche Mitwirkung der Länder bei der Gesetzgebung oder die in Art. 1 und 20 GG niedergelegten Grundsätze (bitte lies: Art. 79 Abs. 3 GG). Das Ganze nennt man »Ewigkeitsgarantie«, denn diese gerade genannten Regeln der Verfassung gelten, weil sie nicht geändert werden können, somit logischerweise für die »Ewigkeit«.

So, und mit diesem Wissen schauen wir uns jetzt mal an, ob die Verlängerung der Wahlperiode durch eine Änderung der Art. 39 Abs. 1 Satz 1 GG und 69 Abs. 2 GG tatsächlich realisiert werden kann. Das ist gar nicht so einfach, und deshalb machen wir das jetzt mal schön schulmäßig und halten uns an folgende Schritte:

1.) Die Voraussetzungen des Art. 79 Abs. 1 und 2 GG

Die Kanzlerin möchte die Verlängerung der Wahlperiode. Damit müsste sowohl der Art. 39 Abs. 1 Satz 1 GG als auch der Art. 69 Abs. 2 GG dahingehend geändert werden, dass die laufende Wahlperiode um ein Jahr von vier auf ***fünf*** Jahre verlängert wird. Gemäß **Art. 79 Abs. 1 und 2 GG** wären dafür zunächst die ***formellen*** Voraussetzungen zu erbringen: Insbesondere müssen zwei Drittel (= 66,6 %) der Mitglieder des Bundestages und zwei Drittel der Mitglieder des Bundesrates der Änderung der einschlägigen Artikel zustimmen (BVerfG NVwZ **2016**, 922). Ausweislich des Sachverhalts bestehen dahingehend in unserem Fall schon mal keine Bedenken, da immerhin 80 % der Abgeordneten des Bundestages und des Bundesrates die Kanzlerin prima finden und sich mit der Verlängerung der Wahlperiode einverstanden erklären würden. Also ist damit zu rechnen, dass die erforderliche 2/3-Mehrheit für eine Grundgesetzänderung erreicht werden kann.

<u>ZE.</u>: Die formellen Voraussetzungen des Art. 79 Abs. 2 GG wären erfüllt, da mehr als 2/3 der Mitglieder des Bundestages als auch des Bundesrates ihre Zustimmung zu einer Verlängerung der Wahlperiode signalisiert haben.

2.) Verstoß gegen Art. 79 Abs. 3 GG?

Einer Änderung des GG könnte jedoch die oben angesprochene »**Ewigkeitsgarantie**« des Art. 79 Abs. 3 GG entgegenstehen. Der Art. 79 Abs. 3 GG bestimmt, dass eine Änderung der »in Art. 1 und 20 GG niedergelegten Grundsätze« immer, also insbesondere völlig unabhängig von einer (auch hochprozentigen) Mehrheit der Zustimmung im Bundestag, unzulässig ist. So, und in dem in Art. 79 Abs. 3 GG genannten Art. 20 GG steht nun unter anderem das ***Demokratieprinzip*** drin, nämlich genau genommen wörtlich in Art. 20 Abs. 1 GG (prüfen, bitte!). Wir müssen uns somit die Frage stellen, ob durch die Änderung des Art. 39 Abs. 1 Satz 1 GG und des Art. 69 Abs. 2 GG möglicherweise elementare Grundsätze dieses Demokratieprinzips beschnitten werden. Sollte das der Fall sein, wäre eine Änderung des GG – auch mit einer 80 %igen Zustimmung von Bundestag und Bundesrat – wegen der Ewigkeitsgarantie des Art. 79 Abs. 3 GG nicht möglich, denn die in Art. 20 GG niedergelegten Grundsätze dürfen ja nicht berührt werden (lies: Art. 79 Abs. 3 GG).

Die entscheidende Frage lautet also: Wären durch die von der Bundeskanzlerin angestrebte Verfassungsänderung wesentliche Kernelemente des Demokratieprinzips aus Art. 20 Abs. 1 GG verletzt?

Die Antwort: Wahlen müssen – das haben wir weiter oben schon mal kurz angesprochen – in einer Demokratie in regelmäßig wiederkehrenden Abständen stattfinden. Das dahinterstehende ***Periodizitätsprinzip*** ist Wesensmerkmal und Funktionsvoraussetzung der Demokratie als sogenannter »**Herrschaft auf Zeit**« (BVerfG WM **2016**, 568; *Gröpl* StaatsR I Rz. 355). Wie gesagt: Was bleibt denn schon von einer Demokratie als »Herrschaft des Volkes« übrig, wenn das Volk nicht in regelmäßigen Abständen über die Arbeit der Repräsentanten urteilen (= wählen!) kann? Nur mithilfe regelmäßiger Wahlen kann das Volk in einer repräsentativen Demokratie die Arbeit der Volksvertreter bewerten und unter Umständen die alten Abgeordneten abwählen und neue Abgeordnete ins Amt befördern. Genau ***das*** ist der Sinn von Wahlen. Die repräsentative Demokratie verlangt daher logischerweise einen festgelegten Wahlzyklus, der dem Staatsvolk die Befugnis verleiht, seinem politischen Mehrheitswillen Geltung zu verschaffen, ihn vor allem ***regelmäßig*** neu zu betätigen und die Machtausübung der von ihm gewählten Mandatsträger effektiv zu kontrollieren (BVerfGE **62**, 1, 33; BVerfGE **18**, 151; *Stern* StaatsR I § 18 II 6; *Degenhart* StaatsR I Rz. 67; *Gröpl* StaatsR I Rz. 355). **Und**: Die Demokratie bezeichnet man auch als »Herrschaft der Mehrheit«. Es muss daher im Umkehrschluss natürlich immer und jederzeit die Chance bestehen, dass die **Minderheit** irgendwann zur **Mehrheit** werden kann (BVerfG NVwZ **2016**, 922; *Sachs/Sachs* Art. 20 GG Rz. 21). Auch deshalb müssen Wahlen in einer Demokratie immer periodisch stattfinden.

Merke: Eine maßgebende politische Steuerungsfunktion haben Wahlen in einer Demokratie nur dann, wenn sie den Bürgern wirkliche, sachliche und personelle Alternativen zur Entscheidung anbieten. Das schließt insbesondere die Möglichkeit ein, die gegenwärtige Regierung samt ihrem politischen Programm durch eine andere abzulösen. Erst und nur dadurch entsteht eine wirksame Rückkopplung des Handelns der Staatsorgane an den Mehrheitswillen des Volkes (BVerfG WM **2016**, 568; BVerfGE **62**, 1, 33; BVerfGE **18**, 151; BK/*Kretschmer* Art. 39 GG Rz. 22/40; *Zippelius/Würtenberger* StaatsR § 10 Rz. 23).

Zum Fall: Der Art. 79 Abs. 3 GG steht – wie gesehen – einer Verfassungsänderung entgegen, wenn die Verlängerung der aktuellen Wahlperiode einen Eingriff in den Kernbereich der Demokratie darstellt. Wir haben gerade festgestellt, dass regelmäßig wiederkehrende Wahlen zum Kernelement des Demokratieprinzips zählen. Wenn nunmehr die Bundesregierung – wie von der Kanzlerin angedacht – die Bundestagswahlen um ein Jahr aufschieben möchte, würde sie damit gegen das gerade geschilderte ***Demokratieprinzip*** aus Art. 20 Abs. 1 GG verstoßen. Mit der sofortigen eigenmächtigen Verlängerung der Wahlperiode nimmt die Regierungskoalition nämlich eine ihr tatsächlich nicht verliehene Repräsentationsbefugnis in Anspruch, da der »amtierende« Bundestag seine Legitimation vom Volk gemäß Art. 39 Abs. 1 Satz 1 GG ursprünglich nur für die Dauer von ***vier*** Jahren erhalten hat. In dem zusätzlichen Jahr würde der Bundestag seine Herrschaftsmacht – ohne Legitimation durch das Volk! – ausüben und sich damit auch dessen Einflussnahme entziehen (*Dreier/Morlock* Art. 39 GG Rz. 17). Die Begrenzung der Amtszeit der Abgeordneten ist ein unabdingbares, der Verfassungsänderung durch Art. 79 Abs. 3 GG entzogenes Kernelement des Demokratieprinzips (BVerfGE **62**, 1, 33; BVerfGE **18**, 151; *Maunz/Dürig/Klein* Art. 39 GG Rz. 10; BK/*Kretschmer* Art. 39 GG Rz. 48; *Dreier/Morlock* Art. 39 GG Rz. 17; *Schmidt-Bleibtreu/Hofmann/Hopfauf* Art. 39 GG Rz. 12).

Ergebnis: Folglich ist die Verlängerung der bereits laufenden Wahlperiode mit Kernelementen des Demokratieprinzips ***nicht*** vereinbar. Die Ewigkeitsgarantie des Art. 79 Abs. 3 GG steht mithin der Verfassungsänderung der Art. 39 Abs. 1 Satz 1 GG und Art. 69 Abs. 2 GG entgegen. Sie wäre somit unzulässig. Die laufende Wahlperiode kann vom Bundestag bzw. der Bundeskanzlerin nicht eigenmächtig verlängert werden (BVerfGE **62**, 1, 33; BVerfGE **18**, 151).

Ein kurzer Nachschlag noch

Wir haben jetzt gesehen, dass und warum eine bereits laufende Wahlperiode des Bundestages nicht einfach mal so um ein Jahr verlängert werden kann. Diese Verlängerung der Amtszeit der Abgeordneten und auch der Regierung wäre nicht vom Volk legitimiert und verstieße daher gegen das Demokratieprinzip des Art. 20 Abs. 1 GG. **Konsequenz**: Der uns inzwischen bekannte **Art. 79 Abs. 3 GG** verhindert einen solchen Einschnitt in die Regeln des Art. 20 GG.

Aber, Frage: Wenn schon nicht die laufende Wahlperiode verlängert werden kann, geht das denn wenigstens für eine ***zukünftige***, also aktuell noch nicht begonnene Wahlperiode?

> **Ansatz**: Bei der vom GG in Art. 39 Abs. 1 Satz 1 vorgesehenen Dauer der Wahlperiode von ***vier*** Jahren handelt es sich tatsächlich nicht um einen starren Zeitraum, sondern lediglich um eine Regelzeitspanne (*Schmidt-Bleibtreu/Hofmann/Hopfauf* Art. 39 GG Rz. 11). Sie kann in den gesetzlich vorgesehenen Fällen ausnahmsweise verlängert werden, so nämlich im ***Verteidigungsfall***, wie sich aus Art. 115 h Abs. 1 Satz 1 GG ergibt. Eine Verkürzung der Wahlperiode sieht das GG ebenfalls vor, und zwar bei der vorzeitigen Auflösung des Bundestages, wie sich aus Art. 39 Abs. 1 Satz 4 GG ergibt (bitte reinschauen). Für diese vorzeitige Auflösung des Bundestages und damit natürlich auch der Wahlperiode benennt das GG genau ***zwei*** Fälle: Zum einen den **Art. 63 Abs. 4 GG**, wenn nämlich die Wahl des Bundeskanzlers scheitert, weil kein Kandidat die absolute Mehrheit (= Mehrheit der Mitglieder des Bundestages) erreicht. Zum anderen, wenn gemäß **Art. 68 Abs. 1 GG** der Bundeskanzler die sogenannte »Vertrauensfrage« stellt, aber nicht die erforderliche absolute Mehrheit der

Stimmen der Bundestagsabgeordneten erhält (schauen wir uns in einem späteren Fall noch genauer an). **Beachte**: Die vorzeitige Auflösung des Bundestages ist nur in diesen beiden Fällen zulässig. Eine vorzeitige ***Selbst***auflösung des Bundestages ist im GG demgegenüber nicht vorgesehen (*Maurer* StaatsR I § 13 Rz. 59). Eine vom Bundestag selbst eingeleitete Verkürzung der ***laufenden*** Wahlperiode durch Vorziehen von Wahlen wäre wegen Verstoßes gegen Art. 39 Abs. 1 GG und das Demokratieprinzip somit unzulässig. Der Deutsche Bundestag ist nicht befugt, über seine ***laufende*** Amtszeit selbst zu bestimmen. Es gelten vielmehr die Regeln des GG, und die besagen, dass vier Jahre regiert bzw. gearbeitet werden muss. Merken.

Und jetzt aufgepasst: Sehr wohl zulässig ist demgegenüber eine Verlängerung oder Verkürzung ***künftiger*** Wahlperioden im Wege der Verfassungsänderung nach Art. 79 Abs. 1 und Abs. 2 GG (*Stern* StaatsR I § 18 II 6; *Schmidt-Bleibtreu/Hofmann/Hopfauf* Art. 39 GG Rz. 11). Das Problem liegt dann allein in der Festlegung der angemessenen Dauer der Wahlperiode. Da muss dann zwischen den Erfordernissen der Arbeitsfähigkeit und der Verantwortlichkeit des Parlaments abgewogen werden, die unterschiedlich für eine eher längere bzw. kürzere Wahlperiode sprechen können (BK/*Kretschmer* Art. 39 GG Rz. 48). Insoweit sind verschiedene Varianten bzw. Jahreszahlen denkbar. Eine Verlängerung der Wahlperiode auf sieben oder mehr Jahre ist allerdings mit dem Demokratieprinzip und folglich mit Art. 79 Abs. 3 GG nach allgemeiner Meinung ***nicht*** vereinbar (*Maurer* StaatsR I § 13 Rz. 51), da mit einer solch langen Wahlperiode die Kraft der Legitimation durch das Volk deutlich schwinden würde. Die Herrschaft würde zu einer Art »**Wahlmonarchie**« mutieren (*Gröpl* StaatsR I Rz. 358) Zweifelhaft ist, ob eine Verlängerung auf sechs Jahre noch vertretbar wäre. Eine Wahlperiode von ***fünf*** Jahren – wie in vielen Landesverfassungen vorgesehen (so z.B. in Brandenburg, Mecklenburg-Vorpommern, Sachsen-Anhalt, Nordrhein-Westfalen und Hessen) – dürfte hingegen auch auf Bundesebene problemlos zulässig sein (vgl. dazu *Maurer* in JuS 1983, 45).

Merke zum Schluss: Für die Frage nach der zulässigen Verfassungsänderung im Hinblick auf die Dauer einer Wahlperiode muss unterschieden werden, ob es um eine ***laufende*** oder eine ***zukünftige*** Wahlperiode geht. Wird die in Art. 39 Abs. 1 Satz 1 GG geregelte Wahlperiode durch Grundgesetzänderung verlängert, gilt diese Verlängerung erst für die ***kommende*** Wahlperiode. Die Wahl vermittelt demokratische Herrschaft nur für jene Wahlperiode, die für den Bürger erkennbar am Wahltag festgelegt war. Verlängerungen der ***laufenden*** Wahlperiode sind mit dem Demokratieprinzip daher nicht vereinbar (BVerfGE **62**, 1, 33; BVerfGE **18**, 151; *Schmidt-Bleibtreu/Hofmann/Hopfauf* Art. 39 GG Rz. 12; *Zippelius/Würtenberger* StaatsR § 10 Rz. 24).

Gutachten

Es ist zu prüfen, ob die laufende Legislaturperiode des Deutschen Bundestages von vier auf fünf Jahre verlängert werden kann.

Dies hängt zum einen davon ab, inwieweit die grundgesetzlichen Vorgaben eine vierjährige Amtszeit erzwingen und zum anderen, ob die aktuelle Verfassung diesbezüglich unter Umständen geändert werden könnte.

I. Gemäß Art. 39 Abs. 1 Satz 1 GG finden die Bundestagswahlen grundsätzlich alle vier Jahre statt. Damit legt das GG die Dauer der Wahlperiode verbindlich fest. Die Zeitspanne, für welche die Abgeordneten vom Volk als Vertreter bzw. Repräsentanten bestimmt und legitimiert werden, soll nach Meinung des GG auf diesen Zeitraum begrenzt sein. Wahlen erfüllen ihre Funktion demokratischer Legitimation nämlich nur dann, wenn das den Repräsentanten erteilte Mandat, also der einem Abgeordneten durch die Wahl erteilte Auftrag, in regelmäßigen, von vornherein festgelegten Abständen erneuert wird. Die Periodizität der Wahlen ist unabdingbare Voraussetzung repräsentativer Demokratie. Würden Wahlen nicht in regelmäßigen Abständen wiederholt, verlören sie vollständig ihren Sinn. Denn die Bevölkerung könnte dann auf Politik und Politiker, die den Menschen nicht gefallen und die sie gerne geändert bzw. ausgetauscht sähen, nicht reagieren. Der einmal gewählte Bundestag und auch die Regierung wären unter diesen Umständen quasi auf Lebenszeit legitimiert und könnten ab dem Tag der Wahl agieren, wie sie wollten. Die Herrschaft des Volkes (Demokratie) würde sich dann in dem einmaligen Wahlgang erschöpfen.

II. Die jeweilige Wahlperiode endet mit dem Zusammentritt des neuen, nächsten Bundestages, also erst nach der zwischenzeitlich erfolgten neuen Bundestagswahl. Dieser Ablauf ist nötig, denn nur dadurch wird ein sogenanntes Interim, also eine parlamentslose Zeit, vermieden. Die Wahlperiode des neuen Bundestages schließt sich somit immer nahtlos an die des vorigen Bundestages an. Durch die in Art. 39 Abs. 1 Satz 3 GG verankerte, zeitliche Festlegung des Wahltermins – 46 bis 48 Monate nach Beginn der Wahlperiode – und der in Art. 39 Abs. 2 GG festgelegten konstituierenden Sitzung – spätestens 30 Tage nach der Wahl – werden zudem unnötige Verzögerungen vermieden. Die Rechtsfolgen der Beendigung des Bundestages ergeben sich in personeller und gegenständlicher Hinsicht aus den sogenannten Grundsätzen der persönlichen und sachlichen Diskontinuität. Personelle Diskontinuität bedeutet, dass mit einer Legislaturperiode grundsätzlich auch die Tätigkeit all seiner Organe endet. Die bisherigen Abgeordneten verlieren mit Ende der Wahlperiode ihr Mandat. Sachliche Diskontinuität bedeutet, dass mit der Beendigung des Bundestages alle eingebrachten (Gesetzes-)Vorlagen, Anträge und Anfragen, die bis zum Ende der Wahlperiode noch nicht abgeschlossen sind, als erledigt gelten, somit bedeutungslos geworden sind. Ein z.B. im Zuge dessen abgebrochenes Gesetzesvorhaben könnte zwar vom neuen Bundestag wieder aufgegriffen werden, es müsste aber neu in den Bundestag eingebracht werden und das gesamte gesetzgebende Verfahren durchlaufen. In der Praxis erklärt dies den häufig als sonderbar wahrgenommenen Umstand, dass Regierungsparteien kurz vor der nächsten Bundestagswahl noch mit aller Macht versuchen, ihre Gesetzesvorhaben möglichst rasch »durchzupeitschen«. Gelingt dies nicht mehr, droht nämlich die eben benannte Konsequenz: Die neue Regierung ist an die alten Gesetzesvorhaben grundsätzlich nicht mehr gebunden. Der politisch unter Umständen anders zusammengesetzte, neue Bundestag muss das angefangene Vorhaben seines Vorgängers nicht fortsetzen. Unberührt von dem Wechsel in der personellen Zusammensetzung aufgrund der Neuwahl bleibt allerdings die Identität des Bundestages als abstrakt-institutionell ständig vorhandenes Staatsorgan. Dementsprechend bleiben Rechtshandlungen des Bundestages mit Außenwirkung, wie etwa Verträge mit Dritten oder Prozesshandlungen in Gerichtsverfahren, auch nach dem Ende der jeweiligen Wahlperiode wirksam und für den nächsten Bundestag bindend.

III. Da die Kanzlerin im vorliegenden Fall die Wahlperiode auf fünf Jahre verlängern will, müsste der Art. 39 Abs. 1 Satz 1 GG mit seiner Grundregel und den soeben aufgezeigten Konsequenzen geändert werden. Die Zulässigkeit dessen richtet sich grundsätzlich nach Art. 79 GG. Hinzu kommt, dass der Art. 69 Abs. 2 GG ebenfalls die Periodizität der Wahl zum Ausdruck bringt, indem sich nämlich die Begrenzung der Amtszeit des Parlaments, also des Bundestages, auch auf die Amtszeit der Bundesregierung (Kanzler und die Minister) auswirkt. Daraus ergibt sich eine verfassungsrechtliche Kopplung des Amtes der Regierung an die Amtsperiode des Parlaments durch Art. 69 Abs. 2 GG in Verbindung mit Art. 39 Abs. 1 Satz 2 GG. Das Ende der Wahlperiode und das Ende der Amtszeit des Bundeskanzlers sind damit gleichgeschaltet, sodass jeder Bundestag tatsächlich »seinen« Bundeskanzler wählt. Neben dem Art. 39 Abs. 1 Satz 1 GG müsste also auch der Art. 69 Abs. 2 GG abgeändert werden, damit die Bundesregierung ihr Vorhaben zur Verlängerung der laufenden Wahlperiode auf fünf Jahre durchführen kann.

IV. Ob eine solche Verfassungsänderung zulässig wäre und welche Voraussetzungen daran geknüpft sind, richtet sich wie gerade bereits angesprochen nach Art. 79 GG. Gemäß Art. 79 Abs. 1 GG in Verbindung mit Art. 79 Abs. 2 GG ist es grundsätzlich möglich und auch zulässig, das GG zu ändern. Erforderlich dafür ist allerdings stets die Zustimmung von mindestens 2/3 der Mitglieder des Bundestages und auch des Bundesrates. Keinesfalls geändert werden dürfen allerdings gemäß der in Art. 79 Abs. 3 GG verankerten sogenannten Ewigkeitsgarantie die Gliederung des Bundes in Länder, die grundgesetzliche Mitwirkung der Länder bei der Gesetzgebung oder die in Art. 1 und 20 GG niedergelegten Grundsätze.

1.) Die Kanzlerin möchte die Verlängerung der Wahlperiode. Damit müsste sowohl der Art. 39 Abs. 1 Satz 1 GG als auch der Art. 69 Abs. 2 GG dahingehend geändert werden, dass die laufende Wahlperiode um ein Jahr von vier auf fünf Jahre verlängert wird. Gemäß Art. 79 Abs. 1 und 2 GG sind dafür zunächst die formellen Voraussetzungen zu erbringen, insbesondere müssen zwei Drittel (66,6 %) der Mitglieder des Bundestages und zwei Drittel der Mitglieder des Bundesrates der Änderung der einschlägigen Artikel zustimmen. Ausweislich des Sachverhalts bestehen dahingehend im vorliegenden Fall keine Bedenken, da 80 % der Abgeordneten des Bundestages und des Bundesrates die Kanzlerin unterstützen und sich mit der Verlängerung der Wahlperiode einverstanden erklären würden. Folglich ist damit zu rechnen, dass die erforderliche 2/3-Mehrheit für eine Grundgesetzänderung erreicht werden kann.

Zwischenergebnis: Die formellen Voraussetzungen des Art. 79 Abs. 2 GG wären erfüllt, da mehr als 2/3 der Mitglieder des Bundestages als auch des Bundesrates ihre Zustimmung zu einer Verlängerung der Wahlperiode signalisiert haben.

2.) Einer Änderung des GG könnte jedoch die sogenannte »Ewigkeitsgarantie« des Art. 79 Abs. 3 GG entgegenstehen. Der Art. 79 Abs. 3 GG bestimmt, dass eine Änderung der in Art. 1 und 20 GG niedergelegten Grundsätze immer, also insbesondere völlig unabhängig von einer auch hochprozentigen Mehrheit der Zustimmung im Bundestag, unzulässig ist. In dem in Art. 79 Abs. 3 GG ausdrücklich genannten Art. 20 GG ist unter anderem das Demokratieprinzip erwähnt, nämlich wörtlich in Art. 20 Abs. 1 GG. Es ist somit zu prüfen, ob durch die Änderung des Art. 39 Abs. 1 Satz 1 GG und des Art. 69 Abs. 2 GG möglicherweise elementare Grundsätze dieses Demokratieprinzips beschnitten werden. Sollte das der Fall sein, wäre eine Änderung des GG – auch mit einer 80 %igen Zustimmung von Bundestag und Bundesrat – wegen der Ewigkeitsgarantie des Art. 79 Abs. 3 GG nicht möglich, denn die in Art. 20 GG niedergelegten Grundsätze dürfen nicht berührt werden. Fraglich ist mithin, ob durch die von der Bundeskanzlerin angestrebte Verfassungsänderung wesentliche Kernelemente des Demokratieprinzips aus Art. 20 Abs. 1 GG verletzt wären.

a) Wahlen müssen in einer Demokratie in regelmäßig wiederkehrenden Abständen stattfinden. Das dahinterstehende Periodizitätsprinzip ist Wesensmerkmal und Funktionsvoraussetzung der Demokratie als sogenannter »Herrschaft auf Zeit«. Von einer Demokratie als »Herrschaft des Volkes« bliebe kaum etwas übrig, wenn das Volk nicht in regelmäßigen Abständen über die Arbeit der Repräsentanten urteilen könnte. Nur mithilfe regelmäßiger Wahlen kann das Volk in einer repräsentativen Demokratie die Arbeit der Volksvertreter bewerten und unter Umständen die alten Abgeordneten abwählen und neue Abgeordnete ins Amt befördern. Genau darin spiegelt sich der Sinn von Wahlen wider. Die repräsentative Demokratie verlangt daher logischerweise einen festgelegten Wahlzyklus, der dem Staatsvolk die Befugnis verleiht, seinem politischen Mehrheitswillen Geltung zu verschaffen, ihn vor allem regelmäßig neu zu betätigen und die Machtausübung der von ihm gewählten Mandatsträger effektiv zu kontrollieren. Die Demokratie bezeichnet man zudem auch als Herrschaft der Mehrheit. Es muss daher im Umkehrschluss natürlich immer und jederzeit die Chance bestehen, dass die Minderheit irgendwann zur Mehrheit werden kann. Auch deshalb müssen Wahlen in einer Demokratie immer periodisch stattfinden. Eine maßgebende politische Steuerungsfunktion haben Wahlen in einer Demokratie nur dann, wenn sie den Bürgern wirkliche, sachliche und personelle Alternativen zur Entscheidung anbieten. Das schließt insbesondere die Möglichkeit ein, die gegenwärtige Regierung samt ihrem politischen Programm durch eine andere abzulösen. Erst und nur dadurch entsteht eine wirksame Rückkopplung des Handelns der Staatsorgane an den Mehrheitswillen des Volkes.

b) Der Art. 79 Abs. 3 GG steht – wie gesehen – somit einer Verfassungsänderung entgegen, wenn die Verlängerung der aktuellen Wahlperiode einen Eingriff in den Kernbereich der Demokratie darstellt. Es ist gerade festgestellt worden, dass regelmäßig wiederkehrende Wahlen zum Kernelement des Demokratieprinzips zählen. Wenn nunmehr die Bundesregierung, wie von der Kanzlerin angedacht, die Bundestagswahlen um ein Jahr aufschieben möchte, würde sie damit gegen das gerade geschilderte Demokratieprinzip aus Art. 20 Abs. 1 GG verstoßen. Mit der sofortigen und eigenmächtigen Verlängerung der Wahlperiode nimmt die Regierungskoalition nämlich eine ihr tatsächlich nicht verliehene Repräsentationsbefugnis in Anspruch, da der »amtierende« Bundestag seine Legitimation vom Volk gemäß Art. 39 Abs. 1 Satz 1 GG ursprünglich nur für die Dauer von vier Jahren erhalten hat. In dem zusätzlichen Jahr würde der Bundestag seine Herrschaftsmacht – ohne Legitimation durch das Volk – ausüben und sich damit auch dessen Einflussnahme entziehen. Die Begrenzung der Amtszeit der Abgeordneten ist ein unabdingbares, der Verfassungsänderung durch Art. 79 Abs. 3 GG entzogenes Kernelement des Demokratieprinzips.

Ergebnis: Folglich ist die Verlängerung einer bereits laufenden Wahlperiode mit Kernelementen des Demokratieprinzips nicht vereinbar. Die Ewigkeitsgarantie des Art. 79 Abs. 3 GG steht der Verfassungsänderung der Art. 39 Abs. 1 Satz 1 GG und Art. 69 Abs. 2 GG entgegen. Sie wäre somit unzulässig. Die laufende Wahlperiode kann vom Bundestag bzw. der Bundeskanzlerin nicht eigenmächtig verlängert werden.

2. Abschnitt

Wahlrecht und Wahlsystem in der Demokratie

Fall 4

Die Computer-Wahl

Rechtsstudent R fragt sich, warum man als Bürger eigentlich immer noch persönlich zum Wahllokal gehen muss, um bei der Bundes- oder Landtagswahl seine Stimme abzugeben. Er hält das im Computerzeitalter für ziemlich rückständig: Wenn doch schon seit Jahren die Möglichkeit besteht, seine Stimme nicht nur im Wahllokal, sondern auch per Briefwahl abzugeben, spreche nichts mehr gegen eine zusätzliche Möglichkeit der Stimmabgabe vom heimischen PC aus. Im Übrigen würde dies garantiert viele jüngere Wähler ermuntern, sich an der demokratischen Willensbildung zu beteiligen; und körperlich Behinderten käme das schließlich auch entgegen. Insgesamt also eine rundum gute Sache.

Wirklich? Vorausgesetzt, der Deutsche Bundestag würde eine entsprechende (sicherheitstechnisch einwandfreie) Internetseite einrichten: Wäre eine Stimmabgabe vom heimischen PC aus nach dem Grundgesetz dann zulässig?

Schwerpunkte: Die Wahlrechtsgrundsätze aus Art. 38 Abs. 1 Satz 1 GG.

Lösungsweg

Einstieg: Na also, ein Fall mit echtem Praxisbezug. Das wäre ja nun in der Tat eine beachtliche Erleichterung, wenn man bei der nächsten Bundestagswahl mal eben an den PC geht, sich auf der entsprechenden Seite einloggt, einmal entspannt auf »Enter« drückt, und schon hat man die Partei seines Vertrauens gewählt. Herrlich einfach, extrem zeitsparend und natürlich konkurrenzlos bürgerfreundlich. **Aber**: Ganz so einfach ist das Ganze natürlich nicht. Denn dummerweise schreibt das Grundgesetz in seinem **Art. 38 Abs. 1 Satz 1 GG** ziemlich genau vor, wie die Wahlen stattzufinden haben. Dabei klingt der Satz in Art. 38 Abs. 1 GG zunächst eigentlich vergleichsweise harmlos:

»Die Abgeordneten des Deutschen Bundestages werden in allgemeiner, unmittelbarer, freier, gleicher und geheimer Wahl gewählt.«

Hört sich irgendwie unverdächtig an, aber das täuscht: Hinter dieser Formulierung verbergen sich nämlich, wie wir gleich sehen werden, haufenweise knifflige juristische Fragen. Denn leider ist im GG nicht mehr erklärt, was denn jetzt die Worte ***allgemein, unmittelbar, frei, gleich*** *und* ***geheim*** eigentlich zu bedeuten haben. Müssen wir demnach klären, an einem dieser Merkmale hängt dann übrigens auch tatsächlich unser Problem mit der Computerwahl. Der Leser mag sich spaßeshalber gerade bitte mal fragen – natürlich ***ohne*** vorher an den Schluss der Lösung zu springen! –, welches Merkmal das auf den ersten Blick denn wohl sein mag.

O.K. Wir schauen uns das jetzt in Ruhe an und werden schön schulmäßig die einzelnen Wahlrechtsgrundsätze aufdröseln und herausarbeiten, was damit gemeint ist. Das müssen wir übrigens auch, denn die Frage nach den Wahlrechtsgrundsätzen gehört zum absoluten Standardprogramm in den universitären Übungen und kommt in schöner Regelmäßigkeit als Prüfungsaufgabe vor. Also dann:

Die Wahlrechtsgrundsätze des Art. 38 Abs. 1 Satz 1 GG

Durchblick: Der Art. 38 Abs. 1 Satz 1 GG hängt eng und zwingend notwendig zusammen mit **Art. 20 Abs. 2 Satz 2 GG**, wonach nämlich – wie wir inzwischen wissen – alle Staatsgewalt vom Volke ausgeht und unter anderem durch ***Wahlen*** vom Volk ausgeübt wird. Für diese Wahlen als eine der wichtigsten Folgerungen aus dem Demokratiegebot des Art. 20 Abs. 1 GG müssen dann aber selbstverständlich auch bestimmte Wahlrechtsgrundsätze bestehen. Der Art. 38 Abs. 1 Satz 1 GG normiert aus diesem Grund die ***fünf*** grundlegenden Wahlprinzipien, an denen eine jede Wahl zu messen ist. Sie gelten übrigens gemäß **Art. 28 Abs. 1 Satz 2 GG** (aufschlagen!) auch für die Wahlen in den Ländern, Kreisen und Gemeinden. Merken.

Beachte: Das Wahlsystem selbst und die konkrete Ausformung der Wahlrechtsgrundsätze, also unter anderem die praktische ***Gestaltung*** und ***Ausführung*** einer Wahl, stehen hingegen nicht in der Verfassung, sondern in einfachen Bundesgesetzen, bitte lies **Art. 38 Abs. 3 GG**. Für die Wahl zum Bundestag finden sich dafür zum einen das ***Bundeswahlgesetz*** (BWG) und zudem die ***Bundeswahlordnung*** (BWahlO). Das BWG und die BWahlO regeln unter anderem die Organisation der Wahl und geben z.B. die Zahl der zu wählenden Abgeordneten vor, teilen das Gebiet der Bundesrepublik Deutschland in Wahlkreise ein, erklären etwa auch die Regelungen von Erst- und Zweitstimme und schreiben vor, wie Stimmen tatsächlich abgegeben werden müssen (Wahllokal usw.). Das BWG und die BWahlO stellen damit quasi die Gebrauchsanweisung bzw. die Ausgestaltung zur praktischen Durchführung der Wahl dar – freilich immer unter dem Vorbehalt der im GG normierten Wahlrechtsgrundsätze. Die beiden gerade genannten Gesetze und ihre Normen setzen also logisch zwingend voraus, dass die Wahlen unter Einhaltung der in der Verfassung in Art. 38 Abs. 1 Satz 1 GG verankerten Grundsätze ablaufen. Uns interessieren daher an dieser Stelle auch nur diese im Grundgesetz normierten ***Wahlrechtsgrundsätze***. Wenn sie durch eine Stimmabgabe per Internet schon verletzt sind, kommt es auf die konkreten Regelungen in den (einfachen) Bundesgesetzen nicht mehr an; denn die Wahlrechtsgrundsätze stehen schließlich in der Verfassung und haben daher stets Vorrang. Die Wahl wäre dann quasi schon ***vorher*** verfassungswidrig, sodass die beiden Gesetze bedeutungslos blieben. Wir stellen uns hier bei genauer Betrachtung also nur die Frage, ***ob*** die Wahl per Internet verfassungsrechtlich überhaupt möglich ist. Und um dies beurteilen zu können, müssen wir eben den Inhalt der fünf Wahlrechtsgrundsätze des Grundgesetzes im Einzelnen näher betrachten und im Anschluss prüfen, ob die Onlinewahl diesen Grundsätzen standhält. Kapiert?!

Prima, dann können wir loslegen:

1. Die »Allgemeinheit« der Wahl

1. Definition: Die ***Allgemeinheit*** der Wahl bedeutet Gleichheit beim ***Zugang*** zur Wahl. Der Grundsatz der Allgemeinheit der Wahl schützt dabei sowohl das aktive (= wählen) als auch das passive (= sich wählen lassen) Wahlrecht. Im Umkehrschluss ist es damit unzulässig, bestimmte Bevölkerungsgruppen, etwa aus politischen, wirtschaftlichen oder sozialen Gründen, von der Ausübung des Wahlrechts auszuschließen (BVerfGE **58**, 202, 205; *Maurer* StaatsR I § 13 Rz. 3; *Jarass/Pieroth* Art. 38 GG Rz. 5). Allgemeinheit der Wahl bedeutet damit, dass grundsätzlich alle Bürger wählen dürfen (*Degenhart* StaatsR I Rz. 46).

Aber: Im Rahmen dieser Allgemeinheit der Wahl sind auch gewisse Beschränkungen durchaus zulässig, und zwar dann, wenn für entsprechende Differenzierungen und Begrenzungen des Wahlrechts besondere, rechtfertigende und damit zwingende Gründe vorliegen (BVerfGE **36**, 139, 141 f.; *Katz* StaatsR Rz. 310). Durch die verfassungsrechtliche Wahlaltersgrenze von 18 Jahren aus Art. 38 Abs. 2 GG (aufschlagen!) werden daher etwa Kinder und Jugendliche von den Wahlen grundsätzlich ausgeschlossen. Der Wahlberechtigte muss nämlich die Befähigung zur Ausübung des Wahlrechts besitzen, also die erforderliche geistige Reife und Einsichtsfähigkeit (*Gröpl* StaatsR I Rz. 373). Die mangelnde Reife und Einsichtsfähigkeit wird bei Kindern und Jugendlichen vom GG unterstellt. Das Wahlrecht verlangt zudem das Nichtvorhandensein einer Betreuung (BayVerfGH BayVBl **2003**, 44). Eine strafgerichtliche Verurteilung kann ebenfalls zum Verlust des Wahlrechts führen (lies: § 45 StGB). Diese Beschränkungen sind im uns inzwischen schon bekannten BWG normiert und werden zudem durch das BGB und das StGB ergänzt. **Tipp**: Die Wahlrechtsbeschränkungen sind inzwischen höchstrichterlich abgesegnet und damit auch nicht mehr diskutabel. Logischerweise spielen sie demnach in Klausuren und Hausarbeiten auch keine Rolle (mehr). Es reicht deshalb locker aus, wenn man sie kennt – was wir soeben erledigt haben. Punkt.

Feinkostabteilung: Durchaus interessant und prüfungsrelevant ist im Rahmen der Allgemeinheit der Wahl demgegenüber das Problem des ***Ausländerwahlrechts***. Hinsichtlich der Frage nach der Berechtigung von Ausländern, an der Bundestagswahl teilnehmen zu können, sollte man insoweit wissen, dass die ganz herrschende Meinung davon ausgeht, dass unser GG ein Ausländerwahlrecht ***nicht*** zulässt (vgl. nur *Ipsen* StaatsR I Rz. 87 m.w.N.). Die Begründung dafür findet sich sowohl in Art. 20 Abs. 2 Satz 1 GG als auch in Art. 28 Abs. 1 Satz 2 GG: Beide Artikel weisen die Staatsgewalt nämlich nur dem »**Volk**« zu, und das Volk besteht nach Meinung des GG ausnahmslos aus dessen ***Staatsangehörigen***, was man nämlich der Präambel des

GG und dem Art. 116 GG entnehmen kann (BVerfGE **83**, 37, 51). Eine Beteiligung von Ausländern an der Bundestagswahl wäre folglich nur durch eine Verfassungsänderung möglich (dann gilt aber natürlich Art. 79 GG!). Auch eine Beteiligung von Ausländern an den ***Landtags***wahlen kommt grundsätzlich nicht in Betracht. Argument hierfür ist vor allem die ***Homogenitätsklausel*** des Art. 28 Abs. 1 Satz 2 GG, wonach die verfassungsmäßige Ordnung der Länder den Grundsätzen des republikanischen, demokratischen und sozialen Rechtsstaates im Sinne des Grundgesetzes unterworfen ist. Demzufolge müssen auch Landtagswahlen nach den gleichen Grundsätzen stattfinden wie Bundestagswahlen (*Degenhart* StaatsR I Rz. 45). Hinzu kommt schließlich, dass der Begriff des »Volkes« in Art. 28 Abs. 1 Satz 2 GG ebenso wie in Art. 20 Abs. 2 Satz 2 GG als »deutsches Staatsvolk« interpretiert werden muss. Merken.

Zurück zum Fall: Nachdem wir nun wissen, was unter der Allgemeinheit der Wahl zu verstehen ist, schauen wir uns gerade mal an, ob denn die geplante Onlinewahl diesem Grundsatz entsprechen würde: Dem könnte zunächst schon mal entgegenstehen, dass noch immer nicht jeder Bürger der Bundesrepublik Deutschland einen Computer besitzt, das Internet freigeschaltet oder sich gar den dazu erforderliche Sachverstand angeeignet hat. Gerade ältere Menschen tun sich mit dem für sie neuen Medium nach wie vor schwer. Und natürlich darf die Internetwahl nicht von besonderen Anschaffungen, die sich nicht jeder leisten, einrichten oder überhaupt verstehen kann, abhängig gemacht werden (*Bremke* in LVK 2004, 102, 107). Mangelnde Ausstattung oder technische Unkenntnis der Wahlberechtigten würden dann zu einer Einschränkung der demokratischen Beteiligungsrechte führen. Das geht natürlich nicht! **Aber**: Nach der Idee unseres Rechtsstudenten R sollen jedoch nicht die Wahllokale durch die Onlinewahl von zu Hause komplett ersetzt werden. Es geht lediglich um die Frage, ob die Wahl mittels Internet als ***zusätzliche*** Möglichkeit der Stimmabgabe genutzt werden könnte. Folglich besteht für die Bürger ohne Computer, ohne Internetanschluss oder ohne das notwendige Sachverständnis immer noch die Möglichkeit, direkt im Wahllokal ihre Stimme abzugeben oder bei Verhinderung die Briefwahl in Anspruch zu nehmen (*Rüß* in MMR 2000, 73).

Der Allgemeinheitsgrundsatz wird also durch die zusätzliche Möglichkeit der Wahlen via Internet ***nicht*** verletzt. Im Gegenteil, sie würde dem Grundsatz in besonderer Weise Rechnung tragen, weil dadurch ein weiteres, den Mobilitätsanforderungen der Menschen eher entsprechendes Wahlmedium angeboten werden könnte, das letztlich mehr Wählern den Zugang zur Wahl ermöglicht (*Bremke* in LVK 2004, 102, 107). Hier kann insbesondere an körperlich behinderte Menschen gedacht werden, denen ein »barrierefreier Zugang« mittels virtueller Wahlurne gewährleistet würde. Aber auch junge Menschen fänden vielleicht wirklich, wie R argumentiert, einen Anreiz, sich wieder mehr an der demokratischen Willensbildung zu beteiligen. Das alles sind somit ziemlich vernünftige Argumente ***für*** eine Internetwahl.

ZE.: Durch eine Internetwahl wäre der Grundsatz der Allgemeinheit der Wahl aus Art. 38 Abs. 1 Satz 1 GG nicht verletzt. Er würde sogar gefördert.

2. Die »Unmittelbarkeit« der Wahl

> **2. Definition:** Der Grundsatz der ***Unmittelbarkeit*** der Wahl schließt jedes Wahlverfahren aus, bei dem zwischen Wähler und Wahlbewerber nach der Wahlhandlung eine Instanz eingeschaltet ist, die nach ihrem eigenen Ermessen den Vertreter auswählt und damit dem einzelnen Wähler die Möglichkeit nimmt, die zukünftigen Mitglieder der Volksvertretung durch die Stimmabgabe selbstständig zu bestimmen (BVerfGE **47**, 253, 279; **97**, 317; *Jarass/Pieroth* Art. 38 GG Rz. 8). **Einfacher**: Der Wähler muss vor dem Wahlakt erkennen können, wer sich um ein Mandat bewirbt und wie sich seine Stimmabgabe genau darauf auswirkt (BVerfGE **95**, 335, 350; *von Münch/Kunig/Trute* Art. 38 GG Rz. 25; *Schmidt-Bleibtreu/Hofmann/Hopfauf* Art. 38 GG Rz. 17a; *Degenhart* StaatsR I Rz. 47).

Durchblick: Mit diesem Grundsatz wird das System der »**Wahlmänner**«, die zunächst von den Bürgern gewählt werden und die dann ihrerseits im Anschluss den oder die Kandidaten zu wählen haben, von unserer Verfassung ausgeschlossen (*Maurer* StaatsR I § 13 Rz. 10). Es würde sich bei dem gerade beschriebenen Prinzip nämlich dann nur um eine ***mittelbare*** Wahl handeln. Eine solche mittelbare Wahl bestand in Preußen bis zum Jahre 1918, wurde dann aber abgeschafft. Die USA hingegen nutzen bekanntermaßen dieses System bis heute für die Wahl ihres Präsidenten. Der in Deutschland gültige Grundsatz der »Unmittelbarkeit der Wahl« verbürgt also, dass der Wähler tatsächlich das letzte Wort hat, das heißt, dass zwischen der Entscheidung des Wählers und der Zusammensetzung des Parlaments keine weitere Entscheidungsinstanz mehr tritt (BVerfGE **97**, 317; *Bremke* in LKV 2004, 102, 107; *Kunig* in Jura 1994, 554). Dieser Grundsatz der Unmittelbarkeit fordert – wie gesehen – ein Wahlverfahren, in dem der Wähler vor dem Wahlakt klar und eindeutig erkennen kann, welche Personen sich um ein Abgeordnetenmandat, also einen Platz im jeweiligen Parlament, bewerben und wie sich die eigene Stimmabgabe auf den Erfolg oder den Misserfolg der Wahlbewerber auswirken kann (BVerfGE **97**, 317; BVerfGE **95**, 335, 350).

Zum Fall: Im Hinblick auf den Grundsatz der Unmittelbarkeit der Wahl werden durch eine Internetwahl keine Probleme aufgeworfen, denn es geht dabei nur um die Frage der Stimmabgabe, nicht aber um die unmittelbaren Wirkungen dieser Stimme in Bezug auf mögliche Wahlmänner oder Ähnliches. Der verfassungsmäßig vorgegebene Grundsatz der Unmittelbarkeit der Wahl kann daher durch die Stimmabgabe per Internet nicht verletzt sein.

ZE.: Eine Stimmabgabe per Internet verletzt nicht den in Art. 38 Abs. 1 Satz 1 GG normierten Wahlrechtsgrundsatz der Unmittelbarkeit der Wahl.

3. Der Grundsatz der »freien« Wahl

3. Definition: Die ***Freiheit*** der Wahl bedeutet Stimmrechtsausübung ohne Zwang und unzulässigen Druck im Rahmen eines freien und offenen Meinungsbildungsprozesses (BVerfGE **44**, 125, 139; BVerfG NJW **1984**, 2001; *Stern* StaatsR I § 10 II 3d; *Schmidt-Bleibtreu/Hofmann/Hopfauf* Art. 38 GG Rz. 18).

Mit diesem Grundsatz kommt also zum Ausdruck, dass die letztendliche Wahlentscheidung des Wählers für einen bestimmten Wahlkandidaten oder eine bestimmte Partei frei von staatlichen, politischen oder wirtschaftlichen Zwängen sein muss (*Schmidt-Bleibtreu/Hofmann/Hopfauf* Art. 38 GG Rz. 19a).

Beachte: Für eine »**Unfreiheit**« der Wahl reicht es allerdings nicht aus, wenn eine Partei z.B. nur drastisch darstellt, dass, wenn sie nicht gewählt werde, die Arbeitslosigkeit steige und die Finanzkrise vollends eskaliere. Dieser oder ähnlicher vor Wahlen von den einschlägigen Parteien häufig verbreitete Unfug hat selbstverständlich keine Bedeutung im Hinblick auf die Freiheit der Wahl, sondern gehört zum üblichen politischen Geschäft (*Degenhart* StaatsR I Rz. 52). Erst eine ***ernstliche*** Beeinträchtigung der Entscheidungsfreiheit wird als unzulässig bewertet. Keine solche unzulässige Beeinträchtigung bei der Ausübung der Stimmabgabe ist die Einflussnahme auf den Meinungsbildungsprozess des Wählers vor der Wahlhandlung, etwa in Form von Wahlwerbung. Wahlkampf und das Bemühen um Wählerstimmen sind nicht nur legitim, sondern Funktionsvoraussetzung für eine effektive Demokratie (*Gröpl* StaatsR I Rz. 378). Ein Verstoß gegen die Wahlfreiheit liegt erst dann vor, wenn besondere Umstände hinzutreten: So ist die ***amtliche Wahlwerbung***, das heißt, eine Wahlwerbung durch Amtsträger (z.B. Bundeskanzler, Bundespräsident) unter Ausnutzung des Amtes und seiner Möglichkeiten, so etwa der Einsatz staatlicher Mittel durch die Regierung zugunsten der sie tragenden Partei, grundsätzlich unzulässig (BVerfGE **44**, 125). Die Kanzlerin kann also nicht aus ihrem Budget Geld abzwacken, um damit auf Werbetour zu gehen. Merken.

Und: Mit dem Grundsatz der freien Wahl ist im Übrigen interessanterweise auch die ***bewusste Abgabe*** einer ***ungültigen*** Stimme geschützt. Denn auch damit kann der Wähler (neben dem kompletten Boykottieren der Wahl) seinen Unmut über sämtliche Parteien und Politiker kundtun. **Folge**: Es müssen daher alle Wahlverfahren, also auch die möglichen Internetwahlen, ungültige Abstimmungen als Teil des demokratischen Freiheitsrechts, ermöglichen (*Bremke* in LKV 2004, 102, 107).

Zum Fall: Wir haben es gerade gesehen: Sofern der Wähler auf der Internetseite nicht von Werbung oder sonstigem Quatsch berieselt und beeinflusst wird und zudem die Möglichkeit der Abgabe einer ungültigen Stimme besteht, kann auch die Internetwahl dem Grundsatz der freien Wahlen entsprechen.

ZE.: Unter den gerade genannten Voraussetzungen wird der Grundsatz der Freiheit der Wahl durch eine Internetwahl nicht verletzt.

Noch eine Verständnisfrage: Kann man eigentlich unter Berücksichtigung des Grundsatzes der Freiheit der Wahl den Bürger dazu zwingen, zur Wahl zu gehen – etwa durch eine gesetzlich normierte Wahlpflicht? Überraschende **Lösung**: Das ist umstritten! Eine Meinung in der Literatur ***bejaht*** dies und geht davon aus, dass der dann »unfreie« Wähler schließlich auch die Möglichkeit hat, unausgefüllte oder ungültige Stimmzettel abzugeben. Zwar gehöre auch zur Wahlfreiheit, dass der Wähler gegen alle zur Wahl stehenden Kandidaten oder Listen Stellung nimmt und damit quasi niemanden wählt. Wenn aber abgesichert bleibt, dass die Wahl geheim ist und der Wähler dann eben trotz Wahlzwang immerhin komplett unausgefüllte oder gar nicht gültige Stimmzettel abgeben kann, dürfte ein gesetzlicher Zwang zum Urnengang nicht als Verstoß gegen das Gebot der freien Wahlen gesehen werden (*Maunz/Dürig/Klein* Art. 38 GG Rz. 32; *Schmidt-Bleibtreu/Hofmann/Hopfauf* Art. 38 GG Rz. 20; *Dreier* in Jura 1997, 249). Eine ***andere*** Auffassung in der Wissenschaft und zudem auch das Bundesverfassungsgericht meinen hingegen, dass die Freiheit der Wahl im Rahmen des in Art. 20 Abs. 1 GG verankerten Demokratieprinzips von seinem eigentlichen Sinn her auch die Entscheidung des Bürgers trägt, an den Wahlen überhaupt (nicht) teilzunehmen. Man könne daher in einer Demokratie niemanden zwingen, an einer Wahl teilzunehmen (BVerfGE **44**, 125, 139; *von Münch/Kunig/Trute* Art. 38 GG Rz. 33; *Sachs/Magiera* Art. 38 GG Rz. 85). **Tipp**: Will man in diesem Streit zu einer vernünftigen Lösung kommen, hilft der Wortlaut des Art. 38 Abs. 1 Satz 1 GG zunächst mal nicht weiter, denn über die Zulässigkeit der Einführung einer Wahlpflicht sagt der Text des GG erst mal nichts Konkretes aus. Man muss sich daher fragen, was das Wort »**frei**« im Gesamtzusammenhang des GG eigentlich meint. »Frei« kann man nämlich auch im negativen Sinne als ein bewusstes »Nichtstun« verstehen. Dies spiegelt sich auch in der jedermann zu gewährenden allgemeinen Handlungsfreiheit des **Art. 2 Abs. 1 GG** wider. Folglich ist es durchaus gut bis sehr gut vertretbar, in einer Klausur oder Hausarbeit zu dem Schluss zu kommen, dass eine Wahlpflicht aus diesem Grunde bereits nicht bestehen dürfe.

4. Der Grundsatz der »Gleichheit« der Wahl

4. Definition: ***Gleichheit*** der Wahl bedeutet Ausübung des aktiven und passiven Wahlrechts in formal möglichst gleicher Weise. Sie verbietet eine Differenzierung des Stimmgewichts nach Rasse, Bildung, Vermögen, Religion oder Geschlecht (BVerfGE **11**, 266, 272; BVerfGE **85**, 148, 157; BVerfGE **99**, 69, 77 f.; *Sachs/Magiera* Art. 38 GG Rz. 90).

Die Forderung des Grundgesetzes, dass die Wahl gleich sein soll, ist heute der politisch brisanteste Wahlgrundsatz. Die Wahlgleichheit ist nämlich fundamental mit dem Gedanken der Demokratie verbunden (*Jarass/Pieroth* Art. 38 GG Rz. 6; *Isensee/Kirchhof* HandB StaatsR III § 46 Rz. 30). Sie steht und fällt mit der Idee, dass es bei den politischen Gestaltungsrechten, zumal beim Grundgestaltungsrecht der Wahl, keine sachliche Rechtfertigung für eine Ungleichbehandlung gibt. Die politische Brisanz dieses Grundsatzes ergibt sich dabei nicht aus dem Prinzip als solchem, sondern vielmehr aus seiner vorbehaltlosen Anwendung oder genauer, inwieweit es Einschränkung duldet (*Schmidt-Bleibtreu/Hofmann/Hopfauf/Kretschmer* Art. 38 GG Rz. 21; *Isensee/Kirchhof* HandB StaatsR III § 46 Rz. 30). Während in Preußen bis zum Jahre

1918 tatsächlich noch ein Dreiklassenwahlrecht galt, hat das BVerfG den Grundsatz der Gleichheit der Wahl für die Bundesrepublik Deutschland unter Geltung der Verfassung inzwischen treffend, unmissverständlich und verbindlich so beschrieben (BVerfGE **34**, 81, 98 f.):

1.) Der Grundsatz der Gleichheit der Wahl ist ein Anwendungsfall des Allgemeinen Gleichheitssatzes, der als Grundrecht des Einzelnen in Art. 3 Abs. 1 GG garantiert ist.

2.) Er unterscheidet sich vom allgemeinen Gleichheitsgrundsatz durch seinen ***formalen*** Charakter, das heißt, jedermann soll sein aktives und passives Wahlrecht in formal möglichst gleicher Weise ausüben können.

3.) Der Grundsatz der gleichen Wahl verlangt, dass jeder nach den allgemeinen Vorschriften Wahlberechtigte seine Stimme wie jeder andere Wahlberechtigte abgeben darf, und dass diese gültig abgegebene Stimme ebenso mitbewertet wird wie die anderen Stimmen. Folglich sollen alle Wähler mit der Stimme, die sie abgeben, den ***gleichen*** Einfluss auf das Wahlergebnis haben. Jede Stimme muss also das gleiche Gewicht haben (BVerfGE **34**, 81, 98 f.).

Zum Fall: Fraglich ist bei uns lediglich, ob die Einführung der Stimmabgabe per Internet den Grundsatz der gleichen Wahl generell gefährden könnte. In Betracht kommt insbesondere die Gefahr einer ***Mehrfachwahl***, also das Problem, dass jemand seine Stimme erst über das Internet abgibt und später noch mal zum Wahllokal läuft, um auch dort abzustimmen. Für die Wahl an der Urne im Wahllokal gibt es ja bekanntlich ein Wählerverzeichnis. Und in diesem Verzeichnis wird der Wähler unter Vorlage seiner Legitimationspapiere (Wahlbenachrichtigungskarte und Personalausweis) vor dem Gang zu Urne ausgestrichen. Damit die Gefahr der Mehrfachwahl gebannt ist, müsste auch die Stimmabgabe der Internetwähler in einer Art Online-Wählerverzeichnis registriert werden, das dann auch die anderen Möglichkeiten der Wahl (Urne oder Briefwahl) automatisch blockiert. Zudem müsste verhindert werden, dass Auszählungen und Zwischenergebnisse vor dem Ablauf der Wahlzeit bekannt werden, denn sonst könnte man unter Umständen Rückschlüsse auf das Wählerverhalten der Onlinewähler ziehen und separat von den andern analysieren. Wenn diese Gefahren technisch auszuschließen sind, steht der zusätzlichen Onlinewahl mit Bezug auf den Wahlgleichheitsgrundsatz nichts im Wege.

ZE.: Der Grundsatz der Gleichheit der Wahl wird unter den eben benannten Voraussetzungen durch eine Internetwahl nicht verletzt.

Noch ein kurzer Nachschlag: Das »Familienwahlrecht«

Problem: Mit der Einführung eines »Familienwahlrechts« soll nach Meinung einiger Autoren in der Wissenschaft der Stellenwert der Institution ***Familie*** in den Vordergrund gerückt werden und gleichzeitig ein zusätzlicher Anreiz für junge Paare sein, mehr Kinder in die Welt zu setzen. Eltern minderjähriger Kinder sollen hiernach für jedes Kind eine zusätzliche Stimme erhalten. **Frage**: Geht das – unter Berücksichtigung der ***Gleichheit*** der Wahl?

Lösung: Das Familienwahlrecht verstößt gegen diesen Grundsatz! Denn wir haben ja eben gelernt, dass jeder Stimmberechtigte gleich viele Stimmen haben soll und jede Stimme auch gleich zählen muss (*Sodan/Ziekow* GK Öff.R. § 6 Rz. 51). Mit Einführung des Familienwahlrechts hätten die Erziehungsberechtigten minderjähriger Kinder allerdings eine deutlich gewichtigere Stimme (nämlich eine mehr pro Kind!) als eine alleinstehende Person. Kinder sind ja an sich nicht wahlberechtigt, wie sich aus Art. 38 Abs. 2 GG ergibt. Mit dem Familienwahlrecht würde somit diese Norm quasi aufgeweicht und den Eltern zudem eine oder noch mehr weitere Stimmen verliehen. Im Übrigen besteht auch kein sachlich rechtfertigender Grund für eine Ungleichbehandlung gegenüber alleinstehenden Personen, da der Grundsatz der Wahlrechtsgleichheit streng formal gilt (*Degenhart* StaatsR I Rz. 73; *Jarass/Pieroth* Art. 38 GG Rz. 7). Da die Verletzung des Wahlrechtsgrundsatzes auch die fundamentalen Grundsätze des Demokratiegebots aus Art. 20 Abs. 1 und 2 GG verletzen würde, könnte ein Familienwahlrecht wegen Art. 79 Abs. 3 GG auch nicht durch eine Grundgesetzänderung herbeigeführt werden (BK/*Henke* Art. 21 GG Rz. 197; *Schmidt-Bleibtreu/Hofmann/Hopfauf/Kretschmer* Art. 38 GG Rz. 25; *Degenhart* StaatsR I Rz. 73; andere Ansicht aber: *Heußner* in ZRP 2009, 187 und *Reimer* ZParl 2004, 323). Merken.

5. Der Grundsatz der »geheimen« Wahl

5. Definition: ***Geheime*** Wahl bedeutet, dass die Stimmabgabe niemandem, außer dem Wähler selbst, bekannt wird, sofern der Wähler dies wünscht (BVerfGE **89**, 243: *Schmidt-Bleibtreu/Hofmann/Hopfauf/Kretschmer* Art. 38 GG Rz. 31; *Sachs/Magiera* Art. 38 GG Rz. 97).

Der Grundsatz der geheimen Wahl soll verhindern, dass andere Personen erfahren können, für wen oder was der einzelne Wähler seine Stimme abgegeben hat. Es handelt sich hierbei übrigens um zwingendes Recht, auf das der Bürger somit nicht verzichten kann (*Degenhart* StaatsR I Rz. 48). Bei der ***Wahlhandlung*** selbst ***muss*** der Wähler also die Geheimhaltung beachten (*von Münch/Kunig/Trute* Art. 38 GG Rz. 69). **Logo**: Selbstverständlich kann man demgegenüber vor und nach der Wahl über die Stimmabgabe plaudern, ohne das Merkmal »geheim« zu verletzen (*von Münch/Kunig/Trute* Art. 38 GG Rz. 69). Das machen ja auch die meisten Menschen. Der ***Wahlvorgang*** an sich muss aber – wie gesagt – tatsächlich ***einzeln*** und damit geheim an der Urne durchgeführt werden. Hinter dem Grundsatz der geheimen Wahl steht nämlich die Idee, dem Wähler in jedem Falle zu gewährleisten, dass er nicht wegen seiner Wahl mit Nachteilen oder Repressionen zu rechnen hat, und zwar sowohl vom Staat als auch von privaten Personen, z.B. dem Arbeitgeber (*Stern* StaatsR I § 10 II 3c).

Merke: Nur durch die **geheime** Wahl kann auch die **freie** Wahl gewährleistet sein (*Maurer* StaatsR I § 13 Rz. 12).

Zum Fall: So, und jetzt sind wir tatsächlich endlich an der Stelle angelangt, wo unsere Onlinewahl zum Problem werden könnte. Wir haben ja gerade gelernt, dass ausschließlich der Wähler selbst Kenntnis vom Inhalt seiner Stimmabgabe nehmen darf. Und da muss man sich nur mal den Wahlakt bei einer Onlinewahl plastisch vorstellen, um das Problem zu lokalisieren: Der Gesetzgeber ist verpflichtet, für die Geheimhaltung der Wahl alle notwendigen Mittel zur Verfügung zu stellen. Soweit das den Gang zur Wahlurne im Wahllokal angeht, ist das natürlich kein Problem: Denn dort achten die zuständigen Personen darauf, dass die Wähler schön einzeln in die Kabinen gehen und dort ihr Kreuzchen machen. **Aber**: Wie soll das denn bei einer Internetwahl zu Hause am heimischen PC passieren? Da gucken dann wahlweise Papa, Mama, der Bruder, die Schwester, die Freundin, der Freund oder sonst wer über die Schultern. Oder noch schlimmer: Nach Abgabe der Stimme und dem Verlassen des Computers fuchteln die eben benannten Personen so lange am PC rum, bis sie die Abstimmungsseite gefunden haben und dort dann möglicherweise die abgegebene Stimme finden! Besonders clevere (kriminelle) Zeitgenossen können unter Umständen sogar von außen in den PC eindringen und so die Dateien bzw. Stimme offenlegen. Die Überwindung von Internetsperren stellt in heutiger Zeit für »sachkundige« Menschen im Zweifel kein Problem dar. ***Geheime*** Wahl?

Eben. Und genau das sind dann auch die Argumente, mit denen die überwiegende Meinung in der Literatur eine Onlinewahl bis heute aus verfassungsrechtlicher Sicht ablehnt oder jedenfalls seine Verfassungsmäßigkeit erheblich bezweifelt (*Dreier/Morlok* Art. 38 GG Rz. 127; *Schmidt-Bleibtreu/Hofmann/Hopfauf/Kretschmer* Art. 38 GG Rz. 32; *von Münch/Kunig/Trute* Art. 38 GG Rz. 72; *Bremke* in LKV 2004, 102; *Rüß* in ZRP 2001, 520; *Degenhart* StaatsR I Rz. 44; vgl. umfassend auch *Schönau*, Elektronische Demokratie).

Ergebnis: Für die verfassungsrechtliche Zulässigkeit einer Internetwahl wäre erforderlich, dass tatsächlich ***jede*** Kenntnisnahme von außen ausgeschlossen ist. Das aber scheint beim momentanen Stand der Dinge eher noch nicht möglich (vgl. *Dreier/Morlok* Art. 38 GG Rz. 127). Die überwiegende Meinung in der Wissenschaft lehnt eine Internetwahl daher derzeit ab. Sie verstößt gegen den Grundsatz der geheimen Wahl aus Art. 38 Abs. 1 Satz 1 GG.

Noch zwei Anmerkungen zum Schluss:

1.) Die gerade aufgeführten Argumente gegen die Zulässigkeit einer Internetwahl könnte man theoretisch natürlich auch gegen die ***Briefwahl*** erheben. Denn wer kann schon garantieren, dass dabei niemand über die Schulter des Briefschreibers guckt? Das Bundesverfassungsgericht hat diese Art der Wahl (→ § 36 BWG) allerdings inzwischen abgesegnet und festgestellt, dass wegen der Anonymisierung der Umschläge weder der Wahlfreiheit noch das Wahlgeheimnis verletzt seien (BVerfGE **59**, 119). Es genüge, dass der Wähler die ***Möglichkeit*** habe, frei und geheim zu wählen. Da der Wähler bei der Briefwahl zudem eidesstattlich versichern muss, dass er den Stimmzettel persönlich und unbeeinflusst ausgefüllt hat, sei den Anforderungen der Verfassung (Art. 38 Abs. 1 Satz 1 GG) genüge getan. Na ja, und wenn das Bundverfassungsgericht das sagt, dann gilt das eben und da muss sich dann jeder dran halten, wie sich aus **§ 31 BVerfGG** ergibt (bitte lesen, wichtige Vorschrift). Angesichts dieser Argumente darf man übrigens gespannt sein, wie das Bundesverfassungsgericht wohl zur Internetwahl steht. Bislang ist es damit aber noch nicht befasst.

2.) Sehr wohl befasst war das BVerfG aber am 3. März **2009** mit der Frage der Zulässigkeit von ***Wahlcomputern*** in den Wahlkabinen (BVerfGE **123**, 39 = DVBl **2009**, 511). Es ging um Folgendes: Bei der Wahl zum 16. Deutschen Bundestag im Herbst 2005 standen in verschiedenen Wahllokalen in Deutschland sogenannte »Wahlcomputer«, bei denen man seine Stimme in der Wahlkabine nicht per Zettel und »Kreuzchen«, sondern elektronisch an einem dort aufgestellten PC abgeben konnte. Die so abgegebenen Stimmen wurden dann auf einem Server verbucht und flossen anschließend in das Wahlergebnis ebenso ein wie die per normalem Stimmzettel abgegeben Stimmen. Den Einsatz dieser Computer erklärte das BVerfG vier Jahre später nun für verfassungswidrig – und zwar wegen Verstoßes gegen das Prinzip der ***Öffentlichkeit*** der Wahl. Dieses Prinzip stehe zwar nicht in Art. 38 Abs. 1 GG, ergebe sich aber nach Meinung des Gerichts aus Art. 20 Abs. 1 GG (BVerfGE **123**, 39 = DVBl **2009**, 511) und erfordere, dass der Bürger bzw. die Öffentlichkeit alle wesentlichen Schritte der Wahl überprüfen können muss. Das aber war bei diesen Computern ***nicht*** gewährleistet, da die Computer natürlich komplizierte Gebilde seien (was wohl stimmt!) und nach Ansicht der Verfassungsrichter die Überprüfung somit stets besondere Sachkenntnis voraussetze. Im Übrigen wären Programmierfehler in der Software oder zielgerichtete Manipulationen nur schwer erkennbar gewesen. Der § 35 des BWG, der Wahlcomputer in den Wahllokalen ausdrücklich zulässt, sei zwar nicht verfassungswidrig, allerdings die daraufhin ergangene ***Bundeswahlgeräteverordnung***, da diese nicht sicherstelle, dass nur solche Computer verwendet würden, die die genannten Voraussetzungen erfüllen.

Bitte ruhig bleiben: Das muss man nicht alles gleich verstehen, für uns reicht hier tatsächlich das Ergebnis, **nämlich**: Der Einsatz von Wahlcomputern in den Wahlkabinen war jedenfalls im Jahre 2005 verfassungswidrig. Sollten nochmals Computer für die Stimmabgabe in den Wahlkabinen eingesetzt werden, müssen diese so einfach gestaltet sein, dass der Normalbürger den Ablauf von der Wahl in Form des Drückens auf einen Knopf bis zur späteren Stimmenverwertung und Stimmenauszählung nachvollziehen kann. Bei der Stimmabgabe per ***Kreuzchen*** auf dem Wahlzettel ist das ja bekanntlich kein Problem: Die Zettel werden am Wahltag um 18 Uhr eingesammelt, ausgezählt und fertig. Und ungefähr so einfach und nachvollziehbar muss das nach Ansicht des BVerfG eben auch bei den PCs funktionieren. Sonst habe die Öffentlichkeit nämlich keine Möglichkeit, den ordnungsgemäßen Ablauf der Wahl zu kontrollieren. Und ein Letztes noch: Diese Entscheidung des BVerfG zu den Computern in den Wahlkabinen hat natürlich nix zu tun mit der Frage, der wir uns oben ausführlich gewidmet hatten, also nach der Stimmabgabe am heimischen PC. Da war das Problem der ***geheimen*** Wahl im Sinne des Art. 38 Abs. 1 GG, was hier bei der gerade geschilderten Entscheidung aus dem März 2009 aber natürlich nicht fraglich war. Denn die Personen sind – wie auch bei der Wahl bei einem Stimmzettel – schön einzeln in die Kabine gegangen, um da den Knopf des Wahlcomputers zu drücken. Das Merkmal ***geheim*** war also kein Problem.

Gutachten

Es ist zu prüfen, ob eine Bundestagswahl bzw. die entsprechende Abstimmung durch die Bürger unter Zuhilfenahme des Internets verfassungsrechtlich zulässig wäre.

Ausgangspunkt der Prüfung ist Art. 38 Abs. 1 Satz 1 GG. Gemäß Art. 38 Abs. 1 Satz 1 GG werden die Abgeordneten des Deutschen Bundestages in allgemeiner, unmittelbarer, freier, gleicher und geheimer Wahl gewählt. Es fragt sich, ob eine Internetwahl gegen einen dieser Grundsätze verstoßen würde.

I. In Betracht kommt zunächst ein Verstoß gegen die in Art. 38 Abs. 1 Satz 1 GG normierte Allgemeinheit der Wahl. Die Allgemeinheit der Wahl bedeutet Gleichheit beim Zugang zur Wahl. Der Grundsatz der Allgemeinheit der Wahl schützt dabei sowohl das aktive (wählen) als auch das passive (sich wählen lassen) Wahlrecht. Im Umkehrschluss ist es damit unzulässig, bestimmte Bevölkerungsgruppen, etwa aus politischen, wirtschaftlichen oder sozialen Gründen, von der Ausübung des Wahlrechts auszuschließen. Allgemeinheit der Wahl bedeutet, dass grundsätzlich alle Bürger wählen dürfen.

Es stellt sich die Frage, ob die eben dargestellten Grundsätze einer Onlinewahl entgegenstehen: Dafür könnte zunächst sprechen, dass nicht jeder Bürger der Bundesrepublik Deutschland einen Computer besitzt, das Internet freigeschaltet oder sich gar den dazu erforderliche Sachverstand angeeignet hat. Gerade ältere Menschen tun sich mit dem für sie neuen Medium nach wie vor schwer. Die Internetwahl darf nicht von besonderen Anschaffungen, die sich nicht jeder leisten, einrichten oder überhaupt verstehen kann, abhängig gemacht werden. Mangelnde Ausstattung oder technische Unkenntnis der Wahlberechtigten würden dann zu einer Einschränkung der demokratischen Beteiligungsrechte führen.

Allerdings sollen nach der Idee des R nicht die Wahllokale durch die Onlinewahl von zu Hause komplett ersetzt werden. Es geht lediglich um die Frage, ob die Wahl mittels

Internet als zusätzliche Möglichkeit der Stimmabgabe genutzt werden könnte. Folglich besteht für die Bürger ohne Computer, ohne Internetanschluss oder ohne das notwendige Sachverständnis immer noch die Möglichkeit, direkt im Wahllokal ihre Stimme abzugeben oder bei Verhinderung die Briefwahl in Anspruch zu nehmen. Der Allgemeinheitsgrundsatz wird also durch die zusätzliche Möglichkeit der Wahlen via Internet nicht verletzt. Im Gegenteil, sie würde dem Grundsatz in besonderer Weise Rechnung tragen, weil dadurch ein weiteres, den Mobilitätsanforderungen der Menschen eher entsprechendes Wahlmedium angeboten werden könnte, das letztlich mehr Wählern den Zugang zur Wahl ermöglicht. Hier kann insbesondere an körperlich behinderte Menschen gedacht werden, denen ein »barrierefreier Zugang« mittels virtueller Wahlurne gewährleistet würde. Aber auch junge Menschen fänden vielleicht, wie R argumentiert, einen Anreiz, sich wieder mehr an der demokratischen Willensbildung zu beteiligen.

Zwischenergebnis: Durch eine Internetwahl wäre der Grundsatz der Allgemeinheit der Wahl aus Art. 38 Abs. 1 Satz 1 GG nicht verletzt. Er würde sogar gefördert.

II. In Betracht kommt ein Verstoß gegen die in Art. 38 Abs. 1 Satz 1 GG normierte Unmittelbarkeit der Wahl.

Der Grundsatz der Unmittelbarkeit der Wahl schließt jedes Wahlverfahren aus, bei dem zwischen Wähler und Wahlbewerber nach der Wahlhandlung eine Instanz eingeschaltet ist, die nach ihrem eigenen Ermessen den Vertreter auswählt und damit dem einzelnen Wähler die Möglichkeit nimmt, die zukünftigen Mitglieder der Volksvertretung durch die Stimmabgabe selbstständig zu bestimmen. Der Wähler muss vor dem Wahlakt erkennen können, wer sich um ein Mandat bewirbt und wie sich seine Stimmabgabe genau darauf auswirkt. Mit diesem Grundsatz wird das System der »Wahlmänner«, die zunächst von den Bürgern gewählt werden und die dann ihrerseits im Anschluss den oder die Kandidaten zu wählen haben, von der Verfassung ausgeschlossen. Es würde sich bei dem gerade beschriebenen Prinzip dann nur um eine mittelbare Wahl handeln. Der Grundsatz der Unmittelbarkeit fordert ein Wahlverfahren, in dem der Wähler vor dem Wahlakt klar und eindeutig erkennen kann, welche Personen sich um ein Abgeordnetenmandat, also einen Platz im jeweiligen Parlament, bewerben und wie sich die eigene Stimmabgabe auf den Erfolg oder den Misserfolg der Wahlbewerber auswirken kann.

Im Hinblick auf den Grundsatz der Unmittelbarkeit der Wahl werden durch eine Internetwahl keine Probleme aufgeworfen, denn es geht dabei nur um die Frage der Stimmabgabe, nicht aber um die unmittelbaren Wirkungen dieser Stimme in Bezug auf mögliche Wahlmänner oder Ähnliches. Der verfassungsmäßig vorgegebene Grundsatz der Unmittelbarkeit der Wahl kann daher durch die Stimmabgabe per Internet nicht verletzt sein.

Zwischenergebnis: Eine Stimmabgabe per Internet verletzt nicht den in Art. 38 Abs. 1 Satz 1 GG normierten Wahlrechtsgrundsatz der Unmittelbarkeit der Wahl.

III. In Betracht kommt ein Verstoß gegen die in Art. 38 Abs. 1 Satz 1 GG normierte Freiheit der Wahl.

Die Freiheit der Wahl bedeutet Stimmrechtsausübung ohne Zwang und unzulässigen Druck im Rahmen eines freien und offenen Meinungsbildungsprozesses. Mit diesem Grundsatz kommt zum Ausdruck, dass die letztendliche Wahlentscheidung des Wählers für einen bestimmten Wahlkandidaten oder eine bestimmte Partei frei von staatlichen, politischen oder wirtschaftlichen Zwängen sein muss. Für eine »Unfreiheit« der Wahl reicht es allerdings nicht aus, wenn eine Partei z.B. nur drastisch darstellt, dass, wenn sie nicht gewählt werde, die Arbeitslosigkeit steige und die Finanzkrise vollends eskaliere. Diese oder ähnliche vor Wahlen von den einschlägigen Parteien häufig verbreitete Propaganda hat keine Bedeutung im Hinblick auf die Freiheit der Wahl, sondern gehört zum üblichen politischen Geschäft. Erst eine ernstliche Beeinträchtigung der Entscheidungsfreiheit wäre als unzulässig zu bewerten. Keine solche unzulässige Beeinträchtigung bei der Ausübung der Stimmabgabe ist die Einflussnahme auf den Meinungsbildungsprozess des Wählers vor der Wahlhandlung, etwa in Form von Wahlwerbung. Wahlkampf und das Bemühen um Wählerstimmen sind nicht nur legitim, sondern Funktionsvoraussetzung für eine effektive Demokratie. Ein Verstoß gegen die Wahlfreiheit liegt erst dann vor, wenn besondere Umstände hinzutreten: So ist die amtliche Wahlwerbung, das heißt eine Wahlwerbung durch Amtsträger (z.B. Bundeskanzler, Bundespräsident) unter Ausnutzung des Amtes und seiner Möglichkeiten, so etwa der Einsatz staatlicher Mittel durch die Regierung zugunsten der sie tragenden Partei, grundsätzlich unzulässig.

Mit dem Grundsatz der freien Wahl ist im Übrigen auch die bewusste Abgabe einer ungültigen Stimme geschützt. Denn auch damit kann der Wähler (neben dem kompletten Boykottieren der Wahl) seinen Unmut über sämtliche Parteien und Politiker kundtun. Es müssen daher alle Wahlverfahren, also auch die möglichen Internetwahlen, ungültige Abstimmungen als Teil des demokratischen Freiheitsrechts, ermöglichen. Sofern der Wähler auf der Internetseite also nicht von Werbung oder sonstigen parteipolitischen Botschaften beeinflusst wird und zudem die Möglichkeit der Abgabe einer ungültigen Stimme besteht, kann auch die Internetwahl dem Grundsatz der freien Wahlen entsprechen.

Zwischenergebnis: Unter den gerade genannten Voraussetzungen wird der Grundsatz der Freiheit der Wahl durch eine Internetwahl nicht verletzt.

IV. In Betracht kommt des Weiteren ein Verstoß gegen den Grundsatz der Gleichheit der Wahl.

Gleichheit der Wahl bedeutet Ausübung des aktiven und passiven Wahlrechts in formal möglichst gleicher Weise. Sie verbietet eine Differenzierung des Stimmgewichts nach Rasse, Bildung, Vermögen, Religion oder Geschlecht. Der Grundsatz der Gleichheit der Wahl ist ein Anwendungsfall des Allgemeinen Gleichheitssatzes, der als Grundrecht des Einzelnen in Art. 3 Abs. 1 GG garantiert ist. Er unterscheidet sich vom allgemeinen Gleichheitsgrundsatz durch seinen formalen Charakter, das heißt, jedermann soll sein aktives und passives Wahlrecht in formal möglichst gleicher Weise ausüben können. Der Grundsatz der gleichen Wahl verlangt, dass jeder nach den allgemeinen Vorschriften Wahlberechtigte seine Stimme wie jeder andere Wahlberechtigte abgeben darf, und dass diese gültig abgegebene Stimme ebenso mit bewertet wird wie die anderen Stimmen. Folglich sollen alle Wähler mit der Stimme, die sie abgeben, den gleichen Einfluss auf das Wahlergebnis haben. Jede Stimme muss also das gleiche Gewicht haben.

Fraglich ist vorliegend, ob die Einführung der Stimmabgabe per Internet den Grundsatz der gleichen Wahl generell gefährden könnte. In Betracht kommt insbesondere die Gefahr einer Mehrfachwahl, also das Problem, dass jemand seine Stimme erst über das Internet abgibt und später noch mal zum Wahllokal läuft, um auch dort abzustimmen. Für die Wahl an der Urne im Wahllokal gibt es ein Wählerverzeichnis. In diesem Verzeichnis wird der Wähler unter Vorlage seiner Legitimationspapiere (Wahlbenachrichtigungskarte und Personalausweis) vor dem Gang zu Urne ausgestrichen. Damit die Gefahr der Mehrfachwahl gebannt ist, müsste auch die Stimmabgabe der Internetwähler in einer Art Online-Wählerverzeichnis registriert werden, das dann auch die anderen Möglichkeiten der Wahl (Urne oder Briefwahl) automatisch blockiert. Zudem müsste verhindert werden, dass Auszählungen und Zwischenergebnisse vor dem Ablauf der Wahlzeit bekannt werden, denn sonst könnte man unter Umständen Rückschlüsse auf das Wählerverhalten der Onlinewähler ziehen und separat von den andern analysieren. Wenn diese Gefahren technisch auszuschließen sind, steht der zusätzlichen Onlinewahl mit Bezug auf den Wahlgleichheitsgrundsatz nichts im Wege.

Zwischenergebnis: Der Grundsatz der Gleichheit der Wahl wird unter den eben benannten Voraussetzungen durch eine Internetwahl nicht verletzt.

V. In Betracht kommt schließlich noch ein Verstoß gegen den Grundsatz der geheimen Wahl.

Geheime Wahl bedeutet, dass die Stimmabgabe niemandem, außer dem Wähler selbst, bekannt wird, sofern der Wähler dies wünscht. Der Grundsatz der geheimen Wahl soll verhindern, dass andere Personen erfahren können, für wen oder was der einzelne Wähler seine Stimme abgegeben hat. Es handelt sich hierbei um zwingendes Recht, auf das der Bürger auch nicht verzichten kann. Bei der Wahlhandlung selbst muss der Wähler also die Geheimhaltung beachten. Selbstverständlich kann man sich demgegenüber vor und nach der Wahl über die Stimmabgabe nach außen hin erklären, ohne das Merkmal »geheim« zu verletzen. Der Wahlvorgang an sich muss aber tatsächlich einzeln und damit geheim an der Urne durchgeführt werden. Hinter dem Grundsatz der geheimen Wahl steht die Idee, dem Wähler in jedem Falle zu gewährleisten, dass er nicht wegen seiner Wahl mit Nachteilen oder Repressionen zu rechnen hat, und zwar sowohl vom Staat als auch von privaten Personen, z.B. dem Arbeitgeber. Nur durch die geheime Wahl kann auch die freie Wahl gewährleistet sein.

Es fragt sich, ob diese geheime Wahl bei einer Internetabstimmung gewahrt bleibt. Gewährleistet sein muss, wie oben gesehen, dass ausschließlich der Wähler selbst Kenntnis vom Inhalt seiner Stimmabgabe nehmen darf. Der Gesetzgeber ist dementsprechend verpflichtet, für die Geheimhaltung der Wahl alle notwendigen Mittel zur Verfügung zu stellen. Soweit dies den Gang zur Wahlurne im Wahllokal betrifft, stellt sich aktuell kein Problem: Im Wahllokal achten die zuständigen Personen darauf, dass die Wähler einzeln in die Kabinen gehen und dort ihr Kreuz machen. Es stellt sich indes die Frage, wie dies bei einer Internetwahl zu Hause am heimischen PC passieren soll. Dort bestehen nämlich vielfältige Möglichkeiten insoweit, dass andere Personen bei der Internetwahl zugegen sind und entsprechend Einsicht nehmen könnten. Des Weiteren können nach Abgabe der Stimme und dem Verlassen des Computers andere Personen unter Umständen Zugang zum PC haben und die abgegebene Stimme finden. Schließlich bleibt die theoretische Möglichkeit, dass Kriminelle von außen in den PC eindringen und so die Dateien bzw. Stimme offenlegen. Die Überwindung von Internetsperren stellt in heutiger Zeit für »sachkundige« Menschen im Zweifel kein Problem dar.

Aus den genannten Argumenten ergibt sich, dass eine Onlinewahl aus verfassungsrechtlicher Sicht grundsätzlich abzulehnen ist. Sie verstößt, sofern keine absolute Sicherheit gegen den Zugang dritter Personen gewährleistet ist, gegen den Grundsatz der geheimen Wahl.

Ergebnis: Für die verfassungsrechtliche Zulässigkeit einer Internetwahl wäre erforderlich, dass tatsächlich jede Kenntnisnahme von außen ausgeschlossen ist. Das aber scheint beim momentanen Stand der Dinge noch nicht möglich. Die Internetwahl verstößt damit gegen den Grundsatz der geheimen Wahl aus Art. 38 Abs. 1 Satz 1 GG.

) Grundsatz der geheimen Wahl (-)

Stimmabgabe vom heimischen PC aus

⇒ Verstoß gegen Geheimhaltung der Wahl, da keine absolute Sicherheit gegen den Zugang dritter Personen gewährleistet ist.

Fall 5

Im Namen des Herrn!

Rechtsstudent R sitzt sonntags morgens in der Kirche, als der Pfarrer unter Hinweis auf die in zwei Wochen anstehende Kommunalwahl die Predigt unterbricht und folgenden »Hirtenbrief« verliest:

»Die anstehende Kommunalwahl ist von entscheidender Bedeutung. Wir, die katholischen Bischöfe unseres Landes, rufen daher alle Gläubigen auf, sich der Verantwortung als Wähler bewusst zu sein und die Stimme nur solchen Parteien zu geben, die nach christlichen Grundsätzen leben und sich mühen, christliche Ordnung zu verwirklichen. Im Vertrauen auf Eure Bereitschaft und Einsicht und Eure feste Verbundenheit mit den Bischöfen erwarten wir die vollzählige Beteiligung an der Wahl und Eure Entscheidung in christlicher Verantwortung. Der Wahl fernzubleiben oder sich bei der Abgabe der Stimme von falschen Interessen lenken zu lassen, kann Versündigung gegen das Wohl des Volkes bedeuten. Amen.«

Für die Zuhörer ist sofort klar, dass die Bischöfe die »christliche« CDU unterstützen wollen. R findet diese Einmischung unerhört, da hierdurch die Gemeindemitglieder quasi moralisch gezwungen würden, diese Partei zu wählen. Eine solche Wahlbeeinflussung sei aber nach dem Grundgesetz verboten. Wahlen müssten schließlich frei von Zwängen sein. Daran müsse sich auch die Kirche halten.

Wirklich?

Schwerpunkte: Das Demokratieprinzip; die kommunale Selbstverwaltung gemäß Art. 28 Abs. 2 GG; die Wahlrechtsgrundsätze nach Art. 38 Abs. 1 Satz 1 GG und Art. 28 Abs. 1 Satz 2 GG; Probleme der unzulässigen Wahlbeeinflussung; die Meinungsfreiheit aus Art. 5 GG; die Stellung der Kirche in unserem Staat; die Weimarer Reichsverfassung von 1919 als Bestandteil des GG.

Lösungsweg

Einstieg: Der Fall da oben ist weder ein schlechter Scherz noch frei erfunden. Die Geschichte hat sich vielmehr exakt so zugetragen – und zwar vor langer, langer Zeit, nämlich im März des Jahres 1961. Unsere Fall basiert dabei auf einer Originalentscheidung des Bundesverwaltungsgerichts vom **17.01.1964** (BVerwGE **19**, 14). Obwohl das Urteil damit bereits eine kleine juristische Ewigkeit zurückliegt, ist es bis heute ein echter Prüfungsklassiker geblieben und vor allem gnadenlos gut geeignet, tragende Verfassungsprinzipien, insbesondere natürlich zum Wahlrecht und der Stellung der Kirche in unserem Land, zu verdeutlichen. Wie bereits im vorigen Fall, dreht es sich auch hier um die Frage nach der Einhaltung der Wahlrechtsgrundsätze. Im Unterschied zu Fall 4 geht es aber jetzt nicht mehr um Bundestagswahlen, sondern um ***Kommunalwahlen***. Der Art. 38 Abs. 1 Satz 1 GG normiert die fünf grundlegenden Wahlprinzipien – und diese gelten gemäß **Art. 28 Abs. 1 Satz 2 GG** (aufschlagen!) auch für Wahlen in den »Ländern, Kreisen und Gemeinden«, also eben auch den Kommunen. Das Ganze ist übrigens Ausfluss des uns bereits bekannten **Homogenitätsprinzips**, wonach die verfassungsmäßige Ordnung auch in den einzelnen Bundesländern den Grundsätzen des republikanischen, demokratischen und sozialen Rechtsstaates im Sinne des Grundgesetzes entsprechen muss (vgl. Art. 28 Abs. 1 Satz 1 GG). Bund, Länder, Kreise und Gemeinden müssen nach unserem Verfassungsverständnis »**homogen**« (= gleichartig) sein, und deshalb gelten unter anderem auch die Wahlrechtsgrundsätze nicht nur für Bundestagswahlen (→ Art. 38 GG), sondern auch für Kommunalwahlen (→ Art. 28 Abs. 1 Satz 2 GG).

Damit wir nun aber gleich nicht mit Begrifflichkeiten rumhantieren, die wir noch gar nicht richtig kennen, schauen wir uns vor der eigentlichen Fall-Lösung mal kurz an, was das mit diesen »Kommunen« in unserem Land so auf sich hat, wer bei »**Kommunalwahlen**« eigentlich wen für was wählt und warum unser Grundgesetz meint, man müsste neben dem Bund und den Ländern noch eine weitere Unterteilung in Kreise und Gemeinden vornehmen, also:

Die »Kommunale Selbstverwaltung«

Wir haben bereits im ersten Fall weiter vorne im Buch gelernt, dass die Bundesrepublik Deutschland gemäß Art. 20 Abs. 1 GG auch ein ***Bundesstaat*** ist. Unser Land ist demnach in (16) einzelne Bundesländer aufgeteilt, die ihrerseits im Rahmen der grundgesetzlichen Ordnung autonom sind und demzufolge auch ***selbstständig*** agieren, zum Beispiel eigene Gesetze erlassen können. So verfügen sie etwa über eigene Landesverfassungen – übrigens eben gerade aufgrund dieser Verfassungsautonomie (BVerfGE **60**, 175; *Degenhart* StaatsR I Rz. 464; *Sodan/Ziekow* GK § 8 Rz. 9). Genau genommen haben wir also ***zwei*** staatliche Ebenen: Den ***Bund*** und die einzelnen ***Länder***. Beide verfügen über eigene Staatsqualität und von beiden geht die Staatsgewalt aus (BVerfGE **13**, 54; *Degenhart* StaatsR I Rz. 7).

In der politischen Realität freilich scheint es auf den ersten Blick gleichwohl noch eine dritte Ebene zu geben, man spricht bei der Beschreibung des Staatsaufbaus häufig vom Dreiklang »Bund-Länder-Gemeinden« (vgl. etwa *Gröpl* StaatsR I Rz. 721). Damit wird unter den Gesamtstaat und die einzelnen Bundesstaaten noch eine weitere, nämlich die sogenannte ***kommunale*** Ebene gestellt. Der Begriff ***»Kommune«*** sorgt insoweit übrigens häufig für Verwirrung, denn er taucht im Grundgesetz bei genauer

Betrachtung an keiner einzigen Stelle auf. Dennoch gibt es – das weiß jeder – erstaunlicherweise neben den Bundestags- und den Landtagswahlen auch: ***Kommunalwahlen***.

Merke: Unter ***Kommune*** versteht man in Deutschland die Gemeinden (dazu gehören auch die kreisfreien Städte!) und die Gemeindeverbände. Der Begriff »Gemeindeverband« aus Art. 28 Abs. 2 Satz 2 GG umfasst seinerseits zum einen die Landkreise, wobei mehrere Gemeinden zu einem »(Land-)Kreis« zusammengeschlossen sind. Zum anderen fallen unter den Begriff des Gemeindeverbandes die in einigen Bundesländern existenten »kommunalen Gebietskörperschaften«, konkret die ***Bezirke*** in Bayern und die ***Landschaftsverbände*** in Nordrhein-Westfalen (*Gröpl* StaatsR I Rz. 721). »Kommunale Gebietskörperschaft« bedeutet, dass es sich um eine Organisation mehrerer Gemeinden handelt, der die Rechtsordnung eine eigene Rechtsfähigkeit zuerkennt.

Und jetzt aufgepasst: Diese Kommunen stellen ***keine*** weitere staatliche Ebene im Verhältnis »Bund-Länder« dar, sie gehören vielmehr zum jeweiligen Bundesland und sind ein Teil von ihm. Die Besonderheit der Kommunen liegt aber darin, dass ihnen grundgesetzlich in Art. 28 Abs. 2 Satz 1 GG eine eigene Verantwortung bei der Erledigung ihrer »**Angelegenheiten**« zusteht. Und das heißt in der deutschen Übersetzung, dass die Gemeinden und Gemeindeverbände (Art. 28 Abs. 2 Satz 2 GG) sämtliche, ihr Gebiet betreffenden ***Verwaltungsaufgaben*** in eigener Regie durchführen sollen – und das nennt man dann »**kommunale Selbstverwaltung**« (BVerfGE **50**, 195). Der Staat, also Bund oder Land, hat insoweit nur die Befugnis, die **Rechtmäßigkeit** dieser Tätigkeit zu überwachen, was bedeutet, dass die Einhaltung der vom Bund oder vom Land erlassenen Gesetze geprüft werden kann. Genau genommen führen die Kommunen die Gesetze des Bundes und/oder des Landes aus, haben selbst aber ***keine*** Kompetenz und Befugnis, eigene Gesetze zu erlassen. Gesetze werden in Deutschland entweder vom Bundestag oder von einem Landtag beschlossen, nicht aber von einer Gemeinde (bitte lies **Art. 70 Abs. 1 GG**). Wichtig, bitte merken.

Beispiel für kommunale Selbstverwaltung: Die kreisfreie Stadt Köln (= **Gemeinde** im Sinne des Art. 28 GG!) kümmert sich beispielsweise um eine Vielzahl von Angelegenheiten: Um die Verkehrswege in der Stadt, die Abfallbeseitigung, die Energie- und Wasserversorgung, die Kindergärten, die Feuerwehr, die Schwimmbäder, die Bibliotheken, die Museen, das Theater, die Sportstätten, die Altenpflege, die Suchtberatung usw. usw. Hierbei muss die Stadt immer die Bundes- und Landesgesetze beachten und ausführen (= anwenden). Tut sie dies, ist sie im Rahmen dessen, was sie dann genau vollzieht, frei und unabhängig. **Und beachte**: Gemeinden und Gemeindeverbände können zur Durchführung ihrer Aufgaben zwar keine eigenen Gesetze erlassen, das haben wir eben ja schon gesagt: Gesetze werden in Deutschland gemäß Art. 70 GG nur vom Bund oder einem Bundesland gemacht. Gleichwohl ist es den Kommunen im Rahmen ihrer Zuständigkeit gestattet, sogenannte »**Satzungen**« zu verabschieden. Diese Satzungen haben dann ebenfalls Regelungscharakter und sind für die Bürger der jeweiligen Kommune bindend. Satzungen können dann zum

Beispiel die Benutzung der Sportstätten, der Bibliotheken oder aller möglicher Verwaltungsaufgaben regeln. Die Einzelheiten dazu finden sich in den jeweiligen ***Gemeindeordnungen*** der Bundesländer.

Punkt. Wir gehen jetzt mal zurück zu unserem eigentlichen Ziel, nämlich zu kapieren, ***wer*** bei Kommunalwahlen eigentlich für ***was*** gewählt wird. Wir haben jetzt gerade schon gesehen, dass die Kommunen einen Haufen Verwaltungsaufgaben erledigen müssen, und das Ganze bitte auch noch schön eigenverantwortlich, lies: Art. 28 Abs. 2 GG. Damit wissen wir also, um ***was*** es geht. Jetzt fehlt natürlich noch die Antwort auf die Frage, ***wer*** das macht bzw. ***wer*** genau gewählt wird, um sich um die Erledigung dieser Aufgaben zu kümmern.

Dazu lesen wir bitte zunächst noch mal das Gesetz: Gemäß **Art. 28 Abs. 1 Satz 2 GG** muss das Volk in den Ländern, Kreisen und Gemeinden eine Vertretung haben, die aus allgemeinen, unmittelbaren, freien, gleichen und geheimen Wahlen hervorgegangen ist. Es wird also mit den Kommunalwahlen eine ***kommunale Volksvertretung*** gewählt. In den Gemeinden wählt man demzufolge die Gemeinderäte, in den Städten die Stadträte und in den Landkreisen den Kreistag. Diese Gremien stehen dann an der Spitze der Gemeinde oder der Gemeindeverbände. Sie leiten die Verwaltungsaufgaben und treffen Entscheidungen (z.B. durch den Erlass von ***Satzungen***) zur Durchführung der anstehenden Aufgaben. Praktisch muss man sich das übrigens vorstellen wie etwa den Bundestag oder den Landtag: Die gewählten Volksvertreter der verschiedenen Parteien sitzen dann etwa im Stadt- oder Gemeinderat, der regelmäßig tagt, sich berät und anschließend mit den entsprechenden Mehrheiten Beschlüsse fasst, die dann von der Stadtverwaltung auch ausgeführt werden müssen. Also eigentlich normales politisches Geschäft – mit dem kleinen, aber feinen Unterschied, dass es immer nur um die kommunalen, also quasi die ***lokalen*** Verwaltungsaufgaben geht. **Feinkost**: Durch Art. 28 Abs. 1 Satz 2 und Abs. 2 GG und die dort statuierte kommunale Selbstverwaltung wird (auch) das Prinzip der ***demokratischen Dezentralisierung*** in Deutschland verwirklicht (*Jarass/Pieroth* Art. 28 GG Rz. 6). Die Selbstbestimmung des Volkes, die Volkssouveränität, findet ihren Ausdruck somit nicht nur in der demokratischen Legitimation der Parlamente (= Legislative), der Staatsverwaltung (= Exekutive) und der staatlichen Gerichte (= Judikative), sondern auch in der demokratischen Legitimation der sich selbst verwaltenden Kommunen (*Gröpl* StaatsR I Rz. 733).

Also, ***darum*** geht es bei den Kommunalwahlen.

Und nach dieser ziemlich langen Vorrede, schauen wir jetzt (endlich) mal, ob die Verlesung des Hirtenbriefes in der Kirche gegen Art. 28 GG verstößt, **denn**: Wir haben ja inzwischen gelernt, dass auch die Kommunalwahlen wegen des Homogenitätsprinzips an den allgemeinen Wahlrechtsgrundsätzen gemessen werden müssen. Und jetzt schön schulmäßig:

Verstoß gegen die Wahlrechtsgrundsätze

Fraglich ist, ob die Bischöfe mit der Verlesung des Hirtenbriefs im Vorfeld der Kommunalwahl gegen die Wahlrechtsgrundsätze verstoßen haben, da die Gemeindemitglieder sich nunmehr als gläubige Katholiken verpflichtet fühlen könnten, den Vorgaben der Kirche bei ihrer Wahlentscheidung zu entsprechen und damit lediglich die CDU wählen dürfen. Die Verlesung des Hirtenbriefs könnte insbesondere gegen den Grundsatz der ***freien*** Wahl verstoßen haben und wäre damit als unzulässige Beeinflussung der Wähler in ihrer Entscheidung zu werten.

Einstieg: Grundsätzlich stellt jeder Wahlkampf natürlich auch eine versuchte Wahlbeeinflussung dar, genau deshalb macht man bzw. die Parteien Wahlkampf (*Maurer* StaatsR I § 13 Rz. 14, 15). Die entscheidende Frage lautet aber, ab wann ein Wahlkampf die grundgesetzlich garantierte Freiheit der Wahl ***unzulässig*** beeinträchtigt. Wir schauen zunächst mal auf die Definition:

Definition: Ein Verstoß gegen den Grundsatz der freien Wahl liegt dann vor, wenn öffentlicher oder privater ***Zwang*** auf den Inhalt der Wahlentscheidung ausgeübt wird (EuGRZ **2015**, 83; BVerfGE **7**, 63, 69; BVerfG NJW **1984**, 2001).

Bei der Abgrenzung zwischen zulässiger und unzulässiger ***Wahlbeeinflussung*** ist zunächst zwischen amtlichen (staatlichen) und nichtamtlichen (privaten) Urhebern zu unterscheiden (*Sachs/Magiera* Art. 38 GG Rz. 88), was natürlich die Frage aufwirft, wie die Bischöfe der katholischen Kirche eigentlich einzuordnen sind: Handeln sie als Vertreter der katholischen Kirche eigentlich ***staatlich*** oder ***nichtstaatlich***?

> **Durchblick**: Gemäß **Art. 140 GG in Verbindung mit Art. 137 Abs. 5 WRV** (= Weimarer Reichsverfassung → die steht in der Regel in der Fußnote des Beck-Textes bei Art. 140 GG) handelt es sich bei der katholischen Kirche um eine ***Körperschaft des öffentlichen Rechts***. Darunter versteht man einen Hoheitsträger staatlicher Herkunft, der auf der Mitgliedschaft der ihm zugehörigen Personen aufgebaut ist (*Sachs/Ehlers* Art. 140 GG Rz. 21). Diese Körperschaften sind grundsätzlich juristische Personen und damit eine zweckgebundene Organisation, der die Rechtsordnung eine eigene ***Rechtsfähigkeit*** verliehen hat – und die damit wie eine natürliche Person am Rechtsverkehr teilnehmen kann. Man unterscheidet zwischen juristischen Personen des öffentlichen Rechts (z.B. Handwerkskammern, Ärztekammer, Rechtsanwaltskammer und eben auch: die Kirche) und des Privatrechts (z.B. GmbH). Die katholische Kirche ist eine Körperschaft des ***öffentlichen Rechts*** (vgl. Art. 137 Abs. 5 WRV), also eine durch staatlichen Hoheitsakt geschaffene Personenmehrheit, die öffentliche Aufgaben wahrnimmt.

Aber: Damit gehört die katholische Kirche dennoch ***nicht*** zum »Staat« im eigentlichen Sinne und ihr Handeln wird auch nicht dem Staat zugerechnet. Jede Religionsgemeinschaft verwaltet ihre Angelegenheiten selbstständig innerhalb der Schranken der für sie geltenden Gesetze (BVerfG NZA **2014**, 1387; BVerwGE **149**, 139 = JuS **2014**, 1148). Der Staat erkennt die Kirchen als Institution mit dem Recht auf Selbstbestimmung an, die ihrem Wesen nach unabhängig vom Staat existieren und ihre Gewalt nicht vom Staate ableiten (BVerwGE **149**, 139; BVerfG NJW **2009**, 1195; OVG Koblenz NJW **2009**, 1223).

Und bitte lies jetzt: **Art. 137 Abs. 1 WRV!**

Beachte noch: Nur dann, wenn die Religionsgemeinschaften besonders verliehene hoheitliche Aufgaben und Befugnisse wahrnehmen, ist ihr Handeln der Teilhabe an öffentlicher (Staats-)*Gewalt* zuzurechnen. Das kommt allerdings nur in Randbereichen ihres Wirkens in Betracht, beispielsweise im Friedhofsrecht oder im Schulrecht. Handeln die Kirchen dort, nehmen sie staatliche Befugnisse und Aufgaben wahr und werden dementsprechend auch dem Staate zugerechnet. Sonst nicht. Merken.

ZE.: Im vorliegenden Fall – bei der Verlesung des Hirtenbriefes im Gottesdienst – handelt es sich offensichtlich nicht um eine Tätigkeit, die die Bischöfe als »staatliche Aufgabe« wahrnehmen. Vielmehr geht es um einen rein kirchlichen Vorgang, der der Autonomie des kirchlichen Daseins (Art. 137 Abs. 1 WRV!) entspricht. Eine Wahlwerbung durch eine nicht dem Staate zurechenbare, gesellschaftliche Organisation, wie sie in diesem Fall durch Verlesung des Hirtenbriefs getätigt wurde, ist aber erst dann unzulässig, wenn sie unter Druck oder Täuschung oder unter Missbrauch wirtschaftlicher Macht erfolgt (vgl. etwa BVerfGE **66**, 369, 380 → Ankündigung von Unternehmen, im Falle eines bestimmten Ausgangs der Bundestagswahl Investitionsentscheidungen zu widerrufen; vgl. dazu auch *Maurer* StaatsR I § 13 Rz. 14).

Das BVerfG hat den Grundsatz der ***freien*** Wahl treffend wie folgt beschrieben (BVerfGE **44**, 125, 139):

> *»…Wahlen vermögen demokratische Legitimation im Sinne des Art. 20 Abs. 2 GG nur zu verleihen, wenn sie **frei** sind. Dies erfordert nicht nur, dass der Akt der Stimmabgabe frei von Zwang und unzulässigem Druck bleibt, wie es Art. 38 Abs. 1 gebietet, sondern ebenso sehr, dass die Wähler ihr Urteil in einem **freien, offenen** Prozess der Meinungsbildung gewinnen und fällen können …«*

Durchblick: Der Wähler entwickelt in der Regel eine gewisse politische Vorstellung, deren Verwirklichung er von den zu wählenden Abgeordneten erwartet. Also schmeißt er unter den Kandidaten diejenigen Personen oder Parteien raus, die am wenigsten seine Interessen vertreten. Der Wahlbewerber will das natürlich verhindern und präsentiert im Wahlkampf (z.B. Talk-Show, Nachrichten, Plakate, Radiospots usw. usw.) seine Ansichten und Ziele, um den Wähler für sich zu gewinnen. Dabei darf der Wahlbewerber (bzw. die dahinterstehende Partei) natürlich auch zu den Äußerungen seiner Konkurrenten Stellung nehmen und deren Ansichten kritisieren – oder mit Gegenargumenten belegen (instruktiv BVerfG EuGRZ **2015**, 83). Und selbstverständlich ist es grundgesetzlich auch zulässig, dass andere Personen, Gruppen und Organisationen ihre Meinung öffentlich abgeben und unter Umständen eindeutig Stellung beziehen (→ z.B. Gewerkschaften, Sportvereine, Arbeitgeberverbände, Umweltschutzvereine usw.). Das folgt nämlich aus der ***Meinungsfreiheit***, und die steht in **Art. 5 Abs. 1 Satz 1 GG** (prüfen!). So, und aus dem soeben Gesagten folgt nun, dass natürlich auch die ***Kirchen*** als Meinungsträger (und was für einer!) und Inhaber der grundgesetzlichen Meinungsfreiheit für eine bestimmte Richtung oder sogar für eine bestimmte Partei oder bestimmte Personen öffentlich eintreten darf (*Maurer* StaatsR I § 13 Rz. 15). Das mag für das Rechtsgefühl im ersten Moment befremdlich klingen, weil man die Kirche (wie wir jetzt wissen: irrtümlich!) mit dem Staat in Verbindung bringt oder sogar gleichsetzt. Genau genommen ist es aber eigentlich nix anderes, als wenn z.B. die Gewerkschaft kurz vor der Wahl sagt: »***Arbeitnehmer dieses Landes – wählt die SPD!***«.

Kapiert!?

Gut, dann können wir weitermachen und müssen uns jetzt noch Folgendes überlegen: Es fragt sich, ob die von den Bischöfen getätigte »Wahlbeeinflussung« so deftig daherkommt, dass sie einen grundgesetzlich nicht mehr akzeptablen Druck bzw. Zwang darstellt. Durch den Hirtenbrief werden die gläubigen Katholiken immerhin an ihrer schwächsten Stelle getroffen, nämlich ihrem Gewissen. Nicht auszudenken, wenn sie ihrem Pfarrer später beichten müssten, dass sie entgegen der Empfehlung doch lieber die **GRÜNEN** oder die **SPD** gewählt haben!

Das Argument klingt im ersten Moment ulkig, war aber tatsächlich auch Gegenstand der Gerichtsentscheidung des Bundesverwaltungsgerichts. Im Ergebnis freilich bleibt das Verhalten der katholischen Bischöfe dann doch zulässig und verstößt nicht gegen die Wahlrechtsgrundsätze, **denn**:

> Wir haben bereits festgestellt, dass auch Persönlichkeiten, die sich nicht selbst um einen Sitz bewerben, ohne Probleme in den Wahlkampf eingreifen, an der Unterrichtung der Wähler mitwirken, gewisse Bewerber empfehlen und vor anderen warnen dürfen. Dies ist durch **Art. 5 Abs. 1 GG** (Meinungsfreiheit) in der Verfassung verbürgt. Nach Art. 5 Abs. 1 GG hat jeder das Recht, seine Meinung in Wort, Schrift und Bild frei zu äußern und zu verbreiten. Die ***Kirche*** kann sich trotz ihrer Stellung als juristische Person des öffentlichen Rechts aufgrund ihrer umfassenden Grundrechtsträgerschaft ebenfalls unstreitig auf Art. 5 GG berufen (*Sachs/Bethge* Art. 5 GG Rz. 43). Weil sie nicht den Trägern öffentlicher Gewalt zuzurechnen sind, bleiben öffentlich-rechtlich verfasste Religionsgemeinschaften vollumfänglich grundrechtsfähig (BVerfG NJW **2009**, 1195; BVerfGE **70**, 138), ihr öffentlich-rechtliches Handeln grundrechtsgeschützt. Die verfassungsrechtlich geschützte Meinungskundgabe bezieht sich auf das ***Äußern*** und ***Verbreiten***, mithin auf jede Art (friedlicher) Artikulation und Transportierung, mithilfe derer eine Auffassung ausgedrückt und übermittelt wird (*Sachs/Bethge* Art. 5 GG Rz. 44). Folglich sind Äußerungen der katholischen Kirche zu den Wahlen nach Art. 5 Abs. 1 GG erlaubt und für die Vorbereitung der Wahl sogar nützlich. Dies ist vor allem auch darin begründet, dass religiöse und kirchliche Belange besonders durch Kommunalwahlen berührt werden. Die zu wählenden Gemeindemitglieder haben einen maßgeblichen Einfluss auf die Zusammensetzung und die Arbeitsweise der kommunalen Behörden. Insbesondere ist ihnen auch die Sorge dafür anvertraut, dass die Freiheit des Glaubens und des religiösen Bekenntnisses i.S.d. Art. 4 Abs. 1 und 2 GG (Religionsfreiheit) nicht verletzt werden und damit die ungestörte Religionsausübung gewährleistet bleibt. Schon nach der Einzelvorschrift des Art. 137 Abs. 3 der Weimarer Verfassung in Verbindung mit Art. 140 GG sind die Kirchen berufen, ihre kirchlichen und religiösen Belange wahrzunehmen (BVerwGE **19**, 14).

Merke: Öffentliche Wahlempfehlungen, z.B. in Hirtenbriefen katholischer Bischöfe oder auch in gewerkschaftlichen Verlautbarungen, halten sich im Normalfall im Rahmen des Art. 5 Abs. 1 GG und beeinträchtigen nicht die vom Grundgesetz geforderte Freiheit der Wahl. Etwas anderes gilt nur im Falle einer **Wählernötigung** (→ § 108 StGB), einer **Wählertäuschung** (→ § 108 a StGB) oder einer **Wählerbestechung** (→ § 108 b StGB), vgl. dazu *Zippelius/Würtenberger* StaatsR § 39 Rz. 7.

So, und ganz zum Schluss schauen wir uns dann noch an, ob das Drama beim Beichten (»*Herr Pfarrer, ich hab´ die SPD gewählt!*«) vielleicht einen unzulässigen (Wahl-)Zwang darstellen kann. Das Bundesverwaltungsgericht hat dies im Ergebnis ***verneint***, die Begründung aus dem Jahre 1964 freilich ist geradezu atemberaubend – und deshalb schauen wir uns die jetzt auch im Originalton an, viel Vergnügen:

> »*… Der § 108 StGB droht demjenigen Gefängnis- oder Zuchthausstrafe an, der mit Gewalt, durch rechtswidrige Drohung mit einem empfindlichen Übel, durch Missbrauch eines beruflichen oder wirtschaftlichen Abhängigkeitsverhältnisses oder durch sonstigen wirtschaftlichen Druck einen anderen nötigt oder hindert, zu wählen oder sein Wahlrecht in einem bestimmten Sinne auszuüben. Auch der verfassungsrechtliche Grundsatz der Freiheit der Wahlen (Art. 28 Abs. 1 Satz 2; Art. 38 Abs. 1 Satz 1 GG)* ***verbietet*** *die* ***Beeinflussung*** *von Wahlen durch Androhung von Nachteilen. Nachteile irgendwelcher Art sind in dem Hirtenbriefe aber* ***nicht*** *angedroht. Er warnt in* ***vorsichtigen*** *Worten vor der Wahlenthaltung und empfiehlt die Wahl von Bewerbern, von denen die Vertretung* ***christlicher*** *und* ***kirchlicher*** *Belange im kommunalen Bereich erwartet werden kann. Das Berufungsgericht erörtert in diesem Zusammenhang die Frage, ob ein gläubiger Katholik es* ***beichten*** *müsse, wenn er bei der Wahl die Empfehlung des Bischofs missachtet habe. Die Frage der Beichtpflicht ist in dem Hirtenbrief nicht berührt. Davon abgesehen sind die Ausführungen des Berufungsgerichts hierzu nicht frei von rechtlichen Bedenken. Sie verkennen die Grundsätze der Freiheit des Glaubens (Art. 4 GG) und der Lehre (Art. 5 GG) und das verfassungsrechtlich geordnete Verhältnis zwischen Kirche und Staat. Das Oberverwaltungsgericht meint unter Anführung einiger Sätze aus einem Werke der* ***katholischen Moraltheologie****, dass die Wahl eines* ***sozialdemokratischen*** *Bewerbers* ***keine*** *beichtpflichtige Sünde sei. Dies ist insofern bedenklich, als das Oberverwaltungsgericht nicht gewährleisten kann, dass der Beichtvater sich nach dieser Auffassung richte. Was nach katholischer Lehre eine Sünde ist, kann das weltliche Gericht* ***nicht*** *entscheiden. Für politische Wahlen dürfte diese Frage keine große praktische Bedeutung haben. Dem gläubigen Katholiken wird der Rat seines Bischofs erwünscht sein, und er wird ihn* ***gern*** *in Betracht ziehen. Der* ***Ungläubige*** *wird sich durch den Hirtenbrief in seinen Anschauungen nicht beirren lassen; die Frage, ob ein gläubiger Katholik die Wahl beichten würde oder müsste, berührt ihn nicht. Endlich aber ist in diesem Punkte entscheidend, dass der Beichtende das, was er in der Beichte bekennt,* ***nicht*** *offenbart. Das Bekenntnis verlässt den Raum nicht, der juristisch als Intimsphäre bezeichnet wird. Aus all diesen Gründen kann die Frage der Beichtpflicht bei der wahlrechtlichen Würdigung des Hirtenbriefes außer Betracht bleiben …*« (→ BVerwGE **19**,14 = NJW **1964**, 1385)

Amen.

Ergebnis: Die Verlesung des Hirtenbriefs der Bischöfe verstößt nicht gegen Art. 38 Abs. 1 in Verbindung mit Art. 28 Abs. 1 Satz 2 GG. Alles klar!?

Gutachten

Es ist zu prüfen, ob die Verlesung des Hirtenbriefes in der Kirche gegen das Grundgesetz verstößt. Infrage steht namentlich ein Verstoß gegen Art. 28 Abs. 1 GG und das dort verankerte Homogenitätsprinzip. Aus dem Homogenitätsprinzip folgt unter anderem, dass auch Kommunalwahlen, um die es vorliegend geht, an den allgemeinen Wahlrechtsgrundsätzen gemessen werden müssen.

I. Fraglich ist, ob die Bischöfe mit der Verlesung des Hirtenbriefs im Vorfeld der Kommunalwahl gegen diese Wahlrechtsgrundsätze verstoßen haben. In Betracht kommt eine Verletzung des Grundsatzes der freien Wahl. Die Gemeindemitglieder könnten sich als gläubige Katholiken verpflichtet fühlen, den Vorgaben der Kirche bei ihrer Wahlentscheidung zu entsprechen und damit lediglich eine »christliche« Partei zu wählen. Die Verlesung des Hirtenbriefs könnte dadurch als unzulässige Beeinflussung der Wähler in ihrer Entscheidung zu werten sein.

II. Grundsätzlich stellt jeder Wahlkampf immer auch eine versuchte Wahlbeeinflussung dar, aus diesem Grund machen die Parteien überhaupt nur den Wahlkampf. Die entscheidende Frage lautet, ab wann ein Wahlkampf die grundgesetzlich garantierte Freiheit der Wahl unzulässig beeinträchtigt. Ein Verstoß gegen den Grundsatz der freien Wahl liegt jedenfalls dann vor, wenn öffentlicher oder privater Zwang auf den Inhalt der Wahlentscheidung ausgeübt wird.

Bei der Abgrenzung zwischen zulässiger und unzulässiger Wahlbeeinflussung ist daher zunächst zwischen amtlichen (staatlichen) und nichtamtlichen (privaten) Urhebern zu unterscheiden. Es fragt sich demnach als Erstes, ob die Bischöfe der katholischen Kirche als Vertreter der katholischen Kirche staatlich oder nichtstaatlich einzuordnen sind. Gemäß Art. 140 GG in Verbindung mit Art. 137 Abs. 5 der Weimarer Reichsverfassung (WRV) handelt es sich bei der katholischen Kirche um eine Körperschaft des öffentlichen Rechts. Darunter versteht man einen Hoheitsträger staatlicher Herkunft, der auf der Mitgliedschaft der ihm zugehörigen Personen aufgebaut ist. Diese Körperschaften sind grundsätzlich juristische Personen und damit eine zweckgebundene Organisation, der die Rechtsordnung eine eigene Rechtsfähigkeit verliehen hat – und die damit wie eine natürliche Person am Rechtsverkehr teilnehmen kann. Man unterscheidet zwischen juristischen Personen des öffentlichen Rechts (z.B. die Kirche) und des Privatrechts (z.B. GmbH). Die katholische Kirche ist gemäß Art. 137 Abs. 5 WRV eine Körperschaft des öffentlichen Rechts, also eine durch staatlichen Hoheitsakt geschaffene Personenmehrheit, die öffentliche Aufgaben wahrnimmt. Damit gehört die katholische Kirche dennoch nicht zum Staat im eigentlichen Sinne und ihr Handeln wird auch nicht dem Staat zugerechnet. Jede Religionsgesellschaft verwaltet ihre Angelegenheiten selbstständig innerhalb der Schranken der für sie geltenden Gesetze. Der Staat erkennt die Kirchen als Institution mit dem Recht auf Selbstbestimmung an, die ihrem Wesen nach unabhängig vom Staat existieren und ihre Gewalt nicht vom Staate ableiten. Nur dann, wenn die Religionsgemeinschaften besonders verliehene, hoheitliche Aufgaben und Befugnisse wahrnehmen, ist ihr Handeln der Teilhabe an öffentlicher (Staats-)Gewalt zuzurechnen. Das kommt allerdings nur in Randbereichen ihres Wirkens in Betracht, beispielsweise im Friedhofsrecht oder im Schulrecht. Handeln die Kirchen dort, nehmen sie staatliche Befugnisse und Aufgaben wahr und werden dementsprechend auch dem Staate zugerechnet, ansonsten – so wie im vorliegenden Fall – aber nicht. Die Kirche handelt hier nichtstaatlich.

III. Insoweit ist bezüglich der Verlesung des Hirtenbriefes nun des Weiteren Folgendes zu beachten: Wahlen vermögen demokratische Legitimation im Sinne des Art. 20 Abs. 2 GG nur zu verleihen, wenn sie frei sind. Dies erfordert nicht nur, dass der Akt der Stimmabgabe frei von Zwang und unzulässigem Druck bleibt, wie es Art. 38 Abs. 1 gebietet, sondern ebenso sehr, dass die Wähler ihr Urteil in einem freien, offenen Prozess der Meinungsbildung gewinnen und fällen können. Der Wähler entwickelt in der Regel eine gewisse politische Vorstellung, deren Verwirklichung er von den zu wählenden Abgeordneten erwartet. Dementsprechend selektiert er unter den Kandidaten diejenigen Personen oder Parteien, die am wenigsten seine Interessen vertreten. Der Wahlbewerber will das natürlich verhindern und präsentiert im Wahlkampf (z.B. Talk-Show, Nachrichten, Plakate, Radiospots usw.) seine Ansichten und Ziele, um den Wähler für sich zu gewinnen. Dabei darf der Wahlbewerber bzw. die dahinterstehende Partei natürlich auch zu den Äußerungen seiner Konkurrenten Stellung nehmen und deren Ansichten kritisieren – oder mit Gegenargumenten belegen. Und es ist grundgesetzlich auch zulässig, dass andere Personen, Gruppen und Organisationen ihre Meinung öffentlich abgeben und unter Umständen eindeutig Stellung beziehen wie etwa Gewerkschaften, Sportvereine, Arbeitgeberverbände, Umweltschutzvereine. Das folgt aus der grundgesetzlich garantierten Meinungsfreiheit. Aus dem soeben Gesagten folgt nun aber auch, dass die Kirchen als Meinungsträger und Inhaber der grundgesetzlichen Meinungsfreiheit ebenso für eine bestimmte Richtung oder sogar für eine bestimmte Partei oder bestimmte Personen öffentlich eintreten dürfen.

Für das kirchliche Handeln ergibt sich daraus das Folgende: Wie soeben ausführlich dargelegt, dürfen auch Persönlichkeiten, die sich nicht selbst um einen Sitz bewerben, ohne Probleme in den Wahlkampf eingreifen, an der Unterrichtung der Wähler mitwirken, gewisse Bewerber empfehlen und vor anderen warnen. Dies ist durch Art. 5 Abs. 1 GG, die Meinungsfreiheit, in der Verfassung verbürgt. Die Kirche kann sich also trotz ihrer Stellung als juristische Person des öffentlichen Rechts aufgrund ihrer umfassenden Grundrechtsträgerschaft ebenfalls unstreitig auf Art. 5 GG berufen. Weil sie nicht den Trägern öffentlicher Gewalt zuzurechnen sind, bleiben öffentlich-rechtlich verfasste Religionsgemeinschaften vollumfänglich grundrechtsfähig, ihr öffentlich-rechtliches Handeln ist grundrechtsgeschützt. Die verfassungsrechtlich geschützte Meinungskundgabe bezieht sich auf das Äußern und Verbreiten, mithin auf jede Art (friedlicher) Artikulation und Transportierung, mithilfe derer eine Auffassung ausgedrückt und übermittelt wird. Folglich sind Äußerungen der katholischen Kirche zu den Wahlen nach Art. 5 Abs. 1 GG erlaubt und für die Vorbereitung der Wahl sogar nützlich. Dies ist schließlich auch darin begründet, dass religiöse und kirchliche Belange besonders durch Kommunalwahlen berührt werden. Die zu wählenden Gemeindemitglieder haben einen maßgeblichen Einfluss auf die Zusammensetzung und die Arbeitsweise der kommunalen Behörden. Insbesondere ist ihnen auch die Sorge dafür anvertraut, dass die Freiheit des Glaubens und des religiösen Bekenntnisses im Sinne des Art. 4 Abs. 1 und 2 GG nicht verletzt wird und damit die ungestörte Religionsausübung gewährleistet bleibt. Schon nach der Einzelvorschrift des Art. 137 Abs. 3 der Weimarer Verfassung in Verbindung mit Art. 140 GG sind die Kirchen berufen, ihre kirchlichen und religiösen Belange wahrzunehmen.

Zwischenergebnis: Im vorliegenden Fall – bei der Verlesung des Hirtenbriefes im Gottesdienst – handelt es sich zum einen nicht um eine Tätigkeit, die die Bischöfe als »staatliche Aufgabe« wahrnehmen. Vielmehr geht es um einen rein kirchlichen Vorgang, der der Autonomie des kirchlichen Daseins entspricht. Eine Wahlwerbung durch eine nicht dem Staate zurechenbare, gesellschaftliche Organisation, wie sie in diesem Fall durch Verlesung des Hirtenbriefs getätigt wurde, ist zum anderen aber erst dann unzulässig, wenn sie unter Druck oder Täuschung oder unter Missbrauch wirtschaftlicher Macht erfolgt.

IV. Es fragt sich abschließend, ob die von den Bischöfen getätigte »Wahlbeeinflussung« grundgesetzlich akzeptabel ist oder einen gerade benannten, nicht mehr zu akzeptierenden Zwang darstellt. Durch den Hirtenbrief werden die gläubigen Katholiken immerhin an einer beachtlichen Stelle tangiert, nämlich an ihrem Gewissen. Denkbar wäre ein Gewissenskonflikt, wenn sie nämlich ihrem Pfarrer später beichten müssten, dass sie entgegen der Empfehlung doch lieber eine andere Partei als die CDU gewählt haben.

Die Annahme eines Zwangs ist indes zu verneinen. Der § 108 StGB droht demjenigen Gefängnis- oder Zuchthausstrafe an, der mit Gewalt, durch rechtswidrige Drohung mit einem empfindlichen Übel, durch Missbrauch eines beruflichen oder wirtschaftlichen Abhängigkeitsverhältnisses oder durch sonstigen wirtschaftlichen Druck einen anderen nötigt oder hindert zu wählen oder sein Wahlrecht in einem bestimmten Sinne auszuüben. Auch der verfassungsrechtliche Grundsatz der Freiheit der Wahlen verbietet die Beeinflussung von Wahlen durch Androhung von Nachteilen. Nachteile irgendwelcher Art sind in dem Hirtenbrief aber nicht angedroht. Er warnt in vorsichtigen Worten vor der Wahlenthaltung und empfiehlt die Wahl von Bewerbern, von denen die Vertretung christlicher und kirchlicher Belange im kommunalen Bereich erwartet werden kann. Die Frage der Beichtpflicht ist in dem Hirtenbrief nicht berührt. Die Wahl eines sozialdemokratischen Bewerbers ist keine beichtpflichtige Sünde. Einem gläubigen Katholiken wird der Rat seines Bischofs erwünscht sein, und er wird ihn gern in Betracht ziehen. Der »Ungläubige« wird sich durch den Hirtenbrief in seinen Anschauungen nicht beirren lassen. Die Frage, ob ein gläubiger Katholik die Wahl beichten würde oder müsste, berührt ihn nicht. Letztlich aber ist in diesem Punkt entscheidend, dass der Beichtende das, was er in der Beichte bekennt, nicht offenbart. Das Bekenntnis verlässt den Raum nicht, der juristisch als Intimsphäre bezeichnet wird. Aus all diesen Gründen kann die Frage der Beichtpflicht bei der wahlrechtlichen Würdigung des Hirtenbriefes außer Betracht bleiben.

Ergebnis: Die Verlesung des Hirtenbriefs der Bischöfe verstößt nicht gegen Art. 38 Abs. 1 in Verbindung mit Art. 28 Abs. 1 Satz 2 GG.

Fall 6

Die Juristen fürs Vaterland

Rechtsstudent R findet die Parteienlandschaft in Deutschland ziemlich langweilig und hat beschlossen, eine eigene Partei zu gründen. Mit den »*Juristen fürs Vaterland*« (JFV) will er an der nächsten Bundestagswahl teilnehmen. Als er in der Vorlesung zum Staatsorganisationsrecht hört, dass eine Partei nach dem deutschen Wahlrecht mindestens fünf Prozent der abgegebenen Stimmen bekommen muss, um in den Bundestag einziehen zu können, versteht er die Welt nicht mehr. R meint, es könne in einem demokratischen Staat unmöglich sein, dass durch eine solche Regelung Parteien mit einem kleineren Wählerkreis quasi ausgeschlossen würden. Seine JFV hätten damit von vornherein gar keine Chance, sich in der deutschen Parteienlandschaft zu etablieren. Dies verstößt nach Meinung des R gegen das Grundgesetz.

Stimmt das?

> **Schwerpunkte:** Das Wahlrecht in Deutschland; das Demokratieprinzip aus Art. 20 GG; der Grundsatz der Gleichheit der Wahl aus Art. 38 Abs. 1 GG; das Wahlsystem des Bundeswahlgesetzes (BWG); die sogenannte »personalisierte Verhältniswahl« gemäß § 1 BWG; die Bedeutung von Erst- und Zweitstimme; die Fünf-Prozent-Sperrklausel des § 6 Abs. 3 Satz 1 BWG; der Zähl- und der Erfolgswert einer Stimme; die Mehrheits- und Verhältniswahl.

Lösungsweg

Vorsicht: Auch wenn es im ersten Moment nicht so aussieht, das ist ein ***sehr*** anspruchsvoller Fall, es ist ehrlicherweise der schwierigste des ganzen Buches. Allerdings nicht etwa deshalb, weil das Thema so ungeheuer kompliziert wäre – das ist es nicht. Wir werden vom Ergebnis her in diesem Fall eigentlich nur die Frage beantworten, inwieweit die in Deutschland geltende **Fünf-Prozent-Klausel** des Bundeswahlgesetzes (→ § 6 Abs. 3 BWG) verfassungsrechtlich zulässig ist. Das ist zwar durchaus knifflig, wird uns aber nicht vom (juristischen) Hocker reißen. Interessant und vor allem anspruchsvoll ist der Fall vielmehr deshalb, weil wir vorher mal einen Blick auf unser ***Wahlsystem*** werfen müssen. Und dabei ist deutlich erhöhte Konzentration erforderlich, denn obwohl die meisten Leser dieses Buches vermutlich schon mal an einer (Bundestags-)Wahl teilgenommen haben, sind die genauen Abläufe – etwa die Unterscheidung von ***Erststimme*** und ***Zweitstimme*** – leider nur wenigen bekannt. Hinzu kommen dann gewöhnungsbedürftige Begriffe wie »**personalisierte Verhältniswahl**« oder auch »**Erfolgswert**« und »**Zählwert**« von Wählerstimmen sowie die Unterscheidung zwischen Verhältnis- und Mehrheitswahl.

Ein ganzer Haufen zu lernen also – und leider absolutes Standardprogramm für den Grundkurs im Staatsorganisationsrecht, was übrigens auch einleuchtet, denn Wahlen gehören, wie wir inzwischen wissen, zum ureigensten und elementarsten Recht der Bürger in einer Demokratie. Und deshalb muss man (vor allem als Jurist!) natürlich auch kapieren, wie solche Wahlen in Deutschland vonstatten gehen. Das Wahlsystem der Bundesrepublik Deutschland ist dabei zwar keinesfalls neu, gleichwohl prüfungstechnisch ziemlich aktuell, weil nämlich das Bundesverfassungsgericht in jüngerer Zeit mehrfach zur Verfassungsmäßigkeit des deutschen Wahlsystems Stellung beziehen musste und es dann überraschend in bestimmten Teilen für verfassungswidrig erklärt hat (BVerfGE **121**, 266 und BVerfGE **120**, 82). Der Gesetzgeber hat daraufhin am **21. März 2008** sowie vor allem am **2. Dezember 2011** das Wahlrecht in Gestalt des *Bundeswahlgesetzes* (BWG) ganz erheblich modifiziert, was leider auch nicht zum leichteren Verständnis der Materie beigetragen hat (instruktiv aber *Holste* in NVwZ 2012, 8). Das reformierte Wahlrecht aus dem Dezember 2011 erklärte das Bundesverfassungsgericht dann am **25. Juli 2012** (BVerfGE **131**, 316 = NVwZ **2012**, 1101) wiederum in bestimmten Teilen für verfassungswidrig, was im **Mai 2013** dann erneut zur (vorläufig letzten) Änderung der Vorschriften des Bundeswahlgesetzes – hauptsächlich im Hinblick auf die **Überhangmandate** – geführt und die erstmalige Einführung von sogenannten »**Ausgleichsmandaten**« auf Bundesebene bewirkt hat (vgl. BGBl. I Seite 1084; BT-Drucksache 17/11819, Seite 1 ff.). Wir wollen und müssen uns da jetzt trotzdem mal durchtanken, haben aber bitte von Anfang an ausreichend Respekt vor der Materie bzw. der Aufgabe, es ist, wie gesagt, keine leichte Kost.

Das Wahlsystem zum Deutschen Bundestag

Einstieg: Die Wahl des Bundestages ist der zentrale Vorgang des gesamten Verfassungslebens, auf dem nämlich alle andere Staatsgewalt in der Bundesrepublik Deutschland aufbaut (*Dreier/Morlok* Art. 38 GG Rz. 28; *Schreiber* BWG Teil I Rz. 40). Sie ist in einer Verfassung, die sich in Art. 20 Abs. 1 GG für die freiheitliche demokratische Staatsform und die parlamentarisch-repräsentative Demokratie entschieden hat, von elementarer Bedeutung.

> **Beachte**: Wir haben bereits in den vorangegangenen Fällen gelernt, dass die Abgeordneten des Deutschen Bundestages in allgemeiner, unmittelbarer, freier, gleicher und geheimer Wahl gewählt werden. Das steht ausdrücklich so in **Art. 38 Abs. 1 Satz 1 GG**. Das konkrete Wahlsystem zum Deutschen Bundestag ist allerdings ***nicht*** in der Verfassung geregelt (bitte lies: **Art. 38 Abs. 3 GG**), sondern hat seine Ausgestaltung im **Bundeswahlgesetz** (BWG) gefunden. Damit überlässt der Verfassungsgeber durch die Aussage in Art. 38 Abs. 3 GG die näheren Regelungen des Bundestags-Wahlrechts, insbesondere die Festlegung des Wahlsystems und auch des Wahlverfahrens, einem einfachen Bundesgesetz (BVerfGE **95**, 225; *Maunz/Dürig/Kirchhof*

Art. 38 GG Rz. 71; *Schreiber* BWG Teil I Rz. 40). Diesem Bundeswahlgesetz müssen wir uns deshalb jetzt auch mal widmen, und zwar so:

In **§ 1 BWG** sind die wichtigsten Regeln zu unserem Wahlsystem aufgestellt: Gemäß **§ 1 Abs. 1 Satz 1 BWG** besteht der deutsche Bundestag aus **598 Abgeordneten**. In § 1 Abs. 1 Satz 2 BWG werden die uns schon aus Art. 38 Abs. 1 Satz 1 GG bekannten Wahlrechtsgrundsätze nochmals wiedergegeben (→ allgemein, unmittelbar, frei, gleich und geheim). Und in § 1 Abs. 1 Satz 2 und Abs. 2 BWG steht dann schließlich Genaueres über das eigentliche ***System*** der Wahl zum Bundestag:

Die Deutschen wählen den Bundestag gemäß § 1 Abs. 1 Satz 2 BWG nach einer

*»mit der **Personenwahl** verbundenen **Verhältniswahl**«.*

Das Ganze nennt man auch **»personalisierte Verhältniswahl«**, und dahinter steckt Folgendes: Der Grundsatz des deutschen Wahlrechts wird bestimmt durch die ***Verhältniswahl***. Die 598 Abgeordnetensitze im Deutschen Bundestag werden – sehr vereinfacht dargestellt – grundsätzlich so verteilt bzw. vergeben, wie es das ***Verhältnis*** der von den Bürgern abgegebenen Stimmen nach der Wahl ergibt. **Beispiel** (fiktiv): Wenn 35 % der Wähler die CDU/CSU, 35 % die SPD, 10 % die GRÜNEN, 10 % DIE LINKE und 10 % die FDP wählen (wie gesagt: fiktiv!), werden in genau ***diesem Verhältnis*** im Bundestag später die 598 Sitze verteilt (bei diesen Zahlen wären das jeweils **209** Sitze für CDU/CSU und SPD sowie jeweils **60** Sitze für GRÜNE, FDP und DIE LINKE = **598** Sitze). An dieser Stelle geht es also nicht um einzelne Personen, die gewählt werden, sondern nur um das Verhältnis der Parteien zueinander, also genau genommen, in welcher Größe bzw. ***Stärke*** die einzelnen Parteien im Bundestag vertreten sind. **Beachte**: Dieses **Verhältnis** bestimmen die Wähler mit ihrer **»Zweitstimme«** auf dem Wahlzettel. Dort (rechts auf dem Wahlzettel) stehen tatsächlich auch nur die Parteien und keine einzelnen zu wählenden Kandidaten. Die ***Zweitstimme*** ist somit die Stimme, die am Ende die Zusammensetzung des Bundestages nach der Partei*en**größe*** festlegt, also ***welche*** Partei prozentual (**verhältnismäßig**!) ***wie viele*** Sitze im Bundestag bekommt.

Merke: Die Anzahl der den gewählten Parteien zukommenden Sitze im Bundestag richtet sich grundsätzlich nach dem Verhältnis der abgegebenen ***Zweitstimmen***, denn jede Partei erhält prozentual (»**verhältnismäßig**«) so viele Sitze im Bundestag, wie Zweitstimmen für sie abgegeben worden sind (= **Verhältniswahl**). **Achtung**: Der Gesetzgeber hat die Methode, nach der die Zahl der Sitze im Bundestag für jede Partei bestimmt bzw. errechnet werden, durch eine Novellierung des Bundeswahlgesetzes vom **2. Dezember 2011** modifiziert: Während in den letzten 50 Jahren einfach nur alle bundesweit abgegebenen Stimmen für die jeweilige Partei gezählt und dann prozentual direkt in Bundestagssitze umgerechnet wurden, funktioniert das Ganze nach dem neuen **§ 6** des Bundeswahlgesetzes so, dass diese Auszählungen zunächst für die einzelnen **Bundesländer** separat durchgeführt und dann entsprechend der Wahlbeteiligung im jeweiligen Bundesland auf Bundestagssitze umgerechnet werden. Das klingt ziemlich kompliziert, ist es tatsächlich auch, ändert aber zum Glück im Ergebnis nichts an dem von uns eben erlernten **Prinzip**: Die Anzahl der einer Partei zustehenden Sitze im Bundestag hängt grundsätzlich davon ab, wie viele (Zweit-)Stimmen die jeweilige Partei bei der Wahl bundesweit erhalten hat. Wichtig, bitte merken.

So, und wenn wir das verstanden haben, stellt sich natürlich gleich die nächste Frage, nämlich ***wer*** denn bitte schön am Ende auf diesen Abgeordnetensitzen Platz nehmen darf. Bislang haben wir ja nur festgestellt, dass – wenn wir mal bei unserem Beispiel oben bleiben wollen – etwa die SPD 35 % der Sitze im Bundestag erhält (= 209 Sitze).

Nächster Schritt: Jetzt wird es richtig knifflig, wir müssen nämlich die ***Personalwahl*** auch noch in dieses Wahlsystem integrieren, so ist es ja in § 1 Abs. 1 Satz 2 BWG ausdrücklich (»***personalisierte*** Verhältniswahl«) angeordnet.

Wir lesen dazu bitte zunächst **§ 1 Abs. 2 BWG**, da steht:

»Von den Abgeordneten werden 299 nach Kreiswahlvorschlägen in den Wahlkreisen und die übrigen nach Landeswahlvorschlägen (Landeslisten) gewählt.«

Also: Die eine Hälfte der 598 Sitze (= 299 Sitze) soll nach »**Kreiswahlvorschlägen**« gewählt werden und die andere Hälfte nach »**Landeswahlvorschlägen** (Landeslisten)«. Wir beginnen mal mit den Kreiswahlvorschlägen, und die bringen uns dann tatsächlich zur »**Personalwahl**«, und zwar so:

Die Bundesrepublik Deutschland ist in 299 Wahlkreise eingeteilt (vgl. BVerfG DVBl **2012**, 494). Man kann sich das Bundesgebiet dabei wie einen Teppich mit 299 Einzelstücken/Wahlkreisen vorstellen, wobei *Schleswig-Holstein* 11 (Wahlkreis-Nrn. 1–11), *Mecklenburg-Vorpommern* 7 (Nrn. 12–18), *Hamburg* 6 (Nrn. 19–24), *Niedersachsen* 30 (Nrn. 25–54), *Bremen* 2 (Nrn. 55–56), *Brandenburg* 10 (Nrn. 57–66), *Sachsen-Anhalt* 9 (Nrn. 67–75), *Berlin* 12 (Nrn. 76–87), *Nordrhein-Westfalen* 64 (Nrn. 88–151), *Sachsen* 16 (Nrn. 152–167), *Hessen* 21 (Nrn. 168–188), *Thüringen* 9 (Nrn. 189–197), *Rheinland-Pfalz* 15 (Nrn. 198–212), *Bayern* 45 (Nrn. 213–257), *Baden-Württemberg* 38 (Nrn. 258–295) und das *Saarland* 4 (Nrn. 296–299) Wahlkreise hat. In ***jedem*** dieser Wahlkreise kandidiert nun für ***jede*** Partei genau ***ein*** Kandidat für das sogenannte »**Direktmandat**«. Zum **Beispiel**: Wir wollen uns vorstellen, dass im tatsächlich existenten Wahlkreis 27 (→ *Friesland-Wilhelmshaven* in Niedersachsen) für die SPD Herr ***Waalkes***, für die CDU Frau ***Müller***, für DIE LINKE Frau ***Rosarot Luxemburg***, für die FDP Herr ***Lindemann*** und für die GRÜNEN Frau ***Kuhmast*** kandidieren (alle Namen erfunden).

Frage: Als Einwohner von Wahlkreis 27 möchte ich gerne Frau *Kuhmast* in den Bundestag wählen. Wie mache ich das?

Lösung: Mit meiner ***Erststimme***.

Dabei passiert **Folgendes**: Bei der Erststimme (→ ***links*** auf dem Wahlzettel) findet sich pro Partei nur jeweils ***ein*** Kandidat und seine Parteizugehörigkeit auf dem Wahlzettel. Mit meiner Erststimme kann ich nun genau einem ***dieser*** Kandidaten einen Sitz im Bundestag verschaffen: Es zieht dabei gemäß **§ 5 Satz 2 BWG** derjenige Kandidat in den Bundestag ein, der die ***einfache Mehrheit***, also die meisten der abgegebenen Erstimmen, in seinem Wahlkreis erlangt hat. Zum **Beispiel**: Wir wollen uns vorstellen, dass in dem uns inzwischen bekannten Wahlkreis 27 in *Friesland-Wilhelmshaven* Herr *Waalkes* von der SPD 27 %, Frau *Müller* von der CDU 21 %, Frau *Luxemburg* von den LINKEN 19 %, Herr *Lindemann* von der FDP 8 % und Frau *Kuhmast* von den GRÜNEN 29 % der Erststimmen bekommen haben. **Konsequenz**: Frau *Kuhmast* erhält, weil sie mit ihren 29 % im Vergleich zu den anderen Kandidaten die ***meisten*** Stimmen in ihrem Wahlkreis auf sich vereinigt, über ein sogenanntes »**Direktmandat**« einen Sitz im Deutschen Bundestag. Die übrigen Kandidaten haben Pech gehabt, die für sie abgegebenen (Erst-)Stimmen – immerhin insgesamt 71 %! – verfallen **ersatzlos,** und das nennt man dann »**Mehrheitswahl**«. Bitte merken, brauchen wir gleich noch.

Beachte: Dieser gerade geschilderte Vorgang vollzieht sich am Tag der Bundestagswahl genau **299 Mal**, nämlich in allen 299 Wahlkreisen in Deutschland (siehe dazu die Auflistung der Wahlkreise oben). Wir haben es ja schon gelernt: Gemäß § 1 Abs. 2 BWG werden 299 Abgeordnete nach »**Kreiswahlvorschlägen**« gewählt. Die gewählten Kandidaten erringen mit ihrer Wahl ein ***Direktmandat*** und ziehen (für ihre Partei) ***direkt*** in den Bundestag ein.

Zwischenstand: Die Stärke der Parteien im Bundestag bzw. die Anzahl ihrer Mandate im Bundestag wird immer und allein durch die Zweitstimme des Wählers festgelegt. Mit der ***Erststimme*** hingegen wähle ich einen bestimmten Kandidaten aus meinem Wahlkreis, der dann mit der Mehrheit der Erststimmen ***direkt*** in den Bundestag einzieht und einen der 598 Sitze bekommt. Und dieses Prozedere findet am Wahltag insgesamt 299 Mal statt, nämlich in jedem Wahlkreis. 299 der 598 Sitze im Bundestag werden folglich von »**Direktkandidaten**« aus den Wahlkreisen belegt.

Nächster Schritt: Damit fehlt aber noch die Erklärung, wer die anderen 299 Plätze, die nicht in den Wahlkreisen vergeben werden, bekommt.

Lösung: Diese 299 Sitze, die nicht von den Direktkandidaten eingenommen werden, werden von den Parteien nun gemäß **§ 1 Abs. 2, 2. Alt. BWG** über sogenannte »**Landeslisten**« gefüllt. Dahinter steckt gemäß **§ 6 BWG** (neu gefasst am 02.12.**2011** und nochmals ergänzt am 03.05.**2013**) folgendes Prinzip: Um die noch verbliebenen Plätze im Deutschen Bundestag zu besetzen, stellen die Parteien in jedem der 16 Bundesländer eigene Kandidatenlisten, die sogenannten »**Landeslisten**«, auf, auf denen – nach Nummern angeordnet – Landespolitiker der jeweiligen Partei stehen. Von diesen

Landeslisten werden dann nach einer ziemlich komplizierten Berechnungsmethode (seit 2009 nach der Methode »**Sainte-Laguë/Schepers**«) die restlichen Kandidaten in den Bundestag geschickt. Jedes einzelne Bundesland erhält dann, gemessen an seiner Wahlbeteiligung, eine bestimmte Anzahl von Sitzen im Deutschen Bundestag zugesprochen. Innerhalb des jeweiligen Bundeslandes wird danach anhand des Stimmengewichts festgelegt, welche Partei wie viele dieser Sitze bekommt.

> **Beispiel**: Wir wollen uns vorstellen, dass bei der Bundestagswahl insgesamt **45 Millionen** Menschen in Deutschland abgestimmt haben, davon in *Nordrhein-Westfalen* (NRW) **10 Millionen**. Von diesen 10 Millionen Menschen in NRW haben ***vier*** Millionen die SPD, ***drei*** Millionen die CDU, ***zwei*** Millionen die GRÜNEN und jeweils eine halbe Million die FDP und DIE LINKE gewählt.
>
> **Folge**: Bei 45 Millionen Stimmen und 598 zu vergebenen Sitzen im Bundestag, sind genau **75.251 Stimmen** für ***einen*** Sitz im Bundestag notwendig (→ 45.000.000 geteilt durch 598 = 75.251). In NRW haben 10 Millionen Menschen abgestimmt. Daraus folgt, dass NRW genau **133 Sitze** im Bundestag erhält (→ 10.000.000 geteilt durch 75.251 = 133). Diese 133 Sitze werden dann anteilig unter den Parteien vergeben, und zwar »**verhältnismäßig**« nach ihrer Stimmenzahl in NRW, **also**: Die SPD hatte von den 10 Millionen Stimmen vier Millionen erhalten (= 40 %). 40 % von 133 sind **53 Sitze**. Und weiter: Die CDU hatte von den 10 Millionen Stimmen drei Millionen erhalten (= 30 %). 30 % von 133 Sitzen sind: **40 Sitze**. Die GRÜNEN hatten von den 10 Millionen Stimmen zwei Millionen erhalten (= 20 %). 20 % von 133 Sitzen sind: **26 Sitze**. FDP und LINKE schließlich haben jeweils eine halbe Million erhalten (= 5 %). 5 % von 133 Sitzen sind: jeweils **7 Sitze**. NRW schickt damit 53 SPD-Abgeordnete, 40 CDU-Abgeordnete, 26 GRÜNE und jeweils sieben FDP- und LINKE-Abgeordnete in den Bundestag (alle Zahlen gerundet).

Nächster Schritt: Die SPD darf in unserem Beispiel also aus NRW insgesamt **53 Abgeordnete** nach Berlin schicken. Wir wollen uns nun des Weiteren vorstellen, dass die SPD in NRW mit ihren Direktkandidaten **40 Wahlkreise** gewonnen hat (insgesamt gibt es in NRW 64 Wahlkreise, siehe oben). **Konsequenz**: 40 der 53 SPD-Plätze sind von den Wahlkreisgewinnern (»**Direktkandidaten**«) besetzt. Damit bleiben für die SPD in NRW weitere 13 noch zu besetzende Plätze im Bundestag – und die kommen nun von der ***Landesliste***, nämlich die ***ersten*** 13 von der Partei dort aufgeführten Politiker (also quasi die Nummern 1-13 auf der Liste). Kapiert?!

Prima. Dann kommt hier zu guter Letzt auch noch die Erklärung der sagenumwobenen »**Überhangmandate**«. Es ist nach dem gerade Gesagten eigentlich ganz einfach: Wir stellen uns bitte vor, dass bei im Übrigen gleichen Zahlen die SPD in NRW nicht 40, sondern **54 Wahlkreise** durch Direktkandidaten gewonnen hat. **Konsequenz**: Diese 54 Abgeordneten aus NRW dürfen als sogenannte »**Direktkandidaten**« auf jeden Fall in den Deutschen Bundestag nach Berlin. Dass der SPD in NRW aufgrund der Wähler(-Zweit-)Stimmen eigentlich prozentual berechnet insgesamt nur 53 Sitze zustehen, bleibt insoweit unbeachtlich. Die gewählten Direktkandidaten ziehen unabhängig davon ***immer*** in den Bundestag ein: Wegen der (mehr) gewonnenen Direktmandate darf die SPD jetzt ***einen*** Abgeordneten mehr schicken, als es ihr nach dem Anteil der Zweitstimmen eigentlich zusteht. Und genau das ist dann ein ***Überhangmandat***. Von der SPD-Landesliste darf dann übrigens logischerweise ***niemand*** mehr in den Bundestag, denn die Landeslisten kommen immer nur dann zum Zuge, wenn (was die Regel ist!) in einem Bundesland von einer Partei ***weniger*** Direktmandate errungen wurden als der Partei insgesamt an Sitzen nach Auszählung der Zweitstimmen zusteht.

> **Merke**: ***Überhangmandate*** entstehen dann, wenn eine Partei in einem Bundesland mehr (Direkt-)Mandate erringt als die absolute Zahl der der Partei zustehenden Mandate nach Auswertung der Zweitstimmen ergibt (Beispiel: siehe soeben!).

Und: Diese ***Überhangmandate*** erhöhen dann logischerweise auch die absolute Zahl der Bundestagssitze entsprechend. In unserem Fall würden durch das Überhangmandat der SPD aus NRW aus den eigentlich durch das Bundeswahlgesetz vorgeschriebenen 598 Sitzen (vgl. § 1 BWG) dann **599 Sitze** im Bundestag. Und das ist übrigens auch der Grund, warum es bei Wahlen tatsächlich fast nie bei den gesetzlich vorgesehenen 598 Sitzen im Bundestag bleibt. Irgendeine Partei erringt immer ein oder oft auch mehrere Überhangmandate.

Beachte: Nachdem das Bundesverfassungsgericht am **25. Juli 2012** die im Bundeswahlgesetz in § 6 niedergelegte Regelung über die Vergabe von Überhangmandaten für ***verfassungswidrig*** erklärt hat (BVerfGE **131**, 316), gibt es seit dem **3. Mai 2013** zu dem soeben Erläuterten noch eine kleine, aber wichtige Gesetzesänderung im Bundeswahlgesetz: Um zu gewährleisten, dass die Überhangmandate das durch die Zweitstimmen errechnete Gewicht der jeweiligen Parteien im Bundestag nicht verfälschen (vergrößern), erhalten diejenigen Parteien, die ***keine*** Überhangmandate errungen haben, gemäß § 6 Abs. 5 BWG sogenannte »**Ausgleichsmandate**« (vgl. BT-Drucksache 17/11819, Seite 1 ff. sowie BGBl. I Seite 1084). Damit wird verhindert, dass eine Partei durch ihre Überhangmandate ein größeres Gewicht im Bundestag erhält, als es ihr nach den Zweitstimmen zustehen würde, was nach den bislang gültigen Regeln aber möglich war (komplizierter, aber wichtiger Satz, bitte noch einmal lesen!). **Folge**: Es gibt zwar weiterhin Überhangmandate für Parteien – und diese entstehen weiterhin genau so, wie wir es eben gelernt haben, nämlich dann, wenn eine Partei in einem Bundesland mehr Direktmandate errungen hat, als ihr nach den Zweitstimmen in diesem Land an Sitzen zustehen würde (siehe oben). Diese Überhangmandate werden nun aber – bei Bundestagswahlen übrigens ***erstmalig*** in der deutschen Verfassungsgeschichte – »**ausgeglichen**«, und zwar dadurch, dass auch die anderen Parteien entsprechend ihrem Gewicht und über ihr eigentliches Zweitstimmenergebnis hinaus zusätzliche Mandate (sogenannte »**Ausgleichsmandate**«) im Bundestag zugesprochen bekommen. **Ergebnis**: Am Ende sind alle Parteien trotz der Überhangmandate prozentual wieder exakt so im Bundestag vertreten, wie es das bundesweite Ergebnis der Zweitstimmen aussagt. **Nebeneffekt**: Sowohl durch die Überhangmandate als auch vor allem durch die jetzt neuerdings hinzukommenden

Ausgleichsmandate vergrößert sich die ursprüngliche Zahl der Abgeordneten im Deutschen Bundestag (§ 1 BWahlG → **598**) unter Umständen erheblich. Im aktuellen, also dem 18. Deutschen Bundestag, sitzen daher (Stand: Juli 2016) genau **630 Abgeordnete**, wovon immerhin 29 Sitze auf die eben beschriebenen Ausgleichsmandate fallen (**CDU**: 13; **SPD**: 10; **LINKE**: 4; **GRÜNE**: 2).

Zusammenfassung: Der Deutsche Bundestag besteht gemäß § 1 BWG grundsätzlich aus 598 Abgeordneten. Gewählt werden diese Abgeordneten nach einer sogenannten »**personalisierten Verhältniswahl**«. Die Verhältniswahl ist dabei das Grundprinzip und zeigt sich in der Abgabe der **Zweitstimme**, die nämlich festlegt, in welchem Verhältnis die Parteien zueinander im Bundestag vertreten sind und wie viele der 598 Mandate sie jeweils erhalten. Das personale Element der Wahl verkörpert sich hingegen durch die ***Erststimme*** auf dem Wahlzettel, mit der in jedem einzelnen der 299 Wahlkreise ein bestimmter »**Direktkandidat**« mit einfacher Mehrheit gewählt wird. Die Stimmen der unterlegenen Kandidaten fallen insoweit ersatzlos weg (= Prinzip der **Mehrheitswahl**). Durch das Direktmandat bestimmt der Wähler konkret über die personelle Zusammensetzung der einen Hälfte des Bundestages. Die nach Abzug der Direktmandate übrig gebliebenen 299 anderen Mandate besetzen die Parteien dann über die sogenannten »**Landeslisten**«, wobei die Anzahl der zu entsendenden Politiker vom Wahlergebnis der Partei im jeweiligen Bundesland abhängt (siehe oben). Beides zusammen, also Verhältniswahl mit der Zweitstimme und mehrheitliche Personalwahl mit der Erststimme, charakterisieren die »**personalisierte Verhältniswahl**« des deutschen Wahlrechts (BVerfGE **95**, 335). Schließlich gehört zu diesem Wahlsystem auch die Vergabe von Überhang- und Ausgleichsmandaten, und zwar dann, wenn eine Partei in einem Bundesland mehr Direktmandate erringt, als ihr nach den Zweitstimmen in diesem Land an Sitzen zustehen würde.

Punkt. Einmal durchatmen.

So. Nachdem wir das (hoffentlich) verstanden haben, tasten wir uns nun endlich an die eigentliche Fallfrage heran. Es ging ja darum zu klären, was es mit der in § 6 Abs. 3 BWG verankerten sogenannten ***Fünf-Prozent-Klausel*** auf sich hat, wonach eine Partei erst nach Überschreiten dieser Grenze in den Bundestag einziehen darf. Wir verschaffen uns zunächst mal ein Problembewusstsein:

Die beiden im deutschen Recht kombinierten Wahlsysteme, also Verhältnis- und Mehrheitswahl, haben jeweils Vor- und Nachteile. Durch die uns inzwischen bekannte Verbindung der beiden Modelle versucht der Gesetzgeber, hauptsächlich deren jeweilige Vorteile zu sichern und dem Grundsatz der ***Gleichheit*** der Wahl aus Art. 38 GG gerecht zu werden. Das Problem dabei ist nämlich, dass dieser verfassungsrechtlich verankerte Grundsatz an sich fordert, dass die Stimme eines ***jeden*** Wahlberechtigten den ***gleichen Zählwert*** und den gleichen rechtlichen ***Erfolgswert*** haben muss (*Degenhart* StaatsR I Rz. 53).

- ***Zählwert*** bedeutet dabei, dass jede gültige Stimme bei der Auszählung auch als eine Stimme gezählt wird (»*One man, one vote!*«). Ein Dreiklassenwahlrecht, wie es etwa bis 1918 in Preußen praktiziert wurde (dort hatten die Wähler ein nach Steuerleistung in drei Klassen abgestuftes Stimmengewicht), wäre demnach unzulässig. Es gilt vielmehr: Jede Stimme muss gleich gezählt werden (BVerfGE **95**, 335).

- Der ***Erfolgswert*** beschreibt hingegen den ***Wert*** (den ***Effekt***) einer abgegebenen gültigen Stimme im Vergleich zu den anderen abgegebenen Stimmen: Erfolgswert bedeutet, dass jede Stimme für das Ergebnis ein gleiches Gewicht bei der Zusammensetzung des Parlaments haben muss (BVerfGE **82**, 322).

Problem: Wir haben das weiter oben bei der Erklärung der Erststimme schon gesehen: Dem Prinzip der Mehrheitswahl (das war die Geschichte mit den 299 Wahlkreisen) entspricht es, dass nur die für den am Ende siegreichen Kandidaten abgegebenen Stimmen berücksichtigt werden. Die auf die übrigen (unterlegenen) Kandidaten entfallenden Stimmen werden hingegen komplett wertlos (= ohne Erfolg). Folglich haben die Stimmen des unterlegenen Kandidaten auch ***keinen*** Erfolgswert.

> **Durchblick (schwer!):** Es geht im die Erststimme betreffenden ***Mehrheitswahlsystem*** somit ausschließlich um den ***Zählwert*** der Stimmen. Nach dem System dieser Wahl kann es rein logisch – wir haben es eben gesehen – keinen gleichen Erfolgswert für alle Stimmen geben (BVerfGE **1**, 208, 244; BVerfGE **6**, 84, 90; *Erichsen* in Jura 1984, 22, 26). Die für die Zweitstimme gültige ***Verhältniswahl*** gewährleistet hingegen, dass alle Stimmen tatsächlich in das Ergebnis einfließen und sich dort auch widerspiegeln. Die politischen Parteien sind nämlich – auch das haben wir schon gelernt – genau entsprechend ihrem (Zweit-)Stimmenanteil im Parlament vertreten. Damit tritt im Verhältniswahlrecht neben dem Zählwert auch die Erfolgswertgleichheit hinzu (BVerfG NVwZ **2008**, 991, 993; *Maurer* StaatsR I § 13 Rz. 24). Die Gegenüberstellung der beiden Modelle zeigt mithin, dass die Mehrheitswahl zwar der abgegebenen Stimme eine Erfolgs***chance*** einräumt, jedoch keinen Erfolgs***wert*** gewährleistet. Denn der Erfolgswert der Stimme entfällt in dem Moment, in dem die Stimme für den unterlegenen Kandidaten unberücksichtigt bleibt. Man muss sich somit eigentlich fragen, ob dieses System überhaupt den Ansprüchen des in Art. 38 Abs. 1 Satz 1 GG verbürgten Grundsatzes der ***Gleichheit*** der Wahl gerecht werden kann und nicht bereits von vornherein verfassungswidrig ist. Denn wir hatten ja oben gesagt, dass an sich sowohl **Zählwert** als auch **Erfolgswert** einer jeden Stimme garantiert sein müssen.

Aber: Da das Grundgesetz kein konkretes Wahlsystem (also weder Verhältnis- noch Mehrheitswahlrecht) vorschreibt, sondern die Entscheidung darüber dem Gesetzgeber überlässt (bitte lies: **Art. 38 Abs. 3 GG!**), kann und muss die ***Gleichheit*** der Wahl dem vom Gesetzgeber ausgesuchten Wahlsystem angepasst werden. Auf deutsch heißt das, dass in dem bei uns letztlich gewählten »**personalisierten Verhältniswahl-**

recht« die Kombination von **Verhältniswahl** (= Zweitstimme) und **Mehrheitswahl** (= Erststimme) quasi »so gleich wie möglich« durchgeführt werden muss. Für die Verhältniswahl, also die Zweitstimme, ist das unkompliziert, denn hier werden ja tatsächlich ***alle*** Stimmen verwertet und spiegeln sich nachher auch im Ergebnis wider. Bei der Mehrheitswahl hingegen in den 299 Wahlkreisen (→ Erststimme) muss man hinnehmen, dass es in der Natur dieses Mehrheitswahlsystems liegt, dass die Stimmen, die auf die unterlegenen Kandidaten entfielen, später ersatzlos wegfallen. Das ist zwangsläufig so, es heißt ja deshalb auch ***Mehrheits***wahl (BVerfGE **79**, 169, 170; BVerfG NJW **1997**, 1553, 1554; *Degenhart* StaatsR I Rz. 53; *Hesse* VerfassungsR Rz. 147; *Ipsen* Staatsrecht I Rz. 66.)

Merke: Bei der ***Verhältniswahl*** sind Zähl- und Erfolgswert der abgegebenen Stimme garantiert. Alle Stimmen zählen gleich und haben bei der Auswertung auch das gleiche Gewicht. Bei der ***Mehrheitswahl*** hingegen liegt es in der Natur der Sache, dass zwar der Zählwert immer gesichert ist, der Erfolgswert aber nur für die Stimmen des siegreichen Kandidaten garantiert werden kann. Die übrigen Stimmen müssen sich mit einer Erfolgs***chance*** begnügen, was verfassungsrechtlich aber unbedenklich ist, da das Grundgesetz die Entscheidung über das Wahlsystem dem Gesetzgeber überlassen und insbesondere keine reine Verhältniswahl vorgeschrieben hat.

Die Fünf-Prozent-Sperrklausel gemäß § 6 Abs. 3 BWG

So, und nach diesem Vorspiel sind wir dann endlich auch bereit zu klären, ob die Fünf-Prozent-Klausel aus **§ 6 Abs. 3 BWG** verfassungsgemäß ist. Nach der besagten Klausel bleiben bei der Sitzverteilung im Deutschen Bundestag diejenigen Parteien unberücksichtigt, die weniger als fünf Prozent der abgegebenen gültigen ***Zweitstimmen*** erhalten haben. Die für diese Parteien abgegebenen Stimmen fallen also in der Endabrechnung komplett weg. Es geht bei der Fünf-Prozent-Klausel, man kann es eigentlich schon ahnen, somit natürlich um die eben angesprochenen Fragen um den ***Zähl***- und ***Erfolgswert*** einer Stimme. Und jetzt wird es noch mal richtig interessant:

Problemstellung: Wir haben eben gerade noch gesagt, dass es durchaus zulässig ist, wenn bei einer ***Mehrheitswahl*** am Ende Stimmen ersatzlos wegfallen. Das liegt in der Natur der Sache, und deshalb ist das verfassungsrechtlich auch nicht zu beanstanden (siehe oben). Jetzt aber bei der Fünf-Prozent-Klausel reden wir nicht mehr über die Mehrheitswahl im Wahlkreis durch die abgegebene Erststimme, sondern über die ***Verhältniswahl*** mit der abgegebenen Zweitstimme. Und da hatten wir gesagt, dass insoweit der Zähl- ***und*** der ***Erfolgswert*** auf jeden Fall garantiert sein müssen. Durch die Fünf-Prozent-Sperrklausel des § 6 Abs. 3 BWG kommt es aber erkennbar zu einer Beeinträchtigung des gleichen ***Erfolgswerts*** der Stimmen. Denn wenn alle Zweitstimmen wegfallen, die einer Partei gegeben wurden, die es später nicht über die Fünf-Prozent-Hürde schafft, bleiben alle diese Wählerstimmen im Ergebnis unberücksichtigt! Es fehlt somit jeglicher Erfolgswert. Im Übrigen tangiert die

Fünf-Prozent-Sperrklausel auch die Chancengleichheit der Parteien, weil sie nämlich kleineren Parteien den Zugang zum Parlament versperrt.

Frage: Darf auch bei der nach dem Verhältniswahlrecht ausgerichteten Zweitstimme der Erfolgswert beschnitten werden, konkret durch die Fünf-Prozent-Klausel des § 6 Abs. 3 BWG?

Durchblick: Man muss sich insoweit mal vor Augen führen, dass bei der Bundestagswahl im September 2013 knapp 62 Millionen (exakt **61.903.903**) Bürger wahlberechtigt waren und davon mehr als 43 Millionen (exakt **43.702.474**) eine gültige Zweitstimme abgegeben haben. Somit müsste, wenn man es genau ausrechnet, die Partei unseres Rechtsstudenten R auf Anhieb über ***zwei Millionen Wähler*** für sich gewinnen, um überhaupt bei der Sitzverteilung im Bundestag berücksichtigt zu werden! Für eine unbekannte Partei eigentlich ein Ding der Unmöglichkeit. **Und**: Würde die Partei des R nur – wie bei der Wahl 2013 sowohl der FDP als der AFD passiert – haarscharf (z.B. mit 4,8 %) unter den fünf Prozent der abgegebenen Zweitstimmen bleiben, würden dann knapp zwei Millionen Stimmen einfach wegfallen und damit logischerweise nicht mehr auf die Sitzverteilung im Bundestag Einfluss nehmen können. Sie bleiben genau genommen: ohne jeden Erfolgswert!

Das kann bei einer Verhältniswahl eigentlich nicht sein.

Daher: Zunächst müssen wir dem R also durchaus Recht geben, wenn er meint, dass die Fünf-Prozent-Sperrklausel gemäß § 6 Abs. 3 BWG gegen den Grundsatz der Gleichheit der Wahl verstößt. Der Gesetzgeber hat, da die Verhältniswahl in unserem Wahlsystem dominiert, sowohl Zähl- als auch Erfolgswertgleichheit zu gewährleisten. Die einmal getroffene Entscheidung für das Verhältniswahlsystem bei der Zweitstimme verpflichtet den Gesetzgeber zur Systemtreue und damit zur Gleichbehandlung der Stimmen im Erfolgswert. Damit liegt ein Eingriff in die durch Art. 38 Abs. 1 Satz 1 GG garantierte Gleichheit der Wahl vor.

Aber: Eine solche Verletzung der Wahlrechtsgleichheit des Art. 38 Abs. 1 Satz 1 GG könnte verfassungsrechtlich gerechtfertigt sein.

Verfassungsrechtliche Rechtfertigung der Fünf-Prozent-Sperrklausel

Einstieg: Wir müssen also jetzt noch prüfen, ob es verfassungsrechtlich durchgreifende Argumente dafür gibt, den eben beschriebenen Eingriff in die Wahlrechtsgleichheit zu rechtfertigen. Wir wissen ja inzwischen, dass nach dem Grundsatz der Gleichheit der Wahl alle Staatsbürger das Wahlrecht in gleicher Weise ausüben können müssen und jede gültige abgegeben Wählerstimme – im Rahmen des vom Gesetzgeber gewählten Wahlsystems – den ***gleichen*** Einfluss auf das Wahlergebnis haben soll (*Wolff* in JA 2008, 746). Bei dem hier infrage stehenden Verhältniswahlsystem heißt das, dass jede (Zweit-)Stimme grundsätzlich nicht nur den gleichen Zählwert, sondern auch den gleichen Erfolgswert haben muss (BVerfGE **95**, 408, 417). Und das ist ja nun bei der Fünf-Prozent-Hürde offensichtlich nicht der Fall, denn – wir sagten es bereits – sämtliche Stimmen für die Parteien, die unterhalb der 5 % bleiben, fallen ersatzlos weg und haben damit keinerlei Erfolgswert. Das aber ist beim Verhältniswahlrecht verfassungsrechtlich unzulässig.

Und jetzt kommt es: Abweichungen von dieser Regel sind dennoch zulässig, sie müssen aber nach ständiger Rechtsprechung des Bundesverfassungsgerichts durch »zwingende Gründe« gerechtfertigt sein (→ BVerfGE **93**, 373, 376). Es muss im konkreten Fall also einen zwingenden, verfassungsrechtlich relevanten Grund dafür geben, warum es Sinn macht, Parteien unterhalb der Fünf-Prozent-Hürde vom Parlament auszuschließen.

Und diesen Grund gibt's tatsächlich: Der zwingende Grund wird nämlich in der Sicherung der Funktionsfähigkeit des zu wählenden Parlaments gesehen. Man befürchtet, dass ohne die Sperrklausel zahlreiche kleine Parteien in den Bundestag einziehen und damit die Mehrheitsbildung im Parlament erschwert oder gar verhindert wird. Wahlen in einer Demokratie sollen aber nicht nur zu einem Parlament führen, das die im Volk vorhandenen verschiedenen Meinungen möglichst wirklichkeitsnah widerspiegelt. Vielmehr sollen Wahlen zugleich ein Parlament gewährleisten, das in der Lage ist, seine verfassungsmäßigen Rechte und Pflichten wahrzunehmen und in diesem Sinne eine ***handlungs-*** und ***entscheidungsfähige Regierung*** hervorzubringen. Wörtlich heißt es dazu in der Grundsatzentscheidung des Bundesverfassungsgericht vom 23.01.1957 (= BVerfGE **6**, 84):

> *»... Die Wahl hat nicht nur das Ziel, den politischen Willen der Wähler als einzelner zur Geltung zu bringen, also eine* ***Volksrepräsentation*** *zu schaffen, die ein* ***Spiegelbild*** *der im Volk vorhandenen politischen Meinungen darstellt, sondern sie soll auch ein Parlament als funktionsfähiges Staatsorgan hervorbringen. Würde der Grundsatz der getreuen verhältnismäßigen Abbildung der politischen Meinungsschichtung im Volk bis zur letzten Konsequenz durchgeführt, so könnte sich eine Aufspaltung der Volksvertretung in viele kleine Gruppen ergeben, die die Mehrheitsbildung erschweren oder verhindern würde. Große Parteien erleichtern die Zusammenarbeit innerhalb des Parlaments, weil sie in sich bereits einen Ausgleich zwischen verschiedenen Volkskreisen und deren Anliegen vollziehen. Der unbegrenzte Proporz würde die Möglichkeit schaffen, dass auch solche kleinen Gruppen eine parlamentarische Vertretung erlangen, die* ***nicht*** *ein am Gesamtwohl orientiertes politisches Programm vertreten, sondern im Wesentlichen nur* ***einseitige*** *Interessen verfechten. Klare und ihrer Verantwortung für das Gesamtwohl bewusste Mehrheiten im Parlament sind aber für die Bildung einer nach innen und außen aktionsfähigen Regierung und zur Bewältigung der sachlichen gesetzgeberischen Arbeit erforderlich. Es ist also ein aus der Natur des Sachbereichs ›****Wahl der Volksvertretung****‹ sich ergebendes und darum eine unterschiedliche Bewertung des Erfolgswertes der Stimmen rechtfertigendes Kriterium, nach der größeren Eignung der Parteien für die Erfüllung der Aufgaben der Volksvertretung zu differenzieren. Mit dieser Begründung dürfen daher sogenannte ›Splitterparteien‹ bei*

der Zuteilung von Sitzen in der Verhältniswahl ausgeschaltet werden, um Störungen des Verfassungslebens vorzubeugen. Der Gesetzgeber darf Differenzierungen in dem Erfolgswert der Stimmen bei der Verhältniswahl vornehmen und demgemäß die politischen Parteien unterschiedlich behandeln, soweit dies ***zur Sicherung des Charakters der Wahl als eines Integrationsvorganges*** *bei der politischen Willensbildung des Volkes, im Interesse der Einheitlichkeit des ganzen Wahlsystems und zur Sicherung der mit der Parlamentswahl verfolgten staatspolitischen Ziele unbedingt erforderlich ist …«*

Durchblick: Diese vom Bundesverfassungsgericht angeführten zwingenden Gründe für die Sperrklausel sind das Ergebnis der geschichtlichen Erfahrungen mit dem Parlamentarismus der *Weimarer Republik* (1918–1933). Dort kam es nämlich genau zu solch einer Ansiedlung von sogenannten »Splitterparteien«, die teilweise sogar verfassungsfeindliche Interessen verfolgten und letztlich die Entscheidungs- und Handlungsfähigkeit des gesamten Parlaments lähmten und am Ende sogar komplett zum Erliegen brachten. Die katastrophalen Folgen (Adolf Hitler) sind bekannt.

Beachte bitte noch: Zugleich hat das BVerfG in der Entscheidung aber auch betont, dass die Vereinbarkeit einer Sperrklausel mit dem Grundsatz der Gleichheit der Wahl nicht für alle Zeiten als verfassungsrechtlich unbedenklich eingeschätzt beurteilt werden kann (wörtlich: »*… eine Wahlrechtsbestimmung kann in dem einen Staat zu einem bestimmten Zeitpunkt gerechtfertigt sein und in einem anderen Staat oder zu einem anderen Zeitpunkt nicht …*«) und dass deshalb auch Regelungen zur Milderung ihrer Auswirkungen denkbar sind (vgl. dazu *Schreiber* § 6 BWG Rz. 36 m.w.N.). So wurde etwa für die ersten gesamtdeutschen Bundestagswahlen am **02.12.1990** die Sperrklausel dahingehend abgemildert, dass lediglich 5 % Zweitstimmen entweder im bisherigen Gebiet der Bundesrepublik Deutschland oder im neu hinzugekommenen Wahlgebiet erworben sein mussten (lies: § 53 Abs. 1 BWG in der Fassung vom 19.10.1990 – BGBl. I S. 2218).

Und beachten wollen wir schließlich auch noch, dass einige Vertreter in der Literatur der Sperrklausel durchaus ablehnend gegenüberstehen (vgl. etwa *Achterberg/Schulte* in *von Mangoldt/Klein/Starck* Art. 38 GG Rz. 137; *Bryde* in FS für H.H. v. Arnim, S. 689 f.; *Linck* in Jura 1986, 460, 463 f.; *Frotscher* in DVBl. 1985, 917, 925). Nach ihrer Meinung müsse ein derart tiefer Eingriff in die Wahlrechtsgleichheit von der Verfassung selbst geregelt sein. Zum anderen sei nicht ersichtlich, dass mit einer niedrigeren Sperrklausel die Funktionsfähigkeit des Parlaments ernstlich gefährdet werde. Durchgesetzt freilich hat sich diese Meinung bis heute nicht.

Ergebnis: Die Fünf-Prozent-Sperrklausel gemäß § 6 Abs. Satz 1, 1. Halbsatz BWG stellt zwar einen Eingriff in den Grundsatz der Gleichheit der Wahl dar, jedoch ist dieser Eingriff gerechtfertigt. Er dient der Erhaltung und Handlungsfähigkeit des

Bundestages. Folglich muss auch unser R damit rechnen, dass er mit seiner neuen Partei an dieser Hürde scheitern könnte.

Noch vier wichtige Anmerkungen/Ergänzungen zum Schluss

1.) Das Bundesverfassungsgericht hatte im Februar 2008 darüber zu entscheiden, ob die Fünf-Prozent-Sperrklausel auch bei ***Kommunalwahlen*** verfassungsrechtlich gerechtfertigt ist (BVerfGE **120**, 82 = JUS **2008**, 730). Dabei ging es um das schleswig-holsteinische Kommunalwahlgesetz, das seit 1959 eine Fünf-Prozent-Sperrklausel vorsieht. Das BVerfG hat insoweit zunächst festgestellt, dass die Fünf-Prozent-Sperrklausel auf Kommunalebene grundsätzlich eine Ungleichgewichtung der Wählerstimmen bewirke, genau so, wie wir dies bereits zu den Bundestagswahlen im Fall festgestellt haben. Liegt eine Ungleichbehandlung vor, blieb also auch hier nur noch die Frage, ob dieser Eingriff gerechtfertigt ist. Von der Erforderlichkeit der Fünf-Prozent-Sperrklausel für Bundestagswahlen kann nach Meinung der Verfassungsrichter nicht ohne Weiteres auf die Erforderlichkeit der Sperrklausel auch für Kommunalwahlen geschlossen werden. Der Gemeinderat, der bei Kommunalwahlen gewählt wird, ist nämlich kein »Parlament« – und die Bedingungen für eine Funktionsfähigkeit eines Parlaments können nicht einfach auf Gemeinderäte übertragen werden (vgl. dazu auch *Wolff* in JA 2008, 746, 747). Nach Auffassung des Gerichts kann nur eine »mit einiger Wahrscheinlichkeit zu erwartende Beeinträchtigung der Funktionsfähigkeit der kommunalen Vertretungsorgane« eine Fünf-Prozent-Sperrklausel auf kommunaler Ebene rechtfertigen. Das BVerfG führte abschließend zur Feststellung der ***Verfassungswidrigkeit*** der Fünf-Prozent-Klausel des schleswig-holsteinischen Kommunalwahlgesetzes an, dass in den Ländern ohne Sperrklausel keine nennenswerten Probleme bestünden und dies bei der Prognoseentscheidung auch nicht außer Acht gelassen werden konnte. Lediglich in Berlin und Bremen gibt es noch eine solche Fünf-Prozent-Klausel bei den Wahlen zur Kommunalvertretung (*Schreiber* § 6 BWG Rz. 41). Ein »zwingender Grund« kann jedenfalls bei Kommunalwahlen damit nicht mehr für den Erhalt der Sperrklausel angeführt werden. Am 8. Dezember **2015** hat das Hamburgische Verfassungsgericht die Einführung einer **Drei-Prozent-Klausel** für Kommunalwahlen (Wahl der »Bezirksversammlungen«) in die Landesverfassung von Hamburg überraschend für rechtmäßig erklärt und insbesondere darauf hingewiesen, dass eine solche ***verfassungsändernde*** Regelung nicht gegen das Homogenitätsprinzip des Art. 28 Abs. 1 Satz 2 GG verstoße (→ NVwZ **2016**, 381). Am 10. Juni **2016** hat nun das Land Nordrhein-Westfalen die Einführung einer **2,5%-Klausel** für Kommunalwahlen in die Landesverfassung beschlossen. Über die Verfassungsmäßigkeit dieser Regelung ist gerichtlich bislang aber nicht entschieden.

2.) Am 9. November **2011** erklärte das BVerfG die Fünf-Prozent--Klausel bei ***Europawahlen*** aus § 2 Abs. 7 EuWG für verfassungswidrig (BVerfG NVwZ **2012**, 33 = JZ **2012**, 90). Bei den gegebenen tatsächlichen und politischen Verhältnissen in Europa sei der schwerwiegende Eingriff in die Wahlrechtsgleichheit und in die Chancengleichheit der Parteien nicht zu rechtfertigen. Insbesondere vor dem Hintergrund, dass im Europaparlament zurzeit mehr als 160 Parteien aus 27 Mitgliedsstaaten (!) vertreten sind, ergebe sich, dass eine Zersplitterung des Parlaments, die als Hauptargument für die Einhaltung der 5 %-Klausel verwendet wird, praktisch ausgeschlossen sei. Auch die Arbeitsfähigkeit des Parlaments stehe nicht infrage, da die beiden großen Fraktionen im Parlament über mehr als 60 % der Sitze verfüge. Die 5 %-Klausel des § 2 Abs. 7 EuWG sei daher nach deutschen Maßstäben verfassungswidrig (BVerfG NVwZ **2012**, 33 = JZ **2012**, 90). Die angefochtene Europawahl aus dem Jahre 2009 erklärte das BVerfG übrigens gleichwohl für gültig, da ***kein*** erheblicher Wahlfehler vorliege. Mit den gleichen Erwägungen erklärte das Bundesverfassungsgericht schließlich am **26. Februar 2014** auch die im Oktober 2013 vom deutschen Gesetzgeber in § 2 Abs. 7 EuWG installierte **3 %-Hürde** bei Europawahlen für ***verfassungswidrig*** (→ NJW **2014**, 619 = NVwZ **2014**, 439). Zur Begründung heißt es auch hier, unter den gegebenen rechtlichen und tatsächlichen Verhältnissen sei der mit dieser Sperrklausel verbundene schwerwiegende Eingriff in die Grundsätze der Wahlrechtsgleichheit und Chancengleichheit nicht zu rechtfertigen. Dem Europaparlament drohe aktuell auch ohne 3 %-Klausel keine Beeinträchtigung seiner Funktionsfähigkeit. Eine abweichende verfassungsrechtliche Beurteilung könne sich unter Umständen ergeben, wenn sich die Verhältnisse in der ***Zukunft*** wesentlich ändern würden. Zum jetzigen Zeitpunkt aber sei eine Bedrohung des Parlaments oder dessen Funktionsfähigkeit nicht festzustellen. Künftige Entwicklungen könne der Gesetzgeber berücksichtigen, wenn sie aufgrund *»hinreichend belastbarer tatsächlicher Anhaltspunkte«* schon zum gegenwärtigen Zeitpunkt verlässlich zu prognostizieren seien. Wörtlich heißt es: *»Die Drei-Prozent-Sperrklausel findet aktuell keine Rechtfertigung im Hinblick auf zu erwartende politische und institutionelle Entwicklungen und damit verbundene Änderungen der Funktionsbedingungen des Europäischen Parlaments in der nächsten Wahlperiode.«* Auf die ***nationalen*** Wahlrechtsgrundsätze habe die Entscheidung indes keinerlei Einfluss, sondern beziehe sich nur auf das Europaparlament (BVerfG NJW **2014**, 619 = NVwZ **2014**, 439).

3.) Wir haben weiter oben gesehen, dass die 5 %-Hürde bei Bundestagswahlen nach aktuellem Stand verfassungsrechtlich zulässig ist. Die praktische Bedeutung dieser 5 %-Klausel beschränkt sich nun interessanterweise nicht nur darauf, dass Parteien, die bei Wahlen unterhalb der Hürde bleiben, ***nicht*** in den Bundestag einziehen dürfen. Ein weiterer, ziemlich wichtiger Effekt liegt zudem darin, dass die in den Bundestag gewählten Parteien – also diejenigen, die ***über*** 5 % der Zweitstimmen erhalten haben – von der 5 %-Klausel und dem damit einhergehenden Ausschluss der kleineren Parteien mittelbar sogar noch profitieren. Wir verstehen das Ganze am besten anhand eines Beispiels, und zwar: Im Bundestag sind gemäß § 1 BWG grundsätzlich – also ohne Überhang- und Ausgleichsmandate – bekanntermaßen **598 Sitze** zu verteilen (siehe oben). Diese 598 Sitze werden, wie wir inzwischen auch wissen, im Verhältnis der für die jeweilige Partei abgegebenen ***Zweitstimmen*** vergeben. Betrachten wir die Bundestagswahl aus dem **September 2013,** ergäbe sich hieraus zunächst folgendes Bild:

Die **CDU/CSU** erzielte **41,5 %**, die **SPD 25,7 %**, die **LINKE 8,6 %**, die **GRÜNEN 8,4 %**, die **FDP 4,8 %**, die **AFD 4,7 %** und die übrigen (sehr kleinen) Parteien zusammen **6,3 %** der abgegebenen Zweitstimmen. Rechnet man dieses Ergebnis der Zweitstimmen jetzt in Bundestagssitze um, ergibt sich folgende Sitzverteilung: Die CDU/CSU erhält **248** Sitze (= **41,5 %** von 598 Sitzen), die SPD erhält **154** Sitze (= **25,7 %** von 598 Sitzen), die LINKE erhält **51** Sitze (= **8,6 %** von 598 Sitzen), die GRÜNEN erhalten **50** Sitze (= **8,4 %** von 598 Sitzen), die FDP erhält **29** Sitze (= **4,8 %** von 598 Sitzen), die AFD erhält **28** Sitze (= **4,7 %** von 598 Sitzen) und die restlichen Parteien erhalten zusammen **38** Sitze (= **6,3 %** von 598 Sitzen).

Damit wären alle 598 Sitze exakt nach dem Verhältnis der auf die jeweilige Partei entfallenen Zweitstimmen vergeben – und so sähe der Bundestag aus, wenn es ***keine*** 5 %-Hürde gäbe.

Da es nun aber sehr wohl diese 5 %-Hürde gibt und deshalb eben nur die **CDU/CSU**, die **SPD**, die **LINKE** und die **GRÜNEN** in den Bundestag einziehen dürfen, teilen sich natürlich auch nur ***diese*** Parteien die 598 Sitze untereinander auf. Und bei genauer Betrachtung betrifft das somit auch die Sitze, die wir gerade noch den anderen Parteien (fiktiv) zugerechnet hatten – also die **29 Sitze** der **FDP**, die **28 Sitze** der **AFD** sowie die **38 Sitze** der übrigen kleinen Parteien. Das macht zusammen **95 Sitze** und damit immerhin **15,8 %** aller Sitze im Deutschen Bundestag. Diese 95 Sitze (= 15,8 %) fallen jetzt nicht einfach weg (oder werden von den 598 abgezogen), sondern sie werden nun auch noch unter denen im Bundestag vertretenen Parteien – ihrem jeweiligen prozentualen Gewicht entsprechend – verteilt. Wie gesagt: Der Bundestag hat grundsätzlich 598 Sitze zu verteilen (→ § 1 BWG).

Folge: Mithilfe der 5 %-Klausel erhalten die im Bundestag vertretenen Parteien prozentual und zahlenmäßig immer ***mehr*** Gewicht, als ihnen nach dem ursprünglichen Wahlergebnis zustehen würde, da sie auch noch die Sitze erhalten, die eigentlich auf die »kleineren«, also die unter 5 % liegenden Parteien entfallen würden. Im aktuellen Bundestag äußert sich dies wie folgt (Überhang- und Ausgleichsmandate jetzt eingerechnet):

→ Die CDU/CSU erhält **311 Sitze** (= **49,3 %!** – ursprüngliches Wahlergebnis: **41,5 %**)

→ Die SPD erhält **193 Sitze** (= **30,6 %**! – ursprüngliches Wahlergebnis: **25,7 %**)

→ Die LINKE erhält **64 Sitze** (= **10,1 %**! – ursprüngliches Wahlergebnis: **8,6 %**)

→ Die GRÜNEN erhalten **63 Sitze** (= **10,0 %**! – ursprüngliches Wahlergebnis: **8,4 %**)

Fazit: Die 5%-Klausel verhindert nicht nur, dass kleine Parteien in den Bundestag einziehen können, sie erhöht mittelbar auch das Gewicht (→ die Zahl der Sitze) der im Bundestag vertretenen Parteien im Vergleich zum ursprünglichen Wahlergebnis.

4.) Und ganz zum Schluss noch ein Hinweis in eigener Sache: Bei der Darstellung der Grundzüge des Wahlrechts weiter oben im Lösungstext haben wir in unseren Beispielen zum leichteren Verständnis zumeist ***glatte*** (= runde) Zahlen verwendet. Also etwa **glatte** 45 Millionen Stimmen bundesweit, 10 Millionen in unserem Beispiel-Bundesland *Nordrhein-Westfalen*, wo dann die SPD glatte vier Millionen, die CDU drei Millionen, die GRÜNEN zwei Millionen usw. bekamen. Im richtigen (Wahl-)Leben kommen solche glatten Zahlen selbstverständlich niemals vor. Da geben dann vielmehr (→ Bundestagswahl im September 2013) bundesweit ziemlich unrunde **43.702.474** Menschen eine gültige Stimme ab (**wahlberechtigt** waren übrigens **61.903.903 Menschen**), wovon die **SPD** bundesweit ebenfalls sehr unrunde **11.247.283** Zweitstimmen bekommt, die **CDU** bekommt **14.913.921** Stimmen, die **GRÜNEN** bekommen **3.690.314** Stimmen usw. usw. All das in Bundestagsmandate umzurechnen ist natürlich viel komplizierter als unsere Rechnung oben und tatsächlich eine Wissenschaft für sich. Wir haben aus diesem Grund einfache und vor allem ***glatte*** Zahlen verwendet, damit rechnet es sich nämlich leichter und man versteht so auf jeden Fall das grundlegende Prinzip – und nur darauf kam es uns an.

Gutachten

Es ist zu prüfen, ob die in § 6 Abs. 3 BWG verankerte, sogenannte »Fünf-Prozent-Klausel« gegen das Grundgesetz verstößt.

I. In Betracht kommt ein Verstoß gegen den in Art. 38 Abs. 1 Satz 1 GG verankerten Grundsatz der Gleichheit der Wahl.

Die Gleichheit der Wahl erfordert, dass die Stimme eines jeden Wahlberechtigten den gleichen Zählwert und den gleichen rechtlichen Erfolgswert hat. Zählwert bedeutet dabei, dass jede gültige Stimme bei der Auszählung auch als eine Stimme gezählt wird. Der Erfolgswert beschreibt hingegen den Wert – den Effekt – einer abgegebenen gültigen Stimme im Vergleich zu den anderen abgegebenen Stimmen. Erfolgswert bedeutet damit, dass jede Stimme für das Ergebnis ein gleiches Gewicht bei der Zusammensetzung des Parlaments haben muss.

Dem Prinzip der Mehrheitswahl entspricht es, dass nur die für den am Ende siegreichen Kandidaten abgegebenen Stimmen berücksichtigt werden. Die auf die übrigen (unterlegenen) Kandidaten entfallenden Stimmen werden hingegen komplett wertlos und bleiben damit ohne jeden Erfolg. Somit haben die Stimmen des unterlegenen Kandidaten auch keinen Erfolgswert.

Da das Grundgesetz selbst kein konkretes Wahlsystem, also weder Verhältnis- noch Mehrheitswahlrecht, vorschreibt, sondern die Entscheidung darüber durch Art. 38 Abs. 3 GG dem Gesetzgeber überlässt, kann und muss die Gleichheit der Wahl dem vom Gesetzgeber ausgesuchten Wahlsystem angepasst werden. Dies bedeutet, dass in dem letztlich vom Gesetzgeber gewählten personalisierten Verhältniswahlrecht die Kombination von Verhältniswahl – durch die Zweitstimme – und Mehrheitswahl – durch die Erststimme – quasi so gleich wie möglich durchgeführt werden muss. Für die Verhältniswahl, also die Zweitstimme, ist das Ganze unproblematisch zu lösen, denn hier werden tatsächlich alle Stimmen verwertet und spiegeln sich nachher auch im Ergebnis wider. Bei der Mehrheitswahl in den Wahlkreisen (Erststimme) muss man hinnehmen, dass es in der Natur dieses Mehrheitswahlsystems liegt, dass die Stimmen, die auf die unterlegenen Kandidaten entfallen, später ersatzlos wegfallen.

Bei der Verhältniswahl sind Zähl- und Erfolgswert der abgegebenen Stimme garantiert. Alle Stimmen zählen gleich und haben bei der Auswertung auch das gleiche Gewicht. Bei der Mehrheitswahl hingegen liegt es in der Natur der Sache, dass zwar der Zählwert immer gesichert ist, der Erfolgswert aber nur für die Stimmen des siegreichen Kandidaten garantiert werden kann. Die übrigen Stimmen müssen sich mit einer Erfolgschance begnügen, was verfassungsrechtlich aber unbedenklich ist, da das Grundgesetz die Entscheidung über das Wahlsystem dem Gesetzgeber überlassen und insbesondere keine reine Verhältniswahl vorgeschrieben hat.

II. Angesichts dessen ist nun zu klären, ob die Fünf-Prozent-Klausel aus § 6 Abs. 3 BWG verfassungsgemäß ist. Nach der besagten Klausel bleiben bei der Sitzverteilung im Deutschen Bundestag diejenigen Parteien unberücksichtigt, die weniger als fünf Prozent der abgegebenen gültigen Zweitstimmen erhalten haben. Die für diese Parteien abgegebenen Stimmen fallen also in der Endabrechnung komplett weg. Es geht bei der Fünf-Prozent-

Klausel somit um die eben angesprochenen Fragen um den Zähl- und Erfolgswert einer Stimme.

Es wurde insoweit bereits festgestellt, dass es durchaus zulässig ist, wenn bei einer Mehrheitswahl am Ende diverse Stimmen ersatzlos wegfallen. Das liegt in der Natur der Sache, und deshalb ist dieser Vorgang verfassungsrechtlich auch nicht zu beanstanden. Bei der Fünf-Prozent-Klausel indes geht es nicht mehr um die Mehrheitswahl im Wahlkreis durch die abgegebene Erststimme, sondern um die Verhältniswahl mit der abgegebenen Zweitstimme. Und diesbezüglich ist zu beachten, dass insoweit der Zähl- und der Erfolgswert auf jeden Fall garantiert sein müssen. Durch die Fünf-Prozent-Sperrklausel des § 6 Abs. 3 BWG kommt es aber erkennbar zu einer Beeinträchtigung des gleichen Erfolgswerts der Stimmen. Denn wenn alle Zweitstimmen wegfallen, die einer Partei gegeben wurden, die es später nicht über die Fünf-Prozent-Hürde schafft, bleiben alle diese Wählerstimmen im Ergebnis unberücksichtigt. Es fehlt somit jeglicher Erfolgswert. Im Übrigen tangiert die Fünf-Prozent-Sperrklausel auch die Chancengleichheit der Parteien, weil sie nämlich kleineren Parteien den Zugang zum Parlament versperrt.

III. Es fragt sich daher, ob auch bei der nach dem Verhältniswahlrecht ausgerichteten Zweitstimme der Erfolgswert beschnitten werden kann, konkret durch die Fünf-Prozent-Klausel des § 6 Abs. 3 BWG. Insoweit ist namentlich zu bedenken, dass bei einer Bundestagswahl in Deutschland im Schnitt mehr als 60 Millionen Bürger wahlberechtigt sind und davon im Regelfall etwa 45 Millionen eine gültige Zweitstimme abgeben. Somit müsste die Partei des R auf Anhieb über zwei Millionen Wähler für sich gewinnen, um überhaupt bei der Sitzverteilung im Bundestag berücksichtigt zu werden. Für eine unbekannte neue Partei eine enorm schwierige Aufgabe. Und würde die Partei des R nur knapp, etwa mit 4,9 %, unter den fünf Prozent der abgegebenen Zweitstimmen bleiben, würden dann fast zwei Millionen Stimmen einfach wegfallen und damit logischerweise nicht mehr auf die Sitzverteilung im Bundestag Einfluss nehmen können. Sie blieben dann ohne jeden Erfolgswert. Damit aber läge ein Eingriff in die durch Art. 38 Abs. 1 Satz 1 GG garantierte Gleichheit der Wahl vor.

IV. Eine solche Verletzung der Wahlrechtsgleichheit des Art. 38 Abs. 1 Satz 1 GG könnte allerdings verfassungsrechtlich gerechtfertigt sein. Es ist somit zu prüfen, ob es verfassungsrechtlich durchgreifende und damit zwingende Argumente dafür gibt, den eben beschriebenen Eingriff in die Wahlrechtsgleichheit zu rechtfertigen.

Dieser zwingende Grund ist in der Sicherung der Funktionsfähigkeit des zu wählenden Parlaments zu sehen. Es steht zu befürchten, dass ohne die Sperrklausel zahlreiche kleine Parteien in den Bundestag einziehen und damit die Mehrheitsbildung im Parlament erschwert oder gar verhindert wird. Wahlen in einer Demokratie sollen aber nicht nur zu einem Parlament führen, das die im Volk vorhandenen verschiedenen Meinungen möglichst wirklichkeitsnah widerspiegelt. Vielmehr sollen Wahlen zugleich ein Parlament gewährleisten, das in der Lage ist, seine verfassungsmäßigen Rechte und Pflichten wahrzunehmen und in diesem Sinne eine handlungs- und entscheidungsfähige Regierung hervorzubringen.

Die Wahl hat nicht nur das Ziel, den politischen Willen der Wähler als einzelner zur Geltung zu bringen, also eine Volksrepräsentation zu schaffen, die ein Spiegelbild der im Volk vorhandenen politischen Meinungen darstellt, sondern sie soll auch ein Parlament als funktionsfähiges Staatsorgan hervorbringen. Würde der Grundsatz der getreuen verhältnismäßigen Abbildung der politischen Meinungsschichtung im Volk bis zur letzten Konsequenz durchgeführt, so könnte sich eine Aufspaltung der Volksvertretung in viele kleine Gruppen ergeben, die die Mehrheitsbildung erschweren oder verhindern würde. Große Parteien erleichtern die Zusammenarbeit innerhalb des Parlaments, weil sie in sich bereits einen Ausgleich zwischen verschiedenen Volkskreisen und deren Anliegen vollziehen. Der unbegrenzte Proporz würde die Möglichkeit schaffen, dass auch solche kleinen Gruppen eine parlamentarische Vertretung erlangen, die nicht ein am Gesamtwohl orientiertes politisches Programm vertreten, sondern im Wesentlichen einseitige Interessen verfechten.

Klare und ihrer Verantwortung für das Gesamtwohl bewusste Mehrheiten im Parlament sind aber für die Bildung einer nach innen und außen aktionsfähigen Regierung und zur Bewältigung der gesetzgeberischen Arbeit erforderlich. Es ist also ein aus der Natur des Sachbereichs »Wahl der Volksvertretung« sich ergebendes und darum eine unterschiedliche Bewertung des Erfolgswertes der Stimmen rechtfertigendes Kriterium, nach der größeren Eignung der Parteien für die Erfüllung der Aufgaben der Volksvertretung zu differenzieren. Mit dieser Begründung dürfen daher sogenannte »Splitterparteien« bei der Zuteilung von Sitzen in der Verhältniswahl ausgeschaltet werden, um Störungen des Verfassungslebens vorzubeugen. Der Gesetzgeber darf Differenzierungen in dem Erfolgswert der Stimmen bei der Verhältniswahl vornehmen und demgemäß die politischen Parteien unterschiedlich behandeln, soweit dies zur Sicherung des Charakters der Wahl als eines Integrationsvorganges bei der politischen Willensbildung des Volkes, im Interesse der Einheitlichkeit des ganzen Wahlsystems und zur Sicherung der mit der Parlamentswahl verfolgten staatspolitischen Ziele unbedingt erforderlich ist.

Ergebnis: Die Fünf-Prozent-Sperrklausel gemäß § 6 Abs. Satz 1, 1. Halbsatz BWG stellt zwar einen Eingriff in den Grundsatz der Gleichheit der Wahl dar, jedoch ist dieser Eingriff gerechtfertigt. Er dient der Erhaltung und Handlungsfähigkeit des Bundestages. Folglich muss auch unser R damit rechnen, dass er mit seiner neuen Partei an dieser Hürde scheitern könnte.

3. Abschnitt

Rechtsstaatsprinzip / Gewaltenteilung

Fall 7

Kleider machen Lehrer?

Die 28-jährige L aus Mainz (→ Rheinland-Pfalz) ist strenggläubige Muslima und trägt in der Öffentlichkeit ein Kopftuch. L hat gerade ihr Lehramtsreferendariat abgeschlossen und möchte nun in den Schuldienst des Landes Rheinland-Pfalz als beamtete Lehrerin aufgenommen werden. Auf das Tragen des Kopftuches in der Schule will sie aus religiösen Gründen aber nicht verzichten. Die zuständige Schulbehörde lehnt die Berufung der L in ein Beamtenverhältnis indes ab. Zwar lägen ihre fachlichen Qualifikationen vor; aufgrund ihrer Absicht, in der Schule ein Kopftuch zu tragen, fehle ihr aber die für das Lehramt erforderliche Eignung. L gefährde die aus dem Grundgesetz folgende Pflicht des Staates, weltanschaulich-religiöse Neutralität in der Schule zu wahren. Außerdem seien Konflikte mit Eltern und Schülern zu erwarten. Das Landesbeamtengesetz (LBG), auf dessen Grundlage Personen in den öffentlichen Dienst eingestellt werden, fordere von jedem Bewerber in seinem § 6 ausdrücklich die *»Treue zur Verfassung und ein Verhalten, das das Bekenntnis zur freiheitlich demokratischen Grundordnung erkennen lässt«*. Davon könne bei L aber nicht ausgegangen werden.

L meint, die Ablehnung verstoße gegen das Rechtsstaatsprinzip. Bislang existiere nämlich – was der Wahrheit entspricht – neben der Regelung aus § 6 keine Vorschrift im LBG, die das Tragen eines Kopftuches aus religiösen Gründen ausdrücklich verbiete und damit ihre Ablehnung rechtfertige. Die allgemeine Formulierung in § 6 LGB reiche für diese einschneidende Maßnahme nicht aus.

Stimmt das?

> **Schwerpunkte:** Das Rechtsstaatsprinzip des Grundgesetzes; die Gewaltenteilung aus Art. 20 GG als Staatsprinzip; die Gesetzmäßigkeit staatlichen Handelns; der Vorbehalt des Gesetzes; der Parlamentsvorbehalt; die Wesentlichkeitstheorie.

Lösungsweg

Einstieg: Das kleine Fällchen da oben beruht auf einer ziemlich berühmten Entscheidung des Bundesverfassungsgerichts vom 24. September **2003** (→ BVerfGE **108**, 282 = NJW **2003**, 3111), anhand derer wir jetzt das Rechtsstaatsprinzip und dessen Ausprägungen kennen lernen werden. Das Kopftuchverbot an Schulen beschäftigte damals schon seit vielen Jahren die Gerichte, bis das Bundesverfassungsgericht dann im September 2003 ein (erstes) Machtwort sprach, dem dann übrigens bis heute noch eine Vielzahl von Entscheidungen folgten (zuletzt BVerfG NJW **2015**, 1359). Uns hier dient die Geschichte als prima Einstieg in die Fragen des ***Rechtsstaates***, denn ob die Schulbehörde ohne ausdrückliche gesetzliche Grundlage der L wegen des Kopftuches wirklich den Einstieg in den Schuldienst verweigern durfte, hängt genau an diesem Prinzip. Um zu klären, ob die Ablehnung der Schulbehörde gegen das Rechtsstaatsprinzip verstößt, wollen wir nun in zwei Schritten vorgehen: Zunächst schauen wir uns mal in aller Ruhe an, was eigentlich hinter dem Begriff der ***Rechtsstaatlichkeit*** so grundsätzlich steckt. Haben wir das erledigt, werden wir das erworbene Wissen auf den konkreten Fall anwenden und im zweiten Schritt dann relativ entspannt sagen können, ob die Maßnahme der Behörde rechtmäßig war oder eben nicht. Also dann:

I. Das Rechtsstaatsprinzip

Zunächst erinnern wir uns bitte mal daran, was wir in den bisherigen Fällen zu den Staatsstrukturprinzipien schon gelernt haben: Nach dem uns inzwischen bekannten **Art. 20 Abs. 1 GG** ist die Bundesrepublik Deutschland ein demokratischer und sozialer Bundesstaat. Hieraus ergaben sich die ersten vier Kernaussagen zur Struktur unseres Staatssystems, nämlich: Deutschland ist eine ***Demokratie***, ein ***Sozialstaat***, eine ***Republik*** (Bundes***republik***) und ein ***Bundesstaat***. Der Rechtsstaat kommt in dieser Aufzählung zwar gar nicht vor, gehört aber gleichwohl zu den Kernelementen des Grundgesetzes. Er wird nämlich aus der Gesamtschau der grundgesetzlichen Normen hergeleitet (BVerfGE **2**, 380; BVerfGE **35**, 41; *Maurer* StaatsR I § 8 Rz. 1), zudem in Art. 28 Abs. 1 GG sowie in Art. 23 Abs. 1 Satz 1 GG ausdrücklich benannt (bitte prüfen) und wie folgt definiert:

> **Definition:** Ein Rechtsstaat ist ein Staat, in dem die Ausübung staatlicher Macht umfassend rechtlich gebunden ist (vgl. nur *Degenhart* StaatsR I Rz. 255).

Durchblick: Neben dem Demokratieprinzip ist die Rechtsstaatlichkeit die zweite **»überragend wichtige Staatsgrundlage«** für den freiheitlichen Verfassungsstaat (*Gröpl* StaatsR I Rz. 443). Hinter diesem äußerst abstrakt und weitläufig definierten Rechtsstaatsprinzip verbirgt sich nämlich eine Unzahl von Rechtsgrundsätzen, ohne die das Zusammenleben der Menschen auf einer gesetzlichen Grundlage nach westlichem Prinzip schlechterdings undenkbar wäre. Die Anwendung bzw. Eingrenzung dieser hinter dem Rechtsstaatsprinzip steckenden Regeln ist freilich durchaus kompliziert, denn – in den Worten des Bundesverfassungsgerichts gesprochen:

> *»... Das Rechtsstaatsprinzip enthält keine in allen Einzelheiten eindeutig bestimmten Gebote oder Verbote von Verfassungsrang, sondern ist ein **Verfassungsgrundsatz**, der der Konkretisierungen je nach sachlichen Gegebenheiten bedarf, wobei allerdings fundamentale Elemente des **Rechtsstaates** und der **Rechtsstaatlichkeit** im Ganzen gewahrt bleiben müssen. Ob*

gesetzliche Regelungen rechtsstaatlich unbedenklich sind, kann nur die Prüfung des Einzelfalls ergeben …« (BVerfGE **7**, 89, 92 f.)

Aha. Nach diesen grandiosen Sätzen ohne wirklich greifbaren Inhalt gehen wir jetzt ans Eingemachte und schauen uns an, was genau dahintersteckt. Und dazu wollen wir zunächst ein Bild bemühen: Wir wollen uns nämlich vorstellen, dass das Rechtsstaatsprinzip eine Art »Dach« ist. Und dieses Dach liegt auf einem Haus mit vielen Zimmern. Und in diesen Zimmern hausen nun die einzelnen Rechtsgrundsätze, die alle einen gemeinsamen Zweck haben, **nämlich**: Die unter dem Dach des Rechtsstaatsprinzips liegenden verfassungsrechtlichen Grundsätze sollen der staatlichen Macht einen ***rechtlich verbindlichen*** Rahmen geben und die Ausübung der Staatsmacht vor allem an konkrete, nachprüfbare Regeln binden. Das Rechtsstaatsprinzip soll nämlich garantieren, dass der Staat sich bei seinen Maßnahmen, die sich im Zweifel immer an bzw. gegen die Bürger richten, an vorgegebene Regeln hält und insbesondere keine Willkür ausübt (*Jarass/Pieroth* Art. 20 GG Rz. 28; *Bumke/Vosskuhle* StaatsR Seite 294). Die letzten beiden Sätze gerade waren ziemlich wichtig – bitte mindestens noch einmal lesen.

Danke. Und mit diesem Wissen im Hinterkopf betreten wir jetzt das »Rechtsstaatshaus« und machen einen Rundgang durch die Zimmer, um uns die hinter dem Rechtsstaatsprinzip steckenden Grundsätze genauer anzusehen.

Dabei wollen wir zunächst zwischen ***formellen*** und ***materiellen*** Elementen des Rechtsstaats differenzieren. Diese Unterscheidung ist allgemein üblich und dient dazu, die verschiedenen Elemente der Rechtsstaatlichkeit zu systematisieren, sie also nach ihrer Funktion zu unterteilen (*Gröpl* StaatsR I Rz. 447).

A. Formelle Elemente des Rechtsstaates

Unter ***formellen*** Elementen des Rechtsstaates versteht man den durch Gesetz gebundenen sogenannten »Gesetzesstaat«, der durch bestimmte Formprinzipien bestimmt wird. Es werden also ***formal*** die Regeln aufgestellt für die Ausübung der staatlichen Macht/Gewalt, und zwar so:

1.) Der Grundsatz der ***Gewaltenteilung***, der in den Art. 20 Abs. 2 Satz 2 GG und Art. 1 Abs. 3 GG seinen Ausdruck erfährt.

> Die **Idee** dahinter: In unserem Rechtsstaat ist die Staatsgewalt auf ***drei*** Säulen verteilt, nämlich die ***Legislative*** (Gesetzgebung → Bundestag und Bundesrat), die ***Exekutive*** (Vollzug der Gesetze → durch die Verwaltung) und die ***Judikative*** (Rechtsprechung → durch die Gerichte). Vom Prinzip her funktioniert das dann so: Die Legislative (also der Bundestag – das Parlament – und der Bundesrat) ***macht*** die Gesetze; die Exekutive (also die Verwaltungsbehörden) ***wendet*** die Gesetze ***an***, führt also die dort geregelten Vorschriften aus; die Judikative (also die Gerichte) ***prüft***, ob die von der Legislative gemachten Gesetze mit dem Grundgesetz übereinstimmen und ob die Exekutive sie bei einer konkreten Maßnahme rechtmäßig angewandt hat. Durch diese Verteilung der Staatsmacht kommt es zu einer gleichrangigen Aufga-

bentrennung der Staatsorgane und damit zu einer gegenseitigen Kontrolle der drei Säulen untereinander. Beides dient der Mäßigung der Staatsgewalt und garantiert das Ausbleiben von Willkür (BVerfGE **34**, 269; *Degenhart* StaatsR I Rz. 260; *Gröpl* StaatsR I, Rz. 451).

2.) Die Gesetzmäßigkeit staatlichen Handelns = der ***Vorrang*** und der ***Vorbehalt*** des Gesetzes.

Die **Idee** dahinter: Das ***Gesetz*** ist Grundlage und gleichzeitig Grenze für die Tätigkeit der Exekutive/Verwaltung. In einem Rechtsstaat darf es kein Handeln ohne Gesetz und auch kein Handeln gegen das Gesetz geben. Der Staat darf insbesondere nicht ohne gesetzliche Grundlage in die Rechte seiner Bürger eingreifen. Ansonsten wäre – haben wir eben schon mal gesagt – der Willkür Tür und Tor geöffnet. Ob und wann eine Verwaltungsbehörde einen (den Bürger belastenden) Verwaltungsakt erlassen darf, muss vorher gesetzlich klar geregelt sein.

Man unterscheidet insoweit zwischen **Vorrang** und **Vorbehalt** des Gesetzes.

a) Der ***Vorrang*** des Gesetzes meint die umfassende Bindung der Verwaltung an das Gesetz (vgl. Art. 20 Abs. 3 GG). Die Verwaltung darf bei ihrem Handeln nicht gegen Rechtsnormen verstoßen. Sie ist immer an das geschriebene Recht gebunden, was sowohl für belastende als auch für begünstigende Maßnahmen gilt *(von Mangold/Klein/Starck/Sommermann* Art. 20 GG Rz. 240; *Jarass/Pieroth* Art. 20 GG Rz. 32). Einfacher: Das bestehende Gesetz hat in unserem Staat immer »**Vorrang**«.

b) Deutlich interessanter und vor allem prüfungsrelevanter ist aber der ***Vorbehalt*** des Gesetzes. Dieser bestimmt nämlich, dass die Verwaltung, wenn sie in die Rechte des Bürgers eingreift (sogenannte »**Eingriffsverwaltung**«), immer eine gesetzliche Grundlage für ihr Handeln benötigt, um überhaupt tätig werden zu können.

Durchblick: Der Staat greift durch vielfältige Maßnahmen in die Rechte seiner Bürger ein. So ist das einfache »Knöllchen« fürs Falschparken ebenso ein staatlicher Akt wie etwa auch die Nichtzulassung zu einem Studienplatz, der Steuerbescheid des Finanzamtes, die verweigerte Baugenehmigung fürs geplante Haus oder auch: die Ablehnung der Aufnahme in den Schuldienst, wie sie unserer L hier passiert ist. All dies sind Maßnahmen, die von staatlichen Behörden (Ordnungsamt, Uni oder Studienzulassungsbehörde, Finanzamt, Bauamt oder Schulbehörde) ausgesprochen werden und den Bürger in seinen Rechten beschneiden: Der Falschparker soll ja die Knolle zahlen, der Student darf nicht studieren, wo er möchte, der Bürger soll genügend Steuern bezahlen, das geplante Haus darf nicht gebaut werden und die L darf nicht Lehrerin werden. Diese Maßnahmen ***belasten*** den betroffenen Bürger, der Staat ***greift*** nämlich in die Rechte der Bürger ***ein*** (= Eingriffsverwaltung).

So, damit nun aber der Staat seine Bürger nicht nach Belieben und Willkür belasten und in dessen Rechte eingreifen darf, muss es für solche belastenden Maßnahmen nach dem Verständnis unseres Rechtsstaates immer ein ***Gesetz*** geben, wo vorher genau festgeschrieben ist, unter welchen Voraussetzungen der Staat handeln darf.

Merke: Belastende Maßnahmen des Staates gegen den Bürger stehen unter dem ***Vorbehalt*** des Gesetzes. Eine Maßnahme der Verwaltung ist demnach nur dann rechtmäßig, wenn das den Bürger belastende Handeln der Verwaltung in einer Rechtsnorm ausdrücklich gestattet ist.

3.) Das dritte und letzte ***formale*** Element des Rechtsstaates betrifft die sogenannten »Justizgrundrechte« (auch: Prozessgrundrechte) und die sogenannten »Verfahrensgarantien«.

Die **Idee** dahinter: Der Bürger muss die Möglichkeit haben, wenn er durch staatliche Maßnahmen beeinträchtigt wird, das zuständige Gericht (→ Judikative) anzurufen und eine verbindliche Entscheidung durch einen unabhängigen Richter zu fordern. Für Streitigkeiten der Bürger untereinander (= bürgerlich-rechtliche Streitigkeiten) garantiert der Staat zudem einen effektiven Rechtsschutz, vor allem auch deshalb, um Selbstjustiz unter der Bevölkerung zu vermeiden. Der Staat stellt für Streitigkeiten der Bürger untereinander daher eine umfassende und unabhängige Gerichtsbarkeit zur Verfügung (vgl. Art. 19 Abs. 4, 101 Abs. 1 Satz 2, 103 Abs. 1, 2 und 3 GG).

B. Die materiellen Elemente des Rechtsstaates

So. Wir haben eben gesehen, wie die ***formalen*** Rahmenbedingungen in einem (unserem) Rechtsstaat aussehen müssen: Das waren die ***Gewaltenteilung***, der ***Vorrang*** und der ***Vorbehalt*** des Gesetzes und die Garantie der ***Justizgrundrechte***. Der Rechtsstaat hat aber nicht nur diese rein formalen, sondern auch ***inhaltliche*** Komponenten und wirkt nicht nur als Gesetzesstaat, sondern auch als »Gerechtigkeitsstaat« (BVerfGE 20, 323, 313). Als Instrumente hierfür dienen:

1.) Die **Grundrechte:**

Die **Idee** dahinter: Die Grundrechte (Art. 1–20 GG) gewähren dem einzelnen Bürger zum einen Ansprüche (sogenannte »subjektive Rechte«) gegen den Staat. Es handelt sich um den Schutz der Freiheit des Bürgers gegenüber dem Staat. Der Bürger wird also durch die Grundrechte vor rechtswidrigen »ungerechten« Eingriffen des Staates in seine Individualrechtsgüter geschützt und kann sich vor Gericht und Verwaltung darauf berufen. Zum anderen hat er aber auch ***Leistungsansprüche*** gegenüber dem Staat. So begründen die Grundrechte etwa die Pflicht des Staates zur Gewährleistung des Existenzminimums, die wiederum aus dem Sozialstaatsprinzip erwächst.

2.) Die **Rechtssicherheit** = Vertrauensschutz und Rückwirkungsverbot sowie die Normbestimmtheit (Normenklarheit).

Die **Idee** dahinter: Der einzelne Bürger muss sich in einem Rechtsstaat darauf verlassen können, dass »Recht auch Recht bleibt«. Er muss insbesondere darauf vertrauen dürfen, dass die Gesetze auch Bestand haben und nicht willkürlich oder unvorhersehbar (insbesondere rückwirkend) wieder aufgehoben oder geändert werden. Zudem darf die jeweilige Norm keinen Zweifel über ihren Regelungsgehalt lassen. Jeder muss »klar« erkennen, was die Norm aussagt.

3.) Die sogenannte »**Verhältnismäßigkeit**«

Die **Idee** dahinter: Die Maßnahmen, die sich aus einer Norm begründen oder die daraus resultierenden Folgen müssen sich immer an dem Maßstab orientieren, ob das Mittel zur Durchsetzung des durch die gesetzliche Norm verfolgten Zwecks geeignet, erforderlich und angemessen ist. Der Zweck heiligt gerade im Rechtsstaat ***nicht*** immer die Mittel (*Gröpl* StaatsR I, Rz. 535).

4.) Das sogenannte »**Willkürverbot**«

Die **Idee** dahinter: Das Willkürverbot leitet sich aus Art. 3 Abs. 1 GG und dem Rechtsstaatsprinzip ab. Der Gleichheitssatz verbietet, wesentlich Gleiches ungleich und gebietet grundsätzlich, wesentlich Ung*leiches (...) ungleich zu behandeln* (vgl. Art. 3 Abs. 1 GG).

Pause. Das war jetzt unser erster Rundgang durch das Haus der Rechtsstaatlichkeit mit einem groben Überblick. Wir wollen uns bitte an dieser Stelle keinesfalls zwingen, das gerade Gesagte alles auf einmal zu behalten, geschweige denn, es auswendig zu lernen. Es reicht, die eben genannten Begriffe im Hinterkopf zu haben; anwenden und vertiefen werden wir die Grundsätze jetzt schön der Reihe nach.

II. Womit wir dann endlich wieder bei unserer muslimisch-gläubigen L wären, die ja der Meinung war, die Versagung ihrer Lehramtsberufung wegen des von ihr getragenen Kopftuches verstoße gegen das Rechtsstaatsprinzip. Genau genommen hatte sie behauptet, für die Versagung der Einstellung fehle es im dafür zuständigen Landesbeamtengesetz an einer ausdrücklichen Regelung. Und wenn wir uns diese Ansage mal ganz genau anschauen, spielt die L natürlich an auf den

→ Vorbehalt des Gesetzes.

Zur Erinnerung: Wir hatten oben gesagt, dass es in einem Rechtsstaat immer zwingend erforderlich ist, dass für jede den Bürger ***belastende*** Maßnahme immer auch eine ***gesetzliche Regelung*** vorhanden ist. Die Behörde darf nämlich keinesfalls willkürlich gegen die Bürger vorgehen, sondern muss sich auf ein ***Gesetz*** stützen können, das die belastende Maßnahme vorsieht bzw. regelt (BVerfGE **49**, 89; *Jarass/Pieroth* Art. 20 GG Rz. 44). Das haben wir oben den »Vorbehalt des Gesetzes« genannt und als ***formales*** Element des Rechtsstaates gekennzeichnet.

Problem: Nach Auskunft des Sachverhaltes steht in § 6 des Landesbeamtengesetzes (LBG) des Landes Rheinland-Pfalz nur, dass die Lehramtsbewerber eine »**Treue zur Verfassung**« und ein Verhalten, das »**das Bekenntnis zur freiheitlich demokrati-**

schen Grundordnung« erkennen lässt, haben müssen. Mehr nicht. Vor allem existiert keine Regelung, wonach eine bestimmte Kleiderordnung (z.B.: »Kopftücher dürfen in der Schule nicht getragen werden«) gilt. Die Ablehnung der Schulbehörde, die L in den Staatsdienst zu berufen, könnte also gegen den aus dem Rechtsstaatsprinzip abgeleiteten Grundsatz vom Vorbehalt des Gesetzes (→ Art. 20 Abs. 3 GG) verstoßen, weil es an einer ausdrücklichen gesetzlichen Regelung fehlt.

Ansatz: Das Schulamt beruft sich bei seiner Maßnahme auf das Landesbeamtengesetz (LBG). Da steht allerdings – wir hatten das gerade gesagt – in § 6 nur drin, dass von jedem Bewerber die »Treue zur Verfassung und ein Verhalten, das das Bekenntnis zur freiheitlich demokratischen Grundordnung erkennen lässt«, gefordert wird. Das Tragen des Kopftuches widerspricht nach Ansicht der Schulbehörde dieser Vorgabe mit der Konsequenz, dass die Berufung in das Lehreramt zu verweigern sei. Die Behörde hat folglich die abstrakt gehaltenen Vorschriften im LBG ***ausgelegt*** und daraus den Schluss gezogen, dass das Tragen des Kopftuches verboten sei.

Die entscheidende Frage lautet damit: Reicht die ***allgemein*** gehaltene Vorschrift in § 6 des Landesbeamtengesetzes aus, um die konkrete ablehnende Entscheidung gegen L zu rechtfertigen – oder bedarf es in diesem Fall nicht doch einer gesetzlichen Regelung, die ***ausdrücklich*** etwas über das Tragen eines Kopftuches (bzw. eine ausdrückliche Bekleidungsvorschrift) im Schuldienst aussagt?

> **Durchblick**: Der Vorbehalt des Gesetzes klingt zwar von seiner Idee her logisch und einleuchtend, kann in letzter Konsequenz aber niemals durchgehalten werden. Gesetzliche Vorschriften können insbesondere nicht jeden einzelnen denkbaren Fall, der in der Lebenswirklichkeit vorkommt, erfassen. Gesetze sind daher in aller Regel zunächst einmal ***abstrakt*** gefasst und lassen der zuständigen Behörde normalerweise dadurch immer einen sogenannten »Ermessensspielraum«. Wenn etwa in einem Gesetz zur Ermächtigung von polizeilichen Maßnahmen die Rede ist von »**Gefahr für die öffentliche Sicherheit und Ordnung**«, mag man sich fragen, was da wohl dahintersteckt: Darf die Polizei aufgrund dessen etwa schon bei lauter Musik im Studentenwohnheim einschreiten? Oder wenn jemand nackt über die *Hohe Straße* (= Deutschlands meistbesuchte Einkaufsstraße) in Köln läuft? Oder wenn jemand aus Protest einen Sitzstreik vor einem Atomkraftwerk abhält? Oder wenn Fans bei einem Fußballspiel Feuerwerkskörper abbrennen? **Frage**: Fällt das alles schon unter den Begriff der »Gefahr für die öffentliche Sicherheit und Ordnung« und berechtigt die Polizei damit zum Einschreiten?

Man sieht es: Der Gesetzgeber kann all diese Fälle natürlich nicht einzeln in einem Gesetz auflisten. Und weil das bei den meisten anderen Gesetzen auch so ist, begnügt er sich zumeist mit ***abstrakten*** Formulierungen, die dann vom Gesetzesanwender (= hier die Verwaltung) ausgelegt werden müssen.

> **Merke:** Die Bindung an das Gesetz und der Vorbehalt des Gesetzes gelten nicht uneingeschränkt, da nicht alle möglichen und denkbaren Lebenssachverhalte in gesetzliche Normen aufgenommen werden können. Daher kann auch kein »**Total-**

vorbehalt« hinsichtlich der Bindung an das Gesetz gelten. In der Regel genügt es, wenn der Gesetzgeber ***abstrakte*** Regelungen schafft, die dann vom Rechtsanwender ausgelegt werden können.

Feinkostabteilung: Das, was wir da gerade aufgeschrieben haben, gehört zu den fundamentalsten Prinzipien und Denkgesetzen, die eine Rechtsordnung überhaupt zu bieten hat. Das Erschaffen von Gesetzen durch das Parlament funktioniert immer vor dem Hintergrund, dass man natürlich niemals alle denkbaren Lebenssachverhalte voraussehen und damit in ein Gesetz aufnehmen kann. Gesetze sind daher in diesem Sinne quasi immer ***unvollständig***. Und weil sie unvollständig (= abstrakt) sind, müssen sie vom Rechtsanwender natürlich ausgelegt werden. Das heißt, man muss prüfen, ob unter die abstrakte Formulierung des Gesetzes (z.B. »Gefahr für die öffentliche Sicherheit und Ordnung«) der konkret zu beurteilende Sachverhalt (z.B. nackt über die *Hohe Straße* laufen) fällt. Und genau ***DAS*** ist die ureigenste Aufgabe der Juristerei: Juristen ***subsumieren*** den konkreten Sachverhalt unter das abstrakte Gesetz und wissen anschließend, ob die im Gesetz angeordnete Rechtsfolge angewandt werden darf oder nicht. Kapiert?!

Prima. So, und weil Gesetze im Zweifel immer nur abstrakte Regelungen aufstellen können, gilt der hier infrage stehende ***Vorbehalt des Gesetzes*** – wir hatten es bereits gesagt – immer nur beschränkt. Die gesetzliche Norm, auf die sich die Behörde beruft, muss also den konkreten Sachverhalt normalerweise nicht ausdrücklich und explizit erfassen. Es reichen im Zweifel abstrakte Formulierungen, die die Behörde dann auslegt und entsprechend den Rechtsfolgen handelt. Merken.

Und jetzt wird es richtig spannend: Von dieser gerade aufgestellten Regel bzw. von diesem Prinzip gibt es aber ***zwei*** Ausnahmen. Und die sollte man kennen, nämlich: Eine Behörde braucht für ihr Handeln ***ausdrückliche*** gesetzliche Regeln, wenn sie

1.) Eingriffe in die ***Freiheit*** oder das ***Eigentum*** des Bürgers vornehmen will (BVerfGE **8**, 274; BVerfGE **17**, 306; BVerfGE **20**, 150; *Degenhart* StaatsR I Rz. 289) oder

2.) wenn es um Entscheidungen geht, die eine besondere Relevanz für die Verwirklichung der Grundrechte des betroffenen Bürgers aufweisen und das Gemeinwohl betreffen. Bei solchen grundrechtsrelevanten Maßnahmen gegenüber dem Bürger müssen die »**wesentlichen**« Entscheidungen des Gesetzgebers ***normativ*** (also in geschriebenem Recht) vorhanden sein. Rein abstrakte Gesetze, die die Behörde dann erst mal auslegen muss, reichen in diesem Falle nicht aus (BVerfGE **47**, 46 → Sexualkundeentscheidung; BVerfGE **40**, 237; *Ipsen* StaatsR I Rz. 666). Das Ganze bezeichnet man als **»Wesentlichkeitstheorie«** des Bundesverfassungsgerichts (BVerfG ArbRB **2015**, 162 = BGBl I **2015**, 967; BVerfGE **49**, 89; BVerfGE **33**, 303; OVG Berlin/Brandenburg NVwZ **2012**, 1265; *Degenhart* StaatsR I Rz. 305).

Prüfen wir mal an unserem Fall: Die L darf wegen ihres Kopftuches nach Meinung des Schulamtes nicht in den Schuldienst aufgenommen werden. Hierbei hatte sich die Behörde auf die (abstrakten!) Regeln des § 6 des Landesbeamtengesetzes berufen, wonach eine »**Treue zur Verfassung**« und ein Verhalten, das »**das Bekenntnis zur freiheitlich demokratischen Grundordnung erkennen lässt**«, gefordert wird. Eine ausdrückliche Regelung bzw. Kleiderordnung gibt es im Gesetz aber nicht. Die Behörde hat also die abstrakten Regeln des § 6 LBG ausgelegt und ist anschließend zu einem für L nachteiligen Ergebnis gekommen. Und das wäre ja an sich auch kein Problem, wir hatten es bereits gesagt: Der Vorbehalt des Gesetzes kann nie vollständig gewahrt sein, Gesetze sind nun mal abstrakt und müssen ausgelegt werden.

Frage: Oder betrifft unser Fall etwa eine der beiden eben benannten Ausnahmen?

Antwort: Es dreht sich hier bei uns zunächst weder um Fragen des Eigentums noch der Freiheit der L. Die L darf wegen ihres Kopftuches »nur« nicht in den Schuldienst. **Aber**: Bei genauer Betrachtung geht es aufgrund der ablehnenden Entscheidung der Schulbehörde um die Rechte der L aus **Art. 33 Abs. 2** und **Abs. 3 GG** (= gleicher Zugang zu öffentlichen Ämtern) und aus **Art. 4 GG** (= Religionsfreiheit). Zudem wäre bei der Einstellung der L in den Schuldienst womöglich **Art. 4 GG** hinsichtlich der Schüler und **Art. 6 Abs. 2 GG** (= Erziehungsrecht) in Bezug auf die Eltern tangiert.

Noch mal Feinkostabteilung (schwer!): Aus **Art. 33 Abs. 2 GG** (aufschlagen!) geht hervor, dass jeder Deutsche nach Eignung und Befähigung ein Recht auf gleichen Zugang zu öffentlichen Ämtern hat. Art. 33 Abs. 2 GG vermittelt keinen Anspruch auf Übernahme in ein öffentliches Amt (BVerfGE **39**, 334, 354; **68**, 109, 110; **75**, 133, 135), verwirklicht aber die ***Chancengleichheit***, indem er jedem Deutschen den gleichen Zugang zu jedem öffentlichen Amt garantiert (*Sachs/Magiera* Art. 38 GG Rz. 19). Nach **Art. 33 Abs. 3 GG** ist die Zulassung zu öffentlichen Ämtern auf jeden Fall unabhängig von dem religiösen Bekenntnis. Und nach **Art. 33 Abs. 3 Satz 2 GG** darf niemandem ein persönlicher Nachteil aus seiner Zugehörigkeit oder Nichtzugehörigkeit zu einem Bekenntnis oder einer Weltanschauung erwachsen. Dementsprechend dürfen es glaubensgebundene Bewerber nicht schwerer haben, in ein öffentliches Amt zu gelangen, als nicht glaubensgebundene Bewerber. Die L könnte durch die Entscheidung der Schulbehörde entsprechend in ihren Grundrechten verletzt sein. Das Tragen eines Kopftuches fällt möglicherweise zudem unter den Schutz der in **Art. 4 Abs. 1 und Abs. 2 GG** verbürgten ***positiven Glaubensfreiheit***. Das Befolgen einer Kleidungsregel ist für die L Ausdruck ihres religiösen Bekenntnisses. Auf die Frage, ob und inwieweit die Verschleierung für Frauen von Regeln des islamischen Glaubens vorgeschrieben ist, kommt es dabei übrigens nicht an. Die positive Glaubensfreiheit der L könnte also ebenfalls verletzt sein. Die ***negative Glaubensfreiheit*** der Schüler ergibt sich aus **Art. 4 Abs. 1 und Abs. 2 GG**. Darin wird nämlich sowohl die negative als auch die positive Äußerungsform der Glaubensfreiheit gleichermaßen geschützt (BVerfG NJW **2015**, 1359; *Schmidt-Bleibtreu/Hofmann/Hopfauf* Art. 4 GG Rz. 9). Damit wird insbesondere auch die Freiheit gewährleistet, kultischen Handlungen eines nicht geteilten Glaubens fernzubleiben, sie abzulehnen oder die eigene Überzeugung zu verschweigen (*Jarass/Pieroth* Art. 4 GG Rz. 11). Vorliegend könnten sich die Schüler aufgrund der in Deutschland herrschenden Schulpflicht nicht dem täglichen Anblick der Kopftuch tragenden Lehrerin entziehen. Damit wären sie womöglich in ihrer negativen Glaubensfreiheit verletzt. Das **Erziehungsrecht** der Eltern schließlich ergibt sich aus **Art. 6 Abs. 2 GG**. Darin wird den Eltern die Pflege und Erziehung ihrer Kinder als natürliches Recht garantiert. Es umfasst zusammen mit Art. 4 Abs. 1 GG auch das Recht zur Kindererziehung in religiöser und weltanschaulicher Hinsicht. Daher ist es primär Sache der Eltern, ihren Kindern die Überzeugung in Glaubens- und Weltanschauungsfragen zu vermitteln, die sie für richtig halten (BVerfGE **41**, 29, 44 ff.). Dem entspricht das Recht, die Kinder von Glaubensüberzeugungen fernzuhalten, die den Eltern als falsch oder schädlich erscheinen (BVerfGE **93**, 17). Durch die Schulpflicht wäre dies den Eltern im vorliegenden Fall verwehrt.

Man sieht es: Die Entscheidung der Schulbehörde, die L nicht in den Lehramtsberuf aufzunehmen, berührt damit eine ganze Reihe von Grundrechten und hat insbesondere für L durchaus existenzielle Bedeutung, denn sie darf den von ihr gewählten und erlernten Beruf als beamtete Lehrerin nicht ausüben.

Problem: Reicht unter diesen Umständen die abstrakte Formulierung in § 6 des Landesbeamtengesetzes (»Treue zur Verfassung und Bekenntnis zur freiheitlich-demokratischen Grundordnung«) wirklich aus, um der L den Zugang zum Lehramt zu verweigern?

Lösung: Das Bundesverfassungsgericht meinte am 24. September 2003: **Nein!**

Die Begründung dieser Entscheidung bzw. einen Teil davon wollen wir uns jetzt mal im Originaltext anschauen. Das ist zugegebenermaßen hohe juristische Kunst, aber wir haben jetzt genügend Vorarbeit geleistet, um auch das zu verstehen. In den Worten des Bundesverfassungsgerichts durfte unsere L aus folgenden Gründen von der Schulbehörde nicht abgewiesen werden (BVerfGE **108**, 282 = NJW **2003**, 3111):

*»Ein Verbot für Lehrkräfte, in Schule und Unterricht ein Kopftuch zu tragen, findet im geltenden Recht des Landes Rheinland-Pfalz keine hinreichend bestimmte gesetzliche Grundlage und verletzt damit den aus dem Rechtsstaatsprinzip folgenden Grundsatz des **Vorbehalts des Gesetzes**. Das Verbot des Kopftuchtragens in öffentlichen Schulen ohne hinreichend bestimmte gesetzliche Grundlage berührt nämlich das Grundrecht auf gleichen Zugang zu jedem öffentlichen Amt aus Art. 33 Abs. 2 GG in Verbindung mit dem durch Art. 4 Abs. 1 und 2 GG gewährleisteten Grundrecht der Glaubensfreiheit. Das Einbringen religiöser oder weltanschaulicher Bezüge in Schule und Unterricht durch Lehrkräfte kann den in Neutralität zu erfüllenden staatlichen Erziehungsauftrag, das elterliche Erziehungsrecht und die negative Glaubensfreiheit der Schülerinnen und Schüler beeinträchtigen. Es eröffnet zumindest die Möglichkeit einer Beeinflussung der Schulkinder sowie von Konflikten mit Eltern. Sollen bereits derartige bloße Möglichkeiten einer Gefährdung oder eines Konflikts aufgrund des Auftretens der Lehrkraft und nicht erst deren konkretes Verhalten als Verletzung beamtenrechtlicher Pflichten oder als Eignungsmangel bewertet werden, so ist eine **hinreichend bestimmte gesetzliche Grundlage erforderlich**.*

*Für ein mit der Abwehr abstrakter Gefährdungen begründetes Verbot für Lehrkräfte, in Schule und Unterricht ein Kopftuch zu tragen, reicht die im Land Rheinland-Pfalz geltende beamten- und schulrechtliche Gesetzeslage **nicht** aus. Dem zuständigen Landesgesetzgeber steht es jedoch frei, die bislang fehlende gesetzliche Grundlage zu schaffen. Dabei hat er der Glaubens-*

freiheit der Lehrer wie auch der betroffenen Schüler, dem Erziehungsrecht der Eltern sowie der Pflicht des Staates zu weltanschaulich-religiöser Neutralität in angemessener Weise Rechnung zu tragen. Wie auf die mit zunehmender Pluralität gewandelten Verhältnisse zu antworten ist, hat nicht die Exekutive, in diesem Falle das Schulamt, zu entscheiden. Vielmehr bedarf es hierfür einer ausdrücklichen Regelung durch den demokratisch legitimierten Landesgesetzgeber, also das Landesparlament. Die verfassungsrechtliche Notwendigkeit einer gesetzlichen Regelung folgt aus dem Grundsatz des ***Parlamentsvorbehalts****. Rechtsstaatsprinzip und Demokratiegebot verpflichten den* ***Gesetzgeber****, die für die Grundrechtsverwirklichung maßgeblichen Regelungen* ***selbst*** *zu treffen. Dies gilt vor allem dann, wenn die betroffenen Grundrechte – wie hier die positive und negative Glaubensfreiheit sowie das elterliche Erziehungsrecht – von der Verfassung gewährleistet sind und eine Regelung damit notwendigerweise ihre verfassungsimmanenten Schranken bestimmen und konkretisieren muss. Nach dem Grundgesetz sind die Einschränkung von grundrechtlichen Freiheiten und der Ausgleich zwischen kollidierenden Grundrechten allein dem Gesetzgeber vorbehalten, um sicherzustellen, dass in Entscheidungen von solcher Tragweite das vom Volk gewählte Parlament eingebunden wird. Solange keine gesetzliche Grundlage besteht, aus der sich mit hinreichender Bestimmtheit ablesen lässt, dass für Lehrer eine Pflicht besteht, auf Erkennungsmerkmale ihrer Religionszugehörigkeit in Schule und Unterricht zu verzichten, ist auf der Grundlage des geltenden Rechts die Annahme fehlender Eignung wegen Verstoßes gegen den Vorbehalt des Gesetzes verfassungswidrig.«*

Beachtlich, oder!? Man muss sich im öffentlichen und vor allem im Verfassungsrecht übrigens daran gewöhnen, dass das alles immer ein bisschen hochtrabend daherkommt und bei Verfassungsgerichtsentscheidungen auch so klingt. Das gehört leider dazu, schließlich reden wir hier nicht über irgendwelchen BGB-Kram, sondern über das ***Grundgesetz*** unseres Landes. Und dann darf's auch gerne schon mal besonders kompliziert und abgehoben klingen.

ZE.: Die Regelung in § 6 LBG reicht nicht aus, um der L den Zugang zum öffentlichen Amt zu verwehren.

Ergebnis: Die Entscheidung der Behörde verstößt somit gegen den aus dem Rechtsstaatsprinzip folgenden Grundsatz des Vorbehalts des Gesetzes und ist damit verfassungswidrig.

Nachtrag: Die unserem Fall zugrunde liegende Entscheidung des Bundesverfassungsgerichts spielte damals tatsächlich im Bundesland *Baden-Württemberg*, das aber nach der Entscheidung aus dem September 2003 – ebenso wie die Bundesländer *Bayern, Berlin, Bremen, Hessen, Niedersachsen, Nordrhein-Westfalen* und das *Saarland* – schleunigst ein neues Schul- bzw. Beamtengesetz erließ, dessen Wortlaut präzise auf religiöse Kleidervorschriften einging und aufgrund dessen dann Kopftuchverbote ausgesprochen werden durften. Wir haben unseren Fall daher nach *Rheinland-Pfalz* verlegt, denn in Rheinland-Pfalz gibt es bis heute – ebenso wie in *Hamburg, Schleswig-Holstein, Thüringen, Sachsen, Sachsen-Anhalt* und *Mecklenburg-Vorpommern* – keine solche gesetzliche Grundlage für ein Kopftuchverbot. Dass auch die neuen Schul- bzw. Beamtengesetze aus den weiter oben genannten Bundesländern, wonach Kopftuchverbote für Lehrerinnen an staatlichen Schulen ausgesprochen wurden, gleichwohl (schon wieder) verfassungswidrig sind, hat das Bundesverfassungsgericht übrigens im Januar 2015 festgestellt. Dieses Mal allerdings nicht wegen Verletzung des Bestimmtheitsgebotes, sondern wegen Verletzung des Grundrechtrechts der betroffenen Lehrerinnen auf Religionsfreiheit aus Art. 4 GG (→ BVerfG NJW **2015**, 1359 und ausführlich zum Ganzen: *Schwabe*, »Lernen mit Fällen«, Staatsrecht II/Grundrechte, Fall 3, Seite 57 ff.).

Gutachten

Es ist zu prüfen, ob die Ablehnung der L gegen das Grundgesetz verstößt. In Betracht kommt namentlich ein Verstoß gegen das in Art. 20 Abs. 1 GG verankerte Rechtsstaatsprinzip.

I. Nach Art. 20 Abs. 1 GG ist die Bundesrepublik Deutschland ein demokratischer und sozialer Bundesstaat. Der Rechtsstaat ist, obwohl er in dieser Aufzählung nicht erwähnt wird, gleichwohl Kernelement des Grundgesetzes. Er wird aus der Gesamtschau der grundgesetzlichen Normen hergeleitet und ist zudem in Art. 28 Abs. 1 GG sowie in Art. 23 Abs. 1 Satz 1 GG ausdrücklich benannt. Ein Rechtsstaat ist nach allgemeiner Meinung ein Staat, in dem die Ausübung staatlicher Macht umfassend rechtlich gebunden ist. Neben dem Demokratieprinzip ist die Rechtsstaatlichkeit die zweite überragend wichtige Staatsgrundlage für den freiheitlichen Verfassungsstaat.

Das Rechtsstaatsprinzip enthält keine in allen Einzelheiten eindeutig bestimmten Gebote oder Verbote von Verfassungsrang, sondern ist ein Verfassungsgrundsatz, der der Konkretisierungen je nach sachlichen Gegebenheiten bedarf, wobei allerdings fundamentale Elemente des Rechtsstaates und der Rechtsstaatlichkeit im Ganzen gewahrt bleiben müssen. Ob gesetzliche Regelungen oder staatliche Maßnahmen rechtsstaatlich unbedenklich sind, kann nur die Prüfung des Einzelfalls ergeben. Die unter dem Dach des Rechtsstaatsprinzips liegenden verfassungsrechtlichen Grundsätze sollen der staatlichen Macht einen rechtlich verbindlichen Rahmen geben und die Ausübung der Staatsmacht vor allem an konkrete, nachprüfbare Regeln binden. Das Rechtsstaatsprinzip soll garantieren, dass der Staat sich bei seinen Maßnahmen, die sich im Zweifel immer an bzw. gegen die Bürger richten, an vorgegebene Regeln hält und insbesondere keine Willkür ausübt.

II. Die L ist der Meinung, die Versagung ihrer Lehramtsberufung wegen des von ihr getragenen Kopftuches verstoße gegen das Rechtsstaatsprinzip. Sie behauptet, für die Versagung der Einstellung fehle es im dafür zuständigen Landesbeamtengesetz an einer ausdrücklichen Regelung. Insoweit kommt ein Verstoß gegen den aus dem Rechtsstaatsprinzip folgenden Grundsatz des Vorbehalts des Gesetzes in Betracht. In einem Rechtsstaat ist immer zwingend erforderlich, dass für jede den Bürger belastende Maßnahme immer auch eine gesetzliche Regelung vorhanden ist. Die Behörde darf keinesfalls willkürlich gegen die Bürger vorgehen, sondern muss sich auf ein Gesetz stützen können, das die belastende Maßnahme vorsieht bzw. regelt. Dies kennzeichnet den Vorbehalt des Gesetzes.

Nach Auskunft des Sachverhaltes steht in § 6 des Landesbeamtengesetzes (LBG) des Landes Rheinland-Pfalz geschrieben, dass die Lehramtsbewerber eine »Treue zur Verfassung« und ein Verhalten, das »das Bekenntnis zur freiheitlich-demokratischen Grundordnung« erkennen lässt, haben müssen. Es existiert indes keine Regelung, wonach eine bestimmte

Kleiderordnung (z.B.: »Kopftücher dürfen in der Schule nicht getragen werden«) gilt oder explizit vorgeschrieben ist. Die Ablehnung der Schulbehörde, die L in den Staatsdienst zu berufen, könnte also gegen den aus dem Rechtsstaatsprinzip abgeleiteten Grundsatz vom Vorbehalt des Gesetzes verstoßen, weil es an einer ausdrücklichen gesetzlichen Regelung fehlt.

III. Das Schulamt beruft sich bei seiner Maßnahme auf das Landesbeamtengesetz (LBG). Das Tragen des Kopftuches widerspricht nach Ansicht der Schulbehörde der Vorgabe des LBG mit der Konsequenz, dass die Berufung in das Lehreramt zu verweigern sei. Die Behörde hat folglich die abstrakt gehaltenen Vorschriften im LBG ausgelegt und daraus den Schluss gezogen, dass das Tragen des Kopftuches verboten sei. Es fragt sich damit, ob die allgemein gehaltene Vorschrift in § 6 des Landesbeamtengesetzes ausreicht, um die konkrete ablehnende Entscheidung gegen L zu rechtfertigen – oder ob es in diesem Fall nicht doch einer gesetzlichen Regelung bedarf, die ausdrücklich etwas über das Tragen eines Kopftuches bzw. eine ausdrückliche Bekleidungsvorschrift im Schuldienst aussagt.

Beachtlich erscheint insoweit zunächst Folgendes: Der Vorbehalt des Gesetzes kann in letzter Konsequenz niemals durchgehalten werden. Gesetzliche Vorschriften können insbesondere nicht jeden einzelnen denkbaren Fall, der in der Lebenswirklichkeit vorkommt, erfassen. Gesetze sind daher in aller Regel abstrakt gefasst und lassen der zuständigen Behörde immer einen sogenannten Ermessensspielraum. Wenn etwa in einem Gesetz zur Ermächtigung von polizeilichen Maßnahmen die Rede ist von »Gefahr für die öffentliche Sicherheit und Ordnung«, bleiben die konkreten Ermächtigungen tatsächlich unbenannt. So ergibt sich aus der Norm keine ausdrückliche Befugnis etwa dergestalt, dass die Polizei bei lauter Musik im Studentenwohnheim einschreiten oder etwa einen Sitzstreik vor einem Atomkraftwerk auflösen darf.

Der Gesetzgeber kann sämtliche denkbaren Fälle nicht einzeln in einem Gesetz auflisten und muss daher logischerweise abstrakte Formulierungen wählen. Die Bindung an das Gesetz und der Vorbehalt des Gesetzes gelten deshalb niemals uneingeschränkt. Daher kann auch kein »Totalvorbehalt« hinsichtlich der Bindung an das Gesetz gelten. In der Regel genügt es, wenn der Gesetzgeber abstrakte Regelungen schafft, die dann vom Rechtsanwender ausgelegt werden können. Das heißt, man muss stets prüfen, ob unter die abstrakte Formulierung des Gesetzes (z.B. »Gefahr für die öffentliche Sicherheit und Ordnung«) der konkret zu beurteilende Sachverhalt (z.B. laute Musik im Studentenwohnheim) fällt. Angesichts dieser Erwägungen erscheint die Handlung der Behörde gegenüber der L zunächst unbedenklich, da die Behörde die abstrakte Formulierung ausgelegt hat.

IV. Von dieser Regel bzw. von diesem Prinzip gibt es indessen zwei Ausnahmen, die im vorliegenden Fall möglicherweise einschlägig sein könnten. Eine Behörde braucht für ihr Handeln ausdrückliche gesetzliche Regeln, wenn sie Eingriffe in die Freiheit oder das Eigentum des Bürgers vornehmen will oder wenn es um Entscheidungen geht, die eine besondere Relevanz für die Verwirklichung der Grundrechte des betroffenen Bürgers aufweisen und das Gemeinwohl betreffen. Bei solchen grundrechtsrelevanten Maßnahmen gegenüber dem Bürger müssen die »wesentlichen« Entscheidungen des Gesetzgebers normativ, also in geschriebenem Recht, vorhanden sein. Rein abstrakte Gesetze, die die Behörde dann erst mal auslegen muss, reichen in diesem Falle nicht aus. Dies bezeichnet man als »Wesentlichkeitstheorie« des Bundesverfassungsgerichts.

Die L darf im konkreten Fall wegen ihres Kopftuches nach Meinung des Schulamtes nicht in den Schuldienst aufgenommen werden. Hierbei hatte sich die Behörde auf die abstrakten Regeln des § 6 des Landesbeamtengesetzes berufen, wonach eine »Treue zur Verfassung« und ein Verhalten, das »das Bekenntnis zur freiheitlich demokratischen Grundordnung erkennen lässt«, gefordert wird.

V. Es stellt sich somit die Frage, ob im vorliegenden Fall eine der beiden eben benannten Ausnahmen eingreift. In Betracht kommt ein Grundrechtseingriff von Besonderer Relevanz und Bezug zur Allgemeinheit. Bei genauer Betrachtung geht es aufgrund der ablehnenden Entscheidung der Schulbehörde um die Rechte der L aus Art. 33 Abs. 2 und Abs. 3 GG, also um den gleichen Zugang zu öffentlichen Ämtern, sowie die Religionsfreiheit aus Art. 4 GG. Zudem wäre bei der Einstellung der L in den Schuldienst womöglich Art. 4 GG hinsichtlich der Schüler und Art. 6 Abs. 2 GG (Erziehungsrecht) in Bezug auf die Eltern tangiert.

Im Einzelnen: Aus Art. 33 Abs. 2 GG geht hervor, dass jeder Deutsche nach Eignung und Befähigung ein Recht auf gleichen Zugang zu öffentlichen Ämtern hat. Art. 33 Abs. 2 GG vermittelt zwar keinen Anspruch auf Übernahme in ein öffentliches Amt, verwirklicht aber die Chancengleichheit, indem er jedem Deutschen den gleichen Zugang zu jedem öffentlichen Amt garantiert. Nach Art. 33 Abs. 3 GG ist die Zulassung zu öffentlichen Ämtern auf jeden Fall unabhängig von dem religiösen Bekenntnis. Und nach Art. 33 Abs. 3 Satz 2 GG darf niemandem ein persönlicher Nachteil aus seiner Zugehörigkeit oder Nichtzugehörigkeit zu einem Bekenntnis oder einer Weltanschauung erwachsen. Dementsprechend dürfen es glaubensgebundene Bewerber nicht schwerer haben, in ein öffentliches Amt zu gelangen, als nicht glaubensgebundene Bewerber.

Die L könnte durch die Entscheidung der Schulbehörde entsprechend in ihren Grundrechten verletzt sein. Das Tragen eines Kopftuches fällt möglicherweise zudem unter den Schutz der in Art. 4 Abs. 1 und Abs. 2 GG verbürgten positiven Glaubensfreiheit. Das Befolgen einer Kleidungsregel ist für die L Ausdruck ihres religiösen Bekenntnisses. Auf die Frage, ob und inwieweit die Verschleierung für Frauen von Regeln des islamischen Glaubens vorgeschrieben ist, kommt es dabei übrigens nicht an. Die positive Glaubensfreiheit der L könnte also ebenfalls verletzt sein.

Die negative Glaubensfreiheit der Schüler ergibt sich aus Art. 4 Abs. 1 und Abs. 2 GG. Darin wird nämlich sowohl die negative als auch die positive Äußerungsform der Glaubensfreiheit gleichermaßen geschützt. Damit wird insbesondere auch die Freiheit gewährleistet, kultischen Handlungen eines nicht geteilten Glaubens fernzubleiben, sie abzulehnen oder die eigene Überzeugung zu verschweigen.

Vorliegend könnten sich die Schüler aufgrund der in Deutschland herrschenden Schulpflicht nicht dem täglichen Anblick der Kopftuch tragenden Lehrerin entziehen. Damit wären sie womöglich in ihrer negativen Glaubensfreiheit verletzt. Das Erziehungsrecht der Eltern schließlich ergibt sich aus Art. 6 Abs. 2 GG. Darin wird den Eltern die Pflege und Erziehung ihrer Kinder als natürliches Recht garantiert. Es umfasst zusammen mit Art. 4 Abs. 1 GG auch das Recht zur Kindererziehung in religiöser und weltanschaulicher Hinsicht. Daher ist es primär Sache der Eltern, ihren Kindern die Überzeugung in Glaubens- und Weltanschauungsfragen zu vermitteln, die sie für richtig halten. Dem entspricht das Recht, die Kinder von Glaubensüberzeugungen fernzuhalten, die den Eltern als falsch oder schädlich erscheinen. Durch die Schulpflicht wäre dies den Eltern im vorliegenden Fall verwehrt.

Zwischenergebnis: Die Entscheidung der Schulbehörde, die L nicht in den Lehramtsberuf aufzunehmen, berührt damit eine ganze Reihe von Grundrechten und hat insbesondere für L durchaus existenzielle Bedeutung, denn sie darf den von ihr gewählten und erlernten Beruf als beamtete Lehrerin nicht ausüben. Zudem betrifft sie auch die Allgemeinheit.

VI. Es fragt sich, ob unter diesen Umständen die abstrakte Formulierung in § 6 des Landesbeamtengesetzes, wo von »Treue zur Verfassung und Bekenntnis zur freiheitlich-demokratischen Grundordnung« die Rede ist, wirklich ausreicht, um der L den Zugang zum Lehramt zu verweigern.

Dies ist im Ergebnis zu verneinen. Ein Verbot für Lehrkräfte, in Schule und Unterricht ein Kopftuch zu tragen, findet im geltenden Recht des Landes Rheinland-Pfalz keine hinreichend bestimmte gesetzliche Grundlage und verletzt damit den aus dem Rechtsstaatsprinzip folgenden Grundsatz des Vorbehalts des Gesetzes. Das Verbot des Kopftuchtragens in öffentlichen Schulen ohne hinreichend bestimmte gesetzliche Grundlage berührt nämlich das Grundrecht auf gleichen Zugang zu jedem öffentlichen Amt aus Art. 33 Abs. 2 GG in Verbindung mit dem durch Art. 4 Abs. 1 und 2 GG gewährleisteten Grundrecht der Glaubensfreiheit.

Das Einbringen religiöser oder weltanschaulicher Bezüge in Schule und Unterricht durch Lehrkräfte kann den in Neutralität zu erfüllenden staatlichen Erziehungsauftrag, das elterliche Erziehungsrecht und die negative Glaubensfreiheit der Schülerinnen und Schüler beeinträchtigen. Es eröffnet zumindest die Möglichkeit einer Beeinflussung der Schulkinder sowie von Konflikten mit Eltern. Sollen bereits derartige bloße Möglichkeiten einer Gefährdung oder eines Konflikts aufgrund des Auftretens der Lehrkraft und nicht erst deren konkretes Verhalten als Verletzung beamtenrechtlicher Pflichten oder als Eignungsmangel bewertet werden, so ist eine hinreichend bestimmte gesetzliche Grundlage erforderlich.

Für ein mit der Abwehr abstrakter Gefährdungen begründetes Verbot für Lehrkräfte, in Schule und Unterricht ein Kopftuch zu tragen, reicht die im Land Rheinland-Pfalz geltende beamten- und schulrechtliche Gesetzeslage nicht aus. Wie auf die mit zunehmender Pluralität gewandelten Verhältnisse zu antworten ist, hat nicht die Exekutive, in diesem Falle das Schulamt, zu entscheiden. Vielmehr bedarf es hierfür einer ausdrücklichen Regelung durch den demokratisch legitimierten Landesgesetzgeber, also das Landesparlament. Die verfassungsrechtliche Notwendigkeit einer gesetzlichen Regelung folgt aus dem Grundsatz des Parlamentsvorbehalts.

Rechtsstaatsprinzip und Demokratiegebot verpflichten den Gesetzgeber, die für die Grundrechtsverwirklichung maßgeblichen Regelungen selbst zu treffen. Dies gilt vor allem dann, wenn die betroffenen Grundrechte – wie hier die positive und negative Glaubensfreiheit sowie das elterliche Erziehungsrecht – von der Verfassung gewährleistet sind und eine Regelung damit notwendigerweise ihre verfassungsimmanenten Schranken bestimmen und konkretisieren muss.

Nach dem Grundgesetz sind die Einschränkung von grundrechtlichen Freiheiten und der Ausgleich zwischen kollidierenden Grundrechten allein dem Gesetzgeber vorbehalten, um sicherzustellen, dass in Entscheidungen von solcher Tragweite das vom Volk gewählte Parlament eingebunden wird. Solange keine gesetzliche Grundlage besteht, aus der sich mit hinreichender Bestimmtheit ablesen lässt, dass für Lehrer eine Pflicht besteht, auf Erkennungsmerkmale ihrer Religionszugehörigkeit in Schule und Unterricht zu verzichten, ist auf der Grundlage des geltenden Rechts die Annahme fehlender Eignung wegen Verstoßes gegen den Vorbehalt des Gesetzes verfassungswidrig. Die Regelung in § 6 LBG reicht somit nicht aus, um der L den Zugang zum öffentlichen Amt zu verwehren.

Ergebnis: Die Entscheidung der Behörde verstößt somit gegen den aus dem Rechtsstaatsprinzip folgenden Grundsatz des Vorbehalts des Gesetzes und ist damit verfassungswidrig.

Fall 8 Konkrete Normenkontrolle

Richter auf Drogen

Der ehemalige Rechtsstudent R hat die Richterlaufbahn eingeschlagen und arbeitet seit einigen Jahren als Strafrichter in Bonn. Eines Tages hat R den Sportstudenten S vor sich auf der Anklagebank sitzen. S war an der deutsch-niederländischen Grenze erwischt worden, als er ohne behördliche Genehmigung 20 Gramm Haschisch nach Deutschland bringen wollte. S wurde daraufhin von der Staatsanwaltschaft wegen Verstoßes gegen § 29 Abs. 1 Nr. 1 Betäubungsmittelgesetz (BtMG) angeklagt. Gemäß § 29 Abs. 1 Nr. 1 BtMG macht sich strafbar, wer Betäubungsmittel im Sinne des § 1 BtMG unerlaubt nach Deutschland einführt. Zu den Betäubungsmitteln zählen gemäß der Anlage I zu § 1 BtMG unter anderem auch Haschisch und Marihuana.

R vertritt seit langem die Ansicht, dass der § 29 Abs. 1 Nr. 1 BtMG mit dem Grundgesetz nicht vereinbar ist. Nach Meinung des R gehört die straflose Nutzung sogenannter »weicher« Drogen wie Haschisch oder Marihuana zu der im Grundgesetz geschützten allgemeinen Handlungsfreiheit aus Art. 2 Abs. 1 GG und darf demnach auch nicht verboten werden. Unter Berufung auf seine in Art. 97 Abs. 1 GG garantierte richterliche Unabhängigkeit wendet R den § 29 Abs. 1 BtMG daher gegenüber S nicht an und spricht den S frei.

Ist das verfassungsrechtlich zulässig?

Schwerpunkte: Die Bindung an Recht und Gesetz; das Rechtsstaatsprinzip aus Art. 20 Abs. 3 GG; die Gewaltenteilung; das Demokratieprinzip; der Umfang der richterlichen Unabhängigkeit aus Art. 97 Abs. 1 GG; die rechtsstaatliche Normenhierarchie; Gesetze im formellen Sinne (das sogenannte »Parlamentsgesetz«); Rechtsverordnungen und Satzungen als untergesetzliche Rechtsnormen; die Verfassungswidrigkeit von Gesetzen; die Richtervorlage nach Art. 100 Abs. 1 GG.

Lösungsweg

Einstieg: Auch diese Geschichte führt uns zum ***Rechtsstaatsprinzip***. Das haben wir im vorherigen Fall in Auszügen ja schon kennengelernt und wagen uns nun an einen weiteren Aspekt, der, wie man unschwer erkennt, etwas zu tun hat mit der ***Rechtsprechung*** und dort vor allem der in **Art. 97 Abs. 1 GG** garantierten ***Unabhängigkeit***

der Richter. Unser R möchte unter ausdrücklicher Berufung auf seine Unabhängigkeit ein Strafgesetz nicht anwenden, was die Frage aufwirft, welche Funktion Gesetze in einem Rechtsstaat eigentlich haben und inwieweit Richter an diese Gesetze tatsächlich gebunden sind. Um den richtigen Einstieg zu finden, wollen wir uns zunächst mal dem hinter der Rechtsstaatlichkeit steckenden Prinzip der ***Gewaltenteilung*** ausführlicher widmen, denn das bringt uns auf den richtigen Weg, also dann:

Die Gewaltenteilung

Wiederholung: Wir haben im letzten Fall (Nr. 7) schon gelernt, dass unser Rechtsstaat durch das Prinzip der Gewaltenteilung maßgeblich bestimmt wird: Die **Legislative** (→ gesetzgebende Gewalt/das Parlament), die **Judikative** (→ rechtsprechende Gewalt/die Gerichte) und die **Exekutive** (→ ausführende Gewalt/die Verwaltung) bilden die drei Säulen der staatlichen Gewalt. Zur Kontrolle lesen wir bitte **Art. 20 Abs. 2 Satz 2 GG**, da steht:

> *»... sie (die Staatsgewalt) wird durch besondere Organe der Gesetzgebung, der vollziehenden Gewalt und der Rechtsprechung ausgeübt.«*

Beachte: Den Inhalt der Gewaltenteilung schließt man bei genauer Betrachtung übrigens aus dem in Art. 20 Abs. 2 Satz 2 GG gebrauchten Ausdruck »**besondere Organe**«. Denn damit sind nicht etwa spezielle oder besonders wichtige Organe gemeint, sondern »**gesonderte**«, das heißt voneinander getrennte Organe (BVerfG NJW **1998**, 430; BVerfGE **34**, 58; *Erichsen* in NVwZ 1992, 410). Merken.

Diese drei einzelnen Staatsorgane sind somit zwingend ***unabhängig*** voneinander. Das ist allerdings noch lange nicht alles: Die eigentliche Finte des Ganzen liegt vielmehr darin, dass die drei Gewalten gleichwohl in einer besonderen Beziehung zueinander stehen: Zum einen bedingen sie einander, zum anderen – und das ist noch wichtiger – kontrollieren sie sich aber auch gegenseitig und verhindern damit, dass einer der drei Staatsgewalten zuviel (Staats-)Macht zukommt.

> Ein **Beispiel**: Wenn die Politesse dem Autofahrer ein Knöllchen wegen Falschparkens ans Auto heftet (= Akt der Verwaltung/Exekutive), kann der Autofahrer vor ein Gericht (= Judikative) ziehen und prüfen lassen, ob diese Maßnahme rechtens war, z.B. mit der Behauptung, sein Parkschein sei noch nicht abgelaufen gewesen → die Judikative kontrolliert dann das Handeln der Exekutive.

> **Merke:** Dem Gewaltenteilungsgrundsatz unserer Verfassung liegt der Gedanke zugrunde, dass die Staatsgewalt auf unterschiedliche Staatsorgane mit unterschiedlichen Funktionen verteilt wird. Damit wird sichergestellt, dass wechselseitige Kontrolle, Hemmung und Mäßigung der Teilgewalten (»checks and balances«) zur Begrenzung der staatlichen Machtausübung sowie zu ihrer Berechenbar-

keit, Kontrollierbarkeit und Verantwortlichkeit führen (BVerfGE **95**, 1, 15; *Maurer* StaatsR I § 12 Rz. 7; *Degenhart* StaatsR I Rz. 265).

So. Und über dieses bzw. mit diesem Prinzip der Gewaltenteilung müssen wir jetzt mal irgendwie zu unserem Richter R kommen, der ja ein Strafgesetz nicht anwenden möchte. **Frage**: Verstößt das unter Umständen gegen einen Aspekt der gerade skizzierten Gewaltenteilung?

Ansatz: In **Art. 20 Abs. 3 GG** (aufschlagen!) steht unter anderem, dass die Gesetzgebung (= Legislative) an die verfassungsmäßige Ordnung, die vollziehende Gewalt (= Exekutive) und die Rechtsprechung (= Judikative) an »**Gesetz und Recht**« gebunden sind. Da wir es bei dem R gemäß **Art. 92 GG** (lesen!) fraglos mit einem Mitglied der ***Rechtsprechung*** zu tun haben, müssen wir also mal sehen, was es heißt, wenn man als Richter an »Gesetz und Recht« gebunden ist.

Durchblick: Wir haben in den vorherigen Fällen schon gelernt, dass in Deutschland alle Staatsgewalt vom Volke ausgeht. Das nennt man dann »**Demokratie**«, und das steht wörtlich genau so in Art. 20 Abs. 2 Satz 1 GG drin (prüfen, bitte). Wenn nun alle Staatsgewalt zwingend vom ***Volke*** ausgehen muss, diese Staatsgewalt aber – wie eben gesehen – auf drei Säulen steht, müssen diese drei Säulen logischerweise in irgendeiner Form auf das »Volk« zurückgehen bzw. von diesem Volk legitimiert werden. **Und das geht so:** Das Volk wählt gemäß Art. 38 Abs. 1 GG die Mitglieder des deutschen Bundestages. Der deutsche Bundestag als Vertretung des Volkes stimmt dann seinerseits über Gesetze ab bzw. beschließt Gesetze, die dann später in Kraft treten und bindend sind (lies: Art. 77 Abs. 1 GG). Und diese vom deutschen Bundestag beschlossenen Gesetze muss der Richter bei seiner Arbeit, nämlich dem Sprechen von Urteilen, jetzt natürlich auch anwenden (→ Art. 20 Abs. 3 GG). Tut er dies, ist gewährleistet, dass seine Urteile auch wirklich »**im Namen des Volkes**« gesprochen werden und er von diesem Volke auch tatsächlich (mittelbar) legitimiert ist. **Kurzfassung:** Das Volk wählt den Bundestag. Der Bundestag beschließt ein Gesetz. Der Richter wendet dieses Gesetz bei seinen Urteilen an. **Konsequenz**: Die Staatsgewalt geht somit auch bei einem Gerichtsurteil vom ***Volke*** aus. Kapiert!?

Prima. Dann können wir weitermachen und jetzt mal schauen, ob das Handeln unseres R gegen die Verfassung und insbesondere Art. 20 Abs. 3 GG verstößt. Schließlich weigert der R sich, den § 29 Abs. 1 Nr. 1 BtMG, der natürlich auch irgendwann mal vom Bundestag beschlossen wurde, im vorliegenden Fall anzuwenden. Nach dem, was wir eben gelernt haben, wird man nun eigentlich sagen müssen: Kollege, so geht's nicht!

Nämlich: Unser R ist ja (Straf-)Richter und muss damit natürlich vor allen Dingen alle Vorschriften des Strafgesetzbuches (StGB) sowie sämtlicher Nebengesetze achten und, wenn die Voraussetzungen des jeweiligen Paragrafen vorliegen, auch anwenden. Und zu diesen Nebengesetzen gehört logischerweise auch das **Betäubungsmittelgesetz**, denn auch da stehen Paragrafen drin (z.B. § 29 BtMG), wonach man sich strafbar machen kann. Und wenn R sich aus persönlichen Gründen jetzt weigert, dieses Gesetz anzuwenden, verstößt diese Weigerung gegen das Prinzip der Gewaltenteilung und damit gegen das Rechtsstaatsprinzip sowie das Demokratieprinzip (siehe oben). Die Arbeit eines Richters besteht nämlich (nur) darin, die im jeweiligen Fall einschlägigen Normen auf den zu verhandelnden Fall zu subsumieren und anschließend die entsprechenden Rechtsfolgen auszusprechen oder eben nicht. Als (Straf-) Richter ist man nach unserem Staatsverständnis nicht befugt, bestehende Gesetze zu ignorieren, neue Gesetze zu erfinden bzw. erlassen, zu ändern oder aufzuheben. Man muss sich – das haben wir oben schon gesagt – immer daran halten, was der Gesetzgeber (→ Legislative) an Gesetzestext vorgibt. **Wichtig**: Es entscheidet folglich immer die ***Legislative*** darüber, welches Verhalten strafbar ist und welches nicht. Unser R darf und muss also den ihm vorgelegten Sachverhalt anhand der von der Legislative vorgegebenen Gesetze prüfen und je nachdem, ob der Straftatbestand des Gesetzes erfüllt ist, den Angeklagten bestrafen oder freisprechen.

So, und damit ist unser Fall eigentlich schon gelöst, denn das, was der R hier veranstaltet, ist mit dem aus dem Rechtsstaatsprinzip erwachsenen Gewaltenteilungsgrundsatz und dem Demokratieprinzip eindeutig ***nicht*** vereinbar. Unser R muss sich nämlich an die bestehenden Gesetze halten und kann vor allem nicht einzelne Normen, so wie hier das BtMG, eigenhändig für unanwendbar erklären und deshalb den Angeklagten freisprechen, obwohl der das Strafgesetz verwirklicht hat: Der S hat durch die Einfuhr von 20 Gramm Haschisch den Tatbestand des § 29 Abs. 1 Nr. 1 BtMG erfüllt und dementsprechend ist sein Verhalten auch strafrechtlich zu bewerten. Der R kann die Norm, die dies vorschreibt, nicht ignorieren, weil er persönlich meint, dass »**weiche**« Betäubungsmittel nicht darunterfallen sollten. Hier gilt die Entscheidung des Gesetzgebers und nicht die Meinung des R.

Noch mal: Würde man dem R dieses Verhalten, also das Außerachtlassen des Gesetzestextes, gestatten, stünde sein Wille über dem des Volkes! **Denn**: Das Volk in Gestalt des Gesetzgebers hat bei der Schaffung des hier infrage stehenden Gesetzes entschieden, dass auch »weiche« Drogen unter das Betäubungsmittelgesetz fallen sollen. Der R ist als Teil der rechtsprechenden (Staats-)Gewalt durch das Rechtsstaatsprinzip an ***diesen***, zum Gesetz gewordenen Willen des Volkes gebunden. Und deshalb darf er sich nicht über den Willen des Gesetzgebers/des Volkes hinwegsetzen. Merken.

Nächster Schritt: Zwei Dinge wollen/müssen wir aber gleichwohl noch klären, denn sie gehören der Vollständigkeit halber zur Lösung. Zum einen beruft sich unser R ja ausdrücklich auf seine richterliche ***Unabhängigkeit***, und die steht blöderweise leider sogar explizit in der Verfassung drin, nämlich in **Art. 97 Abs. 1 GG**. Wir müssen also gleich mal prüfen, ob sich aus dieser Norm noch eine andere Lösung für unseren Fall ergibt. Zum anderen lohnt sich abschließend auch noch ein genauerer Blick auf die uns inzwischen bekannte Vorschrift des **Art. 20 Abs. 3 GG**, wo ja steht, dass die Rechtsprechung an Gesetz und »**Recht**« gebunden ist. Da scheint es also offensichtlich noch einen Unterschied zu geben zwischen **Gesetz** und **Recht**, und den gucken wir uns gleich zum Schluss auch noch an. Aber der Reihe nach:

1.) Bislang haben wir festgestellt, dass der R als Richter gemäß Art. 97 Abs. 1 GG dem ***Gesetz*** unterworfen ist und dem logisch folgend auch keine Gesetze selbstständig außer Kraft setzen darf. **Frage**: Wie verträgt sich diese Unterwerfung mit der ebenfalls in Art. 97 Abs. 1 GG ausdrücklich benannten »**Unabhängigkeit**« eines Richters?

Antwort: Der Richter ist zwar dem Gesetz unterworfen, im Übrigen aber von jeder Weisung frei. Die Stellung des Richters umfasst insbesondere dessen ***sachliche*** und ***persönliche*** Unabhängigkeit (*Sachs/Detterbeck* Art. 97 GG Rz. 7; *Ipsen* StaatsR Rz. 715; *Degenhart* StaatsR I Rz. 268). Die sachliche Unabhängigkeit verbietet Weisungen und sonstige Einflussnahme anderer staatlicher Organe, um die ausschließliche Bindung der Richter an das Gesetz zu gewährleisten (*Maurer* StaatsR I § 19 Rz. 17). Die ***sachliche*** Unabhängigkeit wird schließlich durch die ***persönliche*** Unabhängigkeit ergänzt, indem die Richter hauptamtlich und endgültig angestellt sind und nicht gegen ihren Willen versetzt oder entlassen werden dürfen, vgl. Art. 97 Abs. 2 GG (*Maurer* StaatsR I § 19 Rz. 17). Beide Aspekte bilden in ihrer Summe die richterliche Unabhängigkeit im Sinne des Art. 97 GG.

> **Beispiel**: Vor dem Bundesgerichtshof (BGH) wird gegen den aus Moskau stammenden politischen Spion S wegen Spionage und Geheimnisverrates (§ 99 StGB) verhandelt. Da der S vor seiner Enttarnung die Bundeskanzlerin *Merkel* (M) über viele Jahre ausspioniert hat, hofft die Kanzlerin jetzt auf eine harte Bestrafung, um ihr Ansehen in der Öffentlichkeit zu wahren. Die M ruft daher am Abend vor der Urteilsverkündung den Präsidenten des BGH an und bittet diesen, gegen den S doch bitte eine möglichst »empfindliche« und langjährige Haftstrafe auszusprechen, ansonsten würde sie nämlich ihre Beziehungen zum Justizminister spielen lassen, und es sei nicht ausgeschlossen, dass er in nächster Zeit dann sein Amt verliere oder an ein unteres Gericht in die Provinz versetzt werde.

Völlig klar, so was geht natürlich nicht. Was *Silvio Berlusconi* in Italien über Jahrzehnten versucht bzw. betrieben hat (nämlich die Beeinflussung der Justiz zu seinen Gunsten), ist nach deutschem Recht unzulässig und ein klarer Verfassungsverstoß, **denn**: Richter sind gemäß Art. 97 Abs. 1 GG nur dem ***Gesetz*** unterworfen, müssen sich im Übrigen aber von niemandem Weisungen oder »Anregungen« erteilen lassen, auch nicht von dem Regierungschef oder sonst jemandem. Richter sollen und müssen neutral und nur nach den Buchstaben des Gesetzes entscheiden. Und damit sie auch wirklich gänzlich neutral bleiben und entscheiden können, darf und soll ihnen auch niemand reinreden oder mit Sanktionen drohen. **Und**: Eine Versetzung ohne ihren Willen ist wegen Art. 97 Abs. 2 GG auch nicht möglich. Richter können sich also alleine auf das Gesetz konzentrieren, dieses anwenden und müssen insbesondere nicht mit »Weisungen« oder Drohungen von außen rechnen, wenn sie Urteile sprechen wollen, die dem einen oder anderen nicht gefallen. ***DAS*** bedeutet »richterliche Unabhängigkeit«. Alles klar!?

2.) Zum Ende des Falles wollen wir – wir oben schon angekündigt – den Art. 20 Abs. 3 GG und die dort gewählte Formulierung näher anschauen, wonach die Rechtsprechung ja an Gesetz ***und*** Recht gebunden sein soll. Dafür brauchen wir zuerst mal das hier:

Die rechtsstaatliche Normenhierarchie

Da sich in einem Rechtsstaat, wie das Wort schon sagt, alles um das ***Recht*** dreht und dieses »Recht« seine Gestaltung in der Regel durch ***Gesetze*** erfährt, lohnt sich ein genauer Blick auf die verschiedenen Formen, in denen Gesetze bzw. Rechtsnormen auftreten können. Unser Rechtsstaat verfügt über eine sogenannte »**Normenhierarchie**«. Die Rechtsordnung besteht nämlich aus verschiedenen Arten von Rechtsnormen, die jeweils einen unterschiedlichen Rang in dieser Hierarchie einnehmen. Die Rangverschiedenheit der Rechtsnormen bedeutet, dass rangniedere Vorschriften mit den ranghöheren übereinstimmen müssen (*Ipsen* StaatsR I Rz. 779). **Regel**: Ein Widerspruch zwischen einer höherrangigen und einer niederrangigen Norm hat die ***Nichtigkeit*** Letzterer zur Folge. Das ranghöchste Gesetz ist selbstverständlich die Verfassung, also das Grundgesetz. Alle anderen Gesetze in Deutschland müssen mit der Verfassung übereinstimmen.

Unter »**Gesetz**« versteht man nun zunächst jede ***geschriebene*** Rechtsnorm. Man bezeichnet dies auch als »**positives Recht**«. Hierzu gehören das Grundgesetz, die Gesetze des Bundes und der Länder sowie Rechtsverordnungen und Satzungen (Erklärung sogleich).

Zum geschriebenen Recht gehört also auf jeden Fall die Verfassung. Das Grundgesetz ist dabei kein Gesetz wie andere Gesetze, beispielsweise das BGB oder das StGB. Als Grundordnung für den Staat hat es eine Art eingebauten rechtlichen »**Vorfahrtmechanismus**« und steht deshalb im Rang an der Spitze aller Gesetze (*Ipsen* StaatsR Rz. 675; *Degenhart* StaatsR I Rz. 133). Das bedeutet, dass alle anderen Gesetze die Vorgaben der Verfassung beachten und sich danach ausrichten müssen und insbesondere nicht im Widerspruch zum Grundgesetz stehen dürfen (*Gramm/Pieper* Grundgesetz, S. 44). Das Grundgesetz ist somit zwar auch ein klassisches Gesetz, aber gleichwohl ein besonderes und unterscheidet sich von allen anderen im Übrigen auch durch seinen besonderen Entstehungsmodus, da Verfassungen regelmäßig in historisch einmaligen Situationen geschaffen werden und einen rechtlichen Neuanfang bilden (*Ipsen* StaatsR I Rz. 781). Sie sind daher in der Regel Schöpfungen besonderer, verfassungsgebender Versammlungen (»pouvoir constituant«), die nur ***einmal*** existieren und für diesen ***einen*** Akt als Gesetzgeber auftreten.

Historie: Der »Neuanfang«, den unsere Verfassung begründet, resultiert aus dem Ende des Zweiten Weltkrieges und der Entstehung der Bundesrepublik Deutschland. Auf Anweisung der Siegermächte berief der damalige hessische Ministerpräsident ***Christian Stock*** am 1. September 1948 eine aus 70 Personen bestehende, verfassungsgebende Versammlung ein, den sogenannten »**Parlamentarischen Rat**«. Dieser tagte in Bonn und sollte das Grundgesetz der Bundesrepublik Deutschland ausarbeiten. Als Präsident und Vorsitzender des Parlamentarischen Rates wurde der vor dem Krieg als Kölner Oberbürgermeister bekannt gewordene Politiker ***Konrad Adenauer***

gewählt, der ein Jahr später dann auch erster Bundeskanzler der Bundesrepublik Deutschland werden und dieses Amt bis 1963 behalten sollte. Am **23. Mai 1949** wurde das Grundgesetz vom Parlamentarischen Rat in einer feierlichen Schlusssitzung ausgefertigt und verkündet. Es trat gemäß Art. 145 Abs. 2 GG mit dem Ablauf des Tages der Verkündung, also noch am **23. Mai 1949**, in Kraft. Der Parlamentarische Rat war somit einmaliger Verfassungsgeber und wurde anschließend aufgelöst (wer Interesse hat, liest die weiteren Einzelheiten nach bei: *Maurer* StaatsR I § 3 Rz. 16 ff.).

Zurück in die Gegenwart: Die Verfassung ist also das ranghöchste Gesetz in Deutschland. Ihr untergeordnet sind nun die sogenannten »Parlamentsgesetze« (auch »formelle« Gesetze genannt) und als »untergesetzliche« Normen die Rechtsverordnungen und Satzungen. Im Einzelnen:

1. Definition: Ein ***Parlamentsgesetz*** (auch: Gesetz im formellen Sinne) ist jeder Rechtssatz, der in dem von der Verfassung vorgeschriebenen Verfahren durch die zuständigen Gesetzgebungsorgane – also durch das Parlament – in der vorgeschriebenen Form erlassen wird (*Degenhart* StaatsR I Rz. 124; *Gröpl* StaatsR I Rz. 460).

Gemeint sind damit sämtliche Gesetze, die der Bundestag oder ein Landtag in dem dafür vorgesehenen Verfahren beschlossen hat. Im GG etwa steht das Gesetzgebungsverfahren in den Art. 77 ff. GG. Klassische formelle (Parlamentsgesetze) sind etwa das BGB, das StGB, das Straßenverkehrsgesetz, das HGB usw. usw.

Feinkostabteilung: Im Rahmen dieser Parlamentsgesetze unterscheidet man dann noch in solche mit Außenwirkung für die Bürger (das sind die allermeisten) und solchen, die keine Außenwirkung entfalten, sondern nur im staatlichen Innenverhältnis wirken und auch nur dort Verpflichtungen begründen. Als Paradebeispiel für ein Gesetz ohne Außenwirkung wird insoweit gerne das ***Haushaltsgesetz*** des Bundes (HaushG) genannt, in dem das Parlament das Budget des Staates für das jeweilige Haushaltsjahr festlegt (*Degenhart* StaatsR I Rz. 125). Dieses Gesetz ist deshalb wichtig, damit die Bundesregierung nicht nach Belieben mit Geld um sich werfen kann, sondern die konkreten Beträge im Rahmen einer normalen Abstimmung vom gesamten Bundestag gebilligt werden müssen. So stand im Jahre 2006 in § 1 des damals beschlossenen HaushG folgender Text: »*Der diesem Gesetz als Anlage beigefügte Bundeshaushaltsplan für das Haushaltsjahr 2006 wird in Einnahmen und Ausgaben auf 256 500 000 000 Euro festgestellt.*«

Dieses HaushG bindet somit nur die Regierung in ihren Handlungen, hat aber – anders als die meisten anderen Gesetze – keine Außenwirkung für die Bürger des Landes. In manchen Lehrbüchern werden diese Gesetze ohne Außenwirkung daher auch »**nur formelle**« Gesetze genannt (vgl. etwa *Rolf Schmidt* Rz. 181), während die Gesetze ***mit*** Außenwirkung zudem auch noch »**materielle**« Gesetze heißen. Das Wort »**materiell**« steht also für die Außenwirkung des Gesetzes. Ein normales Parlamentsgesetz ***mit*** Außenwirkung wäre folglich sowohl »formell« als auch »materiell«, da es zum einen im ordnungsgemäßen Verfahren zustande gekommen ist (= »formell«) und zum anderen auch Außenwirkung hat (= »materiell«). Da in einigen Lehrbüchern auf solche Unterteilungen in »materielle« Gesetze gleichwohl ganz verzichtet wird (vgl. etwa *Ipsen* StaatsR Rz. 681 oder *Degenhart* StaatsR I Rz. 126), soll es uns hier genügen, wenn wir die oben benannte Definition für ein »**formelles**« Gesetz kennen. Denn dieser Begriff ist tatsächlich unstreitig. Ein Gesetz ist also »formell«, wenn es in einem ordnungsgemäßen Verfahren durch das Parlament zustande gekommen ist. Ob man dann zusätzlich ein Gesetz ***mit*** Außenwirkung auch noch »materiell« nennt oder nicht, ist reine Geschmackssache und hängt vom jeweils genutzten Lehrbuch ab.

Neben diesen formellen Parlamentsgesetzen gibt es nun zwei Arten von ***untergesetzlichen*** Normen. Zum einen sind das die sogenannten ***Rechtsverordnungen***.

Bitte lies zunächst: **Art. 80 Abs. 1 GG**.

Das Besondere an diesen Rechtsverordnungen liegt also darin, dass sie nicht durch das Parlament, sondern durch die Regierung (!), einen Bundesminister oder eine Landesregierung ***im Auftrag des Gesetzgebers*** erlassen werden. Sehr wichtiger Satz, bitte mindestens noch einmal lesen.

Und wir merken uns dann folgende Definition:

> **2. Definition:** *Rechtsverordnungen* sind untergesetzliche Rechtsnormen, die von ***Exekutivorganen*** (Regierung, Minister, Landesregierungen) zur Regelung staatlicher Angelegenheiten erlassen werden können (*Ipsen* StaatsR Rz. 683; *Detterbeck* ÖffRecht Rz. 29).

Durchblick: Der Gesetzgeber kann nicht – das haben wir in anderem Zusammenhang schon mal gesagt – alle Lebensbereiche abschließend in Gesetzen regeln. Insbesondere im Bereich der Verwaltung besteht daher häufig das Bedürfnis nach noch detaillierteren Verhaltensregeln. Und damit dafür nicht jedes Mal der Gesetzgeber anrücken muss, ermächtigt das Grundgesetz den Gesetzgeber in **Art. 80 Abs. 1 GG** dazu, in einem Gesetz die Befugnis festzuschreiben, dass auch andere Organe (→ die Exekutive) verbindliche Vorschriften für Teilbereiche erlassen können.

> **Beachte**: Der Gesetzgeber (= Parlament) kann also in einem ordnungsgemäß beschlossenen Gesetz die Verwaltung (also z.B. die Bundesregierung, einen Minister oder eine Landesregierung) gemäß Art. 80 Abs. 1 GG dazu ermächtigen, eine Rechtsverordnung in Eigenregie zu erlassen. Bei genauer Betrachtung gibt der Gesetzgeber damit seine alleinige Befugnis zum Erlass von Gesetzen bzw. Rechtsnormen hier ab, benennt nur noch die Rahmenbedingungen (bitte lies: Art. 80 Abs. 1 Satz 2 GG!) und überlässt den Rest der Verwaltung.

Diese Rechtsverordnungen stehen dann im Rang ***unter*** dem »normalen« Gesetz (= untergesetzliche Rechtsnormen). Sie dienen – wie gesagt – der Entlastung des Gesetzgebers, wenn es um die Detailarbeit geht. Rechtsverordnungen verpflichten die

Bürger dabei übrigens in gleicher Weise wie Gesetze (*Gramm/Pieper* Grundgesetz, S. 43).

> **Beispiel:** ***DAS*** klassische Beispiel für eine Rechtsverordnung ist die allseits bekannte ***Straßenverkehrsordnung*** (StVO). Im Bereich des Straßenverkehrsrechts ermächtigt der § 6 des *Straßenverkehrsgesetzes* (StVG) zum Erlass von Rechtsverordnungen mit näher bestimmtem Inhalt (bitte lies: **§ 6 Abs. 1 StVG**). Aufgrund des § 6 Abs. 1 StVG hat das Bundesministerium für Verkehr am **16.11.1970** die StVO erlassen, die den Straßenverkehr in allen seinen Einzelheiten regelt (*Ipsen* StaatsR I Rz. 791). An die StVO hat sich der Bürger natürlich auch zu halten, obwohl es sich »lediglich« um eine Rechtsverordnung handelt.

Man sieht also hier sehr deutlich, dass die alleinige Befugnis des Parlaments zur Normsetzung durchaus Grenzen bzw. Schlupflöcher hat. Mithilfe des Verfahrens nach Art. 80 GG kann der Gesetzgeber einen Teil seiner Aufgaben an die Verwaltung abgeben; genau genommen wird damit das Gewaltenteilungsprinzip hier stückweise aufgeweicht (*Degenhart* StaatsR I Rz. 341), denn »Gesetze« darf ja an sich nur die Legislative (→ Parlament) erlassen bzw. schaffen. Hier bei Art. 80 Abs. 1 GG überträgt die Legislative diesen Job nun unter den genannten Voraussetzungen der Exekutive.

Schließlich wollen wir noch auf die letzte Form von Rechtsnormen schauen, und das sind die sogenannten ***Satzungen***.

> **3. Definition:** *Satzungen* sind untergesetzliche Rechtsvorschriften, die von einer dem Staat eingeordneten Gebiets- oder anderen Selbstverwaltungskörperschaft im Rahmen der ihr gesetzlich verliehenen Autonomie – mit Wirkung für die ihr angehörenden und unterworfenen Personen – erlassen werden (BVerfGE **33**, 125, 156; *Degenhart* StaatsR I Rz. 131; *Detterbeck* ÖffRecht Rz. 29).

Klingt zugegebenermaßen ziemlich abstrakt und kompliziert, ist es aber gar nicht, dahinter steckt nämlich **Folgendes**: Unser Grundgesetz gewährt – das haben wir vorne im Fall Nr. 5 schon mal angesprochen – den sogenannten ***Gebietskörperschaften*** (= Gemeinden) als Körperschaften des öffentlichen Rechts das Recht zur ***Selbstverwaltung***, bitte lies **Art. 28 Abs. 2 GG**. Dieses Recht zur Selbstverwaltung umfasst nun auch die Befugnis, die eigenen Angelegenheiten in Form autonomer Satzungen zu regeln (*Degenhart* StaatsR I Rz. 341). Diese Satzungen sind auch Rechtsnormen im eigentlichen Sinne, das heißt, die betroffenen Bürger müssen sich daran halten. Gegenstand von Satzungen können aber immer nur Angelegenheiten sein, die alleine die jeweilige Körperschaft betreffen und unter das Recht zur Selbstverwaltung fallen. So erlässt die Gemeinde XY etwa eine »**Friedhofssatzung**«, wo dann drinsteht, wie die Gemeindemitglieder beerdigt werden dürfen und in der die Besuchszeiten geregelt sind. Üblich ist auch eine Satzung zur ***Müllentsorgung***, zur ***Straßenreinigung***, zur ***Feuerwehr*** und zu allen anderen möglichen Dingen, die den örtlichen Bereich der Gemeinde und ihre Mitglieder betreffen. Diese sogenannte »Satzungsautonomie« gilt zudem auch noch für andere Personengruppen, die als Körperschaft des öffentlichen Rechts organisiert sind, wie etwa Universitäten, aber auch Berufsverbände wie z.B. die Rechtsanwaltskammer und die Ärztekammer (*Degenhart* StaatsR I Rz. 341). Auch diese Verbände geben sich Satzungen, die dann für die jeweiligen Mitglieder bindend sind.

Zusammenfassung: Wir haben gerade das sogenannte »positive Recht« kennengelernt, niedergelegt in Gesetzen, Rechtsverordnungen und Satzungen. ***Gesetze*** sind dabei diejenigen Rechtsnormen, die im ordnungsgemäßen Gesetzgebungsverfahren (Art. 77 ff. GG) zustande kommen (sogenannte »Parlamentsgesetze«). ***Rechtsverordnungen*** werden demgegenüber nicht vom Gesetzgeber erlassen, sondern von Exekutivorganen. Allerdings müssen diese Exekutivorgane gemäß **Art. 80 Abs. 1 GG** vom Gesetzgeber zu einer solchen Rechtsverordnung ausdrücklich ermächtigt worden sein. ***Satzungen*** schließlich werden von Selbstverwaltungskörperschaften des öffentlichen Rechts erlassen und binden nur ihre Mitglieder. Klassische Beispiele dafür sind die von den Gemeinden (→ Gebietkörperschaften) erlassenen Satzungen, die nur die örtliche Gemeinschaft, also die Einwohner der Gemeinde selbst, betreffen (z.B. eine Friedhofssatzung).

Und ganz zum Schluss kommt jetzt dann auch die Auflösung der Frage, was denn bitte schön die Formulierung »**Gesetz und Recht**« in Art. 20 Abs. 3 GG zu bedeuten hat. Die Antwort ist vergleichsweise überraschend und führt uns – wie so vieles im Grundgesetz – in die Vergangenheit.

Im Dritten Reich unter der Herrschaft der Nazis und *Adolf Hitler* (1933–1945) gab es eine Vielzahl von Gesetzen, die zwar in klassischer Gesetzesform niedergeschrieben, also »positives Recht« im von uns gerade gelernten Sinne waren, gleichwohl mit Gerechtigkeit nichts zu tun hatten. So wurden unter *Adolf Hitler* per Gesetz unzählige Menschen grundlos verfolgt, ermordet, manche wurden auch »nur« ihrer Rechte beraubt, Bürger- und Menschenrechte wurden insgesamt eingeschränkt und alles und jeder hatte sich der NSDAP (Nationalsozialistische Deutsche Arbeiterpartei) und ihrem Führer unterzuordnen. Die Richter an den Gerichtshöfen mussten und sollten nun aufgrund dieser »**Gesetze**« unter anderem unschuldige Menschen zu Haftstrafen oder anderen Sanktionen verurteilen. Sie (die Richter) waren ja – trotz eines offensichtlichen Widerspruchs zwischen Gesetz und Gerechtigkeit – an diese Gesetze gebunden. Das Ergebnis war fatal: Unter Berufung auf die vom Hitlerregime erlassenen Gesetze wurde eine Unzahl unschuldiger Menschen verfolgt und anschließend verurteilt. »Gesetz« und »Gerechtigkeit« hatten in der Nazizeit miteinander nichts mehr zu tun.

Und vor diesem Hintergrund entwickelte der großartige deutsche Rechtsphilosoph ***Gustav Radbruch*** (*1878–1949) im Jahre 1946, also ein Jahr nach Kriegsende und drei Jahre vor seinem Tod, die sogenannte ***Radbruch'sche*** Formel. Nach Radbruch sollte sich ein Richter im Konflikt zwischen dem positiven (gesetzten bzw. gesetzlichen) Recht und der Gerechtigkeit dann gegen das Gesetz und für die materielle Gerechtigkeit entscheiden dürfen, wenn das fragliche Gesetz entweder als »unerträglich ungerecht« anzusehen ist oder die grundsätzlich angelegte Gleichheit aller Menschen »bewusst verleugnet«.

Diesen rechtshistorisch betrachtet unschätzbar wertvollen Gedankengang haben die Väter und Mütter des Grundgesetzes übernommen und deshalb ins GG nicht nur die Bindung der Richter an das Gesetz, sondern ausdrücklich auch an das »**Recht**« in Art. 20 Abs. 3 GG aufgenommen. Das »Recht« im gerade benannten Sinne steht damit sogar noch höher als das Gesetz, was das Bundesverfassungsgericht übrigens schon mehrfach betont (vgl. etwa BVerfGE **23**, 98, 106) und unter anderem im Prozess gegen die ***Mauerschützen*** der DDR angewandt hat: Im Oktober 1996 musste das BVerfG darüber entscheiden, ob die Mauerschützen des DDR-Regimes bzw. deren Hintermänner nach dem Zusammenbruch der ehemaligen DDR noch wegen den an der Mauer begangenen Tötungen bestraft werden konnten. Das Problem lag darin, dass das Erschießen der Flüchtlinge nach altem DDR-Recht kein Gesetzesverstoß war. In den Gesetzen der DDR war nämlich ausdrücklich festgelegt, dass die Grenzsoldaten im Notfall auf Flüchtlinge schießen und hierbei deren Tod in Kauf nehmen durften.

Das BVerfG hat hier die Bestrafung der Täter gleichwohl gebilligt (vgl. dazu auch EuGH NJW **2001**, 3035) und unter anderem damit begründet, dass sie bei ihren Taten zwar nicht gegen das geschriebene Gesetz der DDR verstoßen hatten, aber eben gegen das »**Recht**«. Wörtlich heißt es in der Entscheidung vom 24. Oktober 1996 (BVerfGE **95**, 135):

> *»... der Widerspruch des positiven Gesetzes zur Gerechtigkeit muss so unerträglich sein, dass das Gesetz als unrichtiges Recht der Gerechtigkeit zu weichen hat. Dieser in der Radbruch'-schen Formel umschriebene Maßstab, der zur Beurteilung schwerster nationalsozialistischer Gewaltverbrechen herangezogen worden ist, gilt auch für die Tötung von Menschen an der innerdeutschen Grenze. Hier steht das Recht über dem Gesetz.«*

Also: Das ***Gesetz*** muss natürlich von den Richtern immer und zuerst beachtet werden. Aber eben auch das »**Recht**«. Fraglos kommen solche Fälle, in denen das ***Recht*** das geschriebene ***Gesetz*** aus den genannten Gründen außer Kraft setzt, in der heutigen Zeit nur noch höchst selten vor. Gleichwohl ist diese Aussage des GG in Art. 20 Abs. 3 in ihrer Bedeutung kaum zu überschätzen, denn sie zeigt, dass unser Staat gewillt ist, eine Wiederholung der Grauenszeit unter Adolf Hitler um jeden Preis zu verhindern. ***Deshalb*** steht in Art. 20 Abs. 3 GG drin, dass die Rechtsprechung sich an Gesetz ***und*** Recht halten muss. Alles klar!?

Gut. Dann kommen wir jetzt so langsam zum Schluss unseres Falles – und haben tatsächlich noch ein kleines Schmankerl übrig gelassen, und zwar: Bis jetzt haben wir ja im Zuge der Fall-Lösung festgestellt, dass unser Richter R, der den § 29 BtMG nicht anwenden wollte, damit gegen das Rechtsstaatsprinzip verstößt. Er muss sich – das wissen wir jetzt – an ***Gesetz*** und ***Recht*** halten. Und wenn R den § 29 BtMG nicht anwenden möchte, missachtet er ein geschriebenes (positives) Gesetz = ein Verstoß gegen Art. 20 Abs. 3 GG!

Die letzte Frage: Wenn unser R den § 29 BtMG, wonach man sich auch bei der Einfuhr von »weichen« Drogen wie Haschisch oder Marihuana strafbar macht, wirklich für verfassungswidrig hält, das Gesetz aber trotzdem wegen des Rechtsstaatsprinzips anwenden muss – hat er denn vielleicht eine andere Möglichkeit, seine verfassungsrechtlichen Bedenken zu äußern oder sogar prüfen zu lassen?

Die Antwort: Wir lesen bitte **Art. 100 Abs. 1 GG**.

Also: Dem guten R kann doch noch geholfen werden. Er kann das Verfahren gegen den Sportstudenten S nämlich zunächst einmal aussetzen und dem Bundesverfassungsgericht den § 29 BtMG zur Überprüfung der Verfassungsmäßigkeit vorlegen (vgl. dazu im Einzelnen das 7. Kapitel im Buch weiter unten). Das BVerfG prüft dann, ob dieses Gesetz tatsächlich verfassungswidrig ist. Das Ganze geschieht in zwei Schritten: Zunächst untersucht das BVerfG, ob das Gesetz nach den ***formalen*** Regeln des Grundgesetzes zustande gekommen ist, das heißt, ob die Zuständigkeit, das Verfahren und die Form richtig eingehalten worden sind (→ Art. 77 ff. GG). Es dürfen also keine formellen Fehler beim Erlass des Gesetzes entstanden sein. Ist dies nicht der Fall (= die Regel), wird im zweiten Schritt geprüft, ob das Gesetz auch »materiell« verfassungsmäßig ist, also ob es inhaltlich mit dem Grundgesetz, insbesondere den Grundrechten, vereinbar ist. Dieses Verfahren nach Art. 100 GG bezeichnet man als ***konkretes Normenkontrollverfahren*** oder auch »Richtervorlage«. Der Sinn der Richtervorlage liegt auf der Hand: Es kann nicht sein, dass irgendein Amtsrichter XY aus Pusemuckel sich über die Verfassung und ein Gesetz erhebt, das vom Gesetzgeber im ordnungsgemäßen Verfahren erlassen wurde. Die Vorlagepflicht des Art. 100 Abs. 1 GG dient somit dem elementaren rechtsstaatlichen Zweck, die Bindung der rechtsprechenden Gewalt an gültiges Recht und Gesetz zu sichern; verletzt ein Richter die Pflicht aus Art. 100 Abs. 1 GG, verstößt er selbst gegen die Verfassung, namentlich gegen Art. 101 Abs. 1 Satz 2 GG (vgl. aktuell etwa BVerfG DÖV **2015**, 430 oder *Sachs/Sturm* Art. 100 GG Rz. 1).

> **Feinkostabteilung**: Beachte bitte, dass diese Richtervorlage nach Art. 100 Abs. 1 GG nur die klassischen Parlamentsgesetze betrifft, ***nicht*** aber die Rechtsverordnungen und Satzungen, denn diese sind – wie wir inzwischen wissen – ja nicht vom Gesetzgeber erlassen worden (BVerfGE **1**, 184; BVerfGE **17**, 208). Vorlagefähig nach Art. 100 GG sind somit ausschließlich die durch einen parlamentarischen Akt vom Gesetzgeber erlassenen »**formellen**« Gesetze. Hält ein Gericht hingegen eine Rechtsverordnung oder eine Satzung für verfassungswidrig, kann sie die Norm selbstständig verwerfen und braucht dafür insbesondere nicht das BVerfG anzurufen (BVerwGE **87**, 133). Und beachte abschließend auch noch, dass die Richtervorlage nach Meinung des BVerfG nur für sogenannte »**nachkonstitutionelle**« Gesetze gilt, also nur für Gesetze, die nach dem Inkrafttreten des GG am 23. Mai 1949 geschaffen und verkündet wurden (BVerfGE **2**, 124; BVerfGE **97**, 117).

Schlusswort zum Fall: Unser Richter R darf somit zwar nicht den § 29 BtMG missachten, da er gemäß Art. 97 Abs. 1 GG und Art. 20 Abs. 3 GG an das Gesetz und das Recht gebunden ist. Die Nichtanwendung des § 29 BtMG würde gegen das in der

Verfassung verankerte Prinzip der Rechtsstaatlichkeit verstoßen. R kann jedoch, wenn er der Auffassung ist, dass die Regelung des BtMG gegen die Verfassung verstößt, ein Normenkontrollverfahren im Sinne des Art. 100 Abs. 1 GG einleiten, denn es handelt sich bei dem § 29 BtMG um ein klassisches formelles »**Parlamentsgesetz**«. R müsste das Verfahren gegen den S also aussetzen, das Gesetz dem Bundesverfassungsgericht vorlegen und dessen Entscheidung abwarten.

Ach ja: Die ganze Geschichte war natürlich keinesfalls erfunden. Dem Bundesverfassungsgericht lag am **9. März 1994** vielmehr genau unser Fall zur Entscheidung vor (BVerfGE **90**, 145–226). Die Richter hielten den § 29 BtMG damals indessen für ***verfassungsgemäß*** – und tun dies übrigens bis heute (→ Beschluss des BVerfG vom 30. Juni **2005** = BVerfGK **5**, 365–368 = Pharma Recht **2005**, 374–375). Die **Begründung**: Der Konsum von Cannabisprodukten, also vor allem Haschisch und Marihuana, sei bekanntermaßen mit beträchtlichen gesundheitlichen Gefahren und Risiken verbunden. Das BVerfG hat aus diesem Grund die Entscheidung des Gesetzgebers, den Gefahren des Cannabiskonsums mit den Mitteln des Strafrechts (→ § 29 BtMG!) zu begegnen, verfassungsrechtlich gebilligt. Eine Verletzung des allgemeinen Persönlichkeitsrechts aus Art. 2 Abs. 1 GG verneinten die Richter übrigens ausdrücklich, ein »Recht auf Rausch« gebe es in Deutschland nämlich nicht. So ist das.

Gutachten

Es ist zu prüfen, ob R bei der Verhandlung gegen S die Anwendung des § 29 BtMG unter Berufung auf seine richterliche Unabhängigkeit außer Betracht lassen kann, weil er die Vorschrift für verfassungswidrig hält. Die Zulässigkeit dessen hängt davon ab, inwieweit das Grundgesetz den Richtern bzw. Gerichten die Anwendung von bestehenden Gesetzen vorschreibt.

I. Ansatzpunkt der Überlegung könnte das im Grundgesetz in Art. 20 Abs. 2 GG verankerte Prinzip der Gewaltenteilung sein. Demnach wird die Staatsgewalt durch besondere Organe, die drei Gewalten Legislative, Exekutive und Judikative, ausgeübt. Diese drei Staatsorgane existieren zwingend unabhängig voneinander. Dem Gewaltenteilungsgrundsatz der Verfassung liegt der Gedanke zugrunde, dass die Staatsgewalt auf unterschiedliche Staatsorgane mit unterschiedlichen Funktionen verteilt wird. Damit wird sichergestellt, dass wechselseitige Kontrolle, Hemmung und Mäßigung der Teilgewalten zur Begrenzung der staatlichen Machtausübung sowie zu ihrer Berechenbarkeit, Kontrollierbarkeit und Verantwortlichkeit führen. Es stellt sich angesichts dessen die Frage, ob das Verhalten des R gegen einen Aspekt der gerade skizzierten Gewaltenteilung verstößt. In Art. 20 Abs. 3 GG ist unter anderem festgelegt, dass die Gesetzgebung an die verfassungsmäßige Ordnung, die vollziehende Gewalt und die Rechtsprechung an Gesetz und Recht gebunden sind. Da R gemäß Art. 92 GG ein Mitglied der Rechtsprechung ist, muss geprüft werden, welche Bedeutung die Bindung an Gesetz und Recht hat und inwieweit dies Auswirkungen auf die Anwendung des § 29 BtMG hat.

R ist (Straf-)Richter und muss damit vor allen Dingen alle Vorschriften des Strafgesetzbuches (StGB) sowie sämtlicher Nebengesetze achten und, wenn die Voraussetzungen des jeweiligen Paragrafen vorliegen, diese Normen auch anwenden. Zu diesen Nebengesetzen gehört auch das Betäubungsmittelgesetz, denn auch dort sind Vorschriften normiert (z.B. § 29 BtMG), wonach man sich strafbar machen kann. Wenn R sich aus persönlichen Gründen weigert, dieses Gesetz anzuwenden, verstößt diese Weigerung gegen das Prinzip der Gewaltenteilung und damit gegen das Rechtsstaatsprinzip sowie das Demokratieprinzip. Die Arbeit eines Richters besteht (nur) darin, die im jeweiligen Fall einschlägigen Normen auf den zu verhandelnden Fall zu subsumieren und anschließend die entsprechenden Rechtsfolgen auszusprechen – oder eben nicht. Als (Straf-)Richter ist man nach deutschem Staatsverständnis nicht befugt, bestehende Gesetze zu ignorieren, neue Gesetze zu erfinden bzw. erlassen, zu ändern oder aufzuheben. Man muss sich immer daran halten, was der Gesetzgeber an Gesetzestext vorgibt. Es entscheidet folglich immer die Legislative darüber, welches Verhalten strafbar ist und welches nicht. R darf und muss den ihm vorgelegten Sachverhalt anhand der von der Legislative vorgegebenen Gesetze prüfen und je nachdem, ob der Straftatbestand des Gesetzes erfüllt ist, den Angeklagten bestrafen oder freisprechen.

Zwischenergebnis: Das Verhalten des R ist mit dem aus dem Rechtsstaatsprinzip erwachsenen Gewaltenteilungsgrundsatz und dem Demokratieprinzip nicht vereinbar. R muss sich an die bestehenden Gesetze halten und kann vor allem nicht einzelne Normen, so wie hier das BtMG, eigenhändig für unanwendbar erklären und deshalb den Angeklagten freisprechen, obwohl der das Strafgesetz verwirklicht hat: Der S hat durch die Einfuhr von 20 Gramm Haschisch den Tatbestand des § 29 Abs. 1 Nr. 1 BtMG erfüllt und dementsprechend ist sein Verhalten auch strafrechtlich zu bewerten. R kann die Norm, die dies vorschreibt, nicht ignorieren, weil er persönlich meint, dass weiche Betäubungsmittel nicht darunter fallen sollten. Hier gilt die Entscheidung des Gesetzgebers und nicht die Meinung des R.

II. Etwas anderes könnte sich noch daraus ergeben, dass R sich auf seine richterliche Unabhängig, die im Grundgesetz in Art. 97 GG garantiert ist, beruft.

Bislang ist festgestellt worden, dass R als Richter gemäß Art. 97 Abs. 1 GG dem Gesetz unterworfen ist und dem logisch folgend auch keine Gesetze selbstständig außer Kraft setzen darf. Zu prüfen ist, wie sich diese Unterwerfung mit der ebenfalls in Art. 97 Abs. 1 GG ausdrücklich benannten »Unabhängigkeit« eines Richters verträgt. Beachtlich ist insoweit Folgendes: Der Richter ist zwar dem Gesetz unterworfen, im Übrigen aber von jeder Weisung frei. Die Stellung des Richters umfasst insbesondere dessen sachliche und persönliche Unabhängigkeit.

Die sachliche Unabhängigkeit verbietet Weisungen und sonstige Einflussnahme anderer staatlicher Organe, um die ausschließliche Bindung der Richter an das Gesetz zu gewährleisten. Die sachliche Unabhängigkeit wird schließlich durch die persönliche Unabhängigkeit ergänzt, indem die Richter hauptamtlich und endgültig angestellt sind und nicht gegen ihren Willen versetzt oder entlassen werden dürfen. Beide Aspekte bilden in ihrer Summe die richterliche Unabhängigkeit im Sinne des Art. 97 GG. Richter sind gemäß Art. 97 Abs. 1 GG nur dem Gesetz unterworfen, müssen sich im Übrigen aber von niemandem Weisungen oder »Anregungen« erteilen lassen. Richter sollen und müssen neutral und nur nach den Buchstaben des Gesetzes entscheiden. Richter können und sollen sich alleine auf das Gesetz konzentrieren, dieses anwenden und müssen insbesondere nicht mit »Weisungen« oder Drohungen von außen rechnen, wenn sie Urteile sprechen wollen, die dem einen oder anderen nicht gefallen.

Zwischenergebnis: Die Berufung des R auf seine richterliche Unabhängigkeit geht im vorliegenden Fall fehl, da sie ihm persönliche und sachliche Unabhängigkeit sichert, ihn aber nicht von der Anwendung der Gesetze entbindet.

III. Schließlich könnte zugunsten des R noch die Formulierung aus Art. 20 Abs. 3 GG wirken, wonach die Gerichte an Gesetz und Recht gebunden sind.

In einem Rechtsstaat existieren verschiedene Arten von Gesetzen. Unter »Gesetz« versteht man dabei in jedem Falle jede geschriebene Rechtsnorm. Man bezeichnet dies auch als »positives Recht«. Hierzu gehören das Grundgesetz, die Gesetze des Bundes und der Länder sowie Rechtsverordnungen und Satzungen. Der hier infrage stehende § 29 BtMG ist ein klassisches Parlamentsgesetz, also eine vom Bundesgesetzgeber beschlossene Norm, die zum geschriebenen Recht in Deutschland gehört. R ist als Richter an diese Norm grundsätzlich gebunden.

Abschließend stellt sich insoweit die Frage, ob die Bindung an das »Recht« noch eine andere Beurteilung zeitigt. »Gesetz« und »Recht« können, müssen aber nicht identisch sein. Im Dritten Reich unter der Herrschaft der Nazis gab es eine Unzahl von Gesetzen, die zwar in klassischer Gesetzesform niedergeschrieben, also »positives Recht« im gerade benannten Sinne waren, gleichwohl mit Gerechtigkeit nichts zu tun hatten. So wurden unter Adolf Hitler per Gesetz unzählige Menschen grundlos verfolgt, ermordet, manche wurden ihrer Rechte beraubt, Bürger- und Menschenrechte wurden insgesamt eingeschränkt und alles und jeder hatte sich der NSDAP (Nationalsozialistische Partei) und ihrem Führer unterzuordnen. Die Richter an den Gerichtshöfen mussten und sollten nun aufgrund dieser »Gesetze« unter anderem unschuldige Menschen zu Haftstrafen oder anderen Sanktionen verurteilen. Sie (die Richter) waren ja – trotz eines offensichtlichen Widerspruchs zwischen Gesetz und Gerechtigkeit – an diese Gesetze gebunden. Unter Berufung auf die vom Hitlerregime erlassenen Gesetze wurde eine Unzahl unschuldiger Menschen verfolgt und anschließend verurteilt. »Gesetz« und »Gerechtigkeit« hatten in der Nazizeit miteinander nichts mehr zu tun.

Vor diesem Hintergrund entwickelte der deutsche Rechtsphilosoph Gustav Radbruch nach Kriegsende die sogenannte Radbruch'sche Formel. Nach Radbruch sollte sich ein Richter im Konflikt zwischen dem positiven (gesetzten bzw. gesetzlichen) Recht und der Gerechtigkeit dann gegen das Gesetz und für die materielle Gerechtigkeit entscheiden dürfen, wenn das fragliche Gesetz entweder als »unerträglich ungerecht« anzusehen ist oder die grundsätzlich angelegte Gleichheit aller Menschen »bewusst verleugnet«. Dieser Gedankengang ist vom Grundgesetz übernommen worden. Aus diesem Grund sind die Richter nicht nur an das Gesetz, sondern ausdrücklich auch an das »Recht« in Art. 20 Abs. 3 GG gebunden. Das Recht im gerade benannten Sinne steht damit sogar noch höher als das Gesetz. Das Gesetz muss von den Richtern immer und zuerst beachtet werden. In Grenzfällen, wenn Gesetz und Recht auseinanderfallen, kommt dem Recht eine noch höhere Bedeutung zu.

Zwischenergebnis: R ist sowohl an das Gesetz als auch an das Recht gebunden. Anzeichen dafür, dass das »Recht« im vorliegenden Fall über dem Gesetz stehen sollte, sind indessen nicht ersichtlich. R ist aus dem Grundsatz der Gewaltenteilung verpflichtet, den § 29 BtMG anzuwenden. Sein Verhalten verstößt damit gegen das Grundgesetz.

IV. In Betracht kommt im vorliegenden Fall eine Richtervorlage nach Art. 100 GG. R könnte, wenn er den § 29 BtMG für verfassungswidrig hält, lediglich den Weg über Art. 100 GG gehen. Er kann das Verfahren gegen S aussetzen und dem Bundesverfassungsgericht den § 29 BtMG zur Überprüfung der Verfassungsmäßigkeit vorlegen. Das BVerfG prüft dann, ob dieses Gesetz tatsächlich verfassungswidrig ist: Zunächst untersucht das BVerfG, ob das Gesetz nach den formalen Regeln des Grundgesetzes zustande gekommen ist, das heißt, ob die Zuständigkeit, das Verfahren und die Form richtig eingehalten worden sind. Es dürfen also keine formellen Fehler beim Erlass des Gesetzes entstanden sein. Ist dies nicht der Fall, wird im zweiten Schritt geprüft, ob das Gesetz auch »materiell« verfassungsmäßig ist, also ob es inhaltlich mit dem Grundgesetz, insbesondere den Grundrechten, vereinbar ist. Dieses Verfahren nach Art. 100 GG bezeichnet man als konkretes Normenkontrollverfahren oder auch Richtervorlage. Die Vorlagepflicht des Art. 100 Abs. 1 GG dient dem elementaren rechtsstaatlichen Zweck, die Bindung der rechtsprechenden Gewalt an gültiges Recht und Gesetz zu sichern.

Ergebnis: R kann, wenn er den § 29 BtMG für verfassungswidrig hält, diese Norm dem Bundesverfassungsgericht zur Prüfung vorlegen und das Strafverfahren gegen S aussetzen. Eine eigenmächtige Entscheidung des R über die Anwendung des § 29 BtMG ist hingegen verfassungsrechtlich unzulässig.

Fall 9

Zurück in die Zukunft

Rechtsstudent R versucht sich seit Januar 2016 als Inhaber eines Autohauses, in dem er Luxuskarossen einer deutschen Nobelmarke verkauft. Die Geschäfte laufen zunächst gut, und R kann bis März 2016 tatsächlich drei Fahrzeuge für insgesamt 150.000 Euro an den Mann bringen. Im April 2016 beschließt der Deutsche Bundestag dann überraschend, die Mehrwertsteuer (MwSt.) aufgrund der angespannten wirtschaftlichen Lage und der drohenden weiteren Neuverschuldung des Staates von 19 % auf 23 % anzuheben. Die entsprechende Gesetzesänderung soll rückwirkend zum 1. Januar 2016 gelten.

R ist schockiert. Er muss nämlich wegen der rückwirkenden Erhöhung der MwSt. nun einen erheblichen Betrag für die Verkäufe aus den Monaten Januar bis März an das Finanzamt nachzahlen. R hält die Gesetzesänderung daher für verfassungswidrig: Mit rückwirkend in Kraft tretenden Gesetzen müsse in einem Rechtsstaat niemand rechnen.

Stimmt das?

Schwerpunkte: Die Rückwirkung von Gesetzen; »echte« und »unechte« Rückwirkung; das Gebot der Rechtssicherheit; der Grundsatz des Vertrauensschutzes; das Rückwirkungsverbot aus Art. 103 Abs. 2 GG.

Lösungsweg

Einstieg: Bevor wir uns dem Fall verfassungsrechtlich widmen, müssen wir zunächst noch für einen Moment das übliche juristische Gelände verlassen und kurz einen Blick darauf werfen, wie das eigentlich in unserem Staat mit der Mehrwertsteuer (Umsatzsteuer) so funktioniert. Das dahintersteckende Prinzip ist jetzt nicht so richtig schwierige Materie und gehört eigentlich auch zur Allgemeinbildung, wird aber dennoch von vielen Jurastudenten kaum bis gar nicht gekannt. Im höheren Semester oder gar in der Examensprüfung kommt so was dann natürlich unendlich peinlich rüber, weshalb wir diesem möglichen Drama bereits jetzt abhelfen wollen – und im Übrigen für unseren Fall auch müssen.

Also, hier kommt als Einleitung der Schnelldurchgang in Sachen Mehrwertsteuer, bitte – falls vorhanden – den Taschenrechner zur Kontrolle in die Hand nehmen:

> Wer in Deutschland etwas (gewerbsmäßig) verkauft, muss nach dem ***Umsatzsteuergesetz*** in der Regel **19 % MwSt.** (auch: »**Umsatzsteuer**«) von dem erzielten Kaufpreis an den Staat abführen. **Beispiel**: Wenn das Autohaus des R einen *Daimler Benz* zum Preis von **50.000 Euro** an den Käufer K veräußert hat, stecken in diesen 50.000 Euro die abzuführenden 19 % MwSt. schon drin, die der R dann aber direkt an den Staat weitergeben muss. Und gerechnet wird das so: Man teilt den Verkaufspreis durch **1,19** und erhält als Ergebnis zunächst den »**Nettopreis**« (hier: 50.000 geteilt durch 1,19 = **42.016,81 Euro**), den man dann wiederum von dem Verkaufspreis abzieht und anschließend die MwSt. errechnet hat (hier: 50.000 – 42.016,81 = **7.983,19 Euro** = 19 % MwSt.). Der Händler muss also von den 50.000 Euro, die er vom Verkäufer erhalten hat, **7.983,19 Euro** als MwSt. an den Staat abführen, die restlichen 42.016,81 Euro kann er behalten und (abzüglich seiner sonstigen Kosten) als Gewinn einstreichen. Die »runden« Endbeträge, die man als Verbraucher bezahlt (hier 50.000 Euro), sind also in Wahrheit in der Urfassung ziemlich »unrund«, denn sie setzen sich – wie gerade am Beispiel gesehen – zusammen aus einem »Nettopreis« zuzüglich 19 % MwSt. Von dieser MwSt. hat der Verkäufer am Ende nun leider gar nichts, denn er muss dieses Geld sofort weiter an den Staat leiten und sich mit dem eigentlichen Nettopreis, quasi als seinem »Gewinn«, begnügen. Kapiert!?

Gut. Dann kommt hier die Finte: Erhöht der Staat nun diesen Mehrwertsteuersatz, erhöhen sich logischerweise auch seine Einnahmen, **denn**: Wenn die MwSt., so wie in unserem Ausgangsfall, von **19 %** auf **23 %** steigt, passiert Folgendes: Will der Verkäufer das Auto weiterhin für **50.000 Euro** an den Endverbraucher bringen, verringert sich automatisch der »Nettopreis«: Von den 50.000 Euro muss der Verkäufer nämlich nun sogar **23 % MwSt**. abziehen. Die Rechnung für den »Nettopreis« wäre jetzt: 50.000 geteilt durch 1,23 = **40.650,41 Euro**. Die MwSt. läge dementsprechend jetzt bei **9.349,59 Euro** (= 50.000 – 40.650,41). Durch die Erhöhung der MwSt. von 19 % auf 23 % verringert sich also der Nettopreis (= Gewinn des Verkäufers) um **1.366,40 Euro** (vorher: **42.016,81 Euro** – nachher: **40.650,41 Euro),** während sich die Mehrwertsteuereinnahmen des Staates um genau den gleichen Betrag erhöhen (vorher: **7.983,19 Euro** – nachher: **9.349,59 Euro = 1.366,40 Euro**).

> Wir merken uns daher folgendes Prinzip: Mit der Erhöhung der MwSt. verringert sich zum einen der (Netto-)Gewinn des Verkäufers (= blöd für den Verkäufer), während sich die Einnahmen des Staates entsprechend erhöhen (= gut für den Staat).

Aber, man erahnt es schon: Selbstverständlich sind die Händler/Verkäufer bei einer Mehrwertsteuererhöhung durch den Staat nicht bereit, den dadurch entstandenen Verlust (siehe oben) selbst zu tragen. Deshalb, gängiges Mittel: Der Verkäufer erhöht einfach den Preis für den Endverbraucher! Das Auto von eben kostet dann nicht mehr 50.000 Euro, sondern plötzlich 52.000 Euro. Schlüsselt man nun diese 52.000 Euro in einen Nettopreis und die 23 % MwSt. auf, ergibt sich Folgendes: Der Nettopreis, also der Gewinn des Verkäufers, liegt dann wieder bei erfreulichen **42.276,42 Euro** (52.000 geteilt durch 1,23), und die MwSt. liegt dann bei **9.723,58 Euro** (= 52.000 – 42.276,42). **Fazit**: Der Dumme ist am Ende im Zweifel doch der Verbraucher.

> **Merke:** Mehrwertsteuererhöhungen, die eigentlich die Händler treffen sollen, zahlt am Ende in aller Regel der Verbraucher, da die Händler die Steuererhöhung durch eine entsprechende Erhöhung der Verkaufspreise quasi »auffangen« (= doof für die Verbraucher – aber gut für Händler ***und*** Staat!).

So, das war die Mehrwertsteuer, wobei wir hier wirklich nur die allergröbsten Regeln und Prinzipien besprochen haben, die bitte ab jetzt aber trotzdem nicht mehr vergessen werden.

Und nach dieser Vorrede können wir uns nun endlich unserem Fällchen widmen, in dem es ja um folgendes verfassungsrechtliches Problem ging:

> Der R hat mit seinem Autohaus in den Monaten Januar bis März 2016 drei Luxusautos zum Gesamtpreis von **150.000 Euro** verkauft. Und natürlich hat R auch schon die entsprechende MwSt., nämlich 19 %, an den Staat weitergeleitet. Konkret wären das übrigens **23.949.58 Euro** (Rechnung: 150.000 geteilt durch 1,19 = 126.050,42 → 150.000 – 126.050,42 = **23.949.58 Euro = 19 % MwSt.)**.

Und nun erhöht der Bundestag auf einmal und vor allem unvorhergesehen die MwSt. auf **23 %**, und zwar rückwirkend ab Januar. Die **Folge**: Unser R muss jetzt natürlich auch rückwirkend die MwSt. nachzahlen, die erhöht sich nämlich durch die Erhöhung von 19 auf 23 % um stolze **4.099,21 Euro** auf gesamt: **28.048,79 Euro** (Rechnung: 150.000 geteilt durch 1,23 = 121.951,21 → 150.000 – 121.951,21 = **28.048,79** = 23 % MwSt.).

Frage: Ist das, also die Rückwirkung eines den Bürger belastenden Gesetzes, in einem »Rechtsstaat« überhaupt zulässig?

> **Definition:** Knüpft ein Gesetz ausnahmsweise Rechtsfolgen an Geschehnisse, die in der Vergangenheit liegen, so spricht man von ***rückwirkenden*** Gesetzen (BVerfG NVwZ **2016**, 300; BVerfG EuGRZ **2014**, 98; BVerfGE **105**, 17; BVerfGE **76**, 256, 345).

Durchblick: Prinzipiell werden Gesetze immer nur mit Wirkung für die ***Zukunft*** gemacht. Und das ist auch ziemlich logisch, denn die Bürger sollen sich ja an diese Gesetze halten bzw. ihr Verhalten danach ausrichten. Und das können sie natürlich nur dann tun, wenn sie diese Gesetze auch kennen. Werden Gesetze nun mit Rückwirkung erlassen, ist diese Idee rein denklogisch bereits ausgeschlossen, denn die Gesetze wirken ja in eine Zeit zurück, in der die Bürger noch an andere Gesetze »**geglaubt**« haben. Bei der Rückwirkung von Gesetzen steht daher grundsätzlich eine

Verletzung des Rechtsstaatsprinzips im Raum. Aus Art. 20 Abs. 3 GG und diesem Rechtsstaatsprinzip folgt nämlich unter anderem das Gebot der **Rechtssicherheit**, was seinerseits unabdingbar den **Vertrauensschutz** in den Bestand der zurzeit gültigen Gesetze und das damit wiederum verbundene **Rückwirkungsverbot** beinhaltet. Und diese ganzen Begriffe und die dahintersteckenden Gedanken schauen wir uns jetzt mal im Einzelnen an:

1.) Der Vertrauensschutz

Der aus dem Rechtsstaatsgebot resultierende Vertrauensschutz gewährleistet dem einzelnen Bürger, dass er sich in einem Rechtsstaat darauf verlassen kann, dass »Gesetz auch Gesetz bleibt« (BVerfG NVwZ **2016**, 300). Er darf und soll also grundsätzlich darauf vertrauen, dass die derzeit gültigen Gesetze wirksam sind, dass sie Bestand haben und dass sie vor allem nicht willkürlich oder unvorhersehbar (insbesondere rückwirkend!) wieder aufgehoben oder geändert werden. Wenn der Gesetzgeber rückwirkend Regelungen trifft, die den Bürger unvorhergesehen belasten oder – wie hier – eine bereits bestehende Belastung noch erhöhen, würde das Vertrauen des Bürgers in die eigentlich gewährte Rechtssicherheit erschüttert.

Beachte: Besonders relevant wird der Gedanke des Vertrauensschutzes – wie gesehen – dann, wenn es sich um für den Bürger ***belastende*** Gesetze handelt. Neben unserem Beispiel von oben mit der rückwirkenden MwSt. kommt dies hauptsächlich im ***Strafrecht*** zum Ausdruck. Das materielle Strafrecht (niedergeschrieben z.B. im StGB) greift wie kein anderes Rechtsgebiet durch Geld- oder Freiheitsstrafen massiv in die Rechte der Bürger ein. Wer eine Straftat begeht, etwa einen Diebstahl, muss nach § 242 StGB damit rechnen, vom Staat mit einer Geldstrafe oder sogar einer Gefängnisstrafe bis zu fünf Jahren belangt zu werden. Und weil das so einschneidende und den Bürger schwer belastende Maßnahmen sind, muss für den Bürger jederzeit klar erkennbar sein, welches Verhalten ein Strafgesetz erfüllt und unter welchen Umständen eine Strafbarkeit droht. **Deshalb**: Nach dem ausdrücklichen Willen des Grundgesetzes kann eine Tat bzw. ein Verhalten nur bestraft werden, wenn Strafbarkeit gesetzlich bestimmt war, ***bevor*** die Tat begangen wurde. Und das steht wörtlich genau so in: **Art. 103 Abs. 2 GG**. Rückwirkende Strafgesetze sind damit immer und zwingend verfassungswidrig.

Zwischenstand: Der Grundsatz des ***Vertrauensschutzes*** leitet sich aus dem Rechtsstaatsprinzip ab. Danach soll derjenige, der aufgrund einer gesetzlichen Regelung bestimmte Dispositionen für sein Leben getroffen hat, auch darauf vertrauen dürfen, dass diese Dispositionen nicht aufgrund einer neuen Regelung rückwirkend wieder infrage gestellt werden und nunmehr unter Umständen sogar nachträglich gesetzeswidrig sind (BVerfG NVwZ **2016**, 300; *Degenhart* StaatsR I Rz. 369). Der Bürger, der sein Verhalten an der bestehenden Rechtsordnung ausrichtet, und (z.B. wirtschaftliche) Dispositionen trifft, muss grundsätzlich darauf vertrauen dürfen, dass seine Dispositionen nicht durch nachträgliche Änderungen der Rechtslage entwertet werden (*Detterbeck* Öff.Recht Rz. 89). Konkretisiert wird der Grundsatz des Vertrauensschutzes in Art. 103 Abs. 2 GG, wonach der Erlass rückwirkender Strafgesetze ***immer*** unzulässig, bzw. verfassungswidrig ist (*Detterbeck* Öff. Recht Rz. 89).

Aber, Vorsicht: Nicht jede Regelung, die, wie etwa unsere Mehrwertsteuererhöhung, in die Vergangenheit wirkt, ist pauschal unzulässig. **Denn**: Es gibt – natürlich – auch von dieser Regel **Ausnahmen**.

> **Beachte**: Der Gesetzgeber muss trotz des eben erläuterten Vertrauensschutzes jederzeit die Chance haben, bestehendes Recht zu ändern und damit den aktuellen (Lebens-)Verhältnissen anzugleichen (das ist übrigens die ureigenste Aufgabe des Gesetzgebers!). Und bei dieser Anpassung der Gesetze an die geänderten Lebensumstände im Land ist es zumeist unvermeidbar, zumindest in Teilen auch die Vergangenheit einzubeziehen. In aller Regel greift der Gesetzgeber mit neu geschaffenen Gesetzen auch in bereits bestehende Rechtspositionen des Bürgers ein bzw. ändert diese, durchaus auch schon mal zum Nachteil der Bürger. Gegenüber stehen sich in solchen Situationen dann zum einen das Interesse des Bürgers am Bestand der aktuellen Rechtsordnung und zum anderen das Interesse des Staates an einer (Neu-) Gestaltung der Lebensverhältnisse. Außer im Strafrecht, wo die Rückwirkung ja verfassungsrechtlich in **Art. 103 Abs. 2 GG** ausdrücklich verboten ist, muss daher bei der Rückwirkung von sonstigen Gesetzen sehr sorgfältig dahingehend differenziert werden, wie ***groß*** tatsächlich das Vertrauen des Bürgers in die bisherige Rechtslage war und ob dieses Vertrauen auch wirklich uneingeschränkt schutzwürdig ist. Der Bürger hat nämlich – wie gesehen – zwar durchaus einen Anspruch auf den Bestand der aktuellen Rechtslage, kann aber dennoch nicht schrankenlos darauf vertrauen, dass diese Rechtslage auf unbestimmte Zeit auch unverändert bleibt (BVerfGE **72**, 200; BVerfGE **105**, 17).

Deshalb, merke: Das absolute Rückwirkungsverbot des Strafrechts aus Art. 103 Abs. 2 GG gilt nicht allgemein und für die gesamte Rechtsordnung. Unter bestimmten Voraussetzungen kann das Rückwirkungsverbot in anderen Bereichen der Rechtsordnung eingeschränkt werden (BVerfG DÖV **2015**, 292; BVerfGE **109**, 133; BVerfG NVwZ **2000**, 929; BVerfG JZ **2007**, 582; *Jarass/Pieroth* Art. 20 GG Rz. 72).

Rückwirkungsverbot und Vertrauensschutz gibt es also nicht um jeden Preis. Wir schauen uns das Prinzip und die Ausnahmen jetzt mal genauer an, man kann die Problematik nämlich in zwei Ausgangslagen unterteilen:

a) Wenn ein Gesetz ab seinem Inkrafttreten (→ Art. 82 Abs. 2 GG) für die ***Zukunft*** gelten soll (= Normalfall), funktioniert das in der Regel so: Die bislang maßgebliche Regelung wird durch ein neues Gesetz quasi »**sukzessiv**« abgelöst (*Maurer* StaatsR I § 17 Rz. 10). Dabei ist es häufig – wie oben schon mal erwähnt – unvermeidbar, in bereits begonnene Lebenssachverhalte einzugreifen und bestimmte Rechtspositionen der Bürger zu tangieren.

> **Beispiel**: Wenn der Gesetzgeber sich dazu entschließt, dass während der juristischen Ausbildung ab sofort zusätzlich eine Prüfung in ***Rechtsgeschichte*** erfolgreich abge-

legt werden muss, um das Erste Juristische Staatsexamen zu bestehen, so kann er das Juristenausbildungsgesetzes (JAG) entsprechend ändern. Will er diese Änderung für die Zukunft, also z.B. zum kommenden Semester, einführen, stellt sich die Situation wie folgt dar: Zum einen kann jeder studieninteressierte Abiturient sich ab sofort noch ***vor*** seiner Einschreibung informieren, was er zur Erlangung des Ersten Staatsexamens für Voraussetzungen (Scheine) braucht und ob er angesichts dessen den Studiengang auswählen möchte. Für diese Personengruppe wäre die Änderung mit der Prüfung in Rechtsgeschichte somit kein Problem in Bezug auf eine mögliche Rückwirkung und den Vertrauensschutz, denn für diese Personengruppe hat das Gesetz tatsächlich ausschließlich ***Zukunftswirkungen***.

Bei den bereits Studierenden sieht das freilich anders aus: Die können sich zwar auch noch auf die Änderung einstellen, denn ihr Studium ist ja noch nicht abgeschlossen, mithin ist die Nachholung des Scheins auf jeden Fall noch möglich. Bei genauer Betrachtung greift dieses Gesetz bei dieser Personengruppe aber in einen bereits laufenden Lebenssachverhalt, konkret in das laufende Studium, ein. **Beachte**: Die Studenten haben ja unter anderen Voraussetzungen ihr Studium begonnen und werden nun mit neuen, ihnen damals unbekannten Prüfungsaufgaben konfrontiert. Die Änderung betrifft somit einen in der Vergangenheit (also als das Gesetz noch nicht galt!) beginnenden Sachverhalt und reicht bis in die »Jetztzeit« hinein. Der Vertrauensschutz in die damals bestehende Rechtslage wäre damit eigentlich verletzt. **Aber**: Da – wie oben schon mal angesprochen – niemand darauf vertrauen darf, dass einmal geschaffene Gesetze quasi »lebenslang« gelten, muss man in solchen Fällen prüfen, ob das Vertrauen der betroffenen Personen in die vorher bestehende Rechtslage wirklich schutzwürdig ist. Im konkreten Fall würde man die Problematik etwa durch eine »**Übergangsregelung**« lösen können, die sowohl das Vertrauen der Studierenden in den Bestand der ursprünglichen Studienbedingungen als auch das Bedürfnis des Gesetzgebers an der Änderung der gesetzlichen Lage berücksichtigt. Möglich wäre dies zum Beispiel durch eine Regelung, wonach Studierende, die bereits das Grundstudium absolviert haben (= höherer Vertrauensschutz), von dieser Neuregelung ausgenommen sind, während Studierende, die gerade erst ihr Studium begonnen haben (geringerer Vertrauensschutz) den Schein in Rechtsgeschichte noch erwerben müssen.

b) Wenn ein Gesetz ausdrücklich auch für die ***Vergangenheit*** gelten und diese beeinflussen soll, wird es freilich kniffliger: In solchen Fällen wird nämlich die früher maßgebliche Regelung nachträglich ausgetauscht und damit der Vergangenheit quasi ***fiktiv*** eine Regelung untergeschoben, die seinerzeit nicht gegolten hat und daher logischerweise auch von niemandem beachtet werden konnte (BVerfG NVwZ **2016**, 300; *Maurer* StaatsR I § 17 Rz. 10).

Beispiel: Will der Gesetzgeber die Änderung der Juristenausbildungsordnung ***rückwirkend*** in Kraft setzen und damit unter anderem auch denjenigen das Erste Juristische Staatsexamen aberkennen, die die Prüfung in Rechtsgeschichte nicht noch nachholen, wird es verfassungsrechtlich schwierig: Schließlich ist mit bestandener Examensprüfung der Lebenssachverhalt eindeutig ***abgeschlossen***, das Studium wurde ja bereits (nach alter Rechtslage) erfolgreich beendet. Eine nachträgliche und rückwirkende Änderung des Gesetzes wäre damit unter dem Gesichtspunkt des Vertrauensschutzes zumindest problematisch. Als Referendar muss man nämlich nicht damit rechnen, dass einem nachträglich das Erste Juristische Staatsexamen aufgrund einer rückwirkenden Gesetzesänderung aberkannt wird. Eine solche Regelung wäre mithin tendenziell unzulässig, denn das Vertrauen des Bürgers darf unter diesen »abgeschlossenen« Umständen eigentlich nicht enttäuscht werden.

So, und mit diesem Wissen gehen wir den nächsten Schritt und geben den gerade geschilderten Arten der Rückwirkung auch einen bzw. zwei Namen, und zwar:

2.) Die »echte« und »unechte« Rückwirkung von Gesetzen

1. Definition: Eine ***echte*** Rückwirkung (auch »retroaktive« Rückwirkung) liegt vor, wenn ein Gesetz nachträglich in bereits abgeschlossene und damit der Vergangenheit angehörende Tatbestände eingreift (BVerfG NVwZ **2016**, 300; BVerfG EuGRZ **2014**, 98; BVerfGE **95**, 64, 86, BVerfGE **97**, 67; *Jarass/Pieroth* Art. 20 GG Rz. 69; *Stern* StaatsR I § 20 IV 4g). Aufgrund des regelmäßig hohen Vertrauenstatbestandes des Bürgers ist eine solche Rückwirkung in aller Regel unzulässig.

Also: Ein Fall der echten Rückwirkung liegt vor, wenn ein Gesetz bestimmt, dass seine ***Rechtsfolgen*** zu einem Zeitpunkt eintreten sollen, der ***vor*** der Verkündung und damit ***vor*** dem Erlass des Gesetzes liegt, wenn also quasi das Inkrafttreten des Gesetzes vordatiert wird und damit auch bereits abgeschlossene Lebenssachverhalte erfasst werden (BVerfG NVwZ **2016**, 300; BVerfGE **30**, 367; *Maurer* StaatsR I § 17 Rz. 109).

Beispiel: Unser Fall von eben, und zwar die letzte Fassung mit der Einführung des Rechtsgeschichtsscheins auch für bereits examinierte Juristen! Denn das geht natürlich nicht: Wer bereits sein Studium abgeschlossen hat und dann plötzlich im Nachhinein diesen Abschluss aberkannt bekommen soll, weil der Gesetzgeber nachträglich andere Prüfungsbedingungen festlegt, ist in seinem Vertrauen in den Bestand gesetzlicher Regelungen (unzulässig) erschüttert. Das wäre dann eine klassische »**echte**« und damit unzulässige Rückwirkung eines Gesetzes (siehe oben).

2. Definition: Eine ***unechte*** Rückwirkung (auch »retrospektive« Rückwirkung) liegt demgegenüber vor, wenn der Gesetzgeber in Lebenssachverhalte eingreift, die zwar in der Vergangenheit begonnen wurden, jedoch noch nicht abgeschlossen sind (BVerfG NVwZ **2016**, 300; BVerfGE **105**, 17; *Sachs/Sachs* Art. 20 GG Rz. 87). Die unechte Rückwirkung ist – im Gegensatz zur echten Rückwirkung – grundsätzlich zulässig und kann vom Gesetzgeber als Gestaltungsmittel eingesetzt werden.

Also: Ein Fall der unechten Rückwirkung ist anzunehmen, wenn ein Gesetz zwar nur für die Zukunft gilt, aber Sachverhalte, Rechtsverhältnisse oder Rechtspositionen erfasst, die bereits vor der Verkündung und damit ***vor*** dem Erlass des Gesetzes entstanden sind, aber noch in die jetzige Zeit fortwirken (BVerfG NVwZ **2016**, 300; *Maurer* StaatsR I § 17 Rz. 110).

Beispiel: Die Einführung des Rechtsgeschichtsscheins für die bereits Studierenden! Denn hier hat der betroffene Lebenssachverhalt zwar schon begonnen, ist aber noch nicht abgeschlossen. Dies wäre eine klassische »**unechte**« Rückwirkung eines Gesetzes und damit grundsätzlich zulässig (siehe oben).

Zum Fall: War die rückwirkende Erhöhung der MwSt. auf 23 % zulässig?

Problem: Ist die Gesetzesänderung hinsichtlich der Erhöhung der MwSt. um 4 % auf 23 % für den Zeitraum Januar bis März 2016 eine echte oder unechte Rückwirkung?

Lösung: Durch das Änderungsgesetz wurde die MwSt. rückwirkend um 4 % erhöht, und zwar insbesondere für einen Zeitraum, der bereits verstrichen war, also für die Zeit von Januar bis zum März 2016. Unser R hat die Fahrzeuge in der Zeit von Januar bis März 2016 inklusive 19 % MwSt. verkauft. Für ihn bedeutet die neue Gesetzeslage, dass er jetzt die 4 % MwSt. für die bereits getätigten und damit ***abgeschlossenen*** Verkäufe nachzahlen müsste. Das Änderungsgesetz beinhaltet somit zum einen eine nachträglich ***belastende*** Regelung für R, und zum anderen war auch der Lebenssachverhalt »Verkauf eines Fahrzeugs« mit Zahlung des Kaufpreises zzgl. 19 % MwSt. abgeschlossen. Die Voraussetzungen für eine »echte« Rückwirkung liegen in unserem Fall hinsichtlich der Mehrwertsteuererhöhung also vor. Nach ständiger Rechtsprechung des BVerfG ist im Steuerrecht übrigens immer und zwingend dann von einer echten Rückwirkung auszugehen, wenn der Gesetzgeber eine bereits entstandene Steuerschuld nachträglich abändert (BVerfG NVwZ **2016**, 300; BVerfGE **135**, 1; BVerfGE **132**, 302). Und so liegt auch unser Fall: Die (Umsatz-)Steuerschuld des R für die Monate Januar bis März ist bereits entstanden (zum Ende des jeweiligen Monats), als der Gesetzgeber im April die Änderung der Regelung beschließt. Daraus folgt die Unzulässigkeit der gesetzlichen Maßnahme, da der R in seinem schützenswerten Vertrauen auf die Rechtssicherheit beeinträchtigt ist.

Aber: Das ist leider noch nicht das allerletzte Wort.

Selbst für ***echte*** Rückwirkungen hat die Rechtsprechung des BVerfG (BVerfG NVwZ **2016**, 300; BVerfGE **45**, 142; BVerfGE **30**, 367) ***vier*** Ausnahmetatbestände entwickelt, bei denen sich der Bürger ***nicht*** auf das geltende Recht verlassen darf, und zwar:

→ wenn der Bürger mit der Gesetzesänderung rechnen musste,

→ wenn die Rechtslage unklar und verworren ist und deshalb eine klärende Regelung rückwirkend hergestellt werden muss,

→ wenn durch die rückwirkende Regelung kein oder nur ein ganz unerheblicher Schaden verursacht wird,

→ wenn zwingende Gründe des Gemeinwohls vorliegen, die eine solche Maßnahme rechtfertigen.

Prüfen wir mal: Verneinen können wir zunächst problemlos, dass die Anhebung der MwSt. für den Bürger und insbesondere für unseren R vorhersehbar war. Dafür gab es nämlich zum Zeitpunkt des Verkaufs der Fahrzeuge (also von Januar bis März 2016) keinerlei Anhaltspunkte. Eine »unklare oder verworrene« Rechtslage ist auch nicht ersichtlich. Schließlich kann bei einer solchen Erhöhung auch nicht von einem ganz unerheblichen, sogenannten »Bagatellschaden« gesprochen werden. Unter anderem unser R muss immerhin stolze 4.000 Euro nachzahlen.

> **Problem**: Die Gesetzesänderung ist allerdings aufgrund der bestehenden Finanzkrise und der damit verbundenen drohenden Neuverschuldung erfolgt. Darin könnte zumindest ein ***zwingender Grund*** des Gemeinwohls, also der letzte eben angeführte Ausnahmetatbestand gesehen werden. Dem wird man jedoch entgegenhalten können und müssen, dass nicht einsehbar ist, warum das Gesetz dann nur für einen vergleichsweise geringen Zeitraum von drei Monaten zurückwirken soll. Im Übrigen stehen die Einnahmen ab April 2016 zur Abwendung der drohenden Neuverschuldung unbegrenzt zur Verfügung. Außerdem sind die Voraussetzungen an die »zwingenden Gründe des Gemeinwohls« nach der Rechtsprechung des Bundesverfassungsgerichts stets eng auszulegen (→ BVerfGE **13**, 261). Es müssen schon überragende Werte des Gemeinwohls infrage stehen. Lediglich zur Abwendung möglicher finanzieller Engpässe oder einer Neuverschuldung des Staates kann aber eine an sich unzulässige Rückwirkung von Gesetzen nicht aufgehoben werden. Der Staat darf eigene Unzulänglichkeiten bei der Haushaltsführung nicht durch rückwirkende Steuererhöhungen ausgleichen (wörtlich so: BVerfGE **13**, 261, 272).

<u>ZE.</u>: Unter Berücksichtigung dessen muss man feststellen, dass der Bruch des Vertrauens der Bürger in den Bestand gesetzlicher Regelungen nicht durch zwingende Gründe des Gemeinwohls gerechtfertigt ist.

Ergebnis: Hinsichtlich der Erhöhung der MwSt. um 4 % bereits ab dem 01.01.2016 liegt eine unzulässige »echte« Rückwirkung vor, die nicht mit dem sich aus Art. 20 Abs. 3 GG ergebenden Rechtsstaatsprinzip zu vereinbaren ist. Unser R muss keine MwSt. nachzahlen.

Ein bisschen »Gesamtdeutsches« zum Schluss

So, nachdem wir das mit der Rückwirkung von Gesetzen (hoffentlich) verstanden haben, kommt hier im Nachschlag und für die Oberinteressierten noch ein kleines Schmankerl aus der jüngeren deutschen Geschichte, in dem es sich auch um die Rückwirkung von Gesetzen dreht. Genau genommen geht es um das von uns oben schon mal angesprochene absolute Verbot der ***Rückwirkung*** von ***Strafgesetzen***, wie es in **Art. 103 Abs. 2 GG** ausdrücklich vermerkt ist. Wir erinnern uns bitte: Die Rückwirkung von Gesetzen ist an sich unter bestimmten Voraussetzungen möglich (siehe oben), ***keinesfalls*** aber dürfen nach dem ausdrücklichen Willen des Verfassungsgebers (→ Art. 103 Abs. 2 GG!) ***Strafgesetze*** mit einer Rückwirkung versehen werden.

Aber: Selbst davon gibt es Ausnahmen! Und die bekam unter anderem der letzte Generalsekretär des Zentralkomitees der SED, ***Egon Krenz***, im Jahre 1999 zu spüren.

Herr *Krenz* war nämlich vom Bundesgerichtshof (BGH) am 8. November 1999 rechtskräftig wegen Totschlags in mittelbarer Täterschaft zu sechs Jahren Gefängnis verurteilt worden, und zwar für die von Grenzsoldaten vor dem Jahre 1990 begangenen Tötungen an der Berliner Mauer (BGHSt **45**, 270). Das Interessante an dem BGH-Urteil war nun unter anderem, dass die Taten des Herrn *Krenz* nach altem DDR-Recht ***nicht*** strafbar waren, denn in dem alten DDR-StGB standen für solche Tötungen Rechtfertigungsgründe zur Verfügung. Wer als Grenzsoldat einen Flüchtling erschoss oder als Hintermann für deren Tod verantwortlich war (→ *Krenz*), hatte also in aller Regel nicht mit einer strafrechtlichen Verfolgung durch die DDR-Justiz zu rechnen. Die Taten waren, so absurd das heute klingen mag, nach DDR-Recht »gerechtfertigt« und damit ***nicht*** strafbar. Den BGH freilich interessierte das nicht, denn die Richter erklärten diese Rechtfertigungsgründe rückwirkend (!) für unwirksam. Und zwar deshalb, weil sie gegen fundamentale Rechtsprinzipien der Allgemeinheit verstießen. Wir haben das im letzten Fall schon mal angesprochen, es ging dabei um die sogenannte ***Radbruch'sche*** Formel:

Wiederholung: Der deutsche Rechtsphilosoph ***Gustav Radbruch*** (*1878–1949) entwickelte im Jahre 1946, also ein Jahr nach Kriegsende und drei Jahre vor seinem eigenen Tod, die sogenannte ***Radbruch'sche*** Formel. Nach Radbruch sollte sich ein Richter im Konflikt zwischen dem positiven (gesetzten bzw. gesetzlichen) Recht und der Gerechtigkeit dann gegen das geschriebene Gesetz und für die materielle Gerechtigkeit entscheiden dürfen, wenn das fragliche Gesetz entweder als »**unerträglich ungerecht**« anzusehen ist oder die grundsätzlich angelegte Gleichheit aller Menschen »**bewusst verleugnet**«. Verankert wurde dieser Grundsatz im GG, indem der Richter in Art. 20 Abs. 3 GG nicht nur an das Gesetz, sondern ausdrücklich auch an das ***Recht*** gebunden wird.

Und auf diesen Gedankengang beriefen sich auch die Richter des BGH und erklärten die Rechtfertigungsgründe des DDR-StGB trotz der Regelung des Art. 103 Abs. 2 GG ***rückwirkend*** für unwirksam. Wörtlich heißt es in der Entscheidung:

> *»... Die Taten der Angeklagten waren rechtswidrig. Ihre Taten waren weder durch das Grenzgesetz der DDR noch durch die Staatspraxis der DDR gerechtfertigt. Das Rückwirkungsverbot aus Art. 103 Abs. 2 GG steht dem nicht entgegen. Dies hat der Bundesgerichtshof bereits in zahlreichen Entscheidungen deutlich gemacht (BGHSt **39**, 1, 8 ff.; **39**, 168, 181 ff.; **40**, 241, 242 ff.; **41**, 101, 104 ff.; vgl. auch BGHSt **40**, 218, 232; **42**, 65, 70 f.). Diese Rechtsprechung des Bundesgerichtshofs hat das Bundesverfassungsgericht im Ergebnis als verfassungskonform bestätigt. Danach findet das strikte Rückwirkungsverbot des **Art. 103 Abs. 2 GG** seine rechtsstaatliche Rechtfertigung in der besonderen Vertrauensgrundlage, welche die Strafgesetze tragen, wenn sie von einem an die Grundrechte gebundenen demokratischen Gesetzgeber erlassen werden. Diese besondere Vertrauensgrundlage **entfällt**, wenn der andere Staat für den Bereich schwersten kriminellen Unrechts zwar Straftatbestände normiert, aber die Strafbarkeit gleichwohl durch Rechtfertigungsgründe für Teilbereiche ausgeschlossen hatte, indem er über die geschriebenen Normen hinaus zu solchem Unrecht aufforderte, es begünstigte und so die in der Völkerrechtsgemeinschaft allgemein anerkannten Menschenrechte in*

schwerwiegender Weise missachtete. Hierdurch setzte der Träger der Staatsmacht extremes staatliches Unrecht, das sich nur solange behaupten kann, wie die dafür verantwortliche Staatsmacht faktisch besteht. In dieser ganz besonderen Situation untersagt das Gebot materieller Gerechtigkeit, das auch die Achtung der völkerrechtlich anerkannten Menschenrechte aufnimmt, die Anwendung eines solchen Rechtfertigungsgrundes. Der strikte Schutz von Vertrauen durch Art. 103 Abs. 2 GG muss dann ***zurücktreten*** *(BVerfGE* ***95****, 96, 133). Nach diesem Maßstab darf der Staatspraxis der DDR, ihren Grenztruppen die Tötung von Flüchtlingen an der innerdeutschen Grenze als Mittel zur Verhinderung der Flucht über den Wortlaut des Grenzgesetzes hinaus nicht nur generell zu erlauben, sondern sie dazu auf dem Befehlswege, durch politisch-ideologische Beeinflussung sowie durch Belobigungen und Vergünstigungen geradezu anzuhalten, als extremem staatlichem Unrecht die rechtfertigende Wirkung abgesprochen werden (BVerfG - Kammer - EuGRZ* ***1997****, 413, 416) ...«*

Das Allerletzte: Der Europäische Gerichtshof für Menschenrechte (EGMR) hat durch Urteil vom 22. März 2001 die Beschwerde von Herrn ***Krenz*** und anderer hoher DDR-Funktionäre gegen ihre Verurteilungen wegen der Tötung von DDR-Bürgern an der innerdeutschen Grenze zurückgewiesen. Das Gericht bestätigte damit letztinstanzlich die Auffassung sowohl des Bundesgerichtshofs als auch des Bundesverfassungsgerichts, die die damaligen DDR-Rechtfertigungsgründe, wonach unbewaffnete »Republikflüchtlinge« notfalls erschossen werden durften, rückwirkend für unwirksam erklärt hatten (→ EGMR NJW **2001**, 3035).

Gutachten

Es ist zu prüfen, ob der Gesetzgeber im April 2016 die Mehrwertsteuer per Gesetz rückwirkend zum 1. Januar 2016 erhöhen durfte.

I. In Betracht kommt ein Verstoß gegen das in Art. 20 GG verankerte Rechtsstaatsprinzip. Bei der Rückwirkung von Gesetzen steht grundsätzlich eine Verletzung des Rechtsstaatsprinzips im Raum. Aus Art. 20 Abs. 3 GG und dem Rechtsstaatsprinzip folgt unter anderem das Gebot der Rechtssicherheit, was seinerseits unabdingbar den Vertrauensschutz in den Bestand der zurzeit gültigen Gesetze und das damit wiederum verbundene Rückwirkungsverbot beinhaltet. Grundsätzlich werden Gesetze immer nur mit Wirkung für die Zukunft gemacht. Die Bürger sollen sich an diese Gesetze halten bzw. ihr Verhalten danach ausrichten, was logischerweise nur möglich ist, wenn sie diese Gesetze auch kennen. Werden Gesetze mit Rückwirkung erlassen, ist diese Idee rein denklogisch bereits ausgeschlossen, denn die Gesetze wirken in eine Zeit zurück, in der die Bürger sich noch an anderen Gesetzen orientiert haben.

II. Der aus dem Rechtsstaatsgebot resultierende Vertrauensschutz gewährleistet dem einzelnen Bürger, dass er sich in einem Rechtsstaat darauf verlassen kann, dass, umgangssprachlich ausgedrückt, Gesetz auch Gesetz bleibt. Er darf und soll also grundsätzlich darauf vertrauen, dass die derzeit gültigen Gesetze wirksam sind, dass sie Bestand haben und dass sie vor allem nicht willkürlich oder unvorhersehbar (insbesondere rückwirkend) wieder aufgehoben oder geändert werden. Wenn der Gesetzgeber rückwirkend Regelungen trifft, die den Bürger unvorhergesehen belasten oder – wie hier – eine bereits bestehende Belastung noch erhöhen, würde das Vertrauen des Bürgers in die eigentlich gewährte Rechtssicherheit erschüttert. Besonders relevant wird der Gedanke des Vertrauensschutzes dann, wenn es sich um für den Bürger belastende Gesetze handelt, also etwa eine rückwirkende Steuererhöhung.

Zwischenergebnis: Der Grundsatz des Vertrauensschutzes leitet sich aus dem Rechtsstaatsprinzip ab. Danach soll derjenige, der aufgrund einer gesetzlichen Regelung bestimmte Dispositionen für sein Leben getroffen hat, auch darauf vertrauen dürfen, dass diese Dispositionen nicht aufgrund einer neuen Regelung rückwirkend wieder infrage gestellt werden und nunmehr unter Umständen sogar nachträglich gesetzeswidrig sind. Der Bürger, der sein Verhalten an der bestehenden Rechtsordnung ausrichtet, und (z.B. wirtschaftliche) Dispositionen trifft, muss grundsätzlich darauf vertrauen dürfen, dass seine Dispositionen nicht durch nachträgliche Änderungen der Rechtslage entwertet werden. Demnach wäre die rückwirkende Erhöhung der Mehrwertsteuer als belastende Maßnahme unzulässig.

III. Es gibt von dieser Regel allerdings Ausnahmen. Der Gesetzgeber muss nämlich trotz des eben erläuterten Vertrauensschutzes jederzeit die Chance haben, bestehendes Recht zu ändern und damit den aktuellen (Lebens-)Verhältnissen anzugleichen. Bei dieser Anpassung der Gesetze an die geänderten Lebensumstände im Land ist es zumeist unvermeidbar, zumindest in Teilen auch die Vergangenheit einzubeziehen. In aller Regel greift der Gesetzgeber mit neu geschaffenen Gesetzen auch in bereits bestehende Rechtspositionen des Bürgers ein bzw. ändert diese, durchaus auch zum Nachteil der Bürger. Gegenüber stehen sich in solchen Situationen dann zum einen das Interesse des Bürgers am Bestand der aktuellen Rechtsordnung und zum anderen das Interesse des Staates an einer (Neu-) Gestaltung der Lebensverhältnisse. Außer im Strafrecht, wo die Rückwirkung verfassungsrechtlich in Art. 103 Abs. 2 GG ausdrücklich verboten ist, muss daher bei der Rückwirkung von sonstigen Gesetzen dahingehend differenziert werden, wie groß tatsächlich das Vertrauen des Bürgers in die bisherige Rechtslage war und ob dieses Vertrauen auch wirklich uneingeschränkt schutzwürdig ist. Der Bürger hat zwar durchaus einen Anspruch auf den Bestand der aktuellen Rechtslage, kann aber dennoch nicht schrankenlos darauf vertrauen, dass diese Rechtslage auf unbestimmte Zeit auch unverändert bleibt.

IV. Zu unterscheiden ist insoweit zwischen der sogenannten echten und der unechten Rückwirkung von Gesetzen.

1.) Eine echte Rückwirkung liegt vor, wenn ein Gesetz nachträglich in bereits abgeschlossene und damit der Vergangenheit angehörende Tatbestände eingreift. Aufgrund des regelmäßig hohen Vertrauenstatbestandes des Bürgers ist eine solche Rückwirkung im Zweifel unzulässig. Ein Fall der echten Rückwirkung ist anzunehmen, wenn ein Gesetz bestimmt, dass seine Rechtsfolgen zu einem Zeitpunkt eintreten sollen, der vor der Verkündung und damit vor dem Erlass des Gesetzes liegt, wenn also quasi das Inkrafttreten des Gesetzes vordatiert wird und damit auch bereits abgeschlossene Lebenssachverhalte erfasst werden.

2.) Eine unechte Rückwirkung liegt demgegenüber vor, wenn der Gesetzgeber in Lebenssachverhalte eingreift, die zwar in der Vergangenheit begonnen wurden, jedoch noch nicht abgeschlossen sind. Die unechte Rückwirkung ist im Gegensatz zur echten Rückwirkung grundsätzlich zulässig und kann vom Gesetzgeber als Gestaltungsmittel eingesetzt werden. Ein Fall der unechten Rückwirkung ist anzunehmen, wenn ein Gesetz zwar nur für die Zukunft gilt, aber Sachverhalte, Rechtsverhältnisse oder Rechtspositionen erfasst, die bereits vor der Verkündung und damit vor dem Erlass des Gesetzes entstanden sind, aber noch in die jetzige Zeit fortwirken.

3.) Unter Berücksichtigung dessen fragt sich, ob die rückwirkende Erhöhung der Mehrwertsteuer ausnahmsweise zulässig war. Dies hängt davon ab, ob die Gesetzesänderung hinsichtlich der Erhöhung der MwSt. um 4 % auf 23 % für den Zeitraum Januar bis März 2016 eine echte oder unechte Rückwirkung darstellt. Durch das Änderungsgesetz wurde die MwSt. rückwirkend um 4 % erhöht, und zwar insbesondere für einen Zeitraum, der bereits verstrichen war, also für die Zeit von Januar bis zum März 2016. R hat die Fahrzeuge in der Zeit von Januar bis März 2016 inklusive 19 % MwSt. verkauft. Für ihn bedeutet die neue Gesetzeslage, dass er jetzt die 4 % MwSt. für die bereits getätigten und damit abgeschlossenen Verkäufe nachzahlen müsste. Das Änderungsgesetz beinhaltet somit zum einen eine nachträglich belastende Regelung für R, und zum anderen war auch der Lebenssachverhalt »Verkauf eines Fahrzeugs« mit Zahlung des Kaufpreises zzgl. 19 % MwSt. abgeschlossen. Die Voraussetzungen für eine echte Rückwirkung liegen im vorliegenden Fall hinsichtlich der Mehrwertsteuererhöhung also vor.

Zwischenergebnis: Die Gesetzesänderung wäre unzulässig, da der R in seinem schützenswerten Vertrauen auf die Rechtssicherheit beeinträchtigt ist.

V. Etwas anderes könnte sich aber noch daraus ergeben, dass nach der Rechtsprechung des Bundesverfassungsgerichts vier Ausnahmetatbestände, bei denen sich der Bürger nicht auf das geltende Recht verlassen darf, möglich sind.

Ein solcher Fall liegt namentlich dann vor, wenn der Bürger mit der Gesetzesänderung rechnen musste, wenn die Rechtslage unklar und verworren ist und deshalb eine klärende Regelung rückwirkend hergestellt werden muss, wenn durch die rückwirkende Regelung kein oder nur ein ganz unerheblicher Schaden verursacht wird und wenn zwingende Gründe des Gemeinwohls vorliegen, die eine solche Maßnahme rechtfertigen.

Es fragt sich, ob eine der genannten Varianten hier einschlägig ist. Abzulehnen ist dies zunächst dahingehend, dass die Anhebung der MwSt. für den Bürger und insbesondere für R vorhersehbar war. Dafür gab es nämlich zum Zeitpunkt des Verkaufs der Fahrzeuge, also von Januar bis März 2016, keinerlei Anhaltspunkte. Eine »unklare oder verworrene« Rechtslage ist auch nicht ersichtlich. Schließlich kann bei einer solchen Erhöhung auch nicht von einem ganz unerheblichen, sogenannten »Bagatellschaden« gesprochen werden. Unter anderem R muss immerhin 4.000 Euro nachzahlen.

Die Gesetzesänderung ist allerdings aufgrund der bestehenden Finanzkrise und der damit verbundenen drohenden Neuverschuldung erfolgt. Darin könnte zumindest ein zwingender Grund des Gemeinwohls, also der letzte eben angeführte Ausnahmetatbestand gesehen werden. Dem muss man jedoch entgegenhalten, dass nicht einsehbar ist, warum das Gesetz dann nur für einen vergleichsweise geringen Zeitraum von drei Monaten zurückwirken soll. Im Übrigen stehen die Einnahmen ab April 2016 zur Abwendung der drohenden Neuverschuldung unbegrenzt zur Verfügung.

Außerdem sind die Voraussetzungen an die »zwingenden Gründe des Gemeinwohls« nach der Rechtsprechung des Bundesverfassungsgerichts stets eng auszulegen. Es müssen schon überragende Werte des Gemeinwohls infrage stehen. Lediglich zur Abwendung möglicher finanzieller Engpässe oder einer Neuverschuldung des Staates kann aber eine an sich unzulässige Rückwirkung von Gesetzen nicht aufgehoben werden. Der Staat darf eigene Unzulänglichkeiten bei der Haushaltsführung nicht durch rückwirkende Steuererhöhungen ausgleichen.

Zwischenergebnis: Unter Berücksichtigung dessen ist festzustellen, dass der Bruch des Vertrauens der Bürger in den Bestand gesetzlicher Regelungen nicht durch zwingende Gründe des Gemeinwohls gerechtfertigt ist.

Ergebnis: Hinsichtlich der Erhöhung der MwSt. um 4 % bereits ab dem 01.01.2016 liegt damit eine unzulässige echte Rückwirkung vor, die nicht mit dem sich aus Art. 20 Abs. 3 GG ergebenden Rechtsstaatsprinzip zu vereinbaren ist. R muss keine MwSt. nachzahlen.

4. Abschnitt

Die Bundesregierung
(Kanzler und Minister)
und der Bundespräsident

Fall 10

Wer ist hier eigentlich der Chef?

Mal angenommen: Eine Woche nach der Bundestagswahl, bei der CDU/CSU (45 %) und DIE GRÜNEN (8 %) gemeinsam 53 % der Stimmen erringen konnten, kommt der Bundestag zur Wahl des neuen Bundeskanzlers zusammen. Obwohl sich CDU/CSU und DIE GRÜNEN intern schon auf eine gemeinsame Kanzlerin – nämlich die CDU-Vorsitzende M – verständigt und den Bundespräsidenten P entsprechend informiert hatten, verblüfft P am Tage der Abstimmung die Abgeordneten: Unter Berufung auf sein Recht aus Art. 63 Abs. 1 GG schlägt er dem Bundestag überraschend den GRÜNEN-Vorsitzenden V als Kanzlerkandidaten vor.

Beim anschließenden Wahlgang erhält V allerdings nur 3 % der abgegebenen Stimmen. Noch bevor P einen anderen Kandidaten vorschlagen kann, berufen die erbosten Abgeordneten der CDU/CSU-Fraktion für den nächsten Morgen eine neue Sitzung des Deutschen Bundestages ein. In dieser schlagen sie nun, ohne eine Rücksprache mit P zu halten, selbst die M als Kanzlerkandidatin vor. Bei der anschließenden Abstimmung votieren 51 % der Abgeordneten des Deutschen Bundestages für M.

Bundespräsident P hält diesen »Alleingang« der CDU/CSU für verfassungswidrig und verweigert die Ernennung der M zur Kanzlerin. **Darf er das?**

Schwerpunkte: Die Wahl des Bundeskanzlers; die Beteiligung des Bundespräsidenten; das Vorschlagsrecht des Bundespräsidenten aus Art. 63 Abs. 1 GG; die verschiedenen Wahlgänge bei der Kanzlerwahl nach Art. 63 Abs. 3 und Abs. 4 GG; die Bundesregierung; Stellung und Funktion des Bundeskanzlers.

Lösungsweg

Einstieg: Dieser Fall führt uns in den fraglos prominentesten Bereich des Staatsrechts, nämlich zum ***Bundeskanzler*** (bzw. der Kanzlerin), zur ***Bundesregierung*** und zum ***Bundespräsidenten***. Die Geschichte selbst – also der »Alleingang« der CDU/CSU bei der Kanzlerwahl – klingt dabei im ersten Moment durchaus merkwürdig, denn das kann ja eigentlich nicht sein, dass eine Fraktion aus dem Bundestag (**Fraktion** = Zusammenschluss der Abgeordneten einer Partei in einem Parlament) den Bundespräsidenten und sein Vorschlagsrecht aus Art. 63 Abs. 1 GG einfach übergeht, um dann sozusagen in »Eigenregie« die neue Kanzlerin zu küren.

Wir werden freilich – wie schon häufiger in diesem Buch – gleich sehen, dass der erste Eindruck durchaus täuschen kann, und dass das Grundgesetz, wenn man es aufmerksam liest, haufenweise Überraschungen parat hält, von denen leider selbst gestandene Examenskandidaten nichts wissen. Der vorliegende Fall ist deshalb auch keinesfalls frei erfunden, sondern vor einigen Jahren – leicht abgewandelt und mit einer prozessualen Zusatzfrage versehen – in Süddeutschland als Examensklausur gelaufen. Die schauerliche Durchfallquote dieser eigentlich sehr überschaubaren Aufgabe lag damals bei stolzen 75 %, und zwar hauptsächlich deshalb, weil die meisten Kandidaten das (Grund-)Gesetz nicht gelesen hatten. Tragisch.

Logo: Das wird uns natürlich nicht (mehr) passieren, denn wir werden den Fall jetzt schön schulmäßig durchgehen, dabei sorgfältig das Grundgesetz lesen und am Ende nicht nur wissen, wie man in unserem Land Bundeskanzler wird, sondern auch eine Unmenge an anderen wichtigen, verfassungsrechtlichen Informationen eingesammelt haben.

> **Durchblick**: Die Wahl des Kanzlers streift nämlich gleich mehrere verfassungsrechtliche Schauplätze. Es geht nicht nur um den eigentlichen Akt der Abstimmung im Deutschen Bundestag nach **Art. 63 Abs. 2 Satz 1 GG** (lesen!); dem Bundestag muss vorher natürlich überhaupt mal ein Kandidat ***vorgeschlagen*** werden, was ausweislich des Art. 63 Abs. 1 GG im Normalfall der ***Bundespräsident*** übernimmt. Ist der Kanzler nach einem solchen Vorschlag des Bundespräsidenten erfolgreich gewählt worden, hat dies dann weitere beachtliche Konsequenzen: Der Kanzler wird in aller Regel anschließend vom Bundespräsidenten auch ernannt (lies: Art. 63 Abs. 2 Satz 2 GG) und kann sich dann an die Bildung »seiner« Bundesregierung begeben. Diese besteht gemäß **Art. 62 GG** nämlich aus dem Kanzler ***und*** seinen Ministern. Und im Gegensatz zum Kanzler werden die Minister nun überraschenderweise nicht gewählt, sondern vom gewählten Kanzler frei bestimmt (!) – und vom Bundespräsidenten anschließend ernannt, was wiederum in **Art. 64 Abs. 1 GG** steht. Und wenn dann alles glatt gelaufen ist, gibt's am Ende einen neuen Kanzler, dazu neue Minister (= Regierung) und auch einen zufriedenen Bundespräsidenten.

Problem: Leider kommt in den universitären Übungsarbeiten und auch im Examen dieser Idealfall nicht vor. Und deshalb müssen wir uns auch ansehen, was in unserem Fall konkret schief gelaufen ist – und ob der Bundespräsident die Ernennung der M angesichts der geschilderten Umstände wirklich verweigern darf. Bevor wir damit beginnen, wollen wir uns allerdings zunächst mal einen Überblick über die verschiedenen verfassungsrechtlichen Institutionen, die an der Kanzlerwahl beteiligt oder davon betroffen sind, verschaffen. Das erleichtert später nicht nur den Weg zur Lösung des Falles, sondern fördert vor allem auch das allgemeine Verständnis der unterschiedlichen »Macht-Ebenen« unseres Staates. Und ganz nebenbei gehören Grundkenntnisse zur Bundesregierung, zum Bundespräsidenten und dem Kanzler selbstredend zum absoluten Pflichtprogramm für (angehende) Juristen. Also dann:

I. Die Bundesregierung

1.) Die Regelungen über die Bundesregierung stehen im ***sechsten*** Abschnitt der Verfassung (→ **Art. 62–69 GG**). Die Bundesregierung gehört, ebenso wie der Deutsche Bundestag (Art. 38 GG), der Bundesrat (Art. 50 GG), das Bundesverfassungsgericht, die Bundesversammlung und auch der »Gemeinsame Ausschuss« (Art. 53a GG), zu den obersten Bundes- bzw. Verfassungsorganen; der Kanzler selbst übrigens ***nicht*** (*Ipsen* StaatsR I Rz. 846; *Maunz/Dürig/Herzog* Art. 54 GG Rz. 29; *Schmidt-Bleibtreu/Hofmann/Hopfauf* Art. 93 GG Rz. 2).

Die Regierung muss man sich nun als eine Art ***Kollegium*** vorstellen, das sich – wie oben schon mal erwähnt – gemäß Art. 62 GG aus dem Bundeskanzler und den Bundesministern zusammensetzt. Traditionell und im allgemeinen Sprachgebrauch verbreitet sind für die Bundesregierung übrigens auch die Begriffe »Kabinett« oder »Bundeskabinett«, was man sich bitte merken sollte, denn diese Worte kommen im Grundgesetz zwar gar nicht vor, werden dafür aber umso lieber und häufiger von Journalisten und somit auch in öffentlichen Diskussionen verwendet (*Maurer* StaatsR I § 14 Rz. 4). Die Bundesregierung ist zudem ein »besonderes Organ« im Sinne des **Art. 20 Abs. 2 Satz 2 GG** (aufschlagen!), das die vom Volke ausgehende Staatsgewalt ausführt und somit im dreigliedrigen Staatsgefüge (→ Gewaltenteilung) der ***Exekutive,*** also der vollziehenden Gewalt, zugeordnet wird (*von Münch/Kunig/Meyn* Art. 62 GG Rz. 5; *Epping/Hillgruber* Art. 62 GG Rz. 1). Die Regierung – in Person der jeweiligen Minister – ist damit genau genommen auch die Spitze der ***Verwaltung*** unseres Staates. Das Bundesverfassungsgericht sieht die Aufgaben und die Funktion der Bundesregierung daher auch so (BVerfGE **9**, 268, 281):

> *»... Die Bundesregierung hat die Aufgabe, in Verantwortlichkeit gegenüber der Volksvertretung und von ihr getragen, der gesamten Staatstätigkeit eine bestimmte Richtung zu geben und für die Einhaltung dieser Linie durch die ihr unterstellten Instanzen zu sorgen. (...) Die selbstständige politische Entscheidungsgewalt der Regierung, ihre Funktionsfähigkeit zur Erfüllung ihrer verfassungsmäßigen Aufgaben, ihre Sachverantwortung gegenüber Volk und Parlament sind zwingende Gebote der demokratischen rechtsstaatlichen Verfassung (...). Die Regierung ist das oberste Organ der vollziehenden Gewalt ...«*

Also: Die Bundesregierung besteht gemäß Art. 62 GG aus dem Bundeskanzler und den Bundesministern. Sie nimmt die ***materielle Staatsleitung*** wahr und bildet zugleich im Rahmen des dreigliedrigen Staatsgefüges (Gewaltenteilung) die Spitze der vollziehenden Gewalt, also der ***Exekutive*** (*Gröpl* StaatsR I § 17 Rz. 1372).

Und: Die Bundesregierung ist zudem das eigentliche Organ der ***politischen Führung*** in unserem Staat. Sie trifft die richtungweisenden politischen Entscheidungen und gibt damit den »politischen Weg« des Landes vor (*Ipsen* StaatsR I Rz. 417; *von Münch/Kunig/Meyen* Art. 62 GG Rz. 10).

Durchblick: In der Praxis funktioniert die gerade benannte »politische Führung« durch die Regierung auf unterschiedlichen Ebenen. Wenn die gewählte Regierung neue Ziele anstrebt, werden diese interessanterweise immer nach dem gleichen Prinzip realisiert: Im ersten Schritt vollzieht sich die politische Tätigkeit einer Regierung nämlich durch gezielte ***Öffentlichkeitsarbeit***: Zunächst »informiert« die Regierung die Öffentlichkeit/Bevölkerung über die geplanten politischen Maßnahmen bzw. Absichten, was im Übrigen auch zu ihren Pflichten gehört, denn schließlich soll und muss die Bevölkerung ja wissen, was die Regierenden so vorhaben und planen (BVerfGE **44**, 125, 147 f.; *Zippelius/Würtenberger* StaatsR § 42 Rz. 8). Diese »Informationen« werden insbesondere durch die ***Medien*** nach außen transportiert, also z.B. durch Interviews im Fernsehen (Talkshows!), im Radio, in den Zeitungen, durch Presseinformationen usw. usw. Politik bzw. Politiker und Medien arbeiten an dieser Stelle sehr eng zusammen, genau genommen nutzen und suchen die Politiker gezielt die Medienpräsenz, um auf diesem Weg ihre Botschaften und Absichten in die Öffentlichkeit zu tragen. Diese Information der Öffentlichkeit ist für die Regierenden immens wichtig und tatsächlich unabdingbar, da die Regierung schließlich wissen muss, ob sie für ihr geplantes Vorhaben und dessen Realisierung entsprechenden Rückhalt in der Bevölkerung bekommt oder nicht.

Zweiter Schritt: Die gerade benannte Konkretisierung bzw. Realisierung der politischen Absichten, die man vorher der Öffentlichkeit angekündigt hat (siehe soeben), findet dann so statt: Die Regierung entwirft ***Gesetze*** und legt diese als Vorschlag dem Bundestag zur Abstimmung vor. Und das nennt man dann »**Gesetzesinitiativrecht**« (bitte lies: **Art. 76 Abs. 1, 1. Alt. GG**). Dieses Gesetzesinitiativrecht ist das eigentliche Zentrum der politischen Gestaltung durch die Bundesregierung, denn es schafft nun die Grundlage für ein späteres Gesetz, das dann die angestrebten Ziele der Regierung in verbindliche Normen fasst (*Zippelius/Würtenberger* StaatsR § 42 Rz. 8). **Beachte**: Von der Regierung in den Bundestag eingebrachte Gesetze haben naturgemäß sehr hohe Chancen, dort auch mit der Mehrheit der Stimmen angenommen zu werden und somit anschließend in Kraft zu treten, **denn**: Die Mehrheit der Abgeordneten des Bundestages gehört ja denjenigen Parteien an, die auch in der Regierung sitzen. Und genau ***das*** ist der Vorteil einer Regierung: Von ihr in den Bundestag eingebrachte Gesetzesentwürfe werden in aller Regel auch mit der Mehrheit der Stimmen angenommen. Die Opposition kann zwar auch Gesetzesentwürfe in den Bundestag einbringen (bitte lies noch einmal Art. 76 Abs. 1 GG, da steht ja auch »aus der Mitte des Bundestages« = z.B. die Oppositionsparteien), nur werden diese Entwürfe im Zweifel keine Mehrheit im Bundestag finden. Diese Mehrheit bekommen nur die Gesetzesentwürfe der Regierung (BVerfG NVwZ **2016**, 922). Merken.

Beispiel: Wenn die neue Bundesregierung möchte, dass unser Land in Sachen ***Klimaschutz*** zukünftig mehr tut, läuft das etwa folgendermaßen ab: Zunächst wird die Öffentlichkeit durch gezielte Interviews des Bundesumweltministers oder auch anderer Minister oder sogar des Kanzlers/der Kanzlerin in Zeitungen oder bei TV-Anstalten über die konkreten Absichten informiert: In den kommenden Wochen treten dann bei Frau *Illner* (ZDF), bei Frau *Will* (ARD) oder in einer anderen Sendung/Zeitung/Radio die maßgeblichen Politiker auf und erzählen dem Volk, dass sie zum Beispiel planen, eine Autobahngebühr für Kfz einzuführen, Betriebe mit zu hohem CO2-Ausstoß stärker zu besteuern und Mülltrennungen als gesetzlich verpflichtend für alle Bürger einzuführen.

Das Ganze lässt man dann, sobald man es mithilfe der Medien in die Öffentlichkeit getragen hat, einige Zeit wirken und lotet anschließend die Stimmung in der Bevölkerung und auch das Medienecho aus. Nachdem man dann zum Beispiel festgestellt hat, dass das Volk die Sache mit den Betrieben gut findet, auf Autobahngebühren und gesetzlich angeordnete Mülltrennung aber keine Lust hat, folgt der nächste Schritt: Die Bundesregierung entwirft ein (neues) Gesetz, das regelt, dass ab 2016 sämtliche Betriebe stärker besteuert werden, die einen bestimmten, sehr hohen CO2-Ausstoß aufweisen. Die anderen Vorhaben (Kfz-Gebühr auf Autobahnen und Mülltrennung), die von der Bevölkerung kritisch betrachtet werden, lässt man fallen, man will ja auch beim nächsten Mal gewählt werden. Die übrig gebliebene Gesetzesinitiative legt die Bundesregierung dann dem Bundestag vor (→ **Art. 76 GG!**), der wiederum mit der Mehrheit der Abgeordneten der Regierungsparteien über den Vorschlag positiv entscheidet. Und am Ende des Ganzen gibt es dann tatsächlich ein neues Gesetz, in dem die von der Regierung beabsichtigten und der Bevölkerung akzeptierten Ziele festgeschrieben sind. Und genau ***so*** funktioniert die klassische Regierungsarbeit. Kapiert!?

2.) Gut. Die eigentliche Bildung bzw. die Zusammensetzung der Bundesregierung ist in den Vorschriften der Art. 63 f. GG geregelt. Wir haben es weiter oben schon mal kurz gesagt: Die Bundesregierung wird nicht in einem Akt, sondern vielmehr in ***zwei*** Phasen konstituiert, und zwar: Der Bundestag wählt zunächst gemäß Art. 63 GG einen ***Bundeskanzler***, der dann im zweiten Schritt gemäß Art. 64 GG »seine« Regierung zusammenstellt, indem er nämlich die Personen auswählt bzw. aussucht, die er gerne zu Ministern seines ***Kabinetts*** machen möchte und diese anschließend dem Bundespräsidenten zur Ernennung vorschlägt. Mit der Ernennung durch den Bundespräsidenten ist die Regierung dann konstituiert (*Maurer* StaatsR I § 14 Rz. 16).

Merke: Die Bundesregierung setzt sich aus dem **Bundeskanzler** und den von ihm vorgeschlagenen und vom Bundespräsidenten ernannten **Bundesministern** zusammen (Art. 62 GG). Die Art. 63 und 64 GG regeln die förmliche Regierungsbildung, deren erste Phase die Wahl des Bundeskanzlers bildet und die durch Bestimmung und Ernennung der Bundesminister in einer zweiten Phase nach Art. 64 GG abgeschlossen wird.

Feinkostabteilung: In der heutigen Parteienlandschaft (derzeit - Juli 2016 – im Bundestag vertreten: CDU, CSU, SPD, GRÜNE, LINKE) kann eine Regierung im Zweifel nur noch durch Bildung einer ***Koalition*** ins Amt kommen, da keine der Parteien bei Bundestagswahlen alleine die Mehrheit im Bundestag erreicht. Der förmlichen Regierungsbildung, die wir uns gerade angesehen haben, gehen daher in aller Regel zunächst die berühmten »**Koalitionsverhandlungen**« und im Anschluss daran die sogenannten »**Koalitionsvereinbarungen**« voraus. Eine ***Koalition*** (lateinisch *coalitio* = Vereinigung, Zusammenkunft) bezeichnet dabei den Zusammenschluss von zwei oder mehreren politischen Parteien für die Dauer der kommenden Legislaturperiode.

In den Verhandlungen und dem später geschlossenen Koalitionsvertrag entwickeln die die zukünftige Regierung tragenden Parteien nun die Grundlagen für ihre Zusammenarbeit und halten sie schließlich auch in sichtbarer – schriftlicher – Form fest (*Dreier/Hermes* Art. 63 Rz. 7). Eine ***Koalitionsregierung*** beruht also immer auf dem Zusammenschluss zweier oder mehrerer Parteien, die einen Koalitionsvertrag geschlossen haben. In diesem Koalitionsvertrag, der übrigens rechtlich ***nicht***, politisch aber sehr wohl bindend ist, stehen dann insbesondere die Abreden der Parteien über ihre gemeinsamen Ziele und die personelle Zusammensetzung der künftigen Regierung drin, zumeist in Form von politischen Kompromissen (*von Münch/Kunig/Meyen* Art. 65 GG Rz. 6; *Sachs/Oldiges* Art. 65 GG Rz. 17; *Schenke* in Jura **1982**, 57).

> **Beispiel:** Nach der Bundestagswahl am 22. September 2013 schlossen sich die CDU/CSU und die SPD zu einer sogenannten »**großen Koalition**« zusammen, da sie gemeinsam über eine beachtliche Mehrheit der Abgeordneten im Bundestag verfügen (**CDU/CSU** 49,3 %; + **SPD** 30,6 % = **gesamt**: **79,9 %**) und somit eine Regierung – unter anderem durch die Wahl der Kanzlerin ***Angela Merkel*** – bilden konnten. Im Rahmen der Koalitionsverhandlungen mussten dann sowohl die parteipolitischen Ziele der CDU/CSU als auch die der SPD unter einen Hut gebracht werden. Im Wahlkampf für die Bundestagswahl 2013 hatte beispielsweise die **SPD** der Bevölkerung unter anderem die Einführung eines gesetzlichen Mindestlohnes für alle Arbeitnehmer in Deutschland versprochen, andererseits aber auch ***Steuererhöhungen*** angekündgt. Die CDU und vor allem die CSU sahen beide Maßnahmen angesichts der Wirtschaftskrise indes mit argen Bedenken und waren vielmehr der Ansicht, dass gesetzlich fixierte Mindestlöhne finanzpolitisch ebensowenig tragbar seien wie Steuererhöhungen. Im Rahmen der Koalitionsverhandlungen im Oktober/November 2013 gab es deshalb beachtliche, auch öffentlich ausgetragene Diskussionen zwischen den Parteien und ihren Spitzenpolitikern (*Seehofer* und *Merkel* für die CDU/CSU sowie *Gabriel* und *Nahles* für die SDP). Letztlich fand man ausweislich des im Dezember 2013 vorgelegten Koalitionsvertrages einen Mittelweg: Demnach wurde die Einführung eines gesetzlichen Mindestlohnes beschlossen, der zum **1. Januar 2015** kam und bundesweit 8,50 Euro pro Stunde beträgt (ab 2017 dann 8,84 Euro). Die Tarifpartner (→ Arbeitgeber- und Arbeitnehmerverbände) können in ihren Tarifverträgen zunächst aber auch Löhne vereinbaren, die unter den benannten 8,50 Euro liegen. Spätestens zum **Ende** des Jahres **2017** soll der Mindestlohn indes verpflichtend gelten und auch nicht mehr unterschritten werden dürfen. Bei den von der SPD zudem geplanten ***Steuererhöhungen*** setzten sich demgegenüber die CDU/CSU durch: Laut Koalitionsvertrag wird auf eine Erhöhung der Steuern in dieser Legislaturperiode verzichtet. Die Koaltionsparteien einigten sich damit auf einen klassischen politischen Kompromiss, der nämlich die Ziele ***beider*** Partner angemessen berücksichtigt.

Noch was: Wir wissen ja inzwischen, dass gemäß **Art. 62 GG** die Bundesregierung aus dem Bundeskanzler und den einzelnen Bundesministern besteht. Dabei bestimmt allerdings allein der Bundeskanzler gemäß **Art. 65 Satz 1 GG** (lesen!) die sogenannten »Richtlinien der Politik« und trägt dafür die Verantwortung, was man auch als **Kanzlerprinzip** oder »Richtlinienkompetenz« bezeichnet (*Sachs/Oldiges* Art. 65 GG Rz. 14; *Jarass/Pieroth* Art. 65 GG Rz. 3; *Degenhart* StaatsR I Rz. 687): Der Kanzler gibt die Ziele und Richtlinien vor, und die Bundesminister setzen diese Ziele im günstigsten Fall um (*Detterbeck* ÖffRecht Rz. 236).

Beispiel: In der vorherigen (17.) Legislaturperiode mit einer CDU/CSU/FDP-Regierung hatten sich die Koalitionspartner in ihrem Koalitionsvertrag aus dem Herbst 2009 darauf geeinigt, in der Legislaturperiode die Steuern zu senken und damit die Bürger zu entlasten. Diese Steuersenkung war also ein **»politisches Ziel«** der Regierung. Die Kanzlerin *Merkel* gab demzufolge Anfang Oktober 2009 ihrem damaligen (und auch heutigen) Finanzminister ***Wolfgang Schäuble*** auf, alsbald Konzepte zur Senkung der Steuern und zur sonstigen Entlastung der Bürger zu entwickeln und anschließend auch umzusetzen. Herr Schäuble setzte diese von der Bundeskanzlerin vorgegebene Richtlinie »Steuersenkung« dann tatsächlich sehr rasch um: Er erstellte umgehend einen Gesetzesentwurf, legte diesen dem Deutschen Bundestag vor – und schon im Dezember 2009 wurde das bis heute gültige »**Wachstumsbeschleunigungsgesetz**« mit der Mehrheit der Regierungsparteien im Bundestag und anschließend auch im Bundesrat verabschiedet – und trat am 1. Januar 2010 in Kraft. Nach diesem Gesetz sollten sowohl die Bürger als auch die Unternehmen um insgesamt 8,5 Milliarden Euro entlastet werden. Hierzu senkte die Regierung namentlich die Erbschaftssteuer und die Mehrwertsteuer im Hotelgewerbe, die Zinsbesteuerung wurde teilweise verringert und schließlich das Kindergeld erhöht (vgl. den Regierungsentwurf der CDU/CSU-FDP-Fraktionen vom 9. November 2009, BT-Drs. 17/15). Der Finanzminister Schäuble hatte damit die Richtlinien der Kanzlerin erfolgreich und vor allem ziemlich flott in die Tat umgesetzt = Idealfall einer Regierungsarbeit.

Beachte noch: Jeder Bundesminister leitet innerhalb der Kanzlerrichtlinien seinen Geschäftsbereich, also sein Ministerium, im Übrigen aber grundsätzlich selbstständig und in eigener Verantwortung (*Detterbeck* ÖffRecht Rz. 238). Und das bezeichnet man dann als ***Ressortprinzip***, das im Grundgesetz ebenfalls verankert ist, nämlich in **Art. 65 Satz 2 GG** (lesen!). Läuft alles reibungslos, so wie oben bei dem Wachstumsbeschleunigungsgesetz beschrieben, ergänzen sich die Richtlinienkompetenz des Kanzlers und das Ressortprinzip des jeweiligen Bundesministers – und so ist das vom GG auch gewollt. Handelt der Minister hingegen nicht mehr im Rahmen der vom Bundeskanzler vorgegebenen Richtlinien oder macht er sich aus anderen Gründen bei seinem Chef/seiner Chefin unbeliebt, kann der Bundeskanzler den Minister gemäß **Art. 64 Abs. 1 GG** jederzeit entlassen bzw. ihn dem Bundespräsidenten zur Entlassung vorschlagen. Und das nennt man dann »**materielles Kabinettsumbildungsrecht**«, was so viel heißt, dass der Bundeskanzler über die Zusammensetzung »seiner« Regierung zu jedem Zeitpunkt neu bestimmen kann (*Degenhart* StaatsR I Rz. 525).

Merke: Der Bundeskanzler hat nach dem Willen des Grundgesetzes die zentrale und vor allem stärkste Position innerhalb der Bundesregierung. Schließlich wird nur er unmittelbar vom Bundestag gewählt (→ Art. 63 GG) und kann anschließend frei bestimmen, wer Minister in der neuen Regierung wird. Des Weiteren kann der Kanzler die Minister jederzeit entlassen und durch andere Personen ersetzen (*Degenhart* StaatsR I Rz. 678). Der Kanzler trägt für die Regierung und deren Handeln nach dem Willen des Grundgesetzes zudem gemäß **Art. 65 Satz 1 GG** die alleinige Verantwortung. Innerhalb der vom Kanzler vorgegebenen Richtlinien leitet jeder Minister gemäß **Art. 65 Satz 2 GG** seinen Geschäftsbereich im Übrigen aber selbstständig und in eigener Verantwortlichkeit.

II. Die Stellung des Bundespräsidenten

Im fünften Kapitel der Verfassung (→ Art. 54 ff. GG) finden sich die Vorschriften über den Bundespräsidenten.

> **Grundsatz:** Der Bundespräsident ist das ***Staatsoberhaupt*** und steht damit an der Spitze des Staates (*Jarass/Pieroth* Art. 54 GG Rz. 1). Seine Aufgaben und Befugnisse liegen allerdings weniger im politischen Bereich, sondern vor allem in der ***Repräsentation*** des Staates, insbesondere nach außen (→ Art. 59 Abs. 1 GG), sowie in den sogenannten »staatsnotariellen« Bereichen.

Der Bundespräsident ist namentlich zuständig für:

→Die Ernennung von hochrangigen Amtsträgern: Der Bundespräsident ernennt nicht nur den Bundeskanzler gemäß Art. 63 GG und die Bundesminister nach Art. 64 Abs. 1 GG, sondern gemäß Art. 60 Abs. 1 GG auch die Bundesrichter, die Bundesbeamten und die Bundeswehroffiziere.

→Die Ausfertigung von Gesetzen: Der Bundespräsident hat gemäß Art. 82 Abs. 1 GG die vom Bundestag unter Mitwirkung des Bundesrates verabschiedeten Gesetze auszufertigen, denn erst, wenn er unterzeichnet hat, kann das Gesetz verkündet werden und damit in Kraft treten (zum legendären »Prüfungsrecht des Bundespräsidenten« vgl. weiter unten ausführlich Fall **Nr. 15**).

→Das Begnadigungsrecht: Nach Art. 60 Abs. 2 GG kann der Bundespräsident rechtskräftig verurteilte Straftäter begnadigen, das heißt, es wird teilweise oder vollständig auf die Vollstreckung einer rechtskräftig verhängten Strafe verzichtet.

→Sonstige herkömmliche Repräsentationsbefugnisse: Der Bundespräsident ist nicht nur zur Vertretung und Repräsentation des Staates nach außen, sondern auch zur Repräsentation und Integration im ***staatsinternen*** Bereich berufen (*Maurer* StaatsR I § 15 Rz. 17). Dazu gehören dann etwa öffentliche Reden, Empfänge, Schirmherrschaften, Preisverleihungen usw. Die politische Bedeutung dieser Tätigkeit sollte man übrigens nicht unterschätzen, da der Bundespräsident durch sein öffentliches Auftreten und Reden durchaus auf die öffentliche Meinung und damit auf das allgemeine Bewusstsein der Bevölkerung einwirken kann (vgl. etwa BVerfG NVwZ **2014**, 1156; *Maurer* StaatsR I § 15 Rz. 17). Bestes und bekanntestes Beispiel: Die ***Weihnachtsansprache*** im Fernsehen, die nicht nur am Weihnachtsabend (Einschaltquote!) über sämtliche Sender geht, sondern anschließend natürlich auch öffentlich diskutiert wird (zu den weiteren Einzelheiten im Hinblick auf die Aufgaben des Bundespräsidenten: vgl. Fall 15, dort im Anhang).

→Festsetzung von Staatssymbolen und Verleihung von Orden: Der Bundespräsident darf die Staatssymbole festlegen, wobei allerdings kaum noch Spielraum besteht, da die wesentlichen Staatssymbole schon längst positiv-rechtlich festgelegt sind. Hinsichtlich der Verleihung von Orden ist das wohl bekannteste Beispiel die Verleihung des ***Bundesverdienstkreuzes*** an Bürger mit herausragenden Leistungen in gesellschaftlicher bzw. sozialer Hinsicht.

Beachte aber: Trotz seiner zahlreichen Aufgaben hat der Bundespräsident keine verfassungsrechtlich verankerte »Macht« im klassischen politischen Sinne. Das Grundgesetz hat den Bundespräsidenten absichtlich nur mit sehr geringen, unmittelbaren verfassungsrechtlichen Kompetenzen ausgestattet (*Degenhart* StaatsR I Rz. 703; *Jarass/Pieroth* Art. 59 GG Rz. 5).

Historie: Die sehr begrenzte Macht des Bundespräsidenten der heutigen Zeit erklärt sich selbstverständlich aus der (düsteren) Geschichte unseres Landes. Und das kam so: Während der Zeit der ***Weimarer Reichsverfassung*** (WRV → 1919–1934) herrschten in Deutschland andere politische Verhältnisse als heute. Es gab aufgrund der in der WRV noch fehlenden 5%-Hürde im **Reichstag** eine Unzahl von kleinen Parteien oder Gruppierungen, ein dementsprechend stark zersplittertes Parlament und demzufolge wenig politische Stabilität. Nach Art. 41 WRV musste das Volk neben dem Parlament nun auch noch einen ***Reichpräsidenten*** wählen, der dann für immerhin ***sieben*** Jahre im Amt blieb. Dieser Reichspräsident sollte nach der Idee der damaligen Verfassungsgeber als eine Art »**Hüter der Verfassung**« und damit quasi als »**Gegenspieler**« des Parlaments auftreten. Das Volk sollte sich auf »seinen« Präsidenten verlassen können – selbst wenn das Parlament zersplittert und weitestgehend lethargisch dahinvegetierte (*Ipsen* StaatsR I Rz. 478). Die Verfassung hatte den Präsidenten daher mit umfassenden politischen Befugnissen ausgestattet: Neben den üblichen völkerrechtlichen Aufgaben (also der Vertretung des Staates nach außen), der Ausfertigung von Gesetzen und dem Begnadigungsrecht durfte der Reichspräsident etwa auch den Reichstag ***selbstständig*** auflösen (!), konnte Volksentscheide über bereits vom Reichstag beschlossene Gesetze herbeiführen, hatte den Oberbefehl über die Wehrmacht (!), durfte sogar darüber entscheiden, ob die vorgeschlagenen Minister oder gar der Kanzler seinem Gutdünken entsprachen und hatte schließlich die Macht, mit sogenannten »**Notverordnungen**« nicht nur Gesetze selbstständig zu erschaffen oder in Kraft zu setzen, sondern sogar ganze Regierungen zu entlassen bzw. neue Regierungen zu ernennen. Man nannte den Reichspräsidenten der WRV deshalb übrigens gerne auch »**Ersatzkaiser**« (*Boldt*, Verfassungsgeschichte der Neuzeit, Band 4, Seite 12). Die Katastrophe des Nationalsozialismus geht nach inzwischen weitestgehend unstreitiger historischer Betrachtung auch auf den damaligen Reichspräsidenten der Weimarer Zeit (→ *Paul von Hindenburg*) zurück: *Hindenburg* ernannte nämlich unter Zuhilfenahme seiner verfassungsrechtlichen Befugnisse ***Adolf Hitler*** am 30. Januar 1933 zum Reichskanzler und machte anschließend mit der Unterzeichnung der »Verordnung zum Schutz von Volk und Staat« vom Februar 1933 (→ »**Reichstagsbrandverordnung**«) und des ***Ermächtigungsgesetzes*** vom 24. März 1933, das die Gesetzgebungskompetenz des Parlaments außer Kraft setzte, den Weg frei zum Aufbau der NS-Diktatur. Historisch gesehen, verhalf der Reichspräsident *Hindenburg* der nationalsozialistischen Diktatur und vor allem *Adolf Hitler* damit entscheidend an die Macht, was nur deshalb möglich war, weil die damals gültige Verfassung ihm entsprechende Befugnisse verlieh (*Zippelius/Würtenberger* StaatsR § 41 Rz. 1 ff.; *Maurer* StaatsR I § 15 Rz. 2 ff.).

Logisch: Um die Wiederholung einer solchen Katastrophe zu verhindern, beschlossen die Väter und Mütter des heutigen Grundgesetzes, dass eine solche Machtfülle in einer Hand (des Präsidenten) keinesfalls im GG verankert werde dürfe. Und ***deshalb*** hat der Bundespräsident im GG kaum bis gar keine politischen Machtbefugnisse, sondern ist – wie gesehen – beschränkt auf ***Repräsentations***- und ***Integrationsfunktionen***. Merken.

III. Und welche Rolle spielt der Bundespräsident bei der Kanzlerwahl?

Nachdem wir nun die Bundesregierung und auch den Bundespräsidenten in unser Staatsgefüge einordnen können, schauen wir uns jetzt an, welche Rolle der Bundespräsident denn eigentlich bei der Wahl des Kanzlers spielt. Schließlich müssen wir ja noch die Frage beantworten, ob unser P im Ausgangsfall die Ernennung der M verweigern darf. Wir erinnern uns bitte:

> P hatte dem Bundestag in Ausübung seines Rechts aus Art. 63 Abs. 1 GG überraschend den V als Kanzler vorgeschlagen, woraufhin die Abgeordneten des Bundestages aber nur mit schlappen 3 % der Stimmen eingehen wollten. Anschließend schlugen die Abgeordneten von CDU/CSU selbst die CDU-Vorsitzende M vor – und die wurde dann mit 51 % der Stimmen gewählt. P will M unter diesen Umständen nun aber nicht als Kanzlerin ernennen, und das muss er ja eigentlich, vgl. Art. 63 Abs. 2 Satz 2 GG! **Frage**: Darf er die Ernennung dennoch verweigern?

Lösung: Die Wahl des Bundeskanzlers bzw. der Bundeskanzlerin richtet sich – wie gesehen – nach **Art. 63 GG** (aufschlagen, bitte). Das Amt des alten Bundeskanzlers endet gemäß **Art. 69 Abs. 2 GG** übrigens erst mit dem Zusammentritt des neuen Bundestages, jeder Bundestag hat damit garantiert immer auch ***seinen*** Bundeskanzler (*Gröpl* StaatsR I § 17 Rz. 1391). Und der wird so gewählt:

1.) Gemäß **Art. 63 Abs. 1 GG** wird der Bundeskanzler auf ***Vorschlag*** des ***Bundespräsidenten*** vom Bundestag ohne Aussprache gewählt. Ausweislich dieser Regelung hat der Bundespräsident also ein sogenanntes »Initiativrecht« hinsichtlich des Wahlvorschlags. Tatsächlich hat der Bundespräsident sogar eine Vorschlags***pflicht***, denn wenn er niemanden vorschlägt, läge darin eine Verletzung der Verfassung (*von Münch/Kunig/Meyn* Art. 63 GG Rz. 2; *Dreier/Hermes* Art. 63 GG Rz. 18; *Maunz/Dürig/Herzog* Art. 63 GG Rz. 16).

2.) Aus **Art. 63 Abs. 2 GG** ergibt sich der nächste Schritt: Der ***Bundestag*** als allein entscheidendes Gremium muss über die Wahl des Bundeskanzlers abstimmen. Für die erfolgreiche Wahl des Kandidaten zum Bundeskanzler benötigt dieser die »Mehrheit der Stimmen des Bundestages«.

> **Durchblick:** Der Begriff der »Mehrheit« ist in **Art. 121 GG** geregelt. Danach meint die »Mehrheit der Mitglieder des Bundestages« die Mehrheit ihrer ***gesetzlichen*** Mitgliederzahl. Es wird also zur Bestimmung des Mehrheitsbegriffes bei der Kanzlerwahl die Anzahl aller Mitglieder des Deutschen Bundestages als Grundlage für die Berechnung genommen (aktuell wären das **630 Sitze**). Die Mehrheit im gerade genannten Sinne beginnt somit erst ab einem Sitz über der Hälfte der Abgeordnetenzahl (**→ 316**). Man bezeichnet dies auch als »absolute« Mehrheit oder als **Mitgliedermehrheit** bzw. **Kanzlermehrheit**. Der Begriff »Kanzlermehrheit« resultiert tatsächlich aus **Art. 63 Abs. 2 GG**, da in dem dort benannten Fall – wie gesehen – die

Mehrheit der Stimmen des Bundestages, also die absolute Mehrheit erforderlich ist, um einen Bundeskanzler zu wählen. Durch dieses Mehrheitserfordernis in Art. 63 Abs. 2 GG soll übrigens die Entstehung von Minderheitsregierungen verhindert werden (*Degenhart* StaatsR I Rz. 678). Im Gegensatz dazu gibt es in der Verfassung auch Abstimmungen, die lediglich eine einfache bzw. relative Mehrheit vorsehen. So ergehen etwa normale Beschlüsse des Bundestages, z.B. über Gesetzesvorhaben nach **Art. 77 Abs. 1 Satz 1 GG,** mit einfacher Mehrheit, bitte lies: **Art. 42 Abs. 2 GG**. Bei dieser ***einfachen*** Mehrheit müssen dann lediglich die im Bundestag abgegebenen Ja-Stimmen gegenüber den abgegebenen Nein-Stimmen überwiegen. Es kommt in diesen Fällen also auf die Mehrheit der bei der Abstimmung aktuell anwesenden und ***abstimmenden*** Bundestagsmitglieder an. **Beispiel**: Sind bei einer Abstimmung über ein Gesetz nur 250 Abgeordnete im Bundestag anwesend und stimmen davon 110 mit »Ja«, 90 mit »Nein« und 50 enthalten sich, ist das Gesetz beschlossen im Sinne der Art. 77 Abs. 1, 42 Abs. 2 GG, obwohl die 110 Stimmen sehr weit von der absoluten Mehrheit (316 Stimmen) entfernt sind.

Zurück zum Fall: Vorliegend hat der Bundespräsident P seinem Initiativrecht und seiner Vorschlagspflicht aus Art. 63 Abs. 1 GG entsprechend zunächst überraschend V als Kandidaten zur Wahl des Bundeskanzlers vorgeschlagen. Da V bei der anschließenden Wahl aber nur 3 % der Stimmen erhalten hat (= eindeutig ***keine*** absolute Mehrheit), ist der gute V als Kanzlerkandidat damit durchgefallen.

Beachte: Unsere Geschichte mit V als Überraschungskandidat ist natürlich ziemlich theoretischer Natur. Tatsächlich ist in der langen Geschichte der Bundesrepublik immer derjenige Kandidat vom Bundespräsidenten vorgeschlagen worden, der vorher von den jeweiligen Parteien als Kanzlerkandidat ausersehen und im Wahlkampf auch als solcher »aufgebaut« worden ist (*Degenhart* StaatsR I Rz. 678; *Ipsen* StaatsR I Rz. 423). Das wäre ja auch noch schöner, wenn der Bundespräsident den gesamten Wahlkampf und die konkreten Absichten der Parteien durch die Benennung eines Überraschungskandidaten quasi ad absurdum führen würde. Wenn man Sinn und Zweck des Art. 63 Abs. 1 GG hinterfragt, muss man bei eindeutigen Mehrheitsverhältnissen im Bundestag im Zweifel sogar annehmen, dass der Bundespräsident (verfassungs-)rechtlich ***verpflichtet*** ist, den Kanzlerkandidaten vorzuschlagen, von dem anzunehmen ist, dass er die erforderliche Stimmzahl auf sich vereinen kann (*Schenke* Jura 1982, 57, 59). Insbesondere spricht für eine solche Annahme der ungeschriebene Rechtsgrundsatz der **Verfassungstreue**, durch den die Verfassungsorgane angehalten sind, sich untereinander loyal und rücksichtsvoll zu verhalten (*Schenke* Jura 1982, 57, 59 f.). Ganz nebenbei würde sich der Präsident auch ziemlich blamieren, wenn er einen bisher unbenannten Kandidaten vorschlägt – was soll auch die Bevölkerung von einem solchen Bundespräsidenten halten? Rein praktisch läuft das in Berlin deshalb übrigens immer so ab, dass die Vorsitzenden der zukünftigen Regierungsparteien nach der Wahl an den Bundespräsidenten herantreten und ihm den gemeinsamen Kandidaten sozusagen »antragen«, den der Bundespräsident anschließend dann auch schön brav dem Bundestag vorschlägt. Bis heute ist ***jeder*** Vorschlag des Bundespräsidenten im ***ersten*** Wahlgang (wenn auch manchmal knapp) vom Bundestag angenommen bzw. gewählt worden, und zwar genau so, wie es Art. 63 Abs. 1 und 2 GG als Normalfall vorsehen (*Ipsen* in JZ 2006, 217).

Da wir als Juristen allerdings nicht mit dem Normal-, sondern immer mit dem ***Ausnahmefall*** arbeiten müssen (denn nur ***der*** wird später auch abgefragt bzw. geprüft), gehen wir wieder zurück zu unserem Fällchen, in dem V als Überraschungskandidat ja inzwischen durchgefallen ist. Die Frage lautet nun natürlich:

Wer wird jetzt und vor allem ***wie*** Kanzler?

Ansatz: Wir lesen bitte: **Art. 63 Abs. 3 GG**.

Problem: Wo bleibt da jetzt der Bundespräsident?

Überraschende Lösung: Außen vor!

Tragisch, aber wahr, der Bundespräsident ist nach dem ersten Wahlgang raus! Das Initiativrecht geht nämlich nach der missglückten ersten Wahl vom Bundespräsidenten auf den ***Deutschen Bundestag*** über. Gemäß Art. 63 Abs. 3 GG kann der Bundestag nun innerhalb von 14 Tagen selbst einen Kandidaten vorschlagen und mit der Hälfte seiner Mitglieder (= absolute Mehrheit) einen neuen Kanzler wählen. **Wichtig**: Die Wahlvorschläge aus dem Bundestag bedürfen dabei gemäß § 4 der Geschäftsordnung des Bundestages (GOBT) der Unterzeichnung durch ein ***Viertel*** der Mitglieder des Bundestages oder einer Fraktion, die mindestens ein Viertel der Mitglieder des Bundestages ausmacht. **Und**: Das Ausspracheverbot aus Art. 63 Abs. 1 GG ist auch aufgehoben, der Bundestag kann also durchaus über einen Kanzlerkandidaten vorher noch beraten, denn dieses Ausspracheverbot gilt nach herrschender Meinung nur für den ersten Wahlgang (*Dreier/Hermes* Art. 63 GG Rz. 31; BK/*Schenke* Art. 63 GG Rz. 84; *Jarass/Pieroth* Art. 63 GG Rz. 3; *Schmidt-Bleibtreu/Hofmann/Hopfauf/Uhle* Art. 63 GG Rz. 4; a.A. *Maunz/Dürig/Herzog* Art. 63 GG Rz. 28). Mit der Regelung in Art. 63 Abs. 3 GG wird sichergestellt, dass der Bundestag letztlich immer ***selbst*** darüber entscheiden kann, wer Bundeskanzler werden soll – und gleichzeitig wird damit logischerweise verhindert, dass der Bundespräsident dem Bundestag einen ungeliebten Bundeskanzler quasi ***aufdrängt***.

Merke: Der Bundestag kann in einem ersten Wahlgang (Art. 63 Abs. 1 und 2 GG) einen Kanzler ***nicht*** in eigener Initiative wählen, sondern muss einen entsprechenden Personalvorschlag des Bundespräsidenten abwarten und darüber abstimmen (*Sachs/Oldiges* Art. 63 GG Rz. 13). Der Bundespräsident ist verfassungsrechtlich sogar ***verpflichtet***, für den ersten Wahlgang einen Kanzler vorzuschlagen. Kann der vom Bundespräsidenten vorgeschlagene Kandidat im Verfahren nach Art. 63 Abs. 1 und 2 GG die absolute Mehrheit der Stimmen nicht erringen, geht in einem zweiten und dritten Wahlgang die Initiative für Wahlvorschläge gemäß Art. 63 Abs. 3 und 4 GG auf den ***Bundestag*** über (*Sachs/Oldiges* Art. 63 GG Rz. 25; *Degenhart* StaatsR I Rz. 679). Der Bundespräsident hat dann kein Vorschlagsrecht mehr.

Zum Fall: Unser Bundespräsident P hat zunächst dem Deutschen Bundestag den V als Kanzlerkandidaten vorgeschlagen. Das entsprach seinem Recht und seiner Pflicht aus Art. 63 Abs. 1 GG (siehe oben). Nachdem V mit 3 % der Stimmen leider durchgefallen ist, war das Verfahren nach Art. 63 Abs. 1 und Abs. 2 GG vorbei. Das Initiativrecht des Bundespräsidenten ist folglich erloschen und auf den ***Bundestag*** gemäß **Art. 63 Abs. 3 GG** übergangen. Innerhalb von 14 Tagen haben dann die Abgeordneten von CDU/CSU die M als Kandidatin vorgeschlagen. Da die Geschäftsordnung des Deutschen Bundestages (GOBT) für einen solchen Vorschlag – wie oben erwähnt – nur ein ***Viertel*** (= 25 %) der Abgeordneten des Deutschen Bundestages fordert (§ 4 GOBT), erfüllen die Abgeordneten von CDU/CSU mit ihren 45 % locker diese Voraussetzungen und konnten folglich die M auch wirksam für die Wahl nominieren. Die M ist dann anschließend mit 51 % der Stimmen (= absolute Mehrheit) gewählt worden.

Konsequenz: M ist formal ordnungsgemäß zur Bundeskanzlerin gewählt worden, da die Vorschriften des Art. 63 Abs. 1–3 GG eingehalten wurden.

Letzte (und entscheidende**) Frage**: Darf der Bundespräsident die Ernennung der M jetzt noch verweigern?

Antwort: Der Art. 63 Abs. 2 Satz 2 GG (aufschlagen!) schreibt vor, dass der Gewählte vom Bundespräsidenten zu »ernennen ist« (= zwingend). **Problem**: Diese Vorschrift bezieht sich augenscheinlich nur auf **Art. 63 Abs. 1 GG**, sie setzt also voraus, dass derjenige Kandidat gewählt wurde, der zuvor auch vom Bundespräsidenten ***vorgeschlagen*** worden ist. Ist diesem Falle ***muss*** der Bundespräsident den gewählten Kandidaten auch ernennen, das steht genau so in Art. 63 Abs. 2 Satz 2 GG.

Demgegenüber enthält **Art. 63 Abs. 3 GG** keine ausdrückliche Pflicht des Bundespräsidenten, den vom Bundestag in Eigeninitiative ausgesuchten und gewählten Kanzler zu ernennen. Genau genommen steht in der genannten Norm kein einziges Wort vom Bundespräsidenten und einer möglichen Ernennungspflicht. Der Art. 63 Abs. 3 GG bezieht sich offensichtlich auf die Wahl des Bundeskanzlers mittels des ***zweiten*** Wahlgangs (→ Art. 63 Abs. 3 GG!), wenn also der Kandidat vom Bundestag aufgrund seines ***eigenen*** Initiativrechts und vor allem ohne Mitwirkung des Bundespräsidenten vorgeschlagen wurde. Und dies könnte tatsächlich dafür sprechen, dass der Bundespräsident auch nicht verpflichtet ist, den so gewählten Kanzler zu ernennen.

> **Aber**: Der Bundespräsident darf die Ernennung des nach Art. 63 Abs. 3 GG gewählten Bundeskanzlers dennoch ***nicht*** verweigern (*Dreier/Hermes* Art. 63 GG Rz. 32; *Jarass/Pieroth* Art. 63 GG Rz. 3; *Ipsen* StaatsR I Rz. 421). Zum einen steht dem Bundespräsidenten nämlich kein politisches, sondern allenfalls ein formelles, also auf den rein ***formalen*** Teil der Wahl bezogenes Prüfungsrecht zu (*Sachs/Oldiges* Art. 63 GG Rz. 24). Formale Fehler sind hier in unserem Fall aber nicht erkennbar, wir haben es eben festgestellt: Die Kanzlerin ist ***formal*** ordnungsgemäß gewählt worden (siehe oben). Im Übrigen ergibt sich die Ernennungspflicht auch aus der Systematik des Art. 63 GG, insbesondere aus **Art. 63 Abs. 4 Satz 2 und 3 GG** (*Maurer* StaatsR I § 15 Rz. 13). Denn das GG verpflichtet den Bundespräsidenten in Art. 63 Abs. 4 Satz 2 GG ausdrücklich dazu, den mit ***absoluter*** Mehrheit in einem möglichen dritten Wahlgang gewählten Kandidaten zu ernennen (»muss … ernennen«). Nur wenn der Kanzlerkandidat in einem dritten Wahlgang ***keine*** absolute Mehrheit erreichen konnte, soll dem Bundespräsidenten nach Meinung des Grundgesetzes ein Entschei-

dungs- und Gestaltungsrecht zustehen. Lediglich unter diesen Umständen kann er also entscheiden, ob er den Kandidaten dennoch zum Kanzler ernennt oder den Bundestag auflöst, was dann Neuwahlen zur Folge hat, vgl. Art. 63 Abs. 4 Satz 3 GG (*Sachs/Oldiges* Art. 63 GG Rz. 31). Im Umkehrschluss folgt daraus, dass er bei einer Wahl mit ***absoluter*** Mehrheit (nach Art. 63 Abs. 3 GG) nicht befugt sein soll, die Ernennung des Kanzlers aus eigener Entscheidung und insbesondere gegen den Willen des Bundestages zu verweigern. Wenn der Bundestag mit der Mehrheit seiner Mitglieder einen Kanzler gewählt hat, muss der Bundespräsident diesen auch ernennen (*von Mangoldt/Klein/Starck/Schröder* Art. 63 GG Rz. 40; *Dreier/Hermes* Art. 63 GG Rz. 32; *Jarass/Pieroth* Art. 63 GG; *Hesse* Rz. 632; *Maurer* StaatsR I § 15 Rz. 13).

Merke: Kanzlerkandidaten, die vom Bundestag mit ***absoluter*** Mehrheit gewählt wurden, ***müssen*** vom Bundespräsidenten ernannt werden, und zwar auch dann, wenn sie vorher nicht vom Bundespräsidenten selbst im Sinne des Art. 63 Abs. 1 GG vorgeschlagen, sondern nach den Regeln der Art. 63 Abs. 3 oder Abs. 4 Satz 2 GG vom Bundestag vorgeschlagen und gewählt worden sind.

Ergebnis: Bundespräsident P kann die Ernennung der M zur Bundeskanzlerin nicht verweigern. Die Wahl durch den Bundestag ist nämlich gemäß Art. 63 Abs. 3 GG formal ordnungsgemäß und vor allem mit absoluter Mehrheit durchgeführt worden. Sie bindet damit auch den Bundespräsidenten, ihm steht kein Verweigerungsrecht zu.

Gutachten

Es ist zu prüfen, ob Bundespräsident P die Ernennung der M zur Kanzlerin verweigern darf. Diese Weigerung könnte gegen die Pflicht des P aus Art. 63 Abs. 2 Satz 2 GG verstoßen. Gemäß Art. 63 Abs. 2 Satz 2 GG ist der Gewählte vom Bundespräsident zu ernennen.

I. Voraussetzung dafür ist, dass die M in einem ordnungsgemäßen Verfahren gewählt wurde.

Die Wahl des Bundeskanzlers bzw. der Bundeskanzlerin richtet sich nach Art. 63 GG. Gemäß Art. 63 Abs. 1 GG wird der Bundeskanzler auf Vorschlag des Bundespräsidenten vom Bundestag ohne Aussprache gewählt. Ausweislich dieser Regelung hat der Bundespräsident ein sogenanntes Initiativrecht hinsichtlich des Wahlvorschlags. Tatsächlich hat der Bundespräsident sogar eine Vorschlagspflicht, denn wenn er niemanden vorschlägt, läge darin eine Verletzung der Verfassung. Der Bundestag als allein entscheidendes Gremium muss über die Wahl des Bundeskanzlers gemäß Art. 63 Abs. 2 Satz 1 GG abstimmen. Für die erfolgreiche Wahl des Kandidaten zum Bundeskanzler benötigt dieser die Mehrheit der Stimmen des Bundestages. Der Begriff der Mehrheit ist in Art. 121 GG geregelt. Danach meint die Mehrheit der Mitglieder des Bundestages die Mehrheit ihrer gesetzlichen Mitgliederzahl. Es wird also zur Bestimmung des Mehrheitsbegriffes bei der Kanzlerwahl die Anzahl aller Mitglieder des Deutschen Bundestages als Grundlage für die Berechnung genommen. Die Mehrheit im gerade genannten Sinne beginnt somit erst ab einem Sitz über der Hälfte der Abgeordnetenzahl. Man bezeichnet dies auch als absolute Mehrheit oder als Mitgliedermehrheit bzw. Kanzlermehrheit.

Vorliegend hat der Bundespräsident P seinem Initiativrecht und seiner Vorschlagspflicht aus Art. 63 Abs. 1 GG entsprechend zunächst und überraschend V als Kandidaten zur Wahl des Bundeskanzlers vorgeschlagen. Da V bei der anschließenden Wahl aber nur 3 % der Stimmen erhalten hat, ist V als Kanzlerkandidat damit durchgefallen.

II. Das weitere Vorgehen bei der Wahl des Kanzlers richtet sich jetzt nach Art. 63 Abs. 3 GG. Das Initiativrecht geht nach der missglückten ersten Wahl vom Bundespräsidenten auf den Deutschen Bundestag über. Gemäß Art. 63 Abs. 3 GG kann der Bundestag nun innerhalb von 14 Tagen selbst einen Kandidaten vorschlagen und mit der Hälfte seiner Mitglieder, also der absoluten Mehrheit, einen neuen Kanzler wählen. Die Wahlvorschläge aus dem Bundestag bedürfen dabei gemäß § 4 der Geschäftsordnung des Bundestages (GOBT) der Unterzeichnung durch ein Viertel der Mitglieder des Bundestages oder einer Fraktion, die mindestens ein Viertel der Mitglieder des Bundestages ausmacht. Das Ausspracheverbot aus Art. 63 Abs. 1 GG ist aufgehoben, der Bundestag kann also durchaus über einen Kanzlerkandidaten vorher noch beraten, denn dieses Ausspracheverbot gilt nach herrschender Meinung nur für den ersten Wahlgang. Mit der Regelung in Art. 63 Abs. 3 GG wird sichergestellt, dass der Bundestag letztlich immer selbst darüber entscheiden kann, wer Bundeskanzler werden soll – und gleichzeitig wird damit verhindert, dass der Bundespräsident dem Bundestag einen ungeliebten Bundeskanzler quasi aufdrängt.

III. Bundespräsident P hat zunächst dem Deutschen Bundestag den V als Kanzlerkandidaten vorgeschlagen. Das entsprach seinem Recht und seiner Pflicht aus Art. 63 Abs. 1 GG. Nachdem V mit 3 % der Stimmen durchgefallen ist, war das Verfahren nach Art. 63 Abs. 1 und Abs. 2 GG vorbei. Das Initiativrecht des Bundespräsidenten ist folglich erloschen und auf den Bundestag gemäß Art. 63 Abs. 3 GG übergangen. Innerhalb von 14 Tagen haben dann die Abgeordneten von CDU/CSU die M als Kandidatin vorgeschlagen. Da die Geschäftsordnung des Deutschen Bundestages (GOBT) für einen solchen Vorschlag nur ein Viertel der Abgeordneten des Deutschen Bundestages fordert, erfüllen die Abgeordneten von CDU/CSU mit ihren 45 % diese Voraussetzungen und konnten folglich die M auch wirksam für die Wahl nominieren. M ist dann anschließend mit 51 % der Stimmen, also mit der absoluten Mehrheit, gewählt worden.

Zwischenergebnis: M ist damit formal ordnungsgemäß zur Bundeskanzlerin gewählt worden, die Vorschriften des Art. 63 Abs. 1–3 GG wurden eingehalten.

IV. Es fragt sich abschließend, ob P gleichwohl die Ernennung der M zur Kanzlerin verweigern durfte.

Die Regel des Art. 63 Abs. 2 Satz 2 GG schreibt vor, dass der Gewählte vom Bundespräsidenten zu ernennen ist. Diese Vorschrift bezieht sich indes nur auf Art. 63 Abs. 1 GG, sie setzt also voraus, dass derjenige Kandidat gewählt wurde, der zuvor auch vom Bundespräsidenten vorgeschlagen worden ist. Ist diesem Falle muss der Bundespräsident den gewählten Kandidaten auch ernennen. Demgegenüber enthält Art. 63 Abs. 3 GG keine ausdrückliche Pflicht des Bundespräsidenten, den vom Bundestag in Eigeninitiative ausgesuchten und gewählten Kanzler zu ernennen. Genau genommen steht in der genannten Norm kein einziges Wort vom Bundespräsidenten und einer möglichen Ernennungspflicht. Der Art. 63 Abs. 3 GG bezieht sich auf die Wahl des Bundeskanzlers mittels des zweiten Wahlgangs, wenn also der Kandidat vom Bundestag aufgrund seines eigenen Initiativrechts und vor allem ohne Mitwirkung des Bundespräsidenten vorgeschlagen wurde. Und dies könnte dafür sprechen, dass der Bundespräsident auch nicht verpflichtet ist, den so gewählten Kanzler zu ernennen.

Der Bundespräsident darf die Ernennung des nach Art. 63 Abs. 3 GG gewählten Bundeskanzlers aber dennoch nicht verweigern. Zum einen steht dem Bundespräsidenten unstreitig kein politisches, sondern allenfalls ein formelles, also auf den rein formalen Teil der Wahl bezogenes Prüfungsrecht zu. Formale Fehler sind im vorliegenden Fall aber nicht erkennbar. Die Kanzlerin ist formal ordnungsgemäß gewählt worden. Im Übrigen ergibt sich die Ernennungspflicht auch aus der Systematik des Art. 63 GG, insbesondere aus Art. 63 Abs. 4 Satz 2 und 3 GG. Das GG verpflichtet den Bundespräsidenten in Art. 63 Abs. 4 Satz 2 GG ausdrücklich dazu, den mit absoluter Mehrheit in einem möglichen dritten Wahlgang gewählten Kandidaten zu ernennen (»muss … ernennen«). Nur wenn der Kanzlerkandidat in einem dritten Wahlgang keine absolute Mehrheit erreichen konnte, soll dem Bundespräsidenten nach Meinung des Grundgesetzes ein Entscheidungs- und Gestaltungsrecht zustehen. Lediglich unter diesen Umständen kann er also entscheiden, ob er den Kandidaten dennoch zum Kanzler ernennt oder den Bundestag auflöst, was dann gemäß Art. 63 Abs. 4 Satz 3 GG Neuwahlen zur Folge hat. Im Umkehrschluss folgt daraus, dass er bei einer Wahl mit absoluter Mehrheit nach Art. 63 Abs. 3 GG nicht befugt sein soll, die Ernennung des Kanzlers aus eigener Entscheidung und insbesondere gegen den Willen des Bundestages zu verweigern. Wenn der Bundestag mit der Mehrheit seiner Mitglieder einen Kanzler gewählt hat, muss der Bundespräsident diesen auch ernennen.

Zwischenergebnis: Kanzlerkandidaten, die vom Bundestag mit absoluter Mehrheit gewählt wurden, müssen vom Bundespräsidenten ernannt werden, und zwar auch dann, wenn sie vorher nicht vom Bundespräsidenten selbst im Sinne des Art. 63 Abs. 1 GG vorgeschlagen, sondern nach den Regeln der Art. 63 Abs. 3 oder Abs. 4 Satz 2 GG vom Bundestag vorgeschlagen und gewählt worden sind.

Ergebnis: Bundespräsident P kann die Ernennung der M zur Bundeskanzlerin nicht verweigern. Die Wahl durch den Bundestag ist gemäß Art. 63 Abs. 3 GG formal ordnungsgemäß und vor allem mit absoluter Mehrheit durchgeführt worden. Sie bindet damit auch den Bundespräsidenten, ihm steht kein Verweigerungsrecht zu.

Fall 11

Vertrauen ist gut – Neuwahlen sind besser!

Die C-Partei und die G-Partei verfügen nach der Bundestagswahl gemeinsam über eine hauchdünne Mehrheit von genau *einem* Sitz im Bundestag und haben mit dieser Mehrheit die der C-Partei angehörende M zur Kanzlerin gewählt.

Ein halbes Jahr später möchte M zur allgemeinen Überraschung sofortige Neuwahlen. M will nämlich in den kommenden Monaten eine Vielzahl unangenehmer Steuererhöhungen durchsetzen und befürchtet, dass diese Reformen bei ihrem Koalitionspartner (der G-Partei) keine Zustimmung finden. Bislang hatte M zwar noch keine Probleme, gemeinsam mit der G-Partei diverse Gesetzesänderungen im Bundestag durchzubringen. Die Kanzlerin hat aber Zweifel, ob ihr Koalitionspartner auch bei Steuererhöhungen mitzieht, da die G-Partei sowohl im Wahlkampf als auch bei den Koalitionsverhandlungen massiv gegen Steuererhöhungen argumentiert und auch schon angekündigt hat, dieses Vorhaben jetzt zu blockieren. Aktuelle Umfragen ergeben, dass die C-Partei einen sehr guten Stand bei den Wählern hat und ein erheblich besseres Wahlergebnis erwarten kann, als bei der Bundestagswahl vor einem halben Jahr. Möglicherweise könnte die C-Partei bei einer Neuwahl sogar die absolute Mehrheit erzielen und dann alleine regieren.

Kann M sofortige Neuwahlen erzwingen?

Schwerpunkte: Die Vertrauensfrage nach Art. 68 GG; die verfassungsrechtliche Stellung des Bundeskanzlers gemäß den Art. 63, 64 und 65 GG; die verschiedenen Formen der Auflösung des Bundestages; die Abgrenzung von einer *echten* und einer *unechten* Vertrauensfrage; die Verfassungsmäßigkeit der *unechten* Vertrauensfrage nach Art. 68 GG.

Lösungsweg

Einstieg: Auch in diesem Fall geht es um die Stellung bzw. die Funktionen des Bundestages, des Bundeskanzlers und der Bundesregierung. Die vorliegenden Geschichte bringt uns zu einem ***der*** klassischen verfassungsrechtlichen Probleme, mit dem sich das Bundesverfassungsgericht in seiner langen Historie schon zweimal umfassend beschäftigen musste (BVerfGE **62**, 1 und BVerfGE **114**, 121). In den beiden gerade zitierten Urteilen ging es jeweils um die Verfassungsmäßigkeit einer vorzeitigen Auflösung des Bundestages mit dem alleinigen Ziel, sofortige Neuwahlen zu erzwingen: im ersten Fall beim Regierungswechsel ***Schmidt/Kohl*** Ende des Jahres 1982 und im zweiten Fall beim Regierungswechsel ***Schröder/Merkel*** im Sommer 2005. Konkret stellte sich jeweils das Problem, ob ein Kanzler die Befugnis und Möglichkeit hat, den Bundestag vor Ablauf der eigentlichen Legislaturperiode (***vier*** Jahre, **Art. 39 Abs. 1 Satz 1 GG**) aufzulösen, um zu schnelleren Neuwahlen zu kommen. Das kann aus Sicht der Betroffenen (siehe zum Beispiel unsere Geschichte oben!) aus unterschiedlichen Motiven beachtlichen Sinn machen. Vorgezogene Neuwahlen sind nach unserem GG – so viel schon mal vorweg – grundsätzlich zwar möglich, müssen allerdings an bestimmte Regeln gebunden sein, ansonsten droht nämlich der Missbrauch. Wir wollen uns anhand des vorliegenden Falles jetzt anschauen, was unser Grundgesetz zu dieser Frage genau sagt – übrigens mit ziemlich überraschendem Ergebnis: Der Leser mag sich spaßeshalber mal rein vom Bauchgefühl her fragen, ohne gleich zum Lösungsende zu springen, ob er der M hier vorgezogene Neuwahlen gestatten würde.

Der Reihe nach: Unsere Bundeskanzlerin M möchte – wie gesehen – die besagten sofortigen Neuwahlen, um anschließend Steuererhöhungen mit einer stabileren Regierungsmehrheit im Bundestag durchzubringen. Klingt aus ihrer Sicht natürlich logisch, vor allem auch, weil die C-Partei nach aktuellen Umfragen ja besonders gut dasteht und unter Umständen sogar mit einer Alleinregierung rechnen kann. Jeder Kanzler/jede Kanzlerin möchte selbstverständlich mit möglichst ***großer*** Mehrheit (am liebsten natürlich mit ***absoluter*** Mehrheit der eigenen Partei) im Bundestag regieren, und zwar aus folgenden Gründen:

Klassische Regierungsarbeit im Deutschen Bundestag funktioniert seit Jahr und Tag so: Gemäß Art. 62 GG besteht die Bundesregierung aus dem ***Bundeskanzler*** und den von ihm ernannten ***Bundesministern***. Diese Bundesregierung übernimmt in eigener Verantwortung gegenüber dem Volk und dem Parlament ihre sogenannte ***Regierungsfunktion*** (BVerfGE **9**, 268, 281), die sie vor allen Dingen so ausübt: Die Regierung legt dem Bundestag ***Gesetzesentwürfe*** vor, in denen die politischen Ziele der Regierung fixiert sind. In aller Regel sind das die Ziele, die die Parteien den Wählern im Wahlkampf versprochen haben (fiktive Beispiele: Hartz-IV-Reform, Elterngelderhöhung, Kfz-Steuersenkungen, Bundeswehrreform, Lkw-Maut-Einführung, Kindergartenförderung, usw. usw.). All dies muss natürlich, damit es später Wirksamkeit erlangen kann, zuerst in Gesetzesform gegossen und diese Gesetze müssen dann auch verabschiedet werden. Gesetze werden aber nur dann wirksam verabschiedet, wenn sie vom **Bundestag** (und unter Umständen auch vom Bundesrat/der Ländervertretung) mit entsprechender Mehrheit beschlossen werden (bitte lies: **Art. 77 Abs. 1 Satz 1 GG**). Die Bundesregierung ist also darauf angewiesen, dass die Mehrheit der Abgeordneten des Bundestages bei einer Abstimmung für das jeweilige Gesetz stimmt. Die Regierung bzw. der von der Regierung eingebrachte Gesetzesentwurf erhält nun in aller Regel bei Abstimmungen ***diese*** Mehrheit der Stimmen der Bundestagsmitglieder, **denn**: Die Regierungsparteien verfügen logischerweise im Deutschen Bundestag über die Mehrheit der Stimmen und können mit dieser Mehrheit ihre Gesetzesvorhaben durchbringen. Neben der Wahl des Bundeskanzlers (für die ja grundsätzlich auch die Mehrheit der Stimmen erforderlich ist) ist genau ***das*** der eigentliche Vorteil eines Wahlsieges: man verfügt anschließend im Bundestag über die Mehrheit der Stimmen und kann die beabsichtigten politischen Ziele in Form von Gesetzen durchbringen. Kapiert?

Gut. Und jetzt das **Problem**: Sind die Wahlen zum Deutschen Bundestag allerdings sehr knapp ausgegangen, kann es passieren, dass die regierungsbildenden Parteien im Bundestag – z.B. wie in unserem Fall – nur einen oder ein paar wenige Sitze mehr als die unterlegenen Parteien erhalten. Damit wird es für die Regierung natürlich erheblich schwerer, ihre Regierungsarbeit effektiv zu erfüllen bzw. die Gesetze durchzubringen. Denn wenn auch nur wenige Abgeordnete bei einem Gesetzesvorhaben quasi ausscheren und gegen die eigene Regierung stimmen, kann das Gesetz nicht verabschiedet werden. **Und beachte:** Da die Abgeordneten gemäß **Art. 38 Abs. 1 Satz 2 GG** (lesen!) als Vertreter des ganzen Volkes an Aufträge und Weisungen nicht gebunden und nur ihrem ***Gewissen*** unterworfen sind (steht da wörtlich so drin!), müssen selbst die Abgeordneten der Regierungsparteien nicht zwingend im Interesse der Koalitionsregierung handeln. Sie können, wie gesagt, auch ***gegen*** die eigene Regierung bzw. das von der Regierung eingebrachte Gesetz stimmen oder sich enthalten. Sind dann auch noch aus irgendwelchen Gründen (Dauer-)Konflikte unter den regierenden Koalitionsparteien vorhanden, ist der Schlamassel perfekt und die geringe Mehrheit im Bundestag wird endgültig zum Hemmschuh. Die Regierung und damit vor allem der Kanzler würden unter diesen Umständen quasi handlungsunfähig, da die dem Bundestag vorgelegten Gesetze keine Mehrheit mehr im Bundestag finden. Diese Verhältnisse im Bundestag nennt man dann übrigens »**instabile Mehrheitsverhältnisse**«(vgl. etwa *Degenhart* StaatsR I Rz. 683).

Zum Fall: Unsere Kanzlerin hat genau ***diese***, gerade beschriebene Befürchtung, nämlich dass ihre Regierungsarbeit durch die instabilen Mehrheitsverhältnisse lahm gelegt wird. Wenn die Abgeordneten der G-Partei nicht mehr hinter ihr stehen, bricht für die Kanzlerin die Mehrheit der Stimmen im Bundestag weg. Selbst wenn die Abgeordneten der G-Partei die Reformen voll unterstützen würden, wäre die Kanzlerin im Übrigen bei Abstimmungen im Bundestag gleichwohl immer auf ***alle*** Stimmen der Regierungsparteien angewiesen, da sie ja nur mit einer einzigen Stimme die Mehrheit im Bundestag erreicht. Praktisch gesehen bedeutet das, es muss nur ***ein*** Abgeordneter der Regierungsparteien seine Meinung ändern und gegen den Antrag der Bundesregierung stimmen (oder krank oder sonst wie verhindert sein!) mit der Folge, dass der Antrag aufgrund der fehlenden Mehrheit der Mitglieder des Bundestages abgelehnt würde. Ein echtes Drama – jedenfalls aus Kanzlersicht.

Um eine absolute Mehrheit der Stimmen im Bundestag auch wirklich sicher zu gewährleisten, müssten die Regierungsparteien dementsprechend ***mehr*** Sitze im Bundestag für sich gewinnen, um ein größeres Polster für eine absolute Mehrheit zu haben. Dies kann in solchen Fällen nur noch durch erfolgreiche Neuwahlen geschehen – und genau die will die Kanzlerin erreichen, um dann effektiv mit einem neuen mehrheitsstabilen Bundestag weiter regieren zu können.

Und das geht so:

Die verfassungsrechtlichen Möglichkeiten zur vorzeitigen Auflösung des Bundestages – mit anschließenden Neuwahlen

Voraussetzung für **Neuwahlen** ist zunächst, dass der bestehende Bundestag vorzeitig ***aufgelöst*** wird. Eine eigenmächtige Auflösung des Bundestages lässt unsere Verfassung allerdings gar nicht zu. Es gibt lediglich ***zwei*** Vorschriften im Grundgesetz, die eine Auflösung des Bundestages regeln, nämlich:

1.) Der **Kanzlerrücktritt** – mit nachfolgender Wahl eines Bundeskanzlers, ohne absolute Mehrheit gemäß **Art. 63 Abs. 4 Satz 3 GG**.

Voraussetzungen: Die Wahl des Bundeskanzlers scheitert, weil kein Kandidat die absolute Mehrheit erreicht. In diesem Fall kann der Bundespräsident den nur mit einfacher Mehrheit gewählten Kandidaten zum Kanzler (→ sogenannter »***Minderheitskanzler***«) ernennen – oder den Bundestag auflösen (vgl. dazu etwa *Maurer* StaatsR I § 13 Rz. 57).

2.) Die **Vertrauensfrage** nach **Art. 68 GG.**

Voraussetzungen: Der Bundeskanzler stellt einen Antrag im Bundestag, ihm das Vertrauen auszusprechen; die erforderliche absolute Mehrheit des Bundestages spricht ihm durch Abstimmung dieses Vertrauen jedoch ***nicht*** aus, sodass der Bundespräsident auf Vorschlag des Bundeskanzlers binnen einundzwanzig Tagen den Bundestag auflösen kann.

Beachte: Die vorzeitige Auflösung des Bundestages ist nur in den beiden hier genannten Fällen überhaupt möglich. Eine Selbstauflösung des Bundestages, also ein vollkommen eigenständiger Akt des Bundestages, ist in der Verfassung nicht vorgesehen und demnach auch nicht zulässig (*Maurer* StaatsR I § 13 Rz. 59). Merken.

Die erste eben benannte Vorschrift zur Auflösung des Bundestages (**Art. 63 Abs. 4 Satz 3 GG**) haben wir im vorherigen Fall schon kennengelernt.

> **Wiederholung**: Wird ein Bundeskanzlerkandidat gemäß Art. 63 GG nicht von der absoluten Mehrheit des Bundestages gewählt und erhält nur die einfache Mehrheit, bezeichnet man ihn als »***Minderheitskanzler***«. Das bedeutet, dass gerade nicht die absolute Mehrheit des Parlaments hinter ihm steht und er es damit wesentlich schwerer hat, seine Regierungsziele vor dem Bundestag durchzusetzen (siehe oben). Er hat also mehr Gegner als Freunde im Bundestag – und die Gegner werden bei Abstimmungen im Bundestag (z.B. über eine Gesetzesinitiative der Regierung) natürlich gegen ihn stimmen. Seine Regierung ist damit im Vergleich zu einer Regierung, die einen Mehrheitskanzler hat, ziemlich fragil (= brüchig). Daher besteht seitens des Bundespräsidenten die Möglichkeit, gemäß **Art. 63 Abs. 4 Satz 3 GG** gründlich darüber nachzudenken, ob er einen solchen Minderheitskanzler für das Amt des Bundeskanzlers ernennen möchte. Schließlich besteht die Gefahr, dass dadurch die gesamte Handlungsfähigkeit der Regierung gefährdet ist. Deshalb kann der

Bundespräsident auch, anstatt den Minderheitskanzler zu ernennen, den Bundestag auflösen und Neuwahlen ansetzen gemäß Art. 63 Abs. 4 Satz 3 GG. Der ***Bundespräsident*** kann also in diesem Fall über die Auflösung des Bundestages entscheiden.

Zum Fall: Vorliegend haben wir zwar grundsätzlich das gleiche Problem – die Handlungsfähigkeit der Regierung ist gefährdet, da bei unpopulären Anträgen, wie z.B. der Steuererhöhung, möglicherweise keine absolute Mehrheit mehr im Bundestag zu erreichen ist. **Aber:** Unsere Kanzlerin ist ja bereits im Amt! Folglich ist die gerade beschriebene Form der Bundestagsauflösung im Rahmen der Bundeskanzlerwahl hier nicht einschlägig und hilft der im Amt befindlichen M somit auch nicht weiter.

Nächste Überlegung: Die ***Vertrauensfrage*** nach Art. 68 GG (bitte aufschlagen!)

Durchblick: Der Art. 68 GG spricht in seiner Überschrift zwar von der *Auflösung des Bundestages* (prüfen, bitte!), wird aber auch einfach als die sogenannte »***Vertrauensfrage***« bezeichnet. Diese Vertrauensfrage ist nach allgemeiner Ansicht zunächst einmal ein Instrument für den Krisenfall einer Bundesregierung (*Degenhart* StaatsR I Rz. 683; *Sachs/Oldiges* Art. 68 GG Rz. 4; *Detterbeck* Öff. Recht Rz. 229; *Burkiczac* in Jura 2002, 465, 467): Ein amtierender Bundeskanzler, der – aus welchen Gründen auch immer – an seiner (bisherigen) Mehrheit im Bundestag zweifelt, kann gemäß Art. 68 Abs. 1 Satz 1 GG die Vertrauensfrage stellen und damit seine Position (im günstigsten Fall) stärken. Der Bundeskanzler beantragt dann vor dem Bundestag, ihm das Vertrauen auszusprechen, damit er weiß, ob die Mehrheit der Abgeordneten noch hinter seiner Regierungsarbeit steht. Diese Vertrauensfrage ist somit grundsätzlich nicht auf die ***Auflösung*** des Bundestages gerichtet, sondern im Gegenteil auf dessen ***Erhalt***. Man spricht daher auch von einer ***echten*** (positiven) ***Vertrauensfrage***, da der Bundeskanzler seine Machtstellung mit einer im Ergebnis ***positiv*** gestellten Vertrauensfrage bestätigt sehen will (*Sodan* Art. 68 GG Rz. 1; *Degenhart* StaatsR I Rz. 685).

Definition: ***Vertrauen*** im Sinne des Art. 68 GG meint gemäß der deutschen verfassungsgeschichtlichen Tradition die im Akt der Stimmabgabe förmlich bekundete gegenwärtige Zustimmung der Abgeordneten zu Person und Sachprogramm des Bundeskanzlers (BVerfG NJW **1983**, 735).

Die Vertrauensfrage ist damit also grundsätzlich ein Verteidigungsinstrument des Bundeskanzlers (*Sachs/Oldiges* Art. 68 GG Rz. 5). Eine kritische politische Lage kann er damit, wenn es positiv läuft, in den Griff bekommen. So führt der Bundeskanzler, wenn er die Frage bei unsicheren Mehrheitsverhältnissen stellt, den Abgeordneten vor Augen, dass die Auflösung des Bundestages droht. Die drohende Bundestagsauflösung wirkt in diesem Fall ***disziplinierend*** (*Sachs/Oldiges* Art. 68 GG Rz. 5). Einfacher gesagt, soll der Bundestag aufgerüttelt und dazu ermahnt werden, sich kooperativer zu zeigen. Mit dem Antrag des Bundeskanzlers an den Bundestag, ihm das Vertrauen auszusprechen, ist vor allem auch die Drohung verbunden, im Falle seines Scheiterns die Auflösung des Bundestages und damit den Mandatsverlust der Abgeordneten zu betreiben (BVerfGE **62**, 1, 39; *Buettner/Jäger* DöV **2006**, 408, 411).

Zum Fall: Unsere Kanzlerin M möchte allerdings gar nicht mehr mit dem aktuellen Bundestag weiter zusammenarbeiten, sie will tatsächlich die ***Auflösung***, um bei möglichen Neuwahlen dann (noch) besser da zu stehen. Unsere ganzen schönen Gedanken zu Art. 68 GG und der Vertrauensfrage wären damit eigentlich komplett für den Mülleimer, denn von der Grundidee sollte es ja eigentlich um den ***Erhalt*** des Bundestages und der konstruktiven Regierungsarbeit gehen. Unsere Kanzlerin hier möchte den Art. 68 GG demgegenüber nutzen, um (auch) das gestiegene Ansehen ihrer Partei unmittelbar nutzbar zu machen und im Idealfall die G-Partei aus der Regierung zu schubsen. Und zwar mit: schnellen Neuwahlen.

Problem: Es fragt sich, ob der Art. 68 GG hierfür auch herhalten kann und soll. Vor allem stellt sich die Frage, ob es nicht sogar ***verfassungswidrig*** ist, wenn ein Bundeskanzler die Vertrauensfrage nach Art. 68 GG stellt, allein mit der Absicht, eine ***Bundestagsauflösung*** mit anschließenden Neuwahlen herbeizuführen, um sich selbst einen Vorteil zu verschaffen. Denn wir haben ja oben gesehen, dass die Vertrauensfrage eigentlich als Instrument der ***Stabilisierung*** des Verhältnisses von Bundesregierung und Bundestag konzipiert wurde. Stellt nun ein Kanzler die Vertrauensfrage, um schnell Neuwahlen zu erwirken und damit sich bzw. seiner Partei dadurch einen Vorteil zu verschaffen, könnte dieses Vorgehen ein Missbrauch der gesetzlichen Regelung des Art. 68 GG sein.

Lösung: Um die Problematik sinnvoll aufzudröseln, wollen und müssen wir schulmäßig an das Ganze herangehen. Als Erstes wollen wir deshalb einfach mal die im Gesetz geschriebenen ***Voraussetzungen*** des Art. 68 GG prüfen, damit kommen wir unter Umständen einen Schritt näher an die Lösung. Es muss zunächst eine sogenannte »***formelle Auflösungslage***« im Sinne des Art. 68 GG bestehen, und zwar (Gesetz lesen):

→ Ein Antrag des Bundeskanzlers im Bundestag, ihm (und nicht etwa der ganzen Regierung!) das Vertrauen auszusprechen +

→ das Scheitern dieses Antrages, das heißt, die fehlende Zustimmung der Mehrheit der Mitglieder des Bundestages, dem Kanzler das Vertrauen auszusprechen +

→ der Bundeskanzler muss dem Bundespräsidenten den Vorschlag unterbreiten, den Bundestag aufzulösen.

Folge: Liegen diese Voraussetzungen kumulativ vor, ***kann*** der Bundespräsident jetzt dem Vorschlag des Bundeskanzlers auf vorzeitige Auflösung des Bundestages innerhalb einer Frist von einundzwanzig Tagen entsprechen (bitte lies: **Art. 68 Abs. 1 Satz 1 GG**).

Zum Fall: Der Art. 68 GG setzt also zunächst voraus, dass der Bundeskanzler die Vertrauensfrage stellt. Unsere Kanzlerin müsste dementsprechend vor den Bundestag treten und einen Antrag stellen, ihr das Vertrauen auszusprechen. Dieser Antrag darf dann ***nicht*** die Zustimmung der Mehrheit der Mitglieder des Bundestages finden. Es würde in unseren Fall mit der hauchdünnen Mehrheit also schon reichen, wenn lediglich ***ein*** Abgeordneter der Regierungsparteien der Kanzlerin nicht das Vertrauen ausspricht. Die Opposition wird verständlicherweise der Kanzlerin sowieso nicht das Vertrauen aussprechen. Hinsichtlich der Regierungsfraktion könnte (und würde!) es natürlich zu entsprechenden Verabredungen kommen, um die Stimmenthaltung einiger Fraktionsmitglieder zu erwirken. Dies klingt zwar befremdlich, ist aber durchaus üblich und widerspricht zudem auch nicht Art. 38 Abs. 1 Satz 2 GG (*Jarass/Pieroth* Art. 38 GG Rz. 28). Verweigern dann die Abgeordneten der Regierungsparteien tatsächlich ihre Zustimmung, würde die Vertrauensfrage scheitern.

Formell könnte der Antrag also von unserer Bundeskanzlerin gestellt werden und es wäre auch damit zu rechnen, dass die Mehrheit des Bundestages ihr ***nicht*** das Vertrauen ausspricht. Anschließend müsste unsere Kanzlerin nur noch dem Bundespräsidenten vorschlagen, den Bundestag aufzulösen, und der Bundespräsident müsste binnen einundzwanzig Tagen diesem Vorschlag entsprechen (lies: Art. 68 GG). Dann wären die formellen Voraussetzungen des Art. 68 GG auch in unserem Fall erfüllt und unsere Kanzlerin könnte sich auf baldige Neuwahlen freuen.

ZE.: Vorausgesetzt, der Bundespräsident spielt mit, wäre der Weg für Neuwahlen damit zumindest formal, also nach dem Gesetzeswortlaut des Art. 68 GG, geebnet.

Aber: Eigentlich widerspricht dieses Vorhaben der Kanzlerin ja – wie oben erwähnt – der Intention des Art. 68 GG. Wir hatten oben lang und breit erklärt, dass die Vertrauensfrage primär ein Instrument ist, mittels dessen sich der Bundeskanzler der parlamentarischen Unterstützung vergewissern kann und soll.

Lösung: Um diesem Problem gerecht zu werden, hat das Bundesverfassungsgericht in seiner Entscheidung vom **16. Februar 1983** (BVerfGE **62**, 1), als es um die ***Vertrauensfrage*** des damaligen Kanzlers *Helmut Kohl* ging, für die Anwendung des Art. 68 GG ein weiteres Tatbestandsmerkmal eingefügt. Neben der sogenannten formalen Auflösungslage (siehe oben), fordert das Gericht zudem als ungeschriebenes Tatbestandsmerkmal des Art. 68 GG auch eine sogenannte »***materielle Auflösungslage***« ein. Und »materielle Auflösungslage« definierte das Gericht damals als »***instabile politische Verhältnisse***« im Deutschen Bundestag. Sollten solche vorliegen, sei auch eine Vertrauensfrage zulässig, die allein die Auflösung des Bundestages und damit schnelle Neuwahlen im Blick hätte.

> **Durchblick**: Auslöser für die Entscheidung des BVerfG war, wie oben schon mal kurz angesprochen, der damalige Bundeskanzler *Helmut Kohl*, der am **13. Dezember 1982** im Deutschen Bundestag die Vertrauensfrage stellte. Dies tat er allerdings nicht, um wirklich das Vertrauen vom Bundestag ausgesprochen zu bekommen, sondern

mit dem klaren Ziel, diese Abstimmung zu ***verlieren*** und anschließend schnelle Neuwahlen zu erwirken. Der CDU-Vorsitzende *Kohl* hatte erst wenige Wochen vorher, und zwar am **1. Oktober 1982**, mit dem von ihm selbst initiierten »***konstruktiven Misstrauensvotum***« (→ Art. 67 GG) den vor ihm amtierenden Bundeskanzler *Helmut Schmidt* (SPD) zu Fall gebracht und war zugleich selbst von der Mehrheit der Mitglieder des Bundestages mit **256:235** Stimmen zum neuen Regierungschef gewählt worden. Das war deshalb möglich, weil die FDP, die vorher zusammen mit der SPD stolze 13 Jahre lang die Deutsche Bundesregierung und die Mehrheit im Bundestag stellte, sich wegen Differenzen mit SPD-Kanzler *Helmut Schmidt* auf die Seite der CDU/CSU schlug. Damit hatte die SPD von einem auf den anderen Tag ihren Koalitionspartner verloren und *Helmut Kohl* musste nur noch das Prozedere des Art. 67 GG in Gang bringen, um neuer Kanzler zu werden. *Kohl* wurde damit, ohne Beteiligung des Volkes (lies: Art. 67 GG), mitten in einer Legislaturperiode aus der Opposition heraus neuer Bundeskanzler. Doch *Helmut Kohl* wollte nicht nur durch das konstruktive Misstrauensvotum zum Kanzler gewählt werden, sondern das Volk selbst um die Legitimation seiner Regierung bitten. Und dafür hatte er auch einen ziemlich guten Grund: Aktuelle Umfrageergebnisse deuteten damals nämlich auf eine deutliche Mehrheit für die von ihm jetzt geführte christlich-liberale Regierungskoalition von CDU/CSU und FDP. *Kohl* wollte seine Macht durch eine Neuwahl vom deutschen Volk erhalten bzw. bestätigen lassen, da diese Wahlen ihm ein besseres Ergebnis versprachen, als er es im Bundestag zunächst beim Misstrauensvotum erhalten hatte. Nach Absprache mit diversen Abgeordneten aus der CDU/CSU und der FDP stellte *Kohl* schließlich am **13. Dezember 1982** die Vertrauensfrage und erhielt, weil die meisten Abgeordneten von CDU/CSU und FDP sich verabredungsgemäß der Stimme enthielten, ***nicht*** die Zustimmung der Mehrheit der Abgeordneten des Deutschen Bundestages (BT-Plenarprotokoll 6/197 Seite 11574 f.). Daraufhin löste der damalige Bundespräsident *Carl Carstens* (CDU) am **6. Januar 1983** den Bundestag auf und ordnete Neuwahlen an (die 21-Tagesfrist des Art. 68 Abs. 1 GG war übrigens noch nicht abgelaufen, weil die Vertrauensfrage von Kohl zwar am **13. Dezember** 1982 gestellt wurde, die Abstimmung darüber aber erst am **17. Dezember** 1982 stattfand). Die Neuwahlen am **6. März 1983** gewann *Kohl* bzw. gewannen die Parteien CDU/CSU/FDP dann übrigens, wie von Kohl erhofft, sehr deutlich und *Kohl* wurde am **29. März 1983** mit **271:214** Stimmen vom Bundestag (noch mal) zum Kanzler gewählt. *Kohl* hatte damit eine deutlich größere Mehrheit der Stimmen im Bundestag erhalten als noch beim Misstrauensvotum einige Monate vorher (damals ja nur 256:235), was für seine Regierungsarbeit sehr zuträglich war. Politisch also ein ziemlich cleverer Zug, verfassungsrechtlich indes äußerst umstritten.

Einige Bundestagsabgeordnete der SPD zogen anschließend deshalb vor das Bundesverfassungsgericht, da sie nämlich durch die Bundestagsauflösung ihr Mandat verloren hatten und sich in ihrem Status aus Art. 38 Abs. 1 Satz 2 GG verletzt sahen. Sie wollten wissen, ob die durch den damaligen Bundespräsidenten *Carl Carstens* verfügte Auflösung des Bundestages verfassungswidrig gewesen ist. Die klagenden Abgeordneten waren insbesondere der Ansicht, dass eine Auflösungsanordnung durch den Bundespräsidenten nur dann verfassungsmäßig sei, wenn der Bundeskanzler die Vertrauensfrage mit dem Ziel stelle, hierfür die ***Zustimmung*** der Mehrheit des Bundestages zu erhalten, und damit eine politische Regierungskrise abwenden wolle (*Terhechte* in Jura **2005**, 512, 517). *Helmut Kohl* hatte ja genau das Gegenteil getan, um sich selbst bzw. seiner Partei einen Vorteil zu verschaffen (siehe oben).

Das BVerfG erklärte zur Überraschung der antragstellenden SPD-Abgeordneten die Auflösung des Bundestages durch den Bundespräsidenten gemäß Art. 68 Abs. 1 Satz 1 GG für ***verfassungsgemäß***, und zwar unter anderem mit diesen Argumenten (BVerfGE **62**, 1):

> *»... Der Bundeskanzler, der die Auflösung des Bundestages auf dem Weg des Art. 68 GG anstrebt, soll dieses Verfahren nur anstrengen dürfen, wenn es politisch für ihn* ***nicht mehr gewährleistet*** *ist, mit den im Bundestag bestehenden Kräfteverhältnissen weiterzuregieren. Die politischen Kräfteverhältnisse im Bundestag müssen seine Handlungsfähigkeit so* ***beeinträchtigen*** *oder* ***lähmen****, dass er eine vom stetigen Vertrauen der Mehrheit getragenen Politik nicht sinnvoll zu verfolgen vermag. Dies ist ungeschriebenes sachliches Tatbestandsmerkmal des Art. 68 Abs. 1 Satz 1 GG. Ob eine Lage vorliegt, die eine vom stetigen Vertrauen der Mehrheit getragene Politik nicht mehr sinnvoll ermöglicht, hat der Bundeskanzler zu prüfen, wenn er beabsichtigt, einen Antrag mit dem Ziel zu stellen, darüber die Auflösung des Bundestages anzustreben. Der Bundespräsident hat bei der Prüfung, ob der Antrag und der Vorschlag des Bundeskanzlers nach Art. 68 GG mit der Verfassung vereinbar sind, andere Maßstäbe* ***nicht*** *anzulegen; er hat insoweit die* ***Einschätzungs- und Beurteilungskompetenz*** *des* ***Bundeskanzlers*** *zu beachten, wenn nicht eine andere, die Auflösung verwehrende Einschätzung der politischen Lage der Einschätzung des Bundeskanzlers eindeutig vorzuziehen ist. Liegen diese Voraussetzungen vor, kann die Vertrauensfrage auch mit dem Ziel gestellt werden, den Bundestag aufzulösen und Neuwahlen herbeizuführen ...«*

Betrachtet man die damalige politische Situation, widersprach sich das BVerfG mit seiner Entscheidung im Ergebnis allerdings selbst. Denn Kanzler *Kohl* hatte durch das Misstrauensvotum bereits einen klaren Regierungsauftrag erhalten, nämlich mit einer Mehrheit von immerhin **256:235** Stimmen. Dass danach noch *instabile politische Verhältnisse* geherrscht haben sollen, die *Kohl* und seiner CDU/CSU/FDP-Regierung eine komplett durchgeplante und gewinnbringende Neuwahl erlauben sollten, war nach überwiegender Meinung in der staatsrechtlichen Literatur ein verfassungsrechtlicher Witz (vgl. nur das Sondervotum von Verfassungsrichter *Jentsch* in BVerfGE **62**, 113 ff. sowie *Ipsen* in StaatsR I Rz. 432; *Gussek* in NJW 1983, 722; *Meyer* in DÖV 1983, 243). Die Richter wollten aber augenscheinlich die Regierung *Kohl* nicht beschädigen und erklärten daher die gestellte Vertrauensfrage bzw. die Auflösung des Bundestages für verfassungsgemäß (BVerfGE **62**, 1). **Immerhin**: Die Richter in Karlsruhe erfanden das bis heute gültige, ungeschriebene Tatbestandsmerkmal der ***instabilen politischen Verhältnisse*** für Art. 68 GG, wandten es freilich selbst gar nicht oder jedenfalls falsch an.

Auch Bundeskanzler *Gerhard Schröder* (SPD) stellte am **1. Juli 2005** dem Bundestag die Vertrauensfrage nach Art. 68 GG, um vorzeitige Neuwahlen herbeizuführen. Hintergrund war hier, dass Ende Mai 2005 die SPD bei den Landtagswahlen in Nordrhein-Westfalen ihre jahrzehntelange Herrschaft an die CDU abgeben musste und sich damit die Mehrheitsverhältnisse im ***Bundesrat*** (lies: **Art. 51 und 78 GG**) zugunsten von CDU/CSU und FDP verschoben. Die Bundesregierung unter *Gerhard Schröder* und Außenminister *Joschka Fischer* (SPD/GRÜNE) konnte damit ihrer Meinung nach nicht mehr vernünftig regieren und wollte entsprechende Neuwahlen, und das, obwohl sie im Bundestag immer noch über eine komfortable Mehrheit verfügten. Durch die Kräfteverteilung im Bundesrat, der auch an der Gesetzgebung beteiligt ist (→ Art. 77 und 78 GG), glaubte *Schröder*, seine Politik nicht mehr durchsetzen zu können. *Schröder* erhielt dann, ebenso wie 22 Jahre vorher *Helmut Kohl*, ***nicht*** die notwendige Zustimmung im Deutschen Bundestag und ersuchte daher den damaligen Bundespräsidenten *Horst Köhler* gemäß Art. 68 GG um Auflösung des Bundestages und der Anordnung von Neuwahlen. Nach den Neuwahlen am **18. September 2005** kam es dann aber zu einer großen Koalition aus CDU/CSU und SPD unter der Kanzlerin *Angela Merkel*. *Gerhard Schröder* und die Rot-Grüne-Regierung waren abgewählt – und *Gerhard Schröder* zog sich mit der Rückgabe seines Bundestagsmandats am 23. November 2005 aus der politischen Landschaft komplett zurück. *Schröder* hatte die Vertrauensfrage – anders als *Helmut Kohl* im Jahre 1983 – also keinen Nutzen gebracht, sondern sein politisches Aus besiegelt.

Auch bei dieser Vertrauensfrage musste sich das Bundesverfassungsgericht anschließend mit der Verfassungsmäßigkeit der Bundestagsauflösung beschäftigen und stellte konsequent fest (BVerfGE **114**, 121):

> »… *Die auflösungsgerichtete Vertrauensfrage ist dann zulässig, wenn sie der Wiederherstellung einer ausreichend parlamentarisch verankerten Regierung dient. Ob eine Regierung politisch noch handlungsfähig ist, hängt maßgeblich davon ab, welche **Ziele** sie verfolgt und mit welchen **Widerständen** sie aus dem parlamentarischen Raum zu rechnen hat. Die Einschätzung der Handlungsfähigkeit hat **Prognosecharakter** und ist an **höchstpersönliche Wahrnehmungen** und abwägende Lagebeurteilungen gebunden. Drei Verfassungsorgane – der Bundeskanzler, der Deutsche Bundestag und der Bundespräsident – haben es jeweils in der Hand, die Auflösung nach ihrer **freien politischen Einschätzung** zu verhindern. Dies trägt dazu bei, die Verlässlichkeit der Annahme zu sichern, die Bundesregierung habe ihre parlamentarische Handlungsfähigkeit verloren* …«

Merke: Das Bundesverfassungsgericht gestattet neben dem eigentlichen Anwendungsbereich des Art. 68 GG unter bestimmten Umständen eine Erweiterung der Norm. Immer dann, wenn ***instabile politische Verhältnisse*** herrschen oder drohen, soll auch eine Vertrauensfrage mit dem Ziel, den Bundestag ***aufzulösen*** und Neuwahlen herbeizuführen, zulässig sein. Eine solche Vertrauensfrage nennt man dann »***negative***« oder auch »***unechte***« Vertrauensfrage. Die Vertrauensfrage mit dem Ziel, sich wirklich das Vertrauen des Bundestages aussprechen zu lassen, heißt ***echte*** Vertrauensfrage (BVerfGE **62**, 1; **114**, 121; *Maurer* StaatsR II § 13 Rz. 58; *Degenhart* StaatsR I Rz. 685). Bei der Prognose bzw. Bewertung, ob wirklich ***instabile politische Verhältnisse*** vorliegen, gewährt das BVerfG dem ***Bundeskanzler*** zunächst einen weiten Einschätzungs- und Ermessensspielraum, der vom Bundespräsidenten und auch vom BVerfG selbst nur begrenzt überprüfbar sein sollen. Nur wenn es offensichtlich an Anhaltspunkten/Tatsachen für instabile Verhältnisse fehlt, darf der Bundespräsident eine Auflösung des Bundestages verweigern. Im Übrigen obliegt es dem jeweiligen Kanzler abzuschätzen, inwieweit seine politischen Möglichkeiten noch stabil sind (BVerfGE **114**, 121).

Folge: Die Vertrauensfrage kann auch gestellt werden, um Bestätigung darüber zu erhalten, dass das aktuelle Regierungsgebilde ***nicht*** mehr funktioniert, weil die Mehrheit des Bundestages oder des Bundesrates nicht mehr hinter der Regierungsarbeit der Bundesregierung steht. Wenn keine wirksame Regierungsmacht mehr ausgeübt werden kann, muss es nach Meinung des Bundesverfassungsgerichts in der Verfassung ein Instrument geben, um stabile Regierungsverhältnisse wieder herzustellen, und das soll – wie gesehen – auch über den Weg des Art. 68 GG geschehen.

> **Beachte**: An dieser Stelle kann man selbstverständlich auch anderer Meinung sein. So sind beide Entscheidungen des Bundesverfassungsgerichts aus den Jahren 1983 und 2005 in der Literatur – wie oben schon erläutert – entsprechend heftig kritisiert worden, insbesondere mit dem Argument, dass ein solches Vorgehen einem ***Selbstauflösungsrecht*** des Bundestages gleichkäme und parteipolitischen Absprachen Tür und Tor öffne, was aber von der Verfassung eindeutig nicht gewollt ist (vgl. etwa *Löwer* in DVBl 2005, 1102; *Schenke/Baumeister* in NJW 2005, 1844; *Starck* in JZ 2005, 1053; *Degenhart* StaatsR. I Rz. 685b; *Pestalozza* in NJW 2005, 2817; *Buettner/Jäger* in DÖV 2006, 408 sowie das Sondervotum des BVerfG-Richters *Jentsch* in BVerfGE **62**, 1, 113 ff. = NJW **2005**, 2676). Interessanterweise übrigens wurde im Vorfeld der beitrittsbedingten Grundgesetzänderung im Jahre 1994 noch einmal umfassend darüber diskutiert, ob dem GG nicht doch noch ein Selbstauflösungsrecht des Bundestages hinzugefügt werden sollte. Im Ergebnis freilich lehnte man dies ab, da der Bundestag als vom ***Volke*** gewähltes Verfassungsorgan nicht in Eigenregie darüber bestimmen soll, ob er weiterhin Bestand hat (*Degenhart* StaatsR I Rz. 685b sowie umfassend *von Mangold/Klein/Starck/Epping* Art. 68 GG Rz. 15). Die ***negative*** oder ***unechte*** Vertrauensfrage ermöglicht auf Umwegen gleichwohl ein solches Auflösungsrecht, jedenfalls dann, wenn die Abgeordneten, zumindest aber ein Teil von ihnen, sich darüber einig sind. Des Weiteren ermöglicht die *unechte* Vertrauensfrage, dass theoretisch alleine die Parteien bzw. die jeweilige Regierung bestimmen, wann es zu Neuwahlen kommt. Mit einer gezielten Absprache lassen sich – wie oben gesehen – Neuwahlen unter Umständen erzwingen (man muss nur ***instabile politische*** Verhältnisse behaupten oder prognostizieren). Insbesondere auch deshalb, weil der Bundespräsident nach Meinung des BVerfG nur einen eingeschränkten Beurteilungsspielraum hat und sich ansonsten an die Einschätzung des Bundeskanzlers halten muss (vgl. BVerfGE **62**, 1 und **114**, 121). Vor allem der Vorgang um die Neuwahl des Bundeskanzlers *Kohl* in den Jahren 1982 und 1983 stieß vielen Menschen unangenehm auf, da das gesamte Vorgehen von der Regierung *Kohl* minutiös vorher geplant und abgesprochen war. Von einer verfassungskonformen Anwendung des Art. 68 GG blieb nach Meinung vieler Kommentatoren nur wenig bis gar nichts übrig, insbesondere fehlte es eindeutig an den eigentlich vom Verfassungsgericht geforderten ***instabilen politischen Verhältnissen*** (vgl. dazu das eben schon mal erwähnte Sondervotum des BVerfG-Richters *Jentsch* in NJW **2005**, 2676 = BVerfGE **62**, 1, 113 ff; kritisch zum Ganzen auch *Ipsen* StaatsR I Rz. 423; *Degenhart* StaatsR I Rz. 685; *Gussek* in NJW 1983, 722; *Meyer* in DÖV 1983, 243, jeweils mit weiteren Nachweisen).

Zurück zu unserem Fall: Damit unsere Kanzlerin M eine Bundestagsauflösung und anschließende Neuwahlen über Art. 68 GG hinbekommt, brauchen wir nach den Entscheidungen des BVerfG zur ***negativen*** bzw. ***unechten*** Vertrauensfrage also neben der formalen Auflösungslage vor allem auch eine materielle Auflösungslage in Gestalt von instabilen politischen Verhältnissen. Ausweislich des Sachverhalts hat M allerdings bislang noch *keine* Schwierigkeiten gehabt, unliebsame Regierungsziele durchzusetzen. Von ***instabilen politischen Verhältnissen*** kann jedenfalls zurzeit also noch nicht die Rede sein.

Aber: Wir haben oben gesehen, dass die Entscheidung über die Frage von instabilen politischen Verhältnissen durchaus Prognose-Charakter haben kann und weitestgehend in den Entscheidungs- und Beurteilungsspielraum des Kanzlers fällt. Betrachtet man angesichts dessen den Umstand, dass die Koalition sowieso nur mit einem Sitz die Mehrheit im Bundestag hält und die G-Partei eindeutig gegen die jetzt von M geplanten Steuererhöhungen ist und schon eine Blockade angekündigt hat, spricht einiges für politischen Zündstoff und dementsprechend instabile politische Verhältnisse: Die Koalitionsparteien sind in grundsätzlichen Themen offensichtlich verschiedener Auffassung. ⇒ instabile polit. Verhältnisse

Ergebnis: Betrachtet man diese Situation im Lichte der beiden Entscheidungen des BVerfG, wird man durchaus vertreten und annehmen können, dass auch eine ***materielle Auflösungslage*** gegeben ist mit der Konsequenz, dass die Kanzlerin den Weg über Art. 68 GG wählen kann. Sie könnte namentlich eine ***negative*** Vertrauensfrage stellen und (wenn die Abgeordneten entsprechend die Vertrauensfrage ablehnen) anschließend dem Bundespräsidenten die Auflösung des Bundestages vorschlagen. Falls der Bundespräsident ihre Meinung teilt und den Bundestag innerhalb von 21 Tagen auflöst, käme es zu Neuwahlen.

Gutachten

Es ist zu prüfen, ob die M bereits nach einem halben Jahr Regierungszeit eine Möglichkeit hat, vorzeitige Neuwahlen zu erzwingen.

Voraussetzung für Neuwahlen wäre, dass der bestehende Bundestag vorzeitig aufgelöst wird. Eine eigenmächtige Auflösung des Bundestages lässt die Verfassung allerdings nicht zu. Es gibt lediglich zwei Vorschriften im Grundgesetz, die eine Auflösung des Bundestages regeln.

I. In Betracht kommt zunächst gemäß Art. 63 Abs. 4 Satz 3 GG der Kanzlerrücktritt mit nachfolgender Wahl eines Bundeskanzlers.

Dies setzt voraus, dass die Wahl des Bundeskanzlers scheitert, weil kein Kandidat die absolute Mehrheit erreicht. In diesem Fall kann der Bundespräsident den nur mit einfacher Mehrheit gewählten Kandidaten zum Kanzler ernennen oder den Bundestag auflösen. Wird ein Bundeskanzlerkandidat gemäß Art. 63 GG nicht von der absoluten Mehrheit des Bundestages gewählt und erhält nur die einfache Mehrheit, bezeichnet man ihn als »Minderheitskanzler«. Das bedeutet, dass gerade nicht die absolute Mehrheit des Parlaments hinter ihm steht und er es damit wesentlich schwerer hat, seine Regierungsziele vor dem Bundestag durchzusetzen. Er hat also mehr Gegner als Freunde im Bundestag. Seine Regierung ist damit im Vergleich zu einer Regierung, die einen Mehrheitskanzler hat, ziemlich fragil. Daher besteht seitens des Bundespräsidenten die Möglichkeit, gemäß

Art. 63 Abs. 4 Satz 3 GG darüber zu entscheiden, ob er einen solchen Minderheitskanzler für das Amt des Bundeskanzlers ernennen möchte. Schließlich besteht die Gefahr, dass dadurch die gesamte Handlungsfähigkeit der Regierung gefährdet ist. Deshalb kann der Bundespräsident auch, anstatt den Minderheitskanzler zu ernennen, den Bundestag auflösen und Neuwahlen ansetzen gemäß Art. 63 Abs. 4 Satz 3 GG. Der Bundespräsident kann also in diesem Fall über die Auflösung des Bundestages entscheiden.

Zwischenergebnis: Vorliegend besteht zwar grundsätzlich das gleiche Problem – die Handlungsfähigkeit der Regierung ist gefährdet, da bei unpopulären Anträgen, wie z.B. der Steuererhöhung, möglicherweise keine absolute Mehrheit mehr im Bundestag zu erreichen ist. Allerdings ist die Kanzlerin bereits im Amt. Folglich ist die gerade beschriebene Form der Bundestagsauflösung im Rahmen der Bundeskanzlerwahl hier nicht einschlägig und hilft der im Amt befindlichen M somit auch nicht weiter.

II. In Betracht kommt des Weiteren die Vertrauensfrage nach Art. 68 GG. Der Bundeskanzler stellt in diesem Falle einen Antrag im Bundestag, ihm das Vertrauen auszusprechen; die erforderliche absolute Mehrheit des Bundestages spricht ihm durch Abstimmung dieses Vertrauen jedoch nicht aus, sodass der Bundespräsident auf Vorschlag des Bundeskanzlers binnen einundzwanzig Tagen den Bundestag auflösen kann. Diese Vertrauensfrage ist nach allgemeiner Ansicht ein Instrument für den Krisenfall einer Bundesregierung. Ein amtierender Bundeskanzler, der, aus welchen Gründen auch immer, an seiner bisherigen Mehrheit im Bundestag zweifelt, kann gemäß Art. 68 Abs. 1 Satz 1 GG die Vertrauensfrage stellen und damit seine Position im günstigsten Fall stärken. Der Bundeskanzler beantragt dann vor dem Bundestag, ihm das Vertrauen auszusprechen, damit er weiß, ob die Mehrheit der Abgeordneten noch hinter seiner Regierungsarbeit steht. Diese Vertrauensfrage ist somit grundsätzlich nicht auf die Auflösung des Bundestages gerichtet, sondern im Gegenteil auf dessen Erhalt. Man spricht daher auch von einer echten (positiven) Vertrauensfrage, da der Bundeskanzler seine Machtstellung mit einer im Ergebnis positiv gestellten Vertrauensfrage bestätigt sehen will. Vertrauen im Sinne des Art. 68 GG meint gemäß der deutschen verfassungsgeschichtlichen Tradition die im Akt der Stimmabgabe förmlich bekundete gegenwärtige Zustimmung der Abgeordneten zu Person und Sachprogramm des Bundeskanzlers. Die Vertrauensfrage ist damit grundsätzlich ein Verteidigungsinstrument des Bundeskanzlers. Eine kritische politische Lage kann er damit, wenn es für ihn positiv ausgeht, in den Griff bekommen. So führt der Bundeskanzler, wenn er die Frage bei unsicheren Mehrheitsverhältnissen stellt, den Abgeordneten vor Augen, dass die Auflösung des Bundestages droht. Die drohende Bundestagsauflösung wirkt in diesem Fall disziplinierend. Einfacher gesagt, soll der Bundestag aufgerüttelt und dazu ermahnt werden, sich kooperativer zu zeigen. Mit dem Antrag des Bundeskanzlers an den Bundestag, ihm das Vertrauen auszusprechen, ist vor allem auch die Drohung verbunden, im Falle seines Scheiterns die Auflösung des Bundestages und damit den Mandatsverlust der Abgeordneten zu betreiben.

III. Die Kanzlerin M möchte indes vorliegend gar nicht mehr mit dem aktuellen Bundestag weiter zusammenarbeiten, sie will tatsächlich die Auflösung, um bei möglichen Neuwahlen dann (noch) besser dazustehen. Es fragt sich, ob die Regelung des Art. 68 GG für dieses Anliegen auch herhalten kann und soll. Vor allem stellt sich die Frage, ob es nicht sogar verfassungswidrig ist, wenn ein Bundeskanzler die Vertrauensfrage nach Art. 68 GG stellt, allein mit der Absicht, eine Bundestagsauflösung mit anschließenden Neuwahlen herbeizuführen, um sich selbst einen Vorteil zu verschaffen. Die Vertrauensfrage dient ja eigentlich als Instrument der Stabilisierung des Verhältnisses von Bundesregierung und Bundestag. Stellt nun ein Kanzler die Vertrauensfrage, um schnell Neuwahlen zu erwirken und damit sich bzw. seiner Partei dadurch einen Vorteil zu verschaffen, könnte dieses Vorgehen ein Missbrauch der gesetzlichen Regelung des Art. 68 GG sein.

Zur Lösung dieses Problems sind die Voraussetzungen des Art. 68 GG im Einzelnen zu prüfen: Es muss zunächst eine sogenannte »formelle Auflösungslage« im Sinne des Art. 68 GG bestehen. Diese Voraussetzung ist erfüllt, wenn ein Antrag des Bundeskanzlers im Bundestag, ihm das Vertrauen auszusprechen, vorliegt, dieser Antrag scheitert und der Bundeskanzler dem Bundespräsidenten den Vorschlag unterbreitet, den Bundestag aufzulösen. In diesem Falle kann der Bundespräsident dem Vorschlag des Bundeskanzlers auf vorzeitige Auflösung des Bundestages innerhalb einer Frist von einundzwanzig Tagen entsprechen.

Der Art. 68 GG setzt also zunächst voraus, dass der Bundeskanzler die Vertrauensfrage stellt. Die Kanzlerin M müsste dementsprechend vor den Bundestag treten und einen Antrag stellen, ihr das Vertrauen auszusprechen. Dieser Antrag darf dann nicht die Zustimmung der Mehrheit der Mitglieder des Bundestages finden. Es würde im vorliegenden Fall also schon reichen, wenn lediglich ein Abgeordneter der Regierungsparteien der Kanzlerin nicht das Vertrauen ausspricht. Die Opposition wird verständlicherweise der Kanzlerin sowieso nicht das Vertrauen aussprechen. Hinsichtlich der Regierungsfraktion könnte (und würde) es vermutlich zu entsprechenden Verabredungen kommen, um die Stimmenthaltung einiger Fraktionsmitglieder zu erwirken. Verweigern dann die Abgeordneten der Regierungsparteien tatsächlich ihre Zustimmung, würde die Vertrauensfrage scheitern.

Zwischenergebnis: Formell könnte der Antrag somit von der Bundeskanzlerin gestellt werden und es wäre auch damit zu rechnen, dass die Mehrheit des Bundestages ihr nicht das Vertrauen ausspricht. Anschließend müsste die Kanzlerin noch dem Bundespräsidenten vorschlagen, den Bundestag aufzulösen, und der Bundespräsident müsste binnen einundzwanzig Tagen diesem Vorschlag entsprechen. Dann wären die formellen Voraussetzungen des Art. 68 GG im vorliegenden Fall erfüllt und die Kanzlerin könnte Neuwahlen erwirken. Vorausgesetzt, der Bundespräsident ist einverstanden, wäre der Weg für Neuwahlen damit zumindest formal, also nach dem Gesetzeswortlaut des Art. 68 GG, geebnet.

IV. Es stellt sich indessen die Frage, ob dieses Vorgehen nicht gleichwohl verfassungswidrig wäre. Das Vorhaben der Kanzlerin widerspricht nämlich eigentlich der Intention des Art. 68 GG. Es ist soeben erörtert worden, dass die Vertrauensfrage primär ein Instrument ist, mittels dessen sich der Bundeskanzler der parlamentarischen Unterstützung vergewissern kann und soll.

Um diesem Problem gerecht zu werden, hat das Bundesverfassungsgericht für die Anwendung des Art. 68 GG ein weiteres Tatbestandsmerkmal eingefügt. Neben der sogenannten formalen Auflösungslage fordert das Gericht zudem als ungeschriebenes Tatbestandsmerkmal des Art. 68 GG auch eine sogenannte »materielle Auflösungslage« ein. Und materielle Auflösungslage definiert das Gericht als »instabile politische Verhältnisse« im Deutschen Bundestag. Sollten solche vorliegen, ist auch eine Vertrauensfrage zulässig, die allein die Auflösung des Bundestages und damit schnelle Neuwahlen im Blick hat. Die Vertrauensfrage kann somit auch gestellt werden, um Bestätigung darüber zu erhalten, dass das aktuelle Regierungsgebilde nicht mehr funktioniert, weil die Mehrheit des Bundestages oder des Bundesrates nicht mehr hinter der Regierungsarbeit der Bundesregierung steht. Wenn keine wirksame Regierungsmacht mehr ausgeübt werden kann, muss es nach Meinung des Bundesverfassungsgerichts in der Verfassung ein Instrument geben, um stabile Regierungsverhältnisse wieder herzustellen, und das soll auch über den Weg des Art. 68 GG geschehen.

Damit M eine Bundestagsauflösung und anschließende Neuwahlen über Art. 68 GG erreichen kann, ist nach Ansicht des BVerfG somit neben der formalen Auflösungslage nun vor allem auch eine materielle Auflösungslage in Gestalt von instabilen politischen Verhältnissen erforderlich. Ausweislich des Sachverhalts hat M allerdings bislang noch keine Schwierigkeiten gehabt, unliebsame Regierungsziele durchzusetzen. Von instabilen politischen Verhältnissen kann jedenfalls zurzeit also noch nicht die Rede sein. Allerdings kann die Frage von instabilen politischen Verhältnissen durchaus auch Prognose-Charakter haben und ist weitestgehend in den Entscheidungs- und Beurteilungsspielraum des Kanzlers gestellt. Betrachtet man angesichts dessen den Umstand, dass die Koalition sowieso nur mit einem Sitz die Mehrheit im Bundestag hält und die G-Partei eindeutig gegen die jetzt von M geplanten Steuererhöhungen ist und schon eine Blockade angekündigt hat, spricht einiges für politischen Zündstoff und dementsprechend instabile politische Verhältnisse. Die Koalitionsparteien sind in grundsätzlichen Themen offensichtlich verschiedener Auffassung.

Ergebnis: Man wird angesichts dessen durchaus vertreten und annehmen können, dass auch eine materielle Auflösungslage gegeben ist mit der Konsequenz, dass die Kanzlerin den Weg über Art. 68 GG wählen kann. Sie könnte namentlich eine negative Vertrauensfrage stellen und – wenn die Abgeordneten entsprechend die Vertrauensfrage ablehnen – anschließend dem Bundespräsidenten die Auflösung des Bundestages vorschlagen. Falls der Bundespräsident ihre Meinung teilt und den Bundestag innerhalb von 21 Tagen auflöst, käme es zu Neuwahlen.

Fall 12

Der Luftschlag von Kunduz

Beim Einsatz der Bundeswehr in Afghanistan kommt es zu einem Zwischenfall: Auf Anforderung des deutschen Oberst O bombardieren amerikanische Jagdflugzeuge einen Tanklastzug, da O feindliche Taliban-Kämpfer in den Fahrzeugen vermutet. Bei dem Luftschlag kommen wegen einer gewaltigen Explosion fast 150 Personen, darunter Frauen und Kinder, ums Leben. Der deutsche Verteidigungsmister V enthebt daraufhin O mit sofortiger Wirkung seines Amtes, da O nach Meinung des V den Luftschlag fälschlich angefordert und die Zivilbevölkerung nicht geschützt hatte.

Einige Wochen später stellt sich heraus, dass das Handeln des O vorschriftsmäßig und die schwere Explosion nur durch einen Fehler der amerikanischen Kampfbomber verursacht worden war. Die vorzeitige Entlassung des O schlägt daraufhin in Deutschland hohe politische Wellen. Bundeskanzlerin M verlangt aufgrund der Brisanz des Vorfalls von ihrem Minister V die sofortige Rehabilitierung des O, vor allem auch, weil sie den Afghanistan-Einsatz weiterhin befürwortet und die Truppe vor Ort nicht verunsichern will. Die Mehrheit des Bundestages ist ebenfalls empört über das voreilige Handeln des V, will ihm das Misstrauen aussprechen und den CDU-Abgeordneten A zu seinem Nachfolger wählen. V ist der Ansicht, dass die Bundeskanzlerin ihm nichts vorschreiben könne – und erst recht dürfe der Bundestag ihn nicht abwählen und das Amt neu besetzen.

Stimmt das?

Schwerpunkte: Die verfassungsrechtliche Stellung des Bundeskanzlers und der Bundesminister; die »Richtlinienkompetenz« des Bundeskanzlers gemäß Art. 65 Satz 1 GG; das »Ressortprinzip« der Bundesminister nach Art. 65 Satz 2 GG; die Ernennung und Entlassung eines Bundesministers gemäß Art. 64 GG; die parlamentarische Kontrolle der Regierung; das »konstruktive Misstrauensvotum« gemäß Art. 67 GG; Missbilligungserklärungen durch den Bundestag.

Lösungsweg

Einstieg: Die tragische Geschichte da oben bringt uns jetzt zur Kompetenzverteilung zwischen dem Bundesminister, dem Kanzler bzw. der Kanzlerin und dem Bundestag.

Konkret stellt sich die Frage, inwieweit ein Bundeskanzler in die Arbeit eines Bundesministers reinreden und wie überhaupt der ***Bundestag*** auf die Arbeit der Bundesregierung, insbesondere der Minister, einwirken kann. Unser Fall ist dabei übrigens keinesfalls frei erfunden, sondern angelehnt an einen ziemlich grausigen Vorfall, der sich am 4. September 2009 nahe der nordafghanischen Stadt ***Kunduz*** abspielte und als **»Kunduz-Affäre«** in die deutsche Geschichte eingegangen ist: Gegen zwei Uhr nachts wurden zwei von den Taliban entführte Tanklastwagen und sich zufällig in der Nähe befindende Personen bombardiert, wobei 142 Menschen, die meisten von ihnen Zivilisten, zu Tode kamen. Dem damaligen Verteidigungsminister *Franz Josef Jung* (CDU) unterliefen anschließend diverse Informationspannen gegenüber dem Parlament und der Öffentlichkeit, über die er im November 2009, nachdem er von Kanzlerin *Merkel* bereits ins Arbeitsministerium versetzt/abgeschoben worden war, letztlich doch noch stürzte. Sein Nachfolger als Verteidigungsminister wurde der später über seine geschummelte Doktorarbeit gestolperte *Karl-Theodor zu Guttenberg* (CSU). *Zu Guttenberg* agierte in der Kunduz-Affäre ebenfalls extrem unglücklich, gab widersprüchliche Einschätzungen zum Vorgehen der Generäle und der Bombardierung ab und entließ schließlich mehrere Militärs wegen angeblicher Fehlinformationen. Trotz diverser Untersuchungsausschüsse ist bis heute ungeklärt geblieben, wer für die ganze Aktion tatsächlich verantwortlich war und wer wen falsch informiert hatte. Insgesamt ein echtes Trauerspiel für die deutsche Politik, das vor allem wegen der vielen toten Zivilisten auch weltweit für großes Aufsehen sorgte (vgl. auch BVerfG NJW **2015**, 3500 zur Frage der strafrechtlichen Haftung der verantwortlichen Militärs).

Dieses Trauerspiel bzw. die oben dargestellte, etwas vereinfachte Fassung der ganzen Geschichte (bei uns bleibt es unter anderem bei ***einem*** Verteidigungsminister) wollen wir als Anlass nehmen zu prüfen, welche Befugnisse ein Minister in Deutschland eigentlich hat und ob er sich den Weisungen des Kanzlers oder des Bundestages beugen muss.

Problemstellung: Unsere Bundeskanzlerin M verlangt vom Verteidigungsminister V, dass er seine Entscheidung, nämlich die vorzeitige Entlassung des Oberst O, rückgängig macht. Der Bundestag hingegen will dem V sogar sein Misstrauen aussprechen und das Amt mit dem CDU-Abgeordneten A neu besetzen. Es geht also jeweils um klassische ***Kompetenzfragen*** innerhalb des rechtlichen Verhältnisses Kanzler/Minister/Bundestag. Wer hier wem was zu sagen hat, schauen wir uns jetzt mal in aller Ruhe an und wollen die Lösung zunächst mit einem groben Überblick hinsichtlich der Kompetenzverteilungen beginnen. Hierbei werden wir übrigens auch das in Fall 10 Erlernte (das war die Geschichte mit der Kanzlerwahl) wiederholen und vertiefen. Das erleichtert das Verständnis und hilft uns am Ende dabei, die hier gestellten Aufgaben zutreffend zu beantworten. Beginnen wollen wir mit der Frage, ob die Kanzlerin dem Verteidigungsminister tatsächlich vorschreiben kann, den entlassenen General zu rehabilitieren. Und das ergibt sich aus dem Folgenden:

I. Die Kompetenzen des Bundeskanzlers und der Bundesminister innerhalb der Bundesregierung

Gesetzliche Regelungen zu den Ministern finden sich, ebenso wie die zum Bundeskanzler, im VI. Abschnitt der Verfassung, also ab Art. 62 GG (»**Die Bundesregierung**«). Die wichtigste Information steht dann auch gleich in Art. 62 GG, nämlich dass die ***Bundesregierung*** aus dem ***Bundeskanzler*** und den ***Bundesministern*** besteht.

> **1. Merksatz:** Gemäß Art. 62 GG besteht die Bundesregierung aus dem Bundeskanzler und den Bundesministern.

1.) Die sogenannte »Personalkompetenz« des Bundeskanzlers nach Art. 64 GG

Bundesminister wird man natürlich nicht durch Gottes Gnaden, sondern vorrangig mithilfe des Kanzlers: Die Bundesminister werden nämlich auf Vorschlag des zuvor gewählten Bundeskanzlers vom Bundespräsidenten sowohl ernannt als auch entlassen, bitte lies: **Art. 64 Abs. 1 GG**. Das bezeichnet man als »**Personalkompetenz**« oder auch »**Regierungsbildungskompetenz**« des Kanzlers (*Jarass/Pieroth* Art. 64 GG Rz. 2), woher übrigens auch die Erfindung des Wortes »Kanzlerdemokratie« stammt (*Sachs/Oldiges* Art. 64 GG Rz. 8). Der Bundeskanzler kann (und muss!) sich also dementsprechend selbst seine Minister suchen und diese dann dem Bundespräsidenten vorschlagen. Die offizielle Ernennung erfolgt anschließend durch den ***Bundespräsidenten***. Ebenso kann der Bundeskanzler bestimmen, dass ein Minister aus seinem Amt entlassen werden soll. Er kann und muss auch diese personelle Entscheidung dem Bundespräsidenten in Form eines Vorschlags unterbreiten, die eigentliche Entlassung erfolgt wiederum durch den Bundespräsidenten.

> **Aber, Achtung:** Die Formulierung »*Auf Vorschlag des Bundeskanzlers*« in Art. 64 Abs. 1 GG ist hinsichtlich der ***Entlassung*** eines Bundesministers etwas missverständlich bis irreführend, da dem Bundespräsidenten bei einem solchen Entlassungsgesuch nach allgemeiner Meinung nämlich ***kein*** Ermessen zusteht, das heißt, er ***muss*** dem Vorschlag des Kanzlers folgen (*Maunz/Dürig/Herzog* Art. 64 GG Rz. 49; *Sachs/Oldiges* Art. 64 GG Rz. 19; *Degenhart* StaatsR I Rz. 681; *Gröpl* StaatsR I § 17 Rz. 1412). In Bezug auf die ***Ernennung*** eines Ministers steht dem Bundespräsidenten demgegenüber nach herrschender Meinung ein Prüfungs- und damit auch ein Verweigerungsrecht zu, und zwar jedenfalls in ***rechtlicher*** Hinsicht: Fehlt dem Kandidaten etwa die Wählbarkeit nach § 15 BWahlG oder ist er gemäß **Art. 66 GG** (lesen!) inkompatibel, zum Beispiel auch, weil er bereits einer anderen Staatsgewalt angehört (etwa als Richter), darf der Bundespräsident die Ernennung verweigern, was in der deutschen Geschichte allerdings noch nicht vorgekommen ist (vgl. umfassend zum Problem *Maunz/Dürig/Herzog* Art. 64 GG Rz. 14 oder BK/*Schenke* Art. 64 GG Rz. 9 m.w.N.). Ein ***politisches*** Prüfungsrecht hingegen lehnt die herrschende Meinung ab: Hält der Bundespräsident den vorgeschlagenen Kandidaten nur für ***politisch*** untauglich bzw. unfähig, darf er zwar maulen (= kritische Anmerkungen verfassen), muss den Minis-

ter aber gleichwohl ernennen (BK/*Schenke* Art. 64 GG Rz. 9; *Jarass/Pieroth* Art. 64 GG Rz. 1; *Schmidt-Bleibtreu/Klein/Brockmeyer* Art. 64 GG Rz. 1).

2. Merksatz: Ausweislich des Art. 64 Abs. 1 GG werden die Bundesminister auf Vorschlag des Bundeskanzlers vom Bundespräsidenten sowohl ernannt als auch entlassen. Die Bestimmung der Bundesminister durch den Bundeskanzler bezeichnet man als ***Personal-*** oder auch ***Regierungsbildungskompetenz***. Man nennt das Ganze auch »Kanzlerdemokratie«.

Im Übrigen können die Bundesminister, ebenso wie der Bundeskanzler, natürlich jederzeit auf eigenen Wunsch zurücktreten, das heißt den Bundeskanzler bitten, dem Bundespräsidenten ihre Entlassung vorzuschlagen (*Sachs/Oldiges* Art. 64 GG Rz. 21; *Gröpl* StaatsR I § 17 Rz. 1413). Mit diesem Ersuchen ist es dann aber noch nicht getan; das endgültige Ausscheiden aus dem Amt erfolgt erst durch die offizielle Entlassung seitens des Bundespräsidenten (*Sachs/Oldiges* Art. 64 GG Rz. 21). Diese Art des Ausscheidens aus dem Amt, also mit ***eigener Rücktrittserklärung*** bzw. mit eigenem Rücktrittsgesuch, ist übrigens auch die gängige Praxis in Deutschland: Um sein Gesicht nicht völlig zu verlieren und sich damit auch für spätere Ämter komplett zu disqualifizieren, legt man einem nicht mehr tragbaren Bundesminister in aller Regel nahe, lieber den eigenen ***Rücktritt*** zu verkünden, bevor er/sie vom Bundeskanzler persönlich aus dem Amt befördert wird. Sieht halt besser aus – und hinterlässt im günstigsten Fall den Hauch eines reuigen Märtyrers. Was passieren kann, wenn man sich an diese »goldene Regel« nicht hält, bekam im Mai 2012 der damalige CDU-Umweltminister ***Norbert Röttgen*** zu spüren: Bundeskanzlerin ***Angela Merkel*** schmiss Herrn *Röttgen* in beispielloser Art – in einer eine Minute und 39 Sekunden dauernden Pressekonferenz (!) – quasi kommentarlos aus dem Amt, nachdem Herr *Röttgen* eine interne Rücktrittsaufforderung der Kanzlerin dummerweise abgelehnt hatte. Für *Röttgen*, der bis dahin als eine Art »Zögling« der Kanzlerin galt und sogar als kommender Kanzlerkandidat gehandelt wurde, eine öffentliche Demütigung und politische Demontage sondergleichen (aktuell ist Herr *Röttgen* übrigens wieder gelitten und immerhin Vorsitzender des Auswärtigen Ausschusses). Dennoch, merke: Man tritt als Minister besser freiwillig ab.

Zurück zum Fall: Das waren jetzt gerade die Basisinformationen bezüglich der Ministerernennung und der entsprechenden Entlassung. Das sind wichtige Grundregeln, die unbedingt sitzen müssen, daher bitte: merken. **Problem**: Unsere Kanzlerin will ihren Verteidigungsminister ja eigentlich gar nicht entlassen, sondern ihn nur dazu bringen, seine Entscheidung bezüglich des Oberst O zu revidieren und den O wieder in Amt und Würden zu setzen. Die Basisinformationen des Art. 64 GG helfen uns somit an dieser Stelle zunächst nicht weiter. Die würden höchstens dann interessant, wenn der V sich wirklich beharrlich weigern und die Kanzlerin weiter ärgern sollte. Soweit aber sind wir (noch) nicht.

Nächster Schritt: Unsere Bundeskanzlerin hat nach dem Grundgesetz aber noch weitaus mehr Kompetenzen, die sich vor allem auch auf die Amtsführung der ***Bundesminister*** auswirken, und zwar:

2.) Die »Organisationskompetenz« des Bundeskanzlers gemäß Art. 64 GG

Dadurch, dass der Bundeskanzler ein Vorschlagsrecht für die Ernennung und Entlassung der Bundesminister hat (siehe oben), ist er gleichzeitig auch dazu ermächtigt, die ***Zahl*** und die ***Art*** der Bundesminister zu bestimmen und deren Geschäftsbereich voneinander abzugrenzen (*Maunz/Dürig/Herzog* Art. 64 GG Rz. 2; *Sachs/Oldiges* Art. 64 GG Rz. 22). Man bezeichnet dies als »**Organisationskompetenz**« oder auch »**Organisationsgewalt**« – und es ergibt sich aus Art. 64 GG in Verbindung mit § 9 Satz 1 GeschO BReg (→ Geschäftsordnung der Bundesregierung). Die Geschäftsordnung der Bundesregierung enthält die Regelungen über die Zusammenarbeit von Bundeskanzler und Bundesministern, aber auch über die Zusammenarbeit der Bundesminister untereinander. Sie konkretisiert damit (zulässigerweise) die abstrakt gehaltenen Regelungen des Grundgesetzes aus Art. 64 GG. Gemäß § 9 Satz 1 GeschO BReg wird der Geschäftsbereich der einzelnen Bundesminister in den Grundzügen durch den Bundeskanzler festgelegt. Folglich kann und muss der Bundeskanzler (auch) bestimmen, wie viele Ministerien er besetzt und welche Aufgaben diese haben.

Durchblick: Das war gerade die Theorie. In der deutschen Regierungsbildungspraxis sieht das allerdings in aller Regel anders aus: Der Bundeskanzler alleine ist nicht mehr derjenige, der über die Besetzung der Ministerposten entscheidet. Darüber entscheiden vielmehr die ***Parteien***, die sich nach einer Wahl zur Regierungsmehrheit zusammenschließen, und zwar gemeinsam: Nach der Bundestagswahl im Jahre 2013 etwa hatten sich ***CDU/CSU*** und die ***SPD*** zusammengefunden und eine Koalition gebildet. Damit verfügten sie über die absolute Mehrheit im Bundestag, konnten Frau *Merkel* anschließend zur Bundeskanzlerin wählen und Frau *Merkel* durfte dann (theoretisch) alleine die Regierung bilden, also die Minister auswählen und dem Bundespräsidenten zur Ernennung vorschlagen (Art. 64 Abs. 1 GG!). **Aber**: Um die Interessen der regierungsbildenden Parteien auch wirklich unter einen Hut zu bekommen, wurde vorher während der sogenannten »Koalitionsverhandlungen« von CDU/CSU und SDP natürlich auch umfassend darüber gesprochen und verhandelt, ***welche*** Bundesministerien es überhaupt geben soll und ***wie*** und vor allem von ***wem*** sie zu besetzen sind. Die Parteispitzen entscheiden innerhalb dieser Verhandlungen folglich darüber, wen der Kanzler anschließend dem Bundespräsidenten als Minister zur Ernennung vorschlägt (vgl. dazu instruktiv *Ipsen* StaatsR I Rz. 364). Die Anzahl der Ministerien wird dann übrigens normalerweise in Relation zum Gewicht der jeweiligen Parteien aus den Koalitionsparteien vergeben: So erhielt die CDU/CSU-Fraktion nach der Wahl im Herbst 2013 von den 15 Ministerien insgesamt neun und die SPD sechs, als kleinerer Koalitionspartner traditionell auch den Außenministerposten (*Frank-Walter Steinmeier*).

Fazit: Im Ergebnis entscheidet also nicht der Kanzler alleine über die Anzahl der Ministerien und deren Besetzung; diese Entscheidungen treffen, wie gesehen, in der Praxis vielmehr die Parteispitzen im Rahmen der Koalitionsverhandlungen. Gleichwohl kann nur der Kanzler später den Vorschlag gegenüber dem Bundespräsidenten aussprechen. Institutionell ***garantiert*** werden durch das Grundgesetz übrigens lediglich drei Bundesministerien, das heißt, diese ***müssen*** vom Kanzler errichtet und personell mit einem Bundesminister besetzt werden: So wird das ***Bundesministerium der Verteidigung*** in Art. 65 a GG, das ***Bundesministerium der Finanzen*** in Art. 108 Abs. 3 Satz 2, Art. 112 Satz 1 und Art. 114 Abs. 1 GG und das ***Bundesministerium der Justiz*** in Art. 96 Abs. 2 Satz 4 GG als bestehend vorausgesetzt. Man nennt sie die »**Pflichtressorts**« (vgl. *von Münch/Kunig/Hernekamp* Art. 65a GG Rz. 6). Alle anderen Bundesministerien können theoretisch vom amtierenden Bundeskanzler frei gestaltet, also errichtet werden – oder eben nicht. Der Bundeskanzler hat nach dem Grundgesetz zudem übrigens auch die Kompetenz, völlig ***neue*** Ministerien zu gründen und entsprechende Minister zu ernennen. So könnte ein Kanzler zum Beispiel das aktuell bestehende Ministerium für ***Familie, Senioren, Frauen und Jugend*** auflösen und daraus zwei Ministerien gestalten, eines für Familie und Jugend und eines für Frauen und Senioren – und zwei Bundesminister dafür ernennen. Denkbar wäre allerdings auch ein komplett neues Ministerium. So erfand etwa die USA nach den Anschlägen vom 11. September 2001 ein Ministerium für ***Heimatschutz***. So etwas wäre (theoretisch) auch bei uns möglich.

Zum Fall: Passt unserer Kanzlerin der Führungsstil des V nicht, könnte sie ihn, wie wir weiter oben gesehen haben, durchaus zur Entlassung dem Bundespräsidenten vorschlagen. Das Ministerium abzuschaffen, wäre ihr allerdings verwehrt, denn das Verteidigungsministerium gehört zu den drei obligatorischen ***Pflichtressorts*** und ist zudem in Art. 65a GG mit besonderen Kompetenzen ausgestattet (lesen!). Auch die Organisationskompetenz hilft der M somit nicht weiter, will sie den V dazu bringen, den O zu rehabilitieren.

3.) Die »Geschäftsleitungskompetenz« des Bundeskanzlers

Außerdem verfügt der Bundeskanzler gemäß Art. 65 Satz 4 GG über die sogenannte »***Geschäftsleitungskompetenz***«. Dabei kommt ihm die Aufgabe zu, als ***Vorsitzender*** die Sitzungen der Bundesregierung einzuberufen und zu leiten sowie die Arbeit innerhalb der Regierung zwischen den einzelnen Bundesministerien zu koordinieren (*Sachs/Oldiges* Art. 65 GG Rz. 12; *Maurer* StaatsR I § 14 Rz. 49). Unsere Kanzlerin kann also in höchst streitigen Situationen wie der hier geschilderten die Bundesregierung zu einer Sitzung (Kabinettssitzung) einberufen und über das Verhalten unseres Verteidigungsministers V mit allen Bundesministern debattieren und über das weitere Vorgehen abstimmen. In der Kabinettssitzung kann folglich etwa beschlossen werden, dass die Bundesregierung sich von dem Verhalten des V öffentlich distanziert. Konkrete, rechtsverbindliche Verhaltensvorschriften für den jeweiligen Minister können hier aber nicht getroffen werden. Die Kabinettssitzungen können allerdings verbindlich entscheiden über andere Dinge, wie etwa das Einbringen von Gesetzesentwürfen in den Bundestag (Art. 76 GG), über den Erlass von Rechtsverordnungen (Art. 80 GG) oder auch über die Anrufung des Bundesverfassungsgerichts (Art. 93 Abs. 1 BVerfGG).

Zwischenergebnis: Die ***formelle*** Stellung unserer Bundeskanzlerin in der Bundesregierung ergibt sich aus den Art. 62 und Art. 64 Abs. 1 GG, sagt jedoch nichts darüber aus, welche Rechte und Pflichten sowohl die Bundeskanzlerin als auch ihre Bundesminister untereinander haben, wenn es Meinungsverschiedenheiten hinsichtlich eines Verhaltens eines Ministers gibt.

4.) »Richtlinienkompetenz« und »Ressortverantwortlichkeit«

Der **Art. 65 GG** (aufschlagen!) gibt bereits durch die treffende Überschrift (»**Verantwortung**«) den entscheidenden Hinweis:

3. Merksatz: Gemäß Art. 65 Satz 1 GG bestimmt der Bundeskanzler die ***Richtlinien*** der Politik, während gemäß Satz 2 des Art. 65 GG jeder Bundesminister innerhalb dieser in Satz 1 genannten Richtlinien seinen Geschäftsbereich selbstständig und unter ***eigener Verantwortung*** leitet.

Durchblick: Der Bundeskanzler gibt also nach dem ausdrücklichen Willen des Grundgesetzes die Ziele der Politik und die Wege zu deren Verwirklichung vor. Was das Wort »***Richtlinie***« dabei genau umfasst, ist allerdings vergleichsweise schwer zu fassen, da der Begriff selbstredend eine Unmenge Platz für Interpretationen lässt und politische Arbeit als Tagesgeschäft häufig von schnellen Entscheidungen getragen wird. Wir wollen uns deshalb zunächst bitte mal merken, dass unter Richtlinien im Sinne des Art. 65 Satz 1 GG zumindest die ***allgemeinen*** und ***grundlegenden*** politischen Entscheidungen fallen (*von Mangold/Klein/Starck* Art. 65 GG Rz. 13; *Degenhart* StaatsR I Rz. 538; *Gröpl*, StaatsR I § 17 Rz. 1419). Es handelt sich insbesondere um generelle Weisungen des Bundeskanzlers und allgemeine Vorgaben, mit denen er seinen politischen Führungsanspruch behaupten und durchsetzen kann (*Sachs/Oldiges* Art. 65 GG Rz. 14; *Stern* StaatsR II Seite 292). Konkret vorstellen kann man sich das so, dass der amtierende Kanzler als Richtlinien seiner Politik etwa vorgibt, in der kommenden Legislaturperiode die *Steuern zu senken*, den *Staatshaushalt zu konsolidieren*, die *Bundeswehr zu verkleinern*, den *Afghanistan-Einsatz der Bundeswehr gleichwohl weiterhin zu fördern*, die *Bürokratie in den Behörden abzubauen*, die *Justiz zu entlasten*, *Krisenregionen in der Welt zu stabilisieren*, *junge Familien zu entlasten* usw. usw.

Beachte: In der Praxis übrigens ist in aller Regel der Bundeskanzler allein niemals der Verfasser der politischen Richtlinien. Die politischen (Leit-)Linien werden nämlich zunächst von den ***Parteien*** durch das jeweilige Parteiprogramm und insbesondere durch die Wahlversprechen im Rahmen des Wahlkampfes vorgeformt. Die obsiegenden Koalitionsparteien einigen sich dann nach der Wahl im Rahmen der

Koalitionsverhandlungen auf die konkreten politischen Ziele für die anstehende Legislaturperiode. So hatte zum Beispiel Kanzlerin *Angela Merkel* vor der Bundestagswahl 2013 mehrfach und auch öffentlich das Wahlversprechen gegenüber den Wählern abgegeben, dass unter ihrer Kanzlerschaft die Einführung einer PKW-Maut ***nicht*** in Betracht käme. Nachdem CDU/CSU und die SPD nach der Wahl dann gemeinsam als »**große Koalition**« die Regierung stellten, setzten SPD und vor allem die **CSU** im Rahmen der Koalitionsverhandlungen durch, dass es sehr wohl in Zukunft in Deutschland eine PKW-Maut geben kann/soll. Die CDU, der auch Kanzlerin *Merkel* angehört, hielt diese Einführung einer PKW-Maut bis zum Schluss für nicht zeitgemäß. Dennoch gab die Kanzlerin der Forderung der CSU (und Teilen der SPD) bei den Koalitionsverhandlungen nach. Es kann also passieren, dass der Bundeskanzler/die Bundeskanzlerin trotz der eigenen Parteibindung (und trotz möglicherweise gegenteiliger persönlicher Überzeugung) letztlich eine von der Linie der eigenen Partei abweichende Richtlinie ausgibt (vgl. dazu umfassend *Ipsen* StaatsR I Rz. 430).

Adressaten der Richtlinien sind ausschließlich die ***Bundesminister***. Wir lesen dazu bitte das Gesetz, und zwar die Geschäftsordnung der Bundesregierung:

§ 1 Geschäftsordnung der Bundesregierung:

(1) Der Bundeskanzler bestimmt die Richtlinien der inneren und äußeren Politik. Diese sind für die Bundesminister verbindlich und von ihnen in ihrem Geschäftsbereich selbstständig und unter eigener Verantwortung zu verwirklichen. In Zweifelsfällen ist die Entscheidung des Bundeskanzlers einzuholen.

(2) Der Bundeskanzler hat das Recht und die Pflicht, auf die Durchführung der Richtlinien zu achten.

Die Geschäftsordnung der Bundesregierung konkretisiert damit auch hier den Art. 65 GG. Der Bundeskanzler ist durch die ihm eingeräumte Richtlinienkompetenz innerhalb des Kreises der Regierungsmitglieder damit logischerweise herausgehoben und insoweit mit besonderen Leitungs- und Entscheidungsrechten ausgestattet (*Maunz/Düring/Herzog* Art. 65 GG Rz. 4). Er soll nach dem Willen des Grundgesetzes der verantwortliche Leiter der Regierungspolitik sein, der auch den einzelnen Ministern weitestgehend verbindliche ***Rahmendaten*** für ihre Arbeit setzen kann. Letzteres ist schließlich Konsequenz aus Art. 64 Abs. 1 GG, aufgrund dessen die einzelnen Bundesminister – zumindest verfassungsrechtlich gesehen – ihre Existenz allein dem Bundeskanzler verdanken (*Maunz/Düring/Herzog* Art. 65 GG Rz. 4). Dem Weisungsrecht des Kanzlers steht andererseits gegenüber, dass jeder Bundesminister über eine sogenannte »**Ressortverantwortlichkeit**« verfügt. Ausweislich des Art. 65 Satz 2 GG hat jeder Bundesminister seinen Geschäftsbereich – das Ministerium – und damit also sein Ressort »selbstständig und unter eigener Verantwortung« zu leiten (*Maunz/Dürig/Herzog* Art. 65 GG Rz. 53). Umfasst sind insoweit zumindest die ressortinternen Sachentscheidungen und die Personal-, Organisations- und Finanzhoheit innerhalb des Ministeriums (*Dreier/Hermes* Art. 65 GG Rz. 31; *Jarass/Pieroth* Art. 65 GG Rz. 5; *Beaucamp* JA 2001, **478**).

Man kann sich das Verhältnis zwischen dem Bundeskanzler und einem Bundesminister vorstellen wie im normalen Berufsleben. Es gibt quasi einen ***Chef*** in der Firma, der die Firmenphilosophie und die wirtschaftlichen Ziele des Betriebes vorgibt. Der Bundesminister ist dementsprechend mit einer Art ***Abteilungsleiter*** vergleichbar, der diese Firmenphilosophie, also unter anderem die wirtschaftlichen Ziele des Betriebes in eigener Verantwortung in seiner Abteilung umsetzt bzw. in seinen Entscheidungen berücksichtigen muss. Steht jetzt eine Maßnahme, wie z. B. die Entlassung eines ihm unterstellten Angestellten im Widerspruch zu der betrieblichen Grundhaltung und den damit verbundenen Zielen des Betriebes, so stellt sich die Frage, ob darin ein Eingriff in die grundlegenden betrieblichen Entscheidungen des Firmenchefs zu sehen ist, denn schließlich hat er seinem Abteilungsleiter die Kompetenz eingeräumt, unter anderem in Personalangelegenheiten selbstständig zu handeln.

Zum Fall: Fraglich ist also, ob die Firmenchefin/Bundeskanzlerin M aufgrund ihrer Richtlinienkompetenz dergestalt in die Ressortverantwortlichkeit des Abteilungsleiters/Bundesverteidigungsministers V eingreifen darf, dass sie ihm vorschreibt, die Entlassung des Obersts rückgängig zu machen und ihn damit zu rehabilitieren. Das wäre dann der Fall, wenn der Eingriff in die Ressortverantwortlichkeit des Bundesverteidigungsministers durch die ***Richtlinienkompetenz*** der Bundeskanzlerin legitimiert ist. Wir müssen also den Kampf ***Richtlinienkompetenz*** gegen ***Ressortprinzip*** entscheiden, und das geht so:

Die Richtlinienkompetenz des Bundeskanzlers rechtfertigt jedenfalls dann einen Durchgriff in den Ressortbereich der Bundesminister, wenn die generellen Weisungen oder allgemeinen Vorgaben des Kanzlers nicht beachtet werden. In diesen Fällen gewinnt die Richtlinienkompetenz gegen das Ressortprinzip – die Bundesminister müssen sich grundsätzlich an die allgemeinen Vorgaben des Kanzlers halten, diese Vorgaben sind für die Minister, wie oben schon mal erwähnt, gemäß § 1 Abs. 1 Satz 2 GeschO BReg ***verbindlich*** (BK/*Schenke* Art. 65 GG Rz. 34; *Jarass/Pieroth* Art. 65 GG Rz. 3; *Sachs/Oldiges* Art. 65 GG Rz. 16; *Degenhart* StaatsR I Rz. 689).

Beispiel: Hat der Kanzler zu Beginn der Legislaturperiode etwa die Verkleinerung der Bundeswehr als politische Richtlinie vorgegeben und verfügt der Bundesverteidigungsminister nach einem halben Jahr Regierungszeit plötzlich die außerplanmäßige Einstellung neuer Rekruten und ein zusätzliches Verbot von vorzeitigen Entlassungen, darf der Kanzler einschreiten, auf seine Richtlinienkompetenz hinweisen sowie etwaige Maßnahmen des Ministers unterbinden. Denn der Minister darf zwar eigenständig handeln, aber gemäß **Art. 65 Satz 2 GG** immer nur ***innerhalb*** der vom Kanzler vorgegebenen Richtlinien. Anders wäre die Lage, wenn der Minister zur Verkleinerung der Bundeswehr (also zur Durchsetzung der Richtlinien des Kanzlers) das Alter für den vorzeitigen Ruhestand von 63 auf 59 Jahre senkt, der Kanzler dies aber für den falschen Weg hält. In diesem Fall wäre ein Durchgriff des Kanzlers rechtswidrig, denn der Minister darf innerhalb der Richtlinien des Kanzlers ***eigenständig*** entscheiden und handeln (→ **Ressortprinzip**).

Problem: Es fragt sich, ob die Richtlinienkompetenz den Bundeskanzler auch dazu ermächtigt, einem Bundesminister konkrete ***Einzelweisungen*** zu erteilen und damit von einer (zulässigen) ***allgemeinen Vorgabe*** zu einer ***konkreten Einmischung*** in das Ressort zu schließen, vor allem auch dann, wenn es sich um ein Vorgehen handelt, das mit den Richtlinien des Kanzlers eigentlich nicht in Widerspruch steht. Ließe man dies zu, bliebe für einen Minister unter Umständen keine eigenständige Entscheidungsmacht übrig und er wäre demnach nur eine Art Befehlsempfänger des Kanzlers. Der Kanzler soll aber ausdrücklich nur die allgemeinen ***Richtlinien*** vorgeben, die einzelnen Maßnahmen zur Durchführung bzw. Realisierung obliegen den Ministern.

Schauen wir mal auf unseren Fall: Die Bundeskanzlerin M will den Verteidigungsminister dazu bringen, eine von ihm getroffene ***Einzelfallentscheidung***, nämlich die Entlassung des Obersts, rückgängig zu machen. Diese Entlassung des Obersts gehört nun eigentlich zum ureigenen Bereich des Verteidigungsministers, die mit der Richtlinienkompetenz der Kanzlerin im Übrigen hier auch gar nicht kollidiert (*Sachs/ Oldiges* Art. 65 GG Rz. 21). Die Kanzlerin befürwortet zwar den Afghanistan-Einsatz, dem hat V mit der Entlassung des O aber nicht widersprochen. Die Entlassung des O kann man im Hinblick auf die Richtlinien der Kanzlerin als *neutral* bezeichnen. Demnach wäre ein Veto der Kanzlerin eigentlich unzulässig, denn es geht – wie gesagt – um einen Bereich, der allein dem Ressort des V zugehört und der den Richtlinien der Regierungschefin nicht zuwiderläuft (→ Art. 65 Satz 2 GG!).

Frage: Ist ein Durchgriff in den Ressortbereich des V durch die von der Kanzlerin geforderte Einzelmaßnahme gleichwohl ausnahmsweise gerechtfertigt?

Antwort: Die Richtlinienkompetenz kann sich nach herrschender Meinung ausnahmsweise auch auf Einzelfälle und ***Detailfragen*** beziehen und in den Ressortbereich des Ministers eingreifen, und zwar dann, wenn diese Einzelfälle oder Detailfragen

> »nach vertretbarer Einschätzung des Kanzlers eine richtungsbestimmende politische Vorgabe erfordern, also nicht in alleiniger Ressortverantwortung erledigt werden sollten. Es muss sich um Entscheidungen in ***hochpolitischen Einzelfällen*** und von für die gesamte Regierung relevanter Bedeutung handeln. Der Kern der ministeriellen Arbeit muss dabei allerdings weiterhin unangetastet bleiben« (*Jarass/Pieroth* Art. 65 GG Rz. 3; *Maunz/Dürig/Herzog* Art. 65 GG Rz. 6; *Ipsen* StaatsR I Rz. 358; *von Mangold/Klein/Starck* Art. 65 GG Rz. 16; *Dreier/Hermes* Art. 65 GG Rz. 20; *Maurer* StaatsR I § 14 Rz. 47; *Gröpl* StaatsR I § 17 Rz. 1421; *Degenhart* StaatsR I Rz. 689). »Die Richtlinien der Politik beinhalten damit zum einen die für die Durchsetzung bestimmter politischer Ziele wichtigen Leitentscheidungen, zum anderen aber auch Einzelentschlüsse, soweit sie von grundsätzlicher politischer Bedeutung für die Regierungsarbeit sind« (AK-*Schneider* Art. 65 GG Rz. 3).

Durchblick: Die Richtlinien der Politik sollen gemäß **Art. 65 GG** durch die Ministerien grundsätzlich in ***Eigenverantwortung*** umgesetzt werden. Die uns inzwischen bekannte ***Richtlinienkompetenz*** des Kanzlers wäre allerdings zum Teil ausgehebelt, wenn diese Umsetzung durch die Bundesminister vom Kanzler in besonderen Einzelfällen nicht auch kontrolliert und korrigiert werden könnte. Die Richtlinienkompetenz des Kanzlers dient ja gerade dem Zweck, ihn (und die übrige Regierung) vor politischen Alleingängen eines Ministers zu bewahren. Insoweit beachtlich ist vor allem, dass einzelne politische Fehlentscheidungen und Affären – auch wenn sie außerhalb der vorgegebenen Richtlinien des Kanzlers angesiedelt sind – durchaus schwerwiegende politische Konsequenzen nach sich ziehen und damit auch unter Umständen den Bestand der Regierung bedrohen können (*Ipsen* StaatsR I Rz. 430). Der Bestand der Regierung kann insbesondere deshalb bedroht sein, weil der Bundeskanzler gemäß **Art. 65 Satz 1 GG** die alleinige Verantwortung für die Regierungspolitik trägt. Dementsprechend könnte die Mehrheit des Bundestages, wenn dieser Mehrheit die Arbeit eines Ministers missfällt, gemäß Art. 67 GG dem amtierenden Bundeskanzler das Misstrauen aussprechen und anschließend einen neuen Bundeskanzler wählen, was übrigens gemäß **Art. 69 Abs. 2 GG** auch die bisherigen Bundesminister ihren Job kosten würde. Der Bundeskanzler riskiert also, bei Fehlleistungen der Bundesminister unter Umständen selbst seines Amtes enthoben zu werden. Folglich resultiert bereits hieraus eine Berechtigung, Weisungen im Einzelfall an einen seiner Minister zu erteilen, wenn eine Frage von besonderer politischer Bedeutung vorliegt und der Kernbereich der ministeriellen Arbeit dabei unangetastet bleibt (*Gröpl* StaatsR I § 17 Rz. 1421).

4. Merksatz: Nach herrschender Meinung umfasst die Richtlinienkompetenz des Bundeskanzlers neben den wesentlichen politischen Leitentscheidungen auch Entscheidungen in ***hochpolitischen Einzelfällen***, die für den Bestand der Regierung von Bedeutung sein können (*Jarass/Pieroth* Art. 65 GG Rz. 3; *Ipsen* StaatsR I Rz. 430; *Maurer* StaatsR I § 14 Rz. 47).

Zum Fall: Vorliegend hat die von Oberst O angeordnete Bombardierung fast 150 Menschen das Leben gekostet. Die anschließende (ungerechtfertigte) Entlassung des O durch den V hat dann für beachtlichen politischen Zündstoff gesorgt, der so weit ging, dass sich sogar die Mehrheit des Bundestages gegen den V ausgesprochen hat. Ein Handeln seitens der Bundeskanzlerin war also nötig, um die Situation für die Bundesregierung zu entschärfen und den Bundeswehreinsatz in Afghanistan, den sie ja ausdrücklich befürwortet, nicht zu gefährden oder in ein schlechtes Licht zu rücken. Obwohl es sich bei der Maßnahme gegen V – die Forderung der Rehabilitierung des O – um eine klassische Einzelfallentscheidung handelt und diese in den eigentlich selbstständig zu erledigenden Ressortbereich des V eingreift, war die Kanzlerin wegen der hohen politischen Brisanz des gesamten Vorfalls hierzu (ausnahmsweise) berechtigt.

Ergebnis: Die Bundeskanzlerin M kann aufgrund ihrer Ermächtigung aus Art. 65 Satz 1 GG dem Bundesverteidigungsminister V die Weisung geben, den von ihm in den Ruhestand versetzten Oberst O zu rehabilitieren.

II. Kann der Bundestag dem V das Misstrauen aussprechen und gleichzeitig den A zum neuen Verteidigungsminister wählen?

Einstieg: Wir haben weiter oben schon gelernt, dass die Entlassung eines Bundesministers auf Vorschlag des Bundeskanzlers durch den Bundespräsidenten erfolgt, der insoweit zwingend an den Vorschlag des Kanzlers gebunden ist (*Maunz/Dürig/Herzog* Art. 64 GG Rz. 49; *Sachs/Oldiges* Art. 64 GG Rz. 19; *Degenhart* StaatsR I § 9 Rz. 681). Und wir haben auch schon mal kurz angesprochen, dass der Bundestag jedenfalls dem ***Kanzler*** gemäß **Art. 67 Abs. 1 GG** das Misstrauen aussprechen und anschließend einen neuen Kanzler wählen kann, wenn die Mehrheitsverhältnisse im Bundestag ein solches Vorgehen ermöglichen.

Problem: Geht das eigentlich auch bei einem Minister?

Lösung: Gemäß Art. 67 Abs. 1 GG kann der Bundestag, wenn die Bundesregierung nicht mehr sein Vertrauen hat, dem ***Bundeskanzler*** das Misstrauen aussprechen. Dieses sogenannte »**konstruktive Misstrauensvotum**« kommt einer Abwahl des Kanzlers in der laufenden Legislaturperiode gleich. In Ermangelung anderer Vorschriften regelt der Art. 67 GG damit abschließend die Möglichkeit eines Regierungssturzes, und zwar durch die Abwahl des ***Bundeskanzlers*** (*Sachs/Oldiges* Art. 67 GG Rz. 21). Gemäß **Art. 69 Abs. 2 GG** (lesen!) endigt mit der Abwahl des Kanzlers dann aber auch das Amt eines jeden Bundesministers. Minister selbst kann man also nach dem bisher Gesagten nicht abwählen, es muss dann schon der ganz große Wurf her, also die Abwahl des ***Kanzlers*** mit den Rechtsfolgen des Art. 69 Abs. 2 GG.

Man könnte abschließend allerdings noch darüber nachdenken, ob die Vorschrift des Art. 67 Abs. 1 GG nicht als eine Art ***Minusmaßnahme*** auch die Abwahl eines ***Bundesministers*** rechtfertigt. Die Idee dabei wäre, dass die Abwahl eines amtierenden Bundeskanzlers zwangsläufig zum Sturz der gesamten Regierung führt und damit folgenschwere Konsequenzen hat. Es müsste eine ganze Regierung neu gebildet werden, unter einem neuen Bundeskanzler. Warum sollte dann eine nicht so folgenschwere Abwahl eines Bundesministers in dieser Form nicht auch möglich sein?

> **Aber:** Dem steht jedoch neben den eben genannten Erwägungen zudem die Systematik der Art. 62 ff. GG entgegen. Wir haben ja gelernt, dass gemäß Art. 63 GG allein der ***Bundeskanzler*** vom Bundestag gewählt wird – und nicht auch seine Bundesminister. Es ist daher auch nicht einsehbar, warum der Bundestag umgekehrt aber einen einzelnen Minister abwählen können soll. Im Übrigen ist eben auch nur der ***Bundeskanzler*** dem Bundestag gegenüber verantwortlich, nicht auch der einzelne Minister. Schließlich haben wir festgestellt, dass die Regierung ausschließlich der Bundeskanzler bildet, er also bestimmt, welche Bundesminister das Regierungskabi-

nett bilden, vgl. Art. 62 und 64 GG. Damit ist der einzelne Bundesminister auch nur vom Vertrauen des amtierenden Bundeskanzlers abhängig (*Degenhart* StaatsR I Rz. 681). Das GG hat dem Bundestag daher absichtlich keine rechtliche Handhabe erteilt, die Entlassung eines einzelnen Ministers zu erzwingen (*Degenhart* StaatsR Rz. 681). Der Art. 67 GG kann in Form einer Minusmaßnahme zur Abwahl eines Bundesministers somit nicht herangezogen werden. Eine Abwahl eines Bundesministers durch den Bundestag ist in unserer Verfassung absichtlich nicht vorgesehen. Die parlamentarische Mehrheit kann lediglich mit der Bekundung von Kritik, Missbilligung oder Tadel auf konkrete Aspekte der Amtsführung des amtierenden Bundeskanzlers reagieren (*Sachs/Oldiges* Art. 67 GG Rz. 30).

Ergebnis: Der Bundestag kann keinen neuen Bundesverteidigungsminister wählen und gleichzeitig mit einem Misstrauensvotum den V abwählen, da es hierfür keine verfassungsrechtliche Legitimation gibt.

Gutachten

I. Es ist zu prüfen, ob die Kanzlerin M dem Verteidigungsminister V vorschreiben kann, den Oberst O zu rehabilitieren. Dies hängt davon ab, wie das Grundgesetz die Kompetenzen zwischen dem Bundeskanzler und seinen Ministern verteilt.

1.) Die Bundesminister werden gemäß Art. 64 Abs. 1 GG auf Vorschlag des zuvor gewählten Bundeskanzlers vom Bundespräsidenten sowohl ernannt als auch entlassen. Dies bezeichnet man als Personalkompetenz oder auch Regierungsbildungskompetenz des Kanzlers. Der Bundeskanzler muss sich dementsprechend selbst seine Minister suchen und diese dann dem Bundespräsidenten vorschlagen. Ebenso kann der Bundeskanzler bestimmen, dass ein Minister aus seinem Amt entlassen werden soll. Er kann und muss auch diese personelle Entscheidung dem Bundespräsidenten in Form eines Vorschlags unterbreiten, die eigentliche Entlassung erfolgt wiederum durch den Bundespräsidenten.

Zwischenergebnis: Die Kanzlerin M will ihren Verteidigungsminister allerdings nicht entlassen, sondern ihn nur dazu bringen, seine Entscheidung bezüglich des Obersts O zu revidieren und den G wieder in Amt und Würden zu setzen. Die Vorschrift des Art. 64 GG hilft alleine betrachtet somit zunächst nicht weiter.

2.) Die Bundeskanzlerin hat nach dem Grundgesetz indes noch weitaus mehr Kompetenzen, die sich vor allem auch auf die Amtsführung der Bundesminister auswirken. Dadurch, dass der Bundeskanzler ein Vorschlagsrecht für die Ernennung und Entlassung der Bundesminister hat, ist er gleichzeitig auch dazu ermächtigt, die Zahl und die Art der Bundesminister zu bestimmen und deren Geschäftsbereich voneinander abzugrenzen. Man bezeichnet dies als Organisationskompetenz oder auch Organisationsgewalt. Die Geschäftsordnung der Bundesregierung enthält die Regelungen über die Zusammenarbeit von Bundeskanzler und Bundesministern, aber auch über die Zusammenarbeit der Bundesminister untereinander. Sie konkretisiert damit die abstrakt gehaltenen Regelungen des Grundgesetzes aus Art. 64 GG. Gemäß § 9 Satz 1 GeschO BReg wird der Geschäftsbereich der einzelnen Bundesminister in den Grundzügen durch den Bundeskanzler festgelegt. Folglich kann und muss der Bundeskanzler (auch) bestimmen, wie viele Ministerien er besetzt und welche Aufgaben diese haben. Gefällt der Kanzlerin der Führungsstil des V nicht, könnte sie ihn durchaus zur Entlassung dem Bundespräsidenten vorschlagen. Das Ministerium abzuschaffen, wäre ihr allerdings verwehrt, denn das Verteidigungsministerium gehört zu den drei obligatorischen Pflichtressorts und ist zudem in Art. 65a GG mit besonderen Kompetenzen ausgestattet.

Zwischenergebnis: Auch die Organisationskompetenz hilft der M nicht weiter, will sie den V dazu bringen, den O zu rehabilitieren.

3.) Außerdem verfügt der Bundeskanzler gemäß Art. 65 Satz 4 GG über die sogenannte Geschäftsleitungskompetenz. Dabei kommt ihm die Aufgabe zu, als Vorsitzender die Sitzungen der Bundesregierung einzuberufen und zu leiten sowie die Arbeit innerhalb der Regierung zwischen den einzelnen Bundesministerien zu koordinieren. Die Kanzlerin kann also in höchst streitigen Situationen, wie der hier geschilderten, die Bundesregierung zu einer Sitzung (Kabinettssitzung) einberufen und über das Verhalten des Verteidigungsministers V mit allen Bundesministern debattieren und über das weitere Vorgehen abstimmen. In der Kabinettssitzung kann etwa beschlossen werden, dass die Bundesregierung sich von dem Verhalten des V öffentlich distanziert. Konkrete, rechtsverbindliche Verhaltensvorschriften für den jeweiligen Minister können hier aber nicht getroffen werden.

Zwischenergebnis: Die formelle Stellung der Bundeskanzlerin in der Bundesregierung ergibt sich aus den Art. 62 und Art. 64 Abs. 1 GG, sagt jedoch nichts darüber aus, welche Rechte und Pflichten sowohl die Bundeskanzlerin als auch ihre Bundesminister untereinander haben, wenn es Meinungsverschiedenheiten hinsichtlich eines Verhaltens eines Ministers gibt.

4.) Etwas anderes könnte sich schließlich noch aus der sogenannten Richtlinienkompetenz des Kanzlers ergeben. Gemäß Art. 65 Satz 1 GG bestimmt der Bundeskanzler die Richtlinien der Politik, während gemäß Satz 2 des Art. 65 GG jeder Bundesminister innerhalb dieser in Satz 1 genannten Richtlinien seinen Geschäftsbereich selbstständig und unter eigener Verantwortung leitet. Der Bundeskanzler gibt also nach dem ausdrücklichen Willen des Grundgesetzes die Ziele der Politik und die Wege zu deren Verwirklichung vor. Was das Wort Richtlinie dabei genau umfasst, ist allerdings unklar, da der Begriff viel Platz für Interpretationen lässt und politische Arbeit als Tagesgeschäft häufig von schnellen Entscheidungen getragen wird. Unter Richtlinien im Sinne des Art. 65 Satz 1 GG fallen aber jedenfalls die allgemeinen und grundlegenden politischen Entscheidungen. Es handelt sich insbesondere um generelle Weisungen des Bundeskanzlers und allgemeine Vorgaben, mit denen er seinen politischen Führungsanspruch behaupten und durchsetzen kann.

Adressaten der Richtlinien sind ausschließlich die Bundesminister. Dies ergibt sich aus der Geschäftsordnung der Bundesregierung, in der in § 1 normiert ist, dass der Bundeskanzler die Richtlinien der inneren und äußeren Politik bestimmt. Diese Richtlinien sind für die Bundesminister verbindlich und von ihnen in ihrem Geschäftsbereich selbstständig und unter eigener Verantwortung zu verwirklichen. In Zweifelsfällen ist die Entscheidung des Bundeskanzlers einzuholen. Die Geschäftsordnung der Bundesregierung konkretisiert damit den Art. 65 GG. Der Bundeskanzler ist durch die ihm eingeräumte Richtlinienkompetenz innerhalb des Kreises der Regierungsmitglieder damit logischerweise herausgehoben und insoweit mit besonderen Leitungs- und Entscheidungsrechten ausgestattet. Er soll nach dem Willen des Grundgesetzes der verantwortliche Leiter der Regierungspolitik sein, der auch den einzelnen Ministern weitestgehend verbindliche Rahmendaten für ihre Arbeit setzen kann. Letzteres ist schließlich Konsequenz aus Art. 64 Abs. 1 GG, aufgrund dessen die einzelnen Bundesminister – zumindest verfassungsrechtlich gesehen – ihre Existenz allein dem Bundeskanzler verdanken. Dem Weisungsrecht des Kanzlers steht andererseits gegenüber, dass jeder Bundesminister über eine sogenannte Ressortverantwortlichkeit verfügt. Ausweislich des Art. 65 Satz 2 GG hat jeder Bundesminister seinen Geschäftsbereich und damit also sein Ressort selbstständig und unter eigener Verantwortung zu leiten. Umfasst sind insoweit zumindest die ressortinternen Sachentscheidungen und die Personal-, Organisations- und Finanzhoheit innerhalb des Ministeriums.

Fraglich ist vorliegend, ob die Bundeskanzlerin M aufgrund dieser Richtlinienkompetenz dergestalt in die Ressortverantwortlichkeit des Bundesverteidigungsministers V eingreifen darf, dass sie ihm vorschreibt, die Entlassung des Obersts rückgängig zu machen und ihn damit zu rehabilitieren. Das wäre dann der Fall, wenn der Eingriff in die Ressortverantwortlichkeit des Bundesverteidigungsministers durch die Richtlinienkompetenz der Bundeskanzlerin legitimiert ist. Die Richtlinienkompetenz des Bundeskanzlers rechtfertigt jedenfalls dann einen Durchgriff in den Ressortbereich der Bundesminister, wenn die generellen Weisungen oder allgemeinen Vorgaben des Kanzlers nicht beachtet werden. In diesen Fällen obsiegt die Richtlinienkompetenz gegen das Ressortprinzip – die Bundesminister müssen sich grundsätzlich an die allgemeinen Vorgaben des Kanzlers halten, diese Vorgaben sind für die Minister verbindlich.

5.) Es fragt sich schließlich, ob die Richtlinienkompetenz den Bundeskanzler auch dazu ermächtigt, einem Bundesminister konkrete Einzelweisungen zu erteilen und damit von einer (zulässigen) allgemeinen Vorgabe zu einer konkreten Einmischung in das Ressort zu schließen, vor allem auch dann, wenn es sich um ein Vorgehen handelt, das mit den Richtlinien des Kanzlers eigentlich nicht in Widerspruch steht. Ließe man dies zu, bliebe für einen Minister unter Umständen keine eigenständige Entscheidungsmacht übrig und er wäre demnach nur eine Art Befehlsempfänger des Kanzlers. Der Kanzler soll aber ausdrücklich nur die allgemeinen Richtlinien vorgeben, die einzelnen Maßnahmen zur Durchführung bzw. Realisierung obliegen den Ministern. Die Bundeskanzlerin M will den Verteidigungsminister dazu bringen, eine von ihm getroffene Einzelfallentscheidung, nämlich die Entlassung des Obersts, rückgängig zu machen. Diese Entlassung des Generals gehört nun eigentlich zum ureigenen Bereich des Verteidigungsministers, die mit der Richtlinienkompetenz der Kanzlerin im Übrigen hier auch gar nicht kollidiert. Die Kanzlerin befürwortet zwar den Afghanistan-Einsatz, dem hat V mit der Entlassung des O aber nicht widersprochen. Die Entlassung des O kann man im Hinblick auf die Richtlinien der Kanzlerin als neutral bezeichnen. Demnach wäre ein Veto der Kanzlerin eigentlich unzulässig, denn es geht – wie gesagt – um einen Bereich, der allein dem Ressort des V zugehört und der den Richtlinien der Regierungschefin nicht zuwiderläuft.

6.) Es stellt sich letztlich noch die Frage, ob ein Durchgriff in den Ressortbereich des V durch die von der Kanzlerin geforderte Einzelmaßnahme gleichwohl ausnahmsweise gerechtfertigt sein kann. Die Richtlinienkompetenz kann sich nach herrschender Meinung ausnahmsweise auch auf Einzelfälle und Detailfragen beziehen und in den Ressortbereich des Ministers eingreifen, und zwar dann, wenn diese Einzelfälle oder Detailfragen nach vertretbarer Einschätzung des Kanzlers eine richtungsbestimmende politische Vorgabe erfordern, also nicht in alleiniger Ressortverantwortung erledigt werden sollten. Es muss sich um Entscheidungen in hochpolitischen Einzelfällen und von für die gesamte Regierung relevanter Bedeutung handeln. Der Kern der ministeriellen Arbeit muss dabei allerdings weiterhin unangetastet bleiben. Die Richtlinien der Politik beinhalten damit zum einen die für die Durchsetzung bestimmter politischer Ziele wichtigen Leitentscheidungen, zum anderen aber auch Einzelentschlüsse, soweit sie von grundsätzlicher politischer Bedeutung für die Regierungsarbeit sind.

Die Richtlinien der Politik sollen gemäß Art. 65 GG durch die Ministerien grundsätzlich in Eigenverantwortung umgesetzt werden. Die Richtlinienkompetenz des Kanzlers wäre allerdings zum Teil ausgehebelt, wenn diese Umsetzung durch die Bundesminister vom Kanzler in besonderen Einzelfällen nicht auch kontrolliert und korrigiert werden könnte. Die Richtlinienkompetenz des Kanzlers dient gerade dem Zweck, ihn und die übrige Regierung vor politischen Alleingängen eines Ministers zu bewahren. Insoweit beachtlich ist vor allem, dass einzelne politische Fehlentscheidungen und Affären – auch wenn sie außerhalb der vorgegebenen Richtlinien des Kanzlers angesiedelt sind – durchaus schwerwiegende politische Konsequenzen nach sich ziehen und damit auch unter Umständen den Bestand der Regierung bedrohen können.

Der Bestand der Regierung kann insbesondere deshalb bedroht sein, weil der Bundeskanzler gemäß Art. 65 Satz 1 GG die alleinige Verantwortung für die Regierungspolitik trägt. Dementsprechend könnte die Mehrheit des Bundestages, wenn ihnen die Arbeit eines Ministers missfällt, gemäß Art. 67 GG dem amtierenden Bundeskanzler das Misstrauen aussprechen und einen neuen Bundeskanzler wählen, was gemäß Art. 69 Abs. 2 GG auch die bisherigen Bundesminister ihren Job kosten würde. Der Bundeskanzler riskiert also, bei Fehlleistungen der Bundesminister unter Umständen selbst seines Amtes enthoben zu werden. Folglich resultiert bereits hieraus eine Berechtigung, Weisungen im Einzelfall an einen seiner Minister zu erteilen, wenn eine Frage von besonderer politischer Bedeutung vorliegt und der Kernbereich der ministeriellen Arbeit dabei unangetastet bleibt.

Vorliegend hat die von Oberst O angeordnete Bombardierung fast 150 Menschen das Leben gekostet. Die anschließende (ungerechtfertigte) Entlassung des O durch V hat dann für beachtlichen politischen Zündstoff gesorgt, der so weit ging, dass sich sogar die Mehrheit des Bundestages gegen V ausgesprochen hat. Ein Handeln seitens der Bundeskanzlerin war also nötig, um die Situation für die Bundesregierung zu entschärfen und den Bundeswehreinsatz in Afghanistan, den sie ja ausdrücklich befürwortet, nicht zu gefährden oder in ein schlechtes Licht zu rücken. Obwohl es sich bei der Maßnahme gegen V – die Forderung der Rehabilitierung des O – um eine klassische Einzelfallentscheidung handelt und diese in den eigentlich selbstständig zu erledigenden Ressortbereich des V eingreift, war die Kanzlerin wegen der hohen politischen Brisanz des gesamten Vorfalls hierzu ausnahmsweise berechtigt.

Ergebnis: Die Bundeskanzlerin M kann aufgrund ihrer Ermächtigung aus Art. 65 Satz 1 GG dem Bundesverteidigungsminister V die Weisung geben, den von ihm in den Ruhestand versetzten Oberst O zu rehabilitieren.

II. Es ist zu prüfen, ob der Bundestag einem einzelnen Minister das Misstrauen aussprechen kann.

1.) Es ist weiter oben festgestellt worden, dass die Entlassung eines Bundesministers auf Vorschlag des Bundeskanzlers durch den Bundespräsidenten erfolgt, der insoweit zwingend an den Vorschlag des Kanzlers gebunden ist. Der Bundestag kann jedenfalls dem Kanzler gemäß Art. 67 Abs. 1 GG das Misstrauen aussprechen und anschließend einen neuen Kanzler wählen, wenn die Mehrheitsverhältnisse im Bundestag ein solches Vorgehen ermöglichen.

2.) Es fragt sich, ob dies auch gegenüber einem Minister möglich ist. Gemäß Art. 67 Abs. 1 GG kann der Bundestag, wenn die Bundesregierung nicht mehr sein Vertrauen hat, dem Bundeskanzler das Misstrauen aussprechen. In Ermangelung anderer Vorschriften regelt der Art. 67 GG damit abschließend die Möglichkeit eines Regierungssturzes, und zwar durch die Abwahl des Bundeskanzlers. Gemäß Art. 69 Abs. 2 GG endigt mit der Abwahl des Kanzlers dann aber auch das Amt eines jeden Bundesministers. Minister selbst kann man nach dem bisher Gesagten nicht abwählen.

Man könnte abschließend allerdings noch erwägen, ob die Vorschrift des Art. 67 Abs. 1 GG nicht als eine Art Minusmaßnahme auch die Abwahl eines Bundesministers rechtfertigt. Die Idee dabei wäre, dass die Abwahl eines amtierenden Bundeskanzlers zwangsläufig zum Sturz der gesamten Regierung führt und damit folgenschwere Konsequenzen hat. Es müsste eine ganze Regierung neu gebildet werden, unter einem neuen Bundeskanzler. Dem steht jedoch neben den eben genannten Erwägungen zudem die Systematik der Art. 62 ff. GG entgegen. Gemäß Art. 63 GG wird allein der Bundeskanzler vom Bundestag gewählt und nicht auch seine Bundesminister.

Es ist daher auch nicht einsehbar, warum der Bundestag umgekehrt aber einen einzelnen Minister abwählen können soll. Im Übrigen ist eben auch nur der Bundeskanzler dem Bundestag gegenüber verantwortlich, nicht auch der einzelne Minister. Schließlich ist bereits festgestellt worden, dass die Regierung ausschließlich der Bundeskanzler bildet, er also bestimmt, welche Bundesminister das Regierungskabinett bilden, dies folgt aus den Art. 62 und 64 GG. Damit ist der einzelne Bundesminister auch nur vom Vertrauen des amtierenden Bundeskanzlers abhängig. Das GG hat dem Bundestag daher absichtlich keine rechtliche Handhabe erteilt, die Entlassung eines einzelnen Ministers zu erzwingen. Der Art. 67 GG kann in Form einer Minusmaßnahme zur Abwahl eines Bundesministers somit nicht herangezogen werden. Eine Abwahl eines Bundesministers durch den Bundestag ist in der Verfassung absichtlich nicht vorgesehen. Die parlamentarische Mehrheit kann lediglich mit der Bekundung von Kritik, Missbilligung oder Tadel auf konkrete Aspekte der Amtsführung des amtierenden Bundeskanzlers reagieren.

Ergebnis: Der Bundestag kann keinen neuen Bundesverteidigungsminister wählen und gleichzeitig mit einem Misstrauensvotum den V abwählen, da es hierfür keine verfassungsrechtliche Legitimation gibt.

5. Abschnitt

Das Gesetzgebungsverfahren

Fall 13

Wer den Boateng beleidigt, ...

25 Bundestagsabgeordnete der SPD möchten wegen der zunehmenden Gewalt in deutschen Fußballstadien das Strafgesetzbuch um folgenden § 185a StGB ergänzen:

»Wer als Zuschauer im Stadion einen Fußballspieler durch Schmährufe beleidigt, wird mit Geld- oder mit Freiheitsstrafe bis zu fünf Jahren bestraft.«

Diesen Gesetzesentwurf leiten die Abgeordneten dem Bundestag zu. Bei der Schlussabstimmung über das Gesetz sind vier Wochen später wegen guten Wetters nur 329 von den insgesamt 630 Abgeordneten des Bundestages anwesend. Davon stimmen nach eingehender Diskussion 110 Abgeordnete für das Gesetz, 90 Abgeordnete dagegen und 128 Abgeordnete enthalten sich der Stimme. Das Gesetz wird daraufhin dem Bundesrat zugeleitet, dem 69 Mitglieder angehören. Im Bundesrat überwiegen dann die Zweifel an der Sinnhaftigkeit einer solchen Regelung. Nach erfolgloser Anrufung des Vermittlungsausschusses erhebt der vollzählig versammelte Bundesrat eine Woche später mit 47 zu 22 Stimmen Einspruch gegen das Gesetz und leitet es danach wieder dem Bundestag zu. Bei der nochmaligen Abstimmung weisen dann von den an diesem Tag anwesenden 370 Parlamentariern 300 Abgeordnete den Einspruch des Bundesrates zurück, 50 Abgeordnete unterstützen ihn und 20 Abgeordnete enthalten sich. Die Kanzlerin zeichnet das Gesetz anschließend gegen, und der Bundespräsident fertigt es aus. Einige Wochen darauf erscheint es im Bundesgesetzblatt.

Ist der § 185a StGB wirksam zustande gekommen?

Schwerpunkte: Das Gesetzgebungsverfahren nach den Art. 76–82 GG; die Gesetzgebungskompetenzen von Bund und Ländern; die Grundregeln der Art. 30, 70 GG; die ausschließliche Gesetzgebungskompetenz, Art. 71, 73 Abs. 1 GG; die konkurrierende Gesetzgebung, Art. 72, 74 GG; die Verfassungsmäßigkeit des § 76 der Geschäftsordnung des Bundestages; Quotenreglung beim Einbringen von Gesetzen.

Lösungsweg

Einstieg: Wir beschäftigen uns nun anhand dieses ulkigen Falles mit dem **Gesetzgebungsverfahren** und wollen mal sehen, wie bei uns eigentlich ein Gesetz zustande kommt. Da dieses Gesetzgebungsverfahren vergleichsweise kompliziert ist, gönnen wir uns ausnahmsweise einen kleinen Luxus und haben die wesentlichen Abläufe des Verfahrens schon geschildert (siehe oben). Der Weg unseres Gesetzes läuft demnach in folgenden Schritten ab:

Bundestag → Bundesrat → Vermittlungsausschuss → Bundesrat → Bundestag → Kanzler → Bundespräsident → Bundesgesetzblatt.

Keine Bange, was sich hinter den einzelnen Begriffen und Institutionen verbirgt, schauen wir uns natürlich gleich in aller Ruhe an, haben aber jetzt bitte schon mal im Kopf, dass ein Gesetz immer eine Vielzahl von Stufen durchläuft, bis es endgültig in Kraft treten kann. Diese Stufen sind übrigens je nach Art des Gesetzes zudem sogar noch variabel, was uns aber für den Augenblick (noch) nicht interessieren soll.

> **Das hier aber schon mal vorweg**: Ein Bundesgesetz kommt gemäß Art. 77 GG immer durch ein Zusammenspiel von ***Bundestag*** und ***Bundesrat*** zustande (bitte lies: Art. 77 Abs. 1 Satz 1 und Satz 2 GG). Dazu müssen die Gesetzesvorlagen beiden »Häusern« natürlich irgendwann vorliegen, und es muss dort dann auch darüber abgestimmt werden. Die erste Abstimmung findet dabei gemäß Art. 77 Abs. 1 Satz 1 GG immer im **Bundestag** statt, und von dort aus wandert das Gesetz gemäß Art. 77 Abs. 1 Satz 2 GG anschließend zur Abstimmung in den **Bundesrat**. Das weitere Prozedere hängt dann von der Art des Gesetzes und dem möglichen Verhalten des Bundesrates ab: Denkbar ist zum einen die Anrufung des sogenannten »Vermittlungsausschusses« (→ Art. 77 Abs. 2 Sätze 1–3 GG), ein möglicher Einspruch seitens des Bundesrates (→ Art. 77 Abs. 3 GG) oder die Zustimmung bzw. Verweigerung der Zustimmung zum Gesetz (Art. 77 Abs. 2a GG). Hier bei uns geht es um ein sogenanntes »Einspruchsgesetz« (Erklärung kommt gleich), daher läuft die Gesetzesvorlage vom Bundesrat über den sogenannten »**Vermittlungsausschuss**« (Art. 77 Abs. 2 GG) nochmal zurück in den Bundestag zu einer weiteren Abstimmung (bitte lies: Art. 77 Abs. 3 Satz 1 GG und Art. 77 Abs. 4 Satz 1 GG). Bei einem sogenannten »Zustimmungsgesetz« (wird auch gleich erklärt) wäre der Weg etwas anders, dann nämlich ist die Anrufung des Vermittlungsausschuss nicht zwingend, ein Zustimmungsgesetz kann einfach so vom Bundesrat (verbindlich!) abgelehnt werden.

Welche Probleme auf dem Weg eines Gesetzes bis zum Inkrafttreten auftauchen können, ist Gegenstand unseres Falles und im Übrigen natürlich auch Gegenstand zahlreicher universitärer Übungsaufgaben – leider bis hin zum Examen. So werden wir uns gleich mal anschauen, wie ein Gesetz überhaupt in den Bundestag (also die **1. Stufe** oben im grauen Kasten) gelangt, wie dort dann die Abstimmungen erfolgen müssen (die Zahlen im SV sind natürlich wichtig) und was der Bundestag eigentlich machen kann, wenn der Bundesrat ***gegen*** das Gesetz stimmt. Beachte insoweit übrigens, dass es – wie oben im Fall geschildert – im richtigen Parlamentsleben in Berlin keinesfalls ungewöhnlich ist, dass nicht alle Abgeordneten bei den Abstimmungen oder den sonstigen Sitzungen des Parlaments anwesend sind. Außer bei der Kanzlerwahl oder anderen ultra-wichtigen Abstimmungen ist das vielmehr sogar die Regel, was man im Übrigen allabendlich in den Nachrichtensendungen beobachten kann: Zumeist sieht man bei den Übertragungen aus dem Bundestag eine Vielzahl von freien Stühlen/Sesseln, weil viele Abgeordnete eben andere Dinge zu tun haben oder wichtiger finden, als im Bundestag zu sitzen. Da lockt im Sommer dann gerne auch mal der *Wannsee* oder die *Mecklenburgische Seenplatte,* anstatt an einer Bundestagssitzung teilzunehmen. Kommt vor.

Noch etwas: Keine Rolle wird in unserem Fall der (materielle) ***Inhalt*** des hier infrage stehenden Gesetzes spielen. Es steht dem Bundesgesetzgeber aber selbstverständlich frei, ein solches Gesetz zu verabschieden. Wenn das Gesetzgebungsverfahren ordnungsgemäß durchgeführt wird (die »***formelle Verfassungsmäßigkeit***« eines Gesetzes), können Gesetze anschließend nur noch daran scheitern, dass sie ***inhaltlich*** verfassungswidrig sind (sogenannte »***materielle Verfassungsmäßigkeit***« eines Gesetzes), also gegen Grundrechte oder andere Normen der Verfassung verstoßen. Entscheidet sich der Gesetzgeber, etwa zur Eindämmung der Gewalt in Fußballstadien, die Fußballspieler vor Beleidigungen besonders zu schützen, kann er dies natürlich tun, solange dadurch keine anderen Verfassungsnormen tangiert werden. Uns interessiert hier allerdings nur das wirksame ***Zustandekommen*** des Gesetzes, also die »**formelle Verfassungsmäßigkeit**«, sodass wir uns keine Gedanken zur materiellen Verfassungsmäßigkeit machen müssen.

Die »formelle Verfassungsmäßigkeit« des § 185a StGB

I. Die Gesetzgebungskompetenz

Als Erstes muss im Rahmen der formellen Verfassungsmäßigkeit geklärt werden, *wer* in unserem Land überhaupt die Befugnis/Kompetenz hat, Gesetze zu erlassen. Ausgangspunkt ist dabei der **Art. 30 GG** (aufschlagen!): Demnach ist die Ausübung der staatlichen Befugnisse und die Erfüllung der staatlichen Aufgaben prinzipiell Sache der ***Länder***, soweit das Grundgesetz keine andere Regelung trifft oder zulässt. Da die Gesetzgebung ohne Frage eine *staatliche Aufgabe* und auch *Befugnis* ist, könnte daraus folgen, dass diese Gesetzgebung grundsätzlich eine ***Länderangelegenheit*** darstellt. Unser Bundestag wäre damit raus – und der schöne Fall auch schon zu Ende.

Aber: In Art. 30 GG steht bei genauem Hinsehen ja auch, dass diese Zuständigkeitsverteilung nur dann gilt, »*soweit das Grundgesetz keine andere Regelung trifft.*« Es fragt sich demnach, ob im Grundgesetz spezielle Regelungen existieren, die Aufschluss über die genaue Kompetenzverteilung in Sachen Gesetzgebung geben.

1. Merksatz: Die Prüfung der formellen Verfassungsmäßigkeit eines Gesetzes beginnt immer mit der Frage nach der **Kompetenz** (*Befugnis*), da die Folge fehlender Gesetzgebungskompetenz die **Verfassungswidrigkeit** und **Nichtigkeit** des entsprechenden Gesetzes ist (*Degenhart* StaatsR I Rz. 140; *Epping/Hillgruber/Seiler* Art. 70 GG Rz. 17; *Detterbeck* ÖffRecht Rz. 256).

Gemäß **Art. 70 Abs. 1 GG** haben die Länder das Recht der Gesetzgebung, soweit dieses Grundgesetz nicht dem Bund die Gesetzgebungsbefugnisse verleiht. Dieser

Art. 70 Abs. 1 GG ist damit in Bezug auf das Gesetzgebungsverfahren die Konkretisierung des Art. 30 GG. Entsprechend dem Grundsatz des Art. 30 GG ist das Verhältnis zwischen Bund und Ländern nun nach dem sogenannten »**Regel-Ausnahme-Verhältnis**« konstruiert (*Maurer* StaatsR I § 17 Rz. 24); das heißt, die Länder sind ***in der Regel*** für die Gesetzgebung zuständig, während dem Bund nur in gewissen ***Ausnahmefällen*** die Gesetzgebungskompetenz zustehen soll – oder um es mit den Worten des BVerfG zu sagen (BVerfGE **98**, 265, 299):

> *»Nach Art. 70 Abs. 1 GG haben die Länder das Recht der Gesetzgebung, soweit das Grundgesetz nicht dem Bund Gesetzgebungsbefugnisse verleiht. Im Unterschied zu den Ländern bedarf nach dieser Regelung der Bund für ein Gesetzesvorhaben einer ihm vom Grundgesetz zugewiesenen Befugnis. Für die Frage, ob eine solche Zuweisung besteht, kommt es auf die Gesetzgebungsmaterie an, wie sie insbesondere in Art. 73, 74 (…) und 105 GG niedergelegt sind.«*

2. Merksatz: Gemäß den Art. 30 und 70 GG gibt es bei der Gesetzgebung generell eine Kompetenzvermutung zugunsten der ***Länder***. Es handelt sich dabei um ein sogenanntes »**Regel-Ausnahme-Verhältnis**«, wonach der Bund immer nur dann tätig werden darf, wenn ihm das Grundgesetz eine entsprechende Ermächtigung bzw. Kompetenz zuweist (*Detterbeck* ÖffRecht Rz. 253). Der Bund muss somit ausdrücklich durch eine konkrete Bestimmung im GG zur Gesetzgebung ermächtigt werden, um ein Gesetz wirksam erlassen zu können. Ansonsten bleibt es bei der Ermächtigung der Länder (*Ipsen* StaatsR I Rz. 545).

Zum Fall: Der Bund muss also explizit für die hier erfolgte Änderung des StGB zuständig gewesen sein. Da – wie gesehen – gemäß den Art. 30 und 70 Abs. 1 GG grundsätzlich die Länder zur Gesetzgebung befugt sind, soweit die Gesetzgebungskompetenz nicht ausdrücklich durch das GG dem Bund zugeordnet worden ist, benötigt der Bund demnach einen sogenannten ***Kompetenztitel*** (eine Befugnis) zur Änderung des StGB. Hierzu lesen wir zunächst **Art. 70 Abs. 2 GG**, in dem ***abstrakt*** erklärt wird, inwieweit das Grundgesetz dem Bund Gesetzgebungsbefugnis verleiht.

Man unterscheidet insoweit zwischen der »***ausschließlichen***« Gesetzgebungskompetenz und der »***konkurrierenden***« Gesetzgebung« des Bundes:

1. Die ausschließliche Gesetzgebungskompetenz gemäß Art. 71 und 73 GG

Die ***ausschließliche*** Gesetzgebungskompetenz des Bundes ist in den Art. 71 und 73 GG normiert. Demnach wird ***ausschließlich*** dem Bund die Ermächtigung gegeben, Gesetze zu erlassen, es sei denn, die Länder sind durch ein ***Bundesgesetz*** zur eigenen Gesetzgebung ermächtigt.

3. Merksatz: Nach der Legaldefinition des Art. 71 GG bedeutet *ausschließliche* Gesetzgebung, dass die darunterfallenden Materien (Art. 73 GG) dem Bund vorbehalten sind, es sei denn, die Länder werden ausdrücklich durch ein ***Bundesgesetz*** zur eigenen Gesetzgebung ermächtigt (*Maurer* StaatsR I § 17 Rz. 27).

Durchblick: Das klingt ein bisschen schräg, denn das Wort »**ausschließlich**« bedeutet im herkömmlichen Sprachgebrauch ja eigentlich, dass es gerade ***keine*** Ausnahmen von einer Regel geben soll. Der Bund müsste also eigentlich ***immer*** und ***allein*** zur Gesetzgebung ermächtigt sein. Bei genauer Betrachtung ist er das aber auch, **denn**: Wenn der Bund in einem Gebiet der ausschließlichen Gesetzgebung (→ **Art. 73 GG**) selbst keine Gesetze erlassen möchte, dürfen die Länder dennoch nicht selbstständig einschreiten und ihrerseits Gesetze erlassen. Sie dürfen erst dann gesetzgeberisch tätig werden, wenn der Bund vorher ein entsprechendes ***Gesetz*** erlässt, das die Länder zur Gesetzgebung ermächtigt. **Folge**: Der Bund muss ***in jedem Falle*** vorher tätig werden, sonst geht für die Länder bei den Themen der ausschließlichen Gesetzgebung nix: Entweder der Bund erlässt ein eigenes Gesetz, das sich mit den Themen des Art. 73 GG befasst, dann sind die Länder sofort raus. Oder der Bund erlässt ein Gesetz, in dem er sagt, dass er kein (inhaltliches) Gesetz zu den Themen des Art. 73 GG erlassen möchte, und dass das daher ab jetzt die Länder dürfen. Der Bund ist somit ***immer*** vorgeschaltet und hat damit ***ausschließliche*** Gesetzgebungskompetenz. Die Länder dürfen in der »ausschließlichen« Gesetzgebung nie von selbst tätig werden. Merken.

Welche Zuständigkeiten ***ausschließlich*** dem Bund vorbehalten bleiben, ist – wie gerade kurz erwähnt – dem ausführlichen Katalog des **Art. 73 Abs. 1 GG** zu entnehmen. Der Art. 73 GG ergänzt bzw. vervollständigt damit den Art. 71 GG, indem er die Themen der ausschließlichen Gesetzgebung konkret benennt (*Epping/Hillgruber/Seiler* Art. 73 GG Rz. 1).

Zum Fall: Wir suchen hier ja nach einer Spezialkompetenz des Bundes zum Erlass eines § 185a StGB und müssten diese Kompetenz folglich in Art. 73 GG finden. Blöderweise steht da aber nichts von Strafrecht oder Ähnlichem drin – versprochen, wir haben es nachgelesen.

ZE.: Eine Gesetzgebungsbefugnis des Bundes folgt für unseren Fall somit schon mal nicht aus den Art. 71, 73 GG.

> **Feinkost:** Der Art. 73 Abs. 1 GG ist übrigens keinesfalls abschließend in seiner Aufzählung. Nach **Art. 105 Abs. 1 GG** etwa hat der Bund auch die ausschließliche Gesetzgebungskompetenz über die ***Zölle*** und die ***Finanzmonopole***. Hinzu kommen verschiedene, im übrigen Grundgesetz verstreute Spezialregelungen, die eine Regelung häufig mit der Formulierung »durch Bundesgesetz« einfordern. Solche Regelungen finden sich unter anderem in Art. 21 Abs. 3 GG zum ParteienG, in Art. 38 Abs. 3 GG zum BundeswahlG oder in Art. 29 GG zur Neugliederung des Bundesge-

biets, aber auch Grundgesetzänderungen im Sinne des Art. 79 GG sind dem Bund vorbehalten (*Epping/Hillgruber/Seiler* Art. 71 GG Rz. 2.1 oder *Maunz/Dürig/Uhle* Art. 71 GG Rz. 22). Schließlich gibt es noch die sogenannten »**ungeschriebenen Gesetzgebungskompetenzen**« des Bundes: Etwa bei der Änderung oder Festlegung der Nationalhymne oder der Bundesflagge (= Kompetenz »**kraft der Natur der Sache**«), wenn sich Kompetenzen überschneiden (= Kompetenz »**kraft Sachzusammenhangs**«) oder wenn Bundes-Kompetenzen eine bestimmte Materie zwar nicht ausdrücklich umfassen, diese aber in engem sachlichem Zusammenhang zur Hauptaufgabe stehen (= »**Annexkompetenz**«). In diesen Fällen steht dem Bund die Gesetzgebung ausschließlich zu (vgl. im Einzelnen *Degenhart* StaatsR Rz. 166).

2. Die konkurrierende Gesetzgebungskompetenz gemäß Art. 72 und 74 GG

Nach der Legaldefinition des Art. 72 Abs. 1 GG haben die Länder die Befugnis zur Gesetzgebung, »*solange und soweit der Bund von seiner Gesetzgebungszuständigkeit nicht durch Gesetz Gebrauch gemacht hat*«. In Art. 74 Abs. 1 GG stehen dann die einzelnen Kompetenztitel des Bundes (prüfen, bitte).

4. Merksatz: *Konkurrierende* Gesetzgebung bedeutet, dass für die in Art. 74 GG aufgezählten Sachbereiche grundsätzlich sowohl der Bund als auch die Länder Gesetze erlassen dürfen. Die Länder dürfen dann Gesetze zu diesen Sachbereichen erlassen, wenn der Bund dies nicht schon getan hat (*Degenhart* StaatsR I Rz. 148; *Oberrath* ÖffRecht Rz. 88). Hat der Bund ein Gesetz erlassen, entfaltet dieses eine Sperrwirkung zulasten landesrechtlicher Normen.

Bei genauer Betrachtung liegt der Unterschied zur ***ausschließlichen*** Gesetzgebungskompetenz des Bundes damit allein darin, dass die Länder bei der ***konkurrierenden*** Gesetzgebung ***ohne*** Ermächtigung des Bundes in diesem Bereich zuständig sind, wenn und soweit der Bund keine eigene Regelung erlassen hat (*Bumke/Voßkuhle* Casebook VerfassungsR S. 415 f.; *Ipsen* StaatsR I § 10 Rz. 568). Bei der ***ausschließlichen*** Gesetzgebungskompetenz dürfen die Länder hingegen erst und nur dann handeln, wenn sie hierzu durch ein ***Bundesgesetz*** ermächtigt worden sind, vgl. Art. 71 GG.

Beachte: Innerhalb der konkurrierenden Gesetzgebungskompetenz unterscheidet der Art. 72 GG insgesamt drei Ebenen, die sich in den Absätzen 1–3 wiederfinden. Man nennt sie **Kernkompetenz** (→ Art. 72 Abs. 1 GG), **Bedarfskompetenz** (→ Art. 72 Abs. 2 GG) und **Ausnahmekompetenz** (→ Art. 72 Abs. 3 GG). Dahinter verbergen sich haufenweise komplizierte Einzelfragen, die wir uns an dieser Stelle allerdings (er)sparen wollen, da sie in unserem Fall hier keine Bedeutung haben. Einzelheiten zu Art. 72 GG und der konkurrierenden Gesetzgebung gibt's aber im nächsten Fall.

Zu unserem Fall hier: Eine Zuständigkeit des Bundes könnte sich vorliegend bereits aus der Grundregel des **Art. 74 Abs. 1 Nr. 1 GG** ergeben (aufschlagen). Nach allgemeinem Sprachgebrauch umfasst das ***Strafrecht*** nämlich die Gesamtheit der Rechtsnormen, die bestimmte, für das gesellschaftliche Zusammenleben als schädlich angesehene Handlungen unter Strafe stellen und die Höhe der jeweiligen Strafe bestimmen (BVerfG NJW **2004**, 750, 751). Unser Gesetzesentwurf hier hat zum Ziel, das Strafgesetzbuch dahingehend zu ändern, dass die Strafbarkeit von Beleidigungstaten gegenüber Fußballspielern ausdrücklich normiert werden soll. Gemäß Art. 74 Abs. 1 Nr. 1 GG erstreckt sich die konkurrierende Gesetzgebung unter anderem auch auf das Strafrecht. Der Bund hat von seiner Gesetzgebungszuständigkeit folglich zulässigerweise abschließend Gebrauch gemacht, sodass die Zuständigkeit des Bundes (und ***nicht*** der Länder!) für dieses Vorhaben zu bejahen ist.

ZE.: Gemäß Art. 72 Abs. 1 und 74 Abs. 1 Nr. 1 GG hat der Bund auf dem Gebiet des Strafrechts Gesetzgebungskompetenz. Eine Zuständigkeit des Bundes ist damit gegeben.

II. Das (eigentliche) Gesetzgebungsverfahren

Einstieg: Der VII. Abschnitt des Grundgesetzes (→ **Art. 70–82 GG**) regelt zwei Teilbereiche der Bundesgesetzgebung: die Abgrenzung der Gesetzgebungskompetenz von Bund und Ländern (Art. 70–74 GG) und das Verfahren der eigentlichen Gesetzgebung, einschließlich der Organkompetenzen des Bundes (Art. 76–82 GG). Den Teil der ***Gesetzgebungskompetenz*** zwischen Bund und Ländern haben wir hinter uns (siehe oben) – ab geht es jetzt um die Frage, ***wie*** ein Gesetz eigentlich erlassen und damit wirksam wird, nämlich so:

1. Das Einleitungsverfahren, Art. 76 Abs. 1 GG (die »Gesetzesinitiative«)

Das Gesetzgebungsverfahren wird durch die Einbringung einer Gesetzesvorlage (Gesetzesentwurf/Gesetzesinitiative) in den Bundestag eingeleitet.

Definition: Unter ***Gesetzesinitiative*** versteht man das Recht, bei der parlamentarischen Volksvertretung (Bundestag) Gesetzesvorlagen mit dem Anspruch darauf einzubringen, dass die gesetzgebende Körperschaft über die Vorlage beraten und beschließen muss (*Badura* StaatsR Kap. F Rz. 39).

Die Gesetzesinitiative erfordert übrigens selbstverständlich umfangreiche Vorarbeit: Ein Gesetzesentwurf muss (aus)formuliert, begründet und so abgefasst sein, dass er ohne weiteres Hinzutun vom Bundestag und Bundesrat angenommen werden könnte; ansonsten gilt er nicht als Gesetzesentwurf im Sinne des GG und kann auch keine Wirksamkeit erlangen (*Maurer* StaatsR I § 17 Rz. 54; *Degenhart* StaatsR I Rz. 195).

ZE.: Unsere 25 Abgeordneten haben die klar formulierte Gesetzesänderung zum § 185a StGB dem Bundestag zur Beratung und Abstimmung vorgelegt und damit in den Bundestag auch »**eingebracht**« im Sinne des Art. 76 Abs. 1 GG.

Problem: Waren sie dazu überhaupt berechtigt?

Ansatz: Einbringungs- bzw. vorlageberechtigt sind nur die in **Art. 76 Abs. 1 GG** genannten Beteiligten. So kann ein Gesetz durch die ***Bundesregierung***, den ***Bundesrat*** oder ***aus der Mitte des Bundestages*** eingebracht werden. Unsere 25 Abgeordneten sind nun weder Mitglieder der Bundesregierung noch des Bundesrates. Vorliegend könnte es sich also nur um eine Gesetzesinitiative »**aus der Mitte des Bundestages**« handeln.

Frage: Was heißt eigentlich »aus der Mitte des Bundestages«?

Lösung: Zunächst stellen wir durch zwangloses Lesen des Gesetzestextes fest, dass sich der Art. 76 Abs. 1 GG zu dieser Frage ausschweigt. **Immerhin**: Dem Wortlaut »aus der Mitte des Bundestages« ist zumindest zu entnehmen, dass der Schwerpunkt wohl auf der ***örtlichen*** Beschreibung liegt, nämlich dass die Initiative »aus den Reihen des Bundestages« kommen muss; parlamentsfremde Personen sind nicht befugt, Gesetzesentwürfe einzubringen (*von Münch/Kunig/Bryde* Art. 76 GG Rz. 13; *Nolte/Tams* Jura **2000**, 158, 159). Die Formulierung »aus der Mitte des Bundestages« kann nun sowohl bedeuten, dass lediglich ***ein*** Parlamentarier erforderlich ist, um eine Gesetzesinitiative dem Bundestag vorzulegen oder aber auch eine in der Zahl unbestimmte, größere, sich zusammenschließende Gruppe mehrere Abgeordneter.

Und an genau dieser Stelle wird es interessant, denn hier lauert angesichts der unbestimmten Formulierung des GG ein klassisches und vor allem extrem klausurträchtiges Problem: Dazu lesen wir bitte **§ 76 Abs. 1** ***Geschäftsordnung des Bundestages*** (GeschO BT), da steht:

> ***§ 76 Vorlagen von Mitgliedern des Bundestages***
>
> *(1) Vorlagen von Mitgliedern des Bundestages müssen von einer Fraktion oder von fünf vom Hundert der Mitglieder des Bundestages unterzeichnet sein, es sei denn, dass die Geschäftsordnung etwas anderes vorschreibt oder zulässt.*
> *(2) Gesetzentwürfe müssen, Anträge können mit einer kurzen Begründung versehen werden.*

Durchblick: Die Geschäftsordnung des Bundestages (GeschO BT) enthält eine Vielzahl von Vorschriften, unter anderem zur konkreten Ausgestaltung der grundgesetzlich garantierten Befugnisse des Bundestages bzw. der Abgeordneten. So ist dann eben auch geregelt, und zwar in **§ 76 Abs. 1 GeschO BT** (siehe oben), wie und wann (Gesetzes-)Vorlagen von Abgeordneten eingebracht werden können. Nimmt man den § 76 Abs. 1 GeschO BT nun als nähere Ausgestaltung des Art. 76 Abs. 1 GG wahr, könnte man annehmen, dass entweder eine Fraktion (= Zusammenschluss aller Abgeordneten einer Partei im Bundestag) oder jedenfalls mindestens 5 % der Mitglieder des Bundestages nötig sind, um eine Gesetzesvorlage in den Bundestag »einzubringen« im Sinne des Art. 76 Abs. 1 GG.

Aber: Ganz so einfach ist es allerdings dann doch nicht. Liest man nämlich **Art. 82 Abs. 1 Satz 1 GG** (aufschlagen!), ist dort die Rede von »*Die nach den Vorschriften dieses Grundgesetzes zustande gekommenen Gesetze* …«, was bedeutet, dass es bei den Regelungen zum Zustandekommen von Gesetzen tatsächlich nur um das ***Grundgesetz*** geht – und nicht etwa um andere Gesetze, wie zum Beispiel die Geschäftsordnung des Bundestages, die allgemein nur als sogenannte ***Ordnungsvorschrift*** oder als ***Verfahrensordnung*** verstanden wird (BVerfGE **1**, 144, 153). Vertritt man diesen Standpunkt, kann die GeschO BT das Grundgesetz in seinem Art. 76 GG ***nicht*** beschränken. Es bliebe dann beim unbestimmten Wortlaut des Art. 76 Abs. 1 GG mit der Konsequenz, dass theoretisch auch nur ***zwei*** oder sogar nur ***ein*** einzelner Abgeordneter Gesetzesentwürfe in den Bundestag einbringen können, denn auch dann käme der Gesetzesentwurf ja »aus der Mitte des Bundestages«. Man muss die Vorschrift des § 76 GeschO BT in letzter Konsequenz dann sogar als ***verfassungswidrig*** einstufen, weil sie bei genauer Betrachtung die Norm des Art. 76 GG unzulässig einschränkt.

Und jetzt? Wie man dieses Problem auflöst, ist im besten Sinne des Wortes »gleichgültig«, solange die richtigen Argumente auftauchen. Folgendes wird in der Literatur vertreten:

- ***Für*** eine wirksame Einschränkung des Grundgesetzes und damit die Verfassungsmäßigkeit der Regelung des § 76 GeschO BT sprechen nach herrschender Meinung die unbestimmte Formulierung in Art. 76 Abs. 1 GG und der Bedarf nach einer konkreteren Bezeichnung (*Bryde/von Münch/Kunig* Art. 76 GG Rz. 13; *Sachs/Mann* Art. 76 GG Rz. 10; *Epping/Hillgruber/Dietlein* Art. 76 GG Rz. 7). Der Art. 76 Abs. 1 GG ließe sich dann als eine Art ***Ermächtigung*** interpretieren, den Kreis der Initiativberechtigten durch den Bundestag, den es ja auch betrifft, in seiner Geschäftsordnung näher zu bestimmen. Konkretisiert wird die verfassungsrechtliche Regelung des Art. 76 Abs. 1 GG demnach zulässigerweise durch die GeschO BT und schreibt vor, dass für das Einbringen eines Gesetzesentwurfes mindestens 5 % der Abgeordneten oder eine Fraktion erforderlich sind. Eine solche Regelung würde im Übrigen garantieren, dass der Bundestag nicht mit einer Unzahl von Gesetzesinitiativen von einzelnen Abgeordneten oder kleine Gruppen bombardiert und damit unter Umständen handlungsunfähig gemacht wird (vgl. *von Münch/Kunig/Bryde* Art. 76 GG Rz. 13; *Maurer* StaatsR § 17 Rz. 62; *Jarass/Pieroth* Art. 76 GG Rz. 2). Sofern der Bundestag aber ein Gesetz, dessen Vorlage unter Verstoß gegen § 76 GeschO BT eingebracht wurde, beschließt, kann dies gleichwohl gültig sein bzw. werden, da es sich die Mehrheit des Bundestages durch die positive Abstimmung nachträglich zu eigen gemacht hat. Die nachträgliche Billigung des Gesetzes heilt dann den Makel beim Einleitungsverfahren (*Jarass/Pieroth* Art. 76 GG Rz. 2; *Degenhart* StaatsR I Rz. 195; *Frenzel* in JuS 2010, 119; *Schmidt/Bleibtreu/Hofmann/Hopfauf/Sannwald* Art. 76 GG Rz. 38; *Zippelius/Würtenberger* StaatsR § 45 Rz. 52).

- *Gegen* die Wirksamkeit des § 76 GeschO BT und damit gegen eine Quotenregelung bei der Einbringung von Gesetzen spricht sich demgegenüber eine andere Ansicht aus, und zwar mit durchaus beachtlichen Argumenten. Prima zusammengefasst sind diese von *Kersten* im GG-Kommentar von *Maunz/Dürig* bei Art. 76 GG ab der Randziffer 48. Dort heißt es:

»… Die Regelung des § 76 GeschO BT ist verfassungswidrig und damit unwirksam, da sie gegen Art. 76 Abs. 1 GG verstößt. Der Wortlau „aus der Mitte des Bundestages" in Art. 76 GG erfasst vielmehr auch die Gesetzesinitiative ***einzelner Abgeordneter****, unter Umständen sogar die Initiative eines einzelnen Parlamentariers. Dies folgt zunächst aus dem* ***Wortlaut*** *des Art. 82 Abs. 1 Satz 1 GG, der bezüglich des Zustandekommens von Gesetzen ausdrücklich auf die Vorschriften des* ***Grundgesetzes*** *verweist und nicht auf andere Normen. Die Behauptung der Gegenmeinung, es bestünde die Gefahr einer möglichen Beeinträchtigung der Funktionsfähigkeit des Parlaments, wenn auch einzelne Abgeordnete oder kleine Gruppen einen Gesetzesentwurf einbringen dürften, lässt sich zudem objektiv* ***nicht*** *belegen: Die deutsche Parlamentsgeschichte kennt nämlich bisher* ***keinen einzigen*** *Fall der Überlastung durch gehäufte Gesetzesvorlagen kleinerer Abgeordnetengruppen. Im* ***bayrischen*** *und im* ***brandenburgischen*** *Landtag, in denen Gesetzesinitiativen sogar einzelner Abgeordneten möglich sind, ist es bisher nicht zu einer Einschränkung der Arbeitsfähigkeit gekommen. Gleiches gilt für das* ***Saarland*** *und* ***Schleswig-Holstein****. Des Weiteren schränkt § 76 GeschO BT das in Art. 38 GG garantierte freie Mandat der Abgeordneten ein und bedarf daher einer verfassungsrechtlichen Rechtfertigung, die aber* ***nicht*** *vorliegt und auch nicht aus Art. 76 GG gelesen oder gefolgert werden kann. Aus der unbestimmten Formulierung in Art. 76 Abs. 1 GG kann also nicht auf eine 5%-Hürde bei der Einbringung von Gesetzen geschlossen werden. Auch einzelne Abgeordnete oder kleine Gruppen haben folglich ein* ***Initiativrecht*** *bei der Einbringung von Gesetzen. Die GeschO BT verletzt insoweit* ***unzulässig*** *die Verfassung in Art. 76 Abs. 1 GG …«*

Tipp: Man kann hier locker beides vertreten, die oben zuerst genannte, angeblich *herrschende Meinung* will den § 76 GeschO BT nach wie vor als gültige Einschränkung verstanden wissen und kleine Gruppen von Abgeordneten von der Gesetzesinitiative entsprechend ausschließen. Wie gesehen, hat die andere Ansicht freilich auch sehr vernünftige Argumente für sich und kann folglich ebenso in der universitären Übungsarbeit favorisiert werden (neben *Maunz/Dürig/Kersten* vertreten diese Meinung übrigens noch: *Degenhart* StaatsR I Rz. 195; *Dreier/Brosius-Gersdorf* Art. 76 GG Rz. 18; *Schmidt/Jortzig/Schürmann* Art. 76 GG Rz. 118; *Nolte/Tams* in Jura 2003, 158; *Elicker* in JA 2005, 513; *Ossenbühl* in HStR V § 102 Rz. 25). Das Bundesverfassungsgericht hat sich – allerdings nur am Rande – auch schon mal zu dem Problem geäußert, und zwar am 6. März 1952 (!), nachzulesen in BVerfGE **1**, 144. Allerdings stellten die Richter damals nur fest, dass die Formulierung »*aus der Mitte des Bundestages*« bedeutet, dass eine »*zahlenmäßig bestimmte Gruppe von Abgeordneten*« zur Initiative berechtigt sein soll (BVerfGE **1**, 144, 153). Was das im Einzelnen zu sagen hat und welche Untergrenzen man setzen muss/kann, dazu mussten sich die Richter damals leider nicht im Einzelnen erklären, sodass bis heute breiter Raum für Meinungsstreitigkeiten bleibt (siehe soeben).

Zum Fall: Wir wollen in unserem Fall der 2. Meinung von oben folgen und daher feststellen, dass, obwohl hier nur 25 Abgeordnete das Gesetz in den Bundestag eingebracht haben (= 3,96 % von 630), die Eingabe dennoch »aus der Mitte des Bundestages« stammt und somit nicht gegen Art. 76 GG verstößt.

ZE.: Das Gesetz ist ordnungsgemäß ***eingebracht*** im Sinne des Art. 76 Abs. 1 GG.

2. Das Hauptverfahren gemäß Art. 77 Abs. 1 GG

Durchblick: An das ***Initiativverfahren*** schließt sich das Verfahren der Beschlussfassung durch Bundestag und Bundesrat an, das sogenannte »**Hauptverfahren**« (*Maurer* StaatsR I Rz. 201). Dieses Hauptverfahren beginnt immer mit Eingang der Gesetzesvorlage im Bundestag. Das eigentliche Gesetzgebungsverfahren, das heißt, der Weg vom Entwurf bis zum fertigen Gesetz, richtet sich dann nach **Art. 77 GG**. Dort steht, dass der Beschluss des Gesetzes im Bundestag erfolgen muss und welche Rechte der Bundesrat in diesem Verfahren hat. Konkrete Ausführungen zu dem Verfahren dieser »**Beschlussfassung**« finden sich dann wieder in der uns inzwischen bekannten *Geschäftsordnung des Bundestages*, nämlich in den §§ 78 ff. GeschO BT, und zwar:

a) Die Beschlussfassung durch den Bundestag

Der Gesetzgebungsbeschluss wird nach ***drei*** Beratungen, die man häufig auch als »**Lesungen**« bezeichnet, vorgenommen. Dies ergibt sich aus § 78 Abs. 1 GeschO BT. Wir lesen bitte:

> ***§ 78 Beratungen***
>
> *(1) Gesetzentwürfe werden in drei Beratungen, Verträge mit auswärtigen Staaten und ähnliche Verträge, welche die politischen Beziehungen des Bundes regeln oder sich auf Gegenstände der Bundesgesetzgebung beziehen (Art. 59 Abs. 2 des Grundgesetzes), grundsätzlich in zwei Beratungen und nur auf Beschluss des Bundestages in drei Beratungen, alle anderen Vorlagen grundsätzlich in einer Beratung behandelt. Für Nachtragshaushaltsvorlagen gilt § 95 Abs. 1 Satz 6.*

Für die Interessierten: Gemäß **§ 79 GeschO BT** besteht die erste Beratung (1. Lesung) dann aus einer *»ersten Aussprache«*, in der die *»Grundsätze der Vorlage«* besprochen werden. Eine Abstimmung findet hier noch nicht statt. Nach **§ 80 GeschO BT** wird im Anschluss an die erste Beratung der Gesetzesentwurf an einen Ausschuss überwiesen. Ausweislich des **§ 81 GeschO BT** schließt sich die zweite Beratung (2. Lesung) an. Sie wird mit einer allgemeinen Aussprache eröffnet – und es werden die einzelnen Bestimmungen der Gesetzesvorlage beraten und beschlossen, wobei Grundlage der 2. Lesung der Gesetzesentwurf in der Fassung ist, die er durch den Ausschuss erhalten hat. Hier können gemäß **§ 82 GeschO BT** auch noch Änderungsanträge oder sogar Zurückweisungen beantragt werden. Gemäß **§ 84 GeschO BT** bildet dann der in der zweiten Beratung abgestimmte Entwurf die Grundlage für die 3. Lesung, in der nach **§ 85 GeschO BT** auch noch Änderungsanträge und Zurückweisungen beantragt werden können, diesmal allerdings nur noch von einer Fraktion oder von 5 % der Mitglieder des Bundestages. Die 3. Lesung endet dann mit der sogenannten »**Schlussabstimmung**« gemäß **§ 86 GeschO BT**. Den wollen wir noch mal lesen:

> ***§ 86 Schlussabstimmung***
>
> *Nach Schluss der dritten Beratung wird über den Gesetzentwurf abgestimmt. Sind die Beschlüsse der zweiten Beratung unverändert geblieben, so folgt die Schlussabstimmung unmittelbar. Wurden Änderungen vorgenommen, so muss die Schlussabstimmung auf Verlangen einer Fraktion oder von anwesenden fünf vom Hundert der Mitglieder des Bundestages ausgesetzt werden, bis die Beschlüsse zusammengestellt und verteilt sind. Über Verträge mit auswärtigen Staaten und ähnliche Verträge findet keine besondere Schlussabstimmung statt.*

Also: Was da in Art. 77 Abs. 1 Satz 1 GG schön entspannt mit »*Die Bundesgesetze werden vom Bundestag beschlossen*« umschrieben ist, entpuppt sich in der Praxis und unter Zuhilfenahme der GeschO BT tatsächlich als eine Riesenaktion. Für unsere Zwecke soll es reichen, dass wir ab sofort wissen, dass Gesetze im Bundestag grundsätzlich erst nach ***drei*** Lesungen, in denen noch alles Mögliche geändert und gemacht werden kann (siehe oben), ***beschlossen*** werden im Sinne des Art. 77 Abs. 1 Satz 1 GG.

ZE.: Der Bundestag kann auch unser Gesetz zur Änderung des Strafgesetzbuchs nach Art. 77 Abs. 1 Satz 1 GG erst mit der 3. Lesung bzw. Beratung beschließen, was ja, auf den ersten Blick jedenfalls, auch erfolgt ist (da steht »**Schlussabstimmung**«).

Problem: Bei der erforderlichen Schlussabstimmung sind nach Angabe im Sachverhalt lediglich **329** von **630** Parlamentariern im Bundestag anwesend gewesen, wovon dann **110** für das Änderungsgesetz stimmen, **90** Parlamentarier dagegen und weitere **128** haben sich enthalten. Es fragt sich, ob der Bundestag bei dieser (Zahlen-)Konstellation den Gesetzesentwurf überhaupt ordnungsgemäß beschlossen hat. Ein ordnungsgemäßer Beschluss des Bundestages setzt nämlich **1.)** die Beschlussfähigkeit des Bundestages sowie **2.)** die Erreichung der vorgeschriebenen Mehrheit voraus.

Prüfen wir mal:

1.) Die Beschlussfähigkeit des Bundestages

Wir lesen **§ 45 GeschO BT**:

> ***§ 45 Feststellung der Beschlussfähigkeit, Folgen der Beschlussunfähigkeit***
>
> *(1) Der Bundestag ist beschlussfähig, wenn mehr als die Hälfte seiner Mitglieder im Sitzungssaal anwesend ist.*

Zum Fall: Bei der Abstimmung waren **329** von insgesamt **630** Parlamentariern im Bundestag anwesend mit der Folge, dass der Bundestag gemäß **§ 45 Abs. 1 GeschO BT** ohne Probleme beschlussfähig gewesen ist (vgl. zur Vermutung/Fiktion der grundsätzlich bestehenden Beschlussfähigkeit des Bundestages: BVerfGE **44**, 308).

2.) Das Erreichen der erforderlichen Mehrheit

Für einen wirksamen Beschluss des Bundestages ist dann gemäß **Art. 42 Abs. 2 GG** (aufschlagen!) die ***Mehrheit*** der abgegebenen Stimmen erforderlich, soweit das Grundgesetz (vgl. etwa Art. 79 Abs. 2 GG) nichts anderes bestimmt.

Problem: Was versteht man eigentlich unter »abgegebenen Stimmen«? In unserem Fall gibt es mehr *Ja*-Stimmen als *Nein*-Stimmen (Stand: **110:90**). Was aber ist mit den Enthaltungen? Würde man die 128 Enthaltungen auch als »abgegebene« Stimmen werten, so hätte die Mehrheit aller Parlamentarier dem Gesetz nämlich nicht zugestimmt (Stand dann: **110:218**).

> **Lösung:** Stimmenthaltungen werden mangels tatsächlicher Meinungsäußerung weder als Ablehnung noch als Zustimmung aufgefasst und gelten demnach ***nicht*** als abgegebene Stimmen im Sinne des Art. 42 Abs. 2 GG (*Jarass/Pieroth* Art. 42 GG Rz. 4; *Maunz/Dürig/Klein* Art. 42 GG Rz. 21; *Nolte/Tams* Jura 2000, 158, 161).

ZE.: Das Änderungsgesetz zum StGB ist mit der erforderlichen Mehrheit von 110 zu 90 der »abgegebenen Stimmen« durch den Bundestag im Sinne der Art. 77 Abs. 1 und 42 Abs. 2 GG ordnungsgemäß beschlossen worden.

b) Die Beteiligung des Bundesrates

Gemäß **Art. 77 Abs. 1 Satz 2 GG** wird das vom Bundestag beschlossene Gesetz durch den Präsidenten des Bundestages unverzüglich an den Bundesrat weitergeleitet. Ein vom Bundestag beschlossenes Gesetz kommt nur dann zustande, wenn auch die Mitwirkungsrechte des ***Bundesrates*** gewahrt worden sind (*von Münch/Kunig/Bryde* Art. 77 GG Rz. 6; *Jarass/Pieroth* Art. 77 GG Rz. 2; *Badura* StaatsR Kapitel F Rz. 44).

Einspruchs- oder Zustimmungsgesetz?

In welcher Art und Weise der Bundesrat am Gesetzgebungsverfahren beteiligt werden muss, richtet sich danach, ob es sich bei dem Gesetz um ein sogenanntes »**Einspruchsgesetz**« oder ein »**Zustimmungsgesetz**« handelt. Für das Zustandekommen eines Zustimmungsgesetzes ist, wie das Wort bereits erahnen lässt, die Zustimmung des Bundesrates erforderlich, gegen ein Einspruchsgesetz kann der Bundesrat immerhin einen Einspruch einlegen.

1. Definition: ***Zustimmungsgesetze*** sind solche, die nach einer ausdrücklichen Vorschrift im Grundgesetz der Zustimmung durch den Bundesrat bedürfen (*Maunz/Dürig/Kersten* Art. 77 GG Rz. 6). Sie kommen nur dann zustande, wenn der Bundesrat seine Zustimmung erklärt. Bei einer Verweigerung dieser Zustimmung ist das Gesetzesvorhaben endgültig gescheitert (*Jarass/Pieroth* Art. 77 GG Rz. 6; *Berg* StaatsR Rz. 326; *Maurer* StaatsR I § 17 Rz. 69).

Alle anderen Gesetze, die nicht ausweislich der Verfassung der Zustimmung des Bundesrates bedürfen, bezeichnet man als »**Einspruchsgesetze**«.

2. Definition: ***Einspruchsgesetze*** sind solche, die das GG nicht ausdrücklich als zustimmungsbedürftig benennt. Gegen sie kann der Bundesrat Einspruch erheben und dadurch eine erneute Beschlussfassung im Bundestag herbeiführen (*Degenhart* StaatsR I Rz. 657; *Maunz/Dürig/Kersten* Art. 77 GG Rz. 6).

Durchblick: Der ***Grund*** für die Differenzierung von Einspruchs- und Zustimmungsgesetzen ergibt sich übrigens aus dem föderalen System der Bundesrepublik Deutschland. Ob das Grundgesetz ein gewisses Gesetz ausdrücklich als ***Zustimmungsgesetz*** deklariert, bemisst der Verfassungsgeber immer daran, ob die betreffenden Gesetze inhaltlich in irgendeiner Art und Weise das Verhältnis zwischen Bund und Ländern betreffen (*Maunz/Dürig/Kersten* Art. 77 GG Rz. 7). So bedürfen z.B. Bundesgesetze, die der Abwehr von Gefahren des ***internationalen Terrorismus*** durch das Bundeskriminalpolizeiamt in den in **Art. 73 Abs. 1 Nr. 9a GG** benannten Fällen dienen, gemäß **Art. 73 Abs. 2 GG** der Zustimmung des Bundesrates. Und zwar deshalb, weil die in Nr. 9a verankerte Bundeskompetenz ein spezifisches Gebiet des Gefahrenabwehrrechts betrifft, das grundsätzlich der Zuständigkeit der ***Länder*** unterliegt – weshalb die Einfügung der Terrorismuskompetenz des Bundes in Art. 73 Abs. 1 GG mit gleichzeitiger Verankerung eines Zustimmungsvorbehaltes verbunden wurde (vgl. *Maunz/Dürig/Uhle* Art. 73 GG Rz. 309).

Zum Fall: Vorliegend ist die Bundesgesetzgebungskompetenz für das Strafgesetzbuch in **Art. 73 Abs. 1 Nr. 1 GG** normiert. Eine ausdrückliche Kennzeichnung, dass dieses Gesetz unter Zustimmungsvorbehalt steht, ist nicht ersichtlich. Es handelt sich folglich um ein ***Einspruchsgesetz***.

c) Die Anrufung des »Vermittlungsausschusses« durch den Bundesrat

Gemäß **Art. 77 Abs. 2 Satz 1 GG** kann der Bundesrat binnen drei Wochen nach Eingang des Gesetzesbeschlusses verlangen, dass ein aus Mitgliedern des Bundestages und des Bundesrates für die gemeinsame Beratung von Vorlagen gebildeter Ausschuss einberufen wird. Die Zusammensetzung und Arbeit dieses sogenannten »**Vermittlungsausschusses**« wird geregelt in einer gemäß Art. 77 Abs. 2 Satz 2 GG zu erstellenden Geschäftsordnung. Und die heißt »**Gemeinsame Geschäftsordnung des Bundestages und des Bundesrates für den Ausschuss nach Artikel 77 des Grundgesetzes**« (**GO VermAussch**) – und dort steht in § 1:

> ***§ 1 Ständige Mitglieder***
>
> *Bundestag und Bundesrat entsenden je 16 ihrer Mitglieder, die den ständigen Vermittlungsausschuss bilden.*

Der Vermittlungsausschuss sucht dann mit seinen 32 Mitgliedern nach einem Kompromiss, falls Uneinigkeit hinsichtlich des Gesetzesentwurfs zwischen Bundestag und Bundesrat besteht. Sofern der Vermittlungsausschuss einen Änderungsvorschlag erarbeitet, geht dieser gemäß **§ 10 Abs. 1 GO VermAussch** zurück in den ***Bundestag***, der dann erneut darüber abstimmen muss, bevor der neue Gesetzesentwurf dann wieder in den Bundesrat wandert (*Dreier/Brosius-Gersdorf* Art. 77 GG Rz. 29). Erarbeitet der Vermittlungsausschuss hingegen keine neue Gesetzesfassung/keinen Kompromiss, teilt er dies gemäß **Art. 77 Abs. 3 Satz 2 GG** dem Bundesrat mit, der dann (und erst dann!) innerhalb von ***zwei*** Wochen über einen Einspruch gegen die ursprüngliche Fassung des Gesetzes abstimmen kann (→ Art. 77 Abs. 3 GG).

> **Merke**: Bei Einspruchsgesetzen ***muss*** der Bundesrat demnach zunächst den Vermittlungsausschuss anrufen, wenn er Bedenken gegen das Gesetz hat und Einspruch erheben will (*Degenhart* StaatsR I Rz. 205). Erst wenn die Kompromissfindung im Vermittlungsausschuss gescheitert oder anders abgeschlossen ist, kann der Bundesrat gemäß **Art. 77 Abs. 3 Satz 1 GG** gegen ein Einspruchsgesetz binnen ***zwei*** Wochen Einspruch einlegen.

Bei diesem Einspruch muss der Bundesrat seinen entsprechenden Beschluss dann gemäß **Art. 52 Abs. 3 Satz 1 GG** (aufschlagen!) mit »*mindestens der Mehrheit der Bundesratsstimmen*« fassen.

Zum Fall: Bei uns wurde ein Vermittlungsausschuss einberufen, allerdings ***erfolglos***. Ab der Mitteilung darüber hat der Bundesrat nun gemäß Art. 77 Abs. 3 Satz 1 GG genau zwei Wochen Zeit, einen Einspruch zu erheben. Diese Frist wurde eingehalten, da der Bundesrat ausweislich der Schilderung im Fall nach ***einer Woche*** Einspruch erhoben hat. Des Weiteren hat der Bundesrat mit 47 zu 22 Stimmen dafür gestimmt,

Einspruch gegen die Gesetzesänderung einzulegen. Das ist eindeutig die »*Mehrheit der Bundesratsstimmen*«, und zwar sogar ***mehr*** als eine 2/3-Mehrheit, denn bei 69 Mitgliedern wären schon 46 Stimmen 2/3 aller Stimmen.

ZE.: Der Bundesrat hat form- und fristgemäß Einspruch gegen das Gesetz eingelegt.

Letzter Schritt: Fraglich ist jetzt noch, ob das Gesetz dennoch zustande kommen kann, denn bei einem Einspruchsgesetz kann der Bundesrat zwar Einspruch einlegen, dieser Einspruch kann aber vom Bundestag zurückgewiesen (***überstimmt***) werden, und zwar so:

d) Die Zurückweisung des Einspruchs durch den Bundestag

Einen Einspruch des Bundesrates kann der Bundestag nach **Art. 77 Abs. 4 Satz 1 GG** mit der Mehrheit seiner Mitglieder zurückweisen, wobei sich der Mehrheitsbegriff aus **Art. 121 GG** ergibt, demnach die Mehrheit der ***gesetzlichen*** Mitglieder erfordert (*Detterbeck* ÖffRecht Rz. 317). Aus **Art. 77 Abs. 4 Satz 2 GG** ergibt sich des Weiteren, dass wenn der Bundesrat mit mindestens einer 2/3-Mehrheit Einspruch erhoben hat, der Bundestag diesen Einspruch nur unter besonderen Voraussetzungen zurückweisen kann, **nämlich**: Erforderlich ist dafür **a)** mindestens eine 2/3-Mehrheit der abstimmenden Mitglieder im Bundestag ***und*** **b)** mindestens die Mehrheit der Mitglieder des Bundestages (sogenannte »**doppelt qualifizierte Mehrheit**«).

Zum Fall: Der Bundesrat hat in unserem Fall mit 47 zu 22 Stimmen (von insgesamt 69 Stimmen) den Einspruchsbeschluss gefasst, folglich also mit mehr als 2/3 der Stimmen (2/3 wären ja schon 46 Stimmen gewesen). Für die Zurückweisung des Einspruchs ist gemäß Art. 77 Abs. 4 Satz 2 GG demnach eine ***doppelt qualifizierte Mehrheit*** im Bundestag erforderlich, also eine 2/3-Mehrheit der abstimmenden Mitglieder, die zudem mindestens die Mehrheit der gesetzlichen Mitglieder des Bundestages im Sinne des Art. 121 GG umfassen muss (*Dreier/Brosius-Gersdorf* Art. 77 GG Rz. 31).

> Im Bundestag haben laut Sachverhalt 300 Parlamentarier für die Zurückweisung des Einspruchs gestimmt, 50 Parlamentarier dagegen und 20 Mitglieder haben sich enthalten: Damit wurde die 2/3-Mehrheit der abstimmenden Mitglieder locker erreicht. Erforderlich für die »doppelt qualifizierte Mehrheit« ist jedoch zusätzlich, dass für die Zurückweisung auch die Mehrheit der gesetzlichen Mitglieder des Bundestages gestimmt hat. Vorliegend besteht der Bundestag insgesamt aus 630 Abgeordneten, sodass mindestens 316 Bundestagsabgeordnete für die Zurückweisung hätten stimmen müssen. Dies war jedoch nicht der Fall, lediglich 300 Parlamentarier haben für die Zurückweisung gestimmt. Die von Art. 77 Abs. 4 Satz 2 GG erforderliche »doppelt qualifizierte Mehrheit« wurde damit nicht erreicht.

ZE.: Der Bundestag hat den Einspruch des Bundesrates nicht im Sinne des Art. 77 Abs. 4 Satz 2 GG ordnungsgemäß zurückgewiesen, da bei dessen Abstimmung nicht die erforderliche, »doppelt qualifizierte Mehrheit« der Abgeordneten zustande gekommen ist. Da der Bundestag nicht in der Lage war, den Einspruch des Bundesrates zu überstimmen, ist das Gesetz demnach auch nicht nach **Art. 78 Var. 5 GG** (lesen!) zustande gekommen.

Ergebnis: Das Gesetz ist nicht formal verfassungsgemäß zustande gekommen.

Das Allerletzte

Zum Schluss – auf einen kurzen Blick – noch die letzten (fiktiven) Schritte beim Gesetzgebungsverfahren, nämlich das sogenannte »**Abschlussverfahren**« (= Ausfertigung und Verkündung) gemäß Art. 82 Abs. 1 Satz 1 GG und Art. 58 Satz 1 GG, und das geht so:

Gemäß **Art. 82 Abs. 1 Satz 1 GG** fertigt der Bundespräsident die Gesetze nach ***Gegenzeichnung*** aus, und im Anschluss werden sie im Bundesgesetzblatt verkündet. Die Gegenzeichnung ist in **Art. 58 Satz 1 GG** geregelt: Danach bedürfen die Anordnungen und Verfügungen des Bundespräsidenten, wozu auch die Ausfertigung von Gesetzen gehört, zu ihrer Gültigkeit der (vorherigen) Gegenzeichnung des Bundeskanzlers oder des zuständigen Bundesministers. »**Ausfertigung**« im Sinne des **Art. 82 Abs. 1 Satz 1 GG** bedeutet, dass der Bundespräsident mit seiner Unterschrift unter die Gesetzesurkunde den ordnungsgemäßen Abschluss des Gesetzgebungsverfahrens und die Übereinstimmung des Gesetzestextes mit dem im Verfahren festgestellten Gesetzesinhalt bescheinigt (*Degenhart* StaatsR I Rz. 217). Der Bundespräsident wird hier wie eine Art Notar tätig. Mit der Verkündung im Bundesgesetzblatt ist das Gesetzgebungsverfahren dann abgeschlossen (*Dreier/Bauer* Art. 82 GG Rz. 11).

Zum Fall: Vorliegend hat die Bundeskanzlerin den Gesetzesentwurf unterzeichnet und auch der Bundespräsident hat die erforderliche Gegenzeichnung vorgenommen. Auch die Veröffentlichung im Bundesgesetzblatt ist erfolgt. Da aber das Hauptverfahren nicht ordnungsgemäß durchgeführt wurde (siehe oben), bleibt unser Gesetz gleichwohl formell verfassungswidrig und damit nichtig.

Gutachten

Es ist zu prüfen, ob die Änderung des Strafgesetzbuches wirksam zustande gekommen ist. Das Gesetz ist dann formal ordnungsgemäß nach dem GG zustande gekommen, wenn die Regelungen zur Gesetzgebungskompetenz sowie die verfassungsrechtlichen Bestimmungen zum Gesetzgebungsverfahren eingehalten wurden.

I. Der hier handelnde Bund müsste zunächst mit der notwendigen Gesetzgebungskompetenz ausgestattet gewesen sein, fehlende Gesetzgebungskompetenz hat die Verfassungswidrigkeit und Nichtigkeit des entsprechenden Gesetzes zur Folge.

1.) Gemäß Art. 30 GG ist die Ausübung der staatlichen Befugnisse und die Erfüllung der staatlichen Aufgaben prinzipiell Sache der Länder, soweit das Grundgesetz keine andere Regelung trifft oder zulässt. Da die Gesetzgebung eine staatliche Aufgabe und auch Befugnis ist, könnte daraus folgen, dass die Gesetzgebung grundsätzlich eine Länderangelegenheit darstellt. Der Bund als vorliegend handelndes Organ wäre damit unzuständig.

2.) Es fragt sich angesichts des Wortlautes des Art. 30 GG allerdings, ob im Grundgesetz nicht spezielle Regelungen existieren, die Aufschluss über die genaue Kompetenzverteilung bezüglich Gesetzgebung geben. Gemäß Art. 70 Abs. 1 GG haben die Länder das Recht der Gesetzgebung, soweit dieses Grundgesetz nicht dem Bund die Gesetzgebungsbefugnisse verleiht. Der Art. 70 Abs. 1 GG ist damit in Bezug auf das Gesetzgebungsverfahren die Konkretisierung des Art. 30 GG.

Entsprechend dem Grundsatz des Art. 30 GG ist das Verhältnis zwischen Bund und Ländern nach dem sogenannten Regel-Ausnahme-Verhältnis konstruiert, was bedeutet, dass die Länder in der Regel für die Gesetzgebung zuständig sind, während dem Bund nur in gewissen Ausnahmenfällen die Gesetzgebungskompetenz zustehen soll. Der Bund muss somit ausdrücklich durch eine konkrete Bestimmung im GG zur Gesetzgebung ermächtigt werden, um ein Gesetz wirksam erlassen zu können. Ansonsten bleibt es bei der Ermächtigung der Länder.

3.) Der Bund muss demnach im vorliegenden Fall explizit für die hier erfolgte Änderung des StGB zuständig gewesen sein. Gemäß Art. 70 Abs. 2 GG wird zwischen der ausschließlichen Gesetzgebungskompetenz und der konkurrierenden Gesetzgebung des Bundes unterschieden. Die ausschließliche Gesetzgebungskompetenz des Bundes ist in den Art. 71 und 73 GG normiert. Demnach wird ausschließlich dem Bund die Ermächtigung gegeben, Gesetze zu erlassen, es sei denn, die Länder sind durch ein Bundesgesetz zur eigenen Gesetzgebung ermächtigt.

Wenn der Bund in einem Gebiet der ausschließlichen Gesetzgebung selbst keine Gesetze erlassen möchte, dürfen die Länder dennoch nicht selbstständig einschreiten und ihrerseits Gesetze erlassen. Sie dürfen erst dann gesetzgeberisch tätig werden, wenn der Bund vorher ein entsprechendes Gesetz erlässt, das die Länder zur Gesetzgebung ermächtigt. Welche Zuständigkeiten ausschließlich dem Bund vorbehalten bleiben, ist dem Katalog des Art. 73 Abs. 1 GG zu entnehmen. Der Art. 73 GG ergänzt bzw. vervollständigt damit den Art. 71 GG, indem er die Themen der ausschließlichen Gesetzgebung konkret benennt. Das Strafrecht, um das es bei der Änderung des StGB geht, findet sich indessen nicht im Katalog des Art. 73 GG.

Zwischenergebnis: Eine Gesetzgebungsbefugnis des Bundes folgt für den vorliegenden Fall somit nicht aus den Regeln über die ausschließliche Gesetzgebung der Art. 71, 73 GG.

4.) In Betracht kommt eine Zuständigkeit des Bundes aus den Regelungen der konkurrierenden Gesetzgebung. Nach der Definition des Art. 72 Abs. 1 GG haben die Länder die Befugnis zur Gesetzgebung, solange und soweit der Bund von seiner Gesetzgebungszuständigkeit nicht durch Gesetz Gebrauch gemacht hat. In Art. 74 Abs. 1 GG finden sich dann die einzelnen Kompetenztitel des Bundes. Eine Zuständigkeit des Bundes könnte sich vorliegend bereits aus der Grundregel des Art. 74 Abs. 1 Nr. 1 GG ergeben.

Nach allgemeinem Sprachgebrauch umfasst das Strafrecht die Gesamtheit der Rechtsnormen, die bestimmte, für das gesellschaftliche Zusammenleben als schädlich angesehene Handlungen unter Strafe stellen und die Höhe der jeweiligen Strafe bestimmen. Der hier in Rede stehende Gesetzesentwurf hat zum Ziel, das Strafgesetzbuch dahingehend zu ändern, dass die Strafbarkeit von Beleidigungstaten gegenüber Fußballspielern ausdrücklich normiert werden soll. Gemäß Art. 74 Abs. 1 Nr. 1 GG erstreckt sich die konkurrierende Gesetzgebung unter anderem auch auf das Strafrecht. Der Bund hat von seiner Gesetzgebungszuständigkeit folglich zulässigerweise abschließend Gebrauch gemacht, sodass die Zuständigkeit des Bundes für dieses Vorhaben zu bejahen ist.

Zwischenergebnis: Gemäß Art. 72 Abs. 1 und 74 Abs. 1 Nr. 1 GG hat der Bund auf dem Gebiet des Strafrechts konkurrierende Gesetzgebungskompetenz. Eine Zuständigkeit des Bundes ist damit gegeben.

II. Des Weiteren muss das Gesetzgebungsverfahren ordnungsgemäß durchgeführt worden sein.

1.) Das Gesetzgebungsverfahren wird durch die Einbringung einer Gesetzesvorlage in den Bundestag eingeleitet. Unter Gesetzesinitiative versteht man dabei das Recht, bei der parlamentarischen Volksvertretung (dem Bundestag) Gesetzesvorlagen mit dem Anspruch darauf einzubringen, dass die gesetzgebende Körperschaft über die Vorlage beraten und beschließen muss.

Zwischenergebnis: Die 25 Abgeordneten haben die klar formulierte Gesetzesänderung zum § 185a StGB dem Bundestag zur Beratung und Abstimmung vorgelegt und damit in den Bundestag auch »eingebracht« im Sinne des Art. 76 Abs. 1 GG.

2.) Es fragt sich indessen, ob die 25 Abgeordneten als Gruppe dazu überhaupt berechtigt waren. Einbringungs- bzw. vorlageberechtigt sind nur die in Art. 76 Abs. 1 GG genannten Beteiligten. So kann ein Gesetz durch die Bundesregierung, den Bundesrat oder aus der Mitte des Bundestages eingebracht werden. Die 25 Abgeordneten sind weder Mitglieder der Bundesregierung noch des Bundesrates. Vorliegend könnte es sich also nur um eine Gesetzesinitiative aus der Mitte des Bundestages handeln.

Es ist somit zu prüfen, ob auch 25 Abgeordnete als aus der Mitte des Bundestages im Sinne des Art. 76 GG bezeichnet werden können. Das GG selbst schweigt zu dieser Frage. Dem Wortlaut aus der Mitte des Bundestages ist indes jedenfalls zu entnehmen, dass der Schwerpunkt auf der örtlichen Beschreibung liegt, nämlich dass die Initiative aus den Reihen des Bundestages kommen muss. Parlamentsfremde Personen sind nicht befugt, Gesetzesentwürfe einzubringen. Die Formulierung »aus der Mitte des Bundestages« könnte im Übrigen nun aber sowohl bedeuten, dass lediglich ein einzelner Parlamentarier erforderlich ist, um eine Gesetzesinitiative dem Bundestag vorzulegen oder aber auch eine in der Zahl unbestimmte, größere, sich zusammenschließende Gruppe mehrere Abgeordneter. Nähere Regelungen dazu finden sich in der Geschäftsordnung des Deutschen Bundestages (GeschO BT).

a) Gemäß § 76 Abs. 1 GeschO BT müssen Vorlagen von Mitgliedern des Bundestages von einer Fraktion oder von fünf vom Hundert der Mitglieder des Bundestages unterzeichnet sein, es sei denn, dass die Geschäftsordnung etwas anderes vorschreibt oder zulässt. Angesichts dessen könnte man annehmen, dass entweder eine Fraktion, also der Zusammenschluss aller Abgeordneten einer Partei im Bundestag, oder jedenfalls mindestens 5 % der Mitglieder des Bundestages nötig sind, um eine Gesetzesvorlage in den Bundestag einzubringen im Sinne des Art. 76 Abs. 1 GG. Damit wären die 25 SPD-Abgeordneten nicht vorlageberechtigt gewesen, da die GeschO BT die Regelung des GG aus Art. 76 wirksam einschränkt.

b) Etwas anderes könnte sich aber aus Art. 82 GG ergeben. In dieser Norm wird die Formulierung gewählt »Die nach den Vorschriften dieses Grundgesetzes zustande gekommenen Gesetze ...«, was bedeuten könnte, dass es bei den Regelungen zum Zustandekommen von Gesetzen tatsächlich nur um das Grundgesetz geht und nicht etwa um andere Gesetze, wie die Geschäftsordnung des Bundestages, die allgemein nur als sogenannte Ordnungsvorschrift oder als Verfahrensordnung verstanden wird.

Verträte man diesen Standpunkt, kann die GeschO BT das Grundgesetz in seinem Art. 76 GG nicht beschränken. Es bliebe dann bei dem unbestimmten Wortlaut des Art. 76 Abs. 1 GG mit der Konsequenz, dass theoretisch auch nur zwei oder sogar nur ein einzelner Abgeordneter Gesetzesentwürfe in den Bundestag einbringen können, denn auch dann käme der Gesetzesentwurf »aus der Mitte des Bundestages«. Man müsste die Vorschrift des § 76 GeschO BT dann sogar als verfassungswidrig einstufen, weil sie bei genauer Betrachtung die Norm des Art. 76 GG unzulässig einschränkt.

c) Inwieweit der § 76 GeschOBT das GG zulässig einschränkt oder selbst verfassungswidrig ist, wird unterschiedlich beurteilt:

Für eine wirksame Einschränkung des Grundgesetzes und damit die Verfassungsmäßigkeit der Regelung des § 76 GeschO BT sprechen nach einer Meinung die unbestimmte Formulierung in Art. 76 Abs. 1 GG und der Bedarf nach einer konkreteren Bezeichnung. Der Art. 76 Abs. 1 GG lässt sich nach dieser Auffassung als eine Art Ermächtigung interpretieren, den Kreis der Initiativberechtigten durch den Bundestag, den es ja auch betrifft, in seiner Geschäftsordnung näher zu bestimmen. Konkretisiert werde die verfassungsrechtliche Regelung des Art. 76 Abs. 1 GG demnach zulässigerweise durch die GeschO BT und schreibt vor, dass für das Einbringen eines Gesetzesentwurfes mindestens 5 % der Abgeordneten oder eine Fraktion erforderlich sind.

Eine solche Regelung würde im Übrigen garantieren, dass der Bundestag nicht mit einer Unzahl von Gesetzesinitiativen von einzelnen Abgeordneten oder kleine Gruppen bombardiert und damit unter Umständen handlungsunfähig gemacht wird. Sofern der Bundestag aber ein Gesetz, dessen Vorlage unter Verstoß gegen § 76 GeschO BT eingebracht wurde, beschließt, kann dies gleichwohl gültig sein oder werden, da es sich die Mehrheit des Bundestages durch die positive Abstimmung nachträglich zu eigen gemacht hat. Die nachträgliche Billigung des Gesetzes heilt dann den Makel beim Einleitungsverfahren.

Die besseren Argumente sprechen jedoch gegen die Wirksamkeit des § 76 GeschO BT und damit auch gegen eine Quotenregelung bei der Einbringung von Gesetzen. Der Wortlaut »aus der Mitte des Bundestages« in Art. 76 GG erfasst vielmehr auch die Gesetzesinitiative einzelner Abgeordneter, unter Umständen sogar die Initiative eines einzelnen Parlamentariers. Dies folgt zunächst aus dem Wortlaut des Art. 82 Abs. 1 Satz 1 GG, der bezüglich des Zustandekommens von Gesetzen ausdrücklich auf die Vorschriften des Grundgesetzes verweist und nicht auf andere Normen.

Die Behauptung der Gegenmeinung, es bestünde die Gefahr einer möglichen Beeinträchtigung der Funktionsfähigkeit des Parlaments, wenn auch einzelne Abgeordnete oder kleine Gruppen einen Gesetzesentwurf einbringen dürften, lässt sich zudem objektiv nicht belegen: Die deutsche Parlamentsgeschichte kennt bisher keinen einzigen Fall der Überlastung durch gehäufte Gesetzesvorlagen kleinerer Abgeordnetengruppen. Im bayrischen und im brandenburgischen Landtag, in denen Gesetzesinitiativen auch einzelner Abgeordneten möglich sind, ist es bisher nicht zu einer Einschränkung der Arbeitsfähigkeit gekommen. Gleiches gilt für das Saarland und Schleswig-Holstein. Des Weiteren schränkt § 76 GeschO BT das in Art. 38 GG garantierte freie Mandat der Abgeordneten ein und bedarf daher einer verfassungsrechtlichen Rechtfertigung, die aber nicht vorliegt und auch nicht aus Art. 76 GG gelesen oder gefolgert werden kann. Aus der unbestimmten Formulierung in Art. 76 Abs. 1 GG kann demnach nicht auf eine 5%-Hürde bei der Einbringung von Gesetzen geschlossen werden. Auch einzelne Abgeordnete oder kleine Gruppen haben ein Initiativrecht bei der Einbringung von Gesetzen. Die GeschO BT verletzt insoweit unzulässig die Verfassung in Art. 76 Abs. 1 GG. Die Regelung des § 76 GeschO BT ist mithin verfassungswidrig und damit unwirksam.

Zwischenergebnis: Obwohl mit 25 Abgeordneten nur etwas mehr als 4 % der Abgeordneten das Gesetz in den Bundestag eingebracht haben, ist die Eingabe dennoch »aus der Mitte des Bundestages« gekommen und verstößt nicht gegen Art. 76 GG. Das Gesetz ist damit ordnungsgemäß eingebracht im Sinne des Art. 76 Abs. 1 GG.

III. Das weitere Verfahren müsste ebenfalls verfassungsgemäß abgelaufen sein. An das Initiativverfahren schließt sich das Verfahren der Beschlussfassung durch Bundestag und Bundesrat an, das sogenannte Hauptverfahren. Dieses Hauptverfahren beginnt mit Eingang der Gesetzesvorlage im Bundestag. Das eigentliche Gesetzgebungsverfahren, das heißt, der Weg vom Entwurf bis zum fertigen Gesetz, richtet sich dann nach Art. 77 GG. Konkrete Ausführungen zu dem Verfahren dieser Beschlussfassung finden sich wieder in der Geschäftsordnung des Bundestages.

1.) Der Gesetzgebungsbeschluss wird gemäß § 78 GeschO BT nach drei Beratungen vorgenommen. Der Bundestag kann auch das Gesetz zur Änderung des Strafgesetzbuchs nach Art. 77 Abs. 1 Satz 1 GG erst mit der 3. Lesung bzw. Beratung beschließen, was auf den ersten Blick auch erfolgt ist.

2.) Problemtisch könnte indes die Abstimmung selbst gewesen sein. Bei der erforderlichen Schlussabstimmung sind lediglich 329 von 630 Parlamentariern im Bundestag anwesend gewesen, wovon dann 110 für das Änderungsgesetz stimmten, 90 Parlamentarier dagegen, und weitere 128 haben sich enthalten. Es fragt sich, ob der Bundestag bei dieser (Zahlen-) Konstellation den Gesetzesentwurf überhaupt ordnungsgemäß beschlossen hat. Ein ordnungsgemäßer Beschluss des Bundestages setzt die Beschlussfähigkeit des Bundestages sowie die Erreichung der vorgeschriebenen Mehrheit voraus.

a) Gemäß § 45 GeschO BT ist der Bundestag beschlussfähig, wenn mehr als die Hälfte seiner Mitglieder im Sitzungssaal anwesend ist. Bei der Abstimmung waren 329 von insgesamt 630 Parlamentariern im Bundestag anwesend mit der Folge, dass der Bundestag gemäß § 45 Abs. 1 GeschO BT beschlussfähig gewesen ist.

b) Für einen wirksamen Beschluss des Bundestages ist dann gemäß Art. 42 Abs. 2 GG die Mehrheit der abgegebenen Stimmen erforderlich, soweit das Grundgesetz nichts anderes bestimmt. Es fragt sich insoweit, was man unter »abgegebenen Stimmen« versteht. Im vorliegenden Fall gibt es mehr Ja-Stimmen als Nein-Stimmen (Stand: 110:90). Problematisch sind indes die Enthaltungen. Würde man die 128 Enthaltungen auch als »abgegebene« Stimmen werten, so hätte die Mehrheit aller Parlamentarier dem Gesetz nicht zugestimmt (Stand dann: 110:218). Stimmenthaltungen werden allerdings mangels tatsächlicher Meinungsäußerung weder als Ablehnung noch als Zustimmung aufgefasst und gelten demnach nicht als abgegebene Stimmen im Sinne des Art. 42 Abs. 2 GG.

Zwischenergebnis: Das Änderungsgesetz zum StGB ist mit der erforderlichen Mehrheit von 110 zu 90 der abgegebenen Stimmen durch den Bundestag im Sinne der Art. 77 Abs. 1 und Art. 42 Abs. 2 GG ordnungsgemäß beschlossen worden.

IV. Der Bundesrat müsste ordnungsgemäß beteiligt worden sein.

1.) Gemäß Art. 77 Abs. 1 Satz 2 GG wird das vom Bundestag beschlossene Gesetz durch den Präsidenten des Bundestages unverzüglich an den Bundesrat weitergeleitet. Ein vom Bundestag beschlossenes Gesetz kommt nur dann zustande, wenn auch die Mitwirkungsrechte des Bundesrates gewahrt worden sind. In welcher Art und Weise der Bundesrat am Gesetzgebungsverfahren beteiligt werden muss, richtet sich danach, ob es sich bei dem Gesetz um ein sogenanntes Einspruchsgesetz oder ein Zustimmungsgesetz handelt. Für das Zustandekommen eines Zustimmungsgesetzes ist die Zustimmung des Bundesrates erforderlich, gegen ein Einspruchsgesetz kann der Bundesrat einen Einspruch einlegen. Mithin ist zunächst zu klären, um welche Form von Gesetz es sich vorliegend handelt.

2.) Zustimmungsgesetze sind solche, die nach einer ausdrücklichen Vorschrift im Grundgesetz der Zustimmung durch den Bundesrat bedürfen. Sie kommen nur dann zustande, wenn der Bundesrat seine Zustimmung erklärt. Bei einer Verweigerung dieser Zustimmung ist das Gesetzesvorhaben endgültig gescheitert Alle anderen Gesetze, die nicht ausweislich der Verfassung der Zustimmung des Bundesrates bedürfen, sind Einspruchsgesetze. Vorliegend ist die Bundesgesetzgebungskompetenz für das Strafgesetzbuch in Art. 73 Abs. 1 Nr. 1 GG normiert. Eine ausdrückliche Kennzeichnung, dass dieses Gesetz unter Zustimmungsvorbehalt steht, ist nicht ersichtlich. Es handelt sich folglich um ein Einspruchsgesetz.

3.) Gemäß Art. 77 Abs. 2 Satz 1 GG kann der Bundesrat binnen drei Wochen nach Eingang des Gesetzesbeschlusses verlangen, dass ein aus Mitgliedern des Bundestages und des Bundesrates für die gemeinsame Beratung von Vorlagen gebildeter Ausschuss einberufen wird. Bei Einspruchsgesetzen muss der Bundesrat zunächst den Vermittlungsausschuss anrufen, wenn er Bedenken gegen das Gesetz hat und Einspruch erheben will. Erst wenn die Kompromissfindung im Vermittlungsausschuss gescheitert oder anders abgeschlossen ist, kann der Bundesrat gemäß Art. 77 Abs. 3 Satz 1 GG gegen ein Einspruchsgesetz binnen zwei Wochen Einspruch einlegen. Bei diesem Einspruch muss der Bundesrat seinen entsprechenden Beschluss dann gemäß Art. 52 Abs. 3 Satz 1 GG mit mindestens der Mehrheit der Bundesratsstimmen fassen.

Im vorliegenden Fall wurde ein Vermittlungsausschuss einberufen, allerdings erfolglos. Ab der Mitteilung darüber hat der Bundesrat gemäß Art. 77 Abs. 3 Satz 1 GG zwei Wochen Zeit, einen Einspruch zu erheben. Diese Frist wurde eingehalten, der Bundesrat hat ausweislich der Schilderung nach einer Woche Einspruch erhoben. Des Weiteren hat der Bundesrat mit 47 zu 22 Stimmen dafür gestimmt, Einspruch gegen die Gesetzesänderung einzulegen. Das ist die Mehrheit der Bundesratsstimmen, und zwar sogar mehr als eine 2/3-Mehrheit, denn bei 69 Mitgliedern wären schon 46 Stimmen 2/3 aller Stimmen.

Zwischenergebnis: Der Bundesrat hat form- und fristgemäß Einspruch gegen das Gesetz eingelegt.

V. Fraglich ist abschließend noch, ob das Gesetz dennoch zustande kommen kann, denn bei einem Einspruchsgesetz kann der Bundesrat zwar Einspruch einlegen, dieser Einspruch kann aber vom Bundestag zurückgewiesen (überstimmt) werden.

1.) Einen Einspruch des Bundesrates kann der Bundestag nach Art. 77 Abs. 4 Satz 1 GG mit der Mehrheit seiner Mitglieder zurückweisen, wobei sich der Mehrheitsbegriff aus Art. 121 GG ergibt, demnach die Mehrheit der gesetzlichen Mitglieder erfordert. Aus Art. 77 Abs. 4 Satz 2 GG ergibt sich des Weiteren, dass wenn der Bundesrat mit mindestens einer 2/3-Mehrheit Einspruch erhoben hat, der Bundestag diesen Einspruch nur unter besonderen Voraussetzungen zurückweisen kann: Erforderlich ist dafür mindestens eine 2/3-Mehrheit der abstimmenden Mitglieder im Bundestag und mindestens die Mehrheit der Mitglieder des Bundestages, demnach eine sogenannte doppelt qualifizierte Mehrheit.

2.) Der Bundesrat hat im vorliegenden Fall mit 47 zu 22 Stimmen den Einspruchsbeschluss gefasst, folglich also mit mehr als 2/3 der Stimmen. Für die Zurückweisung des Einspruchs ist gemäß Art. 77 Abs. 4 Satz 2 GG demnach eine doppelt qualifizierte Mehrheit im Bundestag erforderlich, also eine 2/3-Mehrheit der abstimmenden Mitglieder, die zudem mindestens die Mehrheit der gesetzlichen Mitglieder des Bundestages im Sinne des Art. 121 GG umfassen muss. Im Bundestag haben 300 Parlamentarier für die Zurückweisung des Einspruchs gestimmt, 50 Parlamentarier dagegen und 20 Mitglieder haben sich enthalten. Damit wurde die 2/3-Mehrheit der abstimmenden Mitglieder erreicht.

Erforderlich für die doppelt qualifizierte Mehrheit ist jedoch zusätzlich, dass für die Zurückweisung auch die Mehrheit der gesetzlichen Mitglieder des Bundestages gestimmt hat. Vorliegend besteht der Bundestag insgesamt aus 630 Abgeordneten, sodass mindestens 316 Bundestagsabgeordnete für die Zurückweisung hätten stimmen müssen. Dies war jedoch nicht der Fall, lediglich 300 Parlamentarier haben für die Zurückweisung gestimmt. Die von Art. 77 Abs. 4 Satz 2 GG erforderliche doppelt qualifizierte Mehrheit wurde damit nicht erreicht.

Zwischenergebnis: Der Bundestag hat den Einspruch des Bundesrates nicht im Sinne des Art. 77 Abs. 4 Satz 2 GG ordnungsgemäß zurückgewiesen, da bei dessen Abstimmung nicht die erforderliche, doppelt qualifizierte Mehrheit der Abgeordneten zustande gekommen ist. Da der Bundestag nicht in der Lage war, den Einspruch des Bundesrates zu überstimmen, ist das Gesetz demnach auch nicht nach Art. 78 Var. 5 GG zustande gekommen.

Ergebnis: Das Gesetz ist nicht formal verfassungsgemäß zustande gekommen.

Fall 14

Berlin, den 22. März 2002

Im Bundesrat soll über das »Zuwanderungsgesetz« (ZWG) abgestimmt werden. Das ZWG enthält Bestimmungen zum Aufenthalts- und Niederlassungsrecht für Ausländer. Entgegen der Regel des Art. 84 Abs. 1 Satz 1 GG finden sich im ZWG gemäß Art. 84 Abs. 1 Satz 5 GG bundeseinheitliche Vorschriften über das Verwaltungsverfahren zur Durchführung des ZWG.

Nachdem der Bundestag das ZWG drei Wochen zuvor mit der erforderlichen Mehrheit beschlossen hat, stimmt nun der Bundesrat ab. Bundesratspräsident P ruft dazu die Länder einzeln auf: Das Land Brandenburg hat vier Sitze im Bundesrat, anwesend sind: der Ministerpräsident (MP), der Arbeitsminister (M1), der Innenminister (M2) und der Justizminister (M3). Als Brandenburg an der Reihe ist, sagt M1: »*Ich stimme mit Ja!*«. M2, der das ZWG ablehnt und dies vorher in der Sitzung in einer Rede ausführlich begründet hat, erklärt: »*Ich stimme mit Nein!*«. M3 und MP sagen nichts. P stellt daraufhin fest, dass Brandenburg nicht einheitlich abgestimmt hat. Anschließend fragt P den Ministerpräsident MP, wie Brandenburg denn nun abstimme wolle. MP antwortet: »*Als Ministerpräsident von Brandenburg erkläre ich hiermit Ja!*«. Daraufhin ruft M2 in den Saal: »*Herr Bundesratspräsident, Sie kennen ja meine Auffassung!*«.

P stellt daraufhin offiziell fest, dass Brandenburg einheitlich mit »Ja« abgestimmt hat. Das ZWG erreicht nur aufgrund dieser positiv gewerteten Abstimmung des Landes Brandenburg die erforderliche Mehrheit von 35 Stimmen im Bundesrat und wird später nach Gegenzeichnung und Ausfertigung im Bundesgesetzblatt verkündet.

Ist das Gesetz wirksam zustande gekommen?

Schwerpunkte: Das Zustandekommen eines Gesetzes; die Abstimmung im Bundesrat; Probleme der »einheitlichen« Stimmabgabe gemäß Art. 51 Abs. 3 Satz 2 GG; die verfassungsrechtliche Stellung des Bundesrates; das Verfahren bei Zustimmungsgesetzen; die konkurrierende Gesetzgebung.

Lösungsweg

Einstieg: Was da oben wie eine alberne Geschichte aus dem Kindergarten klingt, hat sich am **22. März 2002** im *Preußischen Herrenhaus* in der Leipziger Straße 3–4 in Berlin-

Mitte (= Sitz des Bundesrates) tatsächlich genau so zugetragen. Und das Ganze gehört – ohne Übertreibung – zu einem der größten Spektakel bzw. Skandale, die sich in den letzten 50 Jahren bei einem Gesetzgebungsverfahren in Deutschland abgespielt haben. Die damaligen Hauptdarsteller hatten natürlich auch richtige Namen und hießen *Klaus Wowereit* (als Regierender Bürgermeister von Berlin und zugleich damals amtierender Bundesratspräsident, SPD), *Manfred Stolpe* (als SPD-Ministerpräsident des Landes Brandenburg), *Alwin Ziel* (als Brandenburgs Arbeitsminister, SPD), *Jörg Schönbohm* (als Brandenburgs Innenmister, CDU) und *Kurt Schelter* (als Brandenburgs Justizminister, CDU). Tatsächlich kam es im Bundesrat nach der abschließenden Erklärung von Herrn *Wowereit*, dass Brandenburg einheitlich mit »**Ja**« gestimmt habe, zu tumultartigen Szenen, in denen insbesondere der damalige hessische Ministerpräsident *Roland Koch* (CDU) ausrastete und Herrn *Wowereit* am Rande des Beleidigungstatbestandes attackierte (»*Das ist Verfassungsbruch! Sie manipulieren das Grundgesetz, Sie brechen das Recht, das ist das Letzte!*«).

Und das kam so: Das *Zuwanderungsgesetz* war von der damaligen rot-grünen Bundesregierung unter Kanzler *Gerhard Schröder* (SPD) erdacht und mit rot-grüner Mehrheit am 1. März 2002 durch den Bundestag gelaufen. Die CDU/CSU und die FDP hatten das Gesetz scharf verurteilt und im Bundestag dagegen gestimmt. Da im Herbst 2002 neue Bundestagswahlen anstanden, wollte die rot-grüne Regierung unter *Gerhard Schröder* das ZWG unbedingt noch vorher durchbringen, da natürlich unklar war, ob es nach der nächsten Bundestagswahl noch eine entsprechende Mehrheit gab. Maßgebend für das Zustandekommen des Gesetzes war nach dem positiven Lauf durch den Bundestag nur noch die Abstimmung im Bundesrat am **22. März 2002**: Würde der Bundesrat mehrheitlich dafür stimmen, wäre das Gesetz noch vor der nächsten Bundestagswahl in Kraft getreten, andernfalls nicht. Blöderweise kam es nun aufgrund der Verteilung der Sitze im Bundesrat (Einzelheiten dazu später) alleine auf die Stimmen des Landes ***Brandenburg*** an – und noch unglücklicher: In Brandenburg regierte damals eine Koalition aus **SPD** und **CDU**! Und so nahm das Drama seinen Lauf: Während der SPD-Arbeitsminister *Alwin Ziel* (das ist bei uns der **M1**) mit »**Ja**« stimmte, stimmte der CDU-Innenminister *Jörg Schönbohm* (bei uns oben der **M2**) anschließend mit »**Nein**«, da er der CDU-Bundespartei, die im Bundestag ja ***gegen*** das Gesetz gestimmt hatte, natürlich nicht in den Rücken fallen wollte (der ebenfalls anwesende CDU-Justizminister *Kurt Schelter* äußerte sich gar nicht, er spielt deshalb als »**M3**« auch nur eine Statistenrolle).

Das Problem: Gemäß **Art. 51 Abs. 3 Satz 2 GG** (aufschlagen!) können die Stimmen eines Bundeslandes im Bundesrat immer nur ***einheitlich*** (= gleichlautend) abgegeben und gewertet werden. Diese einheitliche Abstimmung war nun aber schon wegen der »**Nein**«-Stimme des CDU-Innenministers *Schönbohm* offensichtlich nicht erreicht – und damit wäre die Geschichte eigentlich erledigt gewesen und das Gesetz gescheitert. **Aber**: Der Bundesratspräsident *Klaus Wowereit* (→ SPD!) wollte offensichtlich, dass das Gesetz gleichwohl irgendwie durchkommt. Und wie er das dann mithilfe des SPD-Ministerpräsidenten *Manfred Stolpe* geregelt hat, steht oben in der Schilderung unseres Falles. Ob das Ganze unter diesen Umständen dann wirklich verfassungsgemäß abgelaufen und das Gesetz damit wirksam zustande gekommen war, musste letztlich das *Bundesverfassungsgericht* klären, denn die CDU-regierten Länder, allen voran der wütende Herr *Koch* aus Hessen, wollten sich diese »Auslegung« des Grundgesetzes durch Herrn *Wowereit* nicht bieten lassen: Sie klagten umgehend vor dem *Bundesverfassungsgericht* gegen das Zuwanderungsgesetz bzw. das sonderbare Zustandekommen des Gesetzes (→ BVerfGE **106**, 310 = NJW **2003**, 339).

Die gerade zitierte Entscheidung des Bundesverfassungsgerichts (Ergebnis wird noch nicht verraten) hat dann zu enormen Diskussionen in der Rechtswissenschaft geführt, ist daher bis heute hochgradig prüfungsrelevant und seit ihrer Veröffentlichung am **18. Dezember 2002** in unzähligen Klausuren und Hausarbeiten im Staatsrecht, einschließlich des Staatsexamens, aufgetaucht. Und das übrigens auch aus gutem Grund: Gefragt sind nämlich die Zusammenhänge von ***Bundestag*** und ***Bundesrat*** bei der Gesetzgebung im Allgemeinen, die Stellung und Tätigkeit des Bundesrates im Besonderen und nebenbei auch noch die Regeln der konkurrierenden Gesetzgebung. Viel mehr geht nicht. Und eben deshalb schauen wir uns das Ganze jetzt mal in aller Ruhe an, ziehen uns die roten Roben der Verfassungsrichter über und klären die folgende Frage:

Ist das ***Zuwanderungsgesetz*** nach dem geschilderten Ablauf ordnungsgemäß, also den Regeln des GG entsprechend, zustande gekommen?

Antwort: Das *Zuwanderungsgesetz* ist dann ordnungsgemäß nach dem GG zustande gekommen, wenn **(I.)** die Regelungen zur Gesetzgebungskompetenz (→ Art. 70–74 GG) sowie **(II.)** die verfassungsrechtlichen Bestimmungen zum Gesetzgebungsverfahren (→ Art. 76 ff. GG) eingehalten wurden.

I. Die Gesetzgebungskompetenz

Der ***Bund*** hat vorliegend das Zuwanderungsgesetz (ZWG) erlassen. Fraglich ist als Erstes, ob eine entsprechende Zuständigkeit zum Erlass des ZWG vorliegt: Der ***Bund*** müsste die Gesetzgebungskompetenz zum Erlass des ZWG gehabt haben.

(Kurze) Wiederholung: Wir hatten im letzten Fall gelernt, dass es gemäß Art. 30 GG in Verbindung mit **Art. 70 Abs. 1 GG** (bitte lesen) eine grundsätzliche und generelle Kompetenzvermutung zugunsten der Länder gibt. Es gilt dabei das sogenannte »**Regel-Ausnahme-Verhältnis**«, wonach der Bund immer nur dann gesetzgeberisch tätig werden darf, wenn ihm das Grundgesetz eine entsprechende Kompetenz ausdrücklich zuweist (*Detterbeck* ÖffRecht Rz. 253). Andernfalls haben die Länder die Kompetenz/Befugnis zur Gesetzgebung. Basis für jede Prüfung der Gesetzgebungskompetenz ist damit diese Grundregel der Art. 30 und 70 GG, die einzelnen Ausformungen finden sich in den **Art. 71–74 GG**. Und dabei unterscheidet man zwischen der »ausschließlichen Gesetzgebung« gemäß der **Art. 71 und 73 GG** und der »konkurrierenden Gesetzgebung« im Sinne der **Art. 72 und 74 GG**. »Ausschließliche Gesetzgebung« bedeutet gemäß Art. 71 GG, dass die darunterfallenden Materien (→ Art. 73 GG) ausschließlich dem Bund vorbehalten sind, es sei denn, die Länder werden ausdrücklich durch ein ***Bundesgesetz*** zur eigenen Gesetzgebung ermächtigt (*Maurer* StaatsR I § 17 Rz. 27). »Konkurrierende Gesetzgebung« bedeutet demgegenüber, dass für die in Art. 74 GG aufgezählten Sachbereiche grundsätzlich sowohl der ***Bund*** als auch die ***Länder*** Gesetze erlassen dürfen. Solange der Bundesgesetzgeber hinsichtlich eines der in Art. 74 Abs. 1 GG aufgeführten Sachgebiete noch nicht tätig geworden ist, bleibt es aber bei der Gesetzgebungskompetenz der Länder. Ist der Bund hingegen tätig geworden, entfaltet ein Bundesgesetz eine ***Sperrwirkung*** für mögliche landesrechtliche Vorschriften. Alle anderen, im Grundgesetz in den Art. 71–74 nicht aufgeführten Bereiche der Gesetzgebung stehen demgegenüber grundsätzlich und ausnahmslos den Ländern zu.

Zum Fall: Vorliegend haben ***Bundestag*** und ***Bundesrat*** über das Gesetz abgestimmt, es muss also selbstverständlich auch der ***Bund*** explizit für die Einführung des ZWG zuständig gewesen sein, um die erforderliche Gesetzgebungskompetenz bejahen zu können.

1. Die ausschließliche Gesetzgebungskompetenz

Wenn das ZWG unter eine der in Art. 73 Abs. 1 GG aufgezählten Regelungsmaterien fällt, wäre die Zuständigkeit des Bundes problemlos zu bejahen. **Aber**: Bei uns geht es um das ***Aufenthalts- und Niederlassungsrecht*** der Ausländer. Dies allerdings findet sich in Art. 73 Abs. 1 GG nicht wieder. In Art. **73 Abs. 1 Nr. 3 GG** ist lediglich die Rede von *Ein- und Auswanderung* und von der *Auslieferung*. Das Aufenthalts- und Niederlassungsrecht ist davon indessen nicht erfasst.

<u>ZE.</u>: Eine ausschließliche Gesetzgebungskompetenz des Bundes für die Themenbereiche des ZWG besteht nicht.

2. Die konkurrierende Gesetzgebungskompetenz

Die konkurrierende Gesetzgebungskompetenz richtet sich nach den Art. 72 und 74 GG. Gemäß der Legaldefinition des Art. 72 Abs. 1 GG haben die ***Länder*** die Befugnis zur Gesetzgebung, ***solange*** und ***soweit*** der Bund von seiner Gesetzgebungszuständigkeit nicht durch Gesetz Gebrauch gemacht hat.

Durchblick: In Art. 74 Abs. 1 GG werden die einzelnen Kompetenztitel explizit aufgelistet. Man unterscheidet im Rahmen der konkurrierenden Gesetzgebungskompetenz gemäß Art. 72 GG drei Kompetenzebenen:

→ Die sogenannte **Kernkompetenz** gemäß Art. **72 Abs. 1** GG

→ Die sogenannte **Bedarfskompetenz** gemäß Art. **72 Abs. 2** GG

→ Die sogenannte **Ausnahmekompetenz** gemäß Art. **72 Abs. 3** GG

Die ersten beiden Kompetenzen, also die Kernkompetenz nach Art. 72 Abs. 1 GG und die Bedarfskompetenz nach Art. 72 Abs. 2 GG, spielen die Hauptrollen nicht nur im richtigen Leben, sondern auch in den universitären Übungen sowie im Examen (und auch in unserem Fall!), deshalb wollen wir sie uns näher ansehen:

a) Die »Kernkompetenz« / der Grundsatz gemäß Art. 72 Abs. 1 GG

Die in Art. 74 Abs. 1 GG genannten Bereiche der konkurrierenden Gesetzgebung dürfen sowohl der Bund als auch die Länder gesetzlich regeln. Bund und Länder »**konkurrieren**« insoweit, allerdings hat der Bund, wie immer bei der konkurrierenden Gesetzgebung, unter bestimmten Voraussetzungen ein **Vorrecht** (*Jarass/Pieroth* Art. 72 GG Rz. 2). Die in Art. 72 Abs. 1 GG gewählten Formulierungen »**solange**« und »**soweit**« markieren dabei die beiden entscheidenden Komponenten der konkurrierenden Gesetzgebung: »**Solange**« der Bundesgesetzgeber hinsichtlich eines der in Art. 74 Abs. 1 GG aufgeführten Sachgebiete noch nicht tätig geworden ist, bleibt es bei der Gesetzgebungskompetenz der Länder. Hat der Bundesgesetzgeber aber eine abschließende Regelung in einem der Sachgebiete umfassend (»***soweit***«) getroffen, haben die Länder keine Gesetzgebungskompetenz mehr. Das Bundesgesetz entfaltet dann – wie oben schon mal erwähnt – eine »**Sperrwirkung**« (BVerfGE **32**, 327; BVerfGE **42**, 28).

Zum Fall: Bei uns kommt der **Art. 74 Abs. 1 Nr. 4 GG** in Betracht (aufschlagen!). Da steht nämlich ausdrücklich genau das drin, was für unser Gesetz von Bedeutung ist: »Das Aufenthalts- und Niederlassungsrecht für Ausländer«. **Konsequenz**: Ausweislich des Art. 72 Abs. 1 GG in Verbindung mit Art. 74 Abs. 1 Nr. 4 GG fällt das ZWG in die (konkurrierende) Gesetzgebungskompetenz des ***Bundes***. Der Bund wäre folglich hier zulässigerweise tätig geworden. **Und**: Ein entsprechendes Gesetz (hier unser ZWG) würde eine Sperrwirkung für landesrechtliche Normen entfalten (siehe oben).

Problem: Das ist leider noch nicht das letzte Wort.

Lösung: Wir lesen bitte (sorgfältig) den **Art. 72 Abs. 2 GG**.

b) Die »Bedarfskompetenz« gemäß Art. 72 Abs. 2 GG

Einstieg: Wir haben eben festgestellt, dass für die ***konkurrierende*** Gesetzgebung der Art. 72 Abs. 1 GG das Prinzip der Regelung festschreibt. Demnach lässt das Grundgesetz bei den in Art. 74 Abs. 1 GG genannten Themen (immerhin 33 verschiedene Sachbereiche!) Bund und Länder bei der Gesetzgebung »**konkurrieren**«, und das heißt: ***Solange*** und ***soweit*** der Bund keine eigenen Regelung getroffen hat, dürfen die Länder selbstständig handeln, also entsprechende Gesetze erlassen. Erstellt der Bund hingegen selbst eine gesetzliche Regelung zu einem der in Art. 74 Abs. 1 GG aufgelisteten Bereiche, entfällt damit »insoweit« die konkurrierende Gesetzgebungszuständig der Länder.

Aber: Hiervon gibt es Ausnahmen, genau genommen ***Einschränkungen***, und die stehen in **Art. 72 Abs. 2 GG**. Dort heißt es, dass …

»… auf den Gebieten des ***Art. 74 Abs. 1 Nr. 4, 7, 11, 13, 15, 19a, 20, 22, 25 und 26 GG*** *der Bund das Gesetzgebungsrecht hat,* ***wenn*** *und* ***soweit*** *die Herstellung gleichwertiger Lebensverhältnisse im Bundesgebiet oder die Wahrung der Rechts- oder Wirtschaftseinheit im gesamtstaatlichen Interesse eine bundesgesetzliche Regelung* ***erforderlich*** *macht«.*

Durchblick: Es muss bei den zehn in Art. 72 Abs. 2 GG genannten Nummern bzw. Sachgebieten also jeweils eine bundeseinheitliche Regelung aus den im Gesetz genannten Gründen »erforderlich« sein, **nämlich**: Wenn und soweit sie zur Herstellung gleichwertiger Lebensverhältnisse im Bundesgebiet oder die Wahrung der Rechts- oder Wirtschaftseinheit im gesamtstaatlichen Interesse eine bundesgesetzliche Regelung nötig ist (BVerfG NJW **2015**, 2399; *Jarass/Pieroth* Art. 72 GG Rz. 15; *Degenhart* StaatsR I Rz. 148a). Die Prüfung dieser Erforderlichkeit ist bei den in Art. 72 Abs. 2 GG aufgezählten Bereichen zwingend. Der (Grund-)Gesetzgeber hat demnach bei diesen Bereichen für die Gesetzgebungszuständigkeit des Bundes eine zusätzliche Hürde eingebaut, nämlich die eben beschriebene Erforderlichkeit einer bundeseinheitlichen Regelung. Liegt diese nicht vor oder kann der Bund eine solche nicht nachweisen, liegt die Gesetzgebungszuständigkeit dann ausschließlich bei den Ländern (*Degenhart* StaatsR I Rz. 148a). Der Bund muss den »**Bedarf**« (»Bedarfskompetenz«) einer solchen bundeseinheitlichen Regelung nachweisen, ansonsten fallen alle Bereiche, die in Art. 72 Abs. 2 GG genannt sind, automatisch der ***landesrechtlichen*** Gesetzgebung komplett und verbindlich zu, der Bund ist insoweit aus dem Rennen (*Schmidt-Bleibtreu/Hofmann/Hopfauf/Sannwald* Art. 72 GG Rz. 40a).

Zum Fall: Wir haben festgestellt, dass die Regelung im Rahmen des Zuwanderungsgesetzes zum Aufenthalts- und Niederlassungsrecht unter **Art. 74 Abs. 1 Nr. 4 GG** zu subsumieren ist. Da dieser Art. 74 Abs. 1 Nr. 4 GG in **Art. 72 Abs. 2 GG** ausdrücklich genannt wird (prüfen, bitte!), benötigen wir für die Gesetzgebungskompetenz des Bundes nun zusätzlich auch die ***Erforderlichkeit*** einer bundeseinheitlichen Regelung. In Bezug auf die Erforderlichkeitsklausel des Art. 72 Abs. 2 GG hat das Bundesverfassungsgericht neben dem Gesetzeswortlaut noch weitere Prüfungspunkte entwickelt:

Definition: Die *Erforderlichkeit* einer *bundeseinheitlichen Regelung* im Sinne des Art. 72 Abs. 2 GG ist dann zu bejahen, wenn **(1.)** ansonsten erhebliche Beeinträchtigungen des bundesstaatlichen Sozialgefüges drohen würden oder **(2.)** nicht mehr hinnehmbare Probleme durch die Rechtszersplitterung zu befürchten sind oder **(3.)** die Funktionsfähigkeit des deutschen Wirtschaftsraums auf dem Spiel steht (BVerfG NJW **2015**, 2399; BVerfGE **106**, 62; BVerfGE **111**, 226; BVerfGE **112**, 226).

Prüfen wir mal: In Betracht kommen zum einen die Beeinträchtigung des bundesstaatlichen ***Sozialgefüges*** und zum anderen eine nicht hinnehmbare ***Rechtszersplitterung***: Durch die Zersplitterung des Zuwanderungsgesetzes, also wenn die Länder jeweils eigene und damit voneinander abweichende Regelungen treffen würden, könnte die gleichmäßige Zuwanderung und Integration von Ausländern in das Bundesgebiet erschwert werden. Ohne eine bundeseinheitliche Regelung käme es insbesondere bei der Einreise und dem Aufenthalt von Ausländern zu massiven Beeinträchtigungen, vor allem durch drohende Ungleichbehandlungen in den einzelnen Ländern. Diese würden sich auf den länderübergreifenden Rechtsverkehr womöglich erheblich auswirken. Damit einhergehend liefe man Gefahr, dass manche Bundesländer von Einreisewilligen vollständig gemieden, andere wiederum in unverhältnismäßiger Stärke in Anspruch genommen würden. Das bundesstaatliche Sozialgefüge könnte dadurch ins Ungleichgewicht geraten, da einzelne Länder mit hohem, andere mit niedrigem Ausländeranteil gesellschaftlich und verwaltungstechnisch umzugehen hätten. Es besteht daher ein gesamtstaatliches Interesse daran, dass die Kriterien zur Steuerung der Aufenthalts- und Niederlassungsbedingungen für Ausländer bundeseinheitlich gewährleistet werden, um einer Rechtszersplitterung und einer Gefährdung des bundesstaatlichen Sozialgefüges entgegenwirken zu können (zur Rechtseinheit vgl. *Schmidt-Bleibtreu/Hofmann/Hopfauf/Sannwald* Art. 72 GG Rz. 55a). Hierfür spricht letztlich auch, dass im ZWG bundeseinheitliche Vorschriften über das Verwaltungsverfahren zur Durchführung enthalten sind.

ZE: Der Bund verfügt bezüglich Aufenthalts- und Niederlassungsrecht von Ausländern über eine konkurrierende Gesetzgebungskompetenz aus dem Art. 72 Abs. 2 GG in Verbindung mit Art. 74 Abs. 1 Nr. 4 GG. Der Bund hatte damit die Kompetenz zum Erlass des Zuwanderungsgesetzes (ZWG).

II. Das Gesetzgebungsverfahren

So. Nachdem wir nun festgestellt haben, dass der Bund die Gesetzgebungskompetenz für das ZWG hatte, stellt sich jetzt noch die Frage, ob das Gesetz im Einklang mit dem im Grundgesetz normierten ***Gesetzgebungsverfahren*** (→ Art. 76 ff. GG) zustande gekommen ist. Und hierbei können und wollen wir es uns zunächst einfach machen und Folgendes feststellen: Da ausweislich der Schilderung des Sachverhaltes der Bundestag bereits mit Mehrheit über das ZWG abgestimmt hat, brauchen wir keinerlei weitere Gedanken mehr über dieses Prozedere zu verschwenden. Wir wollen in Ermangelung eines besonderen Hinweises im Sachverhalt insbesondere davon ausgehen, dass das Gesetz ordnungsgemäß eingebracht worden ist (Art. 76 GG) und dass die Beratung und Abstimmung im Bundestag ordnungsgemäß nach Art. 42 Abs. 2 GG in Verbindung mit den §§ 78 ff. GeschO BT durchgeführt wurden (vgl. zu diesem Verfahren ausführlich den vorherigen Fall). Wir können uns somit voll auf den Bundesrat konzentrieren:

Das Mitwirkungsrecht des Bundesrates bei der Bundesgesetzgebung

Einstieg: Aus dem vorherigen Fall wissen wir, dass die Art der Mitwirkung des Bundesrates maßgeblich davon abhängt, ob es sich um ein ***Einspruchs***- oder ein ***Zustimmungsgesetz*** handelt.

Wiederholung: Ein ***Zustimmungsgesetz*** liegt dann vor, wenn die Zustimmungsbedürftigkeit des Bundesrates im GG ausdrücklich benannt ist. Alle anderen Gesetze sind sogenannte ***Einspruchsgesetze*** (vgl. nur *Jarass/Pieroth* Art. 77 GG Rz. 1 oder *Detterbeck* ÖffRecht Rz. 311).

Zum Fall: Fraglich ist somit, ob es sich bei dem ZWG um ein Einspruchs- oder Zustimmungsgesetz handelt. Und insoweit kommt dann (endlich) auch der Hinweis im Sachverhalt auf den ominösen **Art. 84 Abs. 1 GG** zum Tragen: Gemäß **Art. 84 Abs. 1 Satz 1 GG** (aufschlagen, bitte) führen nämlich die ***Länder*** die Bundesgesetze als eigene Angelegenheiten aus und regeln unter anderem die Einrichtungen der Behörden und das Verwaltungsverfahren. Der Art. 84 Abs. 1 GG stellt demnach – ebenso wie die Regelungen zur Gesetzgebungskompetenz in Art. 70 ff. GG – eine Konkretisierung des Art. 30 GG dar. Grundsätzlich ist nämlich die Ausübung der staatlichen Befugnisse und die Erfüllung der staatlichen Aufgaben eine Sache der ***Länder*** (bitte lies: Art. 30 GG). Der Bund bedarf also eines verfassungsrechtlichen Titels, wenn er in diesen Angelegenheiten der Länder selbst tätig werden will. Während die konkretisierenden Regelungen für das Gesetzgebungsverfahren, wie gesagt, in den **Art. 70 ff. GG** normiert sind, werden die Vorschriften für die Verwaltung in den **Art. 83 ff. GG** geregelt. Das Verwaltungsverfahren zur Durchführung der Bundesgesetze führen demzufolge gemäß **Art. 83 GG** grundsätzlich die ***Länder*** als ***eigene*** Angelegenheiten aus (sehr wichtiger Satz, bitte mindestens noch einmal lesen!).

Beachte: Etwas anderes ergibt sich für die ***Verwaltung*** nun aber in den Fällen des **Art. 84 Abs. 1 Satz 5 GG**: Demnach kann der Bund in Ausnahmefällen, wenn nämlich *»ein besonderes Bedürfnis nach bundeseinheitlicher Regelung«* vorliegt, das Verwaltungsverfahren ohne Abweichungsmöglichkeit für die Länder selbst regeln. Allerdings bedarf er dann für dieses Gesetz der ***Zustimmung*** des ***Bundesrats***, wie sich aus **Art. 84 Abs. 1 Satz 6 GG** ergibt (lesen!). Und genau diese Variante haben wir hier, denn im Fall steht ja, dass sich im ZWG *»gemäß Art. 84 Abs. 1 Satz 5 GG bundeseinheitliche Vorschriften über das Verwaltungsverfahren zur Durchführung des ZWG finden«*.

Konsequenz: Das ZWG ist wegen dieser Regelungen gemäß **Art. 84 Abs. 1 Satz 6 GG** ein ***zustimmungspflichtiges*** Gesetz mit der Folge, dass im Falle einer nicht durch den Bundesrat erteilten Zustimmung das Gesetz gescheitert ist; die Heilung einer fehlenden Zustimmung des Bundesrates ist nicht möglich (*Jarass/Pieroth* Art. 77 GG Rz. 6). Wir müssen also klären, ob in unserem Falle der Bundesrat wirksam zugestimmt hat.

Die Abstimmung im Bundesrat

Frage vorab: Wer und was genau ist eigentlich der Bundesrat?

1.) Die verfassungsrechtliche Zusammensetzung des Bundesrates

Der Bundesrat besteht gemäß **Art. 51 Abs. 1 GG** aus Mitgliedern der ***Regierungen*** (also den Ministern und/oder dem Ministerpräsidenten) der Bundesländer, die sie bestellen und abberufen. Die Bundesländer werden demnach jeweils durch ihre anwesenden Bundesratsmitglieder vertreten. In **Art. 51 Abs. 2 GG** ist die Stimmenzahl der einzelnen Länder geregelt: So richtet sich die Stimmenzahl des jeweiligen Bundeslandes nach seiner Bevölkerungszahl, also nach der Wohnbevölkerung, die übrigens auch Ausländer einschließt (*Sachs/Robbers* Art. 51 GG Rz. 12). Danach hat jedes Land mindestens drei Stimmen, wobei Länder mit mehr als zwei Millionen Einwohnern bereits vier Stimmen haben, Länder mit mehr als sechs Millionen Einwohnern über fünf Stimmen verfügen und Länder mit mehr als sieben Millionen Einwohner sechs Stimmen für sich vereinnahmen können.

Art. 51 III GG

Aktuell verfügt der Bundesrat über eine Gesamtstimmzahl von ***69 Stimmen***, die sich aufgrund der Einwohnerzahl der Bundesländer wie folgt zusammensetzen:

6 Stimmen → Baden-Württemberg, Bayern, Niedersachsen, Nordrhein-Westfalen

5 Stimmen → Hessen

4 Stimmen → Berlin, Brandenburg, Rheinland-Pfalz, Sachsen, Sachsen-Anhalt, Schleswig-Holstein, Thüringen

3 Stimmen → Bremen, Hamburg, Mecklenburg-Vorpommern, Saarland

absolute Mehrheit 35 Stimmen 2/3 Mehrheit 46 Stimmen

2.) Die Stellung des Bundesrates im Rahmen der Gesetzgebung

Durchblick: Weil die einzelnen Länder – verfassungsrechtlich ausdrücklich durch die Art. 30 und 70 GG legitimiert – grundsätzlich autonom agieren können und in ihrer Gesamtheit das Gebilde der Bundesrepublik Deutschland ausmachen, hat das GG die einzelnen Länder auch bei der ***Bundesgesetzgebung*** mit eigenen Rechten bzw. Pflichten ausgestattet. Sie sollen nach dem Willen des GG ein ***Mitspracherecht*** haben, schließlich werden ja auch die Einwohner ihres jeweiligen Bundeslandes von den Bundesgesetzen betroffen. Und deshalb dürfen die ***Länder*** auch bei der Gesetzgebung des Bundes mitwirken. Und aus genau diesem Grund gibt es den ***Bundesrat*** – bitte aufschlagen und sorgfältig lesen: **Art. 50 GG**. Im Bundesrat sitzen – wie oben schon mal erwähnt – dann die Vertreter der Länderregierungen und nehmen dort die Interessen der jeweiligen Länder bei der Bundesgesetzgebung wahr, und zwar so:

> Der Bundesrat hat zunächst ein ***Initiativrecht*** im Gesetzgebungsverfahren nach **Art. 76 Abs. 1 GG**. Außerdem hat er ein Recht zur Stellungnahme zu Gesetzesvorlagen der Bundesregierung, noch bevor sie dem Bundestag zugeleitet werden (**Art. 76 Abs. 2 GG**). Auch wenn die Bundesgesetze vom Bundestag beschlossen werden, so steht dem Bundesrat nach **Art. 77 Abs. 2 Satz 1 GG** das Recht zu, den sogenannten »Vermittlungsausschuss« anzurufen und so auf den Inhalt des vom Bundestag be-

schlossenen Gesetzes und den Zeitpunkt seines Inkrafttretens Einfluss zu nehmen (*Sachs/Robbers* Art. 50 GG Rz. 21). In Bezug auf die Abstimmungen über ein vom Bundestag beschlossenes Gesetz gilt dann Folgendes: Im Regelfall eines sogenannten »Einspruchsgesetzes« kann der Bundesrat dieses Gesetz durch einen ***Einspruch*** gemäß **Art. 77 Abs. 3 GG** vorläufig stoppen. Diesen Einspruch kann der Bundestag dann allerdings gemäß **Art. 77 Abs. 4 GG** durch eine sogenannte qualifizierte Mehrheit überstimmen, und das Gesetz kommt damit letztendlich auch entgegen dem Willen des Bundesrates gemäß **Art. 78 Alt. 5 GG** zustande (vgl. insoweit ausführlich den vorherigen Fall Nr. 13). Ein ***zustimmungsbedürftiges*** Gesetz kann der Bundesrat hingegen komplett und verbindlich zum Scheitern bringen, nämlich dann, wenn er seine Zustimmung endgültig verweigert (*Dreier/Brosius-Gersdorf* Art. 77 GG Rz. 29). Eine Heilung dessen ist nicht mehr möglich, das Gesetz wäre gescheitert.

3.) Die eigentliche Abstimmung im Bundesrat gemäß Art. 51, 52 GG

Hier bei uns geht es, wie gesehen, wegen Art. 84 Abs. 1 Satz 6 GG um ein solches ***zustimmungsbedürftiges*** Gesetz, weshalb wir natürlich jetzt endlich auch mal auf die eigentliche Abstimmung im Bundesrat kommen müssen. Da gab es in unserem Fall einige Irritationen, die wir nun aufklären müssen: Da der Bundesrat gemäß **Art. 52 Abs. 3 Satz 1 GG** seine Beschlüsse mit mindestens der ***Mehrheit*** seiner Stimmen fasst, ist bei insgesamt 69 Stimmen im Bundesrat (siehe oben im grauen Kasten) eine Zustimmung von mindestens 35 Stimmen für das Gesetz erforderlich. Und da ausweislich des Sachverhalts nur aufgrund der positiv gewerteten Stimmen des Landes Brandenburg die Zahl von 35 Stimmen (= Mehrheit) erreicht wurde, würde das ZWG scheitern, falls die Wertung dieser Stimmen unwirksam gewesen ist.

Die Stimmen des Landes Brandenburg hätten nun möglicherweise bereits deshalb nicht als Zustimmung gewertet werden dürfen, weil **Art. 51 Abs. 3 Satz 2 GG** (aufschlagen!) fordert, dass die Stimmen eines Landes immer nur »***einheitlich***« (= gleichlautend), also entweder alle mit »**Ja**«, alle mit »**Nein**« oder alle mit »**Enthaltung**« abgegeben werden können – was übrigens damit zusammenhängt, dass die einzelnen Bundesländer bei Abstimmungen im Bundesrat nicht gespalten, sondern quasi als »Ganzes« auftreten sollen (*von Mangold/Klein/Starck/Korioth* Art. 51 GG Rz. 21).

Problem: Die Abstimmung ist bei uns ja nun ziemlich merkwürdig abgelaufen. Der amtierende Bundesratspräsident P hat, wie er das übrigens immer macht, die einzelnen Länder in einer bestimmten Reihenfolge um ihre Stimmen gebeten. Im Normalfall funktioniert das dann so, dass die jeweiligen Vertreter der einzelnen Länder, gemäß ihrer vorherigen internen Absprache, entweder durch einen sogenannten »**Stimmführer**« – im Zweifel der Ministerpräsident des jeweiligen Landes – ihr Votum abgeben oder aber jedes einzelne Mitglied der Ländervertretung schön brav entweder »**Ja**« oder eben »**Nein**« sagt. Im letztgenannten Fall funktioniert das dann selbstverständlich ***einheitlich***, also entweder stimmen alle Vertreter eines Landes mit »**Ja**«, alle mit »**Nein**« oder eben alle mit »**Enthaltung**«. Und solange das so auch läuft, gibt es natürlich kein Problem, dann sind alle Stimmen insbesondere »**einheitlich**« abgegeben im Sinne des Art. 51 Abs. 3 Satz 2 GG.

Bei uns nun ist das Ganze offensichtlich aus dem Ruder gelaufen, insbesondere hat es auf den ersten Blick keine ausdrücklichen, gleichlautenden Erklärungen des Landes Brandenburg gegeben: Während der M1 mit »**Ja!**« stimmte, hat M2 danach deutlich »**Nein!**« gesagt und der Ministerpräsident MP anschließend nochmal »*als Ministerpräsident des Landes Brandenburg*« ein »**Ja!**« hinterhergeschoben, woraufhin M2 schließlich »*Herr Bundesratspräsident, Sie kennen ja meine Auffassung!*« in den Saal gerufen hat. Und der M3 hat sich überhaupt nicht geäußert.

Angesichts dessen stellen sich nun gleich mehrere Fragen: War die Abstimmung durch Brandenburg bereits damit ***uneinheitlich*** und folglich ungültig, dass nach dem »**Ja!**« von M1 der M2 mit »**Nein!**« gestimmt hat? Und durfte der Bundesratspräsident P danach überhaupt noch den Ministerpräsidenten (MP) nach seiner Stimme befragen? Und vor allem: Durfte der MP überhaupt für sein Land unter diesen Umständen noch alleine und verbindlich abstimmen, vielleicht wegen seiner Richtlinienkompetenz? Und falls er das durfte, welche Wirkung hatte sein »**Ja!**« vor dem Hintergrund, dass der M2 danach noch »***Herr Bundesratspräsident, Sie kennen ja meine Auffassung!***« gerufen hat?

Lösung: Das Bundesverfassungsgericht wertete das Spektakel im Bundesrat in seinem Urteil vom **18. Dezember 2002** zulasten des Landes Brandenburg als ***ungültige Stimmabgabe*** und erklärte das Zuwanderungsgesetz damit wegen Verstoßes gegen das Gesetzgebungsverfahren für ***nichtig***. Die Stimmen des Landes Brandenburg seien nicht, wie von Art. 51 Abs. 3 Satz 2 GG gefordert, »**einheitlich**« abgegeben worden, sie seien daher ungültig und nicht zu berücksichtigen. Damit fehle es an der erforderlichen Mehrheit im Bundesrat mit der Konsequenz, dass die Voraussetzungen des Art. 78 GG nicht vorlägen, das Gesetz also nicht wirksam zustande gekommen sei (BVerfGE **106**, 310 = NJW **2003**, 339; dem zustimmend: *Dreier/Bauer* Art. 51 GG Rz. 24; *Schmidt-Bleibtreu/Hofmann/Hopfauf* Art. 51 GG Rz. 17/19; *Degenhart* StaatsR I Rz. 656; *von Mangold/Klein/Starck/Korioth* Art. 51 GG Rz. 21).

Im Einzelnen: Das Bundesverfassungsgericht hat das Abstimmungsverhalten quasi »seziert«, also schön aufgeteilt in die einzelnen Akte, und ist dann zu folgendem Schluss gekommen: Nach Aufruf des P haben M1 und M2 eindeutig ***unterschiedlich*** abgestimmt. Damit war nach Ansicht des Bundesverfassungsgerichts in diesem Moment bereits klar und verbindlich, dass es eine ***einheitliche*** Stimmabgabe des Landes Brandenburg, so wie von Art. 51 Abs. 3 Satz 2 GG gefordert, nicht mehr geben konnte (auf den **M3** kam es somit auch gar nicht mehr an). Die Stimmen des Landes Brandenburg konnten von diesem Moment an demzufolge auch nicht mehr (positiv) gewertet werden, und zwar allerspätestens in dem Zeitpunkt, in dem der P die mangelnde Einheitlichkeit der Stimmabgabe im Protokoll ausdrücklich vermerkte

(BVerfGE **106**, 310, 332). Das weitere Prozedere, also insbesondere die Nachfrage des Bundesratspräsidenten beim Ministerpräsidenten MP, bewegten sich daher auch außerhalb der verfassungsrechtlichen Legitimation des P und waren folglich, unabhängig vom weiteren Verlauf, unbeachtlich. Wörtlich heißt es:

> *»... Der sitzungsleitende Bundesratspräsident hatte in diesem Fall **kein** Recht mehr dazu, den Ministerpräsidenten des Landes Brandenburg zu befragen. Der die Abstimmung leitende Bundesratspräsident ist zwar grundsätzlich berechtigt, bei Unklarheiten oder Irritationen im Abstimmungsverlauf mit geeigneten Maßnahmen eine Klärung der Angelegenheit herbeizuführen, insbesondere indem er auf eine wirksame Abstimmung des Landes hinwirkt. Das Recht zur Nachfrage **entfällt** allerdings, wenn ein **einheitlicher Landeswille** erkennbar nicht besteht und nach den gesamten Umständen nicht zu erwarten ist, dass ein solcher noch während der Abstimmung zustande kommen werde. Unterstellt man dennoch ein solches Recht, hätte die Nachfrage im konkreten Fall daher nicht nur an den Ministerpräsidenten, sondern auch an den abweichenden Minister erneut gestellt werden müssen. Denn die uneinheitliche Meinung des Landes Brandenburg lag offen zutage. Der abweichende Minister hatte seine Meinung klar und unmissverständlich zum Ausdruck gebracht, in einer Rede vor der Abstimmung auch ausdrücklich und öffentlich kundgetan und sogar zum Ende der Abstimmung abermals durch die direkte Ansprache an den Ratspräsidenten geäußert. Der Ministerpräsident konnte angesichts dieser Umstände auch nicht mehr als ›**Stimmführer**‹ des Landes Brandenburg fungieren, denn es hatte offensichtlich keine entsprechende vorherige Vereinbarung und Übereinstimmung unter den Beteiligten gegeben. Dass dem Ministerpräsidenten nach der brandenburgischen Verfassung eine Leitungsfunktion und Richtlinienkompetenz zukommt, hindert diese Ansicht nicht, da die landesrechtlichen Kompetenzen für die Bundesratsabstimmung keine Bindungswirkung entfalten. Die Bundesländer werden von den einzelnen Regierungsmitgliedern, die das Land in den Bundesrat entsendet, vertreten. Deshalb kommt es nur auf **deren Stimmverhalten** an und nicht auf das des Landes, etwa alleine vertreten durch den Ministerpräsidenten. Es kann und soll jedes Landesregierungsmitglied, das in den Bundesrat entsandt worden ist, die Stimmen für das Bundesland abgeben. Der Bundesratspräsident nimmt demzufolge die Stimme eines einzelnen Bundesratsmitglieds als Stimmabgabe für das ganze Land entgegen, sofern nicht ein anderes Mitglied des jeweiligen Landes abweichend abstimmt. Eine festgelegte Stimmführerschaft wird damit **abgelehnt**, da dem Stimmführer jederzeit von einem anderen Bundesratsmitglied desselben Landes widersprochen werden kann ...«*

Also: Die widersprüchliche Stimmabgabe der Minister M1 und M2 beim erstmaligen Aufruf des Landes Brandenburg führten im konkreten Fall bereits zu einer ***uneinheitlichen*** Stimmabgabe. Dies hat der Bundesratspräsident P auch zutreffend festgestellt. Die gezielte Rückfrage des Bundesratspräsidenten nur an den Ministerpräsidenten des Landes Brandenburg wäre anschließend nur dann gerechtfertigt gewesen, wenn der Ministerpräsident sich in der Abstimmung über die Stimmabgabe durch die anderen Bundesratsmitglieder des Landes hätte hinwegsetzen dürfen. Dies ist allerdings nach Meinung des Bundesverfassungsgerichts nicht der Fall, da der Ministerpräsident zwar Inhaber einer landesrechtlichen Richtlinienkompetenz ist, aber keine bundesverfassungsrechtlich herausgehobene Stellung hat, die es ihm erlauben würde, einen Abstimmungsdissens anderer anwesender Mitglieder allein durch seine deutliche Willensäußerung zu überstimmen (BVerfGE **106**, 310, 330). Etwas anders gilt nur dann, wenn es eine vorherige, einvernehmliche Absprache unter den Beteiligten im Hinblick auf eine ***Stimmführerschaft*** gegeben hat, die hier aber offensichtlich fehlte. Die damit vorliegende, unterschiedliche Stimmabgabe des Landes Brandenburg konnte folglich auch nicht (mehr) als Zustimmung gewertet werden, sie führt vielmehr zur Ungültigkeit aller Stimmen des Landes (BVerfGE **106**, 310, 330; vgl. auch *Schmidt-Bleibtreu/Hofmann/Hopfauf* Art. 51 GG Rz. 17/19; *Dreier/Bauer* Art. 51 GG Rz. 24; *Maunz/Dürig* Art. 51 GG Rz. 27; *von Münch/Kunig/Krebs* Art. 51 GG Rz. 13).

Ergebnis: Die Stimmen des Landes Brandenburg sind mangels einheitlicher Stimmabgabe nicht gültig, sodass der Bundesrat auch nicht mit der erforderlichen Mehrheit dem Gesetzesbeschluss zum ZWG zugestimmt hat. Das ZWG verstößt somit gegen Art. 78 GG und ist demzufolge – trotz anschließender Gegenzeichnung, Ausfertigung und Verkündung im Bundesgesetzblatt! – nicht verfassungsgemäß zustande gekommen und damit nichtig.

Kurzer Nachtrag

Diese Entscheidung des Bundesverfassungsgerichts ist, was eher selten vorkommt, nicht einstimmig erfolgt, sondern mit einem Stimmverhältnis von 6:2. Eine andere Ansicht, nämlich die ***Wirksamkeit*** der alleinigen Stimmabgabe durch den Ministerpräsidenten des Landes Brandenburg und damit auch die ***Wirksamkeit*** des Bundesratsbeschlusses und damit auch die ***Wirksamkeit*** des ***Zuwanderungsgesetzes*** vertraten die beiden Damen im 2. Senat des Bundesverfassungsgerichts, nämlich die Richterin am BVerfG Frau Prof. Dr. ***Lerke Osterloh*** und die Richterin am BVerfG Frau Prof. Dr. ***Gertrude Lübbe-Wolff***. Ihr gemeinsames Sondervotum (bitte lies: **§ 30 Abs. 2 BVerfGG**) findet sich in der amtlichen Sammlung ab Seite 337 und hat im Anschluss diverse Befürworter und Mitstreiter in der Literatur gefunden (vgl. etwa *Stern* StaatsR II § 27 III 2; *Jarass/Pieroth* Art. 51 GG Rz. 6; BK/*Schöbener* Art. 51 GG Rz. 87), weswegen wir uns das hier im Nachgang und für die Oberinteressierten auch noch (kurz) anschauen müssen.

Frau *Osterloh* und Frau *Lübbe-Wolff* hatten nämlich ziemlich schlaue Ideen und begründeten ihre Ansicht wie folgt: Dadurch, dass die Minister M1 und M2 zunächst unterschiedlich abgestimmt hatten, fehle es bereits an der wirksamen »**Abgabe**« einer Stimme. M1 und M2 hätten somit, gemessen an Art. 51 Abs. 3 Satz 2 GG, noch gar nichts Rechtserhebliches von sich gegeben. Das wäre nur möglich gewesen bei einer ***einheitlichen*** Stimmabgabe. Die Stimmen des Landes Brandenburg seien folglich auch nicht ***ungültig***, sondern noch gar nicht *abgegeben* gewesen. Und wenn Stimmen noch gar nicht abgegeben seien, könnten sie logischerweise auch nicht ungültig sein und es bliebe natürlich noch Platz (und sogar die Pflicht!) für Nachfragen des Bundesratspräsidenten. Und dies habe der Bundesratspräsident dann ja auch getan. Auf seine Nachfrage hin habe der Ministerpräsident dann eindeutig und für sein Land verbindlich mit »**Ja!**« geantwortet. Der Nachsatz des Ministers M2 »*Herr Bundesratspräsident, Sie kennen ja meine Auffassung!*« sei keine gegenteilige Aussage, sondern nur noch eine ***Meinungsäußerung*** ohne rechtliche Qualität gewesen. Und schließlich habe es in der deutschen Verfassungsgeschichte bereits einen vergleichbaren Fall gegeben, nämlich in der 10. Sitzung des Bundesrates vom **19.12.1949**, als der damalige Bundesratspräsident nach zwei unterschiedlichen Stimmabgaben als Ministerpräsident des betreffenden Landes Nordrhein-Westfalen selbst die entscheidende Stimme für sein Land abgab (vgl. ausführlich BVerfGE **106**, 337 ff.).

Vorsicht: Was beim ersten Lesen ein bisschen an den Haaren herbeigezogen klingt, bekommt bei genauem Hinsehen durchaus Charme. Tatsächlich nämlich legt zum einen der Wortlaut des **Art. 51 Abs. 3 Satz 2 GG**, nach dem die Stimmen der Vertreter eines Landes nur einheitlich abgegeben werden »***können***«, diese Sicht der Dinge durchaus nahe. Nimmt man das GG wörtlich (und das sollte man bei Gesetzen grundsätzlich und immer machen!), sind uneinheitliche Stimmen damit gar nicht »**abgegeben**» im Sinne des Gesetzes, denn die wirksame ***Abgabe*** setzt ja ***Einheitlichkeit*** voraus (»*... können nur einheitlich abgegeben werden ...*«). Insoweit käme der zunächst geäußerten Meinung der beiden Minister dann auch keine rechtserhebliche Bedeutung zu und der Bundesratspräsident war durchaus berechtigt, wenn nicht sogar verpflichtet, abermals nachzufragen, um eine einheitliche Abstimmung herbeizuführen. Im Übrigen werden Beschlüsse des Bundesrates gemäß **§ 32 Satz 1** der ***Geschäftsordnung des Bundesrates*** immer erst mit dem Ende der jeweiligen Sitzung wirksam, weswegen Wiederholungen von Abstimmungen keinesfalls ausgeschlossen, sondern problemlos möglich und durchaus üblich sind. Die abschließende Äußerung des Ministers M2 (*Sie kennen meine Auffassung!*) kann man bei genauer Betrachtung zudem nicht als Stimmabgabe im eigentlichen Sinne, sondern lediglich als ***Meinungsäußerung*** werten. Hätte M2 der Aussage des Ministerpräsidenten (»*Als Ministerpräsident des Landes Brandenburg erkläre ich Ja!*«) widersprechen wollen, hätte er dies ausdrücklich sagen können – oder sogar müssen. Es kommt nämlich durchaus vor, dass Minister einzelner Länder bei Abstimmungen im Bundesrat zwar nicht einer Meinung sind, aber gleichwohl einheitlich abstimmen, um nämlich der Forderung des Grundgesetzes aus Art. 51 Abs. 3 Satz 2 GG gerecht zu werden. Hätte M2 dies nicht gewollt, hätte er dies – wie auch bei seiner ersten »Abstimmung« geschehen – eindeutig zum Ausdruck bringen können. Ob er sich am Ende der Stimme des MP fügen wollte oder nicht, ist seiner Erklärung letztlich nicht wirklich zu entnehmen. Die Interpretation von unklaren Aussagen aber gehört nicht zur Aufgabe des die Sitzung leitenden Bundesratspräsidenten. Schließlich stimmt auch das historische Argument: Tatsächlich fand am 19. Dezember 1949 eine Bundesratssitzung statt (das war übrigens erst die 10. in der Geschichte des Bundesrates – unsere hier thematisierte war die 774. Sitzung), in deren Verlauf der damalige Bunderatspräsident *Karl Arnold* (CDU), der zugleich Ministerpräsident des Landes *Nordrhein-Westfalen* war, die Uneinigkeit der Stimmen seiner beiden Minister durch die eigene Stimme »korrigierte«. Einziges Manko: Die Rechtmäßigkeit des Handelns von Herrn *Arnold* wurde niemals von einem Gericht überprüft.

Fazit: Ganz so eindeutig ist das Ganze dann am Ende also doch nicht gewesen. Die herrschende Meinung hat sich gleichwohl der Entscheidung des Bundesverfassungsgerichts angeschlossen (vgl. etwa *Schmidt-Bleibtreu/Hofmann/Hopfauf* Art. 51 GG

Rz. 19; *Dreier/Bauer* Art. 51 GG Rz. 24; *von Mangold/Klein/Starck/Korioth* Art. 51 GG Rz. 21; *Degenhart* StaatsR I Rz. 656; *Renner* in NJW **2003**, 332; *Risse* in DVBl 2003, 390). Wie gesehen, kann man da aber auch anderer Auffassung sein (vgl. dazu dann auch *Stern* StaatsR II § 27 III 2; *Jarass/Pieroth* Art. 51 GG Rz. 6; BK/*Schöbener* Art. 51 GG Rz. 87).

Ach ja: Das ***Zuwanderungsgesetz***, das durch die Entscheidung des Bundesverfassungsgerichts aus dem Dezember 2002 ja gescheitert war (siehe oben), trat zum **1. Januar 2005** in geänderter Fassung dann doch noch in Kraft. Vorher hatte es der Bundesrat allerdings im Juni 2003 noch ein zweites Mal abgelehnt, weil die rot-grüne Regierung unter *Gerhard Schröder* es nach der Bundesverfassungsgerichtsentscheidung komplett wortgleich noch mal durch den Bundestag gebracht und dem Bundesrat erneut vorgelegt hatte. Erst nach Einschaltung des Vermittlungsausschusses (vgl. Art. 77 Abs. 2 GG) wurde das nunmehr inhaltlich geänderte Gesetz am 1. Juli 2004 vom Bundestag beschlossen. Der Bundesrat stimmte dann letztlich am 9. Juli 2004 zu. Ende gut, alles gut.

Gutachten

Es ist zu prüfen, ob das Zuwanderungsgesetz wirksam nach den Vorschriften des GG zustande gekommen ist.

Das Zuwanderungsgesetz ist dann formal ordnungsgemäß nach dem GG zustande gekommen, wenn die Regelungen zur Gesetzgebungskompetenz sowie die verfassungsrechtlichen Bestimmungen zum Gesetzgebungsverfahren ordnungsgemäß eingehalten wurden.

I. Der Bund hat vorliegend das Zuwanderungsgesetz (ZWG) erlassen. Fraglich ist zunächst, ob eine entsprechende Zuständigkeit zum Erlass des ZWG vorliegt.

1.) Der Bund müsste die Gesetzgebungskompetenz zum Erlass des ZWG gehabt haben. Gemäß Art. 30 GG in Verbindung mit Art. 70 Abs. 1 GG gibt es eine grundsätzliche und generelle Kompetenzvermutung zugunsten der Länder. Es gilt dabei das sogenannte Regel-Ausnahme-Verhältnis, wonach der Bund immer nur dann gesetzgeberisch tätig werden darf, wenn ihm das Grundgesetz eine entsprechende Kompetenz ausdrücklich zuweist. Andernfalls haben die Länder die Kompetenz zur Gesetzgebung.

Vorliegend haben Bundestag und Bundesrat über das Gesetz abgestimmt, es muss also auch der Bund explizit für die Einführung des ZWG zuständig gewesen sein, um die erforderliche Gesetzgebungskompetenz bejahen zu können. Wenn das ZWG unter eine der in Art. 73 Abs. 1 GG aufgezählten Regelungsmaterien der ausschließlichen Gesetzgebung fällt, wäre die Zuständigkeit des Bundes zu bejahen.

Vorliegend geht es indes um das Aufenthalts- und Niederlassungsrecht der Ausländer. Dies findet sich in Art. 73 Abs. 1 GG nicht wieder. In Art. 73 Abs. 1 Nr. 3 GG ist lediglich die Rede von Ein- und Auswanderung und von der Auslieferung. Das Aufenthalts- und Niederlassungsrecht ist davon nicht erfasst.

Zwischenergebnis: Eine ausschließliche Gesetzgebungskompetenz des Bundes für die Themenbereiche des ZWG besteht nicht.

2.) Die konkurrierende Gesetzgebungskompetenz richtet sich nach den Art. 72 und 74 GG. Gemäß der Definition des Art. 72 Abs. 1 GG haben die Länder die Befugnis zur Gesetzgebung, solange und soweit der Bund von seiner Gesetzgebungszuständigkeit nicht durch Gesetz Gebrauch gemacht hat. In Art. 74 Abs. 1 GG werden die einzelnen Kompetenztitel explizit aufgelistet. Man unterscheidet im Rahmen der konkurrierenden Gesetzgebungskompetenz gemäß Art. 72 GG drei Kompetenzebenen: Die sogenannte Kernkompetenz gemäß Art. 72 Abs. 1 GG, die sogenannte Bedarfskompetenz gemäß Art. 72 Abs. 2 GG und die sogenannte Ausnahmekompetenz gemäß Art. 72 Abs. 3 GG

a) Die in Art. 74 Abs. 1 GG genannten Bereiche der konkurrierenden Gesetzgebung dürfen sowohl der Bund als auch die Länder gesetzlich regeln. Bund und Länder konkurrieren insoweit, allerdings hat der Bund unter bestimmten Voraussetzungen ein Vorrecht. Die in Art. 72 Abs. 1 GG gewählten Formulierungen »solange« und »soweit« markieren dabei die beiden entscheidenden Komponenten der konkurrierenden Gesetzgebung: Solange der Bundesgesetzgeber hinsichtlich eines der in Art. 74 Abs. 1 GG aufgeführten Sachgebiete noch nicht tätig geworden ist, bleibt es bei der Gesetzgebungskompetenz der Länder. Hat der Bundesgesetzgeber aber eine abschließende Regelung in einem der Sachgebiete umfassend getroffen, haben die Länder keine Gesetzgebungskompetenz mehr. Das Bundesgesetz entfaltet dann eine Sperrwirkung.

b) Im vorliegenden Fall kommt Art. 74 Abs. 1 Nr. 4 GG in Betracht, in dem das Aufenthalts- und Niederlassungsrecht für Ausländer benannt ist. Ausweislich des Art. 72 Abs. 1 GG in Verbindung mit Art. 74 Abs. 1 Nr. 4 GG fällt das ZWG somit in die konkurrierende Gesetzgebungskompetenz des Bundes. Der Bund wäre folglich hier zulässigerweise tätig geworden. Ein entsprechendes Gesetz würde zudem eine Sperrwirkung für landesrechtliche Normen entfalten.

3.) Etwas anderes könnte sich noch aus Art. 72 Abs. 2 GG ergeben. Es ist zwar soeben festgestellt worden, dass für die konkurrierende Gesetzgebung der Art. 72 Abs. 1 GG das Prinzip der Regelung festschreibt. Von dieser Regel gibt es indes gemäß Art. 72 Abs. 2 GG Ausnahmen. Es muss bei den zehn in Art. 72 Abs. 2 GG genannten Nummern bzw. Sachgebieten zusätzlich jeweils eine bundeseinheitliche Regelung aus den im Gesetz genannten Gründen erforderlich sein, wenn und soweit sie nämlich zur die Herstellung gleichwertiger Lebensverhältnisse im Bundesgebiet oder die Wahrung der Rechts- oder Wirtschaftseinheit im gesamtstaatlichen Interesse eine bundesgesetzliche Regelung nötig ist.

Die Prüfung dieser Erforderlichkeit ist bei den in Art. 72 Abs. 2 GG aufgezählten Bereichen zwingend. Der Grundgesetzgeber hat demnach bei diesen Bereichen für die Gesetzgebungszuständigkeit des Bundes eine zusätzliche Hürde eingebaut, nämlich die eben beschriebene Erforderlichkeit einer bundeseinheitlichen Regelung. Liegt diese nicht vor oder kann der Bund eine solche nicht nachweisen, liegt die Gesetzgebungszuständigkeit dann ausschließlich bei den Ländern. Der Bund muss den Bedarf einer solchen bundeseinheitlichen Regelung also nachweisen, ansonsten fallen alle Bereiche, die in Art. 72 Abs. 2 GG genannt sind, automatisch der landesrechtlichen Gesetzgebung komplett und verbindlich zu, der Bund ist insoweit außen vor.

a) Es wurde oben festgestellt, dass die Regelung im Rahmen des Zuwanderungsgesetzes zum Aufenthalts- und Niederlassungsrecht unter Art. 74 Abs. 1 Nr. 4 GG zu subsumieren ist. Da dieser Art. 74 Abs. 1 Nr. 4 GG in Art. 72 Abs. 2 GG ausdrücklich genannt wird, ist für die Gesetzgebungskompetenz des Bundes nun zusätzlich auch die Erforderlichkeit einer bundeseinheitlichen Regelung notwendig In Bezug auf diese Erforderlichkeit aus Art. 72 Abs. 2 GG hat das Bundesverfassungsgericht neben dem Gesetzeswortlaut noch weitere Prüfungspunkte entwickelt:

Die Erforderlichkeit einer bundeseinheitlichen Regelung im Sinne des Art. 72 Abs. 2 GG ist dann zu bejahen, wenn ansonsten erhebliche Beeinträchtigungen des bundesstaatlichen Sozialgefüges drohen würden oder nicht mehr hinnehmbare Probleme durch die Rechtszersplitterung zu befürchten sind oder die Funktionsfähigkeit des deutschen Wirtschaftsraums auf dem Spiel steht.

b) In Betracht kommen zum einen die Beeinträchtigung des bundesstaatlichen Sozialgefüges und zum anderen eine nicht hinnehmbare Rechtszersplitterung: Durch die Zersplitterung des Zuwanderungsgesetzes, also wenn die Länder jeweils eigene und damit voneinander abweichende Regelungen treffen würden, könnte die gleichmäßige Zuwanderung und Integration von Ausländern in das Bundesgebiet erschwert werden. Ohne eine bundeseinheitliche Regelung käme es insbesondere bei der Einreise und dem Aufenthalt von Ausländern zu massiven Beeinträchtigungen, vor allem durch drohende Ungleichbehandlungen in den einzelnen Ländern. Diese würden sich auf den länderübergreifenden Rechtsverkehr womöglich erheblich auswirken. Damit einhergehend liefe man Gefahr, dass manche Bundesländer von Einreisewilligen vollständig gemieden, andere wiederum in unverhältnismäßiger Stärke in Anspruch genommen würden.

Das bundesstaatliche Sozialgefüge könnte dadurch ins Ungleichgewicht geraten, da einzelne Länder mit hohem, andere mit niedrigem Ausländeranteil gesellschaftlich und verwaltungstechnisch umzugehen hätten. Es besteht daher ein gesamtstaatliches Interesse daran, dass die Kriterien zur Steuerung der Aufenthalts- und Niederlassungsbedingungen für Ausländer bundeseinheitlich gewährleistet werden, um einer Rechtszersplitterung und einer Gefährdung des bundesstaatlichen Sozialgefüges entgegenwirken zu können. Hierfür spricht letztlich auch, dass im ZWG bundeseinheitliche Vorschriften über das Verwaltungsverfahren zur Durchführung enthalten sind.

Zwischenergebnis: Der Bund verfügt bezüglich Aufenthalts- und Niederlassungsrecht von Ausländern über eine konkurrierende Gesetzgebungskompetenz aus den Art. 72 Abs. 2 GG in Verbindung mit Art. 74 Abs. 1 Nr. 4 GG. Der Bund hatte damit die Kompetenz zum Erlass des Zuwanderungsgesetzes.

II. Des Weiteren müsste das Gesetzgebungsverfahren den Vorschriften des GG entsprechen.

1.) Da ausweislich der Schilderung des Sachverhaltes der Bundestag bereits mit der erforderlichen Mehrheit über das ZWG abgestimmt hat, sind weitere Überlegungen dazu nicht angezeigt. Es kann namentlich davon ausgegangen werden, dass das Gesetz ordnungsgemäß eingebracht worden ist und dass die Beratung und Abstimmung im Bundestag ordnungsgemäß nach Art. 42 Abs. 2 GG in Verbindung mit den §§ 78 ff. GeschO BT durchgeführt wurden.

2.) Es stellt sich indes die Frage, ob der Bundesrat ordnungsgemäß beteiligt worden ist. Die Art der Mitwirkung des Bundesrates hängt davon ab, ob es sich um ein Einspruchs- oder ein Zustimmungsgesetz handelt. Ein Zustimmungsgesetz liegt dann vor, wenn die Zustimmungsbedürftigkeit des Bundesrates im GG ausdrücklich benannt ist. Alle anderen Gesetze sind sogenannte Einspruchsgesetze. Fraglich ist, ob es sich bei dem ZWG um ein Einspruchs- oder Zustimmungsgesetz handelt. Es finden sich im ZWG gemäß Art. 84 Abs. 1 Satz 5 GG bundeseinheitliche Vorschriften über das Verwaltungsverfahren zur Durchführung des ZWG. Für dieses Gesetz bedarf es gemäß Art. 84 Abs. 1 Satz 6 GG der Zustimmung des Bundesrats.

Zwischenergebnis: Das ZWG ist gemäß Art. 84 Abs. 1 Satz 6 GG ein zustimmungspflichtiges Gesetz mit der Folge, dass im Falle einer nicht durch den Bundesrat erteilten Zustimmung das Gesetz gescheitert ist; die Heilung einer fehlenden Zustimmung des Bundesrates ist nicht möglich.

Es ist demnach zu klären, ob der Bundesrat wirksam zugestimmt hat.

3.) Der Bundesrat muss gemäß Art. 52 Abs. 3 Satz 1 GG seine Beschlüsse mit mindestens der Mehrheit seiner Stimmen fassen. Bei insgesamt 69 Stimmen im Bundesrat ist somit eine Zustimmung von mindestens 35 Stimmen für das Gesetz erforderlich. Da ausweislich des Sachverhalts nur aufgrund der positiv gewerteten Stimmen des Landes Brandenburg die Zahl von 35 Stimmen erreicht wurde, würde das ZWG scheitern, falls die Wertung dieser Stimmen unwirksam gewesen ist. Die Stimmen des Landes Brandenburg hätten nun möglicherweise bereits deshalb nicht als Zustimmung gewertet werden dürfen, weil Art. 51 Abs. 3 Satz 2 GG fordert, dass die Stimmen eines Landes immer nur einheitlich (gleichlautend) abgegeben werden können.

Im vorliegenden Fall hat der amtierende Bundesratspräsident P das Land Brandenburg um seine Stimmen gebeten. Während M1 mit »Ja!« stimmte, hat M2 danach deutlich »Nein!« gesagt und der Ministerpräsident MP anschließend nochmal »als Ministerpräsident des Landes Brandenburg« ein »Ja!« hinterhergeschoben, woraufhin M2 schließlich »Herr Bundesratspräsident, Sie kennen ja meine Auffassung!« in den Saal gerufen hat. M3 hat sich überhaupt nicht geäußert. Angesichts dessen ist fraglich, inwieweit ein solches Vorgehen verfassungsrechtlich den Anforderungen des Art. 51 Abs. 3 GG entspricht und die Abstimmung überhaupt gewertet werden kann. Die Beantwortung dessen ist umstritten:

a) Nach einer Meinung hat das Land Brandenburg wirksam ab- und dem Gesetz damit auch zugestimmt. Dadurch, dass die Minister M1 und M2 zunächst unterschiedlich abgestimmt hatten, fehle es nämlich bereits an der wirksamen Abgabe einer Stimme. M1 und M2 hätten somit, gemessen an Art. 51 Abs. 3 Satz 2 GG, noch gar nichts Rechtserhebliches von sich gegeben.

Das wäre nur möglich gewesen bei einer einheitlichen Stimmabgabe. Die Stimmen des Landes Brandenburg seien folglich auch nicht ungültig, sondern noch gar nicht abgegeben gewesen. Und wenn Stimmen noch gar nicht abgegeben seien, könnten sie logischerweise auch nicht ungültig sein und es bliebe noch Platz und sogar die Pflicht für Nachfragen des Bundesratspräsidenten. Und dies habe der Bundesratspräsident dann getan. Auf seine Nachfrage hin habe der Ministerpräsident eindeutig und für sein Land verbindlich mit »Ja« geantwortet.

Der Nachsatz des Ministers M2 »Herr Bundesratspräsident, Sie kennen ja meine Auffassung!« sei keine gegenteilige Aussage, sondern nur noch eine Meinungsäußerung ohne rechtliche Qualität gewesen. Und schließlich habe es in der deutschen Verfassungsgeschichte bereits einen vergleichbaren Fall gegeben, nämlich in der 10. Sitzung des Bundesrates vom 19.12.1949, als der damalige Bundesratspräsident nach zwei unterschiedlichen Stimmabgaben als Ministerpräsident des betreffenden Landes Nordrhein-Westfalen selbst die entscheidende Stimme für sein Land abgab.

b) Dieser gerade genannten Auffassung kann jedoch nicht gefolgt werden. Die Abstimmung des Landes Brandenburg erfolgte nicht wirksam und demnach konnte auch keine Mehrheit im Bundesrat erreicht werden. Bereits mit der Verneinung durch M2 war das Verfahren nach Art. 51 GG abgeschlossen. Der sitzungsleitende Bundesratspräsident hatte in diesem Fall kein Recht mehr dazu, den Ministerpräsidenten des Landes Brandenburg zu befragen.

Der die Abstimmung leitende Bundesratspräsident ist zwar grundsätzlich berechtigt, bei Unklarheiten oder Irritationen im Abstimmungsverlauf mit geeigneten Maßnahmen eine Klärung der Angelegenheit herbeizuführen, insbesondere indem er auf eine wirksame Abstimmung des Landes hinwirkt. Das Recht zur Nachfrage entfällt allerdings, wenn ein einheitlicher Landeswille erkennbar nicht besteht und nach den gesamten Umständen nicht zu erwarten ist, dass ein solcher noch während der Abstimmung zustande kommen werde. Unterstellt man dennoch ein solches Recht, hätte die Nachfrage im konkreten Fall daher nicht nur an den Ministerpräsidenten, sondern auch an den abweichenden Minister erneut gestellt werden müssen. Denn die uneinheitliche Meinung des Landes Brandenburg lag offen zutage.

Der abweichende Minister hatte seine Meinung klar und unmissverständlich zum Ausdruck gebracht, in einer Rede vor der Abstimmung auch ausdrücklich und öffentlich kundgetan und sogar zum Ende der Abstimmung abermals durch die direkte Ansprache an den Ratspräsidenten geäußert. Der Ministerpräsident konnte angesichts dieser Umstände auch nicht mehr als Stimmführer des Landes Brandenburg fungieren, denn es hatte offensichtlich keine entsprechende vorherige Vereinbarung und Übereinstimmung unter den Beteiligten gegeben.

Dass dem Ministerpräsidenten nach der brandenburgischen Verfassung eine Leitungsfunktion und Richtlinienkompetenz zukommt, hindert diese Ansicht nicht, da die landesrechtlichen Kompetenzen für die Bundesratsabstimmung keine Bindungswirkung entfalten. Die Bundesländer werden von den einzelnen Regierungsmitgliedern, die das jeweilige Bundesland in den Bundesrat entsendet, vertreten. Deshalb kommt es nur auf deren Stimmverhalten an und nicht auf das des Landes, etwa alleine vertreten durch den Ministerpräsidenten.

Es kann und soll jedes Landesregierungsmitglied, das in den Bundesrat entsandt worden ist, die Stimmen für das Bundesland abgeben. Der Bundesratspräsident nimmt somit die Stimme eines einzelnen Bundesratsmitglieds als Stimmabgabe für das ganze Land entgegen, sofern nicht ein anderes Mitglied des jeweiligen Landes abweichend abstimmt. Eine festgelegte Stimmführerschaft wird damit abgelehnt, da dem Stimmführer jederzeit von einem anderen Bundesratsmitglieds desselben Landes widersprochen werden kann.

Zwischenergebnis: Die widersprüchliche Stimmabgabe der Minister M1 und M2 beim erstmaligen Aufruf des Landes Brandenburg führten im konkreten Fall bereits zu einer uneinheitlichen Stimmabgabe. Dies hat der Bundesratspräsident P auch zutreffend festgestellt. Die gezielte Rückfrage des Bundesratspräsidenten nur an den Ministerpräsidenten des Landes Brandenburg wäre anschließend nur dann gerechtfertigt gewesen, wenn der Ministerpräsident sich in der Abstimmung über die Stimmabgabe durch die anderen Bundesratsmitglieder des Landes hätte hinwegsetzen dürfen.

Dies ist allerdings nicht der Fall, da der Ministerpräsident zwar Inhaber einer landesrechtlichen Richtlinienkompetenz ist, aber keine bundesverfassungsrechtlich herausgehobene Stellung hat, die es ihm erlauben würde, einen Abstimmungsdissens anderer anwesender Mitglieder allein durch seine deutliche Willensäußerung zu überstimmen. Etwas anders gilt nur dann, wenn es eine vorherige, einvernehmliche Absprache unter den Beteiligten im Hinblick auf eine Stimmführerschaft gegeben hat, die hier aber offensichtlich fehlte. Die damit vorliegende, unterschiedliche Stimmabgabe des Landes Brandenburg konnte folglich auch nicht (mehr) als Zustimmung gewertet werden, sie führt vielmehr zur Ungültigkeit aller Stimmen des Landes.

Ergebnis: Die Stimmen des Landes Brandenburg sind mangels einheitlicher Stimmabgabe nicht gültig, sodass der Bundesrat auch nicht mit der erforderlichen Mehrheit dem Gesetzesbeschluss zum ZWG zugestimmt hat. Das ZWG verstößt infolgedessen gegen Art. 78 GG und ist demzufolge – trotz anschließender Gegenzeichnung, Ausfertigung und Verkündung im Bundesgesetzblatt – nicht verfassungsgemäß zustande gekommen und damit nichtig.

Fall 15

Wer den Papst beleidigt, …

25 strenggläubige Bundestagsabgeordnete der CDU/CSU-Fraktion möchten den katholischen Glauben in Deutschland unter besonderen Schutz stellen. Hierzu soll das Strafgesetzbuch (StGB) um folgenden § 185a ergänzt werden:

»Wer einen katholischen Geistlichen beleidigt, wird mit Geld- oder mit Freiheitsstrafe bis zu fünf Jahren bestraft.«

Diesen Gesetzesentwurf leiten die 25 Abgeordneten dem Deutschen Bundestag, der aktuell aus 630 Abgeordneten besteht, zur Beratung und Abstimmung zu. Überraschenderweise erzielt der Entwurf dann sowohl im Bundestag als auch anschließend im Bundesrat eine deutliche Mehrheit. Nachdem die Kanzlerin das Gesetz gegengezeichnet hat, landet es schließlich beim Bundespräsidenten (P), der es ausfertigen soll. Der P hat allerdings Zweifel: Zum einen meint er, das Gesetzgebungsverfahren sei nicht rechtmäßig durchlaufen worden, da 25 Abgeordnete gar keine Eingabe machen dürften. Im Übrigen sieht P in dem Gesetz einen Verstoß gegen den im Grundgesetz verankerten Gleichheitsgrundsatz, da ja nur die katholischen Geistlichen besonders geschützt werden sollen. Und schließlich hält P das Gesetz auch für politisch verfehlt, weil damit ein falsches Zeichen im Hinblick auf die religiöse Vielfalt in Deutschland gesetzt werde. P möchte daher die Ausfertigung des Gesetzes verweigern.

Darf er?

Schwerpunkt: Das Prüfungsrecht des Bundespräsidenten.

Lösungsweg

Achtung: Hier kommt ein Klassiker, und zwar ***der*** Klassiker schlechthin im deutschen Staatsorganisationsrecht. Jeder fertige Jurist hat sich in seiner Ausbildung garantiert mindestens einmal mit dem »**Prüfungsrecht des Bundespräsidenten**« beschäftigen müssen – sei es in einer universitären Klausur oder Hausarbeit, im Staatsexamen oder spätestens im Referendariat. Irgendwann erwischt es jeden, versprochen.

Wir wollen und müssen uns das Ganze deshalb hier natürlich auch ansehen und beginnen unsere Überlegungen ausnahmsweise in quasi umgekehrter Richtung: Da oben steht als Fallfrage ja die Formulierung, ob der P die Ausfertigung des Gesetzes verweigern ***darf*** – passiert ist das in unserem Fall also noch nicht. Wir wollen nun für den Einstieg einfach mal im Geiste schon einen Schritt weitergehen und uns vorstellen bzw. fragen, was denn wohl passieren würde, wenn der Bundespräsident das, also die Verweigerung der Ausfertigung des Gesetzes, bereits vollzogen hätte? **Also**: Der Bundespräsident hat sich offiziell geweigert, das Gesetz auszufertigen. **Problem**: Was passiert jetzt eigentlich mit dem Gesetz? Und vor allem: ***Wer*** könnte jetzt ***was*** tun, um einen solchen Zustand noch zu ändern/korrigieren?

> **Ansatz**: Gemäß **Art. 82 Abs. 1 Satz 1 GG** werden die nach dem Grundgesetz zustande gekommenen Gesetze vom Bundespräsidenten nach Gegenzeichnung ausgefertigt und im Bundesgesetzblatt verkündet. Die sogenannte »**Gegenzeichnung**« ist der Ausfertigung zeitlich vorgelagert (»***nach*** *Gegenzeichnung*«) und richtet sich nach **Art. 58 Satz 1 GG**: Demnach bedürfen Anordnungen und Verfügungen des Bundespräsidenten, wozu auch die Ausfertigung von Gesetzen gehört, zur ihrer Gültigkeit der Gegenzeichnung durch den Kanzler oder den zuständigen Bundesminister (BK/*Maurer* Art. 82 GG Rz. 58). Anschließend kommt dann erst der Bundespräsident ins Spiel, der das Gesetz noch »ausfertigen« muss. »Ausfertigen« im Sinne des Art. 82 GG bedeutet, dass der Bundespräsident die Urschrift des Gesetzes mit seinem Namen unterschreibt (*Jarass/Pieroth* Art. 82 GG Rz. 2). Im Anschluss an diese Ausfertigung wird das Gesetz dann im ***Bundesgesetzblatt*** verkündet. Damit ist es rechtlich zwar existent, allerdings noch nicht in Kraft, also auch noch nicht rechtsverbindlich (BVerfGE **62**, 343). Die Rechtsverbindlichkeit regelt sich schließlich nach **Art. 82 Abs. 2 GG**: Demnach beinhaltet das Gesetz entweder selbst eine Regelung über sein Inkrafttreten (etwa: »*Dieses Gesetz tritt am 1. Januar 2015 in Kraft*« oder auch »*Dieses Gesetz tritt am Tage seiner Verkündung in Kraft*«) oder aber es tritt gemäß **Art. 82 Abs. 2 Satz 2 GG** 14 Tage nach der Ausgabe des Bundesgesetzblattes in Kraft, in dem das Gesetz verkündet worden ist. Erst mit dem Akt bzw. dem Tag des Inkrafttretens entfaltet das Gesetz die in ihm geregelten Rechtswirkungen nach außen. Eine Verkündung des Gesetzes ohne Ausfertigung des Bundespräsidenten oder ohne Gegenzeichnung des Kanzlers ist übrigens zwingend unwirksam und kann auch nicht nachträglich geheilt werden. Ein solches Gesetz entfaltet ***keine*** Rechtswirkungen nach außen (*Dreier/Bauer* Art. 82 GG Rz. 25; *Jarass/Pieroth* Art. 82 GG Rz. 5).

So. Und mit diesem Wissen im Kopf können wir jetzt schon mal sagen, dass bei einer verweigerten Ausfertigung des Gesetzes seitens des Bundespräsidenten alle übrigen Beteiligten des Gesetzgebungsverfahrens ziemlich doof aussehen, denn faktisch war ja alles umsonst, **weil**: Das Gesetz entfaltet ohne Ausfertigung des Bundespräsidenten definitiv ***keine*** Rechtswirkungen (siehe oben). **Aber**: Um sich gegen eine solche Verweigerung zu wehren, hat der Gesetzgeber den Beteiligten am Gesetzgebungsverfahren einen Rechtsbehelf zur Verfügung gestellt. Wir lesen bitte **Art. 93 Abs. 1 Nr. 1 GG** und schlagen anschließend bitte den wortgleichen **§ 13 Nr. 5 BVerfGG** (Bundesverfassungsgerichtsgesetz) auf. Und danach ***lesen*** wir bitte noch den **§ 63 BVerfGG**.

Das dort beschriebene Verfahren nennt man »**Organstreitverfahren**«. Antragsteller und Antragsgegner dieses Organstreitverfahrens können gemäß § 63 BVerfGG (gelesen?) sein: Der ***Bundespräsident***, der ***Bundestag***, der ***Bundesrat***, die ***Bundesregierung*** und die im GG oder in der Geschäftsordnung des Bundestages oder des Bundesrates mit eigenen Rechten ausgestatteten Teile dieser Organe, also zum Beispiel auch eine einzelne ***Fraktion*** oder auch der ***Bundeskanzler***. Und es entscheidet niemand Geringeres als das Bundesverfassungsgericht selbst.

> **Folge**: Weigert sich der Bundespräsident, ein von Bundestag und Bundesrat beschlossenes Gesetz auszufertigen, können sowohl der Bundesrat als auch der Bundestag (oder auch einzelne Teile bzw. Gruppierungen davon) oder auch der Bundeskanzler hiergegen im Wege des ***Organstreitverfahrens*** vorgehen mit dem Argument, der Bundespräsident als oberstes Bundesorgan habe seine Pflicht verletzt, das betreffende Gesetz auszufertigen, **denn**: In **Art. 93 Abs. 1 Nr. 1 GG/§ 13 Nr. 5 BVerfGG** steht ja ausdrücklich drin, dass das Bundesverfassungsgericht »... *über den Umfang von Rechten und Pflichten eines obersten Bundesorgans* ...« entscheidet. Und dazu gehört auch und gerade die Frage, ob ein Bundespräsident die Ausfertigung eines Gesetzes verweigern darf (*von Münch/Kunig/Meyer* Art. 93 GG Rz. 30; *Degenhart* StaatsR Rz. 750). Stellt das BVerfG anschließend fest, dass der Bundespräsident nicht berechtigt war, die Ausfertigung des Gesetzes zu verweigern, spricht es gemäß **§ 67 BVerfGG** (aufschlagen!) ein entsprechendes Urteil aus. Im günstigsten Fall fertigt der Bundespräsident danach das Gesetz aus. Weigert er sich aber immer noch, kommt die ganz große Keule: In diesem Fall nämlich kann gemäß **Art. 61 Abs. 1 GG** in Verbindung mit den **§§ 13 Nr. 4, 49 ff. BVerfGG** die sogenannte »Präsidentenanklage« erhoben werden. Gemäß **Art. 61 Abs. 2 Satz 2 GG** in Verbindung mit **§ 53 BVerfGG** kann das BVerfG im Wege der einstweiligen Anordnung dann die »Verhinderung des Ausübung des Amtes« des Bundespräsidenten aussprechen mit der Folge, dass gemäß **Art. 57 GG** der Stellvertreter des Bundespräsidenten, und zwar der Präsident des Bundesrates, zum Zuge kommt und das Gesetz ausfertigen kann. Was für eine Aktion!

Eben. Und deshalb wollen wir uns hier an dieser Stelle auch wieder schön ausklinken (Vertiefung zum ***Organstreitverfahren*** gibt's weiter unten im Buch im 7. Abschnitt), an den Anfang des Falles zurückgehen und uns fragen, ob denn unser P die Ausfertigung des neuen § 185a StGB überhaupt verweigern darf. Damit arbeiten wir also im ***Vorfeld*** des ganzen Spektakels, das wir gerade aufgezeigt haben und wissen jetzt immerhin, was dem Bundespräsidenten alles passieren kann, wenn er die Ausfertigung (zu Unrecht) verweigert. Unsere Fall-Frage von oben zielt demnach bei genauer Betrachtung darauf ab zu prüfen, wie ein mögliches ***Organstreitverfahren*** ausgehen würde, sollte der Bundespräsident sich hier am Ende tatsächlich weigern, das Gesetz zum Schutz der katholischen Geistlichen auszufertigen. Kapiert?

Prima, dann merken wir uns bitte **Folgendes**: Ein nach **Art. 78 GG** zustande gekommenes Bundesgesetz wird gemäß **Art. 82 GG** erst dann wirksam und rechtsverbindlich, wenn nach erfolgreicher Abstimmung im Bundestag und im Bundesrat eine ***Gegenzeichnung*** seitens des Kanzlers (oder des zuständigen Bundesministers) erfolgt, der Bundespräsident das Gesetz danach ***ausfertigt*** (= unterzeichnet) und es schließlich im ***Bundesgesetzblatt*** verkündet wird. Das Grundgesetz gibt den gerade genannten Beteiligten am Gesetzgebungsverfahren den Rechtsbehelf des sogenannten ***Organstreitverfahrens*** gemäß **Art. 93 Abs. 1 Nr. 1 GG** (→ §§ 13

Nr. 5, 63 ff. BVerfGG) an die Hand. Im Rahmen dieses Organstreitverfahrens können die Beteiligten gemäß den **§§ 63 ff. BVerfGG** prüfen lassen, ob das Gesetzgebungsverfahren ordnungsgemäß abgelaufen ist oder aber ob einer der Beteiligten ein ihm dabei zustehendes Recht oder eine Pflicht aus dem Grundgesetz verletzt hat.

Zum Fall: Hier bei uns stellt sich die Frage, ob der Bundespräsident als oberstes Bundesorgan und Beteiligter des Gesetzgebungsverfahrens eine Pflicht oder ein Recht verletzen würde, wenn er die Ausfertigung des Gesetzes tatsächlich verweigert. Und das hängt natürlich davon ab, ob dem Bundespräsidenten im Hinblick auf die Ausfertigung des Gesetzes ein »**Prüfungsrecht**« zusteht, er also die Ausfertigung verweigern darf, wenn er das Gesetz oder das bisherige Gesetzgebungsverfahren für verfassungswidrig hält.

Lösung: Nach allgemeiner Meinung unterscheidet man bei dieser Frage zwischen einem »**formellen**« und einem »**materiellen**« Prüfungsrecht:

I. Das »formelle« Prüfungsrecht des Bundespräsidenten

Die ganz herrschende Auffassung in der Wissenschaft – das Bundesverfassungsgericht hat über diese Frage bis heute noch nicht entscheiden müssen – spricht dem Bundespräsidenten das Recht zu, vor der Ausfertigung des Gesetzes zu prüfen, ob auch die verfahrensmäßigen Voraussetzungen beim Zustandekommen des Gesetzes eingehalten worden sind (*Jarass/Pieroth* Art. 82 GG Rz. 3; *von Münch/Kunig/Bryde* Art. 82 GG Rz. 3; *Schmidt-Bleibtreu/Hofman/Hopfauf/Sannwald* Art. 82 GG Rz. 16; *Degenhart* StaatsR I Rz. 712; *Dreier/Bauer* Art. 82 GG Rz. 12; *Ipsen* StaatsR I Rz. 488; *Kahl/Benner* in Jura 2005, 869; *Grupp* in JA 1998, 671; *Epping* in JZ 1991, 1102). Dieses ***formelle*** Prüfungsrecht des Bundespräsidenten leitet man zum einen aus dem ***Gesetzeswortlaut*** des Art. 82 Abs. 1 GG ab, wo es nämlich heißt, dass der Bundespräsident »*... die nach den Vorschriften dieses Grundgesetzes zustande gekommenen Gesetze ...*« ausfertigt. Der Bundespräsident kann und soll demnach erst prüfen, ob die ***Vorschriften des Grundgesetzes*** beim Zustandekommen des jeweiligen Gesetzes auch eingehalten worden sind. Andernfalls kann und muss er die Ausfertigung verweigern (*Dreier/Bauer* Art. 82 GG Rz. 12). Aus diesem Prüfungsrecht soll daher sogar eine ***Prüfungspflicht*** in formeller Hinsicht erwachsen (*Dreier/Bauer* Art. 82 GG Rz. 12; *Degenhart* StaatsR I Rz. 712; *Schnapp* in JuS 1995, 286; *Hederich* in ZG 1999, 123; zweifelnd insoweit *Schmidt-Bleibtreu/Hofman/Hopfauf/Sannwald* Art. 82 GG Rz. 18). Im Übrigen stützt diese Ansicht sich auch auf die Stellung des Bundespräsidenten im laufenden Gesetzgebungsverfahren: Der Bundespräsident schließt mit seiner Ausfertigung den gesamten Vorgang des Gesetzgebungsverfahrens ab und kann daher aus dieser Position sinnvoll bewerten, ob das bisherige Verfahren ordnungsgemäß durchgeführt worden ist (*Jarass/Pieroth* Art. 82 GG Rz. 3; *von Münch/Kunig/Bryde* Art. 82 GG Rz. 3). Erst der Bundespräsident kann am Ende des Verfahrens logischerweise kontrollieren und beurteilen, ob die vorherigen Beschlussfassungen im Bundestag und Bundesrat sowie das im Übrigen erforderliche Prozedere der Gesetzgebung ordnungsgemäß durchgeführt wurden. Daher steht ihm insoweit auch ein Prüfungsrecht zu (*Dreier/Bauer* Art. 82 GG Rz. 12).

ZE.: Dem Bundespräsidenten steht deshalb nach ganz herrschender Meinung das Recht und auch die Pflicht zu, das ordnungsgemäße Zustandekommen eines Gesetzes nach den Vorschriften des Grundgesetzes zu prüfen (sogenanntes »**formelles Prüfungsrecht**«). Hält er das Gesetz für formell verfassungswidrig, kann er die Ausfertigung demnach verweigern.

Zum Fall: Unser Bundespräsident P ist unter anderem der Meinung, dass 25 Abgeordnete nicht befugt seien, einen Gesetzesentwurf in den Bundestag einzubringen. Dies betrifft eindeutig den ***formellen*** Teil des Gesetzes, denn es geht, wie wir aus Fall Nr. 13 schon wissen, um **Art. 76 Abs. 1 GG** (aufschlagen!) sowie den **§ 76 GeschO BT** und die Frage, wer überhaupt berechtigt ist, Gesetzesvorlagen in das Gesetzgebungsverfahren zu leiten. Im vorliegenden Fall kommt insoweit nur die Formulierung »**aus der Mitte des Bundestages**« aus Art. 76 Abs. 1 GG in Betracht. Unser P hält diese Voraussetzung bei den 25 Abgeordneten für nicht gegeben. Sollte P mit seiner Auffassung Recht haben, könnte er bereits aus dieser Erwägung die Ausfertigung des Gesetzes verweigern.

Die Frage, ***wer*** unter den Begriff »**aus der Mitte des Bundestages**« fällt und demnach ein Gesetz gemäß Art. 76 Abs. 1 GG in den Bundestag einbringen darf, haben wir bereits in Fall 13 geklärt (siehe dort). Kurze Wiederholung, es gab ***zwei*** Meinungen zu diesem Problem:

- Nach einer Auffassung sprechen die unbestimmte Formulierung in Art. 76 Abs. 1 GG und der Bedarf nach einer konkreteren Bezeichnung dafür, den **§ 76 Geschäftsordnung des Bundestages (GeschO BT)** heranzuziehen, wonach mindestens **5 %** der Abgeordneten (in unserem Fall wären das 32 von 630 Abgeordneten) erforderlich sind, um einen Gesetzesentwurf einzubringen (*Bryde/von Münch/Kunig* Art. 76 GG Rz. 13; *Sachs/Mann* Art. 76 GG Rz. 10; *Epping/Hillgruber/Dietlein* Art. 76 GG Rz. 7). Eine solche Regelung garantiere, dass der Bundestag nicht mit einer Unzahl von Gesetzesinitiativen von einzelnen Abgeordneten oder kleinen Gruppen bombardiert und damit unter Umständen handlungsunfähig gemacht wird (*von Münch/Kunig/Bryde* Art. 76 GG Rz. 13; *Maurer* StaatsR § 17 Rz. 62; *Jarass/Pieroth* Art. 76 GG Rz. 2). Eine ***Einschränkung*** soll freilich gelten: Sofern der Bundestag über ein Gesetz positiv abstimmt, obwohl es von weniger als 5 % der Abgeordneten eingebracht wurde, wird dieses Gesetz gleichwohl gültig, da es sich die Mehrheit des Bundestages durch die positive Abstimmung nachträglich zu eigen gemacht hat. Die nachträgliche Billigung des Gesetzes heilt dann den Makel beim Einleitungsverfahren (*Jarass/Pieroth* Art. 76 GG Rz. 2; *Degenhart* StaatsR I Rz. 195;

Frenzel in JuS 2010, 119; *Schmidt-Bleibtreu/Hofmann/Hopfauf/Sannwald* Art. 76 GG Rz. 38; *Zippelius/Würtenberger* StaatsR § 45 Rz. 52).

- Nach anderer Ansicht soll es eine Quotenregelung beim Einbringen von Gesetzen nicht geben und somit auch weniger als 5 % der Abgeordneten berechtigt sein, ein Gesetz in den Bundestag zu leiten. Der Wortlaut »aus der Mitte des Bundestages« in Art. 76 GG erfasse auch die Gesetzesinitiative einzelner oder einer geringen Anzahl von Abgeordneten. Dies folge aus dem Wortlaut des **Art. 82 Abs. 1 Satz 1 GG**, der bezüglich des Zustandekommens von Gesetzen ausdrücklich auf die Vorschriften des ***Grundgesetzes*** verweist und nicht auf andere Normen (also auch nicht die GeschO BT). Die Behauptung, es bestünde die Gefahr einer möglichen Beeinträchtigung der Funktionsfähigkeit des Parlaments, wenn auch einzelne Abgeordnete oder kleine Gruppen einen Gesetzesentwurf einbringen dürften, ließe sich zudem objektiv nicht belegen. Diese Praxis habe in diversen Landtagen, wie etwa dem bayerischen, dem brandenburgischen, im Saarland und in Schleswig-Holstein keine Schwierigkeiten erbracht. Des Weiteren schränke § 76 GeschO BT das in Art. 38 GG garantierte freie Mandat der Abgeordneten ein und bedürfe daher einer verfassungsrechtlichen Rechtfertigung, die aber nicht vorliege und auch nicht aus Art. 76 GG gelesen oder gefolgert werden kann (*Maunz/Dürig/Kersten* Art. 76 GG Rz. 48; *Degenhart* StaatsR I Rz. 195; *Schmidt/Jortzig/Schürmann* Art. 76 GG Rz. 118; *Nolte/Tams* in Jura 2003, 158; *Elicker* in JA 2005, 513; *Ossenbühl* in HStR V § 102 Rz. 25; *Dreier/Brosius-Gersdorf* Art. 76 GG Rz. 18).

Zum Fall: Unser Bundespräsident favorisiert offensichtlich die oben zuerst genannte Meinung und will daher die Ausfertigung – dann scheinbar auch zu Recht – verweigern. **Aber**: Bei genauer Betrachtung wäre das vorliegende Gesetz zum Schutz der katholischen Geistlichen auch nach dieser Auffassung wirksam zustande gekommen, **denn**: Zwar haben mit den 25 Abgeordneten tatsächlich nur **3,96 %** der Bundestagsabgeordneten (25 von 630 Abgeordnete = 3,96 %) den Gesetzesentwurf eingebracht im Sinne des Art. 76 Abs. 1 GG. Allerdings hat das Gesetz ausweislich der Schilderung des Sachverhaltes anschließend sowohl im Bundestag als auch im Bundesrat auf Anhieb eine ***deutliche Mehrheit*** erhalten. Damit aber greift die Einschränkung der ersten Ansicht ein (siehe dort), wonach sich der Bundestag ein eigentlich unter Verstoß gegen § 76 GeschO BT eingebrachtes Gesetz (also von weniger als 5 % der Abgeordneten eingebracht) durch die ***positive mehrheitliche*** Abstimmung nachträglich zu eigen macht und das Gesetz damit trotzdem wirksam werden kann (vgl. *Jarass/Pieroth* Art. 76 GG Rz. 2; *Degenhart* StaatsR I Rz. 195; *Frenzel* in JuS 2010, 119; *Schmidt-Bleibtreu/Hofmann/Hopfauf/Sannwald* Art. 76 GG Rz. 38; *Zippelius/Würtenberger* StaatsR § 45 Rz. 52).

ZE.: Unser P darf die Ausfertigung nicht mit dem Argument verweigern, es liege ein Verstoß gegen Art. 76 Abs. 1 GG vor, da die 25 Abgeordneten nicht berechtigt gewesen seien, das Gesetz in den Bundestag zu leiten. Der Bundestag hat sich mit der positiven Abstimmung das Gesetz nachträglich zueigen gemacht und damit den »Makel« im Einleitungsverfahren geheilt.

II. Das »materielle« Prüfungsrecht des Bundespräsidenten

Im Hinblick auf das ***materielle*** Prüfungsrecht des Bundespräsidenten ist der Meinungsstand nun leider nicht ganz so übersichtlich und einheitlich wie gerade eben beim formellen Prüfungsrecht gesehen. Um uns an das Problem heranzutasten, schauen wir uns am besten zunächst mal an, was der Begriff des »materiellen Prüfungsrechts« eigentlich bedeutet:

> **Definition**: Das ***materielle*** Prüfungsrecht behandelt die Frage, inwieweit der Bundespräsident im Zuge der Ausfertigung eines Gesetzes befugt ist, das infrage stehende Gesetz auf seine Vereinbarkeit mit materiellen Verfassungsnormen, also insbesondere den Grundrechten und den tragenden Verfassungsprinzipien zu überprüfen – und inwieweit ihm dann das Recht zusteht, die Ausfertigung insoweit zu verweigern (*Dreier/Bauer* Art. 82 GG Rz. 13).

Also: Anders als beim vergleichsweise unkomplizierten *formellen* Prüfungsrecht (siehe oben), stellt sich hier die Frage, ob der Bundespräsident tatsächlich eine umfassende ***materiell-rechtliche*** Prüfung vornehmen darf und soll (immer vorausgesetzt natürlich, er ist dazu überhaupt imstande), um anschließend über die materielle Verfassungsmäßigkeit eines Gesetzes zu urteilen. In unserem Fall meint der P ja dann auch, das Gesetz verletze den ***Gleichheitsgrundsatz*** (Art. 3 GG) und rügt demnach konkret die Verletzung von ***Grundrechten***.

Der Meinungsstand in der Wissenschaft zum materiellen Prüfungsrecht stellt sich wie folgt dar:

- Nach einer Ansicht soll dem Bundespräsidenten ein solches materielles Prüfungsrecht ***nicht*** zustehen (AK-GG/*Ramsauer* Art. 82 GG Rz. 16; *Sachs/Lücke,* 3. Auflage, Art. 82 GG Rz. 3; *Borysiak/Fleury* in JuS 1993, L 81; *Friesenhahn* in FS *Leibholz,* Seite 679; *Kunig* in Jura 1994, 217; *Kilian* in JuS 1988, L 33 (L 36); *Erichsen* in Jura 1985, 424; *Friauf* in FS für *Carstens* Band 2, Seite 545). Als Hauptargument führt diese Meinung den **Art. 93 Abs. 1 Nr. 2 GG** und das dort verankerte Monopol des BVerfG an, über die sachliche Vereinbarkeit eines Gesetzes mit dem Grundgesetz zu urteilen. Das GG habe mit dieser Regelung klargemacht, wer alleine über die Verfassungsmäßigkeit eines Gesetzes zu befinden habe. Dem Bundespräsidenten könne demnach ein solches Recht nicht auch noch zugesprochen werden (*Erichsen* in Jura 1985, 424). **Kritik**: Dem könnte man freilich entgegenhalten, dass der Bundespräsident hier das Inkrafttreten eines Gesetzes verhindern würde, während der Art. 93

Abs. 1 Nr. 2 GG die Kontrolle eines bereits bestehenden Gesetzes behandelt. Im Übrigen kann die unterlassene Ausfertigung durch den Bundespräsidenten im Wege des Organstreitverfahrens letztlich doch zum BVerfG gelangen (vgl. etwa *Lehngut* in DÖV 1992, 439).

- Nach anderer, überwiegender Auffassung im Schrifttum soll dem Bundespräsidenten neben dem formellen auch ein ***materielles*** Prüfungsrecht zustehen mit der Konsequenz, dass er die Ausfertigung verweigern darf, wenn er das Gesetz für materiell verfassungswidrig hält (*von Münch/Kunig/Bryde* Art. 82 GG Rz. 6; *Jarass/Pieroth* Art. 82 GG Rz. 3; BK/*Maurer* Art. 82 GG Rz. 50; *Schmidt-Bleibtreu/Hofmann/Hopfauf/Sannwald* Art. 82 GG Rz. *16; Maunz/Dürig* Art. 82 GG Rz. 2; *Dreier/Bauer* Art. 82 GG Rz. 13; *Maurer* StaatsR § 17 Rz. 86; *Degenhart* StaatsR I Rz. 713; *Epping* in JZ 1991, 1102). Die Begründungen hierfür variieren allerdings und führen im Hinblick auf den ***Umfang*** dieses materiellen Prüfungsrechts zudem zu unterschiedlichen Ergebnissen: ***Einig*** ist man sich zunächst jedenfalls darin, dass neben dem formellen grundsätzlich auch ein materielles Prüfungsrecht des Bundespräsidenten besteht, der Bundespräsident also kein Gesetz unterschreiben muss, das er für verfassungswidrig hält. Ansonsten muss man aber sehr genau hinschauen: So taugt der Hinweis auf den ***Amtseid*** des Bundespräsidenten aus **Art. 56 Abs. 1 GG** (aufschlagen, bitte) nicht als Argument, **denn**: Die Verpflichtung, »*... das Grundgesetz zu wahren und zu verteidigen ...*« bindet den Bundespräsidenten natürlich nur innerhalb seiner tatsächlich bestehenden Befugnisse. Hier, bei der Frage nach einem möglichen materiellen Prüfungsrecht, geht es aber gerade um die Frage, ***welche*** Befugnisse dem Bundespräsidenten überhaupt zustehen. *Degenhart* bezeichnet dieses Argument daher auch zutreffend als ***Zirkelschluss*** (*Degenhart* StaatsR I Rz. 713). Des Weiteren führt ein Vergleich mit der Weimarer Reichsverfassung (WRV), dem Vorgänger des Grundgesetzes, ebenfalls nicht weiter: In der WRV stand dem Reichspräsidenten zwar ein umfassendes Prüfungsrecht von Gesetzen zu. Obwohl das GG in seinem **Art. 82 GG** nun den früheren **Art. 70 WRV** nahezu wortgleich übernahm, kann gleichwohl nicht auf die identische Bedeutung geschlossen werden. Unstreitig wollte das GG nämlich die allumfassende Macht des Reichspräsidenten aus der Weimarer Zeit gerade ***nicht*** auf den Bundespräsidenten des GG übertragen, da genau diese Macht den Weg zur Machtergreifung durch die Nationalsozialisten und Hitler ebnete (*Epping* in JZ 1991, 1102).

Der zutreffende Ansatz liegt vielmehr in **Art. 1 Abs. 3 GG** in Verbindung mit **Art. 20 Abs. 3 GG**: Demnach sind ***alle*** Verfassungsorgane, also auch der Bundespräsident, umfassend an die Verfassung gebunden und dürfen daher logischerweise auch nur Rechtshandlungen vornehmen, die mit dem Grundgesetz zu vereinbaren sind (*Dreier/Bauer* Art. 82 GG Rz. 13). Die Ausfertigung eines verfassungswidrigen Gesetzes steht diesem in Art. 1 Abs. 3 GG und Art. 20 Abs. 3 GG verankerten Prinzip aber entgegen. Der Bundespräsident muss daher nach überwiegender Meinung in der Wissenschaft kein Gesetz unterzeichnen, von dem er meint, es entspreche nicht dem GG (*Jarass/Pieroth* Art. 82 GG Rz. 3; *Dreier/Bauer* Art. 82 GG Rz. 13; BK/*Maurer* Art. 82 GG Rz. 50; *Schmidt-Bleibtreu/Hofmann/Hopfauf/Sannwald* Art. 82 GG Rz. 16; *Maunz/Dürig* Art. 82 GG Rz. 2). Inwiefern der Bundespräsident nun aber tatsächlich jedes Gesetz quasi einer vollumfänglichen verfassungsrechtlichen Prüfung unterziehen darf und soll, wird innerhalb dieser Auffassung noch unterschiedlich beurteilt: Ein Teil ist der Meinung, das Recht des Bundespräsidenten sei in der Tat ***vollumfänglich*** und an keine Grenzen gebunden; der Bundespräsident könne demnach das Gesetz in Bezug auf jeden möglichen Verfassungsverstoß hin untersuchen und entsprechend die Ausfertigung verweigern (*Schmidt-Bleibtreu/Hofmann/Hopfauf/Sannwald* Art. 82 GG Rz. 16; *Maunz/Dürig* Art. 82 GG Rz. 2; *Sachs/Nierhaus* Art. 82 GG Rz. 18; *Schoch* in JZ 2008, 209; *Lutze* in NVwZ 2003, 323).

- Dieses unbeschränkte, materielle Prüfungsrecht des Bundespräsidenten wird von einer letzten, und zwar einer vermittelnden Ansicht noch wie folgt modifiziert: Da der Bundespräsident im Rahmen des gesamten Gesetzgebungsverfahrens am Ende steht und dort vom Grundgesetz einen mit der Ausfertigung in Form einer Unterzeichnung nur vergleichsweise geringen »Auftrag« erhalten hat, spricht diese Verteilung und der Grundsatz der ***Gewaltenteilung*** dafür, dem Bundespräsidenten nur bei sogenannten »**evidenten bzw. offenkundigen Verstößen**« ein materielles Prüfungsrecht zuzubilligen (*Degenhart* StaatsR I Rz. 715; *Jarass/Pieroth* Art. 82 GG Rz. 3; *von Münch/Kunig/Bryde* Art. 82 GG Rz. 5; *Dreier/Bauer* Art. 82 GG Rz. 13). Großartig formuliert und erklärt ist dies von *Degenhart* in seinem Staatsrechtslehrbuch, wo es bei Randziffer 715/716 unter anderem heißt:

  »... Zwar ist der Bundespräsident aus Art. 1 Abs. 3 GG und Art. 20 Abs. 3 GG an die Verfassung gebunden – und dies spricht auch eindeutig für ein materielles Prüfungsrecht. Aber auch der Bundestag und der Bundesrat sind aus den genannten Verfassungsnormen entsprechend verpflichtet, die verfassungsmäßige Ordnung zu wahren. Mit der Verabschiedung eines Gesetzes bekundet der Bundestag, dass das Gesetz seiner Ansicht nach der Verfassung entspricht. Sofern der Bundepräsident anderer Meinung ist, stellt sich nun eine Kompetenzfrage, auf wessen Meinung es nach dem GG letztlich ankommen soll. Insoweit greifen jetzt aber die Aspekte der ***Gewaltenteilung*** *ein: Demnach ist für den Inhalt eines Gesetzes primär der demokratisch legitimierte Gesetzgeber, also der* ***Bundestag****, verantwortlich. Seine Bewertung der Verfassungsmäßigkeit eines Gesetzes genießt daher Vorrang. Nur wenn die Einschätzung des Bundestages* ***offensichtlich fehlsam*** *ist, darf der Bundespräsident durchgreifen. Dem Bundespräsidenten ist nämlich nicht zuzumuten, bei klar evidenten Verfassungsverstößen durch die Ausfertigung des Gesetzes diesen Verstoß auch noch zu billigen ...«*

Konsequenz: Der Bundespräsident ist berechtigt, ein Gesetz auch materiell zu überprüfen, da er als oberstes Staatsorgan natürlich auch an die Verfassung gebunden ist. Aufgrund der Kompetenzverteilung zwischen dem Bundestag als demokratisch legitimiertem Gesetzgeber einerseits und dem Bundespräsidenten als Staatsoberhaupt andererseits, spricht aber die Vermutung zugunsten des Bundestages, dass das beschlossene Gesetz auch inhaltlich verfassungsgemäß ist. Nur bei evidenten Verstößen gegen die Verfassung darf der Bundespräsident einschreiten, den Bundestag als Gesetzgeber mit seiner Einschätzung quasi »überstimmen« und die Ausfertigung des Gesetzes verweigern (*Degenhart* StaatsR I Rz. 715; *Jarass/Pieroth* Art. 82 GG Rz. 3; *von Münch/Kunig/Bryde* Art. 82 GG Rz. 5; *Dreier/Bauer* Art. 82 GG Rz. 13; *Epping* in JZ 1991, 1102).

Klausur- bzw. Hausarbeitstipp: Welcher Meinung man sich anschließt, ist wie immer im besten Sinne des Wortes »gleichgültig«, wenn die Argumentation stimmt. Sowohl aus klausurtaktischen Gründen als auch aus argumentativer Sicht erscheint es freilich sinnvoll, einer der beiden zuletzt genannten Ansichten den Vorzug zu gewähren. Zum einen ist andernfalls die Klausur/Hausarbeit relativ schnell zu Ende. Zum anderen lässt sich das (Haupt-)Argument der ersten Meinung vergleichsweise leicht wegbügeln (siehe oben). Wie man den ganzen Streit dann ausf Papier bringt, also die Meinungen und Argumente sinnvoll gegeneinander abwägt und zu einem schlüssigen Ergebnis kommt, steht gleich im Anschluss im ausformulierten ***Gutachten*** – nachlesen schadet vermutlich nicht.

Zum Fall: Wir wollen hier mal – ohne Wertung – der ***vermittelnden Ansicht*** folgen und somit annehmen, dem Bundespräsident steht ein materielles Prüfungsrecht nur bei ***evidenten Verstößen*** gegen die Verfassung zu.

Problem: Verstößt unser § 185a StGB ***evident*** gegen die Verfassung?

Lösung: Geschmackssache! Das Bundesverfassungsgericht hat im Jahre 1955 entschieden (→ BVerfGE **4**, 352), dass der § 188 StGB (bitte das StGB mal aufschlagen), der den besonderen Schutz von ***Politikern*** vor übler Nachrede und vor Verleumdungen regelt, deshalb ***nicht*** gegen den Gleichheitssatzgrundsatz des Art. 3 GG verstößt, weil zum einen zur einfachen Nachrede (§ 186 StGB) oder Verleumdung (§ 187 StGB) in dem neuen § 188 StGB noch weitere Tatbestandsvoraussetzungen hinzugekommen sind – die Tat muss unter anderem »*… geeignet sein, das öffentliche Wirken des Politikers erheblich zu erschweren …*« – und weil die Ungleichbehandlung von Politikern hier von einem ***sachlichen Grund*** gedeckt sei: Das politische Wirken sei nämlich in einer (damals noch jungen!) Demokratie förderungswürdig und müsse vor unsachlicher Kritik und Verleumdung geschützt sein (BVerfGE **4**, 352, 356). Das Gericht hat im Umkehrschluss aber auch festgestellt, dass der Gleichheitssatz demgegenüber dann verletzt wäre, wenn man einfach nur eine einzelne Personengruppe herausnimmt, pauschal und ohne Hinzutreten besonderer Umstände unter besonderen Schutz stellt und dafür zudem keinen sachlichen Grund erkennbar macht.

In unserem Fall mit den katholischen Geistlichen wäre aber ***genau das*** der Fall. Die katholischen Geistlichen werden vom Gesetzgeber herausgenommen und ohne sachlich nachvollziehbaren Grund und ohne – im Vergleich zur einfachen Beleidigung gemäß § 185 StGB – zusätzliche Voraussetzungen unter besonderen Schutz gestellt (vgl. auch die neutral gefassten §§ 166 und 167 StGB). Unser Gesetz würde damit nach der Entscheidung des Bundesverfassungsgerichts gegen Art. 3 GG verstoßen und wäre folglich ***materiell verfassungswidrig***.

Frage: Ist diese materielle Verfassungswidrigkeit aber auch »**evident**« (nur dann darf der Bundespräsident ja die Ausfertigung verweigern)?

Antwort: Angesichts der Tatsache, dass das Bundesverfassungsgericht schon vor mehr als 50 Jahren eine klare Regelung darüber ausgegeben hat, wann die Bevorzugung einer einzelnen Personengruppe im strafrechtlichen Bereich verfassungsrechtlich zulässig ist und wann nicht, sprechen die besseren Argumente ***für*** eine ***evidente*** Verfassungswidrigkeit unseres Gesetzes zum Schutz der katholischen Geistlichen.

ZE.: Der neue § 185a StGB verstößt nach hier vertretener Meinung ***evident*** gegen den in Art. 3 GG normierten Gleichheitssatz. Und demnach dürfte unser Bundespräsident P die Ausfertigung des Gesetzes unter Verweis auf einen ***evidenten*** Verstoß gegen Art. 3 GG verweigern.

III. Das »politische« Prüfungsrecht des Bundespräsidenten

Ganz zum Schluss und der Vollständigkeit wegen noch ein paar Sätze zu der Frage, ob ein Bundespräsident sich beim Gesetzgebungsverfahren auch politisch »einmischen« und Gesetze insoweit ablehnen darf. Unser P will die Ausfertigung ja auch deshalb verweigern, weil er das Gesetz für politisch verfehlt hält und damit ein falsches Zeichen im Hinblick auf die religiöse Vielfalt in Deutschland gesetzt werde. Die Antwort auf die Frage, ob dem Bundespräsidenten ein solches ***politisches*** Prüfungsrecht zusteht, lautet vollkommen unstreitig und ebenso eindeutig:

Nein!

Merke: Dem Bundespräsidenten steht bei der Ausfertigung eines Gesetzes ***kein*** politisches Prüfungsrecht zu. Es ist ihm insbesondere untersagt, irgendwelche politischen Zweckmäßigkeitsüberlegungen anzustellen und diese dann zur Verweigerung der Ausfertigung anzuführen. Hierin läge ein ***unzulässiger Eingriff*** in die politische Staatsleitung des Parlaments (wörtlich so: *Degenhart* StaatsR I Rz. 716; vgl. auch *Dreier/Bauer* Art. 82 GG Rz. 12; *von Münch/Kunig/Bryde* Art. 82 GG Rz. 2; *Maurer* StaatsR § 17 Rz. 86; *Hesse* VerfassungsR Rz. 666; *Stern* StaatsR II, Seite 234).

Ergebnis: Bundespräsident P ist nach hier verfolgter Meinung berechtigt, die Ausfertigung des Gesetzes zu verweigern, da er auch zur materiellen Prüfung des Gesetzes berechtigt ist, diese Berechtigung sich zwar nur auf ***evidente*** Verstöße beschränkt (siehe oben), der vorliegende § 185a StGB aber tatsächlich ***evident*** (offenkundig) gegen den Gleichheitsgrundsatz aus Art. 3 GG verstößt. Seine sonstigen Argumente, insbesondere seine politischen Bedenken, bleiben hingegen unberücksichtigt.

Nachtrag: Das Recht des Bundespräsidenten auf »politische Einmischung«

Wir haben gerade zum Schluss des Falles gesehen, dass der Bundespräsident unstreitig kein »politisches Prüfungsrecht« im Hinblick auf die Ausfertigung von Gesetzen hat. Das geht ihn, wie wir jetzt wissen, nichts an – und deshalb darf er sich da insoweit auch nicht einmischen. Ein ganz anderes Problem stellt sich freilich, wenn der Bundespräsident auf sonstige Weise ins politische Tagesgeschäft einsteigen möchte.

Frage: Darf er das überhaupt? Und vor allem: Darf er öffentlich Partei zugunsten oder auch zulasten eines bestimmten politischen Lagers ergreifen?

Das Bundesverfassungsgericht hat im **Juni 2014** anhand eines pikanten Falles hierzu umfassend Stellung genommen und interessante Regeln zum Recht des Bundespräsidenten auf »politische Einmischung« ausgesprochen. Die Entscheidung wollen wir uns deshalb hier zur Abrundung noch kurz ansehen – **Folgendes** hatte sich ereignet: Bundespräsident *Joachim Gauck* nahm kurz vor der Bundestagswahl im Sommer 2013 an einer Gesprächsrunde mit einigen Hundert Berufsschülern in einem Schulzentrum in *Berlin-Kreuzberg* teil. Die Diskussion ging hoch her, und irgendwann fragte eine Schülerin Herrn *Gauck*, wie er denn zu den Aufmärschen der NPD (→ »Nationaldemokratische Partei Deutschlands«) vor einem Asylbewerberheim in *Berlin-Hellersdorf* und den zahlreichen Demonstranten stehe, die sich gegen die NPD und deren rechtslastigen Ansichten wenden würden. Immerhin, so die Schülerin weiter, bestünde durch die NPD die Gefahr, dass rechtsgerichtete Politik in Deutschland wieder vermehrt Zulauf erhalte und die Lehren aus dem Grauen des Nationalsozialismus in Vergessenheit gerieten. Herr *Gauck* überlegte einen Augenblick und sagte dann unter anderem das hier:

»*... Ich teile Ihre Meinung. Wir brauchen in Deutschland Bürger, die auf die Straße gehen und den Spinnern ihre Grenzen aufzeigen. Ich bin stolz, Präsident eines Landes zu sein, in dem die Bürger ihre Demokratie verteidigen ... Und dazu fordere ich Sie hiermit auf! ...*«

Hiergegen erhob die NPD umgehend Klage vor dem Bundesverfassungsgericht und trug vor, der Bundespräsident dürfe sich – insbesondere vor Wahlen – nicht in politische Vorgänge einmischen, sondern sei als oberstes Staatsorgan immer zur ***parteipolitischen Neutralität*** verpflichtet. »Warnungen« vor bestimmten politischen Lagern seitens des Bundespräsidenten seien aus diesem Grund eine grobe Verletzung dieser Neutralitätspflicht sowie der durch Art. 21 Abs. 1 GG garantierten Chancengleichheit aller Parteien. Die Äußerungen des Bundespräsidenten verstießen im konkreten Fall zudem gegen das Gebot der Sachlichkeit; der Ausdruck »**Spinner**« stelle namentlich eine unzulässige Schmähkritik dar und sei deshalb in jedem Falle verfassungswidrig.

Irrtum! Das Bundesverfassungsgericht wies die Klage der NPD ab. Dem Bundespräsidenten stehe zwar im Rahmen des Gesetzgebungsverfahrens unstreitig keinerlei politisches Recht zur Einmischung zu, dies gelte aber keinesfalls für sein sonstiges Wirken und Handeln. Wörtlich (BVerfG NVwZ **2014**, 1156 = EuGRZ **2014**, 451):

»… Der Bundespräsident hat neben der Wahrnehmung der ihm durch die Verfassung zugewiesenen Befugnisse insbesondere die Aufgabe, im Sinne der Integration des Gemeinwesens zu wirken. Wie der Bundespräsident diese Aufgabe wahrnimmt, entscheidet der jeweilige Amtsinhaber grundsätzlich selbst; ihm kommt diesbezüglich ein ***weiter Gestaltungsspielraum*** *zu … Der Bundespräsident kann den mit dem Amt verbundenen Erwartungen nur gerecht werden, wenn er auf gesellschaftliche Entwicklungen und allgemeinpolitische Herausforderungen entsprechend seiner persönlichen Einschätzung eingehen kann und dabei in der Wahl der Themen ebenso frei ist wie in der Entscheidung über die jeweils angemessene Kommunikationsform … Inwieweit er sich dabei am verfassungsrechtlichen Leitbild eines ›neutralen Bundespräsidenten‹ orientiert, unterliegt grundsätzlich keiner verfassungsrechtlichen Überprüfung und wird von jedem Amtsinhaber selbst entschieden …*

… Es obliegt dem Bundespräsidenten, im Interesse der Wahrung und Förderung des Gemeinwesens das ***Wort*** *zu* ***ergreifen*** *und die Öffentlichkeit durch seine Beiträge auf von ihm identifizierte Missstände und Fehlentwicklungen – insbesondere solche, die den Zusammenhalt der Bürger und das friedliche Zusammenleben aller Einwohner gefährden – aufmerksam zu machen sowie um Engagement bei deren Beseitigung zu werben. Gehen die Risiken und die Gefahren für das Gemeinwesen nach Einschätzung des Bundespräsidenten von einer bestimmten politischen Partei aus, ist er* ***nicht*** *gehindert, die von ihm erkannten Zusammenhänge zum Gegenstand seiner öffentlichen Äußerungen zu machen. Äußerungen des Bundespräsidenten sind dabei verfassungsrechtlich nicht zu beanstanden, solange sie erkennbar einem* ***Gemeinwohlziel*** *verpflichtet und nicht auf die Ausgrenzung oder Begünstigung einer Partei um ihrer selbst willen angelegt sind …*

… Der Bundespräsident ist nicht gehindert, sein Anliegen in ***zugespitzter Wortwahl*** *vorzubringen. Mit der Repräsentations- und Integrationsaufgabe des Bundespräsidenten nicht mehr im Einklang stehen nur Äußerungen, die keinen Beitrag zur sachlichen Auseinandersetzung liefern, sondern ausgrenzend wirken, wie dies grundsätzlich bei beleidigenden, insbesondere solchen Äußerungen der Fall sein wird, die in anderen Zusammenhängen als ›Schmähkritik‹ qualifiziert werden … Davon kann hier jedoch nicht ausgegangen werden. Die Verwendung des Wortes ›*__*Spinner*__*‹ in Bezug auf die Mitglieder und Anhänger der NPD ist im konkreten Fall verfassungsrechtlich unbedenklich. Der Bundespräsident hat damit zwar ein negatives Werturteil abgegeben, das isoliert betrachtet durchaus als diffamierend empfunden werden und auf eine unsachliche Ausgrenzung hindeuten kann. Hier indes dient, wie sich aus dem Zusammenhang der Äußerungen des Bundespräsidenten ergibt, die Bezeichnung als ›Spinner‹als Sammelbegriff für Menschen, die die Geschichte nicht verstanden haben und, unbeeindruckt von den verheerenden Folgen des Nationalsozialismus, rechtsradikale und antidemokratische Überzeugungen vertreten. Die mit der Bezeichnung als ›Spinner‹ vorgenommene Zuspitzung sollte den Berufsschülern nicht nur die Unbelehrbarkeit der so Angesprochenen verdeutlichen, sondern auch*

hervorheben, dass sie ihre Ideologie vergeblich durchzusetzen hofften, wenn die Bürger ihnen ›ihre Grenzen aufweisen‹. Indem der Bundespräsident, anknüpfend an die aus der Unrechtsherrschaft des Nationalsozialismus zu ziehenden Lehren, zu bürgerschaftlichem Engagement gegenüber politischen Ansichten, von denen seiner Auffassung nach Gefahren für die freiheitliche demokratische Grundordnung ausgehen und die er von der NPD vertreten sieht, aufgerufen hat, hat er für die dem Grundgesetz entsprechende Form der Auseinandersetzung mit solchen Ansichten geworben und damit die ihm von Verfassungs wegen gesetzten Grenzen negativer öffentlicher Äußerungen über politische Parteien ***nicht*** *überschritten …«*

Merke: Der Bundespräsident ist bei seinen öffentlichen Äußerungen über bestimmte politische Vorgänge oder Parteien grundsätzlich frei. Sowohl das Thema als auch die konkrete Art der Äußerung unterliegen keiner verfassungsrechtlichen Einschränkung, jedenfalls soweit erkennbar ist, dass die Äußerungen dem Allgemeinwohl/Gemeinwesen gewidmet sind und im günstigsten Fall auch dienen. Wie und ob der Bundespräsident sich dabei an das verfassungsrechtliche Leitbild eines »**neutralen Staatsorberhauptes**« hält, liegt allein und ausschließlich in ***seinem*** Befinden. **Aber**: Der Bundespräsident darf bei seinen Äußerungen gleichwohl nicht beleidigende Formulierungen wählen, die ohne erkennbaren Zusammenhang bleiben und lediglich diffamieren sollen, die sogenannte »Schmähkritik« wäre unzulässig (BVerfG NVwZ **2014**, 115).

Da das Gericht im vorliegenden Fall einen das Gemeinwesen betreffenden Zusammenhang sah (siehe oben), durfte der Bundespräsident somit die NPD und ihre Anhänger auch als »Spinner« bezeichnen (BVerfG NVwZ **2014**, 115).

Das Allerletzte: Diese Regel gilt übrigens nach zwei weiteren Urteilen des Bundesverfassungsgerichts aus dem Dezember 2014 und dem November 2015 nicht für die Mitglieder der **Bundesregierung**. Die Bundesregierung übe – anders als der Bundespräsident, dem lediglich die **Repräsentationsaufgaben** im Staat zukommen – als oberstes Bundesorgan klassische Staatsleitungsfunktionen aus und müsse daher bei diesen Tätigkeiten immer streng neutral bleiben. Ein Minister bzw. eine Ministerin dürfe demzufolge – jedenfalls in der Funktion als Regierungsmitglied – öffentlich nicht negativ über andere Parteien sprechen (BVerfG NVwZ-RR **2016**, 241; BVerfG DÖV **2015**, 436). Handele ein Minister hingegen »**nur**« als Mitglied seiner jeweiligen Partei und nicht auch in seiner Funktion als Minister, könne das Ganze unter Umständen anders beurteilt werden, denn Parteimitglieder dürfen fraglos über andere Parteien öffentlich ablästern. In einem Fall hatte die Ministerin für Familie, Jugend usw., Frau *Manuela Schwesig,* in einem Interview für die *Thüringische Landeszeitung* ebenfalls deftig gegen die NPD abgeledert. Das Bundesverfassungsgericht nahm mit durchaus erstaunlicher Begründung an, dass Frau *Schwesig* das Interview vornehmlich als Parteimitglied der SPD (→ stellvertretende Vorsitzende) und nicht als Ministerin gegeben habe – und wies auch diese Klage der NPD ab (BVerfG DÖV **2015**, 436 = EuGRZ **2015**, 83; instruktiv zum Ganzen *Krüper* in JZ 2015, 414 sowie *Maunz/*

Dürig/Herzog Art. 54 GG Rz. 88 ff.). Im zweiten Fall musste demgegenüber die Ministerin für Bildung und Forschung, Frau *Wanka*, eine Pressemitteilung aus ihrem Internetauftritt nehmen, mit der sie die AfD angegriffen hatte (»Rote Karte für die AFD!«). Das BVerfG erklärte im einstweiligen Rechtsschutzverfahren, es sei nicht auszuschließen, dass die Ministerin *Wanka* das Recht der AfD auf Chancengleichheit im politischen Wettbewerb durch Nutzung von Ressourcen ihres Ministeriums verletzt habe (BVerfG NVwZ-RR **2016**, 241).

Gutachten

Es ist zu prüfen, ob P die Ausfertigung des Gesetzes verweigern darf.

In der Weigerung könnte ein Verstoß gegen Art. 82 Abs. 1 GG liegen. Gemäß Art. 82 Abs. 1 Satz 1 GG werden die nach dem Grundgesetz zustande gekommenen Gesetze vom Bundespräsidenten nach Gegenzeichnung ausgefertigt und im Bundesgesetzblatt verkündet. Es stellt sich die Frage, ob der Bundespräsident eine Pflicht oder ein Recht verletzen würde, wenn er die Ausfertigung des Gesetzes verweigert. Das wiederum hängt davon ab, ob dem Bundespräsidenten im Hinblick auf die Ausfertigung des Gesetzes ein Prüfungsrecht zusteht, er also die Ausfertigung verweigern darf, wenn er das Gesetz oder das bisherige Gesetzgebungsverfahren für verfassungswidrig hält.

I. Nach allgemeiner Meinung unterscheidet man bei dieser Frage zwischen einem formellen und einem materiellen Prüfungsrecht:

1.) Die ganz herrschende Auffassung in der Wissenschaft spricht dem Bundespräsidenten das Recht zu, vor der Ausfertigung des Gesetzes zu prüfen, ob auch die verfahrensmäßigen Voraussetzungen beim Zustandekommen des Gesetzes eingehalten worden sind. Dieses sogenannte formelle Prüfungsrecht des Bundespräsidenten leitet man zum einen aus dem Gesetzeswortlaut des Art. 82 Abs. 1 GG ab, wo es nämlich heißt, dass der Bundespräsident »... die nach den Vorschriften dieses Grundgesetzes zustande gekommenen Gesetze ...« ausfertigt.

Der Bundespräsident kann und soll demnach erst prüfen, ob die Vorschriften des Grundgesetzes beim Zustandekommen des jeweiligen Gesetzes auch eingehalten worden sind. Andernfalls kann und muss er die Ausfertigung verweigern. Aus diesem Prüfungsrecht erwächst daher sogar eine Prüfungspflicht in formeller Hinsicht. Im Übrigen stützt diese Ansicht sich auch auf die Stellung des Bundespräsidenten im laufenden Gesetzgebungsverfahren: Der Bundespräsident schließt mit seiner Ausfertigung den gesamten Vorgang des Gesetzgebungsverfahrens ab und kann daher aus dieser Position sinnvoll bewerten, ob das bisherige Verfahren ordnungsgemäß durchgeführt worden ist. Erst der Bundespräsident kann am Ende des Verfahrens logischerweise kontrollieren und beurteilen, ob die vorherigen Beschlussfassungen im Bundestag und Bundesrat sowie das im Übrigen erforderliche Prozedere der Gesetzgebung ordnungsgemäß durchgeführt wurden. Daher steht ihm insoweit auch ein Prüfungsrecht zu.

Zwischenergebnis: Dem Bundespräsidenten stehen das Recht und auch die Pflicht zu, das ordnungsgemäße Zustandekommen eines Gesetzes nach den Vorschriften des Grundgesetzes zu prüfen. Hält er das Gesetz für formell verfassungswidrig, kann er die Ausfertigung demnach verweigern.

2.) Bundespräsident P ist unter anderem der Meinung, dass 25 Abgeordnete nicht befugt seien, einen Gesetzesentwurf in den Bundestag einzubringen. Dies betrifft den formellen Teil des Gesetzes, es geht um Art. 76 Abs. 1 GG sowie den § 76 GeschO BT und die Frage, wer überhaupt berechtigt ist, Gesetzesvorlagen in das Gesetzgebungsverfahren zu leiten. Im vorliegenden Fall kommt insoweit nur die Formulierung »aus der Mitte des Bundestages« aus Art. 76 Abs. 1 GG in Betracht. P hält diese Voraussetzung bei den 25 Abgeordneten für nicht gegeben. Sollte P mit seiner Auffassung Recht haben, könnte er bereits aus dieser Erwägung die Ausfertigung des Gesetzes verweigern. Die Frage, wer unter den Begriff »aus der Mitte des Bundestages« fällt und demnach ein Gesetz gemäß Art. 76 Abs. 1 GG in den Bundestag einbringen darf, wird unterschiedlich beurteilt:

a) Nach einer Auffassung sprechen die unbestimmte Formulierung in Art. 76 Abs. 1 GG und der Bedarf nach einer konkreteren Bezeichnung dafür, den § 76 der Geschäftsordnung des Bundestages (GeschO BT) heranzuziehen, wonach mindestens 5 % der Abgeordneten erforderlich sind, um einen Gesetzesentwurf einzubringen. Eine solche Regelung garantiere, dass der Bundestag nicht mit einer Unzahl von Gesetzesinitiativen von einzelnen Abgeordneten oder kleinen Gruppen bombardiert und damit unter Umständen handlungsunfähig gemacht wird. Eine Einschränkung soll freilich gelten: Sofern der Bundestag über ein Gesetz positiv abstimmt, obwohl es von weniger als 5 % der Abgeordneten eingebracht wurde, wird dieses Gesetz gleichwohl gültig, da es sich die Mehrheit des Bundestages durch die positive Abstimmung nachträglich zu eigen gemacht hat. Die nachträgliche Billigung des Gesetzes heilt dann den Makel beim Einleitungsverfahren.

b) Nach anderer Ansicht soll es eine Quotenregelung beim Einbringen von Gesetzen nicht geben und somit auch weniger als 5 % der Abgeordneten berechtigt sein, ein Gesetz in den Bundestag zu leiten. Der Wortlaut »aus der Mitte des Bundestages« in Art. 76 GG erfasse auch die Gesetzesinitiative einzelner oder einer geringen Anzahl von Abgeordneten. Dies folge aus dem Wortlaut des Art. 82 Abs. 1 Satz 1 GG, der bezüglich des Zustandekommens von Gesetzen ausdrücklich auf die Vorschriften des Grundgesetzes verweist und nicht auf andere Normen, also auch nicht die GeschO BT. Die Behauptung, es bestünde die Gefahr einer möglichen Beeinträchtigung der Funktionsfähigkeit des Parlaments, wenn auch einzelne Abgeordnete oder kleine Gruppen einen Gesetzesentwurf einbringen dürften, ließe sich zudem objektiv nicht belegen. Diese Praxis habe in diversen Landtagen, wie etwa dem bayrischen, dem brandenburgischen, im Saarland und in Schleswig-Holstein keine Schwierigkeiten erbracht. Des Weiteren schränke § 76 GeschO BT das in Art. 38 GG garantierte freie Mandat der Abgeordneten ein und bedürfe daher einer verfassungsrechtlichen Rechtfertigung, die aber nicht vorliege und auch nicht aus Art. 76 GG gelesen oder gefolgert werden könne.

c) Bundespräsident P favorisiert augenscheinlich die oben zuerst genannte Meinung und will daher die Ausfertigung verweigern. Bei genauer Betrachtung wäre das vorliegende Gesetz zum Schutz der katholischen Geistlichen allerdings auch nach dieser Auffassung wirksam zustande gekommen. Zwar haben mit den 25 Abgeordneten tatsächlich nur 3,96 % der Bundestagsabgeordneten den Gesetzesentwurf eingebracht im Sinne des Art. 76 Abs. 1 GG. Allerdings hat das Gesetz ausweislich der Schilderung des Sachverhaltes anschließend sowohl im Bundestag als auch im Bundesrat auf Anhieb eine deutliche Mehrheit erhalten. Damit aber greift die Einschränkung der ersten Ansicht ein, wonach sich der Bundestag ein eigentlich unter Verstoß gegen § 76 GeschO BT eingebrachtes Gesetz, also von weniger als 5 % der Abgeordneten eingebracht, durch die positive mehrheitliche Abstimmung nachträglich zu eigen macht und das Gesetz damit trotzdem wirksam werden kann.

Zwischenergebnis: P darf die Ausfertigung nicht mit dem Argument verweigern, es liege ein Verstoß gegen Art. 76 Abs. 1 GG vor, da die 25 Abgeordneten nicht berechtigt gewesen seien, das Gesetz in den Bundestag zu leiten. Der Bundestag hat sich mit der positiven Abstimmung das Gesetz nachträglich zu eigen gemacht und damit den »Makel« im Einleitungsverfahren geheilt. Nach beiden dargestellten Ansichten wäre das Gesetz also formal verfassungsgemäß zustande gekommen.

II. Die Weigerung des P könnte indessen verfassungsrechtlich gerechtfertigt sein, sofern ihm ein materielles Prüfungsrecht bei der Ausfertigung eines Gesetzes zusteht. Das materielle Prüfungsrecht behandelt dabei die Frage, inwieweit der Bundespräsident im Zuge der Ausfertigung eines Gesetzes befugt ist, das infrage stehende Gesetz auf seine Vereinbarkeit mit materiellen Verfassungsnormen, also insbesondere den Grundrechten und den tragenden Verfassungsprinzipien zu überprüfen und inwieweit ihm dann das Recht zusteht, die Ausfertigung zu verweigern.

P ist der Meinung, das Gesetz verletze den Gleichheitsgrundsatz aus Art. 3 GG und rügt demnach konkret die Verletzung von Grundrechten. Inwieweit dem Bundespräsidenten ein materielles Prüfungsrecht zusteht, ist umstritten:

1.) Nach einer Ansicht soll dem Bundespräsidenten ein solches materielles Prüfungsrecht grundsätzlich nicht zukommen. Als Hauptargument führt diese Meinung den Art. 93 Abs. 1 Nr. 2 GG und das dort verankerte Monopol des Bundesverfassungsgerichts an, über die sachliche Vereinbarkeit eines Gesetzes mit dem Grundgesetz zu urteilen. Das GG habe mit dieser Regelung klargemacht, wer alleine über die Verfassungsmäßigkeit eines Gesetzes zu befinden habe. Dem Bundespräsidenten könne demnach ein solches Recht nicht auch noch zugesprochen werden. Gegen diese Auffassung spricht freilich, dass der Bundespräsident hier das Inkrafttreten eines Gesetzes verhindern würde, während der Art. 93 Abs. 1 Nr. 2 GG die Kontrolle eines bereits bestehenden Gesetzes behandelt. Im Übrigen kann die unterlassene Ausfertigung durch den Bundespräsidenten im Wege des Organstreitverfahrens letztlich doch zum BVerfG gelangen.

2.) Vorzugswürdiger scheint daher eine andere Betrachtungsweise dergestalt, dass dem Bundespräsident sehr wohl auch ein materielles Prüfungsrecht zustehen muss. Hierfür spricht allerdings nicht bereits der Amtseid des Bundespräsidenten aus Art. 56 Abs. 1 GG: Die Verpflichtung, »… das Grundgesetz zu wahren und zu verteidigen …«, bindet den Bundespräsidenten natürlich nur innerhalb seiner tatsächlich bestehenden Befugnisse. Hier, bei der Frage nach einem möglichen materiellen Prüfungsrecht, geht es aber gerade um die Frage, welche Befugnisse dem Bundespräsidenten überhaupt zustehen. Dieses Argument beinhaltet daher einen Zirkelschluss.

Des Weiteren führt auch ein Vergleich mit der Weimarer Reichsverfassung (WRV), dem Vorgänger des Grundgesetzes, ebenfalls nicht zielführend weiter: In der WRV stand dem Reichspräsidenten zwar ein umfassendes Prüfungsrecht von Gesetzen zu. Obwohl das GG in seinem Art. 82 GG den früheren Art. 70 WRV nahezu wortgleich übernahm, kann gleichwohl nicht auf die identische Bedeutung geschlossen werden. Unstreitig wollte das

GG nämlich die allumfassende Macht des Reichspräsidenten aus der Weimarer Zeit gerade nicht auf den Bundespräsidenten des GG übertragen, da genau diese Macht den Weg zur Machtergreifung durch die Nationalsozialisten und Hitler ermöglichte. Der zutreffende Ansatz zur Begründung des materiellen Prüfungsrechts liegt vielmehr in Art. 1 Abs. 3 GG in Verbindung mit Art. 20 Abs. 3 GG: Demnach sind alle Verfassungsorgane, also auch der Bundespräsident, umfassend an die Verfassung gebunden und dürfen daher logischerweise auch nur Rechtshandlungen vornehmen, die mit dem Grundgesetz zu vereinbaren sind. Die Ausfertigung eines verfassungswidrigen Gesetzes steht diesem in Art. 1 Abs. 3 GG und Art. 20 Abs. 3 GG verankerten Prinzip aber entgegen. Der Bundespräsident muss deshalb kein Gesetz unterzeichnen, von dem er meint, es entspreche nicht dem GG.

3.) Inwiefern der Bundespräsident nun tatsächlich jedes Gesetz quasi einer vollumfänglichen verfassungsrechtlichen Prüfung unterziehen darf und soll, wird innerhalb dieser Auffassung noch unterschiedlich beurteilt: Ein Teil ist der Meinung, das Recht des Bundespräsidenten sei in der Tat vollumfänglich und an keine Grenzen gebunden; der Bundespräsident könne demnach das Gesetz in Bezug auf jeden möglichen Verfassungsverstoß hin untersuchen und entsprechend die Ausfertigung verweigern.

Diese Auslegung kann indes nicht überzeugen. Das unbeschränkte, materielle Prüfungsrecht des Bundespräsidenten ist vielmehr einzugrenzen: Da der Bundespräsident im Rahmen des gesamten Gesetzgebungsverfahrens am Ende steht und dort vom Grundgesetz einen mit der Ausfertigung in Form einer Unterzeichnung nur vergleichsweise geringen Auftrag erhalten hat, spricht diese Verteilung und der Grundsatz der Gewaltenteilung dafür, dem Bundespräsidenten nur bei sogenannten evidenten bzw. offenkundigen Verstößen ein materielles Prüfungsrecht zuzubilligen. Zwar ist der Bundespräsident aus Art. 1 Abs. 3 GG und Art. 20 Abs. 3 GG an die Verfassung gebunden – und dies spricht auch eindeutig für ein materielles Prüfungsrecht.

Aber auch der Bundestag und der Bundesrat sind aus den genannten Verfassungsnormen entsprechend verpflichtet, die verfassungsmäßige Ordnung zu wahren. Mit der Verabschiedung eines Gesetzes bekundet der Bundestag, dass das Gesetz seiner Ansicht nach der Verfassung entspricht. Sofern der Bundepräsident anderer Meinung ist, stellt sich eine Kompetenzfrage, auf wessen Meinung es nach dem GG letztlich ankommen soll. Insoweit greifen nun aber die Aspekte der Gewaltenteilung ein: Demnach ist für den Inhalt eines Gesetzes primär der demokratisch legitimierte Gesetzgeber, also der Bundestag, verantwortlich. Seine Bewertung der Verfassungsmäßigkeit eines Gesetzes genießt daher Vorrang. Nur wenn die Einschätzung des Bundestages offensichtlich fehlerhaft ist, darf der Bundespräsident durchgreifen. Dem Bundespräsidenten ist nämlich nicht zuzumuten, bei klar evidenten Verfassungsverstößen durch die Ausfertigung des Gesetzes diesen Verstoß auch noch zu billigen.

Zwischenergebnis: Der Bundespräsident ist daher berechtigt, ein Gesetz auch materiell zu überprüfen, da er als oberstes Staatsorgan auch an die Verfassung gebunden ist. Aufgrund der Kompetenzverteilung zwischen dem Bundestag als demokratisch legitimiertem Gesetzgeber einerseits und dem Bundespräsidenten als Staatsoberhaupt andererseits, spricht aber die Vermutung zugunsten des Bundestages, dass das beschlossene Gesetz auch inhaltlich verfassungsgemäß ist. Nur bei evidenten Verstößen gegen die Verfassung darf der

Bundespräsident einschreiten, den Bundestag als Gesetzgeber mit seiner Einschätzung quasi überstimmen und die Ausfertigung des Gesetzes verweigern.

4.) Im vorliegenden Fall ist daher als nächstes zu prüfen, ob der hier infrage stehende § 185a StGB evident gegen die Verfassung verstößt.

Insoweit scheint Folgendes beachtlich: Das Bundesverfassungsgericht hat bereits im Jahre 1955 entschieden, dass der § 188 StGB, der den besonderen Schutz von Politikern vor übler Nachrede und vor Verleumdungen regelt, deshalb nicht gegen den Gleichheitssatzgrundsatz des Art. 3 GG verstößt, weil zum einen zur einfachen Nachrede (§ 186 StGB) oder Verleumdung (§ 187 StGB) in dem neuen § 188 StGB noch weitere Tatbestandsvoraussetzungen hinzugekommen sind: Die Tat muss unter anderem »… geeignet sein, das öffentliche Wirken des Politikers erheblich zu erschweren …« – und die Ungleichbehandlung von Politikern sei hier von einem sachlichen Grund gedeckt. Das politische Wirken sei nämlich in einer damals noch jungen Demokratie förderungswürdig und müsse vor unsachlicher Kritik und Verleumdung geschützt sein.

Das Gericht hat im Umkehrschluss aber auch festgestellt, dass der Gleichheitssatz demgegenüber dann verletzt wäre, wenn man einfach nur eine einzelne Personengruppe herausnimmt, pauschal und ohne Hinzutreten besonderer Umstände unter besonderen Schutz stellt und dafür zudem keinen sachlichen Grund erkennbar macht.

Zwischenergebnis: Im vorliegenden Fall wäre aber genau das das Ergebnis. Die katholischen Geistlichen werden vom Gesetzgeber herausgenommen und ohne sachlich nachvollziehbaren Grund und ohne – im Vergleich zur einfachen Beleidigung gemäß § 185 StGB – zusätzliche Voraussetzungen unter besonderen Schutz gestellt. Beachtlich ist insoweit auch die neutrale Fassung der §§ 166 und 167 StGB. Das vorliegende Gesetz würde nach der Entscheidung des Bundesverfassungsgerichts somit gegen Art. 3 GG verstoßen und wäre folglich materiell verfassungswidrig.

5.) Abschließend ist nun noch zu prüfen, ob diese materielle Verfassungswidrigkeit auch »evident« ist, denn nur dann darf der Bundespräsident nach der hier verfolgten Ansicht die Ausfertigung verweigern. Angesichts der Tatsache, dass das Bundesverfassungsgericht schon vor mehr als 50 Jahren eine klare Regelung darüber ausgegeben hat, wann die Bevorzugung einer einzelnen Personengruppe im strafrechtlichen Bereich verfassungsrechtlich zulässig ist und wann nicht, sprechen die besseren Argumente deutlich für eine evidente Verfassungswidrigkeit des Gesetzes zum Schutz der katholischen Geistlichen.

Zwischenergebnis: Der neue § 185a StGB verstößt nach der hier vertretenen Meinung evident gegen den in Art. 3 GG normierten Gleichheitssatz. Demnach dürfte Bundespräsident P die Ausfertigung des Gesetzes unter Verweis auf einen evidenten Verstoß gegen Art. 3 GG verweigern.

III. Schließlich ist zu prüfen, ob P auch ein politisches Prüfungsrecht zusteht, der P will die Ausfertigung ja auch deshalb verweigern, weil er das Gesetz für politisch verfehlt hält und damit ein falsches Zeichen im Hinblick auf die kulturelle Vielfalt in Deutschland gesetzt werde. Dem Bundespräsidenten steht bei der Ausfertigung eines Gesetzes indes nach allgemeiner Meinung kein politisches Prüfungsrecht zu. Es ist ihm insbesondere untersagt, irgendwelche politischen Zweckmäßigkeitsüberlegungen anzustellen und diese dann zur Verweigerung der Ausfertigung anzuführen. Hierin läge ein unzulässiger Eingriff in die politische Staatsleitung des Parlaments.

Ergebnis: Bundespräsident P ist nach hier verfolgter Meinung berechtigt, die Ausfertigung des Gesetzes zu verweigern, da er auch zur materiellen Prüfung des Gesetzes berechtigt ist, diese Berechtigung sich zwar nur auf evidente Verstöße beschränkt, der vorliegende § 185a StGB aber tatsächlich evident (offenkundig) gegen den Gleichheitsgrundsatz aus Art. 3 GG verstößt. Seine sonstigen Argumente, insbesondere seine politischen Bedenken, bleiben hingegen unberücksichtigt.

6. Abschnitt

Der Deutsche Bundestag:

Parteien, Fraktionen, Abgeordnete und die Ausschüsse

Fall 16

Schwarze Schafe bei den GRÜNEN

Der A, ein prominenter Bundestagsabgeordneter der GRÜNEN, stört sich an dem seiner Meinung nach zu ausländerfreundlichen Kurs seiner Partei. Als der Vorstand der GRÜNEN im Vorfeld der in sechs Monaten anstehenden Bundestagswahl – gemäß eines zuvor gefassten Parteitagsbeschlusses – wieder verstärkt für eine multikulturelle Gesellschaft und die Förderung junger Migranten wirbt, platzt A der Kragen: In einem Interview mit der »BILD« erklärt A, er halte dies für den komplett falschen Weg. Der Parteivorstand solle sich anstatt um die Ausländer lieber um die Atomkraft kümmern, diese müsse nämlich – entgegen dem Parteiprogramm der GRÜNEN – wieder gefördert werden. Die übrigen Parteimitglieder bezeichnet A in dem Interview als »ahnungslos verblendete Weichspüler«.

A wird daraufhin vom Parteivorstand einbestellt und ausdrücklich ermahnt, sich bei seinen öffentlichen Äußerungen zu mäßigen. Als das Thema dann in den Medien hohe Wellen schlägt und allabendlich die Talkshows füllt, in denen A seine Thesen und die Beschimpfungen der Parteimitglieder wiederholt, verschlechtern sich die Umfrageergebnisse der GRÜNEN dramatisch. Der Parteivorstand will A daher, obwohl ihm kein Verstoß gegen die Satzung der GRÜNEN vorgeworfen werden kann, aus der Partei ausschließen und ihm auch das Bundestagsmandat entziehen.

Möglich?

> **Schwerpunkte:** Die Stellung der Parteien im Grundgesetz gemäß Art. 21 GG; das freie Mandat der Abgeordneten aus Art. 38 Abs. 1 Satz 2 GG; das Spannungsverhältnis zwischen der sogenannten »Parteiendemokratie« und dem Grundsatz des freien Mandats; der Verstoß gegen politische Grundsätze oder Ordnung der Partei gemäß § 10 Abs. 4 PartG; die Gründe für den Verlust eines Bundestagsmandats.

Lösungsweg

Einstieg: So, wir wollen jetzt noch mal einen etwas genaueren Blick in den Deutschen Bundestag werfen und uns vor allem die dort vertretenen ***Parteien*** und ihre Mitglieder, also die Bundestagsabgeordneten, ansehen. Wir haben ja inzwischen gelernt, dass die Abgeordneten des Deutschen Bundestages gemäß **Art. 38 Abs. 1 GG** (aufschlagen!) nach einem bestimmten Prozedere gewählt werden und anschließend an keine Weisungen und Aufträge gebunden und nur noch ihrem Gewissen unterworfen sind. Blöderweise finden sich zu den Abgeordneten im Grundgesetz ansonsten aber keine weiteren Vorschriften oder Vorgaben, vor allem fehlt der Hinweis, inwieweit sie mit der jeweiligen Partei, für die sie im Bundestag sitzen, verbandelt sind. Das kann durchaus – wie man an unserem Fall sieht – von beachtlicher Bedeutung sein, insbesondere dann, wenn es Probleme mit der eigenen Partei gibt und die Abgeordneten aus der Parteilinie »ausscheren«. Und genau das soll dann auch Gegenstand dieses Falles sein, nämlich die Frage, welche »**Macht**« die eigene Partei gegenüber ihren im Bundestag vertretenen Mitgliedern eigentlich hat und wie sich diese Macht mit dem Status des ***freien Mandats*** der Abgeordneten aus **Art. 38 Abs. 1 GG** verträgt. Um zu kapieren, wo das rechtliche Problem dabei sitzt, müssen wir uns dann gleich als Erstes mal die Parteien und ihre Funktionen im demokratischen Gefüge unseres Landes ansehen. Haben wir das erledigt (knifflig!), erschließt sich die Stellung der Abgeordneten im Zusammenhang von Partei und Bundestag dann allerdings fast von selbst. Und ganz zum Schluss können wir logischerweise auch die Fallfragen locker beantworten, nämlich, ob unser prominenter A bei den GRÜNEN und anschließend dann auch aus dem Bundestag fliegt. Also dann:

I. Der Begriff der politischen Partei im Sinne des Art. 21 GG

1.) Verfassungsrechtlich erwähnt werden die Parteien im **II. Abschnitt** des Grundgesetzes und dort unter der Überschrift »Der Bund und die Länder« in **Art. 21 GG**. Die Demokratie der Bundesrepublik Deutschland ist nicht nur eine parlamentarische, sondern zudem auch eine sogenannte »**Parteiendemokratie**« (*Sachs/Ipsen* Art. 21 GG Rz. 14). In Art. 21 Abs. 1 Satz 1 GG steht nämlich der folgende, für das Verständnis der Parteien ziemlich wichtige Satz:

> *»Die Parteien wirken bei der politischen Willensbildung des Volkes mit.«*

Durchblick: Wenn in Art. 21 Abs. 1 Satz 1 GG von politischer Willensbildung des »**Volkes**« gesprochen wird, muss man diese Formulierung sehr genau nehmen und immer im Kontext zur politischen Willensbildung des »**Staates**« sehen (*Degenhart* StaatsR I Rz. 78): Die politische Willensbildung des Staates findet nämlich auf Bundesebene zunächst mal allein im ***Parlament/Deutschen Bundestag*** und durch die ***Bundesregierung*** statt, wohingegen das Volk seine politische Willensbildung unmittelbar nur bei den Bundestagswahlen kundtun kann, und zwar, indem es das Parlament/die Abgeordneten wählt (wichtiger Satz, bitte noch einmal lesen). Politische Willensbildung des Volkes, bei der die Parteien laut Art. 21 Abs. 1 Satz 1 GG ja mitwirken sollen, und politische Willensbildung des ***Staates***, bei der die Parteien dann offenbar nicht mehr mitwirken sollen, sind demzufolge ganz unterschiedliche Dinge.

Beachte: Das allgemeine, insbesondere durch die Medien vermittelte Verständnis täuscht über die staatsrechtliche Stellung der Parteien im Staatsgefüge hinweg. Wie gerade gesehen, wirken die Parteien nach dem ausdrücklichen Willen des GG erst mal nur bei der politischen Willensbildung des ***Volkes*** im Rahmen von Wahlen mit. Die Parteien ermöglichen also die politische Willensbildung des Volkes (→ bei Wahlen), haben aber bei der späteren politischen Willensbildung des Staates im Deutschen Bundestag nach der eigentlichen Grundidee der Verfassung diese Mitwirkungsaufgabe nicht mehr. Dort entscheiden – jedenfalls nach der Theorie des **Art. 38 Abs. 1 GG** – alleine die Abgeordneten mit bzw. nach ihrem Gewissen. **Und**: Die Parteien sind deshalb auch keine Staatsorgane und auch ***keine*** Untergliederung des Deutschen Bundestages: Der Deutsche Bundestag besteht allein aus den Bundestagsabgeordneten. Dass diese wiederum bestimmten Parteien angehören, macht die Parteien aber (noch) nicht zu Mandatsträgern. Partei und Abgeordneter müssen – streng staatsrechtlich betrachtet – immer getrennt gesehen und auch bewertet werden.

Achtung: Der gerade geschilderte Gedankengang ist enorm wichtig. Da das ***Volk*** nach unserem Demokratieverständnis gemäß **Art. 20 Abs. 2 Satz 1 GG** alleiniger Träger der Staatsgewalt sein soll und diese Staatsgewalt in unserer parlamentarischen Demokratie vor allem vom ***Deutschen Bundestag*** ausgeübt wird, muss es eine Verbindungslinie zwischen dem Volk und dem Deutschen Bundestag geben. Diese Verbindungslinie wird primär hergestellt durch ***Wahlen***, in denen die Bürger darüber entscheiden dürfen, wer denn nun im Deutschen Bundestag sitzen und dort ihre Interessen vertreten soll (zum Wahlverfahren vgl. oben Fall 6). Das Problem bei einer Wahl besteht nun aber darin, dass die Bürger ***vorher*** überhaupt mal wissen müssen, ***wen*** oder ***was*** sie denn jetzt eigentlich wählen können. Und an genau ***dieser*** Stelle steigen die politischen Parteien in den (demokratischen) Ring, **denn**: Nur in den Parteien können sich politisch interessierte Bürger vereinigen und zu »politisch aktionsfähigen Handlungseinheiten« (*Degenhart* StaatsR I Rz. 78) zusammenschließen, um so dem Volk eine Wahlalternative anzubieten. Einzelne Personen könnten dies natürlich nie leisten, und so wollten es die Mütter und Väter des Grundgesetzes auch nicht haben, wie man dem **Art. 21 Abs. 1 GG** entnehmen kann. Die Bundesrepublik Deutschland sollte eben eine »Parteidemokratie« werden (*Sachs/Ipsen* Art. 21 GG Rz. 14). Die verschiedenen Parteien sollten nach dem Willen des Grundgesetzes die unterschiedlichen politischen Auffassungen, Interessen und Neigungen der Bevölkerung aufnehmen, bündeln und anschließend öffentlich so darstellen und verkörpern, dass die Bürger sie als ihre mögliche Wahlentscheidung in Betracht ziehen und die entsprechenden, von der Partei aufgestellten Personen als Abgeordnete wählen können (*Maurer* StaatsR I § 11 Rz. 15). Ziemlich vollständig und gut lesbar beschrieben sind die Aufgaben der Parteien im »**Gesetz über die politischen Parteien**« (abgedruckt sowohl in der Beck-Textausgabe »Grundgesetz« als auch im *Sartorius*). In § 1 Abs. 2 PartG heißt es unter der Überschrift »Aufgaben der Parteien«:

> *»Die Parteien wirken an der Bildung des politischen Willens des Volkes auf allen Gebieten des öffentlichen Lebens mit, indem sie insbesondere auf die Gestaltung der öffentlichen Meinung Einfluss nehmen, die politische Bildung anregen und vertiefen, die aktive Teilnahme der Bürger am politischen Leben fördern, zur Übernahme öffentlicher Verantwortung befähigte Bürger heranbilden, sich durch Aufstellung von Bewerbern an den Wahlen in Bund, Ländern und Gemeinden beteiligen, auf die politische Entwicklung in Parlament und Regierung Einfluss nehmen, die von ihnen erarbeiteten politischen Ziele in den Prozess der staatlichen Willensbildung einführen und für eine ständige lebendige Verbindung zwischen dem Volk und den Staatsorganen sorgen.«*

Beachte: Die Parteien gehören bei genauer Betrachtung damit nicht in den staatlichen, sondern nach allgemeiner Meinung der Wissenschaftler und auch des Bundesverfassungsgerichts eher in den gesellschaftlichen Bereich, da sie ausweislich des soeben gelesenen § 1 Abs. 2 PartG hauptsächlich gesellschaftlich, und zwar im »**öffentlichen Leben**« tätig werden sollen. Gleichwohl wirkt diese gesellschaftliche Tätigkeit anschließend durch die Wahlen dann weiter auf den staatlichen Bereich ein, da die Bürger mithilfe der Parteien den Deutschen Bundestag bzw. seine Zusammensetzung bestimmen (BVerfGE **20**, 56; *Sachs/Ipsen* Art. 21 GG Rz. 9; *Degenhart* StaatsR I Rz. 78). Die Parteien besetzen mit ihrer Tätigkeit bei genauem Hinsehen eine Art ***Schnittstelle*** zwischen Staat und Gesellschaft, sie sollen ja *»für eine ständige lebendige Verbindung zwischen Volk und Staatsorganen sorgen«* (lies: § 1 Abs. 2 PartG). Das Bundesverfassungsgericht erhebt die Parteien deshalb in ständiger Rechtsprechung auch zu »**verfassungsrechtlichen Institutionen**«, das Prädikat »**Staatsorgan**« spricht ihnen das BVerfG aber ausdrücklich und logisch konsequent nicht zu (BVerfGE **41**, 399; BVerfGE **73**, 40; BVerfGE **85**, 264). Die Parteien befinden sich eben »nur« in einer besonderen ***Nähe*** zum Staat, weil sie die demokratischen Wahlen ermöglichen und die Abgeordneten für die Bundestagswahlen aufstellen. Das Bundesverfassungsgericht nennt die Parteien leicht despektierlich daher auch schon mal »**Wahlvorbereitungsorganisationen**« (BVerfGE **91**, 262, 268; darüber ausdrücklich maulend: *Sachs/Ipsen* Art. 21 GG Rz. 23).

Feinkostabteilung: Die Parteien in Deutschland sind übrigens in der Regel – mit Ausnahme der inzwischen aus dem Bundestag rausgeflogenen FDP – bis heute als ***nichtrechtsfähige Vereine*** des Bürgerlichen Rechts im Sinne der §§ 21 ff. BGB organisiert, unterliegen damit logischerweise dem **Privatrecht** und sind insbesondere keine Körperschaften des öffentlichen Rechts, da sie, wie wir seit eben wissen, ja tatsächlich nicht zum Staat gehören, auch wenn sie ihm nahestehen und das Funktionieren der parlamentarischen Demokratie erst ermöglichen und fördern (*Maunz/Dürig/Klein* Art. 21 GG Rz. 274). Die Entscheidung für den nichtrechtsfähigen Verein ist dabei historisch bedingt und hängt damit zusammen, dass ein ***rechtsfähiger*** Verein in das Vereinsregister einzutragen wäre und damit bestimmte staatliche Kontrollen und Auflagen über sich ergehen lassen müsste, die die Parteien aber vermeiden wollten. Die Parteien verstehen sich selbst immer schon als vom Staat abgekoppelte Institutionen. Deshalb: nichtrechtsfähiger Verein und damit ausschließlich dem ***Privatrecht*** zuzuordnen (*Maunz/Dürig/Klein* Art. 21 GG Rz. 274). Die FDP schert sich um diesen ganzen Kram übrigens nicht und ist deshalb ein ***rechtsfähiger*** Verein des Bürgerlichen Rechts (vgl. § 29 Abs. 1 der Bundessatzung der FDP).

Zwischenstand: Parteien haben in Deutschland die Funktion, an der politischen Willensbildung des ***Volkes*** mitzuwirken, so steht es ausdrücklich in **Art. 21 Abs. 1 Satz 1 GG** und in **§ 1 Abs. 2 PartG**. Und das geschieht so, dass sich in den Parteien politisch interessierte Bürger zusammenschließen, dort Wahl- und Parteiprogramme erarbeiten, diese der Öffentlichkeit vorstellen und den Bürgern/dem Volk damit eine mögliche Wahlentscheidung bieten oder überhaupt erst ermöglichen. Die Parteien gehören somit zwar nicht zum Staat selbst und sind auch keine Staatsorgane, befinden sich aber wegen ihrer herausgehoben wichtigen Stellung beim Zustandekommen der demokratischen Wahlen in einem besonderen Nähe-Verhältnis zum Staat. Nur durch die Existenz von Parteien kann in einem demokratischen Staat das Volk seinen politischen Willen wirksam äußern bzw. bilden. Bei der späteren politischen Willensbildung des Staates obliegt die Macht dann aber dem ***Parlament*** und seinen ***Abgeordneten***, die nach der Grundregel des **Art. 38 Abs. 1 GG** nur ihrem Gewissen unterworfen sind (Stichwort: »Grundsatz des freien Mandats«).

Beachte noch: Das, was wir da gerade gelernt haben, ist die ursprüngliche Idee des Grundgesetzes von der Funktion einer politischen Partei: Sie soll gemäß Art. 21 Abs. 1 GG und § 1 Abs. 2 PartG bei der politischen Willensbildung des ***Volkes*** im Rahmen bzw. im Vorfeld von Wahlen mitwirken. In der parlamentarischen Praxis – daher übrigens auch die durchaus andere Wahrnehmung in der Bevölkerung – steht freilich außer Frage, dass die im Bundestag vertretenen Parteien als »**Fraktionen**« (→ Zusammenschluss aller Abgeordneten einer Partei im Bundestag) auch bei der politischen Willensbildung des Staates mitwirken. Im Bundestag sitzen zwar nur die Abgeordneten, und die sind bekanntlich und ausdrücklich wegen **Art. 38 Abs. 1 Satz 2 GG** an keine Weisungen und Aufträge gebunden und nur ihrem Gewissen unterworfen. **Aber**: Selbstverständlich unterliegen die Abgeordneten nahezu ständig der sogenannten »Partei- oder Fraktionsdisziplin« und halten sich bei ihren Entscheidungen (→ Abstimmungen über Gesetzesvorhaben) in aller Regel an die Vorgaben der Parteispitze. Auf diesem Weg nehmen die Parteien also sehr wohl (massiven) Einfluss auf die politische Willensbildung des Staates. Gedacht ist dies – wie gesehen – aber eigentlich anders: Nach der Grundidee unserer Verfassung sollen die Abgeordneten staatsrechtlich »*nicht an die Partei, sondern nur an das* ***Gemeinwohl*** *gebunden sein, was im Konfliktfall dann eben auch der Partei, der der Abgeordnete angehört, entgegengesetzt werden kann und muss*« (wörtlich so bei *Sachs/Ipsen* Art. 21 GG Rz. 13; vgl. auch BK/*Badura* Art. 38 (1966) Rz. 65).

2.) Nachdem wir nun die Funktion der politischen Parteien nach der Vorstellung des Grundgesetzes kennen, wollen wir uns im zweiten Schritt mal ansehen, woran man eigentlich eine Partei erkennt, wir suchen also genau genommen nach einer ***Definiti-***

on – denn die steht interessanterweise gar nicht im GG drin, lediglich in Art. 21 Abs. 3 GG findet sich ein merkwürdiger Verweis (bitte lesen).

Diesen Verweis bezeichnet man als »**Regelungsvorbehalt**«, es sollte nämlich dem Bundesgesetzgeber *vorbehalten* bleiben, konkrete Regelungen zu den politischen Parteien in einem eigenen Gesetz zu normieren. Und dazu schlagen wir nun bitte noch mal das eben schon erwähnte ***Parteiengesetz*** (PartG) auf. In § 2 Abs. 1 Satz 1 steht:

> *»Parteien sind Vereinigungen von Bürgern, die dauernd oder für längere Zeit für den Bereich des Bundes oder eines Landes auf die politische Willensbildung Einfluss nehmen und an der Vertretung des deutschen Volkes im Deutschen Bundestag oder einem Landtag mitwirken wollen, wenn sie nach dem Gesamtbild der tatsächlichen Verhältnisse, insbesondere nach Umfang und Festigkeit ihrer Organisation, nach der Zahl ihrer Mitglieder und nach ihrem Hervortreten in der Öffentlichkeit eine ausreichende Gewähr für die Ernsthaftigkeit dieser Zielsetzung bieten.«*

Diese zugegebenermaßen elend lange und auch schwer lesbare Definition hat das BVerfG inzwischen mehrfach zerlegt, am Ende aber dann doch als festgelegten Parteienbegriff des Grundgesetzes seiner verfassungsrechtlichen Rechtsprechung zugrundegelegt – und damit das Ganze auch als verbindlich abgesegnet (BVerfGE **91**, 276, 284; BVerfGE **91**, 262, 266; BVerfGE **89**, 266, 269; BVerfGE **47**, 198, 222). Wir brauchen uns aus diesem Grund auch keine umfassenden Gedanken mehr über die Definition zu machen, wollen uns allerdings zumindest merken, dass eine Partei diese Bezeichnung nur dann verdient, wenn die folgenden ***drei*** Merkmale vorliegen (*Sachs/Ipsen* Art. 21 GG Rz. 17-20; *Bumke/Vosskuhle* VerfassungsR, Art. 21 GG):

1. Die Partei muss es sich zum Ziel machen, an ***Wahlen*** teilzunehmen, um Repräsentanten (»**Abgeordnete**«) in einer Volksvertretung, und zwar entweder im Bundestag oder in einem Landtag zu positionieren, um dort politischen Einfluss nehmen zu können.

2. Die Partei muss durch ihr politisches Programm und ihre Aktivitäten zeigen, dass sie dieses Ziel ***ernsthaft*** und ***dauerhaft*** verfolgt.

3. Die Partei muss zudem über eine klare demokratische Organisationsstruktur verfügen, um den Parteimitgliedern auf diese Art und Weise eine wesentliche Bestimmungsmacht bei der Entscheidungsfindung zukommen zu lassen.

Klausurtipp: Eine Diskussion über den Parteibegriff im Sinne des § 2 Abs. 1 Satz 1 PartG ist in einer universitären Übung nur dann nötig und angezeigt, wenn offenkundige Zweifel am Partei-Charakter einer Verbindung bestehen, weil eines oder mehrere der gerade genannten Merkmale fehlen: So sollte man etwa gut aufpassen, wenn sich eine Vereinigung nur zu ***Kommunal***- oder ***Europawahlen*** zusammenfindet oder zum Beispiel nur für zwei Jahre bestehen soll oder keine demokratische Struktur oder vielleicht nur 20 Mitglieder hat. In all diesen Fällen kann und sollte man am Parteienstatus zweifeln, denn ausweislich der Merkmale in der Definition verdienen nur Vereinigungen, die an der Vertretung des Volkes in einem ***Landtag*** oder dem ***Deutschen Bundestag*** mitwirken wollen, einen solchen Parteienstatus. Zudem müssen diese Vereinigungen – wie gesehen – auf Dauer oder für längere Zeit angelegt sein, eine feste Organisation und auch eine genügende Zahl an Mitgliedern haben. In der Wissenschaft wird die Parteiendefinition übrigens trotz Absegnung durch das BVerfG durchaus angezweifelt, insbesondere die Beschränkung der Tätigkeit auf Landtags- und Bundestagswahlen halten einige Autoren mit guten Argumenten für verfehlt und nicht mehr zeitgemäß, zumal das PartG in seinem § 2 Abs. 1 die Kommunalwahlen bei den Aufgaben der Parteien ausdrücklich benennt (*Dreier/Morlok* Art. 21 GG Rz. 14; *Maunz/Dürig/Klein* Art. 21 GG Rz. 242; *Sachs/Ipsen* Art. 21 GG Rz. 20; *von Mangold/Klein/Starck/Streinz* Art. 21 GG Rz. 59). Sofern sich eine solche Problematik in einer Klausur oder vor allem in einer ***Hausarbeit*** stellt, muss man dazu natürlich dann auch Stellung nehmen. Die entsprechenden Fundstellen mit weiteren umfassenden Hinweisen und Argumenten standen gerade in der Klammer.

II. Der Ausschluss aus der Partei

So. Damit haben wir für unsere Zwecke das Gröbste in Sachen Parteienstatus erledigt und können uns jetzt endlich in aller Ruhe der Fallfrage bzw. den beiden Fallfragen widmen – wir müssen ja noch klären, ob unser prominenter A aus der Partei DIE GRÜNEN ausgeschlossen werden kann und anschließend auch noch sein Bundestagsmandat verliert.

Ein Parteiausschluss, mit dem wir uns zuerst beschäftigen wollen, betrifft nun, anders als der Verlust des Bundestagsmandats, bei genauer Betrachtung alleine das ***Innenleben*** der Partei. Der Staat an sich hat hier nichts zu suchen, die Parteien entscheiden als privatrechtliche Vereinigungen (siehe oben!) natürlich in Eigenregie darüber, wer bei ihnen Mitglied werden darf und wer wieder rausfliegt. **Aber**: Im Hinblick auf die Organisationsstruktur und die grundlegenden Regeln von und innerhalb der Parteien gibt es ja das uns inzwischen bekannte ***Parteiengesetz***. Und genau da müssen wir deshalb jetzt (noch) mal kurz reinschauen, denn es finden sich überraschend auch Vorschriften über den Parteiaustritt bzw. den Parteiausschluss. Wir schlagen auf und lesen bitte **§ 10 Abs. 4 PartG**, da steht:

> *»Ein Mitglied kann nur dann aus einer Partei ausgeschlossen werden, wenn es vorsätzlich gegen die Satzung oder erheblich gegen Grundsätze oder die Ordnung der Partei verstößt und ihr damit schweren Schaden zufügt.«*

Also: Für den Parteiausschluss, über den dann gemäß **§ 10 Abs. 5 PartG** übrigens ein sogenanntes »**Schiedsgericht**« endgültig entscheidet, sind folgende Voraussetzungen erforderlich:

1. Ein vorsätzlicher Satzungsverstoß ***oder***

2. ein erheblicher Verstoß gegen Grundsätze oder die Ordnung der Partei

3. ***und*** ein dadurch entstandener ***schwerer*** Schaden für die Partei.

Prüfen wir mal: Gemäß **§ 10 Abs. 4 Alt. 1 PartG** kann ein Mitglied aus seiner Partei ausgeschlossen werden, wenn es vorsätzlich gegen die Satzung der Partei verstößt und ihr (der Partei) damit schweren Schaden zufügt. Im Sachverhalt weiter oben steht nun aber ausdrücklich drin, dass dem A ein Verstoß gegen die Satzung der GRÜNEN ***nicht*** vorgeworfen werden kann. Diese Variante scheidet somit schon mal aus.

Beachte: Mit »Satzung« meint der § 10 Abs. 4 PartG die in **§ 6 PartG** (aufschlagen, bitte!) vorgeschriebene schriftliche Satzung der Partei. Gemäß § 6 PartG ***muss*** nämlich ***jede*** Partei eine schriftliche Satzung und auch ein schriftliches Programm haben. In einer solchen Satzung müssen dann außer dem Namen, dem Sitz und dem Tätigkeitsgebiet der Partei auch Vorschriften über die Aufnahme und den Austritt der Mitglieder, über die Rechte und die Pflichten der Mitglieder sowie über mögliche Ordnungsmaßnahmen und über die Beschlussfassung der gewählten Organe enthalten sein, was sich aus dem Katalog des **§ 6 Abs. 2 PartG** ergibt (*Sachs/Ipsen* Art. 21 GG Rz. 62). Die Parteien haben daher in aller Regel in der Satzung detailliert die konkreten Pflichten ihrer Mitglieder normiert, wie z.B. das mögliche Verbot einer Zugehörigkeit zu einer anderen Partei, die Verwaltung von Parteivermögen oder die Abrechnung von Parteispenden. Auch die Erfüllung der ***Beitragspflicht*** durch die Mitglieder gehört in diese Kategorie und ist demzufolge in der Satzung zu regeln. Und so kann dann beispielsweise eine dauerhafte, vorsätzliche Nichterfüllung der Beitragspflicht zu einem Parteiausschluss aufgrund eines »Verstoßes gegen die Satzung der Partei« im Sinne des § 10 Abs. 4 PartG führen (*Maunz/Dürig/Klein* Art. 21 GG Rz. 382). Da die Parteien, wie bereits mehrfach erwähnt, ***privatrechtliche*** Vereinigungen sind, kann man sich das mit der Satzung übrigens genau so vorstellen, wie beim örtlichen Tennis- oder Fußballverein. Auch dort gibt es (zwingend!) Satzungen, die alle möglichen Rechte und Pflichten ihrer Mitglieder regeln. Und genau so ist das, auch wenn es albern klingen mag, auch bei einer politischen Partei. Politische Parteien müssen sich ebenfalls bestimmte Verhaltensregeln für ihr Innenleben geben, an die sich die Mitglieder dann tunlichst auch halten sollten. Der obligatorische Inhalt einer solchen Parteisatzung findet sich – wie eben schon mal erwähnt – im Einzelnen aufgelistet im Katalog des **§ 6 Abs. 2 PartG**.

Zum Fall: Hier bei unserer Geschichte haben wir schon festgestellt, dass dem A durch sein Verhalten kein Satzungsverstoß vorgeworfen werden kann, was übrigens bei dem infrage stehenden Geschehen auch die Regel ist, **denn**: Zu den klassischen Satzungsverstößen im Sinne des § 10 Abs. 4 Alt. 1 PartG zählt nämlich nicht die Verletzung der sogenannten »ungeschriebenen Mitgliedschaftspflichten«, insbesondere der jedem Parteimitglied obliegenden ***Treuepflicht*** gegenüber der Partei (*Löwisch* »Der Ausschluss aus politischen Parteien«, Seite 21). Und das leuchtet auch ein: Wie sollte man dies in einer Satzung auch formulieren: vielleicht »... *Wer eine abweichende Meinung vertritt und damit der Partei Schaden zufügt, muss die Partei verlassen ...*« oder »... *Wer die anderen Parteimitglieder beleidigt, wird aus der Partei ausgeschlossen ...*«

Logisch: So etwas nimmt man natürlich in keine Satzung auf, es versteht sich vielmehr von selbst, dass man solche Dinge als Mitglied einer Partei unterlässt. Weil solche Sachen in der politischen Lebenswirklichkeit aber sehr wohl vorkommen (können), bietet der § 10 Abs. 4 PartG nun noch eine zweite Variante, die enorm praxisrelevant daherkommt und die wir uns jetzt mal anschauen wollen: Im Gesetz steht, dass ein Parteiausschluss auch dann gerechtfertigt sein kann, wenn das Mitglied »**erheblich gegen Grundsätze und die Ordnung der Partei verstößt**« und ihr damit »**schweren Schaden**« zufügt.

Schauen wir mal:

1.) Unter »Grundsätzen der Partei« im Sinne des § 10 Abs. 4 PartG sind die fundamentalen programmatischen Aussagen der Partei zu verstehen. Es geht um die grundlegenden Wertvorstellungen der Partei und die Kernaussagen ihres Programms, die jedes Mitglied achten muss (*Maunz/Dürig/Klein* Art. 21 GG Rz. 388; BK/*Henke* Art. 21 GG Rz. 278; *Limpert*, Wissenschaftlicher Dienst Nr. 74/08).

> **Durchblick:** Jede Partei hat gewisse Wertvorstellungen und programmatische Kernaussagen, die sich manchmal sogar bereits aus dem Namen der Partei erahnen lassen oder in der Präambel ihrer Satzung zu finden sind. In der Satzung der **GRÜNEN** (heißt im Original übrigens »**Grundkonsens**«) steht zum Beispiel in § 1 Abs. 2:
>
> *»Uns eint der Wille nach mehr Demokratie und sozialer Gerechtigkeit, das Gebot einer umfassenden Verwirklichung der Menschenrechte, das Engagement für Frieden und Abrüstung, Gleichstellung von Frauen und Männern, Schutz von Minderheiten, Bewahrung der Natur sowie umweltverträgliches Wirtschaften und Zusammenleben.«*
>
> *Programmatische Kernaussage* heißt demnach in diesem Beispiel, dass DIE GRÜNEN sich zum Schutz der Natur, zur Gleichberechtigung von Mann und Frau und zu einer verstärkten Friedens- und Abrüstungspolitik deutlich bekennen. Die CDU hingegen sieht ihr Selbstverständnis mehr in der ***Christlichkeit*** der Partei, was die Mitglieder auf ein politisches Handeln aus christlicher Verantwortung und nach dem christlichen Sittengesetz verpflichtet sowie zum Bekenntnis zu Ehe und Familie (vgl. Parteiprogramm der CDU Deutschlands: »Freiheit und Sicherheit, Grundsätze für Deutschland, 1. Wir christliche Demokraten«).

2.) Der Begriff der »**Ordnung**« im Sinne des **§ 10 Abs. 4 PartG** umfasst demgegenüber die Gesamtheit der ungeschriebenen Regeln für das ***Verhalten*** der einzelnen Parteimitglieder, deren Beachtung als unerlässliche Voraussetzung eines geordneten inneren Parteilebens anzusehen ist (*Maunz/Dürig/Klein* Art. 21 GG Rz. 388). So wird zur Parteiordnung etwa die Regel gezählt, dass ein Mitglied in seinem Verhalten allgemein Rücksicht auf das Parteiinteresse zu nehmen sowie ***Loyalität*** gegenüber der Partei und Fairness im Umgang mit ihren Mitgliedern zu wahren habe. Das grundlegende Prinzip lautet: Kritik an Programm und Führung der eigenen Partei darf zwar nicht unterbunden werden, die Mitglieder der Partei haben bei der Ausübung ihrer Tätigkeit und Wahrnehmung ihrer Rechte aber gleichwohl auf das Bedürfnis der Partei nach ***Geschlossenheit*** nach innen wie nach außen Rücksicht zu nehmen. Die

Grenze innerparteilicher Opposition nach Inhalt und Form ist die ***Integrität*** der Partei (wörtlich so bei *Maunz/Dürig/Klein* Art. 21 GG Rz. 388).

Zum Fall: Vorliegend haben die GRÜNEN auf einem Parteitag im Vorfeld der anstehenden Bundestagswahl beschlossen, die Etablierung einer multikulturellen Gesellschaft und die Integration von jungen Migranten zu fördern. Damit macht es sich die Partei zum Ziel, Integration in Deutschland insgesamt zu unterstützen und für Akzeptanz in der Gesellschaft zu werben. Fraglich ist, ob A durch sein Verhalten gegen diese ***politischen Grundsätze*** und/oder die ***Ordnung*** im eben genannten Sinne verstoßen hat. Im Ergebnis wird man beides bejahen müssen, **denn**: Das politische Selbstverständnis ist ein wesentlicher Punkt der politischen Grundsätze einer Partei. Dieses politische Selbstverständnis haben die GRÜNEN durch den mehrheitlichen Parteitagsbeschluss zur Förderung von jungen Migranten und zur Etablierung einer multikulturellen Gesellschaft in Deutschland deutlich gemacht. A hält diese Entscheidung für falsch und verbreitet über die Medien seinen gegenteiligen Standpunkt, aufgefüllt mit dem für die GRÜNEN geradezu grotesken und auch dem Parteiprogramm widersprechenden Wunsch nach der Förderung der Atomkraft. Zudem hat A die übrigen Parteimitglieder öffentlich denunziert und herabgewürdigt. In diesem Zusammenhang ist zu beachten, dass sich die ***Ordnung*** einer Partei unter anderem auch auf das Verhalten der Parteimitglieder untereinander bezieht. Insbesondere sind in der politischen Auseinandersetzung gewisse Umgangsformen zu wahren. Im Verhalten des A liegt somit sowohl ein Verstoß gegen einen politischen Grundsatz als auch gegen die Ordnung der Partei.

Zwischenergebnis: Das Verhalten des A stellt einen Verstoß gegen die politischen Grundsätze und Ordnung der Partei im Sinne des § 10 Abs. 4 PartG dar.

3.) Schließlich muss der Verstoß des A auch ***erheblich*** im Sinne des § 10 Abs. 4 PartG gewesen sein. Dies ist dann zu bejahen, wenn die weitere Mitgliedschaft des Betreffenden der Partei und den übrigen Mitgliedern nicht mehr ***zumutbar*** ist. Ob den GRÜNEN das Verhalten des A noch zumutbar war, richtet sich nach dem Maßstab des **Art. 21 Abs. 1 Satz 3 GG**, wonach die innere Ordnung der Partei ***demokratischen Grundsätzen*** entsprechen muss. Demnach muss eine Partei Meinungsverschiedenheiten und politische Debatten im Innenverhältnis natürlich grundsätzlich dulden (*Maunz/Dürig/Klein* Art. 21 GG Rz. 385). Sie gehören nämlich zu einem klassischen demokratischen Entscheidungsprozess dazu und machen in aller Regel die Dynamik einer guten Parteiarbeit aus. Diese Auseinandersetzungen sind aber für die Partei nur so lange hinnehmbar und zumutbar, soweit sie einen ***produktiven Prozess*** vorweisen. Sobald die Auseinandersetzung die politische Ebene verlässt oder nicht mehr der Entscheidungsfindung im demokratischen Prozess dient, muss die Partei ein solches Verhalten auch nicht mehr im Sinne des Art. 21 Abs. 1 Satz 3 GG hinnehmen und kann entsprechende Ordnungsmaßnahmen ergreifen (BK/*Henke* Art. 21 GG Rz. 268; *Maurer* in JuS 1991, 881).

Zum Fall: Unser prominenter Herr A hat mit seinen abfälligen Äußerungen über die Mitglieder in jedem Falle die politische Ebene verlassen. Des Weiteren sind seine Erklärungen zum fehlerhaften Kurs der Partei in der Ausländerpolitik und zur Atomkraft keinesfalls hilfreich und widersprechen elementarsten Wertvorstellungen der Partei – einen produktiven politischen Prozess innerhalb der Partei kann A damit keinesfalls fördern. A hat diese Erklärungen zudem trotz ausdrücklicher Ermahnung durch den Parteivorstand mehrfach in den Medien wiederholt.

Zwischenergebnis: Folglich war es für die GRÜNEN nach den Maßstäben des Art. 21 Abs. 1 Satz 3 GG nicht mehr hinnehmbar, das Verhalten des A weiterhin zu tolerieren. Es handelt sich daher um einen ***erheblichen*** Verstoß gegen die politischen Grundsätze und die Ordnung der Partei.

4.) Gemäß § 10 Abs. 4 PartG müsste durch den erheblichen Verstoß des A der Partei schließlich auch ein ***schwerer Schaden*** entstanden sein.

Definition: Ein schwerer Schaden im Sinne des § 10 Abs. 4 PartG ist dann anzunehmen, wenn durch das Verhalten des Mitglieds eine schwere Beeinträchtigung der politischen Stellung der Partei, etwa in Form eines massiven Verlustes an Glaubwürdigkeit oder Ansehen, vorliegt oder droht. Maßgebendes Indiz kann insoweit auch eine Verminderung der Wahlchancen sein (BGH NJW **1994**, 2610, 2612; *Maunz/Dürig/Klein* Art. 21 GG Rz. 387; *Kotzur* JuS 2001, 54, 57).

Zum Fall: Das mediale Interesse an der Angelegenheit ist nach Auskunft des Sachverhaltes sehr hoch. Unser prominenter Herr A tingelt durch die Talkshows und wiederholt dort seine Ansichten über den Kurs der Partei und auch die Beschimpfungen der übrigen Parteimitglieder. Die Auseinandersetzung, insbesondere die Verwendung von Schimpfwörtern gegenüber eigenen Parteimitgliedern, schadet dem Ansehen der Partei in der Öffentlichkeit. Für die Öffentlichkeit stellt sich die Partei dadurch als zerstritten und in ihren Zielen uneinig dar, was sich durch dramatische Verluste in der Wählergunst zeigt. Weiterhin tangiert ein solcher Streit auch die Glaubwürdigkeit der Partei, da sie nicht mehr einheitlich in der Öffentlichkeit wahrgenommen und aufgrund des Verhaltens des A auch die Seriosität und Glaubwürdigkeit der Parteimitglieder insgesamt infrage gestellt wird. Solange die Partei das Bild, das sie in der Öffentlichkeit durch diese Vorfälle abgibt, nicht wieder korrigieren kann, indem sie nämlich wieder Einheitlichkeit und Glaubwürdigkeit ausstrahlt, kann die Partei nur schwerlich an der politischen Meinungsbildung in der Öffentlichkeit und vor allem auch an Wahlen erfolgreich teilnehmen.

Zwischenergebnis: Durch das Verhalten des A ist auch ein ***schwerer Schaden*** für die GRÜNEN im Sinne des § 10 Abs. 4 PartG entstanden.

Ergebnis: Folglich sind alle Tatbestandsvoraussetzungen des § 10 Abs. 4 PartG erfüllt, sodass die GRÜNEN dazu berechtigt wären, den A aus der Partei auszuschließen. Dies würde dann übrigens im Rahmen eines sogenannten »Parteiausschlussverfahrens« vor dem Parteischiedsgericht gemäß **§ 10 Abs. 5 PartG** in Verbindung mit **§ 14 PartG** erfolgen. **Und:** Gegen einen solchen Parteiausschluss kann das Parteimitglied sich nur auf dem ***Zivilrechtsweg*** wehren, da die Parteien ja – wie wir inzwischen längst wissen – ***privatrechtliche*** Vereinigungen sind (vgl. zu diesen Verfahren dann *Kotzur* in JuS 2001, 54, 59).

III. Der Verlust des Bundestagsmandats?

Problem: Es stellt sich jetzt noch die Frage, ob ein Verlust der Parteimitgliedschaft auch automatisch zu einem Verlust des Bundestagsmandats führt. Ehrlicherweise kann man die Lösung nach dem bisher Gesagten freilich schon erahnen: Wir haben weiter oben ja nun ziemlich ausführlich darüber gesprochen, dass die Parteien von der Idee des Grundgesetzes her (→ Art. 21 GG) hauptsächlich im ***Vorfeld*** von Wahlen tätig werden und die Abgeordneten, wenn sie gewählt sind, anschließend dann nur noch ihrem Gewissen unterworfen und insbesondere von der Partei ***unabhängig*** zu betrachten sind (→ freies Mandat, **Art. 38 Abs. 1 Satz 2 GG**). So, und bei dieser Idee wird es im Zweifel auch bleiben und sie wird auch zur Lösung der zweiten Fallfrage hier führen. Allerdings lohnt sich trotzdem noch ein genauer Blick auf das Verhältnis von ***Parteizugehörigkeit*** und ***Bundestagsmandat***, denn es gibt noch einige wichtige Dinge zu lernen/wissen, die zum elementaren Verständnis der Abgeordneten des Deutschen Bundestages gehören:

Als Erstes stellt sich nämlich die Frage, ob es ***überhaupt*** möglich ist, sein einmal errungenes Bundestagsmandat während einer laufenden Legislaturperiode (unfreiwillig!) wieder zu verlieren.

Das geht natürlich, allerdings müssen dafür die Voraussetzungen des **§ 46 Abs. 1** des ***Bundeswahlgesetz*** (BWahlG) vorliegen. Dort steht:

> **(1)** Ein Abgeordneter verliert die Mitgliedschaft im Deutschen Bundestag bei
>
> **1.** Ungültigkeit des Erwerbs der Mitgliedschaft,
>
> **2.** Neufeststellung des Wahlergebnisses,
>
> **3.** Wegfall einer Voraussetzung seiner jederzeitigen Wählbarkeit,
>
> **4.** Verzicht,
>
> **5.** Feststellung der Verfassungswidrigkeit der Partei oder der Teilorganisation einer Partei, der er angehört, durch das Bundesverfassungsgericht nach Artikel 21 Abs. 2 Satz 2 des Grundgesetzes.

Problem: Der Parteiausschluss als Auslöser für den Verlust des Bundestagsmandats fehlt in dieser Aufzählung!

Lösung: Wir haben uns das schon längst erarbeitet – es geht natürlich um die Stellung des Abgeordneten, wie sie in **Art. 38 Abs. 1 GG** (aufschlagen!) normiert ist: Die Abgeordneten des Deutschen Bundestages werden bekanntlich gemäß Art. 38 Abs. 1 Satz 1 GG in allgemeiner, unmittelbarer, freier, gleicher und geheimer Wahl gewählt. Gemäß Art. 38 Abs. 1 Satz 2 GG sind die Abgeordneten danach Vertreter des ***ganzen Volkes***, an Aufträge und Weisungen nicht gebunden und nur ihrem Gewissen unterworfen. Diese Regelung in Art. 38 Abs. 1 Satz 2 GG bezeichnet man als den »**Grundsatz des freien Mandats**« (BVerfG NVwZ **2013**, 1468; *Maunz/Dürig/Klein* Art. 38 GG Rz. 188; *Sachs/Magiera* Art. 38 GG Rz. 46; *Jarass/Pieroth* Art. 38 GG Rz. 26). Und daraus folgt, um es kurz zu machen, auch, dass weder ein Parteiausschluss noch ein freiwilliger Austritt aus der Partei und sogar noch nicht einmal ein Parteiwechsel während einer laufenden Legislaturperiode (!) Auswirkungen auf den Bestand des Bundestagsmandats haben (*Maunz/Dürig/Klein* Art. 38 GG Rz. 208). Die einzige Konsequenz eines Parteiausschlusses liegt darin, dass der betreffende Abgeordnete dann eben dieser (»seiner«) Partei nicht mehr angehört. Im Bundestag bleibt er aber gleichwohl sitzen, zumindest bis zum Ablauf der jeweiligen Legislaturperiode, wir sagten es bereits: Die Abgeordneten des Deutschen Bundestages sind staatsrechtlich betrachtet (»nur«) Vertreter des ***gesamten deutschen Volkes***, nicht aber ihrer Partei oder etwa ihrer Wähler (BVerfG NVwZ **2013**, 1468; *Sachs/Magiera* Art. 38 GG Rz. 45). Wenn ein Parteiausschluss gleichzeitig zum Entzug des Bundestagsmandats führen würde, könnte die Partei zudem unter Umständen mutwillig einen solchen Parteiausschluss provozieren oder im Vorfeld von Abstimmungen mit parteiinternen Ordnungsmaßnahmen drohen, insbesondere wenn der Abgeordnete im Bundestag nicht im Sinne der Partei abstimmt. Der einzelne Abgeordnete würde damit aber zu einer Art Marionette der Partei werden, die für sie im Bundestag zu agieren hat. Der Art. 38 Abs. 1 GG liefe dann im Ergebnis völlig leer (*Degenhart* StaatsR I Rz. 615). Das aber ist – wie erörtert – nicht im Sinne des GG.

Und auch das nochmal: Auch wenn die Abgeordneten staatsrechtlich betrachtet »frei« sind, gibt es in der praktischen Arbeit im Bundestag gleichwohl durchaus »Abhängigkeiten« zur eigenen Partei bzw. Fraktion, immerhin ist der Abgeordnete nur mithilfe der Partei an bzw. in sein Amt gekommen. In der Wissenschaft und der staatsrechtlichen Rechtsprechung geht man daher auch von einem sogenannten »**Spannungsverhältnis**« zwischen dem Grundsatz des freien Mandats aus Art. 38 Abs. 1 GG und dem Grundsatz der Parteiendemokratie gemäß Art. 21 Abs. 1 GG aus (BVerfG NVwZ **2013**, 1468; BVerfGE **2**, 1, 72; *Degenhart* StaatsR I Rz. 608; *Ipsen* StaatsR I § 6 Rz. 291; *Kotzur* JuS 2001, 54, 58). Prima beschrieben wird das Ganze von *Degenhart* in seinem Staatsrechtsbuch bei Rz. 614, wörtlich heißt es dort:

> *»… Der einzelne Abgeordnete ist in aller Regel auch Mitglied und Repräsentant einer Partei und wird auch als solcher in den Bundestag gewählt. Es liegt auf der Hand, dass dies dann*

*auch zu **Abhängigkeiten** führt. Die ›politische Einbindung‹ des Abgeordneten in die Partei und seine Fraktion ist jedoch verfassungsrechtlich durchaus gewollt. Sie ist das Resultat der politischen Rolle der Parteien bei der Willensbildung des Volkes im Sinne des Art. 21 GG. Durch die Vorschriften der Art. 38 GG und 21 GG ist somit ein **Spannungsverhältnis** von freiem Mandat und Parteiendemokratie bewusst im GG angelegt worden. Hierbei ist der Abgeordnete einerseits abhängig von seiner Partei – und im Falle des politischen Handelns im Parlament natürlich vorrangig abhängig von seiner Fraktion, andererseits bleibt ihm aber letztlich immer die **freie Gewissensentscheidung** als Grundlage seiner parlamentarischen Tätigkeit. Die Partei ist zwar berechtigt, über die eigene Arbeit der Fraktion im Deutschen Bundestag auf die Ausübung des einzelnen Abgeordneten einzuwirken, da dies ihrem verfassungsrechtlichen Auftrag aus Art. 21 GG entspricht. Im Konfliktfall muss freilich, wie es Art. 38 Abs. 1 GG vorschreibt, immer die Gewissensentscheidung des Abgeordneten Vorrang haben …«*

Aus diesen Gründen sind übrigens auch jegliche »Zwangsmaßnahmen« gegenüber Parteimitgliedern, die ein Bundestagsmandat inne haben, wegen Verstoßes gegen Art. 38 Abs. 1 GG rechtswidrig: Interne Vereinbarungen, wonach Bundestagsabgeordnete beim Austritt oder dem Ausschluss aus der Partei automatisch ihr Bundestagsmandat zurückgeben sollen oder müssen, sind ebenso unzulässig wie das sogenannte »**Rotationsprinzip**«, bei dem alle zwei Jahre automatisch der Abgeordnete wechseln soll (BVerfGE **2**, 1, 47; BK/*Badura* Art. 38 GG Rz. 82; *Jarass/Pieroth* Art. 38 GG Rz. 29; *von Münch/Kunig/Trute* Art. 38 GG Rz. 102; *Sachs/Magiera* Art. 38 GG Rz. 48). Und selbst Parteitagsbeschlüsse, die den Abgeordneten zum Verzicht auf sein Mandat auffordern, haben für den Abgeordneten wegen Art. 38 Abs. 1 GG keinerlei rechtliche Bindung (*Degenhart* StaatsR I Rz. 616).

Zurück zum Fall: Das Mandat des Abgeordneten, der als Vertreter des ganzen deutschen Volkes im Deutschen Bundestag sitzt, hängt also nicht vom Bestand seiner Parteimitgliedschaft ab (*Maunz/Dürig/Klein* Art. 38 GG Rz. 208). Unser Abgeordneter A bleibt somit auch dann Mitglied des Bundestages, wenn er aus der eigenen Partei ausscheidet.

Ergebnis: Obwohl A rechtmäßig aus der Partei ausgeschlossen werden könnte, würde er dadurch nicht auch sein Bundestagsmandat verlieren.

Gesamtergebnis: Die GRÜNEN können den A gemäß § 10 Abs. 4 PartG zwar aus der Partei ausschließen, da er durch seine Äußerungen und sein Verhalten gegen die politischen Grundsätze und die Ordnung der Partei verstoßen hat und der Partei dadurch auch ein schwerer Schaden entstanden ist. Das Bundestagsmandat behält A aber. Dies wird durch den Grundsatz des freien Mandats aus Art. 38 Abs. 1 Satz 2 GG gewährleistet. Ein Grund für einen Mandatsentzug im Sinne des § 46 Abs. 1 BWahlG liegt nicht vor.

Gutachten

I. Es ist zunächst zu prüfen, ob die Partei DIE GRÜNEN den A aufgrund seines Verhaltens aus der Partei ausschließen können.

Eine mögliche Berechtigung zum Parteiausschluss kann sich insoweit aus § 10 Abs. 4 PartG ergeben. Gemäß § 10 Abs. 4 PartG kann ein Mitglied dann aus einer Partei ausgeschlossen werden, wenn es vorsätzlich gegen die Satzung oder erheblich gegen Grundsätze oder die Ordnung der Partei verstößt und ihr damit schweren Schaden zufügt.

1.) Dem A ist ausweislich der Schilderung des Sachverhaltes kein Verstoß gegen die Satzung der GRÜNEN vorzuwerfen. Ein Parteiausschluss aus diesem Grund kommt somit nicht in Betracht.

2.) Möglicherweise hat A aber erheblich gegen Grundsätze und Ordnung der Partei verstoßen und der Partei damit schweren Schaden zugefügt.

a.) Unter Grundsätzen der Partei im Sinne des § 10 Abs. 4 PartG sind die fundamentalen programmatischen Aussagen der Partei zu verstehen. Es geht um die grundlegenden Wertvorstellungen der Partei und die Kernaussagen ihres Programms, die ein jedes Mitglied achten muss.

b.) Der Begriff der Ordnung im Sinne des § 10 Abs. 4 PartG umfasst demgegenüber die Gesamtheit der ungeschriebenen Regeln für das Verhalten der einzelnen Parteimitglieder, deren Beachtung als unerlässliche Voraussetzung eines geordneten inneren Parteilebens anzusehen ist. So wird zur Parteiordnung etwa die Regel gezählt, dass ein Mitglied in seinem Verhalten allgemein Rücksicht auf das Parteiinteresse zu nehmen sowie Loyalität gegenüber der Partei und Fairness im Umgang mit ihren Mitgliedern zu wahren hat. Kritik an Programm und Führung der eigenen Partei darf zwar nicht unterbunden werden, die Mitglieder der Partei haben bei der Ausübung ihrer Tätigkeit und Wahrnehmung ihrer Rechte aber gleichwohl auf das Bedürfnis der Partei nach Geschlossenheit nach innen wie nach außen Rücksicht zu nehmen. Die Grenze innerparteilicher Opposition nach Inhalt und Form ist die Integrität der Partei.

c.) Vorliegend haben die GRÜNEN auf einem Parteitag im Vorfeld der anstehenden Bundestagswahl beschlossen, die Etablierung einer multikulturellen Gesellschaft und die Integration von jungen Migranten zu fördern. Damit macht es sich die Partei zum Ziel, Integration in Deutschland zu unterstützen, junge Migranten zu fördern und für Akzeptanz in der Gesellschaft zu werben. Fraglich ist, ob A durch sein Verhalten gegen diese politischen Grundsätze und die Ordnung im eben genannten Sinne verstoßen hat. Das politische Selbstverständnis ist ein wesentlicher Punkt der politischen Grundsätze einer Partei. Dieses politische Selbstverständnis haben die GRÜNEN durch den mehrheitlichen Parteitagsbeschluss zur Förderung von jungen Migranten und zur Etablierung einer multikulturellen Gesellschaft in Deutschland deutlich gemacht. A hält diese Entscheidung für falsch und verbreitet über die Medien seinen gegenteiligen Standpunkt, aufgefüllt mit dem für die GRÜNEN geradezu grotesken und auch dem Parteiprogramm widersprechenden Wunsch nach der Förderung der Atomkraft. Zudem hat A die übrigen Parteimitglieder öffentlich denunziert und herabgewürdigt. In diesem Zusammenhang ist zu beachten, dass sich die Ordnung einer Partei unter anderem auch auf das Verhalten der Parteimitglieder untereinander bezieht. Insbesondere sind in der politischen Auseinandersetzung gewisse Umgangsformen zu wahren. Im Verhalten des A liegt somit sowohl ein Verstoß gegen einen politischen Grundsatz als auch gegen die Ordnung der Partei.

Zwischenergebnis: Das Verhalten des A stellt einen Verstoß gegen die politischen Grundsätze und Ordnung der Partei im Sinne des § 10 Abs. 4 PartG dar.

3.) Schließlich muss der Verstoß des A auch erheblich im Sinne des § 10 Abs. 4 PartG gewesen sein. Dies ist dann zu bejahen, wenn die weitere Mitgliedschaft des Betreffenden der Partei und den übrigen Mitgliedern nicht mehr zumutbar ist. Ob den GRÜNEN das Verhalten des A noch zumutbar ist, richtet sich nach dem Maßstab des Art. 21 Abs. 1 Satz 3 GG, wonach die innere Ordnung der Partei demokratischen Grundsätzen entsprechen muss. Demnach muss eine Partei Meinungsverschiedenheiten und politische Debatten im Innenverhältnis grundsätzlich dulden. Sie gehören zu einem klassischen demokratischen Entscheidungsprozess dazu und machen in aller Regel die Dynamik einer guten Parteiarbeit aus.

Diese Auseinandersetzungen sind aber für die Partei nur so lange hinnehmbar und zumutbar, soweit sie einen produktiven Prozess vorweisen. Sobald die Auseinandersetzung die politische Ebene verlässt oder nicht mehr der Entscheidungsfindung im demokratischen Prozess dient, muss die Partei ein solches Verhalten auch nicht mehr im Sinne des Art. 21 Abs. 1 Satz 3 GG hinnehmen und kann entsprechende Ordnungsmaßnahmen ergreifen.

Der prominente A hat mit seinen abfälligen Äußerungen über die Mitglieder in jedem Falle die politische Ebene verlassen. Des Weiteren sind seine Erklärungen zum fehlerhaften Kurs der Partei in der Ausländerpolitik und zur Atomkraft keinesfalls hilfreich und widersprechen elementarsten Wertvorstellungen der Partei – einen produktiven politischen Prozess innerhalb der Partei kann A damit keinesfalls fördern. A hat diese Erklärungen zudem trotz ausdrücklicher Ermahnung durch den Parteivorstand mehrfach in den Medien wiederholt.

Zwischenergebnis: Folglich war es für die GRÜNEN nach den Maßstäben des Art. 21 Abs. 1 Satz 3 GG nicht mehr hinnehmbar, das Verhalten des A weiterhin zu tolerieren. Es handelt sich somit um einen erheblichen Verstoß gegen die politischen Grundsätze und die Ordnung der Partei.

4.) Gemäß § 10 Abs. 4 PartG müsste durch den erheblichen Verstoß des A der Partei schließlich auch ein schwerer Schaden entstanden sein. Ein schwerer Schaden im Sinne des § 10 Abs. 4 PartG ist dann anzunehmen, wenn durch das Verhalten des Mitglieds eine schwere Beeinträchtigung der politischen Stellung der Partei, etwa in Form eines massiven Verlustes an Glaubwürdigkeit oder Ansehen, vorliegt oder droht. Maßgebendes Indiz kann insoweit auch eine Verminderung der Wahlchancen sein.

Das mediale Interesse an der Angelegenheit ist nach Auskunft des Sachverhaltes sehr hoch. Der prominente A tingelt durch die Talkshows und wiederholt dort seine Ansichten über den Kurs der Partei und auch die Beschimpfungen der übrigen Parteimitglieder. Die Auseinandersetzung, insbesondere die Verwendung von Schimpfwörtern gegenüber eigenen Parteimitgliedern, schadet dem Ansehen der Partei in der Öffentlichkeit. Für die Öffentlichkeit stellt sich die Partei dadurch als zerstritten und in ihren Zielen uneinig dar, was sich durch dramatische Verluste in der Wählergunst zeigt. Weiterhin tangiert ein solcher Streit auch die Glaubwürdigkeit der Partei, da sie nicht mehr einheitlich in der Öffentlichkeit wahrgenommen und aufgrund des Verhaltens des A auch die Seriosität und Glaubwürdigkeit der Parteimitglieder insgesamt infrage gestellt wird. Solange die Partei das Bild, das sie in der Öffentlichkeit durch diese Vorfälle abgibt, nicht wieder korrigieren kann, indem sie nämlich wieder Einheitlichkeit und Glaubwürdigkeit ausstrahlt, kann die Partei nur schwerlich an der politischen Meinungsbildung in der Öffentlichkeit und vor allem auch an Wahlen erfolgreich teilnehmen.

Zwischenergebnis: Durch das Verhalten des A ist auch ein schwerer Schaden für die GRÜNEN im Sinne des § 10 Abs. 4 PartG entstanden.

Ergebnis: Folglich sind alle Tatbestandsvoraussetzungen des § 10 Abs. 4 PartG erfüllt, sodass die GRÜNEN dazu berechtigt wären, den A aus der Partei auszuschließen. Dies würde dann im Rahmen eines sogenannten Parteiausschlussverfahrens vor dem Parteischiedsgericht gemäß § 10 Abs. 5 PartG in Verbindung mit § 14 PartG erfolgen.

II. Es ist des Weiteren zu prüfen, ob ein Verlust der Parteimitgliedschaft auch automatisch zu einem Verlust des Bundestagsmandats führt.

1.) Ein Verlust des Bundestagsmandats ist zunächst unter den in § 46 Abs. 1 des Bundeswahlgesetz (BWahlG) genannten Voraussetzungen möglich. Demnach verliert ein Abgeordneter die Mitgliedschaft im Deutschen Bundestag bei Ungültigkeit des Erwerbs der Mitgliedschaft, bei einer Neufeststellung des Wahlergebnisses, beim Wegfall einer Voraussetzung seiner jederzeitigen Wählbarkeit, beim Verzicht oder bei der Feststellung der Verfassungswidrigkeit der Partei oder der Teilorganisation einer Partei, der er angehört, durch das Bundesverfassungsgericht nach Artikel 21 Abs. 2 Satz 2 des Grundgesetzes. Der Parteiausschluss ist allerdings nicht benannt, daher kommt ein Verlust der Mitgliedschaft im Deutschen Bundestag nach § 46 BWahlG nicht infrage.

2.) Abschließend könnte eine staatsrechtliche Verknüpfung von Parteimitgliedschaft und Mandat zum Ausschluss aus dem Bundestag führen. Sofern insoweit eine Kausalität bestehen sollte, müsste A den Bundestag verlassen. Als Beurteilungsmaßstab dienen insoweit die Kernaussagen des Grundgesetzes aus Art. 21 GG und Art. 38 Abs. 1 GG.

a.) Das Grundgesetz bekennt sich durch die Aussage des Art. 21 Abs. 1 Satz 1 GG zur sogenannten »Parteiendemokratie«. Die Parteien wirken nach dem ausdrücklichen Willen des GG bei der politischen Willensbildung des Volkes im Rahmen von Wahlen mit. Parteien haben in Deutschland die Funktion, an der politischen Willensbildung des Volkes mitzuwirken, so ist es ausdrücklich in Art. 21 Abs. 1 Satz 1 GG und in § 1 Abs. 2 PartG normiert. Dies geschieht dergestalt, dass sich in den Parteien politisch interessierte Bürger zusammenschließen, dort Wahl- und Parteiprogramme erarbeiten, diese der Öffentlichkeit vorstellen und den Bürgern/dem Volk damit eine mögliche Wahlentscheidung bieten oder überhaupt erst ermöglichen.

Die Parteien sind indes keine Staatsorgane und auch keine Untergliederung des Deutschen Bundestages. Der Deutsche Bundestag besteht allein aus den Bundestagsabgeordneten. Dass diese wiederum bestimmten Parteien angehören, macht die Parteien aber nicht zu Mandatsträgern. Partei und Abgeordneter müssen – staatsrechtlich betrachtet – immer getrennt gesehen und bewertet werden. Die Parteien gehören zwar nicht zum Staat selbst und sind auch keine Staatsorgane, befinden sich aber wegen ihrer herausgehoben wichtigen Stellung beim Zustandekommen der demokratischen Wahlen in einem besonderen Nähe-Verhältnis zum Staat. Nur durch die Existenz von Parteien kann in einem demokratischen Staat das Volk seinen politischen Willen wirksam äußern bzw. bilden. Diese Überlegungen könnten dafür sprechen, Parteizugehörigkeit und Bundestagsmandat miteinander zu verknüpfen und einem Parteiausschluss auch den Verlust des Bundestagsmandats zwingend folgen zu lassen.

b.) Dagegen spricht allerdings die Vorschrift des Art. 38 Abs. 1 Satz 2 GG und der dort garantierte Grundsatz des freien Mandats. Die Abgeordneten des Deutschen Bundestages werden gemäß Art. 38 Abs. 1 Satz 1 GG in allgemeiner, unmittelbarer, freier, gleicher und geheimer Wahl gewählt. Gemäß Art. 38 Abs. 1 Satz 2 GG sind die Abgeordneten danach aber Vertreter des ganzen Volkes, an Aufträge und Weisungen nicht gebunden und nur ihrem Gewissen unterworfen. Sie sind insbesondere nicht Vertreter ihrer Partei oder ihrer Wähler. Und daraus folgt, dass weder ein Parteiausschluss noch ein freiwilliger Austritt aus der Partei und noch nicht einmal ein Parteiwechsel Auswirkungen auf den Bestand des Bundestagsmandats haben können.

Die einzige Konsequenz eines Parteiausschlusses liegt darin, dass der betreffende Abgeordnete seiner Partei nicht mehr angehört. Im Bundestag bleibt er aber gleichwohl vertreten, zumindest bis zum Ablauf der jeweiligen Legislaturperiode. Wenn ein Parteiausschluss gleichzeitig zum Entzug des Bundestagsmandats führen würde, könnte die Partei zudem unter Umständen mutwillig einen solchen Parteiausschluss provozieren oder im Vorfeld von Abstimmungen mit parteiinternen Ordnungsmaßnahmen drohen, insbesondere wenn der Abgeordnete im Bundestag nicht im Sinne der Partei abstimmt. Der einzelne Abgeordnete würde damit aber zu einer Art Marionette der Partei werden, die für sie im Bundestag zu agieren hat. Der Art. 38 Abs. 1 Satz 2 GG liefe dann im Ergebnis völlig leer. Das aber ist nicht im Sinne des GG. Durch die Vorschriften der Art. 38 GG und 21 GG ist folglich ein Spannungsverhältnis von freiem Mandat und Parteiendemokratie im GG angelegt worden. Hierbei ist der Abgeordnete einerseits abhängig von seiner Partei – und im Falle des politischen Handelns im Parlament natürlich vorrangig abhängig von seiner Fraktion, andererseits bleibt ihm aber letztlich immer die freie Gewissensentscheidung als Grundlage seiner parlamentarischen Tätigkeit. Die Partei ist zwar berechtigt, über die eigene Arbeit der Fraktion im Deutschen Bundestag auf die Ausübung des einzelnen Abgeordneten einzuwirken, da dies ihrem verfassungsrechtlichen Auftrag aus Art. 21 GG entspricht. Im Konfliktfall muss freilich, wie es Art. 38 Abs. 1 GG vorschreibt, immer die Gewissensentscheidung des Abgeordneten Vorrang haben. Das Spannungsverhältnis zwischen Parteiendemokratie und freiem Mandat findet somit seine Grenzen in Art. 38 Abs. 1 Satz 2 GG und entscheidet letztlich zugunsten des Abgeordneten.

Das Mandat des Abgeordneten, der als Vertreter des ganzen deutschen Volkes im Deutschen Bundestag sitzt, hängt demnach nicht vom Bestand seiner Parteimitgliedschaft ab. Der Abgeordnete A bleibt somit auch dann Mitglied des Bundestages, wenn er aus der eigenen Partei ausscheidet.

Ergebnis: Obwohl A rechtmäßig aus der Partei ausgeschlossen werden könnte, würde er dadurch nicht auch sein Bundestagsmandat verlieren.

Gesamtergebnis: Die GRÜNEN können A gemäß § 10 Abs. 4 PartG zwar aus der Partei ausschließen, da er durch seine Äußerungen und sein Verhalten gegen die politischen Grundsätze und die Ordnung der Partei verstoßen hat und der Partei dadurch auch ein schwerer Schaden entstanden ist. Das Bundestagsmandat behält A aber. Dies wird durch den Grundsatz des freien Mandats aus Art. 38 Abs. 1 Satz 2 GG gewährleistet. Ein Grund für einen Mandatsentzug im Sinne des § 46 Abs. 1 BWahlG liegt nicht vor.

§ 57 Abs. 2 S. 2 GOBT

Fall 17

Mittendrin – aber nicht dabei!

Thomas Wüppesahl 1989

A ist Bundestagsabgeordneter der GRÜNEN und hat sich kurz nach der Bundestagswahl mit seiner Partei überworfen. Als mehrere Gespräche mit dem Parteivorstand keine Klärung bringen, tritt A zwei Monate nach seiner Wahl in den Bundestag aus der Partei aus. Unmittelbar nach der Austrittserklärung schließen die GRÜNEN den A dann auch aus der Bundestagsfraktion aus und besetzen den für ihn vorgesehenen Platz im Petitionsausschuss des Bundestages mit einem anderen Abgeordneten. Bundestagspräsident P verfügt daraufhin unter Berufung auf die *Geschäftsordnung des Bundestages*, dass A – wegen seiner früheren Ausbildung als Polizist – ab sofort dem Verteidigungsausschuss angehört, dort allerdings, anders als die übrigen Mitglieder im Ausschuss, nur in beratender Funktion und ohne eigenes Stimmrecht.

A hält dieses Vorgehen des P für verfassungswidrig. Er sei zwar freiwillig aus der Partei ausgetreten und auch kein Fraktionsmitglied mehr. Weder P noch die *Geschäftsordnung des Bundestages* könnten ihm aber vorschreiben, in welchem Ausschuss er sitzen dürfe. Und mit dem Entzug des Stimmrechts degradiere P ihn zudem zur bedeutungslosen Randfigur im Verteidigungsausschuss. Das aber widerspreche seinem Status als Abgeordneter und vor allem dem Grundsatz des freien Mandats aus Art. 38 Abs. 1 Satz 2 GG.

Stimmt das?

Schwerpunkte: Der »fraktionslose Abgeordnete«; die Stellung des Abgeordneten gemäß Art. 38 Abs. 1 Satz 2 GG im Deutschen Bundestag und in den Ausschüssen des Deutschen Bundestages; Parteiaustritt und Fraktionszugehörigkeit; die Ausschüsse im Bundestag; die grundlegende Entscheidung des Bundesverfassungsgerichts zum Abgeordnetenstatus in BVerfGE **80**, 188 = NJW **1990**, 373.

Lösungsweg

Einstieg: So, gegen Ende des Buches geht´s noch mal richtig rund, der Fall da oben ist – schon auf den ersten Blick gut erkennbar – von ***sehr*** beachtlicher Schwierigkeit. Das liegt insbesondere daran, dass bereits im Sachverhalt einige Dinge Erwähnung finden und vorausgesetzt werden, die wir eigentlich noch gar nicht kennen (können), da sie im Buch bislang nur gestreift wurden: So gehört die ***Geschäftsordnung des Bundestages*** ebenso wenig zur klassischen juristischen Allgemeinbildung wie Kenntnisse über die ***Ausschüsse*** und ihre Arbeit im Deutschen Bundestag. Das soll uns aber bitte trotzdem nicht davon abhalten, hier weiterzulesen, **denn**: Natürlich werden wir das alles gleich schön sorgfältig aufdröseln, erklären, lösen und am Ende dann zur großen Freude aller Beteiligten ziemlich beachtliche und vor allem prüfungsrelevante Erkenntnisse abgreifen, die uns in die höchste Liga der staatsrechtlichen Juristerei verbringen und die eigentliche Arbeit des Deutschen Bundestages tatsächlich erst richtig verstehen lassen. Versprochen.

> Ganz nebenbei lernen wir dabei übrigens auch noch einen sehr interessanten Mann kennen: Dessen Klage vor dem Bundesverfassungsgericht (BVerfG) vom **19. Juni 1988** hat diesen Fall hier nämlich erst ermöglicht und ein geradezu fundamentales Urteil des BVerfG zutage gefördert, das bis heute zu den wichtigsten Entscheidungen in der deutschen Verfassungsgeschichte im Hinblick auf den Abgeordnetenstatus gehört (→ BVerfGE **80**, 188 = NJW **1990**, 373): Unser Fall ist also keineswegs frei erfunden, sondern hat sich mit kleinen, aber für unsere Zwecke unbedeutenden Abweichungen in den Jahren 1987 und 1988 tatsächlich so zugetragen. Hauptdarsteller war damals Herr ***Thomas Wüppesahl***, geboren 1955 in Hamburg, ausgebildeter Polizist und Parteimitglied sowie Bundestagsabgeordneter der GRÜNEN. Herr *Wüppesahl* saß, gewählt über die schleswig-holsteinische Landesliste der GRÜNEN, seit ***Februar*** 1987 erstmalig im Deutschen Bundestag und trat nach internen Querelen schon im ***Mai*** 1987 aus der Partei aus. Im Januar **1988** wurde er dann auch aus der Bundestagsfraktion der GRÜNEN ausgeschlossen und musste anschließend diverse persönliche und politische Repressalien im Bundestag über sich ergehen lassen, wie etwa die Zuweisung eines Sitzplatzes in der letzten Reihe des Plenums (ohne Telefon!) und eine Beschränkung seines Rederechts. Vor allem aber musste Herr *Wüppesahl* auch die Bundestagsausschüsse, denen er bis dahin angehörte, verlassen. Unter anderem hiergegen erhob er dann, wie oben erwähnt, Klage, die das Bundesverfassungsgericht anschließend am **13. Juni 1989** zu einer 56 Seiten (!) langen Entscheidung veranlasste – mit hochinteressantem und bis heute gültigem Inhalt.

Es ging um **Folgendes**: Wir wissen spätestens seit dem letzten Fall, dass Bundestagsabgeordnete wegen der Regelung des **Art. 38 Abs. 1 Satz 2 GG** (aufschlagen, bitte) und dem dort verankerten Grundsatz des freien Mandats staatsrechtlich betrachtet ***unabhängige*** Personen und Mandatsträger sind. Insbesondere sind die Abgeordneten an keine Weisungen und Aufträge gebunden und nur noch ihrem Gewissen unterworfen. Und diese Unabhängigkeit geht bekanntlich so weit, dass auch ein Parteiaustritt, egal ob freiwillig oder unfreiwillig, ***keine*** Auswirkungen auf das Bundestagsmandat hat; der Abgeordnete behält, wenn er will, gleichwohl seinen Sitz im Deutschen Bundestag, jedenfalls bis zum Ende der jeweiligen Legislaturperiode (siehe dazu ausführlich Fall 16).

In diesem Fall hier geht die Frage bzw. die Problematik nun aber noch einen Schritt weiter: Denn uns interessiert jetzt, wie genau die Tätigkeit aussieht, die der Abgeordnete, nachdem er seine Partei und auch die Fraktion verlassen hat, im Bundestag überhaupt noch ausführen kann – und vor allem ausführen ***darf***. Und das ist deshalb problematisch, weil die Abgeordneten trotz ihrer in Art. 38 Abs. 1 Satz 2 GG garantierten staatsrechtlichen Unabhängigkeit rein faktisch durchaus an die Partei und ihre Fraktion gebunden sind. Und diese faktische Bindung findet zum Teil auch Niederschlag in geschriebenen Rechtsnormen, namentlich in der ***Geschäftsordnung des Deutschen Bundestages*** (→ GeschO BT), die die Arbeit des Parlaments und der Abgeordneten näher regelt und die wir uns dann gleich auch mal näher ansehen werden. Der A als sogenannter »**fraktionsloser Abgeordneter**« konnte bei genauer Betrachtung der 1988 gültigen GeschO BT so gut wie keine Rechte mehr wahrnehmen, da die Fraktionslosigkeit eines Abgeordneten dort überhaupt nicht vorgesehen und die Rechte der Abgeordneten ausschließlich an die Mitgliedschaft in einer Fraktion gebunden waren. Die Maßnahmen gegen den A (siehe oben) mussten demnach weitestgehend am Maßstab des Grundgesetzes gemessen werden, was dann zu überraschenden Ergebnissen und im Nachgang übrigens zu einer wichtigen Reform der GeschO BT führte.

Wir werden unseren Fall hier natürlich nicht in der Vergangenheit, sondern in der Gegenwart lösen, uns also an der ***aktuellen*** Fassung der GeschO BT orientieren. Die verfassungsrechtlichen Probleme haben sich nämlich bis heute zum Glück nicht geändert, weswegen die vorliegende Aufgabenstellung auch schön regelmäßig in den universitären Übungen sowie vor allem im Staatsexamen auftaucht – und dann übrigens in aller Regel von den Kandidaten gnadenlos versemmelt wird. Wie gesagt, ist ja auch keine leichte Kost. Wir wollen dieses Drama in den Prüfungen natürlich vermeiden, starten deshalb jetzt mit der Lösung und machen uns, wie immer, zunächst mal mit den notwendigen Institutionen und Begrifflichkeiten vertraut, also dann:

I. Die »Fraktionen« im Deutschen Bundestag

Der Begriff der »Fraktion« findet sich interessanterweise im GG nur an einer einzigen Stelle, nämlich in den Vorschriften über den sogenannten *Gemeinsamen Ausschuss*, und zwar in **Art. 53a Satz 2 GG** (aufschlagen, bitte). Da steht:

> *»Die Abgeordneten werden vom Bundestage entsprechend dem Stärkeverhältnis der **Fraktionen** bestimmt (…)«.*

Mehr gibt's nicht, vor allem fehlt auch jede Erläuterung darüber, ***was*** eigentlich eine Fraktion ist und welche ***Aufgaben*** sie hat. Die Einzelheiten finden sich dann aber schön verteilt in anderen Gesetzen, beispielsweise im »**Abgeordnetengesetz**« (→ AbgG), dort steht in **§ 45 AbgG**:

> *»Mitglieder des Bundestages können sich zu **Fraktionen** zusammenschließen. Das Nähere regelt die Geschäftsordnung des Deutschen Bundestages.«*

Weiter heißt es in **§ 47 Abs. 1 AbgG**:

> *»Die* ***Fraktionen*** *wirken an der Erfüllung der Aufgaben des Deutschen Bundestages mit.«*

Schließlich lesen wir bitte, sehr sorgfältig, den **§ 10 Abs. 1 Satz 1 GeschO BT:**

> *»Die* ***Fraktionen*** *sind Vereinigungen von mindestens fünf vom Hundert der Mitglieder des Bundestages, die derselben Partei oder solchen Parteien angehören, die aufgrund gleichgerichteter politischer Ziele in keinem Land miteinander im Wettbewerb stehen.«*

Zusammenfassung: Die »Fraktionen« wirken also bei der Erfüllung der Aufgaben des Bundestages mit, bestehen aus mindestens **fünf vom Hundert** (= 5 %) der Mitglieder des Bundestages und gehören gemäß § 10 Abs. 1 Satz 1 GeschO BT entweder ***derselben*** Partei oder solchen Parteien an, die »aufgrund gleichgerichteter politischer Ziele in keinem Land miteinander im Wettbewerb stehen«. Diese zweite gerade genannte Variante aus der Definition ist übrigens die sogenannte »**CDU/CSU-Klausel**«, denn CDU und CSU (= zwei unterschiedliche Parteien!) bilden im Bundestag seit Jahrzehnten eine gemeinsame Fraktion. Laut § 10 Abs. 1 Satz 1 PartG sind Fraktionen indes grundsätzlich Vereinigungen, die »**derselben**« Partei angehören. Der Zusammenschluss von CDU und CSU als Fraktion wäre demnach eigentlich gar nicht möglich gewesen. Da das natürlich nicht sein konnte, fügte der Gesetzgeber in § 10 Abs. 1 Satz 1 PartG auch noch die 2. Variante ein: Die beiden Parteien CDU und CSU haben nämlich (angeblich) ähnliche politische Ziele und stehen tatsächlich in keinem deutschen Bundesland in politischem Wettbewerb: Die CSU kann man ja bekanntlich nur im Bundesland ***Bayern*** wählen, während man die CDU nur in den restlichen Bundesländern, nicht aber in Bayern wählen kann. Aufgrund dieses Umstands *konkurrieren* die Parteien auch nicht miteinander, sie stehen nicht im »**Wettbewerb**« zueinander – und genau diese Ausnahmekonstellation wurde explizit in § 10 Abs. 1 Satz 1 PartG aufgenommen, deshalb: »**CDU/CSU-Klausel**«.

Beachte: Rein praktisch, also in der politischen Wirklichkeit, kommt den Fraktionen im Deutschen Bundestag eine vollkommen überragende Bedeutung zu. Was da oben in der Definition noch etwas verschnörkelt und unscheinbar daherkommt, heißt nämlich nichts anderes, als dass sich sämtliche Abgeordneten im Bundestag, die der gleichen Partei angehören, nach der Bundestagswahl umgehend zur entsprechenden **Bundestagsfraktion** zusammenschließen. Man spricht dann etwa von der »SPD-Bundestagsfraktion« und meint damit ***alle*** SPD-Abgeordneten im Deutschen Bundestag. Man kann die Fraktionen daher auch als »parteibezogene Untergliederungen des Bundestages« bezeichnen (BVerfGE **84**, 304; *Maurer* StaatsR I § 13 Rz. 105). Die Fraktionen, also alle Abgeordneten der jeweiligen Partei, kommen nach der Bundestagswahl regelmäßig zu Sitzungen zusammen, wählen ihre Vorsitzenden, deren Stellvertreter und die Geschäftsführer und beraten in diesen sogenannten »**Fraktionssitzungen**« alle anstehenden Fragen. In den Sitzungen werden beispielsweise Abstimmungsverhalten im Bundestag besprochen, politische Themen diskutiert und alle sonstigen, die Parteiarbeit im Bundestag betreffende Beschlüsse gefasst. Die

Aufgabe der Fraktionen besteht staatsrechtlich gesehen darin, die politischen Ansichten der Abgeordneten der jeweiligen Partei im Vorfeld der Entscheidungen/Abstimmungen im Bundestag zu bündeln und zu strukturieren und so ein einheitliches Auftreten der Partei im Bundestag zu ermöglichen und zu gewährleisten (BVerfGE **84**, 304; *Maurer* StaatsR I § 13 Rz. 105). Zudem steuern und erleichtern die Fraktionen den technischen Ablauf des ansonsten, vor allem aufgrund der enormen Mitgliederzahl, schwerfälligen Apparates des Deutschen Bundestages (*Sachs/Magiera* Art. 38 GG Rz. 67). Dem »**Fraktionsvorsitzenden**« einer Partei kommt aus diesem Grund immer auch eine ganz besondere Bedeutung zu, immerhin führt er/sie sämtliche Abgeordneten seiner Partei im Deutschen Bundestag an. Man kann das übrigens auch sehr oft in den Medien verfolgen, wenn nämlich insbesondere die »**Fraktionsvorsitzenden**« Rede und Antwort stehen müssen, sie sind eben die »**Chefs**« ihrer Fraktion und ihrem Wort kommt deshalb auch besondere Bedeutung zu.

Merke: Die politische Willensbildung im Deutschen Bundestag vollzieht sich maßgeblich in den einzelnen Fraktionen (*Degenhart* StaatsR I Rz. 625). Das Bundesverfassungsgericht bezeichnet die Fraktionen daher auch als »**notwendige Einrichtungen des Verfassungslebens**« (BVerfGE **70**, 324, 350) und sieht dies als Konsequenz aus der verfassungsrechtlich anerkannten Rolle der Parteien nach Art. 21 Abs. 1 GG. Die Fraktionen bilden eine, wenn nicht sogar ***DIE*** entscheidende Komponente für die politische Willensbildung der Abgeordneten im Deutschen Bundestag.

II. Die »Ausschüsse« des Deutschen Bundestages

Die Bedeutung der Ausschüsse, sofern deren Existenz überhaupt bekannt ist, wird in aller Regel ebenso unterschätzt wie die der Fraktionen. Die Ausschüsse erledigen nämlich neben den Fraktionen die eigentliche Sacharbeit im Deutschen Bundestag. Ohne diese beiden Institutionen, also Fraktionen und Ausschüsse, wäre eine effektive Arbeit des Bundestages praktisch unmöglich (vgl. etwa die Erläuterungen in BVerfG WM **2012**, 494; BVerfGE **80**, 188; BVerfGE **44**, 308). Und das versteht man am besten anhand eines einfachen praktischen **Beispiels**:

Wir wollen uns bitte mal vorstellen, dass die SPD-Fraktion eine Änderung des ***Strafrechts*** im Hinblick auf eine strengere Sanktionierung von Alkoholmissbrauch im Straßenverkehr möchte. Durch diverse Medienauftritte einiger Abgeordneter hat die SPD eine entsprechende Anregung in die öffentliche Diskussion gebracht und fordert nun eine Änderung des Strafrechts, vor allem die Absenkung der Promillegrenze für die absolute Fahruntüchtigkeit von 1,1 auf 0,5 Promille. **Das Problem**: Änderungen von gesetzlichen Regelungen funktionieren immer nur durch eine mehrheitliche Abstimmung im Deutschen Bundestag (siehe **Art. 77 Abs. 1 GG** und vgl. oben Fall 13). **Frage**: ***Wer*** entwirft vor diesen Abstimmungen im Bundestag eigentlich das neue Gesetz? Und ***wie*** bringt man die Meinungen der verschiedenen Parteien und der einzelnen Abgeordneten bei einem solchen Gesetzentwurf eigentlich unter einen Hut? Und sollen sich wirklich ***alle*** Abgeordneten des Deutschen Bundestages (vgl. § 1 Abs. 1 BWG) zu diesem Gesetzesentwurf äußern und vielleicht sogar eigene Vorschläge machen? Und falls ja, verfügen denn überhaupt alle Abgeordneten über entsprechende Sachkenntnisse?

Logisch: Würde man all das berücksichtigen, könnte die Arbeit im Bundestag natürlich nie funktionieren. Man darf sich das vor allem nicht so vorstellen, dass im Deutschen Bundestag in Berlin plötzlich ein Abgeordneter aufsteht, einen Zettel aus der Tasche kramt und dann in den Saal ruft: »*Liebe Abgeordnete, ich habe hier einen Vorschlag zur Änderung des Strafgesetzbuches ausgearbeitet, wir senken zur Sicherheit des Straßenverkehrs die Promillegrenze einfach auf 0,5. Wer ist dafür?*«

Unsinn – so geht es natürlich nicht. Gesetzesentwürfe bedürfen bis zur endgültigen Abstimmung im Bundestag (→ **Art. 77 Abs. 1 GG**) einer sorgfältigen Ausarbeitung und Vorbereitung. Und dazu gehört nicht nur die endgültige ***sprachliche Formulierung*** des Gesetzestextes, sondern vor allem auch das Ausloten der unterschiedlichen Vorstellungen der Parteien: So stellen wir uns doch bitte einfach mal vor, die SPD-Fraktion möchte – wie oben erwähnt – die Absenkung der Promillegrenze für die absolute Fahruntüchtigkeit von bisher 1,1 Promille auf 0,5 Promille erreichen. Die CDU/CSU-Fraktion hat das Thema ebenfalls diskutiert und lehnt diesen Vorschlag der SPD-Fraktion ab, möchte stattdessen aber die ***Beifahrer*** im Auto einer Promillegrenze unterziehen. Die Fraktion der GRÜNEN wiederum favorisiert ein Absenken der Promillegrenze auf 0,2 Promille, ist aber noch uneinig, würde unter Umständen auch eine Absenkung der Promillegrenze auf 0,4 für ausreichend halten. Die Beifahrerreglung der CDU/CSU-Fraktion hält die Fraktion der GRÜNEN im Übrigen für unvollständig und möchte dann auch konsequent die ***Mitfahrer*** auf der ***Rückbank*** des Autos in die Pflicht nehmen. Die LINKE schließlich möchte die Promillegrenze komplett abschaffen und Alkohol am Steuer immer bestrafen, und zwar zur Not sogar mit einer hohen Freiheitsstrafe.

Und jetzt?

Auch wenn es albern klingen mag, aber das gerade aufgezeichnete Szenario spielt sich im Zweifel bei ***jedem*** Gesetzesentwurf ab, der im Deutschen Bundestag zur Debatte steht. Die verschiedenen Parteien sind nämlich – jedenfalls dann, wenn sie sich im Bundestag als Opposition gegenüberstehen – grundsätzlich und ***immer*** unterschiedlicher Meinung, und sei es nur, was oft genug vorkommt, aus Prinzip und wahltaktischem Kalkül, und zwar, um sich vom politischen Gegner abzugrenzen. Würde man nun diese unterschiedlichen »Meinungen« im Bundestag unter den 598 (→ § 1 BWG) bzw. aktuell sogar 630 Mitgliedern schön entspannt ausdiskutieren und jeden seinen Senf dazu abgeben lassen, käme ein Gesetz vermutlich niemals oder erst nach vielen Jahren zustande – was für eine Aktion auch!

So, und genau an ***dieser*** Stelle steigen die Ausschüsse in die Problematik ein. Der Bundestag verfügt nämlich über eine Vielzahl solcher Ausschüsse, die, um es vereinfacht zu sagen, die eben beschriebene Vorarbeit und Diskussion im kleinen, aber fachkundigen Kreis austragen und dem Bundestag dann am Ende das Ergebnis dieser Beratung in Form einer ***Empfehlung*** zur Abstimmung vorlegen. Der Bundestag in seiner komplett vollzähligen Zusammensetzung stimmt also in aller Regel nur noch über einen vorher in einem Ausschuss beratenen, diskutierten und dort mehrheitlich beschlossenen Gesetzesentwurf ab (wichtiger Satz, bitte mindestens noch einmal lesen!). Den Ausschüssen des Bundestages kommt aus diesem Grund auch – ebenso wie den Fraktionen – eine überragende Bedeutung für die Arbeit des Deutschen Bundestages zu, was das Bundesverfassungsgericht wie folgt beschreibt:

> BVerfGE **80**, 188: »... *Wie es parlamentarischer Tradition in Deutschland entspricht, wird im Bundestag ein wesentlicher Teil der anfallenden Arbeit* ***außerhalb*** *des Plenums, vor allem in den* ***Ausschüssen****, geleistet. Die Ausschüsse bereiten Verhandlungen und Beschlüsse des Bundestages vor (§ 54 Abs. 1 Satz 1 und § 62 Abs. 1 GeschO BT), arbeiten also stets auf die endgültige Beschlussfassung durch das Plenum hin und nehmen damit zugleich einen Teil des Entscheidungsprozesses entlastend vorweg. So wird in den Ausschüssen über Gesetzentwürfe einschließlich der Vorlage des Haushaltsgesetzes, über Anträge und Beschlussempfehlungen beraten. Durch diese Aufgabenstellung sind die Bundestagsabgeordneten in die Repräsentation des Volkes durch das Parlament einbezogen; dieses Prinzip prägt den gesamten Bereich der parlamentarischen Willensbildung. Deshalb muss grundsätzlich jeder Ausschuss ein* ***verkleinertes Abbild*** *des* ***Plenums*** *sein und in seiner Zusammensetzung die Zusammensetzung des Plenums widerspiegeln* ...«

Achtung: Wer den Text gerade sehr sorgfältig und vor allem bis zum Ende gelesen hat, konnte eine extrem wichtige Botschaft über die Zusammensetzung der Ausschüsse erkennen: Das BVerfG sagt, dass die Ausschüsse ein »**verkleinertes Abbild des Plenums**« sein sollen, was im Übrigen auch ausdrücklich in § 12 Satz 1 GeschO BT steht und Folgendes bedeutet: Die Anzahl der Ausschussmitglieder der jeweiligen Partei muss verhältnismäßig der Zusammensetzung des Bundestages entsprechen, jeder Ausschuss muss also quasi eine **Miniaturausgabe** des Bundestages sein (auch »**Grundsatz der Spiegelbildlichkeit**« genannt):

> **Und das geht in der Praxis so**: In der 18. Legislaturperiode (gewählt am 22.09.2013) reicht die Zahl der Mitglieder in einem sogenannten »ständigen Ausschuss« des Bundestages von **14 Abgeordneten** (→ Ausschuss für »Wahlprüfung Immunität und Geschäftsordnung«) bis hin **41 Abgeordneten** (→ z.B. Ausschuss für »Arbeit und Soziales«, der »Haushaltsausschuss« oder auch der Ausschuss für »Verkehr und digitale Infrastruktur«). Je nach politischem Gewicht und Bedeutung des Ausschusses, steigt also die Zahl der Mitglieder. In ***jedem*** Ausschuss ist allerdings garantiert, dass die Abgeordnetenzahl der jeweiligen Partei im Ausschuss dem Verhältnis entspricht, in dem die Parteien auch im Bundestag vertreten sind (»Spiegelbildlichkeit«). **Beispiel**: Im Ausschuss für »Verkehr und digitale Infrastruktur« sitzen aktuell **41 Abgeordnete**. Davon stellt die CDU/CSU-Fraktion **20** Abgeordnete, die SPD-Fraktion **13** Abgeordnete, die LINKEN und die GRÜNEN jeweils **4** Abgeordnete (= 41 Personen). Und diese Verteilung bzw. Besetzung des Ausschusses entspricht genau dem Verhältnis, in dem die jeweiligen Parteien auch im Bundestag vertreten sind, **denn**:

20 von 41 Abgeordneten entsprechen etwa **49 %**, was (aufgerundet) der Stärke von CDU/CSU im Bundestag (→ 49,3 %) entspricht. Die SPD besetzt 13 von 41 Plätzen (= **31** %) im Ausschuss, was ebenfalls ihrer Stärke im Bundestag entspricht (→ 30,6%), die LINKE und die GRÜNEN besetzen jeweils 4 von 41 Plätzen (= **10** %), was ebenfalls der aktuellen Stärke der Parteien im Bundestag entspricht (→ 10, 1 bzw. 10,0 %). Die Besetzung des Ausschusses entspricht damit also der prozentualen Besetzung der Parteien im Bundestag – nur eben im Kleinformat, also als ***Miniaturausgabe*** des Bundestages (vgl. zur aktuellen Besetzung des Bundestages ausführlich oben Fall 6). Anderes **Beispiel**: Im »Verteidigungsausschuss« sitzen aktuell **32 Abgeordnete**: 16 von der CDU/CSU (= 50 %), 10 von der SPD (= 31 %) und jeweils 3 von den GRÜNEN und der LINKEN (= jeweils knapp 10 %). Auch hier entspricht die Besetzung des Ausschusses also der Stärke der Parteien im Bundestag und ist demnach diesem gegenüber »spiegelbildlich« (vgl. aktuell BVerfG NVwZ **2016**, 1751).

Prinzip verstanden?

Gut. **Nächster Schritt**: Die maßgeblichen Regelungen zu den Ausschüssen und ihrer Arbeit finden sich nun überraschenderweise nicht im Grundgesetz selbst, sondern in der schon mal erwähnten *Geschäftsordnung des Bundestages* (GeschO BT). Dass diese Abwälzung der gesetzgeberischen Regelung bei einem solch wichtigen Thema auf ein unter der Verfassung stehendes Gesetz überhaupt zulässig ist, ergibt sich übrigens aus **Art. 40 Abs. 1 Satz 2 GG** (aufschlagen, bitte): Darin verleiht die Verfassung dem Bundestag die Befugnis, sich selbst zu organisieren und eine Geschäftsordnung zu erlassen (BVerfG WM **2012**, 494; BVerfGE **44**, 308). Im Grundgesetz sind nur diejenigen Ausschüsse namentlich genannt, die, weil es um Themen von Verfassungsrang geht, unter bestimmten Umständen ***zwingend*** eingerichtet werden müssen, nämlich:

→ Art. 44 GG: die Untersuchungsausschüsse
→ Art. 45 GG: der Ausschuss für die Angelegenheiten der Europäischen Union
→ Art. 45 a Abs. 1 GG: der Ausschuss für auswärtige Angelegenheiten
→ Art. 45 a Abs. 1 und Abs. 2 GG: der Ausschuss für Verteidigung
→ Art. 45 c GG: der Petitionsausschuss
→ Art. 53 a GG: der Gemeinsame Ausschuss
→ Art. 95 Abs. 2 GG: der Richterwahlausschuss
→ Art. 77 GG: der Vermittlungsausschuss.

Daneben existieren aber zahlreiche andere »**ständige**« Ausschüsse, die zwar nicht ausdrücklich in der Verfassung benannt und daher auch nicht zwingend, allerdings mindestens genauso wichtig sind, wie die eben benannten. Aktuell gibt es im Bundestag noch folgende ständige Ausschüsse: Den Ausschuss für ***Arbeit und Soziales***, den Ausschuss für ***Bildung, Forschung und Technikfolgenabschätzung***, den Ausschuss für ***Ernährung und Landwirtschaft***, den Ausschuss für ***Familie, Senioren, Frauen und Jugend***, den Ausschuss für die ***Finanzen***, den Ausschuss für ***Gesundheit***, den Ausschuss für den ***Haushalt***, den Ausschuss für ***Inneres***, den Ausschuss für ***Internet und digitale Agenda***, den Ausschuss für ***Kultur und Medien***, den Ausschuss für die ***Menschenrechte und humanitäre Hilfe***, den Ausschuss für ***Recht und Verbraucherschutz***, den Ausschuss für ***Sport***, den Ausschuss für ***Tourismus***, den Ausschuss für die ***Umwelt, Naturschutz und Reaktorsicherheit***, den Ausschuss für ***Verkehr und digitale Infrastruktur***, den Ausschuss für die ***Wahlprüfung***, den Ausschuss für ***Wahlprüfung, Immunität und Geschäftsordnung***, den Ausschuss für die ***Wirtschaft und Energie*** sowie den Ausschuss für ***wirtschaftliche Zusammenarbeit und Entwicklung***.

Oha.

Wie man unschwer erkennt, gibt es also zu ungefähr jedem Thema des gesellschaftlichen Zusammenlebens einen Ausschuss im Deutschen Bundestag, was übrigens tatsächlich auch Sinn macht, denn die Lebenswirklichkeit der Menschen, der der Deutsche Bundestag mit seiner Arbeit und Gesetzgebung ja gerecht werden soll, ist selbstverständlich vielfältig. Und ebenso selbstverständlich gibt es zu allen möglichen Themen regelmäßig neue Gesetzesentwürfe, die entsprechend beraten und für eine mögliche Abstimmung im Bundestag vorbereitet werden müssen (siehe oben!).

Gemäß **§ 57 Abs. 1 Satz 2 GeschO BT** soll nun jeder Bundestagsabgeordnete (mindestens) einem dieser Ausschüsse angehören, was bislang in jeder Legislaturperiode der Bundesrepublik Deutschland übrigens auch geklappt hat. So hat etwa der Bundestag in der 18. Legislaturperiode (September 2013) derzeit **630** Abgeordnete (→ 598 + 32 Überhang- und Ausgleichsmandate) und **693** Ausschusssitze. Die Zahl der Ausschusssitze übersteigt also die Zahl der Bundestagsabgeordneten (693:630), womit – wie immer – grundsätzlich gewährleistet ist, dass ***jeder*** Abgeordnete auch mindestens einen Platz in einem der Ausschüsse wahrnehmen kann, manche Abgeordnete dann sogar mehreren Ausschüssen angehören.

Frage: Und wie kommt man nun eigentlich in einen solchen und vor allem in ***welchen*** Ausschuss?

Antwort: Wir lesen **§ 57 Abs. 2 GeschO BT**, da steht:

> *»Die **Fraktionen** benennen die Ausschussmitglieder und deren Stellvertreter. Der Präsident benennt fraktionslose Mitglieder des Bundestages als beratende Ausschussmitglieder.«*

Also: Die ***Fraktionen*** benennen die Ausschussmitglieder. Diesen vergleichsweise banalen Satz muss man sich in der parlamentarischen Wirklichkeit dann so vorstellen: Bei einer Bundestagswahl wählt das Volk von jeder Partei eine bestimmte Anzahl von Mitglieder in den Deutschen Bundestag – und damit auch in die entsprechende Bundestagsfraktion (siehe oben). In aller Regel haben die Mitglieder des Bundestages, also die Fraktionsmitglieder, selbstverständlich vorher irgendeinen Beruf erlernt und im günstigsten Fall auch schon mal ausgeübt und sind deshalb bei ihrer Arbeit im Bundestag später auch auf ein bestimmtes Thema »spezialisiert«: Wer vorher Arzt war, kennt sich logischerweise mit Medizin und Gesundheitsfragen aus; wer vorher Rechtsanwalt war, kennt sich im Zweifel mit »Recht« aus; wer vorher in der

Wirtschaft gearbeitet hat, kennt sich im Zweifel mit Wirtschaftsfragen aus; wer vorher Lehrer für Erdkunde, Physik und Chemie war, kennt sich möglicherweise mit Fragen der Energiegewinnung aus, usw. usw. Wenn die Fraktionen, wie es **§ 57 Abs. 2 GeschO BT** vorschreibt, nun die Mitglieder für die jeweiligen Ausschüsse benennen, nehmen sie in aller Regel Rücksicht auf die Vorbildungen oder Neigungen ihrer Mitglieder und besetzen auf diese Art und Weise die Ausschüsse (BVerfG WM **2012**, 494; BVerfGE **80**, 188; BVerfGE **44**, 308). Es ist damit gewährleistet, dass in einem Ausschuss möglichst viele »**Fachleute**« sitzen, die dann später auch über die entsprechenden Themen fachkundig beraten und abstimmen können. Bei der ***Besetzung*** der Ausschüsse haben die Fraktionen übrigens tatsächlich komplett freie Hand im Hinblick auf die von ihnen ausgewählten Personen. Das heißt, sie müssen sich nur an die vorgegebene Anzahl der Mitglieder des Ausschusses halten; ***wen*** sie dann aus ihrer Fraktion in ***welchen*** Ausschuss schicken, bleibt ihnen in Alleinverantwortung überlassen (BVerfGE **80**, 188). **Merke**: Die Ausschüsse bzw. ihre Mitglieder werden alleine und eigenverantwortlich von den jeweiligen Fraktionen benannt.

Nächste Frage: Und was passiert jetzt eigentlich konkret in diesen Ausschüssen?

Antwort: Wir haben es weiter oben schon mal kurz angesprochen und wollen das Ganze hier jetzt noch mal etwas genauer betrachten. Dazu spinnen wir einfach mal das Beispiel mit der Änderung des Strafrechts und der Promillegrenze von oben weiter, **also**: Die Lage ist bislang ja die, dass die SPD-Fraktion gerne die Promillegrenze für die absolute Fahruntüchtigkeit von 1,1 auf 0,5 absenken möchte. Alle anderen Fraktionen sind dagegen oder haben zumindest in der öffentlichen Diskussion neue und vor allem abweichende Vorstellungen geäußert und entsprechende Vorschläge gemacht.

> Und jetzt kommt´s: Damit diese Problematik nicht im grenzenlosen Gelaber des Bundestages und der Öffentlichkeit untergeht, weil man sich nämlich auf keinen gemeinsamen Nenner einigen kann, kommt nun ein Ausschuss (oder sogar mehrere) ins Spiel. Im vorliegenden Fall könnte zum einen der Ausschuss für »**Verkehr und digitale Infrastruktur**« und zum anderen auch der Ausschuss für »**Recht und Verbraucherschutz**« des Deutschen Bundestages infrage kommen, denn der eine Ausschuss befasst sich mit geplanten Gesetzesänderungen im Hinblick auf den Verkehr, der andere unter anderem mit Fragen des Strafrechts. Die SPD-Fraktion wird also einen entsprechenden Entwurf zunächst dem Verkehrsausschuss des Bundestages zuleiten. Dort sitzen dann aktuell **41 Mitglieder** des Bundestages (siehe oben), davon **20** von der CDU/CSU-Fraktion, **13** von der SPD-Fraktion und jeweils **4** von den GRÜNEN und den LINKEN – im Zweifel allesamt Fachleute. Das weitere Prozedere findet sich dann geregelt in den **§§ 54 ff. der GeschO BT**, und da steht **Folgendes**: Gemäß § 60 Abs. 1 GeschO BT beruft der Vorsitzende die (nicht öffentlichen!) Sitzungen des jeweiligen Ausschusses ein, in denen dann ausführlich über die entsprechenden Vorlagen oder Eingaben beraten und diskutiert wird. Jede Fraktion kann, vertreten durch ihre Mitglieder, zu diesen Vorlagen dann entsprechende Vorschläge machen, sich an der Diskussion anderweitig, etwa durch Sachverständigengutachten, beteiligen und weitere Lösungsmöglichkeiten erarbeiten. Am Ende stimmt der Ausschuss dann mit ***Mehrheit*** darüber ab, welche Empfehlung er dem

Bundestag zur Abstimmung vorlegen möchte. Und über *diese* Empfehlung stimmt anschließend der Deutsche Bundestag in der uns bekannten Form des Art. 77 Abs. 1 GG ab und entscheidet so letztlich und alleinverbindlich, ob ein entsprechendes Gesetz zustande kommt. Der Bundestag befasst sich also erst dann wieder oder überhaupt erst mit der Problematik, wenn der entsprechende Ausschuss seine Arbeit erledigt und einen mehrheitsfähigen Entwurf angefertigt und dem Bundestag vorgelegt hat.

Durchblick: Bei genauer Betrachtung erledigt der jeweilige Ausschuss also die unbedingt notwendige (Klein-)Arbeit, die bei einem mindestens 598 Personen starken Bundestag (vgl. § 1 BWG) in dieser Form gar nicht möglich wäre (BVerfGE **80**, 188): In den Ausschuss-Sitzungen werden unter den dort vertretenen Abgeordneten (= Fachleuten) all die Meinungen diskutiert, beraten, verworfen oder aufgegriffen, die zum jeweiligen Thema existieren. **Und**: Logischerweise setzen sich dort wegen der Verteilung der Ausschussmitglieder auf die jeweiligen Parteien im Zweifel natürlich die Meinungen durch, die von den Fraktionen mit den meisten Mitgliedern vertreten werden. In unserem Beispiel hat demnach die SPD-Fraktion nur dann eine Chance, ihren Gesetzesentwurf bis zur Abstimmung im Bundestag »durchzubringen«, wenn die ***Mehrheit*** der Mitglieder des Ausschusses zustimmt. Sofern also etwa auch die 20 der CDU/CSU-Fraktion angehörenden Abgeordneten einverstanden sind, wäre dies kein Problem. Möglich wäre aber auch ein Kompromiss oder vielleicht eine Zusammenarbeit mit den GRÜNEN und den LINKEN. Gelingt all dies nicht, scheitert die Idee der SPD-Fraktion dann schon im Ausschuss, ohne dass der Bundestag darüber jemals abgestimmt hätte. Erstaunlich, oder?!

Man sieht es: In den Ausschüssen wird die eigentliche parlamentarische Sacharbeit gemacht und es findet dort im Zweifel genau der gleiche »**Kampf**« um Meinungen und Gesetzesentwürfe statt, wie später auch bei der endgültigen Abstimmung im Bundestag. Eines ist insoweit noch wichtig: Bei den Abstimmungen im Ausschuss gilt – das haben wir gerade schon mal erwähnt – selbstverständlich das ***Mehrheitsprinzip***, es kommt also am Ende nur die Empfehlung bis zum Bundestag durch, die von der Mehrheit der Mitglieder des Ausschusses getragen wird. Die Ausschüsse sollen die parlamentarische Arbeit ja effektiver machen und den Bundestag entlasten. Deshalb muss es dieses Mehrheitsprinzip geben, denn es garantiert, dass die Empfehlung des Ausschusses später auch im Bundestag grundsätzlich mehrheitsfähig ist. Wir erinnern uns: Der Ausschuss ist von der parteipolitischen Zusammensetzung her eine ***Miniaturausgabe*** des Bundestages mit der Folge, dass zu erwarten steht, dass die Abstimmungen im Ausschuss denjenigen im Bundestag später ähneln oder sogar entsprechen.

Zusammenfassung: In den Ausschüssen des Deutschen Bundestages findet die wesentliche und eigentliche parlamentarische Sacharbeit statt. Dort werden Gesetzesinitiativen beraten, diskutiert und erarbeitet, die später dann dem Deutschen Bundestag als ***Empfehlung*** dieses (Fach-)Ausschusses zur Abstimmung vorgelegt werden. Der Bundestag stimmt dann über diese Empfehlung des Ausschusses ab und entscheidet, ob sie als Gesetz zustande kommt. Die Ausschüsse setzen sich gemäß **§ 12 Satz 1 GeschO BT** nach der Stärke der Fraktionen im Deutschen Bundestag zusammen und stellen damit quasi eine »**Miniaturausgabe**« des Deutschen Bundestages dar. Die Fraktionen bestimmen gemäß § 57 Abs. 2 Satz 1 GeschO BT in Alleinregie darüber, wen sie in die jeweiligen Ausschüsse entsenden und dort ihre Interessen vertreten lassen. Im günstigsten Fall berücksichtigen die Fraktionen dabei die Vorbildung und die Neigungen ihrer Mitglieder und besetzen so die unterschiedlichen Ausschüsse mit ihren Fachleuten zu den jeweiligen Themen. Gemäß § 57 Abs. 1 Satz 2 GeschO BT soll jedes Mitglied des Bundestages mindestens einem Ausschuss angehören.

So. Und nach dieser zugegebenermaßen sehr langen Vorrede gucken wir uns jetzt (endlich!) mal unseren Fall an – da ging es ja um **Folgendes**: Der gute Herr A hatte sich nicht nur mit seiner Partei überworfen und war bei den GRÜNEN ausgetreten. Die GRÜNEN haben A vielmehr anschließend auch aus der Bundestagsfraktion ausgeschlossen und ihm seinen Sitz im Petitionsausschuss wieder abgenommen. **Und**: Anschließend hat der Bundestagspräsident P auch noch verfügt, dass A ab sofort – wegen seiner vorherigen Tätigkeit bei der Polizei – im Verteidigungsausschuss sitzen soll, allerdings ***ohne*** Stimmrecht und nur noch in ***beratender*** Funktion.

Frage: Ist das, nach alledem, was wir inzwischen über die Bedeutung der Ausschüsse wissen, verfassungsrechtlich wirklich zulässig?

1.) Wir gehen es der Reihe nach durch: Zunächst ist der Parteiaustritt natürlich unbedenklich im Hinblick auf das Bundestagsmandat, das wissen wir ja längst: Parteimitgliedschaft und Bundestagsmandat haben nichts miteinander zu tun, das freie Mandat des Abgeordneten aus Art. 38 Abs. 1 Satz 2 GG bleibt gleichwohl bestehen (unstreitig: vgl. nur *Sachs/Magiera* Art. 38 GG Rz. 45). Dass A anschließend auch aus der Fraktion geflogen ist, soll uns ebenfalls nicht verwundern, das ist nämlich Sache der Fraktion, dass sie ihre Mitgliedschaft nur an die Parteizugehörigkeit knüpft und entsprechend handelt (*Maunz/Dürig/Klein* Art. 38 GG Rz. 221). Wer freiwillig aus der Partei austritt, kann sich nachher nicht beschweren, wenn er auch die Bundestagsfraktion verlassen muss, schließlich spricht dieser Abgeordnete dann auch nicht mehr für seine Partei/Fraktion. Im Übrigen will unser A dagegen ja auch gar nicht vorgehen.

2.) Interessant ist dann allerdings der übrige Rest, **nämlich**: Die Fraktion hat unserem A zum einen auch den Sitz im bisher von ihm besuchten Petitionsausschuss entzogen. Es fragt sich, ob das so einfach möglich ist. Und des Weiteren bekommt A nun vom Bundestagspräsidenten P unter Berufung auf die *Geschäftsordnung des Bundestages* den Verteidigungsausschuss quasi »**zugewiesen**«, und das auch noch ohne eigenes Stimmrecht. Nach allem, was wir inzwischen über die Bedeutung und die Arbeit der Ausschüsse wissen, klingt das tendenziell zweifelhaft, vor allem im Hinblick auf die dadurch deutlich verminderten Mitwirkungsrechte des (inzwischen fraktionslosen) Abgeordneten.

Lösungsansatz: Wir lesen noch einmal § 57 Abs. 2 Satz 1 und Satz 2 GeschO BT:

> *»Die **Fraktionen** benennen die Ausschussmitglieder und deren Stellvertreter. Der Präsident benennt fraktionslose Mitglieder des Bundestages als beratende Ausschussmitglieder.«*

Also: Wenn die Fraktionen, wie wir oben ja ausführlich besprochen haben, die Ausschussmitglieder gemäß § 57 Abs. 2 Satz 1 GeschO BT benennen können, folgt daraus im Umkehrschluss natürlich, dass sie die Ausschussmitglieder, sollten sie die eigene Fraktion verlassen, auch wieder »abziehen« und die Plätze neu besetzen können muss (*Maunz/Dürig/Klein* Art. 38 GG Rz. 221). Das Bundesverfassungsgericht begründet dies in unserem Fall schön nachvollziehbar wie folgt (BVerfGE **80**, 188):

> *»... Die Fraktion der GRÜNEN hat den Antragsteller dadurch, dass sie ihn nach seinem Ausschluss aus der Fraktion aus dem Petitionsausschuss abberufen hat, **nicht** in seinen Rechten verletzt. Nach **§ 57 Abs. 2 GOBT** benennen die Fraktionen die Ausschussmitglieder und deren Stellvertreter. Dieses Verfahren entspricht der Bedeutung, die den Fraktionen für den **politischen Willensbildungsprozess** im Parlament zukommt, und begegnet – mit der Einschränkung, dass auch fraktionslosen Abgeordneten **grundsätzlich** eine Möglichkeit zur Mitarbeit in den Ausschüssen eröffnet werden muss – **keinen** verfassungsrechtlichen Bedenken. Es ist nur folgerichtig, dass nach der im Bundestag geübten Praxis Abgeordnete, die aus ihrer Fraktion ausgetreten oder ausgeschlossen worden sind, regelmäßig von dieser aus den Ausschüssen abberufen werden, in die sie von ihrer bisherigen Fraktion entsandt worden waren. Ein Abgeordneter wird durch eine solche Abberufung **nicht** in der Freiheit seines Mandats beeinträchtigt. Art. 38 Abs. 1 Satz 2 GG gewährt ihm zwar bei der gegenwärtigen Arbeitsorganisation des Bundestages einen Anspruch auf Mitarbeit in einem Ausschuss. Es erwächst ihm daraus aber kein Recht, für eine Fraktion, der er nicht (mehr) angehört, in einem Ausschuss tätig zu sein ...«*

Zwischenergebnis: Wer aus der Partei und der eigenen Fraktion ausscheidet, muss auch hinnehmen, dass er die bislang für seine Fraktion besetzten Ausschussplätze räumen muss.

Aber: Der Abgeordnete darf nicht ***vollständig*** von allen Ausschüssen ausgeschlossen werden. Nochmal das BVerfG (BVerfGE **80**, 188):

> *»... Jeder einzelne Abgeordnete hat **grundsätzlich** Anspruch darauf, jedenfalls in **einem Ausschuss** mitzuwirken; dies folgt auch aus der Erwägung, dass ihm die Möglichkeit belassen bleiben muss, sich bestimmten Sachgebieten, denen sein Interesse gilt und für die er Sachverstand besitzt, besonders eingehend zu widmen. Weder im Blick auf die Notwendigkeit sachgemäßer Erfüllung der dem Bundestag obliegenden Aufgaben noch auf Rechtsstellung und Funktion der Fraktionen kann eine so weit gehende Einschränkung des Rechts eines Abgeordneten auf gleichen Zugang zur Mitwirkung an der parlamentarischen Willensbildung*

*in den Ausschüssen gegenwärtig gerechtfertigt sein. Der fraktionslose Abgeordnete hat demgemäß einen Anspruch auf mindestens **einen Sitz** in einem Ausschuss …«*

Frage: Darf der Bundestagspräsident dann dem Abgeordneten einen Platz in einem beliebigen Ausschuss ***zuweisen*** – und kann er ihm das Stimmrecht für diesen Ausschuss gleichzeitig entziehen?

Antwort: Wir lesen (versprochen!) ein allerletztes Mal die Geschäftsordnung des Bundestages, dort wieder § 57 Abs. 2 Satz 1 – und vor allem **Satz 2**:

*»Die Fraktionen benennen die Ausschussmitglieder und deren Stellvertreter. **Der Präsident benennt fraktionslose Mitglieder des Bundestages als beratende Ausschussmitglieder.**«*

So. Da steht sie eigentlich, die Lösung: **Ja**, der Präsident darf das! Er darf (und muss!) fraktionslose Abgeordnete als »beratende« und damit logischerweise als ***nicht*** stimmberechtigte Ausschussmitglieder benennen. Und genau das hat unser P getan, er hat den A dem Verteidigungsausschuss und ihm dort eine nur beratende Funktion zugewiesen.

Die entscheidende Frage lautet allerdings, ob diese Regel aus der Geschäftsordnung des Bundestages auch wirklich verfassungsgemäß ist und vor allem dem **Art. 38 Abs. 1 Satz 2 GG** gerecht wird. Das Problem liegt in **Folgendem**: Gemäß **Art. 38 Abs. 1 Satz 2 GG** ist jeder Abgeordnete Vertreter des ganzen Volkes. Dieser verfassungsrechtlich verankerte Grundsatz über die Stellung des Abgeordneten sagt damit gleichzeitig, dass jeder Abgeordnete die ***gleichen Rechte*** und die ***gleichen Pflichten*** innehaben muss (BVerfG NVwZ **2016**, 922; BK/*Badura* Art. 38 GG Rz. 94; *Maunz/Dürig/Klein* Art. 38 GG Rz. 221). Wenn der Bundestag in der Erfüllung seiner verfassungsmäßigen Aufgaben und Befugnisse tätig wird, also z.B. bei der Wahl des Bundeskanzlers oder bei der Durchführung eines Gesetzgebungsverfahrens usw., müssen ***alle*** Bundestagsabgeordneten in gleicher Weise an der politischen Willensbildung teilhaben (BVerfGE **102**, 224; BVerfGE **80**, 188; *Sachs/Magiera* Art. 38 GG Rz. 58). Und diese Gleichberechtigung muss sich auch in den geschriebenen Regeln über die Zusammenarbeit der Abgeordneten wiederfinden und zudem auch für die Arbeit in den Ausschüssen gelten. Das BVerfG beschreibt dies wie folgt (BVerfGE **80**, 188, 218):

*»… Dem Bundestag selbst obliegt es, in dem von der Verfassung vorgezeichneten Rahmen seine Arbeit und die Erledigung seiner Aufgaben auf der Grundlage des Prinzips der Beteiligung **aller** zu organisieren (Art. 40 Abs. 1 Satz 2 GG). Zu den sich so ergebenen Befugnissen des Abgeordneten rechnen vor allem das **Rederecht** und das **Stimmrecht**, die Beteiligung an der Ausübung des Frage- und Informationsrechts des Parlaments, das Recht, sich an den vom Parlament vorzunehmenden **Wahlen** zu beteiligen und parlamentarische Initiativen zu ergreifen, und schließlich das Recht, sich mit anderen Abgeordneten zu einer Fraktion zusammenzuschließen. Indem die Abgeordneten diese Befugnisse ausüben, wirken sie an der Erfüllung der Aufgaben des Bundestages mit und genügen so den Pflichten ihres Amtes. Alle*

Mitglieder des Bundestages haben dabei aufgrund der Regelung des Art. 38 Abs. 1 Satz 2 GG ***gleiche*** *Rechte und Pflichten. Die prinzipielle Möglichkeit, in einem* ***Ausschuss*** *mitzuwirken, hat für den einzelnen Abgeordneten angesichts des Umstandes, dass ein Großteil der eigentlichen Sacharbeit des Bundestages von den Ausschüssen bewältigt wird, eine der Mitwirkung im Plenum vergleichbare Bedeutung; vor allem in den Ausschüssen eröffnet sich den Abgeordneten die Chance, ihre eigenen politischen Vorstellungen in die parlamentarische Willensbildung einzubringen (BVerfGE* ***44****, 308, 317 f. = NJW* ***1977****, S. 1767). Von daher darf ein Abgeordneter nicht ohne gewichtige, an der Funktionstüchtigkeit des Parlaments orientierte Gründe von jeder Mitarbeit in den Ausschüssen ausgeschlossen werden …«*

Durchblick: Art. 38 Abs. 1 Satz 2 GG differenziert nicht zwischen einem fraktionszugehörigen- und einem fraktionslosen Abgeordneten, sondern meint die Beteiligung aller Bundestagsabgeordneter in gleicher Weise (BVerfG NVwZ **2016**, 922; *Maunz/Dürig/Klein* Art. 38 GG Rz. 221; *Dreier/Morlock* Art. 38 GG Rz. 161). **Und**: Der Art. 38 Abs. 1 Satz 2 GG beschränkt sich dabei auch nicht auf das Plenum, also die Mitwirkung in den Bundestagssitzungen, sondern umfasst auch die Arbeit in den ***Ausschüssen***, und zwar aufgrund ihrer hohen Bedeutung für die politische Willensbildung. Das, was wir weiter oben so schön herausgearbeitet haben, nimmt also auch das Bundesverfassungsgericht ernst, nämlich den Umstand, dass die eigentliche Arbeit des Bundestages nicht im Plenum selbst, sondern vor allem in den ***Ausschüssen*** verrichtet wird. Und da die Bundestagsabgeordneten mit gleichen Rechten bei ihrer Arbeit ausgestattet sein müssen, dürfen sie an sich nicht von jeder Mitarbeit in diesen Ausschüssen ausgeschlossen werden (BVerfG WM **2012**, 494; BVerfGE **80**, 188; *von Münch/Kunig/Trute* Art. 38 GG Rz. 78).

Zwischenergebnis: Unser A hat generell ein Recht darauf, genauso wie alle anderen Bundestagsabgeordneten, an der Arbeit im Bundestag teilzunehmen und damit folglich auch als Mitglied in einem der zahlreichen Ausschüsse mitzuwirken. Somit würde jedenfalls ein genereller Ausschluss aus dem Petitionsausschuss (ohne eine Mitgliedschaft in einem anderen Ausschuss) einen unzulässigen Eingriff in sein Recht auf gleiche Mitarbeit aus Art. 38 Abs. 1 Satz 2 GG als Bundestagsabgeordneter darstellen.

Mit einem solch generellen Ausschluss haben wir es nun zum Glück aber auch gar nicht zu tun, sondern es geht ja um die ***Versetzung*** in einen anderen Ausschuss durch den Bundestagspräsidenten und den Entzug des Stimmrechts. Betrachtet man diese Maßnahmen, unterscheidet sich der ja eigentlich ***gleich*** zu behandelnde Abgeordnete A dann doch ganz erheblich von den anderen Abgeordneten: Diese werden nämlich – siehe oben – zum einen über die Fraktionen in den Ausschuss berufen und haben dort zum anderen natürlich auch ein ***Stimmrecht*** .

(Letzte) Frage: Ist diese (Ungleich-)Behandlung des A noch vereinbar mit der eben beschriebenen und aus Art. 38 Abs. 1 Satz 2 GG folgenden Gleichberechtigung ***aller*** Abgeordneten?

Antwort: Ja!

Begründung: Wenn die Geschäftsordnung des Bundestages vorschreibt, dass grundsätzlich die Fraktionen die Ausschussmitglieder benennen, stellt sich natürlich die Frage, wer dies bei einem ***fraktionslosen*** Abgeordneten denn nun machen soll. In Frage käme nur der Abgeordnete selbst oder aber eine dritte Person/Institution. Das Bundesverfassungsgericht löst dieses Problem zulasten des Abgeordneten, und zwar so (BVerfGE **80**, 188):

> *»... Welchem Ausschuss ein fraktionsloser Abgeordneter angehört, entscheidet der **Bundestag** selbst oder eines seiner Organe, etwa das **Präsidium** oder der Ältestenrat. Der fraktionslose Abgeordnete kann ebenso wenig wie ein fraktionsangehöriger fordern, einem Ausschuss seiner Wahl oder mehreren Ausschüssen anzugehören. Andererseits hat das für die Entscheidung zuständige Organ ihm **Gehör** zu gewähren, seine **Interessen** und **sachlichen Qualifikationen** zur Kenntnis zu nehmen und diese – wie es auch innerhalb der Fraktionen geschieht – nach Möglichkeit zu berücksichtigen. Das folgt schon daraus, dass dem einzelnen Abgeordneten die Möglichkeit belassen werden muss, sich bestimmten Sachgebieten, denen sein Interesse gilt und für die er Sachverstand besitzt, besonders eingehend zu widmen. Die Möglichkeit, den Wünschen fraktionsloser Abgeordneter hinsichtlich ihrer Mitarbeit in einem bestimmten Ausschuss zu entsprechen, ist freilich dann **begrenzt**, wenn die Interessen mehrerer von ihnen sich auf den gleichen Ausschuss richten oder wenn die sachgemäße Erledigung der Parlamentsaufgaben seine Mitarbeit in einem bestimmten Ausschuss ausschließt ...«*

Also: Die Regelung des **§ 57 Abs. 2 Satz 2 GeschO BT** ist damit durchaus rechtens und vor allem verfassungsgemäß und legitimiert, dass nicht der Abgeordnete selbst entscheidet, in welchem Ausschuss er sitzen darf, sondern eine übergeordnete Institution. Bei ***fraktionslosen*** Abgeordneten darf das also entweder der Bundestag oder eines seiner Organe, zum Beispiel der Präsident des Bundestages, regeln, so wie auch in unserem Fall. Des Weiteren hat der Präsident auch, wie vom Bundesverfassungsgericht ausdrücklich gewünscht, die ***Neigungen*** und ***Vorbildungen*** unseres Herrn A, der früher ja Polizeibeamter gewesen ist, berücksichtigt und ihn daher in den Verteidigungsausschuss berufen. Insoweit also alles in Ordnung.

Bleibt schließlich noch das Problem mit dem ***Stimmrecht***, das dem A ja nun nicht mehr zustehen soll. Und auch das ist überraschenderweise verfassungsrechtlich in Ordnung, **denn** (BVerfGE **80**, 188):

> *»... Hingegen ist es verfassungsrechtlich nicht geboten, dem nichtfraktionsangehörigen Abgeordneten im Ausschuss ein – notwendigerweise **überproportional** wirkendes – Stimmrecht zu geben. Der fraktionslose Abgeordnete spricht nur für sich, nicht auch für die Mitglieder einer Fraktion; das unterscheidet ihn von den fraktionsangehörigen Ausschussmitgliedern. Seinem Einfluss auf die Beschlussempfehlung an das Plenum kommt deshalb nicht das gleiche Gewicht zu wie bei den auch für andere Abgeordnete sprechenden Ausschussmitgliedern. Eine trotz dieser Ungleichgewichtigkeit gleichwohl von Verfassungs wegen bestehende Verpflichtung des Bundestages, dem fraktionslosen Abgeordneten ein Stimmrecht im Ausschuss einzuräumen, bedürfte daher einer verfassungsrechtlichen Rechtfertigung, die sich nur aus Art. 38 Abs. 1 Satz 2 GG gewinnen ließe. Diese Vorschrift gibt jedoch dafür nichts her: Das dem Abgeordneten aus seinem verfassungsrechtlichen Status zukommende Stimmrecht wird in der Sache nicht verkürzt, wenn er im Ausschuss nicht mitstimmen kann; sein Stimmrecht*

*als Abgeordneter kann er vielmehr wie jedes Mitglied des Bundestages im **Gesetzgebungsverfahren** geltend machen, wenn er in zweiter Lesung Änderungsanträge stellt und für die von ihm für richtig gehaltene Fassung der Vorlage stimmt, ferner auch bei den Abstimmungen in dritter Lesung. Dem fraktionslosen Abgeordneten das Stimmrecht im Ausschuss zu geben, ist noch weniger mit Rücksicht auf die Funktion der Ausschüsse geboten, die Mehrheitsfähigkeit einer Vorlage im Plenum sicherzustellen. Auch in Bezug auf diese Funktion gebührt der Stimme des fraktionslosen Abgeordneten eine wesentlich geringere Bedeutung als der des fraktionsangehörigen. Im Gegensatz dazu bekäme seine Stimme sogar zusätzliches, möglicherweise ausschlaggebendes Gewicht, wenn sie bestehende Mehrheitsverhältnisse im Ausschuss infrage stellen könnte ...«*

Durchblick: Das BVerfG verweigert dem fraktionslosen Abgeordneten damit das endgültige Stimmrecht im Ausschuss, weil dieses Stimmrecht zahlenmäßig nicht proportional, sondern deutlich überproportional wirken würde. Der fraktionslose Abgeordnete vertritt sich (er ist ja quasi seine eigene »Fraktion«) nämlich immer nur selbst, und zwar alleine und damit schon vollzählig. Er spiegelt also jederzeit 100 % seiner eigenen »**Fraktion**« im Ausschuss wider, während die anderen Fraktionen nur zu einem verkleinerten Teil vorhanden sind. Wir erinnern uns bitte, dass der Ausschuss immer eine Art (prozentual abgewogene) ***Miniaturausgabe*** des Bundestages sein muss. Hier aber käme der Stimme des fraktionslosen Abgeordneten ein viel höheres Gewicht zu als den übrigen stimmberechtigten Fraktionen im Ausschuss. Dies wäre nur dann anders, wenn der fraktionslose Abgeordnete sich quasi entsprechend »teilen« könnte. Nur dann entspräche sein Stimmgewicht auch seiner Bedeutung im Bundestag, so wie das aber bei den anderen Fraktionen des Ausschusses der Fall ist.

Was zugegebenermaßen irgendwie mathematisch und damit für Juristen in der Regel ziemlich kompliziert klingt, wird (hoffentlich) etwas deutlicher anhand eines **Beispiels**:

Im Verkehrsausschuss des Deutschen Bundestages sitzen aktuell **41 Personen** (siehe oben). Die SPD-Fraktion darf **13** Abgeordnete (= **31 %**) für diesen Ausschuss stellen, weil sie im Bundestag aktuell etwa 31 % der Sitze inne hat. Die CDU/CSU-Fraktion darf **20** Abgeordnete (= **49 %**) für diesen Ausschuss stellen, weil sie im Bundestag aktuell 49,3 % der Sitze inne hat. Die Fraktionen der GRÜNEN und der LINKEN stellen jeweils **4** Abgeordnete (= jeweils 10 %), weil sie im Bundestag jeweils etwa 10 % der Sitze inne haben. **Und jetzt aufgepasst**: Unser fraktionsloser A hat im Bundestag genau ***einen*** von **630 Sitzen**. Damit besetzt A exakt **0,159 %** aller Sitze des Deutschen Bundestages. **Folge**: A dürfte in einem Ausschuss (→ ***Miniaturausgabe*** des Bundestages!) demnach auch nur ein Stimmgewicht von eben diesen **0,159 %** haben. Hat er aber nicht! **Denn**: A kommt natürlich als ***eine*** Person (und damit quasi als **»Ein-Mann-Partei«**) und hat dann logischerweise auch **eine** von den 41 Stimmen im Ausschuss. Damit aber erhält er ein Stimmgewicht von **2,43 %** (Rechnung: 100 : 41 = 2,43). Das bedeutet, dass A als »Ein-Mann-Partei« prozentual betrachtet mehr als 15 Mal so viel Stimmgewicht im Ausschuss hätte (2,43 : 0,159 = 15,3), als ihm eigentlich, gemessen an seinem Anteil im Bundestag, zustehen würde. Und das ist – für jeden erkennbar – eindeutig überproportional. Und deshalb sagt das BVerfGE: Der fraktionslose Abgeordnete hat gar kein Stimmrecht im Ausschuss, weil andernfalls das Gewicht seiner Stimme überproportional hoch wäre im Vergleich zu den übrigen Mitgliedern des Ausschusses. Alles klar!?

Beachte noch: Dieser Entzug des Stimmrechts im Ausschuss für den fraktionslosen Abgeordneten wurde nicht von allen Richtern am BVerfG und auch nicht von allen Vertretern in der Literatur befürwortet. So vertrat der damalige Vizepräsident des BVerfG, Herr Professor *Mahrenholz*, als einer von acht Richtern des erkennenden Senats, in seinem Sondervotum zur Entscheidung die Ansicht, der Entzug des Stimmrechts verletze den fraktionslosen Abgeordneten in seinem Recht aus Art. 38 Abs. 1 Satz 2 GG und sei daher verfassungswidrig (vgl. BVerfGE **80**, 188, 235). Dem schlossen sich dann diverse Autoren in der Literatur an (vgl. etwa *von Münch/Kunig/Trute* Art. 38 GG Rz. 92; *Dreier/Morlock* Art. 38 GG Rz. 162; *Schulze/Fielitz* in DÖV 1989, 829; Berliner Kommentar-*Schreiber* Art. 38 GG Rz. 125; *Degenhart* StaatsR I Rz. 632; *Ziekow* in JuS 1993, 28). Als Hauptargument diente die Überlegung, dass dem fraktionslosen Abgeordneten vor allem durch das Stimmrecht im Ausschuss die Möglichkeit eröffnet ist, politisch auf sich aufmerksam zu machen und seine politischen Vorstellungen dort auch wirksam zum Tragen zu bringen. Mit einem reinen Rederecht sei er degradiert und könne keinerlei politisches Gewicht entfalten, da die eigentliche Sacharbeit des Parlaments in den Ausschüssen verrichtet werde (*vgl. Dreier/Morlock* Art. 38 GG Rz. 162; *Schulze/Fielitz* in DÖV 1989, 829; Berliner Kommentar-*Schreiber* Art. 38 GG Rz. 125; *Degenhart* StaatsR I Rz. 632). Durchgesetzt hat sich diese Ansicht aber letztlich nicht, die gesetzliche Regelung in der GeschO BT, wonach dem fraktionslosen Abgeordneten kein Stimmrecht zusteht, existiert bis heute und wird vom BVerfGE auch nicht mehr infrage gestellt.

Konsequenz: Der fraktionslose Abgeordnete darf und soll immer auch einem Ausschuss angehören, ist dort aber auf ein Rede- und Antragsrecht beschränkt, ein eigenes Stimmrecht bei der endgültigen Beschlussfassung steht ihm nicht zu (vgl. BVerfGE **80**, 188). Der fraktionslose Abgeordnete kann sein Stimmrecht nur bei einer späteren Abstimmung im Bundestag ausüben.

Ergebnis: Die auf den § 57 Abs. 2 Gescho BT gestützte Verfügung des Bundestagspräsidenten P gegenüber dem A war rechtmäßig und verstieß insbesondere nicht gegen die Verfassung in Art. 38 Abs. 1 Satz 2 GG. Unser A hat lediglich einen Anspruch auf Berufung in einen Ausschuss als beratendes Mitglied gemäß § 57 Abs. 2 Satz 2 GeschO BT.

Kurzer Nachtrag

Das war, ohne Frage, ein ziemlich kniffliger und vor allem sehr umfangreicher Fall. Nach unserer bescheidenen Meinung muss man angesichts dessen – gerade als Anfänger – auch nicht alles gleich beim ersten Lesen behalten oder gar auswendig wissen. Die unserem Fall zugrundeliegende und mehrfach zitierte Entscheidung des Bundesverfassungsgerichts vom **13.06.1989** (BVerfGE **80**, 188 = NJW **1990** 373) war letztlich übrigens noch viel umfangreicher als das hier Dargestellte. Es ging dort auch noch um das Rederecht, den Sitzplatz im Plenum, einen Telefonanschluss am Platz und noch andere Kleinigkeiten, die wir hier aber außen vor gelassen haben. Der Fall hat übrigens dazu geführt, dass die uns inzwischen ja geläufige *Geschäftsordnung des Bundestages* tatsächlich geändert wurde und nun die Fassung hat, mit der wir hier dann auch gearbeitet haben. Der Gesetzgeber hat also ausnahmsweise sehr rasch gehandelt und noch Ende 1989 – das Urteil war aus dem Juni des gleichen Jahres – den fraktionslosen Abgeordneten und die Befugnisse des Bundestagspräsidenten in den § 57 Abs. 2 Satz 2 GeschO BT aufgenommen. Seitdem, und vor allem dank unseres Herrn ***Thomas Wüppesahl***, gibt es heute diese Regelung über die fraktionslosen Abgeordneten. Beachtlich.

Das Allerletzte

So, und ganz zum Schluss dann noch der Hinweis auf eine Entscheidung des BVerfG aus dem September **2015** (→ NVwZ **2016**, 1751), die ziemlich prüfungsverdächtig daherkommt und sich – ebenso wie unser Fall oben – mit der Zusammensetzung der Ausschüsse befasst: Wir hatten ja gelernt, dass sich diese Zusammensetzung der Bundestagsausschüsse immer spiegelbildlich zur Sitzverteilung im Bundestag verhalten und quasi eine »Miniaturausgabe« des Bundestages sein muss. **Frage**: Gilt das eigentlich auch für den Vermittlungsausschuss des Art. 77 Abs. 2 Satz 1 GG? **Problem**: Ausweislich des Art. 77 Abs. 2 Satz 1 GG (aufschlagen!) besteht der Vermittlungsausschuss nicht nur aus Mitgliedern des Bundestages, sondern auch aus Mitgliedern des ***Bundesrates***. Rein denklogisch betrachtet, kann also eine Spiegelbildlichkeit zum Bundestag gar nicht hergestellt werden. **Lösung**: Beim Vermittlungsausschuss muss jedenfalls für die entsandten Mitglieder des ***Bundestages*** der Grundsatz der Spiegelbildlichkeit gewahrt sein. Es darf namentlich keine im Bundestag vertretene Partei ausgeschlossen werden (BVerfG NVwZ **2016**, 1751).

Sonderproblem: Im zu entscheidenden Fall gab es nun aber noch eine ziemlich interessante Variante, und zwar: Die führenden Parteien im Bundestag bzw. im Vermittlungsausschuss (CDU/CSU und SPD) hatten bei einem ziemlich heiklen Gesetzesvorhaben (→ Klärung des Regelbedarfs im Sozialhilferecht) aufgrund der politisch hochbrisanten Thematik entschieden, nicht mehr im vollständig besetzten Vermittlungsausschuss zu beraten – und dafür die Bildung einer »**Arbeitsgruppe**« beschlossen: Ausgewählte Mitglieder des Vermittlungsausschusses und weitere Sachverständige sowie Ministeriumsmitarbeiter sollten in dieser »Arbeitsgruppe« beraten und für die Abstimmung im (dann wieder vollständig besetzten) Vermittlungsausschuss einen Entscheidungsvorschlag erarbeiten. Der Clou: Diese »Arbeitsgruppe« bestand überraschenderweise nur noch aus CDU/CSU und SPD-Abgeordneten und ihren Mitarbeitern, insbesondere die im Vermittlungsausschuss sitzenden Abgeordneten der **LINKEN** waren indes ausgeschlossen worden. **Frage**: Zulässig? Erstaunliche **Antwort**: Ja! Das BVerfG segnete diese Praxis ab und erklärte, die in den Ausschüssen grundsätzlich erforderliche Spiegelbildlichkeit gelte nicht für eine vom Vermittlungsausschuss eingesetzte »Arbeitsgruppe«, weil:

»… Die Arbeit des Vermittlungsausschusses dient grundsätzlich nicht der öffentlichen parlamentarischen Verhandlung und Beschlussfassung im Sinne des Art. 42 Abs. 1 und 2 GG. Daher gilt für den Vermittlungsausschuss in seiner Gesamtheit auch nicht die aus Art. 38 Abs. 1 Satz 2 GG folgende Mitwirkungsbefugnis ***aller*** *Abgeordneten des Deutschen Bundestages. Dies zeigt sich namentlich darin, dass der Vermittlungsausschuss gemäß Art. 77 Abs. 2 Satz 1 GG sowohl aus Mitgliedern des Bundestages als auch aus Mitgliedern des Bundesrates besteht. Wie erörtert, gilt der Grundsatz der Spiegelbildlichkeit daher nur für die vom* ***Bundestag*** *in den Vermittlungsausschuss entsandten Mitglieder. Für die Besetzung von ›Arbeitsgruppen‹ des Vermittlungsausschüssen gilt zudem Folgendes: Da die Arbeitsgruppen nach ihrer Zielrichtung lediglich einen* ***Entscheidungsvorschlag*** *erarbeiten sollten, über den anschließend der vollständig besetzte Vermittlungsausschuss noch abstimmen musste, ist es verfassungsrechtlich unbedenklich, wenn die Arbeitsgruppen nicht mit Mitgliedern aller Fraktionen besetzt werden. Die nicht in der Arbeitsgruppe vertretenen Fraktionen bzw. deren Mitglieder können nämlich in der Abschlussberatung des vollständig besetzten Vermittlungsausschusses ihre Vorschläge einbringen und gegebenenfalls entsprechend abstimmen …«* (→ BVerfG NVwZ **2016**, 1751)

Gutachten

Es ist zu prüfen, ob das Vorgehen gegenüber A gegen die Verfassung verstößt. A ist zum einen von der Fraktion der GRÜNEN aus dem Petitionsausschuss ausgeschlossen und des Weiteren vom Bundestagspräsidenten P dem Verteidigungsausschuss zugewiesen worden, dort allerdings ohne eigenes Stimmrecht.

In Betracht kommt insoweit eine Verletzung des Rechts des A aus Art. 38 Abs. 1 Satz 2 GG, dem Grundsatz des freien Mandats.

I. Es stellt sich zunächst die Frage, inwieweit die Fraktion der GRÜNEN berechtigt war, den A aus dem Petitionsausschuss abzuziehen, nachdem A aus der Partei ausgetreten war. Gemäß § 57 Abs. 2 Satz 1 GeschO BT benennen die Fraktionen die Ausschussmitglieder und deren Stellvertreter. Wenn die Fraktionen die Ausschussmitglieder gemäß § 57 Abs. 2 Satz 1 GeschO BT benennen können, folgt daraus im Umkehrschluss aber auch, dass sie die Ausschussmitglieder, sollten sie die eigene Fraktion verlassen, auch wieder abziehen und die Plätze neu besetzen können. Dieses Verfahren entspricht der Bedeutung, die den Fraktionen für den politischen Willensbildungsprozess im Parlament zukommt, und begegnet, mit der Einschränkung, dass auch fraktionslosen Abgeordneten grundsätzlich eine Möglichkeit zur Mitarbeit in den Ausschüssen eröffnet werden muss, keinen verfassungsrechtlichen Bedenken. Es ist nur folgerichtig, dass nach der im Bundestag geübten Praxis Abgeordnete, die aus ihrer Fraktion ausgetreten oder ausgeschlossen worden sind, regelmäßig von dieser aus den Ausschüssen abberufen werden, in die sie von ihrer bisherigen Fraktion entsandt worden waren. Ein Abgeordneter wird durch eine solche Abberufung nicht in der Freiheit seines Mandats beeinträchtigt. Art. 38 Abs. 1 Satz 2 GG gewährt ihm zwar bei der gegenwärtigen Arbeitsorganisation des Bundestages einen Anspruch auf Mitarbeit in einem Ausschuss. Es erwächst ihm daraus aber kein Recht, für eine Fraktion, der er nicht (mehr) angehört, in einem Ausschuss tätig zu sein. Die Fraktion der GRÜNEN hat den A dadurch, dass sie ihn nach seinem Ausschluss aus der Fraktion aus dem Petitionsausschuss abberufen hat, somit nicht in seinen Rechten verletzt.

Zwischenergebnis: Wer aus der Partei und der eigenen Fraktion ausscheidet, muss auch hinnehmen, dass er die bislang für seine Fraktion besetzten Ausschussplätze räumen muss. Der Abgeordnete darf allerdings nicht vollständig von allen Ausschüssen ausgeschlossen werden. Jeder einzelne Abgeordnete hat grundsätzlich Anspruch darauf, jedenfalls in einem Ausschuss mitzuwirken. Dies folgt aus der Erwägung, dass ihm die Möglichkeit belassen bleiben muss, sich bestimmten Sachgebieten, denen sein Interesse gilt und für die er Sachverstand besitzt, besonders eingehend zu widmen.

II. Es fragt sich des Weiteren, ob der Bundestagspräsident P dem fraktionslosen Abgeordneten A einen Platz in einem beliebigen Ausschuss zuweisen und ihm dort das Stimmrecht für den Ausschuss gleichzeitig entziehen darf. Die entsprechende Vorschrift des § 57 Abs. 2 GeschO BT könnte gegen die Verfassung, namentlich Art. 38 Abs. 1 Satz 2 GG verstoßen.

1.) Dies könnte sich daraus ergeben, dass gemäß Art. 38 Abs. 1 Satz 2 GG jeder Abgeordnete Vertreter des ganzen Volkes ist. Dieser verfassungsrechtlich verankerte Grundsatz über die Stellung des Abgeordneten sagt gleichzeitig, dass jeder Abgeordnete die gleichen Rechte und die gleichen Pflichten innehaben muss. Wenn der Bundestag in der Erfüllung seiner verfassungsmäßigen Aufgaben und Befugnisse tätig wird, also etwa bei der Wahl des Bundeskanzlers oder der Durchführung eines Gesetzgebungsverfahrens, müssen alle Bundestagsabgeordneten in gleicher Weise an der politischen Willensbildung teilhaben.

a) Dem Bundestag selbst obliegt es gemäß Art. 40 Abs. 1 Satz 2 GG, in dem von der Verfassung vorgezeichneten Rahmen seine Arbeit und die Erledigung seiner Aufgaben auf der Grundlage des Prinzips der Beteiligung aller zu organisieren. Zu den sich so ergebenen Befugnissen des Abgeordneten zählt vor allem das Rederecht und das Stimmrecht, die Beteiligung an der Ausübung des Frage- und Informationsrechts des Parlaments, das Recht, sich an den vom Parlament vorzunehmenden Wahlen zu beteiligen und parlamentarische Initiativen zu ergreifen, und schließlich das Recht, sich mit anderen Abgeordneten zu einer Fraktion zusammenzuschließen. Indem die Abgeordneten diese Befugnisse ausüben, wirken sie an der Erfüllung der Aufgaben des Bundestages mit und genügen so den Pflichten ihres Amtes. Alle Mitglieder des Bundestages haben dabei aufgrund der Regelung des Art. 38 Abs. 1 Satz 2 GG gleiche Rechte und Pflichten. Die prinzipielle Möglichkeit, in einem Ausschuss mitzuwirken, hat für den einzelnen Abgeordneten angesichts des Umstandes, dass ein Großteil der eigentlichen Sacharbeit des Bundestages von den Ausschüssen bewältigt wird, eine der Mitwirkung im Plenum vergleichbare Bedeutung. Vor allem in den Ausschüssen eröffnet sich den Abgeordneten die Chance, ihre eigenen politischen Vorstellungen in die parlamentarische Willensbildung einzubringen. Von daher darf ein Abgeordneter nicht ohne gewichtige, an der Funktionstüchtigkeit des Parlaments orientierte Gründe von jeder Mitarbeit in den Ausschüssen ausgeschlossen werden.

b) Art. 38 Abs. 1 Satz 2 GG differenziert somit nicht zwischen einem fraktionszugehörigen- und einem fraktionslosen Abgeordneten, sondern meint die Beteiligung aller Bundestagsabgeordneter in gleicher Weise. Der Art. 38 Abs. 1 Satz 2 GG beschränkt sich dabei auch nicht auf das Plenum, also die Mitwirkung in den Bundestagssitzungen, sondern umfasst auch die Arbeit in den Ausschüssen, und zwar aufgrund ihrer hohen Bedeutung für die politische Willensbildung.

Zwischenergebnis: A hat generell ein Recht darauf, genauso wie alle anderen Bundestagsabgeordneten, an der Arbeit im Bundestag teilzunehmen und damit folglich auch als Mitglied in einem der Ausschüsse mitzuwirken. Somit würde jedenfalls ein genereller Ausschluss aus dem Petitionsausschuss (ohne eine Mitgliedschaft in einem anderen Ausschuss) einen unzulässigen Eingriff in sein Recht auf gleiche Mitarbeit aus Art. 38 Abs. 1 Satz 2 GG als Bundestagsabgeordneter darstellen.

2.) Angesichts dessen stellt sich abschließend die Frage, ob die Ungleichbehandlung des A, der im Unterschied zu den fraktionsangehörigen Abgeordneten, einen Ausschuss-Sitz ohne Stimmrecht vom Bundestagspräsidenten zugewiesen bekommt, gerechtfertigt ist. Sofern die Geschäftsordnung des Bundestages vorschreibt, dass grundsätzlich die Fraktionen die Ausschussmitglieder benennen, wäre zu klären, ob die in § 57 Abs. 2 Satz 2 GeschO BT verankerte Zuweisung der fraktionslosen Abgeordneten durch den Bundestagspräsidenten den Art. 38 Abs. 1 Satz 2 GG verletzt.

Dies ist im Ergebnis indes zu verneinen. Welchem Ausschuss ein fraktionsloser Abgeordneter angehört, entscheidet nicht der Abgeordnete selbst, sondern in Ermangelung einer anderen Institution der Bundestag oder eines seiner Organe, etwa das Präsidium oder der Ältestenrat. Der fraktionslose Abgeordnete kann ebenso wenig wie ein fraktionsangehöriger in Anspruch nehmen, einem Ausschuss seiner Wahl oder mehreren Ausschüssen anzugehören. Andererseits hat das für die Entscheidung zuständige Organ ihm Gehör zu gewähren, seine Interessen und sachlichen Qualifikationen zur Kenntnis zu nehmen und diese – wie es auch innerhalb der Fraktionen geschieht – nach Möglichkeit zu berücksichtigen. Das folgt schon daraus, dass dem einzelnen Abgeordneten die Möglichkeit belassen werden muss, sich bestimmten Sachgebieten, denen sein Interesse gilt und für die er Sachverstand besitzt, besonders eingehend zu widmen. Die Möglichkeit, den Wünschen fraktionsloser Abgeordneter hinsichtlich ihrer Mitarbeit in einem bestimmten Ausschuss zu entsprechen, muss freilich dann begrenzt werden, wenn die Interessen mehrerer von ihnen sich auf den gleichen Ausschuss richten oder wenn die sachgemäße Erledigung der Parlamentsaufgaben seine Mitarbeit in einem bestimmten Ausschuss ausschließt.

Zwischenergebnis: Bei fraktionslosen Abgeordneten darf entweder der Bundestag oder eines seiner Organe, zum Beispiel der Präsident des Bundestages, die Mitgliedschaft in einem Ausschuss regeln. Des Weiteren hat der Präsident hierbei die Neigungen und Vorbildungen zu berücksichtigen, was im vorliegenden Fall auch geschehen ist. Der P hat den A wegen seiner Ausbildung als Polizist in den Verteidigungsausschuss berufen.

Abschließend ist zu klären, inwieweit der Entzug des Stimmrechts den fraktionslosen Abgeordneten in seinem Recht aus Art. 38 Abs. 1 Satz 2 GG verletzt.

a) Hierfür könnte sprechen, dass dem fraktionslosen Abgeordneten vor allem durch das Stimmrecht im Ausschuss die Möglichkeit eröffnet ist, politisch auf sich aufmerksam zu machen und seine politischen Vorstellungen dort auch wirksam zum Tragen zu bringen. Mit einem reinen Rederecht wäre er quasi degradiert und könnte keinerlei politisches Gewicht entfalten, da die eigentliche Sacharbeit des Parlaments in den Ausschüssen und dort auch vor allem bei den Schlussabstimmungen verrichtet wird.

b) Gleichwohl ist es verfassungsrechtlich nicht geboten, dem nichtfraktionsangehörigen Abgeordneten im Ausschuss ein Stimmrecht zu geben. Dieses Stimmrecht würde nämlich notwendigerweise immer überproportional wirken. Der fraktionslose Abgeordnete spricht nur für sich, nicht auch für die Mitglieder einer Fraktion; das unterscheidet ihn von den fraktionsangehörigen Ausschussmitgliedern. Seinem Einfluss auf die Beschlussempfehlung an das Plenum kommt deshalb nicht das gleiche Gewicht zu wie bei den auch für andere Abgeordnete sprechenden Ausschussmitgliedern. Eine trotz dieser Ungleichgewichtigkeit gleichwohl von Verfassungs wegen bestehende Verpflichtung des Bundestages, dem fraktionslosen Abgeordneten ein Stimmrecht im Ausschuss einzuräumen, bedürfte daher einer verfassungsrechtlichen Rechtfertigung, die sich nur aus Art. 38 Abs. 1 Satz 2 GG gewinnen ließe. Diese Vorschrift gibt jedoch dafür nichts her: Das dem Abgeordneten aus seinem verfassungsrechtlichen Status zukommende Stimmrecht wird in der Sache nicht verkürzt, wenn er im Ausschuss nicht mitstimmen kann. Sein Stimmrecht als Abgeordneter kann er vielmehr wie jedes Mitglied des Bundestages im Gesetzgebungsverfahren geltend machen, wenn er in zweiter Lesung Änderungsanträge stellt und für die von ihm für richtig gehaltene Fassung der Vorlage stimmt, ferner auch bei den Abstimmungen in dritter Lesung. Dem fraktionslosen Abgeordneten das Stimmrecht im Ausschuss zu geben, ist noch weniger mit Rücksicht auf die Funktion der Ausschüsse geboten, die Mehrheitsfähigkeit einer Vorlage im Plenum sicherzustellen. Auch in Bezug auf diese Funktion gebührt der Stimme des fraktionslosen Abgeordneten eine wesentlich geringere Bedeutung als der des fraktionsangehörigen. Im Gegensatz dazu bekäme seine Stimme sogar zusätzliches, möglicherweise ausschlaggebendes Gewicht, wenn sie bestehende Mehrheitsverhältnisse im Ausschuss infrage stellen könnte.

Zwischenergebnis: Der fraktionslose Abgeordnete soll zwar immer mindestens einem Ausschuss angehören, ist dort aber auf ein Rede- und Antragsrecht beschränkt. Ein eigenes Stimmrecht bei der endgültigen Beschlussfassung steht ihm nicht zu. Der fraktionslose Abgeordnete kann sein Mitwirkungsrecht bei einer späteren Abstimmung im Bundestag ausüben.

Ergebnis: Die auf dem § 57 Abs. 2 Gescho BT gestützte Verfügung des Bundestagspräsidenten P gegenüber dem A war rechtmäßig und verstieß insbesondere nicht gegen die Verfassung in Art. 38 Abs. 1 Satz 2 GG. A hat lediglich einen Anspruch auf Berufung in einen Ausschuss als beratendes Mitglied gemäß § 57 Abs. 2 Satz 2 GeschO BT.

Fall 18

Herr Pofalla und die Immunschwäche

Drei Wochen vor der Bundestagswahl sagen sämtliche Wahlforschungsinstitute eine absolute Mehrheit und damit einen klaren Wahlsieg für die CDU/CSU voraus. Für die zukünftige neue Bundesregierung ist der CDU-Bundestagsabgeordnete A als Justizminister im Gespräch.

Und dann passiert es: Aufgrund einer anonymen Anzeige will die Staatsanwaltschaft noch vor der Bundestagswahl ein Ermittlungsverfahren gegen A wegen des Verdachts der Steuerhinterziehung einleiten. A soll ein Nummernkonto in der Schweiz haben, auf dem zwei Millionen Euro Schwarzgeld liegen. Über diesen Verdacht informiert die Staatsanwaltschaft den Bundestagspräsidenten, der die Informationen und die bislang vorliegenden Unterlagen der Staatsanwaltschaft umgehend an den Ausschuss für Immunitätsfragen weiterleitet. Obwohl mehrere seriöse Nachrichtenagenturen übereinstimmend berichten, dass die Vorwürfe gegen A haltlos sind und die bisherigen Erkenntnisse der Staatsanwaltschaft erhebliche Lücken aufweisen und teilweise widersprüchlich sind, erhebt der mehrheitlich mit Abgeordneten von SPD und GRÜNEN besetzte Ausschuss keine Einwände gegen die Ermittlungen. Der Bundestag wird zu dem Vorfall nicht angehört. Durch das anschließend eingeleitete Ermittlungsverfahren gerät A in den öffentlichen Fokus und muss trotz Wiederwahl in den Bundestag auf den Ministerposten verzichten. Ein halbes Jahr später stellt sich heraus, dass die Vorwürfe gegen A frei erfunden waren.

A hält das Ermittlungsverfahren gegen ihn für skandalös und verfassungswidrig, insbesondere fühlt er sich in seinem Abgeordnetenstatus verletzt. **Zu Recht?**

Schwerpunkte: Die Immunität und die Indemnität der Abgeordneten gemäß Art. 46 GG; das Immunitätsverfahren; die »Vorabgenehmigung« des Bundestages; die Aufgaben des Immunitätsausschusses; das »*Pofalla*«-Urteil: BVerfGE **104**, 310 = NJW **2002**, 1111.

Lösungsweg

Einstieg: Der letzte Fall des Buches führt uns noch einmal in den Deutschen Bundestag und vor allem zu den dort sitzenden Abgeordneten. Konkret geht es um die Frage, welchen besonderen Status und Schutz die Abgeordneten eigentlich im Hinblick auf gegen sie geführte Strafverfahren genießen. Das Ganze firmiert unter den Begriffen »**Immunität**« und »**Indemnität**« und findet seinen Niederschlag in **Art. 46 GG**. Den sehen wir uns natürlich gleich mal in Ruhe an, wollen vorher aber bitte beachten, dass die Geschichte da oben einen durchaus realen Hintergrund hat: Das Bundesverfassungsgericht musste am **17. Dezember 2001** über die Klage des damaligen Bundestagsabgeordneten ***Ronald Pofalla*** (CDU) entscheiden, dem nämlich Ähnliches, wie oben geschildert, widerfahren war. Herr *Pofalla* stand im Frühjahr 2000 als zukünftiger Justizminister im »Schattenkabinett« von *Jürgen Rüttgers* (CDU), der in Nordrhein-Westfalen neuer Ministerpräsident werden wollte. Einige Wochen vor der Landtagswahl ermittelte dann die Staatsanwaltschaft gegen den zu diesem Zeitpunkt noch als einfacher Abgeordneter im Bundestag sitzenden Herrn *Pofalla* wegen des Verdachts der Steuerhinterziehung, was sich nachher aber als insgesamt haltlos herausstellte. Der Deutsche Bundestag – damals mit **SPD** und **GRÜNEN** in der Mehrheit – hatte die Ermittlungen gegen Herrn *Pofalla,* zu denen auch eine gerichtlich angeordnete Hausdurchsuchung inklusive großflächiger Beschlagnahme von Akten gehörte, trotz beachtlicher Lücken und Widersprüchen in den Ermittlungsakten abgesegnet. Herr *Pofalla* klagte anschließend vor dem Bundesverfassungsgericht unter anderem gegen den Deutschen Bundestag (!) auf Feststellung, dass die Absegnung des Ermittlungsverfahrens ihn in seinen Abgeordnetenrechten verletzt habe. Die daraufhin im Dezember 2001 ergangene Entscheidung des Bundesverfassungsgerichts (BVerfGE **104**, 310 = NJW **2002**, 1111) hat dann staatsrechtliche Geschichte geschrieben, weil sie die Rechtslage bezüglich der Immunität von Abgeordneten neu und tatsächlich bis heute gültig regelte. Herr *Pofalla* – soviel schon mal vorweg – verlor dieses Verfahren vor dem Bundesverfassungsgericht spektakulär und juristisch sehr fragwürdig, was ihm politisch allerdings keinen wirklichen Schaden einbrachte: Unter Kanzlerin Angela Merkel war er von Oktober 2009 bis Dezember 2013 Minister für »besondere Aufgaben« und Chef des Bundeskanzleramtes. In den Jahren 2004/2005 war er zudem stellvertretender Fraktionschef der CDU/CSU im Bundestag. Inzwischen arbeitet Herr *Pofalla* in ziemlich gehobener Position bei der *Deutschen Bahn*. Es gibt weniger erfolgreiche Karrieren in Deutschland.

Wir wollen uns jetzt auf die oben dargestellte, etwas abgewandelte und vereinfachte Variante des Falles »Pofalla« konzentrieren und fragen, ob der Immunitätsausschuss, der Bundestag oder vielleicht sogar die Staatsanwaltschaft tatsächlich die Rechte des A verletzt haben. Bei genauer Betrachtung ist die Situation bzw. die Fragestellung vergleichsweise simpel, **nämlich**: Was macht eigentlich der Deutsche Bundestag, wenn gegen einen seiner Abgeordneten wegen des Verdachts eines strafbaren Verhaltens seitens der Staatsanwaltschaft ermittelt werden soll? Und hat der Abgeordnete irgendwelchen Einfluss auf ein solches Verfahren?

Ansatz: Wie immer, wollen wir zunächst die notwendigen Begrifflichkeiten erlernen, um dann anschließend den konkreten Fall (locker) lösen zu können:

I. Die »Indemnität« der Bundestagsabgeordneten

Wir lesen bitte zunächst **Art. 46 Abs. 1 GG**, da steht:

> *»Ein Abgeordneter darf zu keiner Zeit wegen seiner Abstimmung oder wegen einer Äußerung, die er im Bundestag oder in einem seiner Ausschüsse getan hat, gerichtlich oder dienstlich verfolgt oder sonst außerhalb des Bundestages zur Verantwortung gezogen werden. Dies gilt nicht für verleumderische Beleidigungen.«*

Durchblick: Diese Regelung des Art. 46 Abs. 1 GG bezeichnet man als »**Indemnität**« der Abgeordneten und sie betrifft das Verhalten im ***Bundestag*** oder in seinen ***Ausschüssen***. Für alles, was der Abgeordnete dort von sich gibt, kann er weder zivilrechtlich noch strafrechtlich zur Verantwortung gezogen werden. Man nennt diese Regel auch die »**Redefreiheit**« oder das »**Wortprivileg**« der Bundestagsabgeordneten (*von Mangold/Klein/Achterberg/Schulte* Art. 46 GG Rz. 11; BK/*Magiera* Art. 46 GG Rz. 23). Hintergrund ist selbstverständlich der Gedanke, dass der Abgeordnete bei seiner parlamentarischen Tätigkeit im Bundestag oder den Ausschüssen nicht irgendwelchen (Rede-)Beschränkungen unterworfen sein und seine Meinung jederzeit und quasi »unzensiert« sagen können soll. Die Indemnität dient damit vor allem der Sicherung der Arbeits- und Funktionsfähigkeit des Deutschen Bundestages (*Sachs/Magiera* Art. 46 GG Rz. 11). Würde man einem Abgeordneten zumuten, bei seinen Beiträgen im Plenum oder im Ausschuss möglicherweise straf- oder zivilrechtlich zur Verantwortung gezogen zu werden, wäre ein »freies« Mandat kaum oder gar nicht möglich. Der Abgeordnete unterläge jederzeit einer rechtlichen Beschränkung seiner Tätigkeit, was aber vom Grundgesetz ausdrücklich nicht gewollt ist (*Dreier/Schulze-Fielitz* Art. 46 GG Rz. 8; *Maurer* StaatsR I Rz. 73; *Erbguth/Stollmann* in JuS 1993, 488). Und deshalb gibt es den Art. 46 Abs. 1 GG.

Beispiel: Der Bundestagsabgeordnete B erklärt in einer Rede im Rahmen einer Bundestagsdebatte zum Verbraucherschutz, Recherchen des zuständigen Gesundheitsamts hätten den Verdacht erhärtet, wonach die bekannte Obst- und Gemüseanbaufirma F aus Bayern aufgrund unsauberer Arbeitsbedingungen bereits mehrfach verseuchte Ware in den Handel gebracht habe, die vor allem mit dem gefährlichen »EHEC-Virus« kontaminiert gewesen sei. Dies dürfe seiner Ansicht nach der Öffentlichkeit nicht länger verschwiegen werden, er persönlich finde ein solches Verhalten absolut skandalös, solche unsauberen Machenschaften müssten unbedingt von der Regierung bekämpft werden. Aufgrund dieser Äußerung im Bundestag, die von mehreren TV-Anstalten live übertragen und auch in der Presse anschließend breit ausgeschlachtet wird, findet F in der Folgezeit kaum noch Abnehmer für ihre Ware und droht bankrott zu gehen. Die F verklagt daraufhin den B auf Schadensersatz und auf Widerruf seiner Äußerung. **Mit Erfolg?**

Lösung: Die Klage der F wird das Gericht bereits als ***unzulässig*** abweisen, und zwar aufgrund der Regelung des **Art. 46 Abs. 1 GG,** die man als »**Verfahrenshindernis**« verstehen muss (*Sachs/Magiera* Art. 46 GG Rz. 10; *Dreier/Schulze-Fielitz* Art. 46 GG Rz. 10; AK-*Schneider* Art. 46 GG Rz. 3). Die Meinungsäußerung des B im Bundestag findet wegen Art. 46 Abs. 1 GG quasi im – haftungsrechtlich betrachtet – »rechtsfreien Raum« statt. Wir hatten es oben ja schon mal gesagt: Im Bundestag dürfen die Abgeordneten tatsächlich »frei« reden und das umfasst auch solche Erklärungen wie oben geschildert. Andernfalls würde der Abgeordnete im Rahmen seiner Tätigkeit im Bundestag nämlich durch Drohung mit möglichen strafrechtlichen oder zivilrechtlichen Folgen behindert, was aber gerade nicht passieren soll (BK/*Magiera* Art. 46 GG Rz. 67). ***Anders*** ist das Ganze gemäß Art. 46 Abs. 1 Satz 2 GG lediglich bei der verleumderischen Beleidigung im Sinne des § 187 StGB: Gemäß § 187 StGB droht aber nur dann eine Bestrafung, wenn jemand ***vorsätzlich*** und ***wider besseres Wissen*** in Beziehung auf einen anderen eine unwahre Tatsache behauptet oder verbreitet, welche denselben verächtlich zu machen oder in der öffentlichen Meinung herabzuwürdigen oder dessen Kredit zu gefährden geeignet ist. In solchen Fällen besteht für den Abgeordneten dann (logischerweise) ***keine*** Indemnität mehr. Wenn unser B hier also bewusst und wider besseres Wissen diese Aussagen im Bundestag gemacht hätte, etwa um die F zu schädigen, könnte er durchaus zur Rechenschaft gezogen werden, und zwar sowohl strafrechtlich als auch im zivilrechtlichen Verfahren, zum Beispiel auf Schadensersatz und auf Widerruf seiner Äußerung. Eine solche Klage würde dann nicht an Art. 46 Abs. 1 Satz 1 GG scheitern.

Merke: Unter »Indemnität« versteht man den Grundsatz der ***Verantwortungsfreiheit*** des Abgeordneten für seine parlamentarische Tätigkeit. Der Abgeordnete darf – mit Ausnahme von verleumderischen Beleidigungen im Sinne des § 187 StGB (vgl. auch § 103 StGB) – für seine Abstimmungen und Äußerungen sowohl im Bundestag als auch in dessen Ausschüssen zu keiner Zeit außerhalb des Bundestages zur Verantwortung gezogen werden. Und das gilt auch für die Zeit nach Beendigung seines Mandats im Bundestag, auch dann können die vorher im Bundestag getätigten Äußerungen weder zivil- noch strafrechtlich gegen ihn verwendet werden: Die Indemnität gilt damit quasi ***lebenslänglich*** (*Sachs/Magiera* Art. 46 GG Rz. 7). Der Bundestagsabgeordnete kann des Weiteren auf diese Indemnität nicht freiwillig verzichten; und auch der Bundestag hat nicht das Recht, die Indemnität des einzelnen Abgeordneten aufzuheben. Die Indemnität ist damit unumstößlicher Bestandteil des Abgeordnetenmandats (*Maunz/Dürig/Klein* Art. 46 GG Rz. 6). Die Indemnität des Bundestagsabgeordneten gilt abschließend allerdings nicht für Äußerungen, die der Abgeordnete ***außerhalb*** des Parlaments tätigt. Bei Reden, Interviews oder Pressemitteilungen außerhalb des Bundestages und der Ausschüsse kann der Abgeordnete also durchaus zur Verantwortung gezogen werden (BK/*Magiera* Art. 46 GG Rz. 66; *Ipsen* StaatsR I Rz. 298).

II. Die »Immunität« der Bundestagsabgeordneten

Wir lesen bitte **Art. 46 Abs. 2 GG,** da steht:

> *»Wegen einer mit Strafe bedrohten Handlung darf ein Abgeordneter nur mit Genehmigung des Bundestages zur Verantwortung gezogen oder verhaftet werden, es sei denn, dass er bei Begehung der Tat oder im Laufe des folgenden Tages festgenommen wird.«*

Also: Im Vergleich zur Indemnität gemäß Art. 46 Abs. 1 GG bedeutet die »Immunität«, dass eine ***Strafverfolgung*** des Bundestagsabgeordneten während seiner Amtszeit nur mit Genehmigung des Bundestages zulässig ist (*Degenhart* StaatsR I Rz. 621). Da hier kein Wort davon steht, dass es nur um Handlungen innerhalb des Bundestages oder eines Ausschusses geht, schützt die ***Immunität*** den Parlamentarier damit in seinem gesamten (also auch dem privaten) Lebensbereich vor strafrechtlicher Verfolgung (*Ipsen* StaatsR I Rz. 301). Andererseits schützt die Immunität tatsächlich nur vor ***strafrechtlicher Verfolgung*** und somit, anders als die Indemnität, nicht vor der Geltendmachung ***zivilrechtlicher*** Ansprüche aufgrund eines strafbaren Verhaltens. Wer also als Bundestagsabgeordneter besoffen einen Unfall verursacht, kann zwar ohne Zustimmung des Bundestages insoweit nicht strafrechtlich belangt werden, muss aber gleichwohl für den Schaden unter Umständen ***zivilrechtlich*** aufkommen. Wie gesagt, die Immunität hindert lediglich die ***Strafverfolgung***, wobei hierzu übrigens auch und vor allem schon das staatsanwaltschaftliche Ermittlungsverfahren zählt (*Maunz/Dürig/Klein* Art. 46 GG Rz. 65). Bringt ein Abgeordneter ein Strafverfahren in seine Amtszeit quasi »mit«, war das Verfahren also schon ***vorher*** anhängig, ruht dieses Verfahren während der Amtszeit des Abgeordneten und kann demzufolge danach ohne Probleme von den Behörden auch wieder aufgenommen werden, zumal die Verjährung in dieser »Ruhezeit« gemäß den §§ 78b und 79a StGB nicht weiterläuft (BK/*Magiera* Art. 46 GG Rz. 114). Der Abgeordnete ist also tatsächlich nur in seiner Amtszeit vor strafrechtlicher Verfolgung geschützt. Die Immunität genießen im Übrigen nach Art. 46 Abs. 2 bis 4 GG – ebenso wie die Indemnität nach Art. 46 Abs. 1 GG – nur die Mitglieder des ***Bundestages***, nicht auch die Mitarbeiter in den Ministerien oder sonstige »nahestehende« Personen (BK/*Magiera* Art. 46 GG Rz. 80). Die Vorschriften des Art. 46 GG sind allerdings auf die Mitglieder der ***Bundesversammlung*** und gemäß Art. 60 Abs. 4 GG auch auf den ***Bundespräsidenten*** entsprechend anzuwenden (*Maunz/Dürig/Klein* Art. 46 GG Rz. 59).

III. So, nach diesem ersten Rundgang widmen wir uns nun mal unserem Fall und wollen prüfen, ob der A tatsächlich in seinen Rechten (aus Art. 46 GG!) verletzt sein könnte. Bei genauer Betrachtung kommt nach dem soeben Gesagten nur eine Verletzung der Vorschriften über die ***Immunität*** infrage, da es ja nicht um eine Äußerung des A im Deutschen Bundestag oder den Ausschüssen geht (= Indemnitätsproblematik), sondern gegen A wegen einer möglichen Steuerstraftat aus seinem Privatleben ermittelt werden soll (= Immunitätsproblem).

Und jetzt wird es erst richtig interessant. **Denn**: Wir müssen uns nun mal die ***parlamentarische Praxis*** des Deutschen Bundestages anschauen, denn so, wie wir es eben gelernt haben und wie es auch in **Art. 46 Abs. 2 GG** ausdrücklich drinsteht, funktioniert die Geschichte mit der Immunität der Abgeordneten in der parlamentarischen Arbeit des Deutschen Bundestages leider gar nicht. Tatsächlich nämlich erteilt der Deutsche Bundestag in aller Regel keine konkrete Genehmigung für die Einleitung eines bestimmten Ermittlungsverfahrens gegen einen Abgeordneten, sondern regelt das Ganze ***pauschal*** zu Beginn einer neuen Legislaturperiode: In der 5. Wahlperiode des Deutschen Bundestages (→ 1965–1969) beschloss der Deutsche Bundestag eine allgemeine ***Vorabgenehmigung*** für die Durchführung von einfachen staatsanwaltschaftlichen Ermittlungsverfahren gegen Abgeordnete wegen möglicherweise begangener Straftaten. Und dieser Beschluss von 1965 wird seitdem jeweils zu Beginn einer neuen Legislaturperiode vom neu gewählten Bundestag, übrigens ebenso wie die gesamte Geschäftsordnung des Bundestages, »**übernommen**« und damit jedes Mal wieder neu in Kraft gesetzt (*Maunz/Dürig/Klein* Art. 46 GG Rz. 98; *von Münch/Kunig/Trute* Art. 46 GG Rz. 29; BK/*Magiera* Art. 46 GG Rz. 120). Der Beschluss des Bundestages aus dem Jahre 1965 findet sich inzwischen in der ***Anlage 6*** zur Geschäftsordnung des Deutschen Bundestages, abgedruckt im *Sartorius* unter der Nr. 35. Dort bitte ganz nach hinten blättern bis zum »Beschluss des Deutschen Bundestages betreffend die Immunität von Mitgliedern des Bundestages«, da heißt es:

> *»Der Deutsche Bundestag genehmigt bis zum Ablauf dieser Wahlperiode die Durchführung von Ermittlungsverfahren gegen Mitglieder des Bundestages wegen Straftaten, es sei denn, dass es sich um Beleidigungen (§§ 185, 186, 187 a Abs. 1 StGB) politischen Charakters handelt. Das Ermittlungsverfahren darf im Einzelfall frühestens 48 Stunden nach Zugang der Mitteilung beim Präsidenten des Deutschen Bundestages eingeleitet werden.«*

Also: Anders als beim Lesen des Art. 46 Abs. 2 GG zunächst zu vermuten, erteilt der Deutsche Bundestag in seiner parlamentarischen Praxis seit dem Jahre 1965 (!) immer im ***Voraus*** und zu Beginn einer jeden Legislaturperiode die pauschale Genehmigung zur Durchführung von Ermittlungsverfahren und hebt insoweit die Immunität aller Abgeordneten auf. Hierbei muss man übrigens das Wort »**Genehmigung**« (im Unterschied zu § 184 BGB) nicht als nachträgliche, sondern als ***vorherige Zustimmung*** lesen und verstehen (BK/*Magiera* Art. 46 GG Rz. 117). Diese Vorabgenehmigung wird rechtlich betrachtet immer in dem Moment automatisch wirksam, wenn dem Bundestagspräsidenten und auch dem betroffenen Abgeordneten von der beabsichtigten Einleitung eines Ermittlungsverfahrens eine entsprechende Mitteilung gemacht wird (*Maunz/Dürig/Klein* Art. 46 GG Rz. 98). Erst dann läuft auch die im Beschluss genannte **48-Stunden-Frist**. Innerhalb dieser Frist, die übrigens auf Antrag auch verlängert werden kann, hat dann der ***Immunitätsausschuss*** des Bundestages die Möglichkeit der Prüfung der Vorwürfe – und entscheidet anschließend über das weitere Vorgehen.

Durchblick: Das gesamte Prozedere funktioniert demnach in der parlamentarischen Praxis des Deutschen Bundestages so: Die Staatsanwaltschaft informiert den

Bundestagspräsidenten darüber, dass gegen einen bestimmten Abgeordneten wegen des Verdachts einer strafbaren Handlung staatsanwaltschaftlich ermittelt werden soll. Der Bundestagspräsident leitet diese Informationen umgehend an den ***Ausschuss*** für ***Immunitätsfragen*** weiter. Da ja ein ursprünglicher Beschluss des Bundestages existiert, wonach die Immunität aller Abgeordneter grundsätzlich aufgehoben ist (→ die Vorabgenehmigung!), hat der Ausschuss jetzt innerhalb der 48-Stunden-Frist nur zu prüfen, ob im konkreten Fall die Immunität des Abgeordneten ausnahmsweise ***wiederhergestellt***, also das weitere Ermittlungsverfahren gestoppt werden soll. Kommt der Ausschuss zu dieser Überzeugung, insbesondere weil die Anschuldigungen der Staatsanwaltschaft nicht stichhaltig genug oder unschlüssig sind, legt er innerhalb von 48 Stunden dem Bundestag die ***Empfehlung*** zur Abstimmung vor, die Immunität des Abgeordneten ausnahmsweise wiederherzustellen. Der Bundestag stimmt sodann über diese Empfehlung ab und stellt im Zweifel die Immunität des Abgeordneten wieder her. Ist der Immunitätsausschuss hingegen von der Argumentation der Staatsanwaltschaft überzeugt, lässt er die 48-Stunden-Frist einfach verstreichen – und die Staatsanwaltschaft kann danach weiterermitteln; die Immunität des Abgeordneten bleibt dann (durch die Vorabgenehmigung) aufgehoben. Der Ausschuss entscheidet somit bei genauer Betrachtung nur darüber, ob der ursprüngliche Beschluss des Bundestages zur Aufhebung der Immunität ausnahmsweise für den jeweils konkreten Fall abgeändert werden soll. Der Deutsche Bundestag hingegen entscheidet dementsprechend nur dann (noch einmal) über eine Immunität eines Abgeordneten, wenn er diese Immunität ***wiederherstellen*** soll. Aufgehoben hat sie der Bundestag ja bereits durch die pauschale Vorabgenehmigung zu Beginn der Legislaturperiode (siehe oben).

Beachte: Es ist vor allem wichtig, das Prinzip zu verstehen. Grundsätzlich hebt der Bundestag zu Beginn der Legislaturperiode die Immunität ***aller*** Abgeordneten in Bezug auf staatsanwaltliche Ermittlungen pauschal auf (= **Vorabgenehmigung**). Will die Staatsanwaltschaft gegen einen Abgeordneten ermitteln, wird darüber dann zunächst nur noch der Immunitätsausschuss informiert. Der hat nun 48 Stunden Zeit, um zu prüfen, ob die Vorabgenehmigung aufrechterhalten wird, oder ob der Bundestag im konkreten Fall doch noch einmal mit der Sache befasst werden soll, nämlich dann, wenn die Anschuldigungen nach Meinung des Ausschusses so dünn und/oder widersprüchlich sind, dass zum Schutz des einzelnen Abgeordneten und auch des gesamten Parlaments ein Ermittlungsverfahren ***nicht*** durchgeführt werden soll. In diesem Falle – und nur dann! – legt der Ausschuss die Sache dem Bundestag zur Abstimmung vor (*Maunz/Dürig/Klein* Art. 46 GG Rz. 97); ansonsten lässt der Ausschuss die 48-Stunden-Frist einfach verstreichen.

Feinkostabteilung: Diese seit 1965 bestehende, inzwischen in der Geschäftsordnung des Bundestages verankerte parlamentarische Praxis, also der Beschluss des Bundestages zur Aufhebung der Immunität, ist verfassungsrechtlich nicht ganz unumstritten. Insbesondere deshalb, weil es aufgrund der pauschalen Vorabgenehmigung in aller Regel keine Prüfung des Einzelfalls durch den Bundestag, sondern nur durch den Ausschuss gibt (vgl. dazu etwa *Troßmann*, Parlamentsrecht, § 114 Rz. 4/5). Gleichwohl wird das Verfahren von der überwiegenden Meinung in der Literatur und natürlich auch vom Bundesverfassungsgericht als verfassungsrechtlich ***zulässig*** erachtet (BVerfGE **104**, 310; *Jarass/Pieroth* Art. 46 GG Rz. 8; *von Mangold/Klein/Starck* Art. 46 GG Rz. 46; *Maunz/Dürig/Klein* Art. 46 GG Rz. 99; *Dreier/Schulze-Fielitz* Art. 46 GG Rz. 38; BK/*Magiera* Art. 46 GG Rz. 120; *Umbach/Clemens* Art. 46 GG Rz. 53). Zum einen deshalb, weil die pauschale Genehmigung grundsätzlich nur für die »einfachen« staatsanwaltschaftlichen Ermittlungen gilt und nicht auch für »härtere« Maßnahmen, wie etwa einen Freiheitsentzug oder sonstige vergleichbar einschneidende Maßnahmen wie Durchsuchungen oder Beschlagnahmen (BK/*Magiera* Art. 46 GG Rz. 120). Solche Maßnahmen müssen, wie sich aus der Anlage 6 zur GeschO BT ergibt, grundsätzlich vom Bundestag abgesegnet werden. Insbesondere spricht für die pauschale Vorabgenehmigung des Deutschen Bundestages aber, dass die Befassung mit dem jeweiligen Einzelfall im Plenum vermutlich die Aufmerksamkeit der Medien auf sich ziehen würde, da ein Strafverfahren gegen einen Bundestagsabgeordneten – und sei es noch so unbedeutend – in der Presse gerne und großflächig ausgeschlachtet wird. Gleichzeitig berichten die Medien aber dann häufig nicht (mehr) darüber, wie dieses Verfahren tatsächlich ausgegangen ist, vor allem, wenn es zu einer vergleichsweise uninteressanten Einstellung des Verfahrens gekommen ist (*Maunz/Dürig/Klein* Art. 46 GG Rz. 99). Hier würde dann das für den Abgeordneten ziemlich tragische Prinzip gelten: »*Irgendwas bleibt immer hängen!*«. Aus diesem Grund macht es vor allen Dingen auch für die Abgeordneten selbst durchaus Sinn, im Vorfeld mit einer pauschalen Genehmigung ihre Immunität für etwaige staatsanwaltschaftliche Ermittlungen aufzuheben und nur dann, wenn die Vorwürfe der Staatsanwaltschaft offensichtlich unbegründet sind, den Bundestag (und damit auch die Öffentlichkeit!) mit dem Vorgang erneut zu befassen. Dadurch, dass der Immunitätsausschuss zur Prüfung der Plausibilität der Vorwürfe in jedem Falle in ***jeder*** Sache tätig ist (siehe oben), geht die ganze Geschichte auch nicht komplett am Bundestag bzw. den Abgeordneten vorbei. Ein letztes Argument für die Zulässigkeit dieser Praxis findet man schließlich in **Art. 46 Abs. 4 GG** (aufschlagen!), in dem normiert ist, dass der Bundestag grundsätzlich ***jedes*** Verfahren ***jederzeit*** aussetzen kann, also auch dann, wenn es aufgrund der Vorabgenehmigung bereits in Gang ist. Dieses sogenannte ***Reklamationsrecht*** ermöglicht dem Bundestag, den Immunitätsschutz eines Abgeordneten in jedem Stadium des Verfahrens ganz oder teilweise (wieder) herzustellen (*Sachs/Magiera* Art. 46 GG Rz. 26; *Maunz/Dürig/Klein* Art. 46 GG Rz. 98).

Also: Die Praxis des Deutschen Bundestages, wonach durch ***Vorabgenehmigung*** die Immunität aller Abgeordneten in Bezug auf einfache staatsanwaltliche Ermittlungen pauschal aufgehoben wird, ist verfassungsrechtlich zulässig (BVerfGE **104**, 310; BK/*Magiera* Art. 46 GG Rz. 120; *von Mangold/Klein/Starck* Art. 46 GG Rz. 46; *Dreier/Schulze-Fielitz* Art. 46 GG Rz. 38; *Jarass/Pieroth* Art. 46 GG Rz. 8).

Zum Fall: Mit diesem Wissen schauen wir uns nun mal das Problem unseres Abgeordneten A an. Dem A ist ja Folgendes passiert: Aufgrund einer anonymen Strafanzeige will die Staatsanwaltschaft gegen ihn wegen eines Steuerdelikts ermitteln. Das ist, getragen von der Vorabgenehmigung des Deutschen Bundestages (siehe oben!), nun erst mal kein Problem, denn mehr als ein einfaches Ermittlungsverfahren droht dem A noch nicht. Und insoweit ist seine Immunität zu Beginn der Legislaturperiode durch die Vorabgenehmigung problemlos und wirksam aufgehoben worden. Der Bundestagspräsident hat die Mitteilung der Staatsanwaltschaft dann korrekterweise an den ***Immunitätsausschuss*** (und nicht an den Bundestag!) weitergeleitet, damit der Ausschuss die Plausibilität der Vorwürfe prüft. Auch das ist korrekt, denn wir hatten oben gesagt, dass trotz der Vorabgenehmigung der Ausschuss innerhalb von 48 Stunden entscheiden soll und muss, ob nicht ausnahmsweise die Immunität wiederhergestellt werden und der Bundestag dann hierüber entscheiden soll.

Problem: Obwohl nach Auskunft des Sachverhalts »*mehrere seriöse Nachrichtenagenturen übereinstimmend berichten, dass die Vorwürfe gegen A haltlos und die bisherigen Erkenntnisse der Staatsanwaltschaft zudem erhebliche Lücken aufweisen und widersprüchlich sind*«, erhebt der mehrheitlich mit Abgeordneten von SPD und GRÜNEN besetzte Ausschuss keine Einwände gegen die Ermittlungen und legt dem Bundestag den Vorgang daher auch nicht mehr vor. Es stellt sich bei genauer Betrachtung demnach die Frage, ob der A nicht einen ***verfassungsrechtlichen Anspruch*** darauf hatte, dass der Deutsche Bundestag seine Immunität aufgrund der vorliegenden Sachlage wiederherstellt.

Lösung: Dieser Anspruch des A kann sich zunächst aus **Art. 46 Abs. 2 GG** ergeben. Dafür ist indes erforderlich, dass Art. 46 Abs. 2 GG dem einzelnen Abgeordneten auch wirklich ein ***subjektives Recht*** (= einen einklagbaren Anspruch) auf Erteilung der Immunität gegen den Deutschen Bundestag gewährt, der Art. 46 Abs. 2 GG also vor allem den ***einzelnen Abgeordneten*** insoweit schützen soll.

1.) Das Bundesverfassungsgericht hat dies in seiner Leitentscheidung aus dem Dezember 2001 (BVerfGE **104**, 310 = NJW **2002**, 1111; bestätigend BVerfG NJW **2014**, 3085) überraschend ***verneint***. Die Begründung liest sich ziemlich prima, wird von fast allen Vertretern in der Literatur mitgetragen und gilt im Übrigen seitdem für alle Verfahren, die die Immunität von Abgeordneten betreffen. Wir schauen uns die wichtigsten Sätze mal im Wortlaut an:

> *»... Gemäß Art. 46 Abs. 2 GG darf ein Abgeordneter wegen einer mit Strafe bedrohten Handlung grundsätzlich nur mit Genehmigung des* ***Bundestages*** *zur Verantwortung gezogen oder verhaftet werden. Aus diesem Wortlaut allein lässt sich ein subjektives Recht des Abgeordneten gegenüber dem Bundestag auf den Fortbestand oder die Aufhebung der Immunität nicht herleiten. Auch aus der* ***Geschichte*** *des Immunitätsrechts kann ein solches Recht des Abgeordneten* ***nicht*** *gefolgert werden: Historisch wurzelt die Immunität nämlich in der Tradition des englischen Parlamentarismus. Als Schutzvorkehrung gegen Übergriffe der Exekutive und Judikative fand sie auf dem europäischen Kontinent ihren ersten Niederschlag in den Verfassungsdokumenten der Französischen Revolution. Der deutsche Frühkonstitutionalismus knüpfte an diesen ausländischen Vorbildern an. Sowohl die bayerische als auch die badische Verfassung von 1818, später auch die Paulskirchenverfassung von 1848, die Reichsverfassung von 1871 und die Weimarer Verfassung normierten ein Immunitätsrecht. Der Wortlaut der Immunitätsvorschriften ist seit mehr als einem Jahrhundert nahezu unverän-*

dert. In der Zeit des Frühkonstitutionalismus sollte der Genehmigungsvorbehalt die monarchische Exekutive daran hindern, unliebsame Abgeordnete durch die willkürliche Einleitung strafrechtlicher Ermittlungen in ihrer parlamentarischen Tätigkeit zu behindern. Dieser Schutz des einzelnen Abgeordneten diente aber zugleich und vor allem der Erhaltung der ***Arbeits-*** *und* ***Funktionsfähigkeit*** *des Gesamtparlaments. Da die Entscheidung über die Genehmigung der Strafverfolgung dem Parlament als Ganzem übertragen war, wurde der Genehmigungsvorbehalt in der parlamentarischen Praxis nicht als Vorrecht des einzelnen Abgeordneten, sondern als ›****Schutzrecht des Hauses****‹ angesehen. Und diese Auffassung war auch bei der Erstellung des Grundgesetzes vorherrschend …*

… ***Sinn*** *und* ***Zweck*** *der Immunität bestätigen ebenfalls, dass die Immunität vornehmlich dem Schutz des Parlaments dient. Die Immunität findet heute ihre Rechtfertigung vor allem im* ***Repräsentationsprinzip****. Auch wenn das Grundgesetz den einzelnen Abgeordneten als ›Vertreter des ganzen Volkes‹ bezeichnet, so kann er das Volk doch nur gemeinsam mit den anderen Parlamentsmitgliedern repräsentieren. Wird das Volk bei parlamentarischen Entscheidungen nur durch das Parlament als Ganzes, d.h. durch die Gesamtheit seiner Mitglieder, angemessen repräsentiert, so muss die Mitwirkung aller Abgeordneten bei derartigen Entscheidungen nach Möglichkeit und im Rahmen des im demokratisch-parlamentarischen System des Grundgesetzes Vertretbaren sichergestellt sein. Der Strafverfolgungsmaßnahmen ausgesetzte Abgeordnete wird möglicherweise gehindert, seine Sachkompetenz, seine Erfahrungen, seine Überzeugungen und die Interessen seiner Wähler in die parlamentarische Arbeit einzubringen. Auch dadurch wird die parlamentarische Willensbildung, die auf einen Ausgleich sozialer Gegensätze zielt, beeinträchtigt. Der* ***Art. 46 Abs. 2 GG*** *dient somit dem Schutz des* ***Parlaments*** *und gewährleistet, dass das Parlament jederzeit* ***handlungsfähig*** *bleibt. Ein subjektives Recht des einzelnen Abgeordneten allein aus Art. 46 Abs. 2 GG besteht daher nicht …«*

Zwischenergebnis: Also, weder die Historie noch Sinn und Zweck der Immunitätsregeln geben dem einzelnen Abgeordneten ein subjektives Recht (= einen Anspruch) auf Erteilung oder Aufrechterhaltung der Immunität gegen den Deutschen Bundestag aus Art. 46 Abs. 2 GG (BVerfGE **104**, 310; vgl. auch BVerfG NJW **2014**, 3085; *Sachs/Magiera* Art. 46 GG Rz. 21; *Jarass/Pieroth* Art. 46 GG Rz. 8; AK-*Schneider* Art. 46 GG Rz. 16; BK/*Magiera* Art. 46 GG Rz. 129; *Degenhart* StaatsR I Rz. 621) Ein einzelner Abgeordneter, bei uns also der A, kann somit keine eigenen subjektiven Rechte aus Art. 46 Abs. 2 GG herleiten. Eine Verletzung der Rechte des A durch das vorliegende Ermittlungsverfahren kommt demnach insoweit nicht in Betracht.

2.) Gleichwohl lässt das Bundesverfassungsgericht den einzelnen Abgeordneten im Hinblick auf seine Immunität nicht komplett im Regen stehen. Der Abgeordnete soll sehr wohl einen Einfluss auf das Immunitätsverfahren haben. Dafür zog das Gericht neben dem **Art. 46 Abs. 2 GG**, der ja alleine betrachtet nicht ausreicht (siehe soeben), noch das klassische Abgeordnetenrecht aus **Art. 38 Abs. 1 Satz 2 GG** heran – und kam auf die folgende interessante Idee:

»… Der den Genehmigungsvorbehalt des Art. 46 Abs. 2 GG rechtfertigende und ***in Art. 38 Abs. 1 Satz 2 GG*** *zum Ausdruck kommende Gedanke der* ***Repräsentation*** *begründet jedoch auch einen eigenen Anspruch des Abgeordneten: Das Parlament muss die Entscheidung über die Aufhebung der Immunität im Hinblick auf den repräsentativen Status des Abgeordneten in jedem Falle ›frei von Willkür‹ treffen. Es besteht nämlich auch in heutiger Zeit noch die*

Gefahr willkürlicher Verfolgung von Abgeordneten, mag sie auch in einem funktionierenden Rechtsstaat wenig wahrscheinlich sein. Gänzlich auszuschließen ist sie aber nicht. Nach wie vor soll die Immunität auch davor schützen, dass missliebige Abgeordnete durch Eingriffe der anderen Gewalten in ihrer parlamentarischen Arbeit behindert werden. Der durch Art. 38 GG Abs. 1 Satz 2 GG gewährleistete Status des Abgeordneten ist zugleich die Grundlage für die repräsentative Stellung des Bundestags. ***Jeder Abgeordnete*** *ist berufen, an der Arbeit des Bundestags, seinen Verhandlungen und Entscheidungen teilzunehmen. Bei der Entscheidung über die Genehmigung der Strafverfolgung sind die Interessen des* ***Parlaments*** *und die des betroffenen* ***Abgeordneten*** *gegenüber den anderen Staatsgewalten nicht in jedem Falle gleichgerichtet. Der Abgeordnete kann je nach dem parlamentarischen Kräfteverhältnis auch gegenüber dem Parlament schutzbedürftig sein. Parlament und Regierung stehen heute nicht in Frontstellung einander gegenüber. Vielmehr verläuft die Grenze quer durch das Plenum: Regierung und die sie unterstützende Parlamentsmehrheit bilden gegenüber der Opposition politisch eine Einheit. Es kann deshalb nicht von vornherein ausgeschlossen werden, dass die Parlamentsmehrheit sich bei der Entscheidung über die Genehmigung des Strafverfahrens sachfremde Erwägungen der Strafverfolgungsorgane zueigen macht. In einem solchen Fall bedarf der Abgeordnete eines verfassungsgerichtlich durchsetzbaren Schutzes. Um diesen Schutz zu gewährleisten, hat der einzelne Abgeordnete aus* ***Art. 46 Absatz 2 in Verbindung mit Art. 38 Absatz 1 Satz 2 GG*** *einen Anspruch darauf, dass der Bundestag die Entscheidung über die Genehmigung von gegen ihn gerichteten Strafverfolgungsmaßnahmen frei von* ***sachfremden, willkürlichen Motiven*** *trifft. In eine klassische Beweiswürdigung wird aber nicht eingetreten; die Entscheidung beinhaltet keine Feststellung von Recht oder Unrecht, Schuld oder Nichtschuld …«*

Zwischenergebnis: Also, der einzelne Abgeordnete soll zumindest einen Anspruch auf eine von *sachfremden Erwägungen* und ***Willkür*** freie Entscheidung des Bundestages haben, was seit dem Jahre 2002 dann auch in der *Geschäftsordnung des Bundestages* ausdrücklich drinsteht (vgl. dort Anlage 6 Nr. 4 Satz 1). Dieser Anspruch folgt aus dem Status als freier Abgeordneter, der wegen **Art. 38 Abs. 1 Satz 2 GG** ausdrücklich berufen ist, an der Willensbildung des Bundestages jederzeit teilzunehmen (BVerfG NJW **2014**, 3085). Das Gericht wollte damit aber auch der Gefahr vorbeugen, dass sich das Parlament bzw. die Parlamentsmehrheit eines missliebigen Abgeordneten dadurch entledigt, dass es möglicherweise sachfremden Erwägungen der Strafverfolgungsbehörden folgt, **denn** (siehe oben):

> *»… Es kann nicht von vornherein ausgeschlossen werden, dass die Parlamentsmehrheit sich bei der Entscheidung über die Genehmigung des Strafverfahrens sachfremde Erwägungen der Strafverfolgungsorgane zu eigen macht …«* (BVerfGE **104**, 310)

Der Deutsche Bundestag soll und muss (!) also bei seiner Entscheidung über die Immunität des einzelnen Abgeordneten darauf achten, dass der Abgeordnete in seiner Tätigkeit und damit das Parlament in seiner Funktionsfähigkeit nicht dadurch gehindert werden, dass willkürliche Strafverfahren eingeleitet und vom Bundestag dann auch noch mit Mehrheit und ohne gesonderte Prüfung abgenickt werden; in diesem Falle würde der Bundestag nämlich selbst willkürlich handeln und damit den Abgeordneten in seinen Rechten verletzen (BVerfG NJW **2014**, 3085; BVerfGE **104**, 310;

BK/*Magiera* Art. 46 GG Rz. 129; *Jarass/Pieroth* Art. 46 GG Rz. 8; AK-*Schneider* Art. 46 GG Rz. 16; *Dreier/Schulze-Fielitz* Art. 46 GG Rz. 41; *Sachs/Magiera* Art. 46 GG Rz. 21; *Maunz/Dürig/Klein* Art. 46 GG Rz. 71). Eine Bewertung über Schuld, Recht oder Unrecht findet allerdings nicht statt.

Zum Fall: Wir haben jetzt festgestellt, dass dem einzelnen Abgeordneten und damit natürlich auch unserem A tatsächlich ein Anspruch aus **Art. 46 Abs. 2 GG** in Verbindung mit **Art. 38 Abs. 1 Satz 2 GG** auf willkürfreie Entscheidung über seine Immunität seitens des Bundestages zusteht. Folglich müsste der Deutsche Bundestag unter Berücksichtigung aller Belange über die Aufhebung der Immunität entschieden haben. Es muss somit geprüft werden, ob Anhaltspunkte dafür vorlagen, dass von ***außen*** und durch ***sachfremde Eingriffe*** versucht wurde, die vom Wähler gewollte Zusammensetzung des Parlaments zu verändern und der Bundestag sich dem (willkürlich) angeschlossen hat (BVerfGE **104**, 310; BVerfG NJW **2014**, 3085).

Problem: Der vorliegende Fall weist insoweit nun gleich mehrere ***Besonderheiten*** auf: Zum einen handelt bei uns gar nicht (mehr) der Deutsche Bundestag, sondern nur der ***Immunitätsausschuss***. Wir haben ja weiter oben gelernt, dass der Deutsche Bundestag in aller Regel nur zu Beginn der Legislaturperiode pauschal eine ***Vorabgenehmigung*** bezüglich einfacher strafrechtlicher Ermittlungsverfahren erteilt – und das Thema damit eigentlich vom Tisch ist. Alles Weitere regelt der Immunitätsausschuss. Zum anderen kommt die ganze Geschichte vorliegend schon sehr merkwürdig daher, da sowohl mehrere seriöse Nachrichtenagenturen übereinstimmend von der Haltlosigkeit der Vorwürfe berichteten und die staatsanwaltlichen Ermittlungen auch nur dünn und in sich widersprüchlich waren. Schließlich saßen im Immunitätsausschuss mehrheitlich Abgeordnete der **SPD** und den **GRÜNEN**, die über einen **CDU-Abgeordneten**, der demnächst neuer Justizminister in einer CDU/CSU-Regierung werden soll, urteilen mussten – und überraschenderweise keine Einwände gegen das merkwürdige Verfahren hatten. Klingt insgesamt alles andere als willkürfrei.

Beachte: In der Bundesverfassungsgerichtsentscheidung um den uns ja inzwischen bekannten Herrn *Pofalla* (BVerfGE **104**, 310) lag die Geschichte sogar noch deutlich drastischer: Gegen Herrn *Pofalla* wurde zwar auch nur wegen Steuerhinterziehung ermittelt, allerdings mit größerem Kaliber. Nachdem der Bundestagspräsident von der Staatsanwaltschaft über ein mögliches Ermittlungsverfahren informiert worden war und dann die Vorgänge an den Immunitätsausschuss weitergeleitet hatte, stimmte anschließend der Deutsche Bundestag – damals ebenfalls mit SPD und GRÜNEN in der Mehrheit – ohne Aussprache und in sofortiger Abstimmung einer vom Amtsgericht angeordneten Durchsuchung der Wohn- und Geschäftsräume sowohl im Heimatort von Herrn *Pofalla* (*Weeze/Nordrhein-Westfalen*) als auch in *Berlin* zu, bei der kistenweise Unterlagen beschlagnahmt wurden. Des Weiteren wurden auch die Wohn- und Geschäftsräume seiner von ihm geschiedenen Ehefrau und diverse Kreditinstitute durchsucht und Akten bzw. Unterlagen beschlagnahmt. Und das Ganze fand – extrem öffentlichkeitswirksam – genau ***drei Tage*** (!) vor der Landtagswahl in Nordrhein-Westfalen statt, nach der Herr *Pofalla* ja neuer Justizminister werden sollte. Als sich dann nach der Wahl, die übrigens denkbar knapp doch von **SPD** und **GRÜNEN** gewonnen wurde, herausstellte, dass die Vorwürfe gegen Herrn *Pofalla* haltlos waren, musste sich der Justizminister des Landes *Nordrhein-Westfalen* öffentlich entschuldigen und den leitenden Oberstaatsanwalt wegen des Vorfalls sogar in den einstweiligen Ruhestand versetzen. Alles in allem, selbst wenn man kein Sympathisant von Herr *Pofalla* war/ist, ein ziemlich ungeheuerlicher Vorfall.

Beachte insoweit aber bitte zunächst noch den kleinen und feinen Unterschied zu unserer Geschichte: In dem gerade geschilderten *Pofalla*-Fall musste tatsächlich der Deutsche Bundestag noch einmal ausdrücklich den Maßnahmen zustimmen, da die ***Vorabgenehmigung*** zu Beginn der Legislaturperiode nur für einfache staatsanwaltschaftliche Ermittlungen gilt, nicht aber für (von einem Gericht anzuordnenden) Hausdurchsuchungen oder Beschlagnahmen (BVerfGE **104**, 310). Solche einschneidenden Maßnahmen fallen nicht unter die Vorabgenehmigung, dazu muss der Bundestag ***immer*** ausdrücklich zustimmen, was in der oben schon mal erwähnten **Anlage 6** zur Geschäftsordnung des Bundestages steht.

Und jetzt kommt's: Obwohl der ganze Vorfall um Herrn *Pofalla* geradezu abenteuerliche Ausmaße hatte, hielt das Bundesverfassungsgericht das Verhalten des Deutschen Bundestages, also die von SPD und den GRÜNEN veranlasste, mehrheitliche Absegnung der Durchsuchungen und Beschlagnahmen, für verfassungsgemäß. Wörtlich hieß es damals (BVerfGE **104**, 310):

> *»… Eine Verletzung der Abgeordnetenrechte kommt erst dann in Betracht, wenn vernünftigerweise kein Zweifel bestehen kann, dass das Strafverfahren gegen den Abgeordneten aus sachfremden, insbesondere politischen Motiven durchgeführt wird. Würde der Bundestag auch in einem solchen Fall die strafprozessualen Maßnahmen gestatten, so würde er sich die* ***sachfremden Erwägungen*** *der Strafverfolgungsorgane zueigen machen und dadurch selbst* ***willkürlich*** *handeln. Das Interesse des Abgeordneten an einem Schutz seiner Mandatsausübung erfordert jedoch* ***keine*** *darüber hinausgehende Prüfung und Abwägung. Der Bundestag ist insbesondere* ***nicht*** *verpflichtet, die nachteiligen Folgen zu überdenken, die sich aus der Genehmigung der Strafverfolgung für einen Landtagswahlkampf des Abgeordneten und für die Übernahme weiterer politischer Ämter ergeben können. Art. 38 Abs. 1 Satz 2 GG in Verbindung mit Art. 46 Abs. 2 GG schützt den Abgeordneten nur bei der Wahrnehmung der sich aus seinem verfassungsrechtlichen Status als Mitglied des* ***Bundestags*** *ergebenden Rechte und Pflichten. Der Bundestag ist auch nicht verpflichtet, im Rahmen der Abwägung die Schlüssigkeit des gegen den Abgeordneten erhobenen Tatvorwurfs und die Verhältnismäßigkeit der Ermittlungsmaßnahme zu prüfen. Die Haltlosigkeit des strafrechtlichen Vorwurfs und die Unverhältnismäßigkeit der Maßnahmen können allerdings – zusammen mit weiteren Indizien – auf ein politisches Motiv für die Strafverfolgung hinweisen …*
>
> *… Nach diesem Maßstab ist die Erteilung der Genehmigung zum Vollzug der Durchsuchungs- und Beschlagnahmeanordnungen* ***nicht*** *zu beanstanden. Für den Verdacht, diese*

Maßnahmen könnten politisch motiviert sein, gab es im Zeitpunkt der Entscheidung des Bundestags ***keine*** *augenfälligen Anhaltspunkte. Die angeordneten Durchsuchungen beim Antragsteller waren auch nicht evident unverhältnismäßig. Eine weitere Aufklärung des Sachverhalts durch Rückfrage beim Antragsteller, die insoweit allein in Betracht gekommen wäre, hätte den Erfolg der Durchsuchungen gefährdet. Aus diesem Grund brauchten auch der Bundestag und der Ausschuss für Immunität dem Antragsteller vor der Erteilung der Genehmigung* ***kein rechtliches Gehör*** *zu gewähren. Ob und unter welchen Voraussetzungen eine solche Verpflichtung überhaupt bestehen kann, braucht hier nicht entschieden zu werden. Die zeitliche Nähe zur Landtagswahl in Nordrhein-Westfalen und die Benennung des Antragstellers als Kandidat für das Amt des nordrhein-westfälischen Justizministers für den Fall eines Wahlsiegs der CDU waren zwar Umstände, die eine besondere Aufmerksamkeit für eine etwaige politisch motivierte Einflussnahme auf das gegen den Antragsteller gerichtete Strafverfahren verlangten. Für sich allein genügten diese Umstände aber* ***nicht****, um die strafrechtliche Verfolgung des Antragstellers als* ***willkürlich*** *erscheinen zu lassen. Weitere greifbare Anhaltspunkte für eine politische Einflussnahme auf das Strafverfahren gab es nicht. Die zeitliche Nähe der Ermittlungsmaßnahmen zur Landtagswahl und die exponierte Stellung des Antragstellers im dortigen Wahlkampf waren im Übrigen allgemein bekannt …«*

Oha! Zur Ehrenrettung des Bundestages und des Bundesverfassungsgerichts muss freilich noch erwähnt werden, dass die Staatsanwaltschaft im vorliegenden Verfahren einen Haufen Unterlagen mit zunächst undurchsichtigen Immobilienverkäufen und Geldzahlungen vorgelegt hatte, aus denen aber letztlich nach vernünftiger Prüfung eben doch kein strafbares Verhalten abzuleiten war, was aber sowohl der Bundestag, die zuständige Staatsanwaltschaft als auch das Amtsgericht in Kleve, das die damaligen Maßnahmen anordnete, zunächst anders sahen. Das Landgericht in Kleve stellte (nach der Wahl!) dann rechtskräftig fest, dass alle Maßnahmen und Anordnungen rechtswidrig waren.

Zu unserem Fall: Bedenkt man all dies, wird man bezüglich des Herrn A nun Folgendes sagen können (aber nicht müssen!): Die Umstände unserer Geschichte sind insgesamt auf jeden Fall merkwürdig, dürften aber nach dem soeben Gesagten nicht ausreichen, um eine Willkürentscheidung des Immunitätsausschusses und damit eine Rechtsverletzung bei A bejahen zu können. Zwar sitzen im Ausschuss mehrheitlich Abgeordnete von **SPD** und **GRÜNEN**, also den potenziellen politischen Gegnern unseres Herrn A. Und auch die übereinstimmenden Medienberichte sowie die dünne Beweislage der Staatsanwaltschaft hinterlassen einen ebenso merkwürdigen Beigeschmack wie die Tatsache, dass A als künftiger Justizminister im Gespräch ist.

Aber: Wie oben gesehen, kann eine willkürliche und damit rechtswidrige Entscheidung nur angenommen werden, wenn vernünftigerweise kein Zweifel bestehen kann, dass das Strafverfahren gegen den Abgeordneten aus sachfremden, insbesondere politischen Motiven durchgeführt wird. Und das wird man vorliegend nur schwer subsumieren können. Der Bundestag und damit auch der Immunitätsausschuss sind vor allem nicht verpflichtet, die möglichen, nachteiligen politischen Folgen zu überdenken, die sich aus der Genehmigung der Strafverfolgung für einen Wahlkampf des Abgeordneten und für die Übernahme weiterer politischer Ämter ergeben können. Der Art. 38 Abs. 1 Satz 2 GG in Verbindung mit Art. 46 Abs. 2 GG schützt den Abgeordneten nur bei der Wahrnehmung der sich aus seinem verfassungsrechtlichen Status als Mitglied des ***Bundestags*** ergebenden Rechte und Pflichten. Der Bundestag ist demnach auch nicht verpflichtet, im Rahmen der Abwägung die Schlüssigkeit des gegen den Abgeordneten erhobenen Tatvorwurfs und die Verhältnismäßigkeit der Ermittlungsmaßnahme lückenlos zu prüfen. Die Haltlosigkeit des strafrechtlichen Vorwurfs und die Unverhältnismäßigkeit der Maßnahmen können allerdings dann zu einer willkürlichen Maßnahme führen, wenn weitere Indizien, insbesondere politischer Art hinzukommen. Solche sind hier zwar fraglos möglich, erwiesen sind sie aber keinesfalls. Und nach den vom Bundesverfassungsgericht aufgestellten Leitlinien reicht diese Kombination nicht aus für eine Willkürentscheidung, die den A dann in seinen Rechten aus Art. 46 Abs. 2 GG in Verbindung mit Art. 38 Abs. 1 Satz 2 GG verletzt hätte.

Ergebnis: Unser A ist demnach, gemessen an den Leitlinien des Bundesverfassungsgerichts, durch die Entscheidung des Immunitätsausschusses, gegen die Ermittlungen keine Einwände zu erheben, nicht in seinem Abgeordnetenstatus aus Art. 46 Abs. 2 in Verbindung mit Art. 38 Abs. 1 Satz 2 GG verletzt. Zwar kann eine politische Motivation des staatsanwaltschaftlichen Verfahrens und auch des Immunitätsausschusses nicht ausgeschlossen werden, es sind aber keine hinreichenden positiven Anhaltspunkte dafür ersichtlich. Das Verfahren und die anonyme Strafanzeige könnten zwar willkürlich erhoben worden sein, erwiesen ist dies aber nicht. Eine Verletzung der Abgeordnetenrechte kommt aber immer erst dann in Betracht, wenn vernünftigerweise kein Zweifel bestehen kann, dass das Strafverfahren gegen den Abgeordneten aus sachfremden, insbesondere politischen Motiven durchgeführt wird. Des Weiteren bleibt die hier beantragte Ermittlung noch weit unter dem, was das Bundesverfassungsgericht in seiner Leitentscheidung als zulässig erachtet hat (→ Durchsuchung und Beschlagnahme!). Der A ist dadurch, dass der Immunitätsausschuss gegen die beantragten Ermittlungen keine Einwände erhoben hat, somit nicht in seinen Rechten verletzt (andere Ansicht vertretbar).

Eine Ergänzung noch zum Schluss:

Im Hinblick auf die Abgeordnetenstellung und das in Art. 38 Abs. 1 Satz 2 GG garantierte freie Mandat hat das Bundesverfassungsgericht mit einem Beschluss vom **17. September 2013** den vom Staat verfolgten oder überwachten Abgeordneten in Deutschland – durchaus spektakulär – den Rücken gestärkt. Gegenstand der Entscheidung war die Verfassungsbeschwerde des Politikers *Bodo Ramelow*. Herr *Ramelow* ist am 5. Dezember 2014 zum Ministerpräsidenten von Thüringen gewählt worden, war in den Jahren 2005-2009 Abgeordneter des 16. Deutschen Bundestags und stellvertretender Vorsitzender der Fraktion der **LINKEN**, davor in den Jahren 2001–2005 Fraktionsvorsitzender im Thüringer Landtag, damals aber noch für die **PDS** (»Partei des demokratischen Sozialismus« → existent von 1989–2007 und Vorläufer der **LINKEN**). Herr *Ramelow* wurde bereits seit Mitte der 1980er Jahren vom Verfassungsschutz beobachtet, unter anderem, weil man ihn der Nähe zu radikalen politischen Gruppierungen verdächtigte und er in den Folgejahren führende Positionen in den Parteien **PDS** und später bei den **LINKEN** innehatte bzw. innehat (siehe oben), die beide wegen angeblicher verfassungsfeindlicher Strömungen vom Verfassungsschutz beobachtet werden/wurden. Konkrete Anhaltspunkte für eine verfassungsfeindliche Tätigkeit oder Gesinnung von Herrn *Ramelow* lagen jedoch zu keiner Zeit vor. Das **Bundesverwaltungsgericht** erklärte mit Urteil vom **21. Juli 2010** die Beobachtung von Herrn *Ramelow* gleichwohl und durchaus überraschend für verfassungsgemäß (→ BVerwGE **137**, 275) – und meinte, »… *gefährlich für die freiheitliche demokratische Grundordnung können auch Personen sein, die selbst auf dem Boden der freiheitlichen demokratischen Grundordnung stehen, jedoch bei objektiver Betrachtung durch ihre Tätigkeit verfassungsfeindliche Bestrebungen fördern, unter Umständen sogar, ohne dies selbst zu erkennen …*« (BVerwGE **137**, 275).

Der Verfassungsbeschwerde gegen dieses Urteil gab das Bundesverfassungsgericht nun am **17. September 2013** statt und stellte fest, dass eine Beobachtung von Abgeordneten durch den Verfassungsschutz grundsätzlich nur mit Billigung des Parlaments (→ Art. 46 GG!) zulässig sein kann, ansonsten aber wegen Verletzung von Art. 38 Abs. 1 Satz 2 GG als verfassungswidrig zu werten sei (BVerfGE **134**, 141 = NVwZ **2013**, 1468). Nur in besonderen Ausnahmefällen, nämlich bei einer »**aktiven und aggressiven**« Bedrohung der freiheitlich demokratischen Grundordnung durch den Abgeordneten, sei ein selbstständiges Eingreifen des Verfassungsschutzes legitim. Andernfalls werde das grundlegende, in der Verfassung verankerte Prinzip der ***Gewaltenteilung***, wonach insbesondere das Parlament die Exekutive kontrolliert, unzulässig ins Gegenteil verkehrt: Namentlich würde der Staat – hier in Form des Verfassungsschutzes – dann das Parlament/die Abgeordneten kontrollieren. Zudem schütze der **Art. 38 Abs. 1 Satz 2 GG** das gesamte politische Handeln des Abgeordneten vor staatlichen Zugriffen und umfasse nicht nur dessen Tätigkeit im parlamentarischen Bereich. Die Sphären des Abgeordneten als Mandatsträger, als Parteimitglied sowie als politisch handelnder Privatperson ließen sich nicht strikt trennen; die parlamentarische Demokratie fordere und schütze den Abgeordneten vielmehr als »**ganzen Menschen**«. Daher sei etwa auch die Kommunikation mit den Wählern vom Schutz des freien Mandats erfasst und eine Beobachtung dessen mithin verfassungswidrig. Wörtlich heißt es in der Entscheidung:

> »… *Das freie Mandat schließt die* ***kommunikative Rückkoppelung*** *zwischen Parlamentariern und Wahlvolk ein und trägt dem Gedanken Rechnung, dass die parlamentarische Demokratie auf dem Vertrauen des Volkes beruht. Sie schützt daher die Kommunikationsbeziehungen des Abgeordneten als Bedingung seiner freien Willensbildung und gewährleistet dabei insbesondere, dass die von ihm zu vertretenden, in die politische Willensbildung des Deutschen Bundestages einzuspeisenden Meinungen und Interessen ihn unverzerrt und* ***ohne staatliche Beeinflussung*** *erreichen können. Die Vielzahl der Abgeordneten soll die Chance eröffnen, dass die unterschiedlichen Ideen und Interessen in der Bevölkerung in den parlamentarischen Willensbildungsprozess eingebracht werden … Bei alledem ist der Gewährleistungsgehalt des Art. 38 Abs. 1 Satz 2 GG auf das gesamte politische Handeln des Abgeordneten bezogen und umfasst nicht nur dessen Tätigkeit im parlamentarischen Bereich. Die Sphären des Abgeordneten ›als Mandatsträger‹, ›als Parteimitglied‹ sowie als politisch handelnder ›Privatperson‹ lassen sich nicht strikt trennen; die parlamentarische Demokratie fordert insoweit den Abgeordneten als ganzen Menschen …*

Und zur Kontrolle der Abgeordneten durch staatliche Behörden – namentlich durch den Verfassungsschutz – heißt es weiter:

»… Der Art. 38 Abs. 1 Satz 2 GG gewährleistet die Freiheit der Abgeordneten von exekutiver Beobachtung, Beaufsichtigung und Kontrolle und steht insoweit in engem Zusammenhang mit dem Grundsatz der ***Gewaltenteilung*** *gemäß Art. 20 Abs. 2 Satz 2 GG… Der Art. 38 GG etabliert einen spezifischen Kontrollzusammenhang zwischen Bundestag und Bundesregierung als zentrales Bindeglied zwischen Gewaltenteilung und Demokratieprinzip. Dieser Kontrollzusammenhang geht von den* ***gewählten Abgeordneten*** *aus; er verläuft mit dem demokratischen Legitimationsstrang vom Deutschen Bundestag hin zur Bundesregierung, nicht hingegen umgekehrt von der Regierung zum Parlament. Während die Kontrolle von Regierung und Verwaltung zum Kernbereich der parlamentarischen Aufgaben gehört, das parlamentarische Regierungssystem mithin grundlegend durch die* ***Kontrollfunktion*** *des Parlaments geprägt ist, wird das Parlament seinerseits durch andere Verfassungsorgane nicht in vergleichbarer Weise kontrolliert. Eine demokratische Kontrolle des Parlaments erfolgt vor allem durch* ***die Wähler****, die im Akt der Wahl gemäß Art. 38 Abs. 1 Satz 1 GG die Konsequenz aus ihrer Beurteilung der Tätigkeit von regierender Mehrheit und Opposition ziehen …*

Es gibt freilich auch Grenzen, denn:

… Zwar sind die einzelnen Abgeordneten nicht von vornherein jeder exekutiven Kontrolle entzogen. Diese ist jedoch in erster Linie eine eigene Angelegenheit des ***Deutschen Bundestages****, der dabei im Rahmen der Parlamentsautonomie handelt. Das Grundgesetz statuiert deshalb in den von ihm geregelten Fällen von Maßnahmen gegen Abgeordnete ausdrücklich ein Genehmigungserfordernis für den Zugriff der Exekutive auf einen Abgeordneten (vgl.dazu die Maßnahmen in Art. 46 Abs. 2-4 GG) und errichtet damit Hindernisse, die nicht nur dem Schutz des einzelnen Abgeordneten, sondern, vermittelt durch diesen Schutz, in erster Linie der Wahrung der* ***Parlamentsautonomie*** *dienen. Das Parlament entscheidet dabei grundsätzlich in eigener Verantwortung, ob es die Genehmigung erteilt oder versagt …*

… Der Eingriff in Art. 38 Abs. 1 Satz 2 GG, der in der Beobachtung eines Abgeordneten durch Behörden des Verfassungsschutzes liegt, unterliegt daher strengen ***Verhältnismäßigkeitsanforderungen*** *… Danach ist die Beobachtung eines Abgeordneten durch Verfassungsschutzbehörden nur zulässig, wenn sie erforderlich ist und die Abwägung im Einzelfall ergibt, dass dem Interesse am Schutz der freiheitlichen demokratischen Grundordnung Vorrang vor den Rechten des betroffenen Abgeordneten gebührt. Erweist sich, dass die weitere Beobachtung des Abgeordneten zum Schutz der freiheitlichen Ordnung* ***nicht*** *notwendig ist, gebietet es der Grundsatz der Erforderlichkeit, die Beobachtung umgehend zu beenden … Es bestehen vorliegend* ***keine*** *Anhaltspunkte dafür, dass das politische Verhalten des Beschwerdeführers als Abgeordneter von verfassungsfeindlichen Gruppierungen beeinflusst worden wäre. Von dem Beschwerdeführer selbst geht folglich auch unter Einbeziehung seines Verhältnisses zu der Partei* ***DIE LINKE*** *und den dort vorhandenen Strömungen kein relevanter Beitrag für eine Gefährdung der freiheitlichen demokratischen Grundordnung aus … Verfassungsrechtlich* ***nicht*** *haltbar ist die Annahme des Bundesverwaltungsgerichts, die Tätigkeit des Beschwerdeführers sei dennoch objektiv geeignet, die verfassungsfeindlichen Bestrebungen zu unterstützen; gefährlich für die freiheitliche demokratische Grundordnung könnten auch Personen sein, die selbst auf dem Boden der freiheitlichen demokratischen Grundordnung stünden, jedoch bei objektiver Betrachtung durch ihre Tätigkeit verfassungsfeindliche Bestrebungen förderten, ohne dies zu erkennen oder als hinreichenden Grund anzusehen, einen aus anderen Beweggründen unterstützten Personenzusammenhang zu verlassen. Das Urteil des Bundesverwaltungsgerichts* ***verkennt*** *insoweit, dass nach der Wertung von*

Art. 21 GG – der den Parteien eine wesentliche Rolle für die politische Willensbildung des Volkes in der demokratischen Verfassungsordnung des Grundgesetzes zuweist – ein parteipolitisches Engagement, das seinerseits auf dem Boden der freiheitlichen demokratischen Grundordnung steht, diese stärkt. Dies gilt auch und gerade dann, wenn es in einer Partei stattfindet, in der unterschiedliche Kräfte und Strömungen miteinander um Einfluss ringen ...«

Fazit: Der Staat – hier in Form des Verfassungsschutzes – darf einen Abgeordneten nur dann selbstständig überwachen/beobachten, wenn eine erkennbare Gefahr für die freiheitlich demokratische Grundordnung durch die Tätigkeiten des Abgeordneten besteht. Im Übrigen geht der Weg immer nur über den ***Deutschen Bundestag***, der nach Art. 46 Abs. 2–4 GG die notwendigen Maßnahmen zunächst absegnen muss (BVerfGE **134**, 141 = NVwZ **2013**, 1468).

Gutachten

Es ist zu prüfen, ob A durch das Verfahren bezüglich seiner Immunität in seinen im Grundgesetz verankerten Rechten verletzt wurde.

I. Vorliegend kommt eine Verletzung der Vorschriften über die Immunität infrage. Gemäß Art. 46 Abs. 2 GG darf ein Abgeordneter wegen einer mit Strafe bedrohten Handlung nur mit Genehmigung des Bundestages zur Verantwortung gezogen oder verhaftet werden, es sei denn, dass er bei Begehung der Tat oder im Laufe des folgenden Tages festgenommen wird.

1.) Es stellt sich zunächst die Frage, ob das vorliegende Verfahren, wie von Art. 46 Abs. 2 GG gefordert, tatsächlich mit Genehmigung des Bundestages durchgeführt worden ist. Eine ausdrücklich auf das konkrete Verfahren bezogene Genehmigung ist nicht ersichtlich. Allerdings erteilt der Deutsche Bundestag in aller Regel auch keine derartigen konkreten Genehmigungen für die Einleitung eines bestimmten Ermittlungsverfahrens gegen einen Abgeordneten, sondern regelt das Ganze pauschal zu Beginn einer neuen Legislaturperiode: In der 5. Wahlperiode des Deutschen Bundestages von 1965 bis 1969 beschloss der Deutsche Bundestag eine allgemeine Vorabgenehmigung für die Durchführung von einfachen staatsanwaltschaftlichen Ermittlungsverfahren gegen Abgeordnete wegen möglicherweise begangener Straftaten. Dieser Beschluss von 1965 wird seitdem jeweils zu Beginn einer neuen Legislaturperiode vom neu gewählten Bundestag, ebenso wie die gesamte Geschäftsordnung des Bundestages, übernommen und damit jedes Mal wieder neu in Kraft gesetzt. Diese Vorabgenehmigung wird rechtlich betrachtet immer in dem Moment automatisch wirksam, wenn dem Bundestagspräsidenten und auch dem betroffenen Abgeordneten von der beabsichtigten Einleitung eines Ermittlungsverfahrens eine entsprechende Mitteilung gemacht wird. Erst dann läuft auch eine 48-Stunden-Frist, innerhalb derer der Immunitätsausschuss des Bundestages die Möglichkeit der Prüfung der Vorwürfe hat und anschließend über das weitere Vorgehen entscheidet.

2.) Das Verfahren um die Immunitätserteilung oder Aufhebung der Immunität funktioniert in der parlamentarischen Praxis des Deutschen Bundestages wie folgt: Die Staatsanwaltschaft informiert den Bundestagspräsidenten darüber, dass gegen einen bestimmten Abgeordneten wegen des Verdachts einer strafbaren Handlung staatsanwaltschaftlich ermittelt werden soll. Der Bundestagspräsident leitet diese Informationen umgehend an den Ausschuss für Immunitätsfragen weiter. Da ein ursprünglicher Beschluss des Bundestages existiert, wonach die Immunität aller Abgeordneten grundsätzlich aufgehoben ist, hat der Ausschuss jetzt innerhalb der 48-Stunden-Frist zu prüfen, ob im konkreten Fall die Immunität des Abgeordneten ausnahmsweise wiederhergestellt, also das weitere Ermittlungsverfahren gestoppt werden soll. Kommt der Ausschuss zu dieser Überzeugung, insbesondere weil die Anschuldigungen der Staatsanwaltschaft nicht stichhaltig genug oder unschlüssig sind, legt er innerhalb von 48 Stunden dem Bundestag die Empfehlung zur Abstimmung vor, die Immunität des Abgeordneten ausnahmsweise wiederherzustellen. Der Bundestag stimmt sodann über diese Empfehlung ab und stellt im Zweifel die Immunität des Abgeordneten wieder her. Ist der Immunitätsausschuss hingegen von der Argumentation der Staatsanwaltschaft überzeugt, lässt er die 48-Stunden-Frist verstreichen – und die Staatsanwaltschaft kann danach weiterermitteln; die Immunität des Abgeordneten bleibt dann durch die Vorabgenehmigung aufgehoben. Der Ausschuss entscheidet nur darüber, ob der ursprüngliche Beschluss des Bundestages zur Aufhebung der Immunität ausnahmsweise für den jeweils konkreten Fall abgeändert werden soll. Der Deutsche Bundestag hingegen entscheidet dementsprechend nur dann noch einmal über eine Immunität eines Abgeordneten, wenn er diese Immunität wiederherstellen soll. Aufgehoben hat sie der Bundestag bereits durch die pauschale Vorabgenehmigung zu Beginn der Legislaturperiode.

II. Aufgrund einer anonymen Strafanzeige will die Staatsanwaltschaft vorliegend gegen A wegen eines Steuerdelikts ermitteln. Das ist, getragen von der gerade geschilderten Vorabgenehmigung des Deutschen Bundestages, zunächst rechtlich als unproblematisch anzusehen, denn mehr als ein einfaches Ermittlungsverfahren droht dem A noch nicht. Und insoweit ist seine Immunität zu Beginn der Legislaturperiode durch die Vorabgenehmigung problemlos und wirksam aufgehoben worden. Der Bundestagspräsident hat die Mitteilung der Staatsanwaltschaft dann korrekterweise an den Immunitätsausschuss (und nicht an den Bundestag) weitergeleitet, damit der Ausschuss die Plausibilität der Vorwürfe prüft. Auch das ist unbedenklich, denn es ist eben festgestellt worden, dass trotz der Vorabgenehmigung der Ausschuss innerhalb von 48 Stunden entscheiden soll und muss, ob nicht ausnahmsweise die Immunität wiederhergestellt werden und der Bundestag dann hierüber entscheiden soll.

1.) Problematisch erscheint indes, dass nach Auskunft des Sachverhalts mehrere seriöse Nachrichtenagenturen übereinstimmend berichten, dass die Vorwürfe gegen A haltlos und die bisherigen Erkenntnisse der Staatsanwaltschaft zudem erkennbar lückenhaft und widersprüchlich sind. Gleichwohl erhebt der mehrheitlich mit Abgeordneten von SPD und GRÜNEN besetzte Ausschuss keine Einwände gegen die Ermittlungen und legt dem Bundestag den Vorgang daher auch nicht mehr vor. Es stellt sich demnach die Frage, ob der A nicht einen verfassungsrechtlichen Anspruch darauf hatte, dass der Deutsche Bundestag seine Immunität aufgrund der vorliegenden Sachlage wiederherstellt. Sollte ein solcher Anspruch bestehen, wäre vorliegend das entsprechende Recht des A verletzt.

2.) Dieser Anspruch des A kann sich zunächst aus Art. 46 Abs. 2 GG ergeben. Dafür ist allerdings erforderlich, dass Art. 46 Abs. 2 GG dem einzelnen Abgeordneten auch wirklich ein subjektives Recht, also einen einklagbaren Anspruch auf Erteilung der Immunität gegen den Deutschen Bundestag gewährt, die Vorschrift also vor allem den einzelnen Abgeordneten insoweit schützen soll.

a) Insoweit erscheint Folgendes beachtlich: Gemäß Art. 46 Abs. 2 GG darf ein Abgeordneter wegen einer mit Strafe bedrohten Handlung grundsätzlich nur mit Genehmigung des Bundestages zur Verantwortung gezogen oder verhaftet werden. Aus diesem Wortlaut allein lässt sich ein subjektives Recht des Abgeordneten gegenüber dem Bundestag auf den Fortbestand oder die Aufhebung der Immunität nicht herleiten. Auch aus der Geschichte des Immunitätsrechts kann ein solches Recht des Abgeordneten nicht gefolgert werden: Historisch wurzelt die Immunität nämlich in der Tradition des englischen Parlamentarismus. Als Schutzvorkehrung gegen Übergriffe der Exekutive und Judikative fand sie auf dem europäischen Kontinent ihren ersten Niederschlag in den Verfassungsdokumenten der Französischen Revolution.

Der deutsche Frühkonstitutionalismus knüpfte an diesen ausländischen Vorbildern an. Sowohl die bayerische als auch die badische Verfassung von 1818, später auch die Paulskirchenverfassung von 1848, die Reichsverfassung von 1871 und die Weimarer Verfassung normierten ein Immunitätsrecht. Der Wortlaut der Immunitätsvorschriften ist seit mehr als einem Jahrhundert nahezu unverändert. In der Zeit des Frühkonstitutionalismus sollte der Genehmigungsvorbehalt die monarchische Exekutive daran hindern, unliebsame Abgeordnete durch die willkürliche Einleitung strafrechtlicher Ermittlungen in ihrer parlamentarischen Tätigkeit zu behindern. Dieser Schutz des einzelnen Abgeordneten diente aber zugleich und vor allem der Erhaltung der Arbeits- und Funktionsfähigkeit des Gesamtparlaments. Da die Entscheidung über die Genehmigung der Strafverfolgung dem Parlament als Ganzem übertragen war, wurde der Genehmigungsvorbehalt in der parlamentarischen Praxis nicht als Vorrecht des einzelnen Abgeordneten, sondern als Schutzrecht des Hauses angesehen. Und diese Auffassung war auch bei der Erstellung des Grundgesetzes vorherrschend. Sinn und Zweck der Immunität bestätigen ebenfalls, dass die Immunität vornehmlich dem Schutz des Parlaments dient. Die Immunität findet heute ihre Rechtfertigung vor allem im Repräsentationsprinzip. Auch wenn das Grundgesetz den einzelnen Abgeordneten als Vertreter des ganzen Volkes bezeichnet, so kann er das Volk doch nur gemeinsam mit den anderen Parlamentsmitgliedern repräsentieren.

Wird das Volk bei parlamentarischen Entscheidungen nur durch das Parlament als Ganzes, d.h. durch die Gesamtheit seiner Mitglieder, angemessen repräsentiert, so muss die Mitwirkung aller Abgeordneten bei derartigen Entscheidungen nach Möglichkeit und im Rahmen des im demokratisch-parlamentarischen System des Grundgesetzes Vertretbaren sichergestellt sein. Der Strafverfolgungsmaßnahmen ausgesetzte Abgeordnete wird möglicherweise gehindert, seine Sachkompetenz, seine Erfahrungen, seine Überzeugungen und die Interessen seiner Wähler in die parlamentarische Arbeit einzubringen. Auch dadurch wird die parlamentarische Willensbildung, die auf einen Ausgleich sozialer Gegensätze zielt, beeinträchtigt. Der Art. 46 Abs. 2 GG dient somit dem Schutz des Parlaments und gewährleistet, dass das Parlament jederzeit handlungsfähig bleibt. Ein subjektives Recht des einzelnen Abgeordneten allein aus Art. 46 Abs. 2 GG besteht daher nicht.

Zwischenergebnis: Weder die Historie noch Sinn und Zweck der Immunitätsregeln geben dem einzelnen Abgeordneten ein subjektives Recht auf Erteilung oder Aufrechterhaltung der Immunität gegen den Deutschen Bundestag aus Art. 46 Abs. 2 GG. Ein einzelner Abgeordneter, vorliegend also der A, kann somit keine eigenen subjektiven Rechte aus Art. 46 Abs. 2 GG herleiten. Eine Verletzung der Rechte des A durch das vorliegende Ermittlungsverfahren kommt aus diesem Gesichtspunkt somit nicht in Betracht.

b) Gleichwohl kann der Abgeordnete beschränkten Einfluss auf das Immunitätsverfahren nehmen. Insoweit ist neben dem Art. 46 Abs. 2 GG, der alleine betrachtet, wie gesehen, nicht ausreicht, noch das klassische Abgeordnetenrecht aus Art. 38 Abs. 1 Satz 2 GG heranzuziehen. Der den Genehmigungsvorbehalt des Art. 46 Abs. 2 GG rechtfertigende und in Art. 38 Abs. 1 Satz 2 GG zum Ausdruck kommende Gedanke der Repräsentation begründet nämlich auch einen eigenen Anspruch des Abgeordneten: Das Parlament muss die Entscheidung über die Aufhebung der Immunität im Hinblick auf den repräsentativen Status des Abgeordneten in jedem Falle frei von Willkür treffen.

Es besteht auch in heutiger Zeit noch die Gefahr willkürlicher Verfolgung von Abgeordneten, mag sie auch in einem funktionierenden Rechtsstaat wenig wahrscheinlich sein. Gänzlich auszuschließen ist sie aber nicht. Nach wie vor soll die Immunität auch davor schützen, dass missliebige Abgeordnete durch Eingriffe der anderen Gewalten in ihrer parlamentarischen Arbeit behindert werden. Der durch Art. 38 GG Abs. 1 Satz 2 GG gewährleistete Status des Abgeordneten ist zugleich die Grundlage für die repräsentative Stellung des Bundestags. Jeder Abgeordnete ist berufen, an der Arbeit des Bundestags, seinen Verhandlungen und Entscheidungen teilzunehmen.

Bei der Entscheidung über die Genehmigung der Strafverfolgung sind die Interessen des Parlaments und die des betroffenen Abgeordneten gegenüber den anderen Staatsgewalten nicht in jedem Falle gleichgerichtet. Der Abgeordnete kann je nach dem parlamentarischen Kräfteverhältnis auch gegenüber dem Parlament schutzbedürftig sein. Parlament und Regierung stehen heute nicht in Frontstellung einander gegenüber. Vielmehr verläuft die Grenze quer durch das Plenum: Regierung und die sie unterstützende Parlamentsmehrheit bilden gegenüber der Opposition politisch eine Einheit. Es kann deshalb nicht von vornherein ausgeschlossen werden, dass die Parlamentsmehrheit sich bei der Entscheidung über die Genehmigung des Strafverfahrens sachfremde Erwägungen der Strafverfolgungsorgane zu eigen macht. In einem solchen Fall bedarf der Abgeordnete eines verfassungsgerichtlich durchsetzbaren Schutzes. Um diesen Schutz zu gewährleisten, hat der einzelne Abgeordnete aus Art. 46 Abs. 2 in Verbindung mit Art. 38 Abs. 1 Satz 2 GG einen Anspruch darauf, dass der Bundestag die Entscheidung über die Genehmigung von gegen ihn gerichteten Strafverfolgungsmaßnahmen frei von sachfremden, willkürlichen Motiven trifft. In eine klassische Beweiswürdigung wird aber nicht eingetreten; die Entscheidung beinhaltet keine Feststellung von Recht oder Unrecht, Schuld oder Nichtschuld.

Zwischenergebnis: Dem einzelnen Abgeordnete steht zumindest ein Anspruch auf eine von sachfremden Erwägungen und Willkür freie Entscheidung des Bundestages zu, was auch in der Geschäftsordnung des Bundestages niedergeschrieben steht (Anlage 6 Nr. 4 Satz 1). Dieser Anspruch folgt aus dem Status als freier Abgeordneter, der wegen Art. 38 Abs. 1 Satz 2 GG ausdrücklich berufen ist, an der Willensbildung des Bundestages jederzeit teilzunehmen. Der Deutsche Bundestag muss bei seiner Entscheidung über die Immunität des einzelnen Abgeordneten darauf achten, dass der Abgeordnete in seiner Tätigkeit und damit das Parlament in seiner Funktionsfähigkeit nicht dadurch gehindert werden, dass willkürliche Strafverfahren eingeleitet und vom Bundestag dann auch noch mit Mehrheit und ohne gesonderte Prüfung abgenickt werden; in diesem Falle würde der Bundestag selbst willkürlich handeln und damit den Abgeordneten in seinen Rechten verletzen Eine Bewertung über Schuld, Recht oder Unrecht findet allerdings nicht statt.

c) Folglich müsste der Deutsche Bundestag unter Berücksichtigung aller Belange über die Aufhebung der Immunität des A entschieden haben. Es muss geprüft werden, ob Anhaltspunkte dafür vorlagen, dass von außen und durch sachfremde Eingriffe versucht wurde, die vom Wähler gewollte Zusammensetzung des Parlaments zu verändern und der Bundestag sich dem (willkürlich) angeschlossen hat.

Der vorliegende Fall weist insoweit gleich mehrere Besonderheiten auf: Zum einen handelt hier gar nicht (mehr) der Deutsche Bundestag, sondern nur der Immunitätsausschuss. Zum anderen erscheint die vorliegende Konstellation zumindest merkwürdig, da sowohl mehrere seriöse Nachrichtenagenturen übereinstimmend von der Haltlosigkeit der Vorwürfe berichteten und die staatsanwaltlichen Ermittlungen auch nur dünn und in sich widersprüchlich waren. Schließlich saßen im Immunitätsausschuss mehrheitlich Abgeordnete der SPD und den GRÜNEN, die über einen CDU-Abgeordneten, der demnächst neuer Justizminister in einer CDU/CSU-Regierung werden soll, urteilen mussten.

Im Ergebnis dürfte eine willkürliche Entscheidung des Ausschusses gleichwohl abzulehnen sein. Zwar sitzen im Ausschuss mehrheitlich Abgeordnete von SPD und GRÜNEN, also den potentiellen politischen Gegnern des A. Und auch die übereinstimmenden Medienberichte sowie die dünne Beweislage der Staatsanwaltschaft hinterlassen einen ebenso merkwürdigen Eindruck, wie die Tatsache, dass A als künftiger Justizminister im Gespräch ist. Allerdings ist der Bundestag und damit auch der Immunitätsausschuss nicht verpflichtet, die möglichen, nachteiligen politischen Folgen zu überdenken, die sich aus der Genehmigung der Strafverfolgung für einen Wahlkampf des Abgeordneten und für die Übernahme weiterer politischer Ämter ergeben können. Der Art. 38 Abs. 1 Satz 2 GG in Verbindung mit Art. 46 Abs. 2 GG schützt den Abgeordneten nur bei der Wahrnehmung der sich aus seinem verfassungsrechtlichen Status als Mitglied des Bundestags ergebenden Rechte und Pflichten.

Der Bundestag ist demnach auch nicht verpflichtet, im Rahmen der Abwägung die Schlüssigkeit des gegen den Abgeordneten erhobenen Tatvorwurfs und die Verhältnismäßigkeit der Ermittlungsmaßnahme lückenlos zu prüfen. Die Haltlosigkeit des strafrechtlichen Vorwurfs und die Unverhältnismäßigkeit der Maßnahmen können allerdings dann zu einer willkürlichen Maßnahme führen, wenn weitere Indizien, insbesondere politischer Art hinzukommen.

Solche sind hier zwar fraglos möglich, erwiesen sind sie aber keinesfalls. Eine Verletzung der Abgeordnetenrechte kommt aber immer erst dann in Betracht, wenn vernünftigerweise kein Zweifel bestehen kann, dass das Strafverfahren gegen den Abgeordneten aus sachfremden, insbesondere politischen Motiven durchgeführt wird. Davon indessen kann hier nicht ausgegangen werden.

Ergebnis: A ist demnach durch die Entscheidung des Immunitätsausschusses, gegen die Ermittlungen keine Einwände zu erheben, nicht in seinem Abgeordnetenstatus aus Art. 46 Abs. 2 GG in Verbindung mit Art. 38 Abs. 1 Satz 2 GG verletzt. Zwar kann eine politische Motivation des staatsanwaltschaftlichen Verfahrens und auch des Immunitätsausschusses nicht ausgeschlossen werden, es sind aber keine hinreichenden positiven Anhaltspunkte dafür ersichtlich. Eine Verletzung der Abgeordnetenrechte kommt aber immer erst dann in Betracht, wenn vernünftigerweise kein Zweifel bestehen kann, dass das Strafverfahren gegen den Abgeordneten aus sachfremden, insbesondere politischen Motiven durchgeführt wird. Das Verfahren und die anonyme Strafanzeige könnten zwar willkürlich erhoben worden sein, offensichtlich ist dies aber nicht. Der A ist dadurch, dass der Immunitätsausschuss gegen die beantragten Ermittlungen keine Einwände erhoben hat, somit nicht in seinen Rechten verletzt.

7. Abschnitt

Die wichtigsten Verfahren vor dem Bundesverfassungsgericht

I. Die Verfahren vor dem Bundesverfassungsgericht

Einstieg: Wir haben in den vergangenen 18 Fällen das ***materielle*** Verfassungsrecht – die Staatsorganisation der Bundesrepublik Deutschland – ziemlich umfassend abgearbeitet und wollen uns jetzt im letzten Kapitel mal anschauen, wie man das Ganze eigentlich vor Gericht durchsetzt, sprich ***verfassungsprozessual*** in Gang bringt. Das ***müssen*** wir übrigens hier am Ende des Buches auch noch erledigen, denn in den universitären Übungsarbeiten (vor allem bei den Fortgeschrittenen) und auch im Staatsexamen wird neben den eigentlichen materiell-rechtlichen Problemen häufig noch danach gefragt, ob eine ***Klage*** oder ein ***Antrag*** vor dem Bundesverfassungsgericht erfolgreich wäre. Die Fallfragen in den Klausuren oder Hausarbeiten lauten dann nicht mehr, wie bei den Anfängern üblich, »*Steht dem Bundespräsidenten ein Prüfungsrecht zu?*« oder »*War das Handeln des Bundeskanzlers rechtmäßig?*« oder »*Ist das Gesetz verfassungsgemäß zustande gekommen?*«. Die Prüfer fordern im fortgeschrittenen Stadium/Studium vielmehr eine allumfassende, also auch prozessuale Erörterung zu der Frage, ob eine Klage oder ein Antrag (in aller Regel vor dem Bundesverfassungsgericht) Aussicht auf Erfolg hätte. Eine solche Klage vor dem Bundesverfassungsgericht – wie übrigens vor jedem Gericht – hat allerdings nur dann Aussicht auf Erfolg, wenn sie ***zulässig*** und ***begründet*** ist. Man erkennt die entsprechenden Fragestellungen in den Übungs- oder Examensarbeiten dann an Formulierungen wie: »*Wie wird das Bundesverfassungsgericht entscheiden?*« oder »*Hat die Klage der SPD-Fraktion gegen den Bundestagspräsidenten Aussicht auf Erfolg?*« oder »*Wäre ein Antrag des Ministers XY vor dem Bundesverfassungsgericht zulässig und begründet?*«.

Bei solchen Fallgestaltungen hat man als Bearbeiter/Student demnach nicht nur zu prüfen, ob das materielle Verfassungsrecht, also die Normen des Grundgesetzes verletzt sind, sondern (vorher) auch, ob diese mögliche Verletzung des Verfassungsrechts von der betroffenen Person oder der betroffenen Personengruppe auch vor dem Bundesverfassungsgericht erfolgreich geltend gemacht werden könnte (= ***Zulässigkeit*** einer Klage). Und diese Frage ist deshalb wichtig und von erheblicher Bedeutung, weil natürlich nicht jeder mit jedem Quatsch das höchste deutsche Gericht behelligen darf. Wie sich aus **Art. 93 GG** (aufschlagen!) ergibt, ist das Bundesverfassungsgericht nur unter ganz bestimmten Voraussetzungen und für ganz bestimmte Verfahrensarten zuständig. Wenn man etwa mit seinem Vermieter darüber streitet, ob man in der Wohnung eine Miezekatze halten darf, soll das selbstverständlich nicht vor dem Bundesverfassungsgericht verhandelt werden, damit geht man bitte schön zum nächsten Amts- oder Landgericht – und nicht nach Karlsruhe, wo bekanntermaßen das Bundesverfassungsgericht seinen Sitz hat (vgl. **§ 1 Abs. 2** des ***Bundesverfassungsgerichtsgesetzes***).

Das Bundesverfassungsgericht nimmt in der deutschen Rechtsprechung einen ***Sonderstatus*** ein, denn es ist zum einen zwar, wie etwa auch der Bundesgerichtshof oder das Bundesverwaltungsgericht, ein Bundesgericht, gleichzeitig nach dem Willen des Grundgesetzes aber als einziges Gericht zudem ein ***oberstes Verfassungsorgan***, insoweit spricht man von einer »Doppelnatur« des Gerichts (*Degenhart* StaatsR I Rz. 743; *Stern* StaatsR II § 44 II 2; *von Münch* in Jura 1992). Folglich steht es staatsrechtlich betrachtet auf einer Ebene mit dem Deutschen Bundestag, dem Bundesrat, dem Bundespräsidenten und auch der Bundesregierung. Die vorwiegende Aufgabe des Bundesverfassungsgerichts besteht deshalb auch darin, zu prüfen und zu entscheiden, ob das Handeln der anderen Staatsorgane, wozu beispielsweise auch die Gesetzgebung durch den Bundestag und den Bundesrat gehört, mit dem Grundgesetz vereinbar ist oder gegen grundgesetzliche Normen verstößt. Das Bundesverfassungsgericht ist damit eine Art »**Hüter der Verfassung**« (BVerfGE **1**, 184, 195; BVerfGE **40**, 88, 93). Entgegen landläufiger Meinung fungiert das Bundesverfassungsgericht demgegenüber nicht als »Superrevisionsinstanz«, die überprüft, ob die anderen Gerichte »korrekt« entschieden haben – also etwa, ob das Bürgerliche Gesetzbuch (BGB) oder das Strafgesetzbuch (StGB) im Rahmen einer Entscheidung eines Amts- oder Landgerichts richtig angewendet wurde (*Detterbeck* Öffentliches Recht § 17 Rz. 899). Dafür sind, solange keine Verletzung des Grundgesetzes infrage steht, alleine die jeweiligen »ordentlichen« Gerichte mit den entsprechenden Berufungs- und Revisionsinstanzen zuständig, nicht aber das Bundesverfassungsgericht. Des Weiteren sollte man wissen, dass das Bundesverfassungsgericht gemäß § 2 Abs. 1 und 2 BVerfGG nur aus ***zwei*** Senaten zu je ***acht*** Richtern besteht: Jeder dieser beiden Senate stellt für sich betrachtet »das Bundesverfassungsgericht« dar, weshalb man auch von einem sogenannten »Zwillingsgericht« spricht (*Maunz/Dürig/Maunz* Art. 94 GG Rz. 9). Schließlich ist das Bundesverfassungsgericht das einzige Gericht in Deutschland, dessen Entscheidungen für andere Gerichte, Behörden und Staatsorgane absolut ***verbindlich*** sind, von diesen also bei ihrem Handeln bzw. bei ihren Entscheidungen immer berücksichtigt werden ***müssen***, bitte lies: **§ 31 Abs. 1 BVerfGG**!

So, und damit auch garantiert ist, dass dieses Bundesverfassungsgericht wirklich nur mit den ganz großen bzw. wichtigen verfassungsrechtlichen Dingen befasst wird, hat das Grundgesetz in dem eben schon mal erwähnten **Art. 93 GG** »**enumerativ**« festgelegt, unter welchen Voraussetzungen eine Klage oder ein Antrag vor dem Bundesverfassungsgericht überhaupt nur ***zulässig*** und somit statthaft ist (*Maunz/Dürig/Maunz* Art. 93 GG Rz. 1). Liegt keiner der dort genannten Fälle vor, wozu übrigens auch die Verweisungen aus **Art. 93 Abs. 1 Nr. 5** und **Art. 93 Abs. 3 GG** gehören, könnten wir uns die ganzen schönen Gedanken der letzten 300 Seiten, jedenfalls in einem Verfahren vor dem Bundesverfassungsgericht, sparen, denn die Verfassungsrichter würden sich unsere Probleme gar nicht erst anschauen, sondern die Klage bereits als »**unzulässig**«, also ohne Prüfung des materiellen Verfassungsrechts, abweisen (*Sachs/Sturm* Art. 93 GG Rz. 31).

Um dieses Drama einer bereits unzulässigen Klage im Sinne des **§ 24 BVerfGG** (die sogenannte »**A-limine-Abweisung**«) zu vermeiden, werden wir uns die vier, für das Staatsorganisationsrecht wichtigsten Klagearten vor dem Bundesverfassungsgericht einschließlich ihrer sogenannten »**Zulässigkeitsvoraussetzungen**« jetzt mal anschauen und unser Buch damit komplett machen. Namentlich geht es gleich um das »**Organstreitverfahren**«, die »**abstrakte Normenkontrolle**«, die »**konkrete Normenkontrolle**« (auch »**Richtervorlage**« genannt) und schließlich den »**Bund-Länder-Streit**«. Zur sinnvollen Bewältigung dessen benötigen wir vorab aber noch ein paar kleine Zusatzinformationen: Das Grundgesetz hat dem Bundesverfassungsgericht nämlich, obwohl es ja ein oberstes Verfassungsorgan ist, komischerweise keinen eigenen Abschnitt oder gar eigene Verfahrensvorschriften gewidmet. Die wenigen vorhandenen

Normen finden sich unter dem Titel »**Die Rechtsprechung**« im **IX. Abschnitt** des GG ab Art. 93 GG. Neben diesem Art. 93 GG verdient dort nun vor allem der **Art. 94 Abs. 2 GG** (aufschlagen, bitte) unsere Beachtung, denn hier findet sich ein weiterer wichtiger Hinweis: Gemäß **Art. 94 Abs. 2 GG** soll »*... ein Bundesgesetz die Verfassung und das Verfahren bestimmen, in welchen die Entscheidungen des Bundesverfassungsgerichts Gesetzeskraft haben*«. Hinter dieser Formulierung verbirgt sich ein sogenannter »**Gesetzesvorbehalt**«, wonach der Bundesgesetzgeber befugt sein soll, ein entsprechendes Gesetz bezüglich der Verfassung und des Verfahrens beim Bundesverfassungsgericht zu erlassen. Und das hat der Bundesgesetzgeber auch getan und das eben schon mal kurz erwähnte ***Bundesverfassungsgerichtsgesetz*** (BVerfGG) erfunden und dieses am **17. April 1951** auch in Kraft gesetzt (steht in der Beck-Textausgabe unter der Nummer 9), in dem sich weitere, für uns wichtige Regeln zu dem Verfahren vor dem Bundesverfassungsgericht finden: So wiederholt etwa der **§ 13 BVerfGG** (auch den bitte mal aufschlagen) die Aufzählung des Art. 93 GG und die dort benannten Verfahrensarten, die dann aber zusätzlich in den **§§ 36–97 BVerfGG** für die einzelnen Verfahrensarten maßgeblich – und vor allem auch für die Klausurbearbeitung relevant – präzisiert werden (sehen wir uns gleich im Einzelnen an):

Merke: Die Fälle, in denen der Rechtsweg zum Bundesverfassungsgericht eröffnet ist, sind im Grundgesetz in Art. 93 GG sowie den in dieser Norm enthaltenen Verweisungen abschließend aufgezählt (»**Enumerativprinzip**«). Die dort genannten Entscheidungszuständigkeiten werden zudem in § 13 BVerfGG zusammengefasst und in den §§ 36–97 BVerfGG bezüglich des jeweiligen Verfahrens präzisiert und vervollständigt (*Maunz/Dürig/Maunz* Art. 93 GG Rz. 1; *Ipsen* StaatsR I Rz. 877).

II. Die wichtigsten Verfahrensarten zum Staatsorganisationsrecht

Wir wollen uns, wie oben schon mal angesprochen, in unserem Buch mit den folgenden *vier* Klagearten näher beschäftigen, denn sie spielen in den universitären Übungsarten und auch im Examen in aller Regel die Hauptrollen. Es geht namentlich um diese Verfahren:

→ Das **Organstreitverfahren**: Art. 93 Abs. 1 Nr. 1 GG, §§ 13 Nr. 5, 63 ff. BVerfGG

→ Die **abstrakte Normenkontrolle**: Art. 93 Abs. 1 Nr. 2 GG, §§ 13 Nr. 6, 76 ff. BVerfGG

→ Die **konkrete Normenkontrolle**: Art. 93 Abs. 1 Nr. 5, 100 Abs. 1 GG, §§ 13 Nr. 11, 80 ff. BVerfGG

→ Die **Bund-Länder-Streitigkeit**: Art. 93 Abs. 1 Nr. 3 GG, §§ 13 Nr. 7, 68 ff. BVerfGG

1. Das Organstreitverfahren

Gesetzliche Grundlagen: Art. 93 Abs. 1 Nr. 1 GG, §§ 13 Nr. 5, 63 ff. BVerfGG

Einstieg: Die in Art. 93 Abs. 1 Nr. 1 GG bezeichneten Streitigkeiten nennt man ***Organstreitigkeiten***. Dieses Verfahren kommt immer dann in Betracht, wenn eine Streitigkeit zwischen zwei (Bundes-)**Verfassungsorganen** besteht, wenn sich also Verfassungsorgane über ihre wechselseitigen Rechte und Pflichten streiten, wobei diese Formulierung insoweit ein wenig irreführend ist, **denn**: Das Organstreitverfahren dient vor allem der gegenseitigen Abgrenzung der Zuständigkeiten und Kompetenzen der jeweils streitenden Organe (BVerfG NVwZ **2016**, 1751; BVerfG EuGRZ **2015**, 89; *Lechner/Zuck* vor § 63 BVerfGG Rz. 10; *Sachs/Sturm* Art. 93 GG Rz. 42; *Degenhart* StaatsR I Rz. 750). Beachte im Übrigen, dass sich insoweit tatsächlich immer ***Bundesorgane*** untereinander streiten müssen. Für Kompetenzfragen zwischen Bund und einem einzelnen Bundesland kommt die Regelung des **Art. 93 Abs. 1 Nr. 3 GG** in Frage, beim Streit einzelner Bundesländer untereinander sind dann die jeweiligen Landesverfassungsgerichte zuständig (*Maunz/Dürig/Maunz* Art. 93 GG Rz. 10). Das Organstreitverfahren stellt zudem ein sogenanntes »**kontradiktorisches**« (streitiges) Verfahren dar, es stehen sich also immer mindestens zwei Parteien gegenüber, ein ***Antragsteller*** und ein ***Antragsgegner*** (BVerfG NVwZ **2016**, 1751; *Jarass/Pieroth* Art. 93 GG Rz. 8; *Sachs/Sturm* Art. 93 GG Rz. 42).

A. Die Zulässigkeitsvoraussetzungen im Organstreitverfahren

(1.) Die **Parteifähigkeit** gemäß Art. 93 Abs. 1 Nr. 1 GG, § 63 BVerfGG

Gemäß **Art. 93 Abs. 1 Nr. 1 GG** sind in einem Organstreitverfahren nur parteifähig die »obersten Bundesorgane« oder »andere Beteiligte, die durch das Grundgesetz oder in der Geschäftsordnung eines obersten Bundesorgans mit eigenen Rechten ausgestattet sind«. Konkretisiert wird diese Parteifähigkeit durch **§ 63 BVerfGG**, in dem es heißt:

> *»Antragsteller und Antragsgegner können nur sein: der **Bundespräsident**, der **Bundestag**, der **Bundesrat**, die **Bundesregierung** und die im Grundgesetz oder in den Geschäftsordnungen des Bundestages und des Bundesrates mit eigenen Rechten ausgestatteten **Teile dieser Organe**«*

Beachte: Hier muss man im Zweifel sehr genau hinschauen. Die ausdrücklich in § 63 BVerfGG genannten Organe, also der *Bundespräsident*, der *Bundestag*, der *Bundesrat* und die *Bundesregierung* sind, weil sie ja im Gesetz stehen und zudem auch unstreitig unter Art. 93 Abs. 1 Nr. 1 GG fallen, kein Problem in der Klausur. Interessant wird es allerdings in Bezug auf die im Gesetz ***nicht*** ausdrücklich benannten Beteiligten, **nämlich**: Zum einen stellt sich die Frage, wer denn nun diese in § 63 BVerfGG beschriebenen »*im Grundgesetz oder in den Geschäftsordnungen des Bundestages und des Bundesrates mit eigenen Rechten ausgestatteten* ***Teile dieser Organe***« sein sollen. Und zum anderen fällt auf, dass die Formulierung des Grundgesetzes in Art. 93 Abs. 1 Nr. 1 GG bei sorgfältigem Hinsehen weiter und allgemeiner gefasst ist, als die sehr konkrete Regelung des § 63 BVerfGG: Immerhin sollen nach Art. 93 Abs. 1 Nr. 1 GG alle »**obersten Bundesorgane**« und auch andere »**Beteiligte**, die vom GG oder einer Geschäftsordnung mit eigenen Rechten ausgestattet sind«, ein Organstreitverfahren anstrengen können. Der § 63 BVerfGG nennt hingegen nur bestimmte Organe sowie deren ***Teile***. Die insoweit interessante Frage lautet demnach, ob der § 63 BVerfGG diesbezüglich den Art. 93 Abs. 1 Nr. 1 GG tatsächlich einschränken kann. Der Reihe nach:

→ Zunächst zu **§ 63 BVerfGG**: Die dort benannten »**Teile dieser Organe**« sind zum einen unstreitig die ***Fraktionen*** des Deutschen Bundestages, da sie durch das GG als notwendige Institutionen des Verfassungslebens statuiert und zudem durch die Geschäftsordnung des Bundestages mit eigenen Rechten ausgestattet sind (BVerfG NVwZ **2016**, 922; BVerfGE **70**, 324; *Jarass/Pieroth* Art. 38 GG Rz. 37; *Sachs/Sturm* Art. 93 GG Rz. 47; *Pestalozza* VerfassungsprozessR § 7 Rz. 13; *Degenhart* StaatsR I Rz. 750). Des Weiteren fallen darunter die ***Ausschüsse*** des Deutschen Bundestages sowie der ***Bundestagspräsident*** (BVerfGE **105**, 197; BVerfGE **2**, 143). Im Übrigen gehören auch die einzelnen ***Minister***, der ***Bundeskanzler*** und der ***Bundesratspräsident*** zu den »Teilen dieser Organe« (*Degenhart* StaatsR I Rz. 750) und sind folglich grundsätzlich parteifähig im Sinne des § 63 BVerfGG. Unzulässig wäre aber ein Organ-Streit ***innerhalb*** der Bundesregierung (also Minister gegen Minister oder Kanzler gegen Minister), da der **Art. 65 Satz 3 GG** insoweit eine Beilegung des Streits durch die ***Bundesregierung*** selbst vorsieht (*Degenhart* StaatsR I Rz. 750). Ansonsten aber sind die Minister und auch der Kanzler parteifähig im Organstreitverfahren.

→ **Art. 93 Abs. 1 Nr. 1 GG**: Alle eben genannten Personen oder Personengruppen fallen unstreitig auch unter die Art. 93 Abs. 1 Nr. 1 GG, weil dort ja steht, dass alle obersten Bundesorgane oder Beteiligte, die vom GG oder den Geschäftsordnungen mit eigenen Rechten ausgestattet sind, ein Organstreitverfahren anstrengen können. Insoweit deckt sich der Anwendungsbereich von § 63 BVerfGG und Art. 93 Abs. 1 Nr. 1 GG. Hinzu kommen dann wegen der allgemeineren Formulierung in Art. 93 Abs. 1 Nr. 1 GG unstreitig noch die **Bundesversammlung** und der **Gemeinsame Ausschuss** aus Art. 53a GG. Ebenfalls von Art. 93 Abs. 1 Nr. 1 GG erfasst sind ***einzelne*** **Abgeordnete**, soweit sie sich auf ihre Rechte aus **Art. 38 Abs. 1 Satz 2 GG** berufen, übrigens selbst dann, wenn sie zum Zeitpunkt des Verfahrens nicht mehr im Bundestag sitzen (BVerfG NVwZ **2016**, 1751; BVerfG NVwZ **2014**, 1652; BVerfGE **104**, 310; BVerfGE **94**, 3; *Jarass/Pieroth* Art. 38 GG Rz. 36). **Problem**: Was ist eigentlich mit den **Parteien**? **Lösung**: Die politischen Parteien sind verfassungsrechtlich betrachtet jedenfalls keine Teile der in § 63 BVerfGG genannten Organe, vor allem nicht des Deutschen Bundestages – und demnach nach § 63 BVerfGG auch ***nicht*** parteifähig. **Aber**: Nach Meinung des Bundesverfassungsgerichts handelt es sich dafür um »**andere Beteiligte**« im Sinne des Art. 93 Abs. 1 Nr. 1 GG, der dem § 63 BVerfGG insoweit als höherrangiges Recht vorgeht. Parteien sollen nach Ansicht des Bundesverfassungsgerichts insbesondere dann parteifähig im Organstreitverfahren sein, wenn sie ihre Rechte aus **Art. 21 GG** geltend machen, da ihnen insoweit eine besondere verfassungsrechtliche Stellung zukommt (BVerfG EuGRZ **2015**, 83; BVerfG NVwZ **2013**, 568; BVerfGE **1**, 208; BVerfGE **79**, 329; BVerfGE **117**, 359; *Detterbeck* ÖffentlichesR Rz. 909; *Lechner/Zuck* vor § 63 BVerfGG Rz. 20; *Benda/Klein* VerfassungsprozessR Rz. 1011;

Sachs/Sturm Art. 93 GG Rz. 48; *Degenhart* StaatsR I Rz. 750). Das ***Bundesverfassungsgericht*** selbst ist nicht parteifähig, obwohl es – wie erwähnt – ein oberstes Verfassungsorgan ist (*Jarass/Pieroth* Art. 93 GG Rz. 7; *Vosskuhle* in NJW 1997, 2218).

(2.) Der **Antragsgegenstand** gemäß § 64 Abs. 1 BVerfGG

Der Klageantrag ist nur zulässig, wenn ein Streit über Rechte und Pflichten eines Staatsorgans aus dem Grundgesetz vorliegt (*Degenhart* StaatsR I Rz. 750). Hierbei fasst die herrschende Meinung die Begrifflichkeiten allerdings sehr weit und lässt jede Maßnahme von »**rechtlicher Relevanz**« ausreichen (BVerfG NVwZ **2016**, 1751; BVerfG EuGRZ **2015**, 83; BVerfG NVwZ **2013**, 568; BVerfGE **57**, 1; BVerfGE **60**, 374; BVerfGE **96**, 264). Als rechtserhebliche Maßnahme kommt insoweit jedes Verhalten des Antragsgegners in Betracht, das geeignet ist, die Rechtsstellung des Antragsgegners zu beeinträchtigen oder das zumindest seinen »Rechtskreis« betrifft (BVerfG NVwZ **2016**, 1751; BVerfG EuGRZ **2015**, 89). Hierzu gehört übrigens auch ein mögliches ***Unterlassen***, soweit eine Rechtspflicht zum Handeln seitens des Antragsgegners bestand (BVerfG NVwZ **2016**, 922; BVerfG EuGRZ **2015**, 89; BVerfG NVwZ **2014**, 1652; BVerfGE **80**, 188). Des Weiteren können beispielsweise die Vorbereitung oder der Erlass eines Gesetzes, die fehlende, aber notwendige Zustimmung des Bundesrates oder auch Maßnahmen aus der Geschäftsordnung gegen Fraktionen oder einzelne Abgeordnete tauglicher Streitgegenstand sein; ebenfalls erheblich im Sinne einer rechtlichen Relevanz fand das Bundesverfassungsgericht kürzlich die in einem Zeitungsinterview getätigten Aussagen einer Bundesministerin (SPD) über ihre Ansichten in Bezug auf die Wählbarkeit der NPD (instruktiv: BVerfG EuGRZ **2015**, 83; weitere Einzelheiten zum Ganzen bei *Sachs/Sturm* Art. 93 GG Rz. 50).

Unzulässig wegen fehlender rechtlicher Relevanz wäre eine Klage indes gegen eine Rüge des Parlamentspräsidenten (BVerfGE **60**, 374), gegen bloße Äußerungen von Ministerpräsidenten oder Landesministern (BVerfG NVwZ **2013**, 568), gegen eine einfache Meinungsäußerung eines Abgeordneten im Parlament (BVerfGE **2**, 143; streitig, vgl. *Degenhart* StaatsR Rz. 751) oder gegen die fehlende Beantwortung einer Anfrage (BVerfGE **57**, 1), da diesen Vorgängen die eben benannte Rechtserheblichkeit bzw. die rechtliche Relevanz fehlt. Anders gilt nur, wenn die Nichtbeantwortung der Frage eines Abgeordneten – etwa während einer Fragestunde im Bundestag – diesen in seinen Abgeordnetenrechten aus Art. 38 GG verletzt (vgl. dazu BVerfG NVwZ **2014**, 1652, wo die Bundesregierung die detaillerte Auskunft über Waffenexporte nach Saudi-Arabien gegenüber dem Bundestag bzw. einem Abgeordneten verweigerte).

(3.) Die **Antragsbefugnis** gemäß § 64 Abs. 1 BVerfGG

Des Weiteren muss der Antragsteller auch *antragsbefugt* sein. Gemäß § 64 Abs. 1 BVerfGG ist der Antrag nämlich nur zulässig, »*wenn der Antragsteller geltend macht, dass er oder das Organ, dem er angehört, durch die Maßnahme oder Unterlassung des Antragsgegners in seinen ihm durch das Grundgesetz übertragenen Rechten und Pflichten verletzt oder unmittelbar gefährdet ist.*«

Durchblick: Die Antragsbefugnis, die bitte nicht mit der Antragsberechtigung (→ Parteifähigkeit) verwechselt wird, setzt dabei voraus, dass es sich zum einen um ein rechtlich erhebliches Verhalten handelt (siehe insoweit den vorherigen Prüfungspunkt), bei dem zum anderen eine Verletzung der Rechte des Antragstellers durch dieses Verhalten zumindest ***möglich*** erscheint (BVerfG EuGRZ **2015**, 83; BVerfG NVwZ **2014**, 1652; *Ipsen* StaatsR I Rz. 887). Insoweit gilt die sogenannte »**Möglichkeitstheorie**«, das heißt, es wird im Rahmen der Zulässigkeit (lediglich) geprüft, ob die Möglichkeit der Verletzung des Grundgesetzes besteht (*Jarass/Pieroth* Art. 93 GG Rz. 12). Die Frage, ob die Rechte des Antragstellers aus dem Grundgesetz ***tatsächlich*** durch ein Verhalten des Antragsgegners verletzt wurden, kommt erst später, nämlich im Rahmen der Begründetheit der Klage.

Beachte: *Inhaltlich* geht es bei der behaupteten Rechtsverletzung immer nur um die Verletzung oder unmittelbare Gefährdung von im Grundgesetz verankerten **Rechten** (= Kompetenzen, Antragsrechte, Statusrechte) oder **Pflichten**, da der Prüfungsmaßstab des BVerfG ausschließlich das Grundgesetz ist. Es genügt somit nicht, wenn der Antragsteller geltend macht, er sei in seinen Rechten aus der Geschäftsordnung des Bundestages oder der Geschäftsordnung des Bundesrates verletzt worden, solange darin nicht gleichzeitig auch eine Verletzung der verfassungsrechtlichen Vorschriften des Grundgesetzes liegt (BVerfGE **70**, 324; *Degenhart* StaatsR I Rz. 752; *Sachs/Sturm* Art. 93 GG Rz. 49; *Detterbeck* ÖffR Rz. 916).

Die Prozessstandschaft: Gemäß § 64 Abs. 1 BVerfGG kann der Antragssteller nicht nur geltend machen, dass er selbst durch die Maßnahme des Antragsgegners in seinen durch das Grundgesetz garantierten Rechten und Pflichten verletzt worden ist, sondern er kann die Verletzung von Rechten »des Organs, dem er angehört« rügen. Diese Geltendmachung bezeichnet man als eine Form der »Prozessstandschaft«: So kann etwa eine einzelne ***Fraktion*** die Rechte des gesamten Parlaments als verletzt rügen (BVerfG NVwZ **2016**, 1593; BVerfG NVwZ **2016**, 922; *Sachs/Sturm* Art. 93 GG Rz. 49). Die verfassungsrechtliche Stellung der Fraktion (vgl. oben Fall 17) kommt damit auch im Verfahren vor dem Bundesverfassungsgericht zum Tragen, indem eine Fraktion berechtigt ist, die Rechte, die dem Bundestag in seiner Gesamtheit zustehen, im Organstreitverfahren selbstständig geltend zu machen (BVerfG NVwZ **2016**, 1593; *Degenhart* StaatsR I Rz. 752). Diese Prozessstandschaft im Organstreitverfahren ist damit bei genauer Betrachtung ein Institut des ***Minderheitenschutzes***, da mögliche Rechtsverletzungen des Gesamtorgans auch dann dem Bundesverfassungsgericht zur rechtlichen Klärung vorgelegt werden können, wenn die Mehrheit des Organs dies vielleicht gar nicht möchte (BVerfG NVwZ **2016**, 1593; BVerfG NVwZ **2016**, 922; BVerfG NVwZ **2015**, 1377; BVerfGE **45**, 1; *Lechner/Zuck* § 64 BVerfGG Rz. 6; *Degenhart* StaatsR I Rz. 752; *Ipsen* StaatsR I Rz. 891).

Beispiel: Die Bundesregierung (bestehend aus CDU/CSU/SDP) hat einen Auslandseinsatz der Bundeswehr in Somalia ohne Beteiligung des Bundestages beschlossen. Die Fraktion der GRÜNEN macht nunmehr im Rahmen eines Organstreitverfahrens geltend, dass der Bundestag dadurch in seinen Rechten verletzt worden sei, da das Grundgesetz die Bundesregierung dazu verpflichte, für einen Einsatz bewaffneter Streitkräfte die – grundsätzlich vorherige – konstitutive Zustimmung des Deutschen Bundestages einzuholen. Das Organstreitverfahren ist in diesem Falle ***zulässig***, obwohl die Mehrheit des Bundestages aus CDU/CSU/SDP damit vermutlich gar nicht einverstanden wäre. Die Fraktion der GRÜNEN als Teil des Bundestages darf gleichwohl die Rechte des gesamten Bundestages geltend macht (vgl. zu diesem Fall: BVerfGE **90**, 286, 336 sowie aktuell BVerfG NVwZ **2016**, 1593).

Beachte zum Schluss: Aus der Zugehörigkeit eines Abgeordneten zu einer Fraktion folgt demgegenüber nicht das Recht, die Rechte der Fraktion im eigenen Namen im Organstreit zu verfolgen (BVerfG NVwZ **2007**, 685; BVerfGE **70**, 324, 352).

(4.) Das **allgemeine Rechtsschutzbedürfnis**

In aller Regel stellt das Rechtsschutzbedürfnis in den Übungsarbeiten kein Problem dar, da der Antragssteller bereits in der Antragsbefugnis nach § 64 Abs. 1 BVerfGG vortragen musste, dass die Verletzung seiner Rechte zumindest ***möglich*** erscheint, was das Rechtsschutzbedürfnis im Zweifel indiziert (BVerfG NVwZ **2016**, 1751; BVerfG NVwZ **2014**, 1652; BVerfGE **68**, 1; BVerfGE **90**, 286). Hier wird es deshalb auch nur dann noch interessant, wenn der Antragsteller unter Umständen eine einfachere Möglichkeit des Rechtsschutzes hatte, die Inanspruchnahme des Gerichts ihm jetzt nichts mehr nützt, die geltend gemachte Rechtsverletzung durch eigenes Handeln des Antragsstellers selbst hätte vermieden werden können (BVerfG NJW **2014**, 30 85; BVerfGE **68**, 1, 77), wenn es einen einfacheren Weg gegeben hätte, Abhilfe zu schaffen (BVerfGE **71**, 299, 304), das Abwarten einer Rechtsverletzung nicht zumutbar ist (BVerfG NVwZ **2016**, 922) oder wenn sich die Sache anderweitig »erledigt« hat (BVerfG NVwZ **2016**, 1751). Finden sich dafür keine ausdrücklichen Hinweise im Sachverhalt (und das ist die Regel), ist vom Vorliegen des Rechtsschutzbedürfnisses auszugehen. **Beachte**: Selbst ein inzwischen aus dem Bundestag ausgeschiedener Abgeordneter hat nach aktueller Rechtsprechung des BVerfG ein Rechtsschutzbedürfnis für ein Organstreitverfahren, wenn er ein Abgeordnetenrecht einklagt und seine Sache von »grundsätzlicher verfassungsrechtlicher Bedeutung« ist (vgl. dazu instruktiv BVerfG NVwZ **2016**, 1751, wo es um die Frage ging, ob ein Abgeordneter Anspruch auf Mitwirlung in einer »Arbeitsgruppe« eines Ausschusses hat).

(5.) Form und **Frist,** §§ 23 Abs. 1, 64 Abs. 2 und Abs. 3 BVerfGG

Der Antrag muss zudem auch form- und fristgerecht beim Bundesverfassungsgericht eingegangen sein. Die ***Form*** richtet sich insoweit nach den §§ 23 Abs. 1, 64 Abs. 2 BVerfGG: Gemäß § 23 Abs. 1 BVerfGG sind Anträge, die das Verfahren einleiten, ***schriftlich*** beim Bundesverfassungsgericht einzureichen. Sie sind zu ***begründen*** und insbesondere sind die erforderlichen ***Beweismittel*** anzugeben. Hinsichtlich der Mindestanforderungen an die Begründung des Antrags gibt § 64 Abs. 2 BVerfGG vor, dass die Bestimmung des Grundgesetzes zu bezeichnen ist, gegen die durch die beanstandete Maßnahme oder Unterlassung des Antragsgegners verstoßen wird. Die

Frist richtet sich nach § 64 Abs. 3 BVerfGG, wonach der Antrag binnen ***sechs Monaten,*** nachdem die beanstandete Maßnahme oder Unterlassung dem Antragsteller bekannt geworden ist, gestellt werden muss (vgl. insoweit BVerfGE **80**, 188).

B. Die Begründetheit des Organstreitverfahrens

Der Antrag im Rahmen eines Organstreitverfahrens ist dann begründet, wenn die angegriffene Maßnahme oder Unterlassung des Antragsgegners den Antragsteller oder das Organ, dem er angehört (»**Prozessstandschaft**«), auch tatsächlich in seinen ihm durch das Grundgesetz übertragenen Rechten und Pflichten verletzt.

Folge: Das Bundesverfassungsgericht stellt gemäß **§ 67 BVerfGG** fest, ob die beanstandete Maßnahme oder Unterlassung gegen eine Bestimmung des GG verstößt. Außerdem kann das Bundesverfassungsgericht in seiner Entscheidungsformel zugleich eine für die Auslegung der Bestimmung des GG erhebliche Rechtsfrage entscheiden, von der die Feststellung gemäß § 67 Satz 1 BVerfGG abhängt.

Prüfungsschema: Das Organstreitverfahren

Die Rechtsgrundlagen: Art. 93 Abs. 1 Nr. 1 GG, §§ 13 Nr. 5, 63 ff. BVerfGG

A. Zulässigkeit des Organstreitverfahrens

1. Parteifähigkeit, Art. 93 Abs. 1 Nr. 1 GG, § 63 BVerfGG

(Antragsteller und Antragsgegner)

Parteifähig sind:

→ oberste Bundesorgane sowie

→ andere Beteiligte, die durch dass GG oder die Geschäftsordnung mit eigenen Rechten ausgestattet sind.

2. Antragsgegenstand/Streitgegenstand, § 64 Abs. 1 BVerfGG

→ Verfassungsorgane streiten über die Frage, ob eine Maßnahme oder ein Unterlassen des Antragsgegners gegen die Rechte des Antragstellers aus dem GG verstößt.

3. Antragsbefugnis, § 64 Abs. 1 BVerfGG

→ Antragsteller muss geltend machen, dass er oder das Organ, dem er angehört, durch Maßnahme oder Unterlassung seitens des Antragsgegner in seinen Rechten aus dem GG verletzt oder unmittelbar gefährdet ist: »Möglichkeitstheorie«.

→ **Beachte**: Prozessstandschaft ist zulässig.

4. Allgemeines Rechtsschutzbedürfnis

→ Voraussetzung: Keine einfachere Möglichkeit des Rechtsschutzes

5. Form und Frist, § 64 Abs. 2 und 3, 23 Abs. 1 BVerfGG

→ Schriftform mit Begründung und Beweismitteln

→ Antrag muss binnen sechs Monaten, nachdem beanstandete Maßnahme oder Unterlassung Antragsteller bekannt geworden ist, gestellt werden.

B. Begründetheit des Organstreitverfahrens

Beanstandete Maßnahme oder Unterlassung des Antragsgegners muss gegen ein Recht aus der Verfassung verstoßen. Wenn Verstoß zu bejahen: Feststellung der Verfassungswidrigkeit der Maßnahme oder Unterlassung des Antragsgegners gemäß § 67 BVerfGG

So, und jetzt prüfen wir das Erlernte mal in der konkreten Anwendung, und zwar in der Fall-Lösung im ***Gutachtenstil*** – und wollen uns dafür unseren Fall Nr. 17 (vgl. oben) vornehmen und die Fragestellung unter dem Sachverhalt entsprechend ändern, nämlich so:

Fall 17: Mittendrin – aber nicht dabei!

A ist Bundestagsabgeordneter der GRÜNEN und hat sich kurz nach der Bundestagswahl mit seiner Partei überworfen. Als mehrere Gespräche mit dem Parteivorstand keine Klärung bringen, tritt A zwei Monate nach seiner Wahl in den Bundestag aus der Partei aus. Kurz nach der Austrittserklärung schließen die GRÜNEN den A dann auch aus der Bundestagsfraktion aus und besetzen den für ihn vorgesehenen Platz im Petitionsausschuss des Bundestages mit einem anderen Abgeordneten. Bundestagspräsident P verfügt daraufhin unter Berufung auf die *Geschäftsordnung des Bundestages*, dass A – wegen seiner früheren Ausbildung als Polizist – ab sofort dem Verteidigungsausschuss angehört, dort allerdings, anders als die übrigen Mitglieder im Ausschuss, nur in beratender Funktion und ohne eigenes Stimmrecht.

A hält dieses Vorgehen des P für verfassungswidrig. Er sei zwar freiwillig aus der Partei ausgetreten und auch kein Fraktionsmitglied mehr. Weder P noch die Geschäftsordnung des Bundestages könnten ihm aber vorschreiben, in welchem Ausschuss er sitzen dürfe. Und mit dem Entzug des Stimmrechts degradiere P ihn zudem zur bedeutungslosen Randfigur im Verteidigungsausschuss. Das aber widerspreche seinem Status als Abgeordneter und vor allem dem Grundsatz des freien Mandats aus Art. 38 Abs. 1 Satz 2 GG.

A möchte vor dem Bundesverfassungsgericht gegen das Vorgehen des P klagen. Hat ein solches Verfahren Aussicht auf Erfolg?

Gutachten

Das Verfahren des A gegen P vor dem Bundesverfassungsgericht hat Aussicht auf Erfolg, wenn es zulässig und begründet ist.

A. Zulässigkeit

In Betracht kommt ein Organstreitverfahren des A gegen P gemäß Art. 93 Abs. 1 Nr. 1 GG in Verbindung mit den §§ 13 Nr. 5, 63 ff. BVerfGG.

1. Sowohl A als auch P müssten im vorliegenden Verfahren zunächst als Antragsteller und Antragsgegner parteifähig sein. Die Parteifähigkeit richtet sich nach Art. 93 Abs. 1 Nr. 1

GG und § 63 BVerfGG. Gemäß Art. 93 Abs. 1 Nr. 1 GG sind in einem Organstreitverfahren nur die obersten Bundesorgane oder andere Beteiligte, die durch das Grundgesetz oder in der Geschäftsordnung eines obersten Bundesorgans mit eigenen Rechten ausgestattet sind, parteifähig. Gemäß § 63 BVerfGG können Antragsteller und Antragsgegner der Bundespräsident, der Bundestag, der Bundesrat, die Bundesregierung und die im Grundgesetz oder in den Geschäftsordnungen des Bundestages und des Bundesrates mit eigenen Rechten ausgestatteten Teile dieser Organe sein.

A als Antragsteller ist Abgeordneter des deutschen Bundestages. A ist damit zwar kein Teil des Organs »Deutscher Bundestag«, aber in Art. 38 Abs. 1 Satz 2 GG mit eigenen Rechten ausgestattet, die er im vorliegenden Fall auch geltend machen möchte. Er ist folglich ein »anderer Beteiligter« im Sinne des Art. 93 Abs. 1 Nr. 1 GG und somit parteifähig im Sinne dieser Norm. P, als Präsident und Teil des Deutschen Bundestages, ist als Antragsgegner unter anderem durch die Geschäftsordnung des Deutschen Bundestages als auch durch das Grundgesetz selbst in den Artikeln 39 und 40 GG mit besonderen Rechten ausgestattet und folglich ebenfalls parteifähig im Organstreitverfahren.

2. Der Klageantrag ist des Weiteren nur zulässig, wenn als Antragsgegenstand ein Streit über Rechte und Pflichten eines Staatsorgans aus dem Grundgesetz vorliegt. Hierbei reicht nach allgemeiner Auffassung jede Maßnahme von »rechtlicher Relevanz« aus, wobei hierzu auch ein Unterlassen gehören kann, soweit eine Rechtspflicht zum Handeln bestand. Im vorliegenden Fall hat P den A gegen seinen Willen dem Verteidigungsausschuss zugewiesen und ihm insoweit auch das Stimmrecht entzogen. Diese Maßnahmen haben für A erhebliche rechtliche Relevanz, sie betreffen seinen Status als Abgeordneter im Bundestag und insbesondere seine Tätigkeit im Ausschuss. Ein zulässiger Antragsgegenstand liegt mithin vor.

3. Erforderlich ist des Weiteren eine Antragsbefugnis gemäß § 64 Abs. 1 BVerfGG. Gemäß § 64 Abs. 1 BVerfGG ist der Antrag nur zulässig, wenn der Antragsteller geltend macht, dass er oder das Organ, dem er angehört, durch die Maßnahme oder Unterlassung des Antragsgegners in seinen ihm durch das Grundgesetz übertragenen Rechten und Pflichten verletzt oder unmittelbar gefährdet ist. Dies setzt voraus, dass es sich zum einen um ein rechtlich erhebliches Verhalten handelt, bei dem zum anderen eine Verletzung der Rechte des Antragstellers durch dieses Verhalten zumindest möglich erscheint. Die Frage, ob die Rechte des Antragstellers aus dem Grundgesetz tatsächlich durch ein Verhalten des Antragsgegners verletzt wurden, ist erst im Rahmen der Begründetheit des Antrags zu erörtern. Inhaltlich geht es bei der behaupteten Rechtsverletzung nur um die Verletzung oder unmittelbare Gefährdung von im Grundgesetz verankerten Rechten oder Pflichten, da der Prüfungsmaßstab des BVerfG ausschließlich das Grundgesetz ist. Es genügt somit nicht, wenn der Antragsteller geltend macht, er sei in seinen Rechten aus der Geschäftsordnung des Bundestages oder der Geschäftsordnung des Bundesrates verletzt worden, solange darin nicht gleichzeitig auch eine Verletzung der verfassungsrechtlichen Vorschriften des Grundgesetzes liegt.

Im vorliegenden Fall reklamiert A eine Beeinträchtigung seiner Rechte aus Art. 38 Abs. 1 Satz 2 GG durch die Maßnahmen des P. Eine Rechtsverletzung diesbezüglich ist angesichts der getroffenen Maßnahmen in jedem Falle zumindest möglich, da A nicht den von ihm favorisierten Ausschuss besuchen kann und zudem im Ausschuss für Verteidigung nur eine beratende Funktion innehat. Unter Berücksichtigung der Tatsache, dass in den Ausschüssen des Bundestages ein erheblicher Teil der parlamentarischen Arbeit geleistet wird, ist die Antragsbefugnis des A im vorliegenden Fall zu bejahen.

Allgemeines Rechtsschutzbedürfnis

4. A müsste für seinen Antrag des Weiteren ein allgemeines Rechtsschutzbedürfnis haben. Ein solches wird durch das Bestehen der soeben bejahten Antragsbefugnis grundsätzlich indiziert. Ausnahmen gelten nur dann, wenn der Antragsteller eine einfachere Möglichkeit des Rechtsschutzes hatte, die Inanspruchnahme des Gerichts aktuell keinen rechtlichen Nutzen mehr bringt, die geltend gemachte Rechtsverletzung durch eigenes Handeln des Antragstellers selbst hätte vermieden werden können oder es einen einfacheren Weg gegeben hätte, Abhilfe zu schaffen. Anhaltspunkte dafür finden sich vorliegend allerdings nicht. Das allgemeine Rechtsschutzbedürfnis ist folglich zu bejahen.

Form und Frist

5. Der Antrag des A muss zudem form- und fristgerecht beim Bundesverfassungsgericht eingehen. Die Form richtet sich insoweit nach den §§ 23 Abs. 1, 64 Abs. 2 BVerfGG: Gemäß § 23 Abs. 1 BVerfGG sind Anträge, die das Verfahren einleiten, schriftlich beim Bundesverfassungsgericht einzureichen. Sie sind zu begründen und insbesondere sind die erforderlichen Beweismittel anzugeben. Hinsichtlich der Mindestanforderungen an die Begründung des Antrags gibt § 64 Abs. 2 BVerfGG vor, dass die Bestimmung des Grundgesetzes zu bezeichnen ist, gegen die durch die beanstandete Maßnahme oder Unterlassung des Antragsgegners verstoßen wird. Die Frist richtet sich nach § 64 Abs. 3 BVerfGG, wonach der Antrag binnen sechs Monaten, nachdem die beanstandete Maßnahme oder Unterlassung dem Antragsteller bekannt geworden ist, gestellt werden muss.

Zwischenergebnis: Vorausgesetzt, A hält diese Anforderungen ein, wäre der Antrag des A gegen den P vor dem Bundesverfassungsgericht im Organstreitverfahren zulässig.

B. Begründetheit des Antrags

Der Antrag des A ist begründet, wenn die Maßnahmen des P den A in seinen im Grundgesetz garantierten Rechten verletzt haben.

→ Siehe insoweit das Gutachten zum Ausgangsfall ab Seite 297.

Alles klar!?

2. Die abstrakte Normenkontrolle

Gesetzliche Grundlagen: Art. 93 Abs. 1 Nr. 2 GG, §§ 13 Nr. 6, 76 ff. BVerfGG

Einstieg: Das Bundesverfassungsgericht ist für die Prüfung der Vereinbarkeit von Bundes- oder Landesrecht mit dem Grundgesetz oder Landesrecht mit sonstigem Bundesrecht gemäß Art. 93 Abs. 1 Nr. 2 GG zuständig. Im Gegensatz zum Organstreitverfahren hat die sogenannte »abstrakte Normenkontrolle« daher auch keinen konkreten Streit zwischen zwei Verfassungsorganen zur Voraussetzung, sondern es bestehen nur »abstrakt« Meinungsverschiedenheiten über die Verfassungsmäßigkeit einer Norm (*Sachs/Sturm* Art. 93 GG Rz. 52). Im Rahmen eines abstrakten Normenkontrollantrags gibt es deshalb auch keinen ***Antragsgegner***. Es geht bei diesem Verfahren ausschließlich um den »Schutz der Verfassung« (BVerfGE **1**, 208, 219; *Degenhart* StaatsR I Rz. 764), bei dem vom Bundesverfassungsgericht überprüft wird, ob eine Norm des Bundes- oder des Landesrechts mit dem Grundgesetz vereinbar ist – oder ob eine Norm des Landesrechts mit sonstigem Bundesrecht vereinbar ist, bitte lies: **Art. 93 Abs. 1 Nr. 2 GG**.

A. Die Zulässigkeitsvoraussetzungen des abstrakten Normenkontrollantrags

(1.) Die **Antragsberechtigung** gemäß § 76 Abs. 1 BVerfGG

Gemäß Art. 93 Abs. 1 Nr. 2 GG in Verbindung mit § 76 Abs. 1 BVerfGG sind nur die Bundesregierung, die jeweiligen Landesregierungen oder (mindestens) ein Viertel der Mitglieder des Bundestages antragsberechtigt. **Und**: Diese »Viertelregelung« gilt nach einem aktuellen Urteil des BVerfG selbst dann, wenn die gesamte Opposition aus weniger als einem Viertel der Bundestagsabgeordneten besteht mit der Konsequenz, dass es der Opposition unter diesen Umständen verwehrt ist, einen Antrag nach Art. 93 Abs. 1 Nr. 2 GG zu stellen (→ BVerfG NVwZ **2016**, 922).

Beachte: Einen Antragsgegner gibt es bei diesem Verfahren nicht.

(2.) Der **Antrags- bzw. Prüfungsgegenstand** gemäß § 76 Abs. 1 BVerfGG

Antragsgegenstand ist die vom Bundesverfassungsgericht zu überprüfende Norm:

Hierunter fallen im Bundesrecht:

→ Die Vorschriften im Grundgesetz, insbesondere verfassungsändernde Normen

→ Formelle Bundesgesetze

→ Rechtsverordnungen und Satzungen

→ Die Geschäftsordnungen der Verfassungsorgane (unter anderem die GeschO BT, die GeschO BReg und die GeschO BR)

und im Landesrecht:

→ Die Vorschriften der jeweiligen Landesverfassung

→ Formelle Landesgesetze

→ Rechtsverordnungen und Satzungen der Länder

→ Die Geschäftsordnungen der Landesverfassungsorgane

Beachte: Da das Grundgesetz keine präventive Normenkontrolle kennt, sind nur rechtlich existente Normen antragsgeeignet, diese müssen also bereits im Bundesgesetzblatt ***verkündet***, nicht aber notwendigerweise schon in Kraft getreten sein (BVerfGE **104**, 23, 29; *Sachs/Sturm* Art. 93 GG Rz. 56). Zu den Antragsgegenständen zählen auch Zustimmungsgesetze zu völkerrechtlichen und EWG/EU-Verträgen gemäß Art. 59 Abs. 2 GG.

Prüfungsmaßstab: Für die Kontrolle von Bundesrecht: das Grundgesetz. Für die Kontrolle von Landesrecht: über das Grundgesetz hinaus jedes weitere Bundesrecht (die jeweilige Landesverfassung ist übrigens kein Prüfungsmaßstab).

(3.) Die **Antragsbefugnis/das Klarstellungsinteresse** gemäß Art. 93 Abs. 1 Nr. 2 GG, § 76 Abs. 1 Satz 1 BVerfGG

> **Vorsicht**: Der Antragsteller muss dabei nicht in seinen eigenen Rechten beeinträchtigt bzw. verletzt sein (er selbst ist es im Zweifel auch nicht!), sondern es genügt nach Art. 93 Abs. 1 Nr. 2 GG, wenn ernstzunehmende Meinungsverschiedenheiten oder Zweifel über die Rechtmäßigkeit der zu überprüfenden Norm bestehen (BVerfGE **96**, 133; *Sachs/Sturm* Art. 93 GG Rz. 58; *Detterbeck* ÖffR Rz. 927). **Beachte:** § 76 Abs. 1 Nr. 1 BVerfGG ist strenger und vor allem enger gefasst als Art. 93 Abs. 1 Nr. 2 GG: Während Art. 93 Abs. 1 Nr. 2 GG lediglich Meinungsverschiedenheiten oder Zweifel über die Rechtmäßigkeit verlangt, setzt der § 76 Abs. 1 Nr. 1 BVerfGG für die Antragsbefugnis voraus, dass der Antragsteller die angegriffene Norm auch »für nichtig hält« oder nach Nr. 2 »für gültig hält«. Der § 76 BVerfGG ist nach der herrschenden Meinung nicht mit Art. 93 Abs. 1 Nr. 2 GG zu vereinbaren und daher verfassungswidrig. Er braucht deshalb zumindest neben der Regelung im Grundgesetz auch nicht gesondert geprüft zu werden, da die Norm nicht abschließend ist und die Antragsvoraussetzungen nicht über das Grundgesetz hinaus einschränken kann (BVerfGE **96**, 133; *Sachs/Sturm* Art. 93 GG Rz. 58; BK/*Stern* Art. 93 GG Rz. 215; *Benda/Klein* VerfassungsprozessR Rz. 729). Merken.

Ist die Verfassungsmäßigkeit von Bundesrecht zu überprüfen, muss die Unvereinbarkeit bzw. Vereinbarkeit mit der Verfassung geltend gemacht werden. Ist hingegen die Verfassungsmäßigkeit von Landesrecht vom Bundesverfassungsgericht zu überprüfen, so muss die Unvereinbarkeit oder Vereinbarkeit mit der Verfassung oder sonstigem Bundesrecht gerügt werden.

(4.) Die **Form,** vgl. § 23 BVerfGG

Die Form richtet sich auch hier nach § 23 BVerfGG, wonach der Antrag schriftlich eingereicht und begründet werden muss. Ein Fristerfordernis gibt es bei diesem Verfahren nicht (*Sachs/Sturm* Art. 93 GG Rz. 54).

B. Begründetheit des abstrakten Normenkontrollantrags

Der Antrag, der sich gegen eine Rechtsnorm des Bundes wendet, ist dann begründet, wenn die Norm gegen das Grundgesetz verstößt. Der Antrag, der sich gegen eine Rechtnorm des Landesrechts wendet, ist dann begründet, wenn die landesrechtliche Norm gegen das Grundgesetz oder gegen sonstiges Bundesrecht verstößt.

Folgen: Kommt das Bundesverfassungsgericht zu der Überzeugung, dass Bundesrecht mit dem Grundgesetz oder Landesrecht mit dem Grundgesetz oder sonstigem Bundesrecht unvereinbar ist, so erklärt es das Gesetz gemäß **§ 78 BVerfGG** für nichtig. Erweisen sich die gerügten Rechtsvorschriften als mit dem Grundgesetz vereinbar, stellt das Bundesverfassungsgericht dies bei Bundesrecht im Tenor des Urteils fest, während es bei Landesrecht lediglich den Antrag zurückweist (BVerfGE **1**, 14, 64; *Sachs/Sturm* Art. 93 GG Rz. 59). Die Nichtigkeitserklärung bezüglich der jeweiligen Rechtsnorm durch das Bundesverfassungsgerichts wirkt dabei übrigens »ex tunc«, das verfassungswidrige Gesetz ist also ***von Anfang an*** als nichtig anzusehen (*Degenhart* StaatsR I Rz. 770).

Prüfungsschema: Die abstrakte Normenkontrolle

A. Zulässigkeit einer abstrakten Normenkontrolle

1. Antragsberechtigung: Art. 93 Abs. 1 Nr. 2 GG, § 76 Abs. 1 BVerfGG

Antragsberechtigt sind:

→ Bundesregierung

→ Landesregierung

→ (mindestens) ¼ der Mitglieder des Bundestages (zwingend!)

2. Antragsgegenstand/Prüfungsgegenstand, § 76 Abs. 1 BVerfGG

→ Rechtsnormen aus dem Bundes- und dem Landesrecht, und zwar: Verfassungsnormen, formelle Gesetze, Zustimmungsgesetze zu völkerrechtlichen Verträgen, Rechtsverordnungen und Satzungen.

→ Nicht aber: Verwaltungsvorschriften und ausländische Rechtsnormen

3. Antragsbefugnis/Klarstellungsinteresse, § 76 Abs. 1 BVerfGG

→ Art. 93 Abs. 1 Nr. 2 GG: Zweifel oder Meinungsverschiedenheiten über die Gültigkeit oder Ungültigkeit der Rechtsnorm

→ **Beachte**: § 76 BVerfGG spricht von »Für-nichtig-Halten«, diese Formulierung ist enger als in Art. 93 Abs. 1 Nr. 2 GG; die herrschende Meinung hält den § 76 BVerfGG daher für verfassungswidrig.

4. Form und Frist, § 23 BVerfGG

→ Schriftform mit Begründung und Beweismitteln

→ Keine Frist!

B. Begründetheit der abstrakten Normenkontrolle

Abstrakte Normenkontrolle ist begründet, wenn

1. die Rechtsnorm des Bundesrechts, gegen die sich der Antragsteller wendet, gegen das GG verstößt oder

2. die Rechtsnorm des Landesrechts, gegen die sich der Antragsteller wendet, gegen das GG oder anderes Bundesrecht verstößt.

So, und auch hier prüfen wir das Erlernte in der konkreten Anwendung, und zwar in der Fall-Lösung im ***Gutachtenstil*** – und wollen uns dafür unseren Fall Nr. 9 (vgl. oben) vornehmen und die Fragestellung unter dem Sachverhalt entsprechend ändern, nämlich so:

Fall 9: Zurück in die Zukunft

Rechtsstudent R versucht sich seit Januar 2016 als Inhaber eines Autohauses, in dem er Luxuskarossen einer deutschen Nobelmarke verkauft. Die Geschäfte laufen zunächst gut, und R kann bis März 2016 tatsächlich drei Fahrzeuge für insgesamt 150.000 Euro an den Mann bringen. Im April 2016 beschließt der Deutsche Bundestag dann überraschend, die Mehrwertsteuer (MwSt.) aufgrund der angespannten wirtschaftlichen Lage und der drohenden weiteren Neuverschuldung des Staates von 19 % auf 23 % anzuheben. Die entsprechende Gesetzesänderung soll rückwirkend zum 1. Januar 2016 gelten.

R ist schockiert. Er muss nämlich wegen der rückwirkenden Erhöhung der MwSt. nun einen erheblichen Betrag für die Verkäufe aus den Monaten Januar bis März an das Finanzamt nachzahlen. R hält die Gesetzesänderung daher für verfassungswidrig: Mit rückwirkend in Kraft tretenden Gesetzen müsse in einem Rechtsstaat niemand rechnen.

Die SPD-Fraktion, die im aktuellen Bundestag (630 Sitze) über 190 Sitze verfügt, hält die Gesetzesänderung ebenfalls für verfassungswidrig und will sie vor dem Bundesverfassungsgericht prüfen lassen.

Mit Aussicht auf Erfolg?

Gutachten

Der Antrag der SPD-Fraktion hat Aussicht auf Erfolg, wenn er zulässig und begründet ist.

In Betracht kommt eine abstrakte Normenkontrolle gemäß Art. 93 Abs. 1 Nr. 2 GG in Verbindung mit den §§ 13 Nr. 6, 76 ff. BVerfGG.

A. Zulässigkeit einer abstrakten Normenkontrolle

1. Die Antragsberechtigung richtet nach Art. 93 Abs. 1 Nr. 2 GG in Verbindung mit § 76 Abs. 1 BVerfGG. Gemäß Art. 93 Abs. 1 Nr. 2 in Verbindung mit § 76 Abs. 1 BVerfGG sind nur die Bundesregierung, die jeweiligen Landesregierungen oder mindestens ein Viertel der Mitglieder des Bundestages antragsberechtigt. Im vorliegenden Fall möchte die SPD-Fraktion einen Antrag stellen. Die SPD-Fraktion verfügt über 190 von 630 Sitzen im Deutschen Bundestag. Damit ist ein Viertel der Mitglieder des Bundestages (158 Personen, aufgerundet) erreicht. Die Abgeordneten der SPD-Fraktion sind antragsberechtigt.

2. Der Antrags- bzw. Prüfungsgegenstand ist das vorliegend geänderte Steuergesetz des Bundes. Als klassisches Bundesrecht erfüllt es damit die Voraussetzungen des Art. 93 Abs. 1 Nr. 2 GG in Verbindung mit § 76 BVerfGG. Das Gesetz ist auch bereits in Kraft getreten.

3. Des Weiteren muss die Antragsbefugnis gemäß Art. 93 Abs. 1 Nr. 2 GG, § 76 Abs. 1 Satz 1 BVerfGG gegeben sein.

Hierbei muss der Antragssteller nicht in eigenen Rechten beeinträchtigt bzw. verletzt sein, sondern es genügt nach Art. 93 Abs. 1 Nr. 2 GG, wenn ernstzunehmende Meinungsverschiedenheiten oder Zweifel über die Rechtmäßigkeit der zu überprüfenden Norm bestehen. Ist die Verfassungsmäßigkeit von Bundesrecht zu überprüfen, muss die Unvereinbarkeit bzw. Vereinbarkeit mit der Verfassung geltend gemacht werden. Der Streit darüber, inwieweit die Formulierung in § 76 BVerfGG gegen den sprachlich weiter gefassten Art. 93 Abs. 1 Nr. 2 GG verstößt, braucht vorliegend nicht erörtert zu werden, da die antragstellende SPD-Fraktion das Gesetz ausdrücklich für verfassungswidrig hält. Die Antragsbefugnis ist unter diesen Umständen zu bejahen.

4. Die Form des Antrages richtet sich nach § 23 BVerfGG, wonach der Antrag schriftlich eingereicht und begründet werden muss. Ein Fristerfordernis besteht nicht.

Zwischenergebnis: Unter den genannten Voraussetzungen ist eine abstrakte Normenkontrolle der SPD-Fraktion gegen das Steuergesetz zulässig.

B. Begründetheit des abstrakten Normenkontrollantrags

Der Antrag, der sich gegen eine Rechtsnorm des Bundes wendet, ist dann begründet, wenn die Norm gegen das Grundgesetz verstößt.

→ Vgl. insoweit dann das Gutachten zu Fall 9 oben, ab Seite 138.

3. Die konkrete Normenkontrolle (»Richtervorlage«)

Gesetzliche Grundlagen: Art. 93 Abs. 1 Nr. 5, 100 Abs. 1 GG, §§ 13 Nr. 11, 80 ff. BVerfGG

Einstieg: Gemäß **Art. 100 Abs. 1 GG** kann ein Gericht, wenn es ein Gesetz für verfassungswidrig hält und auf dessen Gültigkeit es bei der Entscheidung ankommt, sein Verfahren aussetzen und die Entscheidung des Bundesverfassungsgerichts einholen. Das Bundesverfassungsgericht entscheidet dann auf Antrag des Gerichts darüber, ob eine Verletzung von höherrangigem Bundesrecht durch Landes- oder Bundesgesetze vorliegt. Dahinter steckt der Gedanke, dass nur das ***Bundesverfassungsgericht*** darüber entscheiden soll, ob ein Gesetz tatsächlich verfassungswidrig ist oder nicht. Ein »einfaches« Gericht soll nach Meinung der Verfassung hierzu nicht befugt sein.

A. Die Zulässigkeitsvoraussetzungen des konkreten Normenkontrollantrags

(1.) Die **Vorlageberechtigung** gemäß § 80 Abs. 1 BVerfGG

Vorlageberechtigt sind ***alle*** Gerichte. Gerichte im Sinne der Art. 100 Abs. 1 GG, § 80 Abs. 1 Satz 1 BVerfGG sind alle tatsächlichen Spruchstellen, die sachlich unabhängig, gesetzlich mit den Aufgaben eines Gerichts betraut und als Gerichte bezeichnet sind (BVerfGE **6**, 55, 63). Damit sind also von einfachen Amtsgerichten bis hin zu Landesverfassungsgerichten sämtliche Gerichte in Deutschland gemeint.

(2.) Vorlagefähiger Gegenstand

Gemäß Art. 100 Abs. 1 GG sind nur formelle, nachkonstitutionelle Gesetze Vorlagegegenstand, nicht hingegen Rechtsverordnungen, Satzungen oder vorkonstitutionelle Gesetze (BVerfGE **2**, 124). Unter ***nachkonstitutionellen*** Gesetzen versteht man alle Gesetze, die unter Geltung des Grundgesetzes entstanden sind, also nach dem **23. Mai 1949.** Dazu gehören aber auch vorkonstitutionelle Normen, die der nachkonstitutionelle Gesetzgeber mit und in seinen Willen aufgenommen hat (BVerfGE **70**, 126; *Sachs/Sturm* Art. 100 GG Rz. 11).

(3.) Überzeugung des Gerichts von der Verfassungswidrigkeit des Gesetzes

Der Antrag ist nur zulässig, wenn das mit dem Verfahren befasste Gericht davon ***überzeugt*** ist, dass die anzuwendende Norm verfassungswidrig ist. Demnach reichen weder die Überzeugung anderer, etwa des Klägers im Verfahren (§ 80 Abs. 3 BVerfGG), noch mögliche ***Zweifel*** seitens des zuständigen Richters aus (*Sachs/Sturm* Art. 100 GG Rz. 15). Das Gericht muss sich ***in eigener Verantwortung*** entscheiden und eine verfassungskonforme Auslegung der Norm für sich ausschließen können (BVerfGE **68**, 337).

(4.) Entscheidungserheblichkeit des Gesetzes

Hinzu kommt, dass die Norm oder das Gesetz für den konkreten Fall auch ***entscheidungserheblich*** ist. Es muss bei der vom Gericht im konkreten Fall zu treffenden Entscheidung auf die Gültigkeit des Gesetzes ankommen (*Pestalozza* VerfassungsprozessR § 13 Rz. 20; *Detterbeck* ÖffR Rz. 1033), das heißt, bei Anwendung des Gesetzes muss sich ein ***anderes Ergebnis*** als bei Nichtanwendung ergeben (BVerfGE **99**, 69; BVerfG NJW **1998**, 57).

(5.) Form und **Frist**, §§ 23 Abs. 1, 80 Abs. 2 BVerfGG

Ausweislich der §§ 23 Abs. 1, 80 Abs. 2 BVerfGG muss das Gericht die Richtervorlage (»**Vorlagebeschluss**«) in Schriftform einreichen und ***ausführlich*** und ***umfassend*** begründen. In der Begründung des Vorlagebeschlusses ist die Überzeugung des vorlegenden Gerichts von der Verfassungswidrigkeit der Norm und deren Entscheidungserheblichkeit darzulegen (BVerfGE **94**, 315; BVerfGE **88**, 70; *Sachs/Sturm* Art. 100 GG Rz. 21; *Degenhart* StaatsR I Rz. 778).

B. Die Begründetheit des konkreten Normenkontrollantrages

Der Antrag auf konkrete Normenkontrolle ist begründet, wenn die dem Bundesverfassungsgericht vorgelegte Norm verfassungswidrig ist, weil sie gegen das Grundgesetz oder im Vergleich zur geprüften Norm höherrangiges Bundesrecht verstößt. Das BVerfG kann die Norm dann entweder für nichtig oder mit dem Grundgesetz für unvereinbar erklären, vgl. § 82 Abs. 1 BVerfGG in Verbindung mit § 78 Satz 1 BVerfGG.

Prüfungsschema: Die konkrete Normenkontrolle

Rechtsgrundlagen: Art. 93. Abs. 1 Nr. 5, 100 Abs. 1 GG, §§ 13 Nr. 11, 80 ff. BVerfGG

A. Zulässigkeit einer konkreten Normenkontrolle

1. Vorlageberechtigung, Art. 100 Abs. 1 GG

→ alle deutschen Gerichte

2. Vorlagefähiger Gegenstand

→ Formelle, nachkonstitutionelle Gesetze (= nach Inkrafttreten des GG)

→ **Nicht aber**: Rechtsverordnungen, Satzungen oder vorkonstitutionelle Gesetze

3. Überzeugung des Gerichts von der Verfassungswidrigkeit des Gesetzes

→ Gericht muss von der Verfassungswidrigkeit des Gesetzes überzeugt sein, lies Art. 100 Abs. 1 GG (bloße Zweifel sind nicht ausreichend)

4. Entscheidungserheblichkeit des Gesetzes

→ Das fragliche Gesetz muss für den Rechtsstreit (im Ausgangsverfahren) entscheidungserheblich sein

5. Form und Frist

→ Schriftform, § 23 Abs. 1 BVerfGG. Der Antrag (»**Vorlagebeschluss**«) muss ausführlich begründet werden, § 80 Abs. 2 Satz 1 BVerfGG

B. Begründetheit

Die Richtervorlage ist begründet, wenn das vorgelegte Gesetz, auf dessen Gültigkeit es im Ausgangsverfahren ankommt, mit höherrangigem Recht unvereinbar ist, vgl. §§ 82 Abs. 1, 78 Satz 1 BVerfGG

So, und auch hier prüfen wir das Erlernte in der konkreten Anwendung, und zwar in der Fall-Lösung im ***Gutachtenstil*** – und wollen uns dafür unseren Fall Nr. 8 (vgl. oben) vornehmen und die Fragestellung unter dem Sachverhalt entsprechend ändern, nämlich so:

Fall 8: Richter auf Drogen

Der ehemalige Rechtsstudent R hat die Richterlaufbahn eingeschlagen und arbeitet seit einigen Jahren als Strafrichter in Bonn. Eines Tages hat R den Sportstudenten S vor sich auf der Anklagebank sitzen. S war an der deutsch-niederländischen Grenze erwischt worden, als er ohne behördliche Genehmigung 20 Gramm Haschisch nach Deutschland bringen wollte. S wurde daraufhin von der Staatsanwaltschaft wegen Verstoßes gegen § 29 Abs. 1 Nr. 1 Betäubungsmittelgesetz (BtMG) angeklagt. Gemäß § 29 Abs. 1 Nr. 1 BtMG macht sich strafbar, wer Betäubungsmittel im Sinne des § 1 BtMG unerlaubt nach Deutschland einführt. Zu den Betäubungsmitteln zählen gemäß der Anlage I zu § 1 BtMG unter anderem auch Haschisch und Marihuana.

R vertritt seit Langem die Ansicht, dass der § 29 Abs. 1 Nr. 1 BtMG mit dem Grundgesetz nicht vereinbar ist. Nach Meinung des R gehört die straflose Nutzung sogenannter »weicher« Drogen wie Haschisch oder Marihuana nämlich zu der im Grundgesetz geschützten allgemeinen Handlungsfreiheit aus Art. 2 Abs. 1 GG und darf demnach auch nicht verboten werden. ***R möchte den § 29 Abs. 1 BtMG nicht anwenden und vom Bundesverfassungsgericht erst auf seine Verfassungsmäßigkeit hin prüfen lassen.***

Ist das möglich?

Gutachten

In Betracht kommt eine konkrete Normenkontrolle gemäß Art. 93 Abs. 1 Nr. 5, Art. 100 Abs. 1 GG in Verbindung mit den §§ 13 Nr. 11, 80 ff. BVerfGG. Der Antrag müsste zulässig und begründet sein.

A. Zulässigkeit einer konkreten Normenkontrolle

1. Vorlageberechtigt sind grundsätzlich alle deutschen Gerichte. Gerichte im Sinne der Art. 100 Abs. 1 GG, § 80 Abs. 1 Satz 1 BVerfGG sind alle tatsächlichen Spruchstellen, die sachlich unabhängig, gesetzlich mit den Aufgaben eines Gerichts betraut und als Gerichte bezeichnet sind. Damit sind von Amtsgerichten bis hin zu Landesverfassungsgerichten alle Gerichte gemeint. Das Amtsgericht in Bonn, an dem R tätig ist, ist somit vorlageberechtigt.

2. Grundsätzlich sind nur formelle, nachkonstitutionelle Gesetze tauglicher Vorlagegegenstand, nicht hingegen Rechtsverordnungen, Satzungen oder vorkonstitutionelle Gesetze. Unter nachkonstitutionellen Gesetzen versteht man alle Gesetze, die unter Geltung des Grundgesetzes entstanden sind, also nach dem 23. Mai 1949. Das Betäubungsmittelgesetz ist ein solches nachkonstitutionelles Gesetz und damit auch tauglicher Vorlagegegenstand.

3. Der Antrag ist gemäß Art. 100 GG nur zulässig, wenn das mit dem Verfahren befasste Gericht davon überzeugt ist, dass die anzuwendende Norm verfassungswidrig ist. Demnach reichen weder die Überzeugung anderer, etwa des Klägers im Verfahren, noch reine Zweifel seitens des zuständigen Richters aus. Das Gericht muss sich in eigener Verantwortung entscheiden und eine verfassungskonforme Auslegung der Norm ausschließen können. Im vorliegenden Fall hält R die fragliche Norm für verfassungswidrig und erfüllt damit die Voraussetzungen des Art. 100 GG.

4. Hinzu kommt, dass die Norm oder das Gesetz für den konkreten Fall entscheidungserheblich ist. Es muss bei der vom Gericht im konkreten Fall zu treffenden Entscheidung auf die Gültigkeit des Gesetzes ankommen, das heißt, bei Anwendung des Gesetzes muss sich ein anderes Ergebnis als bei Nichtanwendung ergeben. Vorliegend würde R den Angeklagten bei Nichtanwendung der fraglichen Norm freisprechen, anderenfalls verurteilen. Die zu prüfende Vorschrift ist somit entscheidungserheblich.

5. Ausweislich der §§ 23 Abs. 1, 80 Abs. 2 BVerfGG muss das Gericht die Richtervorlage (den »Vorlagebeschluss«) in Schriftform einreichen und ausführlich und umfassend begründen. In der Begründung des Vorlagebeschlusses ist die Überzeugung des vorlegenden Gerichts von der Verfassungswidrigkeit der Norm und deren Entscheidungserheblichkeit darzulegen.

Zwischenergebnis: Unter Zugrundelegung der gerade genannten Voraussetzungen wäre der konkrete Normenkontrollantrag zulässig.

B. Die Begründetheit des konkreten Normenkontrollantrages

Der Antrag auf konkrete Normenkontrolle ist begründet, wenn die dem Bundesverfassungsgericht vorgelegte Norm verfassungswidrig ist, weil sie gegen das Grundgesetz oder im Vergleich zur geprüften Norm höherrangiges Bundesrecht verstößt. Das BVerfG kann die Norm dann gemäß § 82 Abs. 1 BVerfGG in Verbindung mit § 78 Satz 1 BVerfGG entweder für nichtig oder mit dem Grundgesetz für unvereinbar erklären.

→ Vgl. insoweit die Lösung bzw. das Gutachten des Ausgangsfalles oben ab Seite 124.

4. Der Bund-Länder-Streit

Gesetzliche Grundlagen: Art. 93 Abs. 1 Nr. 3 GG, §§ 13 Nr. 7, 68 ff. BVerfGG

A. Zulässigkeit des Bund-Länder-Streits

Gemäß Art. 93 Abs. 1 Nr. 3 GG, § 13 Nr. 7 BVerfGG entscheidet das Bundesverfassungsgericht bei Meinungsverschiedenheiten über Rechte und Pflichten des Bundes und der Länder, insbesondere bei der Ausführung von Bundesrecht durch die Länder und bei der Ausübung der Bundesaufsicht.

(1.) Parteifähigkeit

Im Rahmen der Parteifähigkeit sind Antragsteller und Antragsgegner zu prüfen. Gemäß § 68 BVerfGG ist der Kreis der möglichen Antragsteller und Gegner abschließend umschrieben: die Bundesregierung für den Bund, die einzelnen Landesregierungen für die Länder (*Degenhart* StaatsR I Rz. 758).

(2.) Antragsgegenstand/Streitgegenstand

Die Voraussetzungen für den Streitgegenstand richten sich nach § 69 BVerfGG in Verbindung mit § 64 Abs. 1 BVerfGG. Da es sich bei dem Bund-Länder-Streit um ein der Organstreitigkeit nachgebildetes, kontradiktorisches Verfahren handelt, werden die Vorschriften der §§ 64–67 BVerfGG für entsprechend anwendbar erklärt, vgl. § 69 BVerfGG. Der § 64 BVerfGG ist dabei enger gefasst als Art. 93 Abs. 1 Nr. 3 GG, denn hier ist ein Streit um eine »konkrete, rechtserhebliche Maßnahme oder ein Unterlassen« des Antragsgegners erforderlich. In Art. 93 Abs. 1 Nr. 3 GG hingegen wird lediglich eine »Meinungsverschiedenheit« vorausgesetzt (*Jarass/Pieroth* Art. 93 GG Rz. 25; *Ipsen* StaatsR I Rz. 899).

(3.) Antragsbefugnis, §§ 69, 64 Abs. 1 BVerfGG

Gemäß § 69 BVerfGG in Verbindung mit § 64 Abs. 1 BVerfGG muss der Antragsteller geltend machen, dass er durch eine Maßnahme oder Unterlassung des Antragsgegners in seiner verfassungsrechtlichen Rechtsstellung verletzt oder unmittelbar gefährdet ist. Es wird vorausgesetzt, dass es sich um ein rechtserhebliches Verhalten handelt und eine Verletzung der Rechte des Antragsstellers durch dieses Verhalten zumindest möglich ist (BVErfGE **42**, 103; BVerfGE **41**, 291; *Ipsen* StaatsR I Rz. 887).

(4.) Form und **Frist**

Auch hier ist Schriftform im Sinne des § 23 BVerfGG erforderlich. Die Frist richtet sich nach § 64 Abs. 3 BVerfGG, wonach der Antrag binnen ***sechs Monaten*** nach Kenntnis von der Maßnahme gestellt werden muss.

(5.) Rechtsschutzbedürfnis

Hier geht es (wie bereits im Organstreitverfahren) wieder um die Frage, ob der Antragsteller keine einfachere Möglichkeit des Rechtsschutzes hat oder die Inanspruchnahme des Gerichts jetzt nichts mehr nützt (*Detterbeck* ÖffR Rz. 921). Allerdings ist auch zu beachten, dass hier nicht einfach durch Erledigung der Maßnahme das Rechtsschutzbedürfnis entfällt, falls eine Wiederholungsgefahr gesehen werden kann und eine Klärung bereits deshalb erforderlich werden könnte. In diesem Fall ist das Rechtsschutzbedürfnis zu bejahen (BVerfGE **41**, 291, 303).

B. Begründetheit des Bund-Länder-Streits

Der Antrag ist begründet, wenn die beanstandete Maßnahme oder Unterlassung des Antragsgegners gegen eine Bestimmung des Grundgesetzes verstößt.

C. Entscheidung des Bundesverfassungsgerichts: § 69 BVerfGG in Verbindung mit § 67 BVerfGG

Das Bundesverfassungsgericht stellt in seiner Entscheidung fest, ob die beanstandete Maßnahme oder Unterlassung des Antragsgegners gegen eine Bestimmung des Grundgesetzes verstößt. Ein Gesetz kann im Bund-Länder-Streitverfahren (ebenso wie im Organstreitverfahren) nicht für nichtig erklärt werden (*Ipsen* StaatsR Rz. 902).

Prüfungsschema: Der Bund-Länder-Streit

Rechtsgrundlagen: Art. 93. Abs. 1 Nr. 3 GG, §§ 13 Nr. 7, 68 ff. BVerfGG

A. Zulässigkeit des Bund-Länder-Streits

1. Parteifähigkeit

Antragssteller/Antragsgegner, § 68 BVerfGG

→ Die Bundesregierung für den Bund

→ Die jeweilige Landesregierung für das Land

2. Antragsgegenstand/Streitgegenstand

→ Meinungsverschiedenheit über Rechte und Pflichten des Bundes und der Länder, insbesondere bei der Ausführung von Bundesrecht durch die Länder und bei der Ausübung der Bundesaufsicht, Art. 93 Abs. 1 Nr. 3 GG.

→ Maßnahme oder Unterlassung des Antragsgegners, §§ 69, 64 Abs. 1 BVerfGG

3. Antragsbefugnis

→ Möglichkeit der Verletzung oder Gefährdung des Antragstellers in seinen verfassungsrechtlichen Rechten und Pflichten durch eine Maßnahme oder Unterlassung, § 69 BVerfGG in Verbindung mit § 64 Abs. 1 BVerfGG.

4. Form und Frist

→ Schriftform, § 23 Abs. 1 BVerfGG

→ Der Antrag muss binnen ***sechs Monaten***, nachdem die beanstandete Maßnahme oder Unterlassung dem Antragssteller bekannt geworden ist, gestellt werden, § 64 Abs. 3 BVerfGG.

5. Rechtsschutzbedürfnis

→ Nur falls erforderlich zu prüfen, da mit dem Vorliegen der Antragsbefugnis in der Regel auch das Rechtschutzbedürfnis zu bejahen ist, vgl. insoweit auch das Schema und die Erläuterungen zum Organstreitverfahren Ansonsten: Es darf für den Antragssteller keine einfachere Möglichkeit der Rechtsverteidigung bestehen, die Sache darf sich noch nicht erledigt haben.

B. Begründetheit des Antrags: Der Antrag im Rahmen eines Bund-Länder-Streits ist begründet, wenn die beanstandete Maßnahme oder Unterlassung des Antragsgegners in seinen Rechten oder Pflichten verletzt oder gefährdet.

Sachverzeichnis